M. FRIEDLÄNDER

DIE RELIGIÖSEN BEWEGUNGEN INNERHALB DES JUDENTUMS IM ZEITALTER JESU

MAGNUS VERLAG

Unveränderte Auflage der Ausgabe von 1905

Einbandgestaltung: Aab-Design, Stuttgart
Druck und Bindung:
Salzer - Ueberreuter, Wien

ISBN 3-88400-222-8

VORWORT.

In dem vorliegenden Buche habe ich mir, wie schon der Titel desselben besagt, die Aufgabe gestellt, den religiösen Bewegungen, die im Zeitalter Jesu das Judentum Palästinas und der griechischen Diaspora beherrschten, nachzugehen und zu zeigen, inwieweit sie der kommenden Weltreligion den Pfad bereiteten oder sich ihr hemmend entgegenstellten und dadurch die Entladung latent gelegener Kräfte beschleunigten. Es wird zu erforschen sein, welche Vorarbeiten intra et extra muros geleistet werden mußten, damit die Zeit erfüllt und reif für das Erscheinen des Messias werde, damit die Welt, berührt von dem Strahl des meteorartig aufleuchtenden, im Fluge alles Alte und Verlebte versengenden göttlichen Funkens, zu neuem Leben und zu neuen Idealen erwache und erglühe.

Die wichtigsten Quellen für die Erforschung dieser Zeit und ihrer Bestrebungen sind die Apokryphen und Pseudepigraphen, das jüdisch-hellenistische, nicht minder aber das talmudische und midraschische Schrifttum; das letztere mehr in negativer Richtung, indem es uns die Elemente im Judentum kennen lehrt, die sich jedem Versuche, den Mosaismus von den nationalen Fesseln zu befreien und ihn zur Weltreligion auszubauen, mit aller Macht entgegenstemmten, ewig neue Ketten schmiedend, um das Judentum national zu verengen, durch Verlebendigung alter und Schaffung immer neuer Ritualgesetze es von der Außenwelt abzuschließen und jede universalistische Regung aus ihrer Machtsphäre zu bannen. Daher kommt es denn auch, daß sich in den aus der Zeit der Entstehung des Christentums fließenden talmudischen Quellen auch nicht die leiseste Andeutung über dieses und über dessen Stifter vorfindet.

Freilich wird dieser unserer Behauptung widersprochen und heute mehr denn je; leicht begreiflich.

In dem Talmud sprechen Stimmen zu uns aus der Zeit Jesu, Stimmen maßgebender Schriftgelehrten, unter deren Augen Jesus lebte und wirkte, und diese sollten nicht ein Sterbenswörtchen über ihn und sein Evangelium zu berichten gewußt haben? Das scheint doch ganz unglaublich! So dachten und denken noch heute nicht blos christliche, sondern auch jüdische Theologen, und diesen letzteren hauptsächlich ist die merkwürdige Entdeckung zu verdanken, daß der Talmud die urchristliche Gemeinde nicht nur kennt, sondern auch bekämpft. Sie fanden nämlich in den Minim des Talmud, die hier, weil sie die Thora und Auferstehung leugneten, hart befehdet wurden, die Anhänger Jesu, die Judenchristen wieder.

Wie ungereimt diese Entdeckung auch sein mochte, sie hat doch ungeteilten Beifall hüben und drüben gefunden, und so ist es denn zum Dogma geworden, daß unter den Minim im Talmud Judenchristen zu verstehen seien.

Der Kampf nun, den ich in den letzten Jahren gegen diese verkehrte Hypothese führte, die soviel Trübung in die Erforschung der Geschichte des nachmakkabäischen Judentums und der Entstehung des Christentums gebracht, und die Beweise, die ich für meine Behauptug, daß die Minim in den ältesten talmudischen Quellen philosophierende Juden gewesen, erbrachte, haben vielseitige Zustimmung, aber auch manchen Widerspruch erfahren; und noch in letzter Stunde ist mir ein Widersacher erstanden, der gegen meine These mit großer Heftigkeit anrennt, so daß ich mich auch in diesem Buche bestimmt sehe, gegen die neuerlichen Einwendungen zu reagieren; vielleicht daß es mir diesmal gelingt, die Minimfrage endgiltig zu erledigen.

Bei der Leidenschaftlichkeit, mit der zumal heute nach Jesus und dem entstehenden Christentum im Talmud gefahndet wird, ist es wahrlich kein Wunder, daß sich talmudunkundige Gelehrte für die Hypothese, daß die Minim Christen gewesen seien, leicht kaptivieren ließen. Das ganze Interesse, das die christlichen Theologen an dem Talmud nehmen, konzentriert sich in der Frage: was er über Jesus und sein Evangelium zu berichten wisse? ob Gutes oder Schlimmes, gleichviel. Die Tatsache an und für sich, daß zeitgenössische talmudische Berichterstatter von den ersten Anfängen des Christentums sprechen, gewinnt Bedeutung, wo sonstige geschichtliche Quellen völlig versagen. Leider muß ich diese Illusion, die auch ich in jungen Jahren, unter dem Banne der jüdischen Seminartheologie stehend, teilte, gründlich zerstören und konstatieren: daß die talmudischen Quellen des ersten christlichen Jahrhunderts noch keinerlei authentische Nachrichten von Jesus und seiner Botschaft haben. Woher diese befremdliche Tatsache, das wird im Verlaufe unserer Untersuchungen klar werden. Aber ist es denn nicht befremdlich genug, daß auch sonst und selbst in den Evangelien Jesus und seine unmittelbaren Apostel nicht direkt zu uns sprechen, sondern lediglich Überlieferungen durch den Mund späterer, mehr oder weniger eingeweihter und kongenialer Referenten? Und selbst aus den paulinischen Briefen, den ältesten Dokumenten urchristlicher Geschichte, spricht kein Augenzeuge des Lebens Jesu zu uns, sondern ein Apostel des auferstandenen Jesus, der von dem Erdenwallen des Meisters nur vom Hörensagen unterrichtet ist und seine Botschaft erst aus dem Munde des erhöhten, nicht aber des lebenden Jesus empfangen hat.

Und dennoch ist die Kenntnis des Talmud für die Erforschung der Geschichte des Urchristentums unerläßlich. Und derjenige wird niemals in das Dunkel desselben völlig eindringen, dem dieses Schrifttum ein Buch mit sieben Siegeln; nicht etwa weil es den Schlüssel zur Lösung des Problems des Christentums hat — wir sagten ja eben, daß es von Jesu und dem Christentum nichts weiß —, wohl aber weil es uns den Geist enthüllt, der das offizielle Judentum jener Zeit beherrschte und uns unwiderleglich zeigt, daß aus diesem die Weltreligion nie und nimmer hätte hervorgehen können, daß es also vergebliche Mühe, hier die treibenden Kräfte finden zu wollen, die zur Bildung einer Weltkirche führten. Das allein schon ist ein Gewinn von nicht zu unterschätzendem Werte. Wir werden also von hier unsern Blick ab- und ihn ungetrübt einem andern Boden zuwenden, auf welchem Männer von prophetischer Fernsicht erstanden, Männer, die einen andern Geist hatten, und die, wie später Jesus, „gewaltig predigten, aber nicht wie die Schriftgelehrten“. In diesen Männern lebte der freie weitausschauende Geist des jüdischen Hellenismus, der frühzeitig in den Synagogen der griechischen Diaspora bis herab in die Ära des Christentums von griechischen Juden, wie Apollos, die noch keine Kenntnis von dem erschienenen Messias hatten, gepredigt wurde.

Zum andern vermag die Kenntnis der talmudischen Literatur unser Verständnis für die Zeit, in der das Christentum entstanden, ungemein zu fördern, da ja in derselben auch Stimmen aus jener Zeit zu uns dringen, die auf die in ihr zur Geltung gelangenden religiösen Bewegungen reagieren und uns, wofern wir unbefangen hinhorchen, einen tiefen Einblick in die von uns sonst nur geahnten religiösen Strömungen und Kämpfe gewähren.

Dabei muß unumwunden zugegeben werden, daß die Traditionen, denen das Judentum der griechischen Diaspora folgte, die ursprünglichen, seit den Propheten fortgepflanzten und im vormakkabäischen Judentum allgemein verbreiteten gewesen; während jene des Pharisäismus die jüngern, zugunsten eines engen erst jüngst zur zur Herrschaft gelangten Nationalismus aufgehäuften und künstlich in das Gesetz hineingedeuteten waren.

Und hiermit bin ich bei dem Vorwurf angelangt, der mir von jüdischer oder vielmehr neupharisäischer Seite gemacht wurde, daß ich mit meiner Geschichtsauffassung den Faden der „Überlieferung“ durchschneide.

Darauf erwidere ich: Nicht ich, sondern der Pharisäismus hat, begünstigt durch den mit den Makkabäersiegen eingetretenen Umschwung in den politischen Verhältnissen, die natürliche Entwicklung des Judentums gewaltsam unterbrochen, seinen Lebensnerv unterbunden, es seiner ureigenen Mission entfremdet und seinen Geist in andere, von den Propheten nie geahnte Bahnen gelenkt, auf denen es die schiefe Ebene des Partikularismus hinunterglitt, so daß es in der Folge zur Mitwirkung an dem Aufbau der Weltreligion untauglich wurde. Ich hingegen knüpfe dort wieder an, wo der Pharisäismus zum großen Unheil des auf den engsten Nationalismus hingedrängten Israel der Religion der Propheten den Lebensnerv durchschnitt. Oder, ist der Geist der pharisäischen Schriftgelehrten in Wirklichkeit der stärkere, göttlichere, der der Propheten aber der schwächere, getrübtere? Ist der letzteren Auffassung des Mosaismus: die Voranstellung der Sittenlehre und Rückstellung des Gesetzesdienstes, die scharfe Betonung des welterlösenden Messianismus, das unentwegte Bestreben, Israel zum „Licht der Völker“ zu machen, nur von vorübergehender, der pharisäische Ausbau des Gesetzes aber, der zur völligen Isolierung des Volkes führte, von ewiger Bedeutung?

Und eine andere Frage: Ist es dem Pharisäismus tatsächlich gelungen, den von den großen Propheten gepredigten Universalismus auch nur im Heimatslande zu ersticken? In jenem engen, vom

Nationalismus berauschten Teil des Volkes, den er unter seine Fahne zu scharen verstand, allerdings. Nicht aber in den seiner Machtsphäre entrückten, in der Kulturwelt lebenden Massen des jüdischen Volkes, die an Zahl und Intelligenz ihren Volksgenossen in Palästina weit überlegen waren. Und auch daheim widerstanden ihm nach oben die Sadduzäer, die Adelspartei, nach unten das „Landvolk", das sich nimmer beugte dem Joche, das er ihm an den Hals legen wollte, das seine Väter und Vorväter nicht kannten, da es erst mit dem Sieg des Partikularismus über den Universalismus geschmiedet wurde, um das Volk von jedem intimern Verkehr mit der Kulturwelt abzuschneiden, jede Beeinflussung durch die letztere zu verhindern, wodurch selbstverständlich eine Einwirkung des jüdisch-religiösen Geistes auf die Außenwelt unmöglich gemacht wurde. Hier erst ward der Pharisäismus geboren, hier jener blinde Eifer für das Gesetz, der der Nation in der Folge so verhängnisvoll wurde.

Der Pharisäismus erweist sich sonach als ein ungestümer Eindringling in das bislang von dem Geist der Propheten und der Weisheitsliteratur souverän beherrschte Judentum. Er durchbrach dessen bisherige religiöse Entwicklung und dämmte es in enge, künstlich aufgeführte Gesetzesschranken ein.

Ähnliches hatten schon Esra und Nehemia, den günstigen Zeitpunkt wahrnehmend, wo ein Teil der Exilierten aus Babylon in die Heimat zurückgebracht wurde, versucht; doch war ihre Mühe damals nur von vorübergehendem Erfolg gekrönt. Aber ihre Schatten wollten seither nicht mehr ganz verschwinden.

Der unverfälschte Mosaismus pflanzte sich also mitnichten fort auf dem von dem Pharisäismus ihm vorgezeichneten Wege: von Moses auf Josua, von Josua auf die Alten, von diesen auf die Propheten und von den Propheten auf die „Männer der großen Versammlung", will sagen, auf die Schöpfer der pharisäischen Traditionslehre; sondern er ging von den Propheten auf die Weisheitslehrer und von diesen unmittelbar, und mit völliger Umgehung des von dem Weltjudentum sich abzweigenden, von den „Männern der großen Versammlung" in ein enges nationales Bett geleiteten Israel, auf die führenden Geister des Judentums der griechischen Diaspora über, von wo er in die Weltreligion ausmündete.

Dies ist die richtige Traditionskette, dies der Weg, den die jüdische Religionsgeschichte bis auf die Erfüllung der Zeit genommen. — Die Propheten haben einen weitausblickenden, von Gesetzesbürden noch ganz freien, den äußerlichen Zeremonialdienst als unwesentlich in den Hintergrund schiebenden Mosaismus gepredigt. Desgleichen die ihnen auf dem Fuße folgenden, von dem griechischen Geiste bereits berührten Weisheitslehrer. Noch weniger als bei den Propheten begegnen wir bei ihnen einer schärferen Betonung des Zeremonialgesetzes; Gotteserkenntnis und Sittengesetz bilden das Um und Auf ihrer Lehre. Und selbst die Frommen in den Psalmen, die das Feuer nationaler Begeisterung in ihrem Schoße hüteten und den Aufstand gegen die ethnisierenden jüdischen Hellenisten vorbereiteten, sie verinnerlichen die Religion, vertiefen die Frömmigkeit im Gemüte, predigen einen ergreifenden Einfaltsglauben; aber von einem Gesetzesdienst, wie ihn der Pharisäismus erst in der hasmonäischen Periode schuf und zur üppigsten Blüte brachte, haben sie auch nicht die leiseste Ahnung noch. Sogar das tadellos fromme, bibelgläubige, kurz vor dem Ausbruch des Makkabäerkrieges entstandene Sirachbuch weiß noch nichts von einer zweiten, „mündlich überlieferten Thora", noch nichts von dem Joch pharisäischer Satzungen. Und nun gar erst in der Weisheitsliteratur der griechischen Diaspora, die direkt an die kanonische anknüpft und sie weiterbildet, um in den jüdischen Hellenismus, wie er uns schließlich bei Philo, seinem letzten, beredtesten und begeistertsten Vertreter, entgegentritt, einzumünden, da ist nirgends eine Spur pharisäischer Gesetzesknechtschaft zu entdecken. Hier überall steht der Geist hoch über dem Buchstaben des Gesetzes, und gelangt der letztere nur insoweit zu seinem Rechte, als es die Pietät erheischt, da er ja doch der Leib, der den mit aller Sorgfalt und mit heiliger Scheu zu erforschenden göttlichen Geist berge. Auf dem ganzen langen Weg, den der universalistisch gerichtete Mosaismus von den Propheten bis zum Paulinismus genommen, ist für nationale Beschränktheit, für einen engherzigen Partikularismus, für einen Menschen und Völker von einander trennenden Gesetzeskultus, wie ihn der Pharisäismus geschaffen, kein Raum. Nur auf einem Seitenwege, abseits von der Reichsstraße des weltgeschichtlichen Geschehens, konnte der Geist Esras zu seinem Ziele gelangen. Dieser Weg aber führte in eine Sackgasse, aus der das durch Entfaltung der nationalen Fahne seiner Weltmission entfremdete pharisäische Judentum den Ausblick ins Freie und Weite nicht wieder finden konnte.

Es ist sonach ein grundfalscher, wenn auch durch ein graues Alter geheiligter und zum Dogma erstarrter Glaube, daß der Mosaismus der Propheten uns im Wege der „Männer der großen Versammlung“ vermittelst der „mündlichen Lehre“, des Schlüssels zum Verständnis der „geschriebenen“, wie sie uns in der talmudischen Literatur aufbewahrt vorliegt, überkommen ist. Denn der Geist dieser „mündlichen Lehre“ ist ein ganz anderer als jener der Propheten und der Weisheitslehrer. Das Richtige vielmehr ist, daß der universalistisch gedeutete Mosaismus der Propheten schon im dritten vorchristlichen Jahrhundert mit dem Strom der in die griechischen Länder gezwungen oder freiwillig auswandernden Juden mitgezogen war, um dort zur ungeahnten Entfaltung zu gelangen; während er daheim, als nach den Makkabäersiegen die nationale Begeisterung allbeherrschend und der ideale Sinn durch die Politik verdorben wurde, sich immer mehr verengte und schließlich der Verkümmerung anheimfiel.

Aber, so fragen die Theologen hüben und drüben, diese unnatürliche, erzwungene, oft gewalttätige Schriftauslegung des jüdischen Hellenismus, kann sie die richtige, kann sie dem ursprünglichen, von den Propheten in das unbegrenzte Meer des Universalismus geleiteten Strom der sinaitischen Offenbarung entflossen sein? Und wäre es nicht sinnlos, sich für eine derartige, oft alle natürlichen Schranken durchbrechende Exegese zu begeistern? Gewiß! Und auch ich, dem man eine solche Begeisterung wiederholt, und sehr mit Unrecht, zum Vorwurf machte, gestehe offen, daß die allegorische Schriftauslegung, wie sie uns in dem philonischen Schrifttum überliefert vorliegt, mir lange höchst unsympathisch war, und daß es mich viel Überwindung kostete, mich mit ihr vertraut zu machen. Ich gestehe offen, daß mir die pharisäische Schriftauslegung, die ich freilich mit der Muttermilch eingesogen, ungleich sympathischer war und ungleich natürlicher schien, obgleich auch sie nicht frei von Gewalttat ist, wo es gilt, Berge von rituellen Satzungen an ein Haar zu hängen. Gleich den übrigen jüdischen Theologen sah auch ich in der pharisäischen „Traditionslehre“ den einzigen und untrüglichen Schlüssel zu dem richtigen Verständnis für die Religion Mosis und der Propheten und hatte gleichfalls für die dieses Schlüssels entbehrenden Laientheologen des jüdischen Hellenismus nur ein mitleidiges, ja verächtliches Lächeln. Aber schließlich mußte ich mir doch die Frage vorlegen, welche Ziele beide, die jüdisch-hellenistische und die pharisäische Schriftauslegung, verfolgten, und zu welchem Ende man hüben und drüben oft ganz barbarisch mit dem Schriftwort umsprang? Und die Antwort mußte ganz entschieden zugunsten des jüdischen Hellenismus lauten: der Pharisäismus deutete die Schrift im partikularistischen, der jüdische Hellenismus im universalistischen Geiste aus. Jener türmte vermittelst der Bausteine, die ihm das mosaische Zeremonialgesetz lieferte, ein unübersteigliches Bollwerk um die Nation auf, das sie von der großen Welt völlig abschloß und ihre Mission: das Licht der Völker zu werden, zum Verlöschen brachte; dieser hingegen riß alle einengenden und trennenden nationalen und zeremoniellen Schranken nieder, unentwegt das Ziel vor Augen: den Mosaismus zur Weltreligion, zur gottgeoffenbarten Philosophie auszubauen. Und das war wahrlich kein leichtes Stück Arbeit. Sollte das große Werk gelingen, dann mußte Gewalt angesetzt werden. Die Ethik mußte über das „Gesetz“, der Geist über den Buchstaben, der Universalismus über den Partikularismus siegen. Der Sieg aber, wenn er ein vollständiger und kein zweifelhafter sein sollte, mußte mit Hilfe des göttlichen Gesetzes selbst errungen, dieses in seinen Tiefen erfaßt, der Kern aus der Schale befreit werden, damit die in ihr latente Weltreligion zum Durchbruch gelange, das Reich Gottes erstehe, in das jeder eindringen könne, „der Gewalt tue“. Wer dieses hohe Streben des jüdischen Hellenismus verfolgt, die Riesenarbeit, die er verrichtet hat, in die später Andere gekommen, um die Ernte zu halten, zu würdigen versteht; den wird es kleinlich dünken, mit ihm über seine Interpretationskünste, vermittelst deren er den Mosaismus zur Höhe einer gottgeoffenbarten Philosophie empordeutete, zu rechten.

Und endlich, wer will sich unterfangen, dem Weltgeist die Wege vorzuschreiben, die er zur Erreichung seiner Ziele verfolgen solle? Der Weg, den er zur Bildung einer Weltreligion genommen, führte — das lehrt die Weltgeschichte mit zwingender Deutlichkeit — nicht von den Propheten über die schmale, von den „Männern der großen Versammlung“ erbaute Brücke der mündlichen Traditionslehre, sondern über den breiten Strom der schon unter den ersten Ptolomäern begonnenen und in der Folge immer mächtiger anschwellenden jüdischen Auswanderung in die griechischen Länder und Inseln. Die Diaspora der Hellenen war es, die der

Weltreligion im Heidentum den Pfad bereitete, die „das Licht der Völker“ geworden war.

Wir Juden von heute aber, noch immer in dem engen pharisäischen Gesichtskreis befangen, glauben, obgleich eine zweitausendjährige Geschichte uns eines bessern hätte belehren sollen, dennoch, wie einst unsere pharisäischen Vorfahren vor zweitausend Jahren, als die griechische Bibel bereits Gemeingut weiter heidnischer Kreise geworden war, es glaubten, in der sogenannten Traditionslehre den unveräußerlichen Schlüssel zu dem „geschriebenen Gesetz“ zu besitzen. Wir gleichen darin dem Träumenden, der die Hand voll von Kleinodien zu haben wähnt und dieselbe krampfhaft geschlossen hält, beim Erwachen aber betrübten Gemüts sieht, daß sie leer. Wir jedoch vermögen uns nicht zu ernüchtern und träumen noch immer weiter von dem in unserm ausschließlichen Besitz befindlichen Kleinod, die Hand immer noch geschlossen haltend, während es doch längst in den Besitz einer ganzen Welt gekommen ist, die unsern Schlüssel als unbrauchbar verworfen hat. Und nicht darauf kommt es an, wie w i r die Bibel auffassen und was sie uns ist und bedeutet, sondern darauf, wie die Welt sie auffaßt und was sie ihr bedeutet. Diese aber hat auf unsere „mündliche Lehre“ verzichtet, dafür jedoch verständnisvoll nach der Schriftauslegung des jüdischen Hellenismus gegriffen, mit deren Hilfe alle nationalen und rituellen Satzungen aus dem Mosaismus ausgeschieden und die ewigen Werte desselben in sich aufgenommen. — Diesen Weg wandelten noch vor der Entstehung des Christentums auf palästinensischem Boden die Apokalyptiker, die fast durchwegs über das Zeremonialgesetz mit Stillschweigen hinweggingen und auf dessen Zinnen die Trikolore des Glaubens, des Messianismus und der Barmherzigkeit aufpflanzten. Denselben Weg wandelte der Pfadbereiter des kommenden Messias, der Täufer, und der ihm auf dem Fuße folgende Messias selbst, der jedoch nicht mehr stillschweigend über die üppigen Wucherungen der pharisäischen Traditionslehre und des alle Glaubensfrömmigkeit erstickenden Zeremonialgesetzes hinwegschritt, sondern sie mit ehernem Fuße zertrat, die Losung ausgebend: „Alle Pflanzungen, die mein himmlischer Vater nicht pflanzte, die werden ausgereutet!“ der mit seinem Blute den Boden düngte, in den er die Saat der aus dem Glauben kommenden Frömmigkeit legte, aus der das Reich des Himmels hervorsprossen sollte. Vollends aber räumten hinweg die Trümmer, welche nach der heldenmütigen Erstürmung der pharisäischen Burg umherlagen und noch immer Kraft genug hatten, den Aufbau des Himmelreichs zu verhindern: Paulus und seine jüdisch-hellenistischen Mitarbeiter, der vierte Evangelist, der Verfasser des Hebräerbriefs, Apollos und viele Andere, so daß nunmehr jeder, der nur ernstlich wollte, eindringen konnte. — Und hiermit schloß — ob endgiltig, wagen wir gegenüber dem Rätsel des fast zweitausendjährigen weitern Bestandes des Judentums nicht zu entscheiden — die Weltmission des Judentums, und jene des Heidentums nahm ihren Anfang, trübend den lautern Quell der Lehre Jesu durch fremdes Wasser und schaffend einen andern, dem ersten nicht unähnlichen, weltlich gerichteten Pharisäismus.

Bis hierher nun, wo wir es mit ausschließlich jüdischer Missionsarbeit zu tun haben, zu der selbstredend jene des ganzen Neuen Testaments zu zählen ist, erstreckt sich unsere Darstellung der religiösen Bewegungen innerhalb des Judentums im Zeitalter Jesu.

Nun höre ich auch schon da und dort in Kreisen meiner Glaubensgenossen den Vorwurf laut werden, daß ich die Taufe predige. Allerdings, wenn man unter der Taufe das Symbol der inneren Umwandlung und der Wiedergeburt versteht, dann predige ich diese Taufe aus ganzem Herzen und aus ganzer Seele; da eine solche allein uns aus tausendjähriger innerer Blindheit und äußerer Schmach erlösen kann. Versteht man aber darunter lediglich den Übertritt zur Kirche, an welchem Herz und Überzeugung keinen Anteil haben, den Übertritt zur Kirche von heute, die nicht minder einer gründlichen Läuterung entgegenharrt, wie das Judentum von heute; dann muß ich mich mit aller Entschiedenheit gegen eine solche Unterschiebung verwahren. Denn einen solchen Übertritt halte ich nicht nur für frivol nnd tempelschänderisch, sondern auch für völlig nutzlos, vollzöge er sich in großen Massen: Er würde zur Bildung eines judenchristlichen Ghetto auf dem Boden des autochthonen Christentums führen, wo der Pharisäismus die Proselytenmassen aus dem Judentum ebenso für minderwertige Christen zweiter und dritter Ordnung halten würde — und hier mit vollster Berechtigung, da ja diese innerlich toten Massen der Neubekehrten nicht ein einziges fruchtbares Samenkorn der Kirche zuführen könnten — wie vor zweitausend Jahren der jüdische Pharisäismus und nicht minder derjenige der urchristlichen Gemeinde zu Jerusalem die Proselyten aus dem Heidentum, die er eben nur tolerierte, nicht als ebenbürtige Schößlinge der „Pflanze der Auserwähltheit“ ansah. Die Taufe, die ich predige, sie ist die echt jüdische, zur Buße und Sinnesänderung auffordernde Taufe des Johannes, des wiederkehrenden Elia, dessen Aufgabe es ist, die Menschen für den bevorstehenden großen Tag des Herrn vorzubereiten, die einander entfremdeten Herzen zu versöhnen und für die Aufnahme der himmlischen Saat empfänglich zu machen. Sie ist die Pfadbereiterin des von den Propheten zum Heile der gesamten Menschheit prophezeiten und von den griechischen Juden geistig geschauten, ewig wiederkehrenden, die Menschen immer höher zu sich emporläuternden Messias, in dessen Bereiche es keinen Juden noch Griechen, keinen Knecht noch Freien gibt, nicht Mann noch Weib, denn sie allzumal sind eins in dem Messias, und darum Abrahams Same und nach der Verheißung Erben.

Diese Idee der ewigen Wiederkehr des Messias nun fanden die gesetzesfreien Messianisten und mit ihnen allmählich die ganze Kulturwelt in Jesu verkörpert, der sich für dieselbe geopfert und erkannten in ihm den verheißenen Messias, der sich durch Überwindung der Welt auf den Thron der Herrlichkeit Gottes emporgerungen und sich und allen ihm Nachstrebenden einen Platz im Himmelreich erworben hat.

Weil aber die Binde des Gesetzes vor den Augen unsere pharisäischen Ahnen klar zu sehen verhinderte, sollen wir späten Enkel, Kinder einer philosophisch geläuterten Zeit, blind bleiben müssen? Weil unsere Väter vor zwei Jahrtausenden saure Trauben aßen, sich von dem „Sauerteig der Pharisäer“ nährten, sollen unsere Zähne noch heute stumpf bleiben müssen? Selbst das als hart verschriene Alte Testament läßt die Schuld der Väter im dritten und vierten Geschlecht gesühnt und erloschen sein; warum aber leiden wir bis ins hundertste Geschlecht? Sollte die Schuld wirklich ausschließlich an unseren Verfolgern und nicht auch fortlaufend an uns selbst liegen? Was uns unsere Rabbiner darüber zu predigen wissen, darauf wollen wir gar nicht reagieren; das ist ihres Amtes, und sie werden dafür bezahlt, daß sie uns ewig Liebkind nennen. Allein selbst nichtrabbinische, gebildete Laienkreise, sogar jüdische, mit akademischen Würden bekleidete Männer sind nach wie vor in dem Wahne befangen, daß das Judentum unschuldig leide, und das Schlagwort, das dabei ausgegeben und blind nachgebetet wird, lautet: die Minoritäten seien immer der Unduldsamkeit der Majoritäten ausgesetzt! Wie, sind wir denn Politiker? Was hat das Judentum mit Politik zu schaffen? Und wissen diese gebildeten Kreise nichts davon, daß die welterlösenden Ideen stets von Minoritäten, von einzelnen großen Persönlichkeiten, ausgingen, und daß sie schließlich, wenn sie auch vorher Märtyrer gefordert hatten, die Welt bezwangen? Und welchen erlösenden Gedanken haben wir seit zweitausend Jahren in die Welt zu setzen vermocht? Und wenn wir der Welt nichts mehr zu sagen haben, wozu sind wir noch? Welche Berechtigung dürfen wir für unsere Existenz geltend machen? „Wir wollen Juden bleiben, weil unsere Vorfahren es waren!" Denkende Menschen jedoch bleiben dort nicht stehen, wohin sie der Zufall der Geburt gestellt, wenn sie nicht durch eine lebendige Idee daselbst festgehalten werden, die dann aber auch nach Expansion ringt und missionierend auftritt. — „Aber", so höre ich in diesen Kreisen immer wieder ausrufen, „wir sind nicht schlechter als die anderen!" Sicherlich nicht, wir sind ja das Produkt ihrer Erziehung. Allein wenn wir nicht besser, wenn unsere Religion nicht die zwingende Macht hat, uns edler, ethischer, selbstloser zu machen, daß wir durch unser Beispiel den anderen voranleuchten und uns ihre Anerkennung erzwingen; wo ist die Berechtigung für unseren Fortbestand, wo die erhebende Idee, die uns über die Trostlosigkeit, als Minorität den Stein des ewigen Anlaufens zu bilden, hinwegzutrösten vermöchte? Etwa die fragwürdige Genugtuung, daß wir nicht schlechter als die anderen sind? Wie sagt doch Jesus in der Bergpredigt? „Liebet eure Feinde; segnet, die euch fluchen, tut wohl denen, die euch hassen; betet für die, so euch verfolgen; auf daß ihr Kinder seid eures Vaters im Himmel. — Denn so ihr liebt, die euch lieben, was werdet ihr für Lohn haben? Tun nicht dasselbe auch die Zöllner? Und so ihr euch nur zu euren Brüdern freundlich tut; was tut ihr sonderliches? Tun nicht die Zöllner auch also? Darum sollt ihr vollkommen sein, gleichwie euer Vater im Himmel vollkommen ist."

So spricht ein Jude, der der Welt eine erlösende Botschaft zu bringen hat, für die er jeden Augenblick sein Leben zu lassen bereit ist. Dieser Geist und diese Sprache aber sind uns abhanden gekommen, seitdem wir durch den den Gesichtskreis verengenden Pharisäismus, der bei uns nach den Makkbäersiegen zur Herrschaft gelangte, unserer ureigensten Mission entfremdet worden. Seither leben wir ohne eine solche, und darum wird das Judentum, das der Welt nichts mehr zu bieten hat, von dieser als eine tote Masse empfunden und bildet ihr einen Stein des ewigen Anlaufens, und wird es ihr so lange sein, als es sich nicht wiederfindet, als es nicht dort wieder anknüpft, wo ihm durch den Pharisäismus der Faden der Überlieferung durchschnitten wurde: an die Propheten, an die kanonische Weisheitsliteratur, an die Apokryphen und Pseudepigraphen des Alten Testaments und an das Evangelium Jesu, und als es nicht die Fahne des Messianismus im Sinne des echten Judentums und im Geiste der neuen Zeit wieder aufrollt. Unter diesem Zeichen haben wir einmal gesiegt und unter diesem Zeichen können wir wieder aufleben. — Bringen wir aber diese Kraft nicht mehr auf, ersteht nicht abermals ein Messias in unserer Mitte, der uns erlöst und der Welt die erwartete Botschaft bringt, die unsere hochentwickelte Kultur in die Sphäre göttlicher Offenbarung emporhebt, sie in den durchsichtigen, aus Morgenduft und Sonnenklarheit gewebten Schleier der keuschen Wahrheit hüllend; dann erwartet uns ein weiteres Siechtum, das so lange währen wird, bis dem Christentum ein anderer, mächtigerer Luther geboren wird, der die Kirche von heute an Haupt und Gliedern reformiert, unmittelbar an den Geist des Evangeliums Jesu anknüpft, den Stein unseres Anlaufens, den die heidnische Philosophie in sie eingeführt, entfernt und uns den Eintritt freimacht. Dann endlich werden wir in die langersehnte Ruhe eingehen. Es wird dies aber nicht eine heldenmütig und ruhmvoll erkämpfte Ruhe sein, sondern ein Gnadengeschenk, das uns die Welt entgegenbringen wird, zum Lohne dafür, daß wir ihr einst den ewig wiederkehrenden Messias geboren haben.

Wie aber, so höre ich den einen und anderen meiner Glaubensgenossen erstaunt ausrufen, das Evangelium Jesu, das die Vorstellung von der Einheit Gottes, das Alpha und Omega unseres Glaubensbekenntnisses, zerstört, um dessentwillen tausende und abertausende unserer Vorfahren den Märtyrertod erlitten, das Evangelium Jesu, das Konzessionen an den Polytheismus macht, es sollte der Ausfluß echt jüdischen Geistes sein!

Wo aber in aller Welt findet sich im Evangelium Jesu der Monotheismus auch nur im geringsten getrübt? Im ganzen Neuen Testament wird er vielmehr mit den ureigensten Worten der Propheten in allen Tonarten verherrlicht. Man wird doch nicht das Trinitätsdogma der späteren Kirche als eine Schöpfung Jesu antizipieren wollen!

Aber Jesus nennt sich selbst einen Sohn Gottes, setzt sich auf den Thron der Herrlichkeit Gottes und wird Teilhaber seines Geistes und sogar seiner Macht. — Das ist alles richtig und klingt gotteslästerlich dem pharisäischen Ohr; ist jedoch Geist vom Geiste des vom Hellenismus genährten Diasporajudentums, welches in seiner philosophisch geläuterten Anschauung von der Erhabenheit und Überweltlichkeit Gottes diesen nicht vermenschlichen, ihn nicht mit der Körperwelt in Berührung kommen lassen wollte, und daher von oben nach unten Mittelkräfte wirken, und von unten nach oben den Menschen durch Überwindung der Welt zu Gott sich emporläutern ließ.

Und doch klingt es selbst dem pharisäischen Ohr nicht gotteslästerlich, wenn Moses und die Propheten die Kindschaft Israels scharf betonen, wenn sie Israel den erstgeborenen Sohn Gottes nennen, wenn der Psalmist den Gesalbten sich rühmen läßt: „Gott sprach zu mir, du bist mein Sohn, ich habe heute dich gezeugt, heische von mir, so will ich Nationen dir zum Erbe geben und die Enden der Welt zum Eigentum.“ Auch der Pharisäer wird es nicht als Gotteslästerung empfinden, wenn er im Buche der Weisheit liest, daß der Fromme sich des Besitzes der göttlichen Gnosis und der Kindschaft Gottes rühmt.[1]) — Er wird sich auch darüber nicht entrüsten, daß die Henochapokalypse den Namen des Messias noch ehe die Sonne und die Zeichen geschaffen, ehe die Sterne des Himmels gemacht waren, vor dem Herrn der Geister genannt werden, den Messias auf dem Thron der Herrlichkeit Gottes sitzen, alle Welt ihn anbeten und ihn in Gemeinschaft mit den ihm nachstrebenden Auserwählten auf der neu gewordenen Erde unter dem zum ewigen Segen und Lichte umgestalteten Himmel alle Zeiten hindurch wohnen läßt. Denn ähnliche Vorstellungen wie die von der Vorweltlichkeit des Namens des Messias und seiner Erhöhung hat, wie die talmudische und midraschische Literatur bezeugt, auch der Pharisäismus zu den seinigen gemacht, bezwungen von der suggestiven Macht des von den Apokalyptikern gepflanzten Volksglaubens. Und diese Vorstellungen beherrschten selbst im

---

[1]) Sap. Sal. 2,13: ἐπαγγέλλεται γνῶσιν ἔχειν θεοῦ καὶ παῖδα κυρίου ἑαυτὸν ὀνομάζει.

pharisäischen Lager die Gemüter dermaßen, daß ein Gesetzeslehrer von der Bedeutung des R. Akiba dem Messias einen Thron im Himmel neben dem Thron Gottes zum Sitz anwies. Die Tatsache allein, daß ein so epochaler pharisäischer Gesetzeslehrer den Messias in die Sphäre Gottes versetzen und diese Anschauung offen vertreten durfte, beweist zur Genüge, wiesehr selbst in den obersten Kreisen der pharisäischen Schriftgelehrten die apokalyptischen Vorstellungen von dem Messias, die auch die neutestamentlichen geworden, sich den Boden erobert hatten.

Also bisher erregte es keinerlei Anstoß, wenn der Fromme als Sohn Gottes, der Messias als der noch vor der Weltschöpfung von Gott zum Teilhaber seines Throns eingesetzte, zur Erlösung des Menschengeschlechts berufene Mittler aufgefaßt wurde. Wenn aber die Evangelien Jesum mit den Worten des Psalmisten sich einen Sohn Gottes nennen und sich auf den Thron seiner Herrlichkeit setzen lassen, dann ist es eine tötliche, den Monotheismus untergrabende Gotteslästerung und bleibt es für alle Ewigkeit. — Woher miteins diese nervöse Empfindlichkeit? Sie rührt daher, daß die Nachwelt in ehrfurchtsvoller Begeisterung für das Lebenswerk Jesu und in unbegrenzter Dankbarkeit für die ihr durch ihn gewordene Erlösung alle diese Bilder buchstäblich genommen und den Messias Jesus zu einer göttlichen Potenz erhoben hat.

Die Vergöttlichung des Menschen lag eben im Geiste der Zeit. Das Judentum des alten Bundes und der Pharisäismus lassen Gott auf die Erde zu den Menschen herniedersteigen, das griechische und apokalyptische Judentum mit feinerem philosophischen Empfinden den Menschen zu Gott sich erheben. — Nicht minder als Jesus im Neuen Testament wird Moses bei Philo vergöttlicht, wird er zum Lohne dafür, daß er seinem Volke durch Überwindung des Fleisches das Himmelslicht gebracht, zum Teilhaber des göttlichen Geistes und der göttlichen Herrschaft, zum Beherrscher der ganzen Natur gemacht. Und selbst der Logos des Evangelisten Johannes ist eine Schöpfung des jüdischen, allerdings jüdisch-hellenistischen Geistes, ein notwendiger Behelf, um eine Verbindung zwischen dem transzendenten über dem Stofflichen in absoluter Einheit thronenden Gott und der Welt, eine Vermittlung zwischen ihm und dem Menschen herzustellen. Der Logos ist der Wegweiser für den Menschen, sich zu Gott zu erheben. Schon bei Pseudosalomo ist er Gottmensch, er berührt mit dem Scheitel den Himmel und schreitet auf der Erde einher, Gottes bestimmte Botschaft verkündend. Bei Philo ist der Priester-Logos der Mittler zwischen dem Schöpfer und der Kreatur und gibt sich diesem heiligen Amte mit unendlicher Liebe hin. Er zieht in fromme Seelen ein und verwehrt, solange er in ihnen wohnt, der Sünde den Zutritt. Wir müssen, sagt Philo, zu Gott beten, daß er, der große Wegweiser, der Richter und Hohepriester in einer Person ist und unsere Seele zum Sitz des Gerichtes erhalten hat, auf immer in dieselbe einziehe. Er ist der wahrhaft große Hohepriester dieser Welt, der die Macht erhielt, die ewigen Gnadengaben zu erteilen. Wenn aber ein Mensch nicht würdig ist, Gottes Sohn genannt zu werden, so bestrebe er sich wenigstens von dessen Ebenbilde, dem erstgeborenen Logos, den Namen zu führen, der da ist der „Mensch nach dem Ebenbilde", der „sehende Israel". Er ist der reine vollkommene Sohn Gottes, der die Sündenvergebung und die Verleihung der reichsten Wohltaten erwirken kann: alle Gnade verleiht Gott auf die Fürbitte seines Logos.[1])

Die Logosvorstellung will, weit entfernt, eine Profanierung Gottes, eine Trübung des monotheistischen Gedankens zu sein, vielmehr einen schützenden Damm gegen jede Störung desselben aufführen. Und diese Vorstellung ist von dem jüdisch-hellenistischen Verfasser des vierten Evangeliums auf christlichen Boden verpflanzt worden, um sie in origineller, aber bereits weithin verstandener Weise mit dem Messias Jesus in Verbindung und seine Bedeutung für die Welt dem Bewußtsein der griechisch gebildeten Kreise näher zu bringen.

Zweifellos, der Messias mußte alles in sich befassen: Vergangenheit, Gegenwart und Zukunft, Himmlisches und Irdisches, mußte alle jemals im Volke von ihm gehegten Erwartungen, alle über ihn in Umlauf befindlichen Weissagungen erfüllen, alle da und dort inbezug auf das Wesen des erwarteten Erlösers verbreitete Vorstellungen verkörpern; daher denn auch das unausgesetzte Streben der Evangelisten, jede Lebensäußerung und jedes Leiden Jesu als Erfüllung alttestamentlicher Weissagungen hinzustellen, daher die Botschaft des vierten Evangelisten, welche verkündet, daß der den Gebildeten geläufige Logos in der Person Jesu erschienen sei. Eine Trübung des Monotheismus ist hier nirgends beabsichtigt.

---

[1]) cf. M. Friedländer, Griech. Philosophie im Alten Test. 195sqq.

Wenn der Messianismus aber in der Folge eine Vergröberung erfahren hat, so teilte er eben das Los aller, allmählich in die Massen dringenden erhabenen und welterlösenden Ideen; das wirft aber nicht den leisesten Schatten zurück auf Jesus selbst, der die geistige Wiedergeburt des Judentums anstrebte und mit seinem Blute dieses Streben besiegelte, dem kein anderer in dem Maße, wie wir, nach schweren inneren Kämpfen von den Fesseln des Pharisäismus befreiten, von dem krassen Materialismus der Zeit nicht angefressenen modernen Juden nachzufühlen vermag. Denn er war unser, und sein Evangelium ist unser! Es kommt geraden Wegs von dem Mosaismus der Propheten her, der auf seinen langen und weiten Wanderungen durch die griechische Kulturwelt, bestrahlt vom Lichte derselben, verjüngt und zu neuem Leben erweckt wurde.

Der Mosaismus war schon von Anbeginn darauf angelegt, hinaus in die Weite zu wirken, seine Träger sollten ein Reich von Priestern, ein heiliges Volk sein und durch ihr Beispiel den übrigen Völkern voranleuchten. „Denn das" — so heißt es im Deuteronomium — „ist eure Weisheit und die Erleuchtung in den Augen der Völker, welche, wenn sie alle diese Satzungen vernehmen, sagen werden: wahrlich ein weises und erleuchtetes Volk ist dieses. Denn wo gibt es ein großes Volk, dem Götter so nahe wären, wie der Ewige unser Gott überall, wo wir ihn anrufen? Und wo gibt es ein großes Volk, das im Besitz solcher gerechten Gesetze und Verordnungen, wie sie die ganze Lehre enthält, die ich euch heute gegeben"?[1])

Diesen Weg ist nach dem Vorbilde der Propheten und der Weisheitslehrer der jüdische Hellenismus gewandelt. Er hat, in die Kulturwelt eintretend, die Bibel zum Gemeingut der gebildeten Welt zu machen sich bemüht, ein Unterfangen, welches das pharisäische Judentum in große Erregung versetzte, so daß es den Tag, an welchem die griechische Bibel das Licht der Welt erblickte, zu einem Fasttag machte und ihn jenem gleichachtete, an welchem Israel in der Wüste das goldene Kalb anfertigte. Das Licht sollte eben ewig unter dem Scheffel bleiben. — Den in die unbegrenzten Fernen hinausstrebenden Mosaismus hat der Pharisäismus in seinem unverständigen Eifer für Gott in Fessel geschlagen, indem er ihn vermittelst Gesetzesketten an die enge Scholle band und ihn vor der Welt vergrub. Jesus aber setzte seine ganze Lebensaufgabe

---

[1]) Deut. 4,5–8.

darein, ihn wieder frei zu machen, damit er der Welt zum Segen werde. Schon im Beginn seines Kampfes mit den Schriftgelehrten und Pharisäern ruft er seinen Anhängern zu: „Ihr seid das Licht der Welt. Es mag eine Stadt, die auf einem Berge liegt, nicht verborgen sein. Man zündet auch nicht ein Licht an und setzt es unter einen Scheffel, sondern auf einen Leuchter; so leuchtet es dann allen, die im Hause sind. Also laßt euer Licht leuchten, daß sie eure guten Werke sehen und euren Vater im Himmel preisen.“ — Er vergleicht in vortrefflichem Bilde den Pharisäismus mit dem faulen Knecht, dem sein Herr, als er über Land ging, einen Teil seines Vermögens zur Aufbewahrung übergab, der aber das ihm anvertraute Gut aus Furcht, es möchte Schaden nehmen, in die Erde vergrub, anstatt es zu nützen, und es dem Herrn bei seiner Rückkehr unverkürzt, aber auch unverwertet wieder zurückstellte. Dieser aber fuhr ihn an: „Du Schalk und fauler Knecht! Du solltest mein Pfund zu den Wechslern getan haben, und wenn ich gekommen wäre, hätte ich das Meine zu mir genommen mit Wucher. Darum nehmt von ihm den Zentner und gebts dem, der zehn Zentner — mit dem ihm zur Aufbewahrung gegebenen Pfund — erworben hat. Denn wer da hat, dem wird gegeben, und er wird die Fülle haben; wer aber nicht hat, dem wird auch, das er hat, genommen werden. Und den unnützen Knecht werft in die Finsternis hinaus.“

Und das Himmelreich, von dem der Täufer und das Evangelium Jesu predigen, daß es nahe herbeigekommen, die Entdeckung, daß es nicht äußerlich, sondern inwendig im Menschen, finden wir es nicht bei Moses deutlich vorgezeichnet? „Die Botschaft, die ich euch bringe“, sagt Moses, „ist nicht zu wunderbar für euch und und liegt nicht fern. Sie ist nicht im Himmel, daß du sagen könntest, wer steigt uns hinauf in den Himmel, daß er sie holte, damit wir sie vernehmen und verwirklichen. Sie ist auch nicht jenseits des Meeres, daß du sagen könntest, wer zöge für uns übers Meer, daß er sie uns brächte, damit wir sie vernehmen und verwirklichen: sondern sie ist sehr nahe, in deinem Munde und in deinem Herzen, daß du sie verwirklichst“.[1])

Diese Spuren, die zum Himmelreich in uns führen, hat der Pharisäismus durch ein endloses Anhäufen äußerlicher Satzungen,

---

[1]) Deut. 30,10–15.

die des Menschen ganzes Denken und Tun in Anspruch nehmen, verwischt, Jesus aber wieder blosgelegt. Den Pharisäern, die ihn fragten, wann das Himmelreich kommen werde, antwortete er: „Das Reich Gottes kommt nicht mit äußerlichen Geberden; man wird nicht sagen: Siehe, hie oder da ist es. Denn seht, das Reich Gottes ist inwendig in euch!"

Die Botschaft Jesu vom Reiche Gottes ist im unverfälscht jüdischen Geiste gehalten, nur daß sie sich nach dem Beispiel der Weisheitslehrer und der Apokalyptiker nicht mehr an die Nation, sondern an das Individuum wendet, das, als die Zeit der Erfüllung entgegensah, das Recht, das mit ihm geboren ward, forderte, da in ihm „die Lust an Gottes Gesetz nach dem inwendigen Menschen" erwacht war. Es forderte gebieterisch die Umdeutung des Mosaismus im neuen Geiste, und so wurde das Gesetz geistig, völlig befreit von der Herrschaft des Buchstabens, welcher tötet.

Die hier nur obenhin angedeuteten Wege, auf welchen der Mosaismus nach langem und schwerem Ringen der ihn umklammernden Fessel des Buchstabens sich entwand und zur Weltreligion sich emporschwang, eingehend zu verfolgen und die Faktoren, die auf diesen vielverschlungenen Pfaden mitwirkten, daß die Zeit erfüllt werde, aus dem Dunkel der Vergessenheit ans Tageslicht zu bringen, ist dis Aufgabe dieses Buches.

Für unsere Rabbiner und Seminartheologen — heute die ausschließlichen Siegelbewahrer unserer Religionswissenchaft, zu der sie aber nicht das geringste seelische Verhältnis haben, und die uns glauben machen möchten, daß alle Schätze religiöser ewiger Werte im Talmud gelegen seien — ist dies Buch nicht geschrieben. Diese eines besseren belehren zu wollen, wäre ein vergeblich Mühen. Denn bekanntlich ist niemand mehr blind, als wer nicht sehen will. Man braucht nur ihre allerjüngsten, „das Wesen des Judentums" darstellenden Schriften einzusehen, um zu erfahren, wie weit die Verblendung dieser unserer „Seelsorger" geht, wie wenig sie gelernt und wie noch weniger sie vergessen haben. Mit diesem literarischen Plebejertum sich auseinandersetzen zu wollen, wäre ein törichtes Beginnen. An seinem pseudopharisäischen Stumpfsinn scheitert alle Logik. Seine Hauptwaffen sind: Totschweigen und, wo dies nicht mehr angeht, Verketzern. Unvermögend, den Gegner zu widerlegen, da es ihnen an Wissen und Begriffen fehlt, werfen sie ihm mit ebenso wohlfeilem als lächerlichem „Mannesmut" Ketzernamen an den Kopf, wie:

Sadduzäer, Karäer, Acher! Und ihr ausschließliches Trachten geht dahin, ihn in den Kreisen ihrer gedankenlosen Anhänger unschädlich zu machen und seine wissenschaftlichen Darbietungen zu verdächtigen. Über diese unaustilgbaren blinden Blindenführer! Diese petrifizierten zweitausendjährigen Mumien glauben, wenn sie einen kümmerlichen modernen Laken auf das alte, an allen Enden und Ecken rissig und schlissig gewordene pharisäische Kleid geflickt haben, modern erscheinen zu können! Allein ihre beispiellose Rückständigkeit vermag keine Kulturschminke der Welt zu übertünchen. —

Sie ist aber auch begreiflich, diese Rückständigkeit unserer modernen Pharisäer. Ist doch ihr Bildungsgang ein ganz verkehrter. Sie fangen in ihren Schulen mit dem Talmud an, werden in seine Gedankengänge eingesponnen und kommen von ihnen nicht mehr los, selbst wenn sie sich später mit anderen Wissenschaften zu befassen anfangen. Sie bleiben doch immer auswendiggelernte Kulturmenschen. Nur ausnahmsweise vermag sich unter Tausenden Einer aus eigener Kraft zur Höhe des freien Forschens emporzuschwingen und alle Vorurteile, die ein enger und engster Partikularismus in ihn gepflanzt, gründlich abzutun. Daher denn auch ihre Wissenschaft eine so sterile, öde, über die Buchstabengelehrsamkeit nicht hinauskommende.

Den entgegengesetzten Weg schlug die jüdisch-hellenistische Schule ein und erklomm denn auch den Gipfel des Universalismus. Sie pflegte zuerst und mit vieler Gründlichkeit die allgemeinen Wissenschaften, räumte der weltlichen Philosophie den weitesten Spielraum ein und ging, so vorbereitet uud ausgerüstet, zur göttlichen Philosophie: zur Religionswissenschaft, über. So kam es, daß sie den Mosaismus von den Umarmungen eines engen Nationalismus und Zeremonialismus befreite und ihn zu den Höhen des Universalismus emporhob. — Philo kann nicht eindringlich genug mahnen, daß man, bevor man in das Heiligtum der Religionswissenschaft eintrete, sich vorerst gründlich mit der weltlichen Philosophie befasse, welche die Vorstufe und die Vorbereitung für die göttliche bilde. Nur auf diese Weise könne man in das Innere der Gotteslehre gelangen. Dieses liest er mit seiner Schule aus der Schrift heraus: Hagar, die Dienerin der Sarah, bedeutet ihm die weltliche, Sarah, die Herrin, die göttliche Philosophie. Wolle man zur Herrin gelangen, so müsse man sich zuerst bei der Dienerin niederlassen, müsse mit ihr intimen Umgang pflegen und bei ihr seine schöpferische Kraft erproben; dann erst könne man zur Herrin, unaufhaltsam zur höchsten Vollkommenheit, zur wahren Religion — die in Sarah, der vollkommenen Tugend, verkörpert — gelangen. So sei auch Abraham im Wege der weltlichen Bildung zur himmlischen vorgedrungen und der Auserwählte Gottes geworden.[1])

Faßt man nun das hohe Ziel ins Auge, das der jüdische Hellenismus zu erreichen strebte, dann verzeiht man ihm gern die Gewalttätigkeiten, die er auf dem Wege zur Erreichung dieses Ziels an dem biblischen Schrifttum verübte. Galt es doch die Erstürmung des Gottesreichs, und da mußte dieses Gewalt leiden: denn „die Gewalt tun, dringen hinein“.

Also nicht für die Rabbiner, für gebildete Laien, die einen ähnlichen Bildungsgang, wie ehemals die griechischen Juden, genommen und die sich über ihre Religion unterrichten wollen, habe ich dieses Buch geschrieben. Um ihretwillen habe ich mich bemüht, so einfach und durchsichtig, als es nur immer der vielfach spröde Stoff gestattet, meinen Gegenstand zu behandeln und ihnen das erforderliche Quellenmaterial in möglichst erschöpfendem Maße vorzuführen, damit sie in die Lage versetzt werden, sich selber, unababhängig von den Theologen, ein Urteil bilden zu können. Sie müssen jedoch möglichst voraussetzungslos an diese Quellen herantreten und jede Erinnerung an pharisäische Schriftauslegung und Weltanschauung draußen lassen, wenn sie zur Erkenntnis des wahren Wesens des Judentums gelangen wollen.

Ich weiß, man wird gegen mich u. a. auch den Vorwurf erheben, daß ich zuviel naiven Glauben den Überlieferungen entgegenbringe und daher unkritisch vorgehe. Das wird mich jedoch in meinem Vertrauen zu den in diesen Buche herangezogenen Quellen, die mir das richtige Verständnis für jene merkwürdige Zeit und für die an ihrem Webstuhl sitzenden und der Gottheit lebendiges Kleid wirkenden Persönlichkeiten erschlossen, nicht zu erschüttern vermögen. Wer dieses Schrifttum mit offenen Augen ansieht, sich in dasselbe vertieft, die einzelnen Teile desselben nicht besonders, jeden für sich, sondern im Zusammenhang behandelt und das geistige Band aufzusuchen sich bemüht, der wird, gleich

---

[1]) cf. Leg. alleg. I, 135. De Cherub. I, 139. De sacrif. Ab. C. I, 170 u. a. St.

mir, finden, daß hier historische Überlieferungen ersten Ranges vorliegen. Denn Ehrfurcht vor der Überlieferung zeichnet das Judentum aller Schattierungen bis in die nachapostolische Zeit aus, bis in die Zeit, wo griechische Schriftstellerei auf dem Boden des Christentums heimisch zu werden anfängt.

Tiefe Ehrfurcht vor der Überlieferung hegt die pharisäische Schule. Sie deutet und deutelt an ihr, aber sie zu unterdrücken oder zu verfälschen erkühnt sie sich niemals. Selbst da, wo die Überlieferung ihrer Rechtgläubigkeit straks entgegen ist und sie aufzuheben droht, wo an die pharisäischen Schriftgelehrten die Versuchung herantritt, sie aus der Welt zu schaffen, siegt schließlich die heilige Scheu vor der Überlieferung über den Trieb der Selbsterhaltung. Sie erkennen die Gefahr, die Koheleth und andere hagiographische Schriften für ihre Glaubenslehre und Lebensanschauung bergen, und schon sind sie daran, dieselben der Vernichtung preiszugeben; im entscheidenden Moment jedoch gewinnt die Ehrfurcht vor der Überlieferung die Oberhand — und diese Schriften bleiben uns erhalten, wenn sie auch im pharisäischen Geiste umgedeutet werden.

Scheu vor der Überlieferung bekundet selbst der Sadduzäismus, der sich von ihr kein Jota rauben lassen will; bekunden im hohen Maße die Essener, die Apokalyptiker und die jüdischen Hellenisten. Ja selbst der in allen diplomatischen Künsten versierte Geschichtsschreiber Josephus verrät eine unüberwindliche Scheu vor der Überlieferung, und sie bleibt ihm heilig und unantastbar selbst da, wo sie seinem Interesse entgegen ist.

Tiefste Ehrfurcht vor der Überlieferung endlich legt das ganze neutestamentliche Schrifttum an den Tag. Und die Widersprüche, die es aufweist, sind, wie ich zeigen werde, nicht zuletzt auf diese Scheu, die jede Kritik verstummen macht, zurückzuführen.

Es ist somit nicht nur ein schweres Unrecht, sondern auch eine Versündigung gegen den heiligen Geist der Geschichte, diesen Überlieferungen zähes Mißtrauen entgegenzubringen. Man mag immerhin an dem Auffassungsvermögen mancher Tradenten zweifeln, aber die Überlieferungen selbst in Bausch und Bogen verwerfen, weil sie sich da und dort widersprechen, das darf man nicht. —

Ich würde mich im Gewissen bedrückt fühlen, wenn ich nicht diesem Buche das Bekenntnis vorausschickte, daß ich ungemein viel Anregungen, die, wie ich hoffe, in ihm Früchte getragen haben, meinem

Sohne Oscar verdankte. Diese vermittelten mir sowohl seine Schriften,[1]) als auch der unmittelbare und rege Gedankenaustausch, den ich mit ihm durch eine Reihe von Jahren über meine eigenen und eine Menge angrenzender Probleme unterhielt. Er ist nicht in den pharisäischen Traditionen, durch die mein eigenes Denken von Jugend an in seiner Entfaltung gehemmt war, aufgewachsen, die inneren Kämpfe, die ich bei meiner verkehrten religiösen Erziehung durchzukämpfen hatte, sind ihm erspart geblieben, und er konnte auch auf religiösem Gebiete von Anfang an auf einem freien, durch keinerlei bindende Traditionen eingeschränkten Standort Fuß fassen. Ihm, dem sich bereits in sehr jugendlichem Alter — wie seine Schriften dies bezeugen — weitere religionsphilosophische Aspekte erschlossen, danke ich zum Teil meine Überwindung des Pharisäismus und eine höhere Würdigung messianischer Ideale. Auch an dem, was in diesem Buche an fruchtbaren Motiven enthalten ist, hat er seinen Anteil; und deswegen fühle ich mich gedrängt, dies an dieser Stelle ausdrücklich zu betonen.

---

[1]) Insbesondere seine Schriften: „Nietzsches Lehre in ihren Grundbegriffen", Berlin 1903, und „Romantik und Gegenwart", Berlin 1904, die er unter dem Pseudonym Oscar Ewald veröffentlichte.

Moriz Friedländer.

INHALTSVERZEICHNIS.

I. TEIL. DAS PALÄSTINENSISCHE JUDENTUM.

II. TEIL. DAS HELLENISTISCHE JUDENTUM.

ERSTER TEIL:

DAS PALÄSTINENSISCHE JUDENTUM.

EINLEITUNG.

Zu Beginn des zweiten vorchristlichen Jahrhunderts war das palästinensische Judentum von der griechischen Kultur überflutet, welche daselbst, vorzugsweise bei den herrschenden Klassen, alle Schlacken und Schäden abgelagert hatte. In derselben Zeit, wo das Judentum der Diaspora, vom Hauche der griechischen Philosophie berührt, neu auflebte und durch Verschmelzung des griechischen und jüdischen Geistes den Mosaismus zur Weltreligion auszugestalten anfing, monumentale Werke schaffend, wie die griechische Bibel, die Sapientia Salomonis, propagandistische Schriften unter die Menge brachte nach Art des sog. Aristeasbriefs, der sibyllinischen Orakel usw., in derselben Zeit waren die obern Stände Palästinas bereits von der Fäulnis der griechischen Kultur völlig angefressen, entjudet und entnationalisiert, bereit, im Griechentum auf- und unterzugehen, sobald äußere Vorteile es erheischten, sobald ein Aufgehen in der Weltkultur ihnen Befestigung ihrer Herrschaft und Erhöhung des Wohllebens versprach.

Einen tiefen Einblick in die religiösen und sozialen Zustände, wie sie sich in Judäa vor dem Ausbruche des Makkabäerkrieges herausgebildet hatten, gewährt uns zunächst das in jener Zeit entstandene Buch Koheleth. Welche Verheerung mußte das ungestüme Hereinbrechen der griechischen Kultur in den Massen des jüdischen Volkes angerichtet haben, wenn selbst Koheleth, ein frommer Volkslehrer jener Zeit, der gegen die herrschende religiöse Verwilderung ankämpft, von den durch die fremde Philosophie erzeugten Zweifeln und Skrupeln dermaßen ergriffen ist, daß er, haltlos von ihnen umhergepeitscht, krampfhaft sich an den Anker des Glaubens an Gott anklammert, um nicht in ihnen unterzugehen. Wie heillos damals die religiöse Entartung in Israel, dank dem in Palästina grassierenden griechischen Unwesen, war, lehrt am deutlichsten das Buch Daniel, das uns in seinen Visionen mit den grellsten Farben den übermächtigen Einfluß des griechischen Geistes in Palästina, der alle religiösen Sitten und Gebräuche wegflutet, die „Starken und das heilige Volk" überwältigt, schildert und in das Schuldbekenntnis ausbricht: „Wir müssen uns schämen, wie es jetzt geht denen von Juda und denen von Jerusalem, denen, die nahe und fern sind in allen Ländern, dahin du uns verstoßen hast um ihrer Missetaten willen, die sie an dir begangen. — Das ganze Israel übertrat dein Gesetz und wich ab, daß es deiner Stimme nicht gehorchte."[1])

Welch abgründliche Umgestaltung mußte das Judentum Palästinas durch Einwirkung der griechischen Kultur in den Zeiten des Antiochus Epiphanes erfahren haben, wenn, wie wir in dem Makkabäerbuch lesen, damals Männer in Israel aufstehen und dem Volke zurufen durften: „Auf, laßt uns einen Bund schließen mit den Völkern rings um uns her! Denn seitdem wir uns von ihnen abgesondert haben, traf uns viel Unglück!"[2]) Und wieweit mußte unter den Juden die Assimilierung an das Griechentum gediehen gewesen sein, wenn die Menge dieser Aufforderung nicht nur verständnisvoll lauschte, sondern ihr auch gern entgegenkam. „Denn" — so lesen wir in demselben Buche weiter — „diese Rede gefiel in ihren Augen. Und einige aus dem Volke wurden angefeuert und gingen zum König. Und er gab ihnen Erlaubnis, die heidnischen Sitten einzuführen."[3])

Wie aber erklärt sich diese so durchgreifende Hellenisierung des palästinensischen Judentums, und dann wieder die rapid eintretende und impetuos um sich greifende Reaktion gegen alles Griechische? Auf ganz natürliche Weise: Die erstere vollzog sich zwanglos, freiwillig unter der Gunst der Verhältnisse, gefördert durch eine weitgehende Toleranz seitens der ägyptischen Herrscher; die letztere wurde durch einen unvernünftigen, von volksverräterischen jüdischen Hellenisten irregeleiteten König, der gewaltsam heidnischen Götzendienst in Judäa einführen wollte und gräuliche Religionsverfolgungen inszenierte, herbeigeführt.

Unter den auf Alexander den Großen folgenden Ptolomäern genossen die Juden nahezu ein ganzes Jahrhundert hindurch des ungetrübtesten Friedens und der ungehemmten Freiheit, ihre geistigen Anlagen zu entfalten. Unter dem mächtigen Einfluß der griechischen Philosophie, erweiterte sich immer mehr ihr Blick,

---

[1]) Dan. 9,7.11. [2]) 1 Macc. 1,11. [3]) 1 Macc. 1,12–15. cf. 2 Macc. 4,9–14.

hinstrebend zum Allgemeinen, fielen allmählich die sie bislang einengenden nationalen Schranken, entwickelte sich bei ihnen eine neue Richtung, die sie zum Individualismus und Universalismus emporhob, wie sie die Weisheitsliteratur, die in dieser Periode aufblühte, widerspiegelt. Dieser freie, weitausschauende Geist begann sich zu verengen und zu verdüstern, als der politische Horizont sich zu umwölken anfing, Kämpfe zwischen den Ptolomäern und Seleuciden ausbrachen, von denen Judäa, als im Mittelpunkte der Ereignisse gelegen, arg in Mitleidenschaft gezogen und von Mißgeschicken hart betroffen wurde, wer auch immer der Sieger sein mochte.[1]) — Dieser freie Geist drohte ganz unterzugehen, als Antiochus Epiphanes den wahnsinnigen Einfall hatte, grausame Religionsverfolgungen über Judäa heraufzubeschwören, die gerade die entgegengesetzte als die angestrebte Wirkung erzielten. Religionsverfolgungen kannte bis dahin das Heidentum nicht und sie trafen das jüdische Volk um so härter, machten den Schmerz um so brennender, als die Erreger Volksgenossen waren: eine feile, vom entarteten Hellenismus verseuchte und durchaus verderbte Priesterschaft, die, um ihre Macht zu befestigen, es nicht scheute, ihr Volk zu verraten und zu verkaufen und es an den Rand des Abgrunds brachte; Gesetzesverächter, die für ihre Volksgenossen kein Herz hatten, weshalb sie auch im Makkabäerbuche Volksfeinde genannt werden;[2]) die ihr Volkstum gern mit dem Griechentum vertauschten, wenn sie dabei ihre Rechnung fanden. Was Wunder, daß die gesetzestreu gebliebenen Juden alle Schuld an der im Volk grassierenden sittlichen Verlotterung und der Religionsverfolgung der fremden Kultur in die Schuhe schoben, sie mit Ingrimm haßten und sie, als sie zur Macht gelangten, ebenso blutig verfolgten, als sie selbst um ihrer religiösen Überzeugung willen verfolgt wurden? Dieser unbändige Haß der Gesetzestreuen gegen griechische Weltanschauung und griechisches Wesen kommt schon in den Psalmen und später in der Danielapokalypse zum flammenden Ausdruck und man gewinnt schon hier eine Vorstellung von der Form, in der sich der lang verhaltene Grimm entladen werde, wenn einmal die Frommen ans Ruder kommen sollten. Gelobt doch der Fromme in den Psalmen schon: „Jeden Morgen alle Gottlosen im

---

[1]) cf. Jos. Antt. XII, 3,3.

[2]) cf. 1 Macc. 11,21: μισοῦντες τὸ ἔθνος αὐτῶν ἄνδρες παράνομοι

Lande vertilgen, alle Sünder aus der Stadt des Herrn ausrotten zu wollen.“[1])

Die Literaturen beider Epochen, der vormakkabäisch-ptolomäischen und der nachmakkabäisch-hasmonäischen, tragen denn auch vielfach ein gründlich verschiedenes Gepräge. War der Geist der ersteren ein weitausblickender, national entschränkter, den veränderten Verhältnissen sich anpassender, so verbanden sich in der letztern politische Rücksichten mit religiösem Fanatismus, um ihn in nationale und religiöse Schranken einzuengen. Hatte auf der einen Seite der jüdische Hellenismus die neuen Ideen mit Hilfe einer eigenartigen, der griechischen Literatur entlehnten Auslegungsmethode in die Bibel gebracht, diese vergewaltigt, um den Juden die Assimilierung an das Griechentum zu ermöglichen und den Mosaismus zur Weltreligion auszugestalten, so setzte die nachmakkabäische pharisäische Auslegungskunst alles daran, dieselbe Bibel in entgegengesetztem Sinne, oft unter Anwendung einer waghalsigen, den Geist des Gesetzes tyrannisierenden Interpretierungsmethode auszudeuten und die Juden durch Schaffung von neuen, in die Schrift gewaltsam hineingezwängten Satzungen und Dogmen von der Außenwelt streng zu isolieren.

In der jüdischen Weisheitsliteratur, die in der Ära der Ptolomäer aufblühte und mit jener der Seleuciden unterging, herrscht ein erstaunlich freier religiöser Geist. Das Individuum, nicht die Nation steht da im Mittelpunkt des Interesses, die partikularistischen Bestrebungen sind völlig vor den universalistischen in den Hintergrund getreten. Die Weisheitslehrer der vormakkabäischen Zeit, die das überkommene religiöse Schrifttum unter neue Beleuchtung stellen, zeitbewegende Ideen in dasselbe hineintragen, sind von diesen dermaßen begeistert, von dem mächtigen Drang, dieselben zum Gemeingut der Nation zu machen, dermaßen getrieben, daß sie, um ihnen unbedingten Glauben und göttliche Sanktion zu verschaffen, ihre eigene Person selbstlos im Hintergrund verschwinden lassen, auf Nachruhm völlig verzichten und ihre Weisheitslehren gottbegnadeten, in der Erinnerung des Volkes unauslöschlich lebenden Männern der Vorzeit in den Mund legen, sich lediglich als das Sprachrohr jener erhabenen Begründer ihrer Religion betrachtend, in deren Geiste sie zu lehren, deren Ideen

---

[1]) Ps. 101,8.

sie den späten Enkeln, allerdings geschaut im Lichte einer neuen Zeit, unverfälscht von neuem zu offenbaren glauben.

Anders die offizielle nachmakkabäische Literatur, die sich schon in der Danielapokalypse ankündigt. Hier tritt wiederum das Individuum vor der Nation zurück, der Universalismus vor dem Partikularismus, die freie Entwicklung des religiösen Gedankens vor dem Buchstaben des Gesetzes, den der Gesetzeslehrer im Geiste einer reaktionären Zeit auslegt. Der schöpferische Geist ist versiegt, an seiner Stelle machen sich trockene Gelehrsamkeit und Autoritätsglauben breit. Die Kritik, der in der Weisheitsliteratur, insbesondere in Hiob und in Koheleth, eine so weitgehende Freiheit eingeräumt ist, verstummt, das philosophische Denken ist verpönt, die religiöse Entwicklung eingedämmt in die „vier Ellen der Halacha“.

Wie aber konnte sich — anscheinend unvermittelt — ein so gründlicher Wandel im Denken des Volkes vollziehen?

Die Versuche Esras und Nehemias, die Juden in Palästina von jedem Verkehr mit den sie umgebenden Nachbarvölkern abzuschließen und sie zu einem starren Festhalten an dem Gesetz der Väter zu erziehen, hatten zwar einen momentanen, aber im allgemeinen keinen dauernden Erfolg. Nach dem Hingang dieser beiden so autoritativ auftretenden Männer gingen allmählich ihre Isolierungsarbeiten verloren; zumal als die Juden unter griechische Herrschaft kamen und an der griechischen Kultur sich zu sonnen anfingen, lockerte sich die gesetzesstrenge Richtung immer mehr und mehr, da sich das Volk in seinen großen Massen willig den bestrickenden Reizen der griechischen Kultur gefangen gab, deren Segnungen bald in dem edleren Teil desselben, wie sie in der den Glauben der Väter in ganz neuem Lichte zeigenden Weisheitsliteratur zum Ausdruck gelangen, zutage traten, während sie in einem andern, insbesondere in dem herrschenden Teil bald die größte Entartung hervorbrachte, wie wir sie schon in dem Buche Koheleth geschildert finden und vor der Makkabäererhebung epidemisch um sich greifen sehen.

Und doch waren die Arbeiten Esras und Nehemias nicht vergeblich gewesen. Eine Minorität im Volke war der von ihnen initiierten gesetzesstrengen Richtung treu geblieben und verfolgte sie unentwegt mit einer durch nichts zu erschütternden Beharrlichkeit. Es waren dies die „Frommen“, die wir in den Psalmen und im Buche Hiob mit allen ihnen zu Gebote stehenden Mitteln gegen die antinationale und gesetzesfreie Strömung kämpfen und endlich in der Makkabäererhebung den Sieg erringen sehen. An diesem Felsen prallten alle Brandungen des durch das Eindringen des griechischen Geistes in seinen Tiefen aufgewühlten und religiösen Lebens machtlos ab.

Diese Partei der Frommen wehrte sich von allem Anfang mit aller Macht gegen die ungestüm in Palästina hereinflutende griechische Kultur und hielt, allen ihren Anstürmen heroisch Trotz bietend, unverbrüchlich fest an ihren alten religiösen Traditionen, Sitten und Gebräuchen. Sie bekämpfte schon in den ersten Anfängen der griechischen Ära den neuen Geist in Hiob, der es wagte, an dem Hergebrachten schonungslos Kritik zu üben; sie bekämpte ihn unablässig in den Psalmen bis in die Zeit des Makkabäeraufstandes, der überhaupt ihr Werk ist, den sie von langer Hand vorbereitet und im gegebenen Moment angefacht hat. Diese Partei, die sich zu keiner Zeit von ihrem hergebrachten Glauben auch nur ein Jota rauben lassen wollte, von keinem wie immer gearteten Kompromiß mit der berückenden fremden Kultur hören wollte, umfaßte die konservativ gebliebenen Elemente, „die Gläubigen im Lande“,[1]) und wie sehr sie auch in der Folge zusammenschrumpfen und zu einem Häuflein von „Armen und Elenden“ herabsinken mochte, sie erlahmte in ihrem Widerstande gegen die neue Richtung nicht, ihr Haß gegen dieselbe loderte nur um so mächtiger auf, und sie verdammte in ihrem heiligen Eifer die Massen der die neuen Wege wandelnden oder ihnen nur hinneigenden Volksgenossen in Bausch und Bogen als „Gottlose“ und „Abtrünnige“, in der unerschütterlichen Überzeugung, daß Gott sie eines Tages in seinem Grimme samt und sonders zerschmettern und das Land den „Frommen“ zum bleibenden Sitz geben werde.

Und ihre Hoffnung täuschte sie nicht. Die Verheerung, die der entartete jüdische Hellenismus in den Reihen des palästinensischen Judentums zu Beginn des zweiten vorchristlichen Jahrhunderts angerichtet, wo des Lichtes Himmelsfackel, die der griechische Geist in Palästina angezündet, nicht mehr strahlen, sondern nur zünden konnte, der Abfall, den er vorbereitet, die Nichtswürdigkeit einer maßlos selbstsüchtigen und von Grund aus verderbten Priesterschaft, die mit Hilfe der Fremdherrschaft das Volk ethnisieren,

---

[1]) Ps. 101,6.

griechische Unsitte gewaltsam importieren wollte und unsagbare Leiden und Verfolgungen über Judäa heraufbeschwor; das alles und noch mehr mußte endlich auch den Blindesten im Volke die Augen öffnen und die bessern Elemente, die ihr Volkstum und ihre Heiligtümer nicht preisgeben wollten, in die Reihen der „Armen und Elenden", in die Partei der „Frommen" drängen.

Und als endlich die blutigen und schmachvollen Religionsverfolgungen durch die Makkabäersiege niedergeschlagen waren und die nationale Begeisterung in hellen Flammen aufloderte, da war es um den entarteten Hellenismus, in welchem man den Urheber alles Wehs und alles Unheils, von dem das Volk betroffen wurde, sah, geschehen. Die Partei der „Frommen", die als Siegerin aus dem Kampfe hervorgegangen, stand jetzt im Vordergrund, war volksbeherrschend geworden und durfte nun ihre Rache an allem griechischen Wesen kühlen, ihr Gelöbnis einlösen: „alle Gottlosen im Lande vertilgen, alle Sünder aus der Stadt des Herrn ausrotten zu wollen".

Der Geist Esras feierte nach den Makkabäersiegen, die das nationale Judentum gerettet und zu neuem Leben erweckt hatten, in der Partei der „Frommen" seine Auferstehung und gelangte im Pharisäismus, der die neuen Strömungen im Volke verkörperte, zur weitesten Entfaltung.

Ob das palästinensische Judentum in Wirklichkeit in der Fäulnis des Hellenismus untergegangen wäre, wenn es nicht durch die Makkabäersiege davor bewahrt geblieben wäre? Wir glauben diese Frage mit aller Entschiedenheit verneinen zu sollen; wir halten dafür, daß der mosaische Gedanke stark genug war, um diese Krankheit schließlich überwinden zu können. Das lehrt am deutlichsten das mächtige Aufblühen des jüdischen Geistes in der griechischen Diaspora.

Das Judentum in der Diaspora war weit mehr als das palästinensische dem griechischen Einfluß ausgesetzt, da es ja in den Zentren der griechischen Welt lebte, sich ihr oft bis zur Selbstverleugnung assimilierte, „nicht blos der Sprache nach, sondern bis in die Seele hinein" hellenisch werdend, wie Aristoteles bei Klearch von einem jüdischen Gelehrten rühmt, mit dem er auf seinen Reisen im Orient in Berührung gekommen war.[1]) Und

[1]) cf. Jos. c. Ap. I, 22, wo Aristoteles von diesem jüd. Gelehrten sagt: Ἑλληνικὸς ἦν οὐ τῇ διαλέκτῳ μόνον ἀλλὰ καὶ τῇ ψυχῇ.

doch, wie flammte hier der Mosaismus, befruchtet vom Strahl der griechischen Philosophie, erst recht im hellsten Glanze auf, immer werbender vordringend, bis er schließlich eine ganze Welt in seinen Bannkreis zog! Und auch hier, in der Diaspora, hatte der vornehme jüdische Hellenismus, wie uns ganz besonders die beiden ersten Kapitel des Buches der Weisheit lehren, gegen den erstickenden Hauch desselben jüdischen Epikureismus, wie er in Palästina vor der Makkabäererhebung so scharf wehte, anzukämpfen. Aber er war stark genug, die religiöse Atmosphäre von ihm zu reinigen und sich zur Weltreligion emporzuläutern.

Kein Zweifel, auch in Palästina hätte schließlich der gesunde jüdische Hellenismus über den faulen triumphiert, wären hier nicht inzwischen die politischen Verhältnisse die desolatesten geworden, die eine mächtige Erstarkung der vormals so schwachen Partei der rückständigen Frommen herbeiführten und der nationalen Idee zum Siege verhalfen. — Blühte doch in Palästina selbst, und dies noch in der nachmakkabäischen Periode, wo nationaler Chauvinismus und fanatische Gesetzesfrömmigkeit gegen alles Griechische wüteten, der jüdische Hellenismus, ungeschwächt bis zum Untergang der Nation fort: in der glaubensstarken Apokalyptik, die ihn in das Kleid göttlicher Offenbarung hüllte, ihn so den breitesten Volksschichten vermittelnd, und in dem Essenismus, der eine harmonische Verschmelzung des mosaischen und hellenischen Geistes darbietet.

Zerfiel aber das vormakkabäische Judentum in zwei Parteien: in eine gesetzestreue und eine gesetzesfreie; in eine kulturfeindliche, sich mit allen Organen an die alten Überlieferungen klammernde und in eine kulturfreundliche, den neuen Ideen zugängliche; in eine Majorität, die sich dem Griechentum näherte, von seinen Ideen stark angeregt, und in eine Minorität, die sich eben so stark von ihm abgestoßen fühlte und unentwegt in ihrem alten Einfaltsglauben verharrte: so spaltete sich das nachmakkabäische palästinensische Judentum schon zu Beginn der hasmonäischen Periode in mehrere Sekten.

Den Anstoß zur Sektenbildung gab die jetzt herrschend gewordene Partei der „Frommen“, die in ihrem zügellosen und unversöhnlichen Haß gegen die fremde Kultur unübersteigliche Schranken gegen dieselbe aufrichten und durch eine strenge Isolierung die Nation gegen die Wiederkehr vormakkabäischer Zustände schützen wollte. Ihre Losung war: Machet einen Zaun um die Thora![1]) Und da wurde denn alles, was diesen Zielen irgendwie förderlich, im Volke noch als Überlieferung lebendig war, allerdings im guten Glauben, zum mündlichen von Gott dem Mose auf dem Berge Sinai verkündeten Gesetz gestempelt, indem es in das geschriebene Gesetz mehr oder weniger gewaltsam hineininterpretiert wurde. Dieses „mündliche Gesetz" schwoll naturgemäß allmählich mächtig an und wurde zu einer andern, der ersten an Heiligkeit völlig ebenbürtigen, oder sie gar noch überragenden Thora.

War aber dieses neue Gesetzesbollwerk ursprünglich ausschließlich gegen den Einbruch fremder Ideen und Sitten aufgerichtet, so wirkte es nicht weniger drückend nach innen, da die Beobachtung dieser Gesetze nicht nur jeden Verkehr mit Fremden und sogar mit den Massen des eigenen Volkes, den sogenannten Amhaarez, die sich denselben nicht unterwerfen wollten und konnten, ungemein erschwerte, ja sogar unmöglich machte, sondern auch große Beschränkungen und Entbehrungen auferlegte, die sich zumal der im Weltverkehr stehende, an griechisches Wohlleben gewöhnte Adel nicht gefallen lassen wollte. Er trat in Opposition. So entstand der Sadduzäismus, der nur dem geschriebenen Gesetz Geltung zuerkannte, aber die autoritativ auftretende und strikte Befolgung fordernde „Überlieferung", mit deren Sammlung und Bearbeitung sich die aus der Partei der „Frommen" hervorgegangenen Schriftgelehrten, die sogenannten Pharisäer, befaßten, in Bausch und Bogen verwarf.

Daß aber der so sehr geglückte Versuch, das geschriebene Gesetz mit einer mündlichen, den national und religiös sich verengenden Verhältnissen entsprechenden Überlieferungslehre zu umschanzen und letztere neben dem ersteren auf den Stuhl Mosis zu setzen, erst nach den Makkabäersiegen auftauchte, beweist schon die Tatsache, daß die pharisäische Traditionslehre noch am Ende des zweiten vorchristlichen Jahrhunderts, in den letzten Regierungsjahren des Hasmonäerfürsten Johannes Hyrkan tiefe Wurzel nicht gefaßt hatte. Hyrkan, anfangs ein ergebener Schüler der Pharisäer, durfte es noch ganz ungestraft wagen, sie aufzuheben und auf die Befolgung derselben Strafe zu setzen. Selbst Josephus, der sich so gern rühmt, der pharisäischen Partei anzugehören, kann nicht

---

[1]) Abot I, 1: ועשו סיג לתורה.

umhin, bei aller diplomatischen Darstellungskunst, zu verraten, daß die pharisäische Überlieferungslehre in der Zeit des Johannes Hyrkan noch als Menschensatzungen galten und deshalb damals noch schwer angefochten wurde. Über den Abfall Hyrkans von der pharisäischen zur sadduzäischen Partei berichtend, sagt er: er habe, sich von der pharisäischen Partei lossagend und der sadduzäischen sich anschließend, die von jener dem Volke auferlegten Gesetze aufgehoben, ja sogar auf die Befolgung derselben Strafe gesetzt.[1]) Und abermals auf die Neuheit der pharisäischen Traditionen anspielend, und durchblicken lassend, daß sie in weiten Kreisen als Bürden, von Menschenhand auferlegt, empfunden und angesehen wurden, fährt er erklärend fort: „Die Pharisäer haben dem Volke nach mündlicher Überlieferung viele Gesetze auferlegt, die in dem Gesetz Mosis nicht stehen. Diese verwirft die sadduzäische Partei als ungültig und behauptet, daß das schriftliche Gesetz allein zum Gehorsam verpflichte, die Überlieferung der Väter aber keine verbindliche Kraft habe. Hierüber entstanden oft heftige Streitigkeiten und Feindschaften, wobei die Sadduzäer die Reichen, aber nicht das Volk, die Pharisäer dagegen die große Menge auf ihrer Seite hatten.“ [2])

Das ist doch wohl deutlich genug. Und daß die phärisäische Traditionslehre gerade von Seite der obersten und führenden Volksklasse angefochten, so ungescheut bekämpft und als Menschensatzung hingestellt werden durfte, das spricht keineswegs zugunsten ihres hohen Alters und ihres hergebrachten Ansehens.

Und tatsächlich läßt sich leicht nachweisen, daß ganz neue, dem Mosaismus völlig fremde Dogmen von den pharisäischen Schriftgelehrten in denselben hineingetragen wurden. Hier nur ein klassisches Beispiel. Die Lehre von der Auferstehung und dem Fortleben nach dem Tode kennt das biblische Schrifttum nicht. Der Pharisäismus aber erhebt diese Lehre zu einem mosaischen Dogma und verweist die epikureischen Leugner derselben in die

---

[1]) Antt. XIII, 10,6: ὥστε τῇ Σαδδουκαίων ποιεῖσθαι προσθέσθαι μοίρᾳ, τῶν Φαρισαίων ἀποστάντα, καὶ τά τε ὑπ᾽ αὐτῶν κατασταθέντα νόμιμα τῷ δήμῳ καταλῦσαι, καὶ τοὺς φυλάττοντας αὐτὰ κολάσαι.

[2]) ib. νῦν δὲ δηλῶσαι βούλομαι, ὅτι νόμιμα πολλά τινα παρέδοσαν τῷ δήμῳ οἱ Φαρισαῖοι ἐκ πατέρων διαδοχῆς, ἅπερ οὐκ ἀναγέγραπται ἐν τοῖς Μωϋσέως νόμοις, καὶ διὰ τοῦτο ταῦτα τὸ Σαδδουκαίων γένος ἐκβάλλει, λέγον ἐκεῖνα δεῖν ἡγεῖσθαι νόμιμα τὰ γεγραμμένα, τὰ δ᾽ ἐκ παραδόσεως τῶν πατέρων μὴ τηρεῖν.

Gehenna, wo sie alle Zeiten hindurch gerichtet werden. Die Sadduzäer bekämpfen dieses Dogma, mit Recht darauf hinweisend, daß es in dem geschriebenen Gesetz nicht enthalten.[1]) Demgegenüber sprechen die Pharisäer allen jenen den Anteil an dem künftigen Leben ab, die behaupten, die Lehre von der Auferstehung der Toten sei in der Schrift nicht nachweisbar.[2])

Es ist sehr belehrend zu sehen, wie selbst in der talmudischen Literatur, wenn auch in einer jüngern Quelle, zugestanden wird, daß den Vätern der vormakkabäischen Zeit die Offenbarung von der Auferstehung und einem Leben nach dem Tode noch nicht erschlossen war.[3])

Wenn nun solche Kardinallehren, die ja allerdings von dem Volke gern angenommen wurden und auch zweifellos in demselben schon seit längerer Zeit, dank den unermüdlichen Bemühungen der Apokalyptiker, Verbreitung gefunden hatten, im Angesicht kritisch angelegter Gegner, wie die Sadduzäer es waren, als genuin mosaische Satzungen in das geschriebene Gesetz hineingelesen werden konnten, was Wunder, daß noch zahlreiche andere, dem alten Judentum fremde, aber von dem späteren übernommene Zeremonien, Gebräuche und nicht selten abergläubische Anschauungen und Vorstellungen nachgerade die Sanktion ungeschriebener sinaitischer Satzungen erlangten, indem sie künstlich an die schriftliche Lehre angelehnt wurden?

Damit soll jedoch durchaus nicht behauptet werden, daß der Pharisäismus die „mündliche Überlieferung" erst geschaffen. Das hat er gewiß nicht. Dazu war er auch zu wenig schöpferisch. Er ist vielmehr selbst erst ein Produkt derselben, die vielfach schon vor ihm im Volke vorhanden war, bestehend aus einer Summe von

---

[1]) cf. Jos. Antt. XVIII, 1,4: Σαδδουκαίοις δὲ τὰς ψυχὰς ὁ λόγος συναφανίζει τοῖς σώμασι. φυλακῆς δὲ οὐδαμῶν τινῶν μεταποίησις αὐτοῖς ἢ τῶν νόμων. — cf. Sanhedr. 90b. — Math. 22,23: Σαδδουκαῖοι, οἱ λέγοντες μὴ εἶναι ἀνάστασιν. Marc. 12,18. Luc. 20,27. Act. 23,8.

[2]) Sanhedr. 90a: ואלו שאין להם חלק לעולם הבא האומר אין תחיית המתים מן התורה·

[3]) Aboth d. R. Nath. 5. Es ist hier von dem vielbekannten Ausspruche des Antigonus Socheus die Rede, nach welchem man Gott ohne Erwartung auf Lohn oder Furcht vor Strafe dienen müsse, welcher Ausspruch bei den Schülern Mißverständnis hervorgerufen und den Sadduzäismus erzeugt habe. Und da heißt es: עמדו ודקדקו אחריהן ואמרו מה ראו אבותינו לומר [דברוזה] אפשר שיעשה פועל מלאכ׳ כל היום ולא יטול שכרו ערבית אלא אילו היו יודעין אבותינו שיש עולם [אחר] ויש תחיית המתים לא היו אומרים כך·

Sitten, Gewohnheiten und Gebräuchen. Wohl aber ist es sein ureigenstes Werk: dieselben gesammelt und zu einer zweiten, die erste an Heiligkeit womöglich noch überragenden Thora gemacht zu haben. Er ließ sich von den jeweiligen, im Volke herrschenden religiösen Strömungen, sofern diese nur nicht den Bestand der Nation und den Glauben an Gott und an seine Lehre gefährdeten, tragen, nichts weiter anstrebend, als das Amt des Siegelbewahrers der hergebrachten Gesetzesauslegung verwalten zu dürfen, welches er in Wahrheit mit großer Virtuosität versah, seine Lebensaufgabe darin erblickend.

Die große und selbstlose Hingabe an ihren heiligen Beruf, sowie ihr Leitmotiv: Alles für das Volk und durch das Volk! waren es, die den Pharisäern, den Nachfahren der „Frommen“ der vormakkabäischen Zeit, die große Volkstümlichkeit verschafften und ihnen die dauernde Anhänglichkeit des jüdischen Bürgertums sicherten. Wurzelten sie doch selbst mit ihren religiösen Anschauungen in dieser im engsten Kreise sich bewegenden Volksklasse, deren gesetzeskundigen Teil sie bildeten und deren hohe Gunst sie sich dadurch erwarben, daß sie mit hingebungsvoller Liebe dem Volksgeiste dienten und den Gemeinsinn zu erhalten heiß bemüht waren.[1]) So wurden sie zum Organ des jüdischen Bürgertums, nicht dieses das ihre. Sie gingen in diesem auf, nicht dieses in ihnen, sie standen nicht über, sondern in und vielleicht unter demselben. Darin liegt das Geheimnis ihres großen Erfolges, der Liebe und Verehrung, die das jüdische Bürgertum, das sich von seiner Aristokratie abgestoßen fühlte, mit den Pharisäern verband. Überdies waren sie den Sadduzäern gegenüber im großen Vorteil, da sie mit Hilfe ihrer Auslegung Erleichterungen dem Volke verschaffen und auch im Gerichte milde urteilen konnten,[2]) während jene, hierbei an den Wortlaut des Gesetzes gebunden, härter richteten, und andrerseits auch im Umgang mit ihresgleichen und mit Fremden ein unfreundliches und abstoßendes Benehmen an den Tag legten.[3])

---

[1]) cf. Jos. Bell. jud. II, 8,14: καὶ Φαρισαῖοι μὲν φιλάλληλοί τε καὶ τὴν εἰς τὸ κοινὸν ὁμόνοιαν ἀσκοῦντες.

[2]) Antt. XIII, 10,6: ἄλλως τε καὶ φύσει πρὸς τὰς κολάσεις ἐπιεικῶς ἔχουσιν οἱ Φαρισαῖοι.

[3]) Antt. XX, 9,1: οἵπερ (Σαδδουκαῖοι) εἰσι περὶ τὰς κρίσεις ὠμοὶ παρὰ παντὰς τοὺς Ἰουδαίους, καθὼς ἤδη δεδηλώκαμεν. Und Bell. jud. II, 8,14: Σαδδουκαίων δὲ καὶ πρὸς ἀλλήλαυς τὸ ἦθος ἀγριώτερον, αἵ τε ἐπιμιξίαι πρὸς τοὺς ὁμοίους ἀπηνεῖς, ὡς πρὸς ἀλλοτρίους.

Deswegen aber mit Geiger und den ihm hierin blind nachbetenden Rabbinern den Pharisäismus als das „Prinzip der fortschreitenden Entwicklung“ erklären zu wollen, wäre gründlich verfehlt. Im besten Falle würde er einen Fortschritt gegenüber dem Sadduzäismus, in welchem, wie seine Gegner behaupten, der Geist des Judentums zu einem Buchstabenglauben erstarrt war, bedeuten, da ihm die Möglichkeit geboten war, das geschriebene Gesetz mit Hilfe seiner Auslegungskunst beweglicher zu machen. Aber stellte der Pharisäismus in Wirklichkeit diese seine Überlegenheit in den Dienst des fortschreitenden Zeitgeistes, oder diente sie ihm nicht vielmehr dazu, diesem ein Bollwerk hemmender religiöser Satzungen in den Weg zu legen und einer verhängnisvollen reaktionären Bewegung Vorschub zu leisten?

Die Pharisäer, die frommen Hüter der Traditionslehre, lauschten mit verhaltenem Atem allen religiösen Strömungen im Volke, ängstlich bemüht, dieselben in ihr Traditionsbecken zu leiten. Dieses fortgesetzte Sanktionieren jeweilig im Volke im Schwange befindlicher religiöser Zeremonien und Bräuche, die ohne Zutun der pharisäischen Schriftgelehrten mit der Zeit wieder außer Kurs gekommen wären, stabilisierte dieselben zu unantastbaren Dogmen für alle Zeiten, so daß sie, stetig anwachsend, schließlich zu schweren und unerträglichen Bürden wurden. Neben ein verbindliches geschriebenes war ein nicht minder verbindliches „überliefertes“ Gesetz getreten, daran in der Folge die pharisäischen Schriftgelehrten selbst nicht mehr zu rütteln wagten, und das noch heute den Religionskodex des „rabbinischen Judentums“ bildet. Von einem „Prinzip der fortschreitenden Entwicklung“ ist bei diesem seit mehr denn zwei Jahrtausenden erstarrten Pharisäismus keine Spur zu entdecken.

Andrerseits wird wohl die gegnerische Beurteilung des Sadduzäismus — und eine andere als von gegnerischer Seite ist ja nicht auf uns gekommen —, nach welcher derselbe in eine blinde Anbetung des geschriebenen Gesetzes auslief, nicht wörtlich zu nehmen sein. — Solches von einer Partei uns glauben machen zu wollen, die im Gegensatz zu den autoritätsgläubigen, den Anordnungen der Alten sich willenlos fügenden Pharisäern,[1]) von so kritischem Geiste

[1]) Antt. XVIII, 1,3: τιμῆς γε τοῖς ἡλικίας προήκουσι παραχωροῦσιν, οὐδὲν ἐπ' ἀντιλέξει τῶν εἰσηγηθέντων ταῦτα θράσει ἐπαιρόμενοι.

erfüllt war, daß sie es für rühmlich hielt, den eigenen Weisheitslehrern gegenüber sich ein selbständiges und freies Urteil zu wahren,[1]) scheint uns doch eine etwas starke Zumutung.

Daß übrigens die Sadduzäer bei dem toten Buchstaben nicht stehen blieben, sondern denselben durch fremde philosophische Ideen zu befruchten suchten, das lehrt u. a. ihre Auffassung der menschlichen Willensfreiheit. Die Sadduzäer, so berichtet Josephus, leugnen allen Einfluß des Schicksals und behaupten, Gott habe mit dem Tun und Lassen des Bösen nichts zu schaffen. Gutes wie Böses ist nach ihnen der unbeschränkten Wahl des Menschen überlassen, und wenn dieser sich für das eine oder das andere entscheidet, so ist es eine Folge seiner Willensfreiheit.[1])

Eine in solchen Anschauungen gefestigte Partei bleibt nicht am Buchstaben kleben, noch läßt sie sich eine „traditionelle“ Auslegung des Buchstabens aufoktroyieren. Wenn die Sadduzäer jedoch die Verbindlichkeit des geschriebenen Gesetzes stark betonten, so taten sie dies nicht als Buchstabengläubige, sondern lediglich in der Absicht, um von der sichern Basis der schriftlichen Lehre aus die pharisäische Traditionslehre verwerfen zu können. Sie waren nicht so sehr buchstabengläubig als sie Gegner des Pharisäismus waren, der sich ja auch zu einem politischen Machtfaktor auswuchs und ihre Herrschaft im Volke untergrub.

Die sadduzäische Schriftauslegung war eine freie, von keiner herrschenden Schule noch normierte, wie sie in der vormakkabäischen, von der hellenistischen Geistesrichtung beherrschten Zeit, wo die Partei der „Frommen“ mit ihrer national und religiös beschränkten Auffassung des Mosaismus noch lange nicht zu irgend einer Geltung gelangen konnten, gang und gäbe war. Als aber das Judentum nach den Makkabäersiegen auf reaktionäre Bahnen geriet, da wurzelten die Sadduzäer mit ihren hergebrachten freireligiösen Anschauungen nicht mehr im Volke, das nunmehr dem Pharisäismus hinzuneigen anfing. Sie standen über demselben, ohne Neigung und Beruf — da sie ja keine Schriftgelehrten waren noch sein wollten — als Volkslehrer aufzutreten und sich die Volksgunst zu erringen.

---

[1]) Jos. ib.: πρὸς γὰρ τοὺς διδασκάλους σοφίας, ἣν μετίασιν, ἀμφιλογεῖν ἀρετὴν ἀριθμοῦσιν.

[2]) Bell. jud. II, 8,14.

In die beiden herrschenden Parteien der Pharisäer und Sadduzäer nun teilte sich das offizielle Judentum Palästinas in dem Jahrhundert vor der Zerstörung des Tempels durch die Römer. Nun taucht die Grundfrage auf, wie aus diesem Boden das Christentum, das von vornherein in entschiedenste Opposition zu diesen beiden Parteien trat, die religiösen Anschauungen beider stracks verwarf und eine neue, beiden völlig fremde Auffassung des Gesetzes: als des Schattens von den zukünftigen Gütern nicht aber des Wesens der Güter selbst,[1]) verkündigte, hervorwachsen konnte?

Das Christentum aus dem Pharisäismus hervorgehen lassen zu wollen, wie dies vielfach geschah und auf rabbinischer Seite noch heute geschieht, hieße an Wunder glauben. Denn nur ein Gott vermöchte unvermittelt eine so gründliche Umwandlung im Denken und Fühlen von ganzen Volksmassen hervorzuzaubern. Nein, von dem Pharisäismus zum Evangelium führt keine Brücke, keinerlei Verbindungslinie. Wohl aber führt zu ihm ein gerader Weg von der universalistisch gerichteten jüdischen Weisheitsliteratur, den aber der Pharisäismus mit seiner den Geist des Judentums verengenden Traditionslehre verwischt hat, während das Diasporajudentum ihn weiterwandelte und ihn ausbaute.

Und dieser freireligiöse Geist hatte — wie sehr man sich auch heute noch gegen die Anerkennung dieser Tatsache sträuben mag — im letzten vorchristlichen Jahrhundert von einem großen Teil Palästinas Platz ergriffen und ihn für die kommenden Dinge vorbereitet.

Freilich, wenn man in hergebrachter Weise annimmt, daß das palästinensische Judentum samt und sonders entweder pharisäisch oder sadduzäisch war, wenn man sogar das Judentum in der Diaspora von dem pharisäischen Geiste beherrscht sein läßt, dann allerdings bleibt es unverständlich, wie aus diesem Milieu das Christentum hervorgehen konnte.

Nun gab es aber neben dem offiziellen auch ein nichtoffizielles Judentum in Palästina, welch letzteres sich aus den Massen des sogenannten „Landvolkes“, den Am-haarez, rekrutierte und weder zu den Pharisäern noch zu den Sadduzäern zählte, vielmehr sich gegen beide feindlich abschloß, von ihnen verachtet und gehaßt,

---

[1]) Hebr. 10,1: Σκιὰν γὰρ ἔχων ὁ νόμος τῶν μελλόντων ἀγαθῶν, οὐκ αὐτὴν τὴν εἰκόνα τῶν πραγμάτων.

das aber seine eigenen Lehrer hatte: die frommen Apokalyptiker. Diese Volksmassen, welche, als die apokalyptischen Offenbarungen zu versiegen anfingen, „verschmachtet und zerstreut waren, wie die Schafe, die keinen Hirten haben“,[1]) diese „verlorenen Schafe aus dem Hause Israel“,[2]) eine reiche, aber wegen Mangels an Arbeitern verlassene Ernte,[3]) an die sich, wie früher die Apokalyptiker, als endlich die Zeit erfüllt war, der Apokalyptiker wandte, ließ sich gern von dem aus der Diaspora herbeiwehenden freieren Geist leiten. Und tatsächlich hatte dieser längst in Judäa, ja in Jerusalem selbst eine bleibende Stätte gefunden, ja er war niemals von da ganz gewichen, wie dies die Apokalyptik und nicht minder der auf palästinensischem Boden blühende Essenismus bezeugt, der die edelsten Traditionen des jüdischen Hellenismus wie ein heiliges Feuer in seinem Schoße gegen alle Anstürme der pharisäischen Flut hütete. Alle Teile der Diaspora hatten ihre Vertretung in der Metropole Judäas. „Es waren Juden in Jerusalem wohnend, die waren gottesfürchtige Männer aus allerlei Volk, das unter dem Himmel ist.[4])

Aber nicht bloß Kolonien sondern auch Synagogen hatte das Diasporajudentum in Jerusalem, in denen seine Lehren vorgetragen und propagiert wurden. Es gab da Synagogen der Libertiner, der Kyrener, der Alexandriner und derer, die aus Kilikien und Asien waren.[5]) Und um diese scharten sich die Massen des „Landvolkes“, lauschend der mehr oder minder gesetzesfreien Predigt der Apostel der jüdischen Diaspora.

In diesen dem Parteileben und der Parteiherrschaft der Pharisäer und Sadduzäer völlig entrückten Kreisen wurde das Christentum: das gesetzestreue wie das gesetzesfreie, geboren und zur ungeahnten Entfaltung gebracht. Von einem pharisäischen Einfluß ist hier nirgends eine Spur zu entdecken. Darum wurden

---

1) cf. Math. 9,36: ἰδὼν δὲ τους ὄχλους (= Am-haarez), ἐσπλαγχνίσθη περὶ αὐτῶν, ὅτι ἦσαν ἐκλελυμένοι καὶ ἐῤῥιμένοι ὡσεὶ πρόβατα μὴ ἔχοντα ποιμένα. cf. Math. 14,14.

2) Math. 10,6 sendet Jesus seine Apostel aus mit der Weisung: πορεύεσθε δὲ μᾶλλον πρὸς τὰ πρόβατα τὰ ἀπολωλότα οἴκου Ἰσραήλ.

3) Math. 9,37: τότε λέγει (ὁ Ἰησοῦς) τοῖς μαθηταῖς αὐτοῦ, Ὁ μὲν θερισμὸς πολὺς, οἱ δὲ ἐργάται ὀλίγοι κτλ.

4) Act. 2,5.

5) Act. 6,9.

auch die Volksmassen von der Predigt Jesu mächtig ergriffen und in Erstaunen versetzt: „denn er predigte gewaltig und nicht wie die Schriftgelehrten.“[1])

Schon an der Wiege der neuen Religion, in der urchristlichen Gemeinde, sehen wir den Kampf zwischen der gesetzestreuen, von den unmittelbaren Jüngern Jesu vertretenen, und der gesetzesfreien Richtung der Diaspora ausbrechen und die letztere bald über die erstere prävalieren. Dies zeigt sich am eklatantesten in der gesetzesfreien Predigt des Stephanus, des Pfadbereiters des gesetzesfreien, nachgerade bis zur Gesetzesfeindlichkeit sich steigernden Paulinismus. Zutreffend urteilt hierüber Harnack, wenn er bemerkt:

„Nach der Apostelgeschichte war die älteste jerusalemische Christengemeinde aus zwei Elementen zusammengefaßt, dem palästinensisch-hebräischen und dem Element der Diasporajuden. Zwischen beiden trat frühzeitig eine Spannung ein; sie führte zur Einsetzung der sieben Armenpfleger, die der zweiten Gruppe angehörten und sämtlich griechische Namen trugen. Innerhalb dieser Gruppe, die wir uns im Ganzen als freisinniger, d. h. als minder streng in der buchstäblichen Gesetzesbeobachtung denken dürfen, trat Stephanus, der Armenpfleger, besonders hervor. Die Anklage gegen ihn vor dem Synhedrium lautete, daß er fortgesetzt blasphemische Reden führe gegen den „heiligen Ort“ und das Gesetz, indem er behaupte, daß Jesus den Tempel zerstören und die Sitten, die Moses geboten, ändern werde. Diese Anklage wird in der Apostelgeschichte als erlogen bezeichnet, aber, wie die Rede des Stephanus beweist, war sie an sich begründet, erlogen war nur die Tendenz, die man den Worten gab. Stephanus hat nicht wider den Tempel und das Gesetz gesprochen, um ihren göttlichen Ursprung zu bestreiten, sondern er hat die begrenzte Dauer dieser Einrichtung behauptet. Damit setzte er sich allerdings in Widerspruch mit dem vulgären Judentum seiner Zeit, aber schwerlich in Widerspruch zu allem, was jüdisch war. Daß es im Judentum, vornehmlich in dem der Diaspora, bereits Richtungen gab, die den Tempelkultus und in diesem in erster Linie die blutigen Opfer, für unwesentlich, ja für bedenklich hielten, steht fest. Ebenso

[1]) Math. 7,28. 29: ἐξεπλήσσοντο οἱ ὄχλοι ἐπὶ τῇ διδαχῇ αὐτοῦ· ἦν γὰρ διδάσκων αὐτοὺς ὡς ἐξουσίαν ἔχων, καὶ οὐχ ὡς οἱ γραμματεῖς. cf. Marc. 1,22. Luc. 4,32. Joh. 7,46.

gewiß ist aber auch, daß aus äußeren und inneren Gründen in manchen jüdischen Kreisen die äußerliche Gesetzesbeobachtung nicht hochgeschätzt wurde, bezw. hinter der Moral mehr oder weniger zurücktrat. Es ist demnach historisch und psychologisch wohl verständlich, daß ein für das Evangelium gewonnener Diasporajude die souveränen und exklusiven sittlichen Momente, welche dasselbe darbot mit schon bestehenden Dispositionen in bezug auf die relative Wertlosigkeit des Tempels und des Zeremonialgesetzes verband und das Ergebnis zog: der Messias Jesus wird den Tempelkultus abschaffen und das Zeremonialgesetz ändern. Man beachte dabei das Futurum; die Apostelgeschichte scheint hier sehr genau zu berichten: Stephanus hat nicht zu Änderungen aufgefordert — erst der als Messias wiederkehrende Jesus wird Wandel schaffen — sondern er hat diese Änderungen prophetisch vorhergesagt und damit allerdings den Unwert der bestehenden Ordnungen behauptet. — Stephanus wurde gesteinigt und starb, wie Huß, für eine Sache, deren Konsequenzen er noch nicht überschaute; seine Steinigung ist nicht auffallend — diese Art von Jesusgläubigen konnte das orthodoxe Judentum am wenigsten vertragen. Auch die Anhänger des Stephanus wurden verfolgt — grell war ja auf einmal die kleine Christenschar in ihrer Gefährlichkeit beleuchtet —; sie mußten Jerusalem verlassen, nicht aber die Apostel; diese haben sich also mit Stephanus in dem Punkte der Anklage noch nicht solidarisch erklärt.“[1])

Man wird zugeben, daß diese Auffassung Harnacks im allgemeinen eine ebenso unbefangene als einleuchtende ist. Allein wie klar er auch hier sieht, die volle Konsequenz, die sich aus dem Bericht der Apostelgeschichte ergibt, zieht er nicht. Man darf doch billig fragen, wie es in dieser „Christen“-Verfolgung, wofern dieselbe in Wirklichkeit von dem „orthodoxen Judentum“ ausgegangen und wofern sie tatsächlich den Messiasgläubigen als solchen gegolten, gekommen ist, daß die Häupter und Führer dieser Gemeinde nach wie vor unangefochten in Jerusalem verbleiben durften, während die Gemeinde selbst ins Exil zu gehen gezwungen war? Allein diese Verfolgung ging mitnichten von dem „orthodoxen Judentum“ aus und kehrte sich auch nicht gegen die Messias-

---

[1]) Harnack, Die Mission und Ausbreitung des Christentums in den ersten drei Jahrhunderten p. 33f.

gläubigkeit der Gemeinde in Jerusalem. Der Aufruhr brach vielmehr in den Diasporasynagogen zu Jerusalem aus, in denen ein neuer Glaube aus großen religiösen Gährungen sich herauszuklären begann. Hier traten unter den Verkündern der neuen Lehre die scharfen Gegensätze zutage, die sich um die Frage drehten, ob das mosaische Opfer- und Zeremonialgesetz noch ferner Geltung habe oder nicht. Mit dieser Bewegung innerhalb der urchristlichen Gemeinde hatte das „orthodoxe Judentum" vorerst nichts zu tun. „Das Volk, die Ältesten und die Schriftgelehrten", welche die Apostelgeschichte hier herbeizieht, wurden nur als die herrschenden Faktoren zur Bestrafung etwaiger Gotteslästerungen angerufen. Das besagt unzweideutig ihr Bericht, der also lautet: „Stephanus aber, voll Glaubens und Kräfte, tat Wunder und große Zeichen unter dem Volke. Da standen etliche auf von der Synagoge, die da heißt der Libertiner und der Kyrenäer und der Alexandriner und derer, die aus Kilikien und Asien waren, und befragten sich mit Stephanus. Und sie vermochten nicht zu widerstehen der Weisheit und dem Geiste, aus welchem er redete. Da richteten sie zu etliche Männer, die sprachen: Wir haben ihn gehört Lästerworte reden wider Moses und wider Gott. Und bewegten das Volk und die Ältesten und die Schriftgelehrten, und traten herzu und rissen ihn hin und führten ihn vor den Rath." [1])

Also nicht von dem „orthodoxen Judentum" sondern von der nationalgesinnten gesetzestreuen Fraktion der messiasgläubigen Diasporajuden wurde Stephanus dem Gericht überliefert. Bei Verfolgung des Stephanus und seines Anhangs handelte es sich keineswegs um Bestrafung antipharisäischer oder christgläubiger Tendenzen, sondern ausschließlich um eine Verfolgung des hellenistischen Antinomismus, gegen welchen sich die gesetzestreuen, wenn auch antipharisäischen Apostel Jesu nicht minder auflehnten als das orthodoxe Judentum. Daher kam es denn auch, daß jene von dieser „Christen"-Verfolgung unberührt blieben, während Stephanus gesteinigt wurde und sein Anhang zum Wanderstab greifen mußte. — Harnack fühlt gar wohl die große Schwierigkeit, die der Bericht der Apostelgeschichte, wonach sich nach dem Tode des Stephanus „eine große Verfolgung über die Gemeinde zu Jerusalem erhob und sich alle zerstreuten — außer den Aposteln", [2]) der

---

[1]) Act 6,8–14. [2]) Act. 8,1: πάντες διεσπάρησαν — πλὴν τῶν ἀποστόλων.

Erklärung bietet. Er empfindet die Schwierigkeit um so mehr, als ihm der Bericht „sehr wichtig“ erscheint, der „zugleich die Treue der Berichterstattung der Apostelgeschichte an diesem Punkte bezeugt“, und er sucht sie dadurch zu beheben, daß er folgert: „Verfolgt wurden augenscheinlich die Christen damals mit Auswahl; unbehelligt blieben solche, deren Devotion gegenüber dem Tempel und Gesetze zweifellos war, also zunächst auch noch Petrus und die andern Apostel. Diese haben sich also mit Stephanus in dem Punkte der Anklage noch nicht solidarisch erklärt.“

Diese Auskunft aber reicht nicht aus. Das richtige vielmehr ist: daß sich die Apostel Jesu in dem Punkte der Anklage mit dem „orthodoxen Judentum“ solidarisch fühlten, da sie wie dieses gesetzestreu waren, daß aber die Gemeinde selbst in ihrer Mehrheit bereits national indifferent und gesetzesfrei war, und daher von der herrschenden Partei wie nicht minder von den noch gesetzestreuen Messianisten verfolgt wurden.

Dasselbe wiederholte sich später in Jerusalem, als Paulus dahin kam und dort im Geiste des vormals von ihm verfolgten Stephanus ein gesetzesfreies Christentum predigte. Auch diesmal waren es nationale und gesetzestreue und christgläubige griechische Juden, die mit ihm, wie vordem mit Stephanus über das Gesetz disputierten und ihn aus dem Wege zu räumen trachteten. Wiederum entstand eine große Gährung in der Gemeinde, die sich erst legte, als Paulus von den Brüdern aus Jerusalem entfernt wurde. Das berichtet uns die Apostelgeschichte mit den klaren Worten: „Da aber Saulus gen Jerusalem kam, versuchte er, sich zu den Jüngern zu tun; und sie fürchteten sich alle vor ihm, und glaubten nicht, daß er ein Jünger wäre. Barnabas aber nahm ihn zu sich und führte ihn zu den Aposteln und erzählte, wie er auf der Straße den Herrn gesehen, und er mit ihm geredet, und wie er zu Damascus den Namen Jesu frei gepredigt hätte. Und er war bei ihnen, und ging aus und ein zu Jerusalem und predigte den Namen des Herrn Jesu frei. Er redete auch und befragte sich mit den Griechen,[1]) aber sie stellten ihm nach, daß sie ihn töteten. Da

---

[1]) Daß diese der messianischen Gemeinde angehörten, die an der gesetzesfreien Predigt des Paulus Anstoß nahmen, geht ganz unzweideutig aus Galat. 2,4.5. hervor, wo Paulus von ihnen sagt: διὰ δὲ τοὺς παρεισάκτους ψευδαδέλ-

das die Brüder erfuhren, geleiteten sie ihn gen Cäsarea, und schickten ihn gen Tarsus. So hatte nun die Gemeinde Frieden durch ganz Judäa und Galiläa und Samarien, und baute sich, und wandelte in der Furcht des Herrn, und ward erfüllt mit Trost des heiligen Geistes.[1])

Man hat sich aber daran gewöhnt, Gesetzestreue stets mit Pharisäismus zu identifizieren, ohne zu bedenken daß ja am Ende auch der Sadduzäismus gesetzestreu war, da er ja die Verbindlichkeit des geschriebenen Gesetzes mit allem Nachdruck betonte und gleichwohl von den Pharisäern, als diese an der Macht waren, verfolgt wurde. — Gesetzestreu und nationalgesinnt waren auch die konservativen Elemente des Diasporajudentums und ebenso das jüdische in den Uraposteln verkörperte Christentum, das, weit entfernt, pharisäisch zu sein, allen Pharisäismus vielmehr mit Ingrimm bekämpfte. Daß es aber früher zwischen diesen und dem „orthodoxen Judentum“ zu blutigen Zusammenstößen gekommen wäre, wird nirgends berichtet. Erst als zu Beginn der christlichen Ära, wo die gesetzesfreie hellenistische Richtung in den von den Pharisäern verachteten Volksmassen, den Am-haarez, bereits herrschend geworden war, der Geist der Diaspora sich mächtig auf palästinensischem Boden zu regen und aggresiv vorzudringen anfing, da gerieten im engen Raume die religiösen Gegensätze, die sich im Laufe von anderthalb Jahrhunderten zwischen der pharisäischen und hellenistischen Weltanschauung und Auffassung des Mosaismus herausgebildet hatten, hart aneinander, mit eruptiver Gewalt explodierend. — Auf ihren Trümmern baute sich, nachdem die römische Zerstörung Jerusalems alle nationalen Hoffnungen grausam vernichtet hatte, die Weltreligion, deren Reich nicht von dieser Welt, auf.

φους, οἵτινες παρεισῆλθον κατασκοπῆσαι τὴν ἐλευθερίαν ἡμῶν ἣν ἔχομεν ἐν Χριστῷ Ἰησοῦ, ἵνα ἡμᾶς καταδουλώσωνται· οἷς οὐδὲ πρὸς ὥραν εἴξαμεν τῇ ὑποταγῇ κτλ.

[1]) Act. 9,26—32.

I.

DIE APOKALYPTISCHE BEWEGUNG.

Die Makkabäersiege schließen eine der denkwürdigsten Epochen in der Geschichte des Judentums ab, in der die universalistische Richtung zur höchsten Entfaltung gelangt war, und leiten eine der verhängnisvollsten Gegenrevolutionen, eine zum engsten Partikularismus führende religiöse Bewegung ein, in der der Nationalismus die Gemüter zu beherrschen, die Politik, für die in den vorangegangenen Zeiten unter der griechischen Herrschaft glücklicherweise nur wenig ergiebiger Boden vorhanden war, das Zepter zu führen anfängt, die oberen Zehntausend im Volke unter ihr Banner scharend. Wir sagen: die oberen Zehntausend! Denn es ist — und das kann nicht oft genug wiederholt werden — ein schwerer Irrtum, zu glauben, daß das ganze nachmakkabäische Judentum entweder pharisäisch oder sadduzäisch war; im Gegenteil, die großen Massen des Volkes, die Ochloi (Am-haarez), blieben nach wie vor im Banne des hellenistischen Geistes, und wie die herrschenden Parteien, hatten auch sie, auch in nachmakkabäischer Zeit noch, ihre Lehrer und ihre Frommen. Es sind dies die Frommen und die Schöpfer der apokalyptischen Literatur, die man bis auf den heutigen Tag, obgleich sie nirgends eine Bekanntschaft mit der pharisäischen Traditionslehre verraten, in Bausch und Bogen zu Pharisäern, hier und da auch zu Sadduzäern oder Essenern machen wollte.[1])

Wohl hatten die Apokalyptiker dieselben Vorfahren wie die Pharisäer, nämlich: die Frommen der Psalmen und der Danielapo-

---

[1]) Richtiger urteilt Schlatter, Israels Geschichte von Alexander d. Gr. bis Hadrian p. 138, wenn er von dem Henochbuch sagt: „Es ist ein aus dem Volk hervorgegangenes Schriftstück, von der Disziplin der theologischen Schule nicht erreicht, und gerade so hat es seine geschichtliche Wichtigkeit. Die Zeitströmungen erreichen zwar auch diesen Mann, aber nur in einem entfernten Nachklang und verwischten Bild.“

kalypse; allein während die Pharisäer die leiblichen Erben der vormakkabäischen Frommen waren, waren die Apokalyptiker ihre geistigen: jene setzten die Gesetzestreue ihrer Vorfahren in Gesetzesbürden um, diese bewahrten treu deren Einfaltsglauben, eine von komplizierter Gelehrsamkeit, von strotzenden „mündlichen Überlieferungen“ nicht getrübte, dafür aber vom Zeitgeiste getragene und daher volkstümliche Frömmigkeit. Erblickten die pharisäischen Schriftgelehrten ihre Lebensaufgabe in dem Auf- und Ausbau des „mündlichen Gesetzes“, um das Volk mit dessen Hilfe streng von der Außenwelt abzuschließen, so predigten die Apokalyptiker einen alle Welt umspannenden Mosaismus, eine Religion, die dem Volke die weitesten Perspektiven für die Zukunft eröffnete, in der sich alle Welt gezwungen oder freiwillig zu dem Gotte Israels bekehren werde, verkündeten sie, den Blick unverwandt auf die himmlischen Ideale, auf die jenseitigen Güter gerichtet, in allen Farben das bevorstehende göttliche Weltgericht und den endlichen Sieg der Frommen über alle feindlichen Gewalten.

Gewiß, auch die Apokalyptiker waren gesetzestreue Juden, freilich nicht im Sinne des Pharisäismus, der über dem Buchstaben nur schwer zu dem immer verjüngungsfähigen Geiste des Gesetzes vorzudringen vermochte. Wie später der größte aller Apokalyptiker, Jesus,[1]) hielten auch sie für das Schwerste im Gesetz, das die Pharisäer dahinten ließen: das Gericht, die Barmherzigkeit und den Glauben,[2]) dies betätigend — allerdings wieder nicht im Sinne des Pharisäismus — ohne jenes zu lassen.

Die Apokalyptiker waren die Frommen und die Lehrer jener breiten und breitesten Volksschichten, die, obgleich national und gläubig gestimmt, dennoch in und mit der Außenwelt leben und verkehren und mit ihr gemeinschaftlich und unbehindert durch rituelle und zeremonielle Schranken wirken wollten. Die Apokalyptiker waren die Frommen der Am-haarez in der hasmonäischen Zeit. Sie sahen die Mission des jüdischen Volkes darin, sich zu dem reinen mit dem Zeitgeist in keinem Widerspruch geratenden Mosaismus emporzuläutern, um das Licht der Heiden, das Vorbild der Völker zu werden. Das offizielle Judentum jener Epoche aber

---

1) cf. Math. 23,23.

2) cf. Hen. 58,5; 61,11; 39,6; 43,4; 46,7; 61,4; 63,5f. — Bar. 42,2; 54,16. IV. Esra. 6,5; 7,34.83.114; 9,7; 13,23.

war zu sehr von der Politik in Anspruch genommen, um solche Auffassungen, selbst wenn sie sie hier und da — wie sie sich ab und zu im Talmud überliefert finden — hegten, zu ihren leitenden Ideen zu machen. Diese Ideen konnten nur in jenen Volksschichten einen ergiebigen Nährboden finden, die, ähnlich wie das Diasporajudentum, mit der Politik nichts zu schaffen, an der Regierung keinen Anteil hatten und der Führung der herrschenden Parteien entrückt waren.

Von dem Geiste des Individualismus und Universalismus, wie er in der Weisheitsliteratur vorherrscht, ist ein starker Funke in die apokalyptische Literatur übergegangen: Das Individuum soll erhoben und erlöst werden, soll sich zum Universalismus emporläutern. Nicht die Nation als solche, sondern die „Gerechten und Auserwählten“ in ihr sind die „ewige Samenpflanze“, der das Heil der Welt entsprießt, die großen Individualitäten im Volke bringen diesem, und in weiterer Folge, der Menschheit die Erlösung. Sie sind die Führer der Menschen und durch sie kommt Segen über die ganze Erde. „Ich beschwöre euch, ihr Gerechten“, heißt es im Buche Henoch, „daß die Engel im Himmel vor der Herrlichkeit des Großen euer zum Guten gedenken; eure Namen sind vor der Herrlichkeit des Großen aufgeschrieben. Seid guter Hoffnung! Denn zuerst wart ihr der Schande durch Unglück und Not preisgegeben, aber nun werdet ihr wie Lichter des Himmels leuchten und gesehen werden; die Pforte des Himmels wird euch aufgetan sein. Verharrt ihr in eurem heißen Verlangen nach dem Gerichte, so wird es euch erscheinen; denn an den Herrschern und allen Helfern derer, die euch beraubten, wird man eure Trübsal heimsuchen. Hofft und gebt eure Hoffnung nicht auf, denn ihr werdet große Freude wie die Engel des Himmels haben. Was werdet ihr alsdann zu tun haben? Ihr braucht euch nicht am Tage des großen Gerichts zu verbergen und werdet nicht als Sünder befunden werden; das ewige Gericht wird für alle Geschlechter der Welt fern von euch sein. Verzaget nicht ihr Gerechten, wenn ihr die Sünder erstarken und auf ihrem Wege Glück haben seht. Werdet ihnen nicht gleich und habt keine Gemeinschaft mit ihnen, sondern haltet euch fern von ihrer Gewalttätigkeit, denn ihr sollt Genossen der himmlischen Heerscharen werden. — — In jenen Tagen, spricht der Herr, sollen die Kinder der Erde die Bücher (nämlich Henochs) rufen und über die Weisheit derselben Zeugnis ablegen. Zeiget sie ihnen, denn ihr seid ihre Führer und die Belohnungen, die über die ganze Erde." [1]) „Wenn ihr das Gute tut", so lautet es im Testament Naphtalis, „dann werden euch sowohl die Menschen als auch die Engel segnen und Gott wird verherrlicht werden unter den Heiden. [2])

Der Gedanke, von welchem die apokalyptische Literatur beherrscht ist: daß die Welterlösung von der „ewigen Samenpflanze", von den „Gerechten und Auserwählten" ausgehen werde, [3]) ist nicht dem Boden des Pharisäismus entsprossen, wenn er auch, wie viele andere hellenistische Anschauungen, später, allerdings abgetönt, in die Agada des Talmud Eingang gefunden. Er ist vielmehr Eigentum des jüdischen Hellenismus, von dem die jüdische Apokalyptik überhaupt stark beeinflußt erscheint.

Der jüdische Hellenismus sieht in den gottbegnadeten Frommen das welterhaltende und weltbefreiende Element, da sie allmählich ihre Umgebung zu sich emporheben und ihr voranleuchtendes Beispiel auf immer weitere Kreise wirkt und endlich dem ganzen Menschengeschlechte zum Segen wird. Wenn ich, sagt Philo, einen Gerechten in einem Hause oder in einer Stadt sehe, so preise ich dieses Haus oder diese Stadt glücklich und bin überzeugt, daß ihr der Genuß der gegenwärtigen Güter gesichert und die Hoffnung auf künftige gewiß ist, da Gott seinen unerschöpflichen Reichtum um der Gerechten willen auch über die Ungerechten ausgießt. Und ich flehe für sie um recht langes Leben, da ja niemand in ewiger Jugend lebt, weil ich meine, den Menschen würden die Güter solange bleiben, als jene ihr Leben hinführen könnten. Wenn ich aber sehe und höre, daß einer dieser Gerechten gestorben ist, so bin ich sehr niedergeschlagen und kummervoll, indem ich weniger sie, als die Überlebenden beklage. Denn jenen wurde nach der Ordnung zuteil, mit dem notwendigen Ende abzuschließen, während sie ein glückseliges Leben und einen ruhmvollen Tod aufweisen; diesen aber, die der großen und mächtigen Hand, durch die sie bewahrt worden waren, beraubt zurückgelassen wurden, steht bevor, die ihnen zukommenden Übel zu fühlen, wenn nicht die Natur statt der frühern, wie an einem Baum, der die schon gereiften Früchte abgeworfen hat, neue frische hervorsprießen läßt

---

1) Hen. 104,1–7; 105,1. 2) Test. Naphtali c. 8.
3) Hen. 10,16; 84,5 u. a. St. Jubil. 1,16; 21,2.4.

zur Kräftigung und Erquickung derer, die sie benützen können. Wie die festeste Schutzwehr einer Stadt wackere Männer sind, so besitzen auch in jeder jedem von uns eigenen Stadt, die aus Seele und Körper zusammengesetzt ist, die nach Einsicht und Kenntnis strebenden Vernunftrichtungen die meiste Kraft zur Festigung. Der Gesetzgeber nennt sie umschreibend: Lösegelder und Erstgeborene.[1]) — Jeder Weise ist ein Lösegeld für den Schlechten, der auch eine kurze Zeit nicht bestehen könnte, wenn nicht jener in seinem Erbarmen und seiner Vorsicht für seine Erhaltung sorgen würde.[2]) — Die Erlösung der Menschheit und die Schaffung des Gottesreiches werden nach dem jüdischen Hellenismus von großen Individualitäten, von auserlesenen Geistern herbeigeführt werden. „Man kann", so führt Philo an anderer Stelle aus, „von dem Weisen mit Recht sagen, daß er in vollstem Maße den Segen Gottes verdiene, da er sich in allen Lagen des Lebens lobenswert zeigt, nach innen und nach außen, in der Verwaltung des Hauses und des Staates. Wäre nun ein solcher Mann in der Stadt, so würde er leicht als der vorzüglichste erscheinen, ebenso eine nur von solchen bewohnte Stadt in dem ganzen Land. Und gäbe es endlich ein solches Volk, es würde über die übrigen Völker hervorragen, wie der Kopf über den Körper, nicht aber des eigenen Ruhmes wegen sondern zum Wohle des Ganzen. Denn das ununterbrochene Betrachten vorzüglicher Beispiele erregt in allen Seelen, die nicht ganz verhärtet sind, ähnliche Eindrücke. Ich sage dies inbezug auf jene, welche wahre Schönheit nachzuahmen streben, damit sie nicht an der Wendung zum Bessern verzweifeln."[3]) Würde die große Menge das Beispiel solcher dem Irdischen abge-

---

[1]) De sacrif. Abel. et Cain: I, 187 sq.: . . . . . . ὥσπερ οὖν τῶν πόλεων τὸ ἐχυρώτατον εἰς διαμονὴν ἄνδρες εἰσὶν ἀγαθοί, οὕτως καὶ τῆς περὶ ἕκαστον ἡμῶν πόλεως, ἡ συνέστηκεν ἐκ ψυχῆς καὶ σώματος, τὸ βεβαιότατον εἰς ἵδρυσιν ἔλαχον οἱ φρονήσεως καὶ ἐπιστήμης ἐρασταὶ λόγοι, οὓς ὁ νομοθέτης μεταφορᾷ χρώμενος λύτρα καὶ προτοτόκους καλεῖ. —

[2]) ib. I, 187: ὅτι πᾶς σοφὸς λύτρον ἐστὶ τοῦ φαύλου, μηδ' ἂν πρὸς ὀλίγον χρόνον ἐξαρέσαντος, εἰ μὴ ἐλέῳ καὶ προμηθείᾳ χρώμενος ἐκεῖνος προὐνόει τῆς διαμονῆς αὐτοῦ κτλ.

[3]) De praem. et poen. II, 426, cf. Gfrörer, Philo I, 502 sq. Dähne, Ind. Alex. Religionsphil. I, 436 sq. — Man vergleiche hiermit Math. 5,13–17, wo Jesus zu seinen Jüngern sagt: „Ihr seid das Licht der Welt. Es mag die Stadt, die auf einem Berge liegt, nicht verborgen sein. Man zündet auch nicht ein Licht an und setzt es unter einen Scheffel, sondern auf einen

kehrten Frommen, die zwar gering an Zahl, aber gleichwohl es verhüten, daß die Weisheit unter den Menschen absterbe, nachahmen, so würde ihr Leben gleich demjenigen dieser schönen Vorbilder ein ewiges Fest sein, ein Leben, wie es die messianische Zeit verwirklichen soll.[1])

Freilich kann ein solch gründlicher Sinneswechsel bei den Massen, der zur Verbrüderung der Menschen führen soll, sich ohne Mithilfe Gottes nicht vollziehen; es bedarf hier vielmehr der erlösenden Einflußnahme der göttlichen Gnade: „wenn Gott nur gnädig ist, geht alles leicht. Gott wird aber gnädig sein, wenn wir ihn ehrfürchten“.[2]) Ein Grundgedanke, der auch im Neuen Testament vorherrschend geworden.

Und weiters: Nicht aus der pharisäischen Schule, die nicht Schranken genug gegen die heidnische Welt aufführen konnte, wohl aber aus dem jüdischen Hellenismus haben sich unsere Apokalyptiker die Begeisterung für die Mission der Heidenbekehrung geholt. Galt es doch die Erlösung des ganzen Menschengeschlechts

---

Leuchter; so leuchtet es denn allen, die im Hause sind. Also laßt euer Licht leuchten vor den Leuten, daß sie eure guten Werke sehen und euren Vater im Himmel preisen.“

[1]) Philo, De septen. II, 275. Von diesen Frommen heißt es hier: εἰκότως ἐνευφραινόμενοι ταῖς ἀρεταῖς, ἅπαντά γε τὸν βίον ἑορτὴν ἄγουσιν. Οὗτοι μὲν οὖν ὀλίγος εἰσὶν ἀριθμὸς, ἐμπύρευμα κατὰ πόλεις ὑποτυφόμενοι σοφίας, ἕνεκα τοῦ μὴ κατὰ τὸ παντελὲς σβεσθεῖσαν ἀρετὴν ἐκ τοῦ γένους ἡμῶν ἀφανισθῆναι. Εἰ δὲ τοῖς ὀλίγοις συνεφρόνησαν οἱ πανταχοῦ καὶ ἐγένοντο, οἵους ἐβουλεύθη φύσις, ανεπίληπτοι καὶ ἀνυπαίτιοι πάντες, ἐρασταὶ φρονήσεως, χαίροντες τῷ καλῷ δι᾽ αὐτὸ τὸ καλὸν καὶ τοῦτο μόνον ἀγαθὸν ἡγούμενοι, τὰ δὲ ἄλλα ὑπήκοα καὶ δοῦλα ὡσὰν ἄρχοντες, εὐδαιμονίας ἂν αἱ πόλεις ἐγένοντο μεσταὶ, τῶν μὲν ὅσα λύπης αἴτια καὶ φόβων ἀμέτοχοι, πλήρεις δὲ τῶν ἀπεργαζομένων χαρὰς καὶ εὐπαθείας· ὡς μηδένα καιρὸν επιλείπειν τοῦ ἱλαροῦ βίου, πάντα δὲ τὸν τοῦ ἐνιαυτοῦ κύκλον εἶναι ἑορτήν

[2]) De praem. et poen. II, 426: ἵλεως γε ὅταν ᾖ ὁ θεὸς, ἐξευμαρίζεται πάντα· γίνεται δὲ ἵλεως κτλ. — Und De human. II, 395, wo Philo die zuversichtliche Hoffnung auf das Erscheinen eines gemeinsamen Gottesreiches ausspricht, wo alle Völker, ja das ganze Menschengeschlecht, nachdem es zur Gleichheit der Sitten herangereift, zur höchsten Glückseligkeit gelangen werde, betont er gleichfalls, daß ein so gewaltiger Umschwung in den Geistern nur durch die göttliche Gnade herbeigeführt werden könne und werde: Γενήσεται δὲ, ὡς γ᾽ ἐμαυτὸν πείθω, καὶ ἔργα ἀψευδέστατα, τοῦ θεοῦ παρασχόντος κτλ. — De sacr. Abel. et C. I, 169 bemerkt Philo zu den Worten Genes. 33,11: „Es erbarmte sich Gott meiner und ich habe alles“: Dieses ist eine Lehre und eine Unterweisung; denn in dem Erbarmen Gottes liegt alles.

und Herbeiführung des Gottesreiches, welche vermittelst der „Pflanze der Wahrheit und Gerechtigkeit“ durch schrankenlose Verbreitung der Weisheit und Gotteserkenntnis, durch Erschließung der Quellen des Wissens, die, wie schon der Prophet Jesaia verkündet, in der messianischen Zeit über die ganze Erde ausgegossen sein werden, erfolgen soll. — „Alle Menschenkinder“, so spricht Gott bei Henoch, „sollen gerecht sein, alle Völker sollen mich ehren, mich preisen und sie alle werden mich anbeten. Die Erde wird rein sein von aller Verderbnis, von aller Sünde, von aller Plage und von aller Qual, und ich werde nicht abermals eine Flut über sie senden von Geschlecht zu Geschlecht in Ewigkeit. In jenen Tagen werde ich die himmlischen Vorratskammern des Segens öffnen, um sie auf die Erde, auf das Werk und die Arbeit der Menschenkinder herabkommen zu lassen. Und dann wird Heil und Recht alle Tage der Welt und alle Geschlechter der Menschen hindurch sich paren.[1]) Selig werden in jenen Tagen alle sein, welche die Worte der Weisheit annehmen und sie kennen, die Wege des Höchsten beobachten, auf dem Wege seiner Gerechtigkeit wandeln und mit den Gottlosen nicht sündigen; denn sie werden gerettet werden“.[2])

An jenem Tage wird die „Gemeinde der Heiligen und Auserwählten“, durch welche das Erlösungswerk vollbracht wurde, triumphieren, und ihr Los wird ein herrliches sein. Wie Sonnenschein ist es auf dem Festlande hell geworden, und die Finsternis ist gewichen. Unaufhörlich wird das Licht und unzählbar werden die Tage sein, in die sie kommen, denn die frühere Finsternis wird vernichtet und das Licht vor dem Herrn der Geister wird kräftig sein, und das Licht der Rechtschaffenheit bleibt kräftig für immer vor dem Herrn der Geister.[3]) Denn nicht mehr ist die Weisheit bei wenigen Auserlesenen; sie ist vielmehr „wie Wasser ausgegossen“.[4]) Der Brunnen der Gerechtigkeit ist unerschöpflich und ringsumher umgeben ihn viele Brunnen der Weisheit; alle Durstigen trinken daraus und werden voll von Weisheit, und sie haben ihre Wohnungen bei den Gerechten, Heiligen und Auserwählten.[5])

Das erinnert durchaus nicht an pharisäischen Partikularismus der es liebt, das Licht stark abgedämpft unter den Scheffel zu

---

1) Hen. 10,21–22; 11,1–2. 2) Hen. 99,10. 3) Hen. 58,1–6. 4) Hen. 49,1.
5) Hen. 48,1–2.

stellen; vielmehr an den freien Geist der vormakkabäischen Weisheitslehrer, die, wie selbst Sirach noch, ihr Bächlein zum Fluß und den Fluß zum Meere werden ließen; die ihren Unterricht wie eine Prophezeiung ausgossen und ihn für alle kommenden Geschlechter hinterließen, hochherzig genug, nicht für sich allein, sondern für alle, die die Weisheit suchen, gearbeitet zu haben.[1])

Freilich in den spätern, aber immer noch vorchristlichen Apokalypsen stellt sich die Welterlösung vielfach als ein rein nationales Werk dar. Israel wird über alle Heidenvölker triumphieren, Jerusalem wird wieder wie vormals rein und heilig sein, so daß Völker vom Ende der Erde kommen werden, seine Herrlichkeit zu sehen und zu schauen des Herrn Herrlichkeit, mit der es Gott verherrlicht hat.[2]) — In jener Zeit wird Zion wieder aufgebaut und seine Opfergaben wieder eingerichtet werden und die Priester werden zu ihrem Dienst wieder zurückkehren, und die Völker werden auch kommen, um zu preisen.[3])

Aber auch dies sind dieselben Vorstellungen, wie sie die nationalgesinnten Volksdichter der jüdischen Diaspora hegten und in begeisterten Worten zum Ausdruck brachten. Und dies zeigt uns wieder, in welch naher Beziehung die apokalyptischen Volkslehrer in Palästina zu ihren Brüdern in der griechischen Diaspora standen. Im dritten Sibyllenbuch wird die messianische Zeit, wie folgt, geschildert:

„Um den Tempel des mächtigen Gottes werden dann alle seine Kinder in Ruhe leben, beglückt mit dem, was der Schöpfer, der gerechte Richter und Herrscher, ihnen gewährt. Denn er selber schützt sie allein mit mächtigem Beistand, wie eine Mauer ringsum von brennendem Feuer umgeben. Und ohne Krieg werden sie in den Städten und Landen sein; denn ihr Beistand ist er, der Unsterbliche, und die Hand des Heiligen selbst. Und dann werden die Inseln und alle Städte sagen, wie sehr der Unsterbliche jene Männer liebt; denn alles ist vorsorglich um sie bemüht und bringt ihnen Beistand. — An jenen Tagen bebt die Erde, die Allmutter, und aus jedem Munde tönt in Gesängen die liebliche Rede: Auf und fallet allesamt auf die Erde laßt uns anflehen Gott den unsterblichen König, den Großen und Höchsten; laßt uns zum Tempel senden, denn er ist allein der Herrscher; laßt uns alle das Gesetz

---

1) Sir. 24 28–32. 2) Psalter Sal. 17,31. 3) Baruch ap. 68,5 sq.

des Höchsten erwägen, denn es ist das gerechteste auf Erden! Wir aber sind von dem Wege des Unsterblichen abgeirrt, ehrten törichten Sinnes Händegebilde, Bilder der Götzen und der Menschen, die dem Tode verfallen sind. — Solches rufen sie aus, die Seelen der Gläubigen: Auf, laßt uns unter dem Volke des Herrn aufs Angesicht fallen und Gott den Erzeuger überall durch Hymnen erheben!"[1])

Bevor jedoch dieses heilige Volk zu seiner Mission, das Vorbild der Völker, der Wegweiser der Sterblichen zu werden,[2]) sich emporzuläutern vermag, muß es durch den Schmelztigel der Leiden gehen, bis es von seinen Schlacken gereinigt ist. Erbarmungslos wird es von Gott wegen seiner Sünden gezüchtigt, mit „Geißelhieben" für seinen Beruf vorbereitet. „Denn das Gericht des Erhabenen ist unparteiisch. Darum hat er seine eigenen Kinder anfangs nicht geschont, sondern hat sie gepeinigt wie seine Hasser, weil sie gesündigt hatten. Damals also sind sie gezüchtigt worden, damit sie entsündigt werden."[3]) Denn ohne Israel gibt es keine Erlösung für die Heiden: „Um der Gerechten willen ist diese Welt gekommen, so wird auch wiederum die zukünftige um ihretwillen kommen."[4]) Schon um der Heiden willen muß sich Israel entsündigen und läutern, sonst ist es um diese geschehen. „Der Himmel als die Erde", ruft Levi in den Testamenten aus, „und ihr seid die Himmelslichter, wie die Sonne und der Mond, was werden alle Heiden tun, wenn ihr euch verblendet in Gottlosigkeit!"[5])

Dieses starke Bewußtsein der Auserwähltheit und der Berufung Israels zum Weltpriestertum ist in hohem Maße in dem konservativen hellenistischen Judentum lebendig. Diesem ist das jüdische Volk „das gottgeliebteste von allen, welches das Priestertum des gesamten Menschengeschlechts zum Anteil empfing".[6])

---

[1]) Orac. sib. III, 703—726. cf. III, 732—795.

[2]) Orac. sib. III, 194.

[3]) Baruch 11,1 sqq.

[4]) Bar. 15,5 sqq. 14,19; 21,24. IV Esr. 6,55.59; 7,11. Aes. Mos. I, 12: creavit enim orbem terrarum propter plebem suam.

[5]) Test. Levi c. 14

[6]) Philo, De Abr. II, 15: ἐθνῶν τὸ θεοφιλέστατον, ὅ μοι δοκεῖ τὴν ὑπὲρ ἅπαντος ἀνθρώπων γένους ἱερωσύνην καὶ προφητείαν λαχεῖν.

„Es ist Eigentum Gottes, vom Schöpfer und Vater als sein Erstling auserkoren“.[1])

Damit aber soll keineswegs gesagt sein, daß der Pharisäismus die Lehre von der Auserwähltheit Israels weniger betont habe; er war vielmehr von derselben nicht minder durchdrungen, als die Apokalyptiker in Palästina, als die Sibyllisten und die leitenden Geister der Diaspora; allein die dornenvolle Mission, die sein Weltpriestertum dem Judentum auferlegte: zu den Heiden zu gehen und sie zu belehren und zu bekehren, die das Diasporajudentum mit der ganzen Glut gottbegeisterter Propheten auf sich nahm und in bewunderungswürdiger Weise erfüllte; sie war und blieb dem Pharisäismus fremd. Wie konnte auch der mit Gesetzesbürden schwer beladene durch zahllose Reinheitsvorschriften an die Scholle gebundene Pharisäer, der es ängstlich scheute selbst mit den Amhaarez, mit den „Zöllnern und Sündern“ des eigenen Volkes in Berührung zu treten, hingehen, um inmitten der gottverhaßten heidnischen Welt das Gottesreich zu verkünden. Dem Pharisäismus war vielmehr von Anbeginn die Heidenbekehrung nicht nur unsympathisch, sondern geradezu unbequem, da sie seine engen Kreise stören mußte. Schon das vielbekannte Beispiel des Heiden, der vor Schammai und dann vor Hillel erschien mit dem Verlangen, auf kürzestem Wege in die mosaische Religion eingeführt zu werden, zeigt zur Genüge, wie wenig Begeisterung für Heidenbekehrung in diesen Kreisen vorhanden war: Schammai wies ein solches Verlangen schroff ab, während der mildere Hillel entgegenkommender dem Heiden zwar zuerst die Nächstenliebe als den Kern und Stern der Thora bezeichnete, darauf ihn aber mit Nachdruck auf das Studium der Tradition verwies, welche den Kommentar dieser Kardinallehre bilde.[2])

Der Pharisäismus kam den Heiden nicht nur nicht entgegen, er erschwerte ihnen vielmehr den Eintritt in das Judentum.[3]) Und es ist sicherlich aus dem Geiste des Pharisäismus herausgesprochen,

---

[1]) Philo, De creat. princ. II, 366: ᾧ προσκεκλήρωται διότι τοῦ σύμπαντος ἀνθρώπων γένους ἐπενεμήθη οἷα τις ἀπαρχὴ τῷ ποιητῇ καὶ πατρί. cf. Vita Mos. II, 104.

[2]) Sabbath 31a: א"ל דעלך סני לחברך לא תעביד זו היא כל התורה כל' ואידך פירושה הוא זיל גמור.

[3]) cf. Jebam. 47a u. a. St. cf. Graetz Gesch. IV[2] 109 sq.

wenn spätere Gesetzeslehrer, wie wir im Talmud lesen, lehrten, die Proselyten seien dem Erscheinen des Messias hinderlich im Wege,[1]) sie seien am Leibe Israels eine Plage wie der Aussatz.[2])

Es ist sonach gründlich verfehlt, lediglich aus den Worten bei Mathäus: „sie durchziehen Meer und Land, um einen Proselyten zu machen“, im flagranten Widerspruch mit dem Wesen des Pharisäismus den Schluß ziehen zu wollen, die Pharisäer selbst hätten in Palästina einen regen Bekehrungseifer entwickelt.[3])

Dieser Wehruf über die Pharisäer, daß sie Meer und Land durchziehen, gilt es auch nur einen einzigen Proselyten zu machen, sollte im Gegenteil beweisen, daß die Pharisäer keine Massenbekehrungen anstrebten und auch keine erzielten. Dieser so mißverstandene und mißgedeutete Wehruf wird aber verständlich, sobald man sich das Faktum — darauf er augenscheinlich anspielt — in Erinnerung bringt, das sich im Zeitalter Jesu ereignete und das größte Aufsehen erregte, ein Ereignis, wovon sich noch die spätesten Enkel erzählten, da es ja einen großen Triumph des Judentums bedeutete, worüber Josephus und der Talmud mancherlei zu berichten wissen.

Ein jüdischer Kaufmann, ein gesetzesfreierer Diasporajude, namens Ananias, kam an den Königshof von Adiabene und verstand es, nicht bloß die Frauen am Hofe, sondern auch den König Izates selbst für den mosaischen Glauben dermaßen zu erwärmen, daß sie sich sämtlich zum Judentum bekehrten, während gleichzeitig die Mutter des Königs von einem andern Juden für die Religion Israels gewonnen wurde. Der König las nun fleißig in der Schrift, und da er fand, daß darin die Beschneidung vorgeschrieben sei, war er bereit, sich derselben zu unterziehen. Dem aber widersetzte sich Ananias entschieden. Der König, so meinte er, könne auch ohne Beschneidung den Herrn verehren, wenn er nur die gottesdienstlichen Gebräuche der Juden befolge, denn das sei die Hauptsache.[4]) Izates ließ sich überzeugen. — Da kam

---

[1]) Nidd. 13b: ת"ר הגרים..... מעכבין את המשיח.

[2]) Kiduschin 70b, Jebam. 47b, Nidd. 13b: קשים גרים לישראל כספחת.

[3]) So auch Schürer Gesch. d. jüd. Volkes II² 557.

[4]) Jos. Antt. XX, 2,4: δυνάμενον δὲ αὐτὸν, ἔφη, καὶ χωρὶς τῆς περιτομῆς τὸ θεῖον σέβειν, εἴγε πάντως κέκρικε ζηλοῦν τὰ πάτρια τῶν Ἰουδαίων. τούτων εἶναι κυριώτερον τοῦ περιτέμνεσθαι.

aber ein pharisäischer Jude aus Galiläa, der besondere Kenntnisse im jüdischen Gesetz besaß,[1]) an den Hof, und als er den König mit dem Studium der mosaischen Lehre sich befassen sah, sprach er zu ihm: „O König, du weißt nicht, daß du dich gegen das Gesetz und somit auch gegen Gott schwer versündigst. Es genügt nicht, im Gesetzbuch bloß zu lesen, du mußt auch die darin enthaltenen Vorschriften befolgen. Wie lange willst du ohne Beschneidung bleiben? Wenn du noch nicht die Bestimmung über dieselbe gelesen hast, so tu dies gleich, damit du dein Unrecht einsehest.“ [2])

Dieser Bericht zeigt uns einerseits, mit welchem Eifer die Diasporajuden ihre Heidenbekehrung verfolgten, und andrerseits, in welcher Weise sich die Pharisäer an derselben beteiligten. Hier werden uns jüdische Kaufleute vorgeführt, die gleichsam mit der einen Hand ihre Ware zum Kaufe anbieten, derweil sie mit der andern die griechische Bibel einführen, die bald ihre Wirkung übt. Die Schriftauslegung des Ananias ist jene der gesetzesfreieren Diaspora, welche das Sittengebot hoch über den Buchstabenglauben und über nationale Triumphe stellt. Die Beschneidung, lehrt er, sei unwesentlich, Hauptsache sei die richtige Gottesverehrung.

Kaum jedoch, daß es ruchbar geworden, daß Izates sich zur Religion des Judentums bekenne, als auch schon ein pharisäischer Delegierter, ein Eiferer für das Gesetz, am Hofe von Adiabene erscheint, um zu vollenden, was der Diasporajude begonnen, indem er auf die strikte Befolgung des Gesetzesbuchstabens dringt und den König zum Nationaljuden macht. — So faßte das pharisäische Judentum die Mission der Heidenbekehrung auf. Es ging nicht direkt auf Heidenfang aus, wohl aber setzte es, wofern es für die Nation ruhmvoll, alles daran, die von den Diasporajuden für den Mosaismus gewonnenen Proselyten streng gesetzestreu zu machen. In solchen Fällen scheuten die Pharisäer nicht, „Meer und Land zu durchziehen, um einen Proselyten zu machen“.

---

[1]) ib.: μετὰ ταῦτα δὲ ..... Ἰουδαῖος τις ἕτερος ἐκ τῆς Γαλιλαίας ἀφικόμενος, Ἐλεάζαρος ὄνομα, πάνυ περὶ τὰ πάτρια δοκῶν ἀκριβὴς εἶναι. Hiermit ist dieser Galiläer als pharisäischer Schriftgelehrter gekennzeichnet. cf. Antt. XVII, 2,4, wo es von der Sekte der Pharisäer heißt: ἐπ᾽ ἀκριβώσει μέγα φρονοῦν τοῦ πατρίου νόμου. — Bell. jud. II, 8,14: Φαρισαῖοι μὲν οἱ δοκοῦντες μετὰ ἀκριβείας ἐξηγεῖσθαι τὰ νόμιμα. Antt. XVII, 2,6 u. a. St. — Antt. XIX, 7,4 ist der pharis. Gesetzeslehrer Simon ein ἀνὴρ ἐξακριβάζειν δοκῶν τὰ νόμιμα.

[2]) Antt. XX, 2,4.

Es wäre auch sonst ganz und gar unverständlich, warum der Wehrufer bei Mathäus die Schriftgelehrten und Pharisäer darum so hart verdammte, weil sie Proselyten zu machen bemüht waren. Das war ja auch die Lebensaufgabe Jesu und dazu sandte er ja auch seine Jünger aus, die er zu „Menschenfischern" machte.[1]) — Allein er bekämpft mitnichten den Bekehrungseifer eines Ananias, der nicht den Buchstaben, sondern den Geist des Gesetzes hochzuhalten lehrt; wohl aber verurteilt er den pharisäischen Gesetzeseifer eines Eleazar, der den lebendigen Geist verhüllt und das Himmelreich vor dem Eintretenden verschließt. Er verdammt die Religionsanschauung und Propaganda der Pharisäer und Schriftgelehrten, „die das Himmelreich vor den Menschen zuschließen, die selbst nicht hineinkommen und nicht hineinlassen, die hineinwollen".[2])

War aber der Wehrufer bei Mathäus so sehr von der Überzeugung durchdrungen, daß der Pharisäismus den Weg zum Himmelreich versperre, dann ist es verständlich, warum er sein Anathem über die Proselytenmacherei der Pharisäer ausspricht; dann sind aber auch die Schlußworte dieses Anathems: daß die Pharisäer, wenn sie einen Proselyten gewonnen, aus ihm „ein Kind der Hölle machen, zwiefältig mehr, denn sie seien",[3]) aus dem Munde eines so überzeugten Gegners des Pharisäismus verständlich.

Die Enthüllung des Himmelreichs und dessen Begründung unter den Menschen auf ewige Zeiten, das ist die eigentliche Aufgabe des reinen, noch unverfälschten Apokalyptikers, wie er uns im Henochbuch entgegentritt. Sein Reich ist, wie später dasjenige des Apokalyptikers im Evangelium, nicht von dieser Welt, die er verachtet und verwirft. Die Bewohner desselben sind die „Kinder des Himmels",[4]) die „Genossen der himmlischen Heerscharen",[5])

---

[1]) Math. 4,19. 13,47. [2]) Math. 23,13. 5,20.

[3]) Noch später führen die Kirchenlehrer Klage darüber, daß die Proselyten weit mehr als ihre jüdischen Lehrer gegen das Christentum eingenommen seien. So sagt Justin Dial. c. 122 zu dem Juden Tryphon: „Die Proselyten glauben nicht nur nicht, sondern lästern noch mehr als Ihr den Namen Jesu und trachten uns, seine Gläubigen, zu schänden und zu töten. Denn sie suchen in allen Dingen euch gleich zu werden." — Und Ignazius an die Philadelphier: „Besser ist es von einem beschnittenen Manne Christliches zu hören, als von einem Unbeschnittenen Jüdisches."

[4]) Hen. 101,1. [5]) Hen. 104,6; cf. 39,1. 4—6.

die Frommen, „die gehaßt und verschmäht haben diese Welt der Ungerechtigkeit und alle Werke und Wege der Ungerechtigkeit, und alle ihre Werke und Wege gehaßt haben im Namen des Herrn der Geister“;[1]) die Demütigen und jene, welche ihre Leiber kasteiten und dafür von Gott den Lohn erhalten; die Gott liebten, nicht Gold noch Silber, noch alle Güter der Welt, sondern ihren Leib der Qual hingaben, und die, seit sie waren, nicht nach irdischen Speisen begehrten, sondern sich selbst für einen vergänglichen Hauch hielten und danach lebten; die den ewigen Himmel mehr liebten als ihr Leben.[2])

Es wäre jedoch gefehlt, diesen Asketismus der Apokalyptiker — wie vielfach versucht wurde — auf essenischen Ursprung zurückführen zu wollen. Die Quelle ist vielmehr in beiden Fällen dieselbe: der jüdische Hellenismus. Und dies erklärt uns gleichzeitig den Grund, warum der mit neuen, zeitbewegenden Offenbarungen hervortretende Apokalyptiker seine Enthüllungen gerade dem Henoch in den Mund legt.

Nach dem jüdischen Alexandrinismus erhielt nämlich Henoch, als er vom Irdischen sich abgewendet und dem Himmlischen sich zugekehrt, von der Ungerechtigkeit und Selbstsucht zur Gerechtigkeit und Enthaltsamkeit geflohen, den doppelten Preis für den doppelten Sieg. Der doppelte Preis bestand in der Versetzung an einen andern Ort, in die Einsamkeit. Denn die Schrift sage von ihm, der den Anfechtungen des Leibes entwichen und zur Seele hinübergeflohen: „er wurde nicht gefunden, denn Gott hat ihn weggenommen.“ Durch die Wegnahme zeige sie deutlich genug die Versetzung, durch den Ausdruck „nicht gefunden werden“ die Einsamkeit an. Beides passe recht gut. Denn wenn ein Mensch einmal sich entschlossen habe, über den Leidenschaften zu stehen und „Lüste und Begierden zu verschmähen, so eile er ungesäumt fort vom Hause, vom Vaterland, von den Verwandten, damit er nicht wieder in Versuchung gerate und verstrickt werde.[3])

Nach dieser jüdisch-hellenistischen Auffassung war Henoch nicht nur der richtige Träger der Apokalyptik, sondern auch, wie wir noch zeigen werden, das Vorbild der Essener und Therapeuten: der Therapeut κατ' ἐξοχήν.

---

[1]) Hen. 48,7. [2]) Hen. 108,8–11.
[3]) Philo, De praem. et poen. II, 409 sq. cf. De vit. Abr. II, 3.

Aber nicht nur die apokalyptische Auffassung des Gottesreiches, das durch die Gemeinde der Gerechten und Auserwählten herbeigeführt werden soll, auch die Vorstellung von dem transzendenten Messias, wie sie in der Folge herrschend und schließlich zum Eckstein der Kirche geworden, ist jüdisch-hellenistischen Ursprungs, nicht aber Ureigentum des unschöpferischen und phantasielosen Pharisäismus. Und wenn sich auch hier und da abgeschwächte Anklänge davon in der Agada des Talmud vorfinden, so beweist dies nur, wie mächtig und volkbeherrschend diese Ideen damals waren, so daß sie selbst in die Kreise der pharisäischen Schriftgelehrten eindrangen und hier einzelne Anhänger fanden.

In der jüdischen Apokalypse, die zum erstenmal die eschatologischen Geheimnisse, obenan jenes von dem Messias, enthüllt, der bislang aller Welt verborgen und nur den Auserwählten offenbart war, vollzieht sich allmählich die Wandlung, die er vom Irdischen zum Himmlischen durchmacht. Die „Gemeinde der Gerechten und Auserwählten", aus der er hervorgeht, tritt immer mehr in den Hintergrund, während der Messias ins Übermenschliche hinaufwächst. In ihm verkörpert sich die „ewige Samenpflanze". An Stelle der Heiligen tritt der Heilige, an Stelle der Auserwählten der Auserwählte; und wie sehr man auch bemüht ist, um die historische Kontinuität festzuhalten, den Messias aus dem Hause Davids hervorgehen zu lassen, so ist er doch, geschaut im Geiste des hellenistischen Judentums, ein anderer: ein himmlischer geworden.

Man wende uns nicht ein, daß schon Daniel den Messias als eine hehre, vom Himmel herabgekommene Gestalt zeichnet. Denn abgesehen davon, daß selbst Daniel noch lange nichts von einem Pharisäismus weiß, und hier noch von den in seiner Zeit herrschenden jüdisch-griechischen Vorstellungen stark beeinflußt ist, ist in den Worten Daniels: „Ich sah in diesem Gesicht des Nachts, und siehe, es kam einer in des Himmels Wolken, wie eines Menschen Sohn, bis zu dem Alten und ward vor denselben gebracht; der gab ihm Gewalt, Ehre und Reich, daß ihm alle Völker, Menschen und Zungen dienen sollten",[1]) noch keineswegs der persönliche Messias gemeint, sondern das Volk der Heiligen des Höchsten.[2])

---

[1]) Dan. 7,13–15.

[2]) cf. Schürer II², 426: „Ob der Verf. (des B. Daniel) jenes Reich der

Die Vorstellung von dem lichtumstrahlten, präexistenten Messias, der in Begleitung des Weltgerichtes, dem das Gottesreich folgt, erscheint, tauchte bei den Apokalyptikern auf, als sie bereits durch die Volkslehrer der Diaspora, durch die Sibyllisten, ihre Ausbildung und Verbreitung gefunden.[1])

In den sogenannten Bilderreden Henochs tritt uns der Messias bereits als eine göttliche Potenz entgegen. Er sitzt auf dem Throne der Herrlichkeit,[2]) auf dem Throne Gottes, und alle Geheimnisse der Weisheit entströmen den Gedanken seines Mundes.[3]) Gott läßt ihn auf dem Throne seiner Herrlichkeit sitzen, um die Welt zu richten.[4]) Und da verschwindet alles Böse vor seinem Angesicht.[5]) — Ehe die Sonne und die Zeichen gemacht, die Sterne des Himmels geschaffen waren, ward sein Name schon genannt vor

---

Heiligen des Höchsten mit einem messianischen König an der Spitze gedacht hat, ist nicht zu ersehen. Jedenfalls wird ein solcher nicht erwähnt. Denn der in Gestalt eines Menschen Erscheinende ist keineswegs der persönliche Messias, sondern, wie der Verf. in der Auslegung deutlich und ausdrücklich sagt, das Volk der Heiligen des Höchsten (7,18.22.27) Wie die Weltreiche durch Tiere dargestellt werden, welche aus dem Meere aufsteigen, so wird das Reich der Heiligen durch eine menschliche Gestalt dargestellt, welche aus den Wolken des Himmels herabkommt. Das Aufsteigen aus dem Meere, d. h. aus dem Abgrunde, deutet auf den widergöttlichen Ursprung jener; das Kommen vom Himmel auf den göttlichen Ursprung dieses. Der Kern der messianischen Hoffnung Daniels ist also die Weltherrschaft der Frommen (s. bes. 2,44; 7,14.27). Und zwar denkt der Verf. diese nicht, wie nach Kap. 7 scheinen könnte, durch einen bloßen Richterspruch Gottes herbeigeführt. Vielmehr sagt er 2,44 ausdrücklich, daß das Reich der Heiligen die widergöttlichen Weltreiche „zermalmen und vernichten", d. h. also doch mit Waffengewalt überwinden werde, freilich unter Gottes Beistand und nach seinem Willen."

[1]) cf. Or. sib. III, 46—50. 652—730 u. a. St.

[2]) Hen. 45,3. Diese apokalyptische Anschauung hat später auch in den Kreisen der Gesetzeslehrer Eingang gefunden, und kein Geringerer als R. Akiba teilt sie. Chag. 14a wird überliefert: einmal heißt es Dan. 7,9: „Sein Stuhl Feuerflammen", und ein andermal: „Bis Stühle aufgeschlagen wurden und der Alte der Tage sich setzte"; das will sagen: Einer ist für Ihn, nämlich für Gott, und einer für den Sohn Davids, wie es in der Baraitha heißt: einer für ihn und einer für David; so lehrte R. Akiba: כדתניא אחד לו ואחד לדוד דברי ר' עקיבא. — Freilich muß R. Akiba sich die scharfe Zurechtweisung des Galiläers R. Jose gefallen lassen: „Wie lange, Akiba, willst du noch die Schechina profanieren! עקיבא עד מתי אתה עושה שכינה חול

[3]) Hen. 51,3. [4]) Hen. 55,4. 61,8. 69,27.

[5]) Hen. 69,29.

dem Herrn der Geister.[1]) Er ward auserwählt und verborgen vor ihm, ehe denn die Welt geschaffen wurde, und bis in die Ewigkeit wird er vor ihm sein. Und die Weisheit des Herrn der Geister hat ihn den Heiligen und Gerechten offenbart.[2]) — Mit dem Messias ist die in ihm verkörperte Weisheit endlich zur Weltherrschaft gelangt. Sie hatte vordem keinen Platz, wo sie wohnen sollte, gefunden, da ward ihr eine Wohnung in den Himmeln. Sie war gekommen, um unter den Menschenkindern zu wohnen und hatte keinen Wohnort gefunden. Da kehrte sie zurück an ihren Ort und nahm ihren Sitz unter den Engeln, und die Ungerechtigkeit nahm von den Menschen Besitz.[3]) Mit dem Messias endlich gelangt sie zu ihrem Recht und wird mit ihm Teilhaberin des göttlichen Thrones.

Wir haben hier dieselbe Anschauung von dem Messias vor uns, wie sie Pseudosalomo von der Weisheit, die er ebenfalls als vorweltlich und menschenerlösend darstellt, bietet. Wie Henoch das Geheimnis von dem Messias, so enthüllt Pseudosalomo das Geheimnis von der Weisheit. „Was aber die Weisheit ist", sagt er, „und wie sie entstanden, das will ich verkünden und auch ihre Geheimnisse nicht verhüllen. Ich will von Anbeginn ihres Entstehens ihre Spuren aufsuchen, ihre Kenntnis ans Licht bringen und an der Wahrheit nicht vorübergehen.[4]) — Sie ist ein Hauch der Kraft Gottes und ein reiner Ausfluß der Herrlichkeit des Allmächtigen; ein Abglanz des ewigen Lichtes, ein flekenloser Spiegel der Tatkraft Gottes und ein Bild seiner Güte; sie macht die heiligen Seelen zu Freunden Gottes und Propheten,[5]) bringt ihre Verehrer in die Nähe Gottes.[6]) — Wie der Messias bei Henoch, sitzt auch die Weisheit auf dem Throne Gottes und ist als Teilnehmerin der Weltschöpfung und Weltregierung die einzig wahre Erzieherin

---

[1]) Hen. 48,3.

[2]) Hen. 48,6.7. — Auch diese Anschauung von der Vorweltlichkeit des Namens des Messias findet sich später in der Agada des Talmud. cf. Hamburger Real-Enc. I, 739 sqq.

[3]) Hen. K. 42.

[4]) Sap. Sal. 6,24: τί δὲ ἔστι σοφία καὶ πῶς ἐγένετο ἀπαγγελῶ καὶ οὐκ ἀποκρύφω τὴν γνῶσιν αὐτῆς καὶ οὐ μὴ παροδεύσω τὴν ἀλήθειαν.

[5]) Sap. Sal. 7,26—28: καὶ εἰκὼν τῆς ἀγαθότητος αὐτοῦ. μία δὲ οὖσα πάντα δύναται, καὶ μένουσα ἐν αὐτῇ τὰ πάντα καινίζει, καὶ κατὰ γενέας εἰς ψυχὰς ὁσίας μεταβαίνουσα φίλους θεοῦ καὶ προφήτας κατασκευάζει.

[6]) Sap. Sal. 7,25—30. 6,19.

und Führerin des Menschengeschlechts:[1]) Der Messias erscheint sonach als eine Inkarnation der göttlichen Weisheit, wie sie der jüdische Hellenismus darstellt.

In der Henochapokalypse läßt Gott in den letzten Zeiten den Messias von dem Throne seiner Herrlichkeit herniedersteigen und ihn inmitten der Auserwählten unter dem neu umgestalteten Himmel auf der zum Segen umgewandelten Erde wohnen.[2]) Er ist voll Anmut und sein Antlitz einem der Engel gleich. Er ist der Menschensohn, der die Gerechtigkeit hat, bei dem Gerechtigkeit wohnt und der alle Schätze dessen, was verborgen ist, offenbart, weil der Herr der Geister ihn erwählt hat, und dessen Los vor dem Herrn der Geister alles übertroffen hat durch Rechtschaffenheit in Ewigkeit.[3]) Er wird ein Stab sein den Gerechten und Heiligen, daß sie sich darauf stützen und nicht fallen, er wird das Licht der Völker und die Hoffnung derer sein, die betrübt in ihrem Herzen sind. Es werden niederfallen und anbeten vor ihm alle, die auf Erden wohnen und werden rühmen und preisen und lobsingen den Namen des Herrn der Geister.[4]) Denn Weisheit ist ausgegossen wie Wasser und Herrlichkeit hört nicht auf vor ihm von Ewigkeit zu Ewigkeit. Denn er ist mächtig in allen Geheimnissen der Gerechtigkeit, und Ungerechtigkeit wird wie ein Schatten vergehen und keinen Bestand haben, weil der Auserwählte aufgestanden ist vor dem Herrn der Geister und seine Herrlichkeit von Ewigkeit zu Ewigkeit.[5]) In jenen Tagen werden die Berge springen wie Widder und die Hügel hüpfen wie Lämmer — und sie alle werden Engel im Himmel werden. Ihr Angesicht wird leuchten vor Freude, weil in jenen Tagen der Auserwählte aufgestanden ist, und die Erde wird sich freuen, und die Gerechten werden auf ihr wohnen, und die Auserwählten auf ihr gehen und wandeln.[6]) Alle verborgenen Dinge des Himmels und der Erde und alle

---

[1]) Sap. Sal. 9,4 betet König Salomo zu Gott: δός μοι τὴν τῶν σῶν θρόνων πάρεδρον σοφίαν. Und ib. v. 9—10: καὶ μετὰ σοῦ ἡ σοφία ἡ εἰδυῖα τὰ ἔργα σου, καὶ παροῦσα ὅτε ἐποίεις τὸν κόσμον, καὶ ἐπισταμένη τί ἀρετὸν ἐν ὀφθαλμοῖς σου, καὶ τί εὐθὲς ἐν, ἐντολαῖς σου. ἐξαπόστειλον αὐτὴν ἐξ ἁγίων οὐρανῶν, καὶ ἀπὸ θρόνου δόξης σου πέμψον. Dieselbe Vorstellung von der Sophia bei Paulus 1. Kor. 2,7: ἀλλὰ λαλοῦμεν σοφίαν Θεοῦ ἐν μυστηρίῳ, τὴν ἀποκεκρυμμένην, ἣν προώρισεν ὁ Θεὸς πρὸ τῶν αἰώνων εἰς δόξαν ἡμῶν κτλ.

[2]) Hen. 45,4—6. 62,14. [3]) Hen. 46,1—4. [4]) Hen. 48,4—6. [5]) Hen. 49,1—4.
[6]) Hen. 51,4—5.

verborgenen Schätze dienen der Herrschaft des Gottgesalbten, damit er gewaltig und mächtig sei auf der Erde. Bei seinem Erscheinen schwindet jede Begehrlichkeit nach irdischem Besitz, hat aller Krieg auf Erden ein Ende.[1]) „Der Herr der Geister", so heißt es in den Bilderreden Henochs, „setzt den Auserwählten auf den Thron seiner Herrlichkeit, und er wird alle Werke der Heiligen oben in den Himmeln richten und mit der Wage ihre Taten prüfen. Wie er sein Angesicht erheben wird, um ihre verborgenen Wege nach dem Worte des Namens des Herrn der Geister zu richten, dann werden sie alle mit einer Stimme reden, preisen, erheben und loben den Namen des Herrn der Geister. Es wird rufen das ganze Heer der Himmel und alle Heiligen, die oben sind, und das Heer Gottes, die Cherubim und Seraphim und Ophanim und alle Engel der Gewalt und alle Engel der Herrschaften und der Auserwählte und die andern Mächte, welche auf dem Festlande und über dem Wasser sind. Und sie werden an jenem Tage mit einer Stimme preisen, rühmen, loben und erheben im Geiste des Glaubens und im Geiste der Weisheit und im Geiste der Geduld und im Geiste der Barmherzigkeit und im Geiste des Rechts und des Friedens und der Güte, und alle werden mit einer Stimme sprechen: „Preis ihm und gepriesen sei der Name des Herrn der Geister in alle Ewigkeit!" Es werden ihn preisen alle, die nicht schlafen oben im Himmel, es werden ihn preisen alle seine Heiligen, welche im Himmel sind, und alle Auserwählten, welche im Garten des Lebens wohnen, und jeder Geist des Lichtes, der fähig ist zu preisen und zu rühmen und zu erheben und zu heiligen deinen heiligen Namen, und alles Fleisch, das überschwänglich deinen Namen preisen und rühmen wird in Ewigkeit. Denn groß ist die Barmherzigkeit des Herrn der Geister und er ist langmütig, und alle seine Werke und alle seine Macht hat er den Gerechten und Auserwählten geoffenbart im Namen des Herrn der Geister."[2]) — Und das Wort Gottes ergeht an die Könige und die Mächtigen und die Hohen und an die Erdenbewohner: „Öffnet die Augen und erhebet eure Hörner, wenn ihr imstande seid, den Auerwählten zu erkennen!" Und der Herr der Geister setzte ihn auf den Thron seiner Herrlichkeit. Der Geist der Gerechtigkeit war über ihn ausgegossen; die Rede seines

---

[1]) Hen. 52,2–9. [2]) Hen. 61,8–13.

Mundes tötet alle Sünder und alle Ungerechten werden vor seinem Angesicht vernichtet. Alle Könige, Mächtige, Hohe und die, welche das Festland besitzen, werden sich an jenem Tage erheben, ihn sehen und erkennen, wie er auf dem Throne seiner Herrlichkeit sitzt, und gerecht wird von ihm gerichtet werden und kein Lügenwort vor ihm gesprochen. Da wird sie Schmerz überkommen, wie ein Weib, das in den Wehen ist und dem es schwer wird, zu gebären. — Und ein Teil von ihnen wird den andern ansehen, sie werden erschrecken und ihr Antlitz niederschlagen, und Schmerz wird sie ergreifen, wenn sie jenen Sohn des Weibes sitzen sehen auf dem Throne seiner Herrlichkeit.[1]) Und die Könige, die

[1]) Diese ganze Enthüllung des Weltgerichtes ist eine Umschreibung von Sap. Sal. Kap. 5, wo die Reue, die die Gottlosen in der künftigen Welt empfinden, wie folgt, geschildert wird: „Dann tritt der Gerechte in voller Zufriedenheit vor jene hin, die ihn unterdrückten und seine Mühe verachteten. Und da sie ihn sehen, werden sie von gewaltiger Furcht ergriffen und bestürzt über das Unerwartete seiner Rettung. Sie sprechen unter sich voll Reue und seufzen in der Angst ihres Geistes: „Dieser war es ja, den wir einst zum Gelächter und zum Spotte machten. Wir Toren hielten sein Leben für Wahnsinn und sein Ende für ehrlos. Wie wird er nun zu den Kindern Gottes gezählt und erhält sein Los unter den Heiligen? Wir haben uns also verirrt von dem Wege der Wahrheit, das Licht der Gerechtigkeit hat uns nicht geleuchtet, und die Sonne ist nicht aufgegangen für uns! Wir haben uns müde gelaufen auf den Pfaden der Schlechtigkeit und des Verderbens, durch unwegsame Wüsten sind wir gewandelt, den Weg des Herrn aber haben wir nicht erkannt. Was hat uns nun unser Hochmut geholfen? oder welchen Vorteil hat uns der Reichtum, mit dem wir prahlten, gewährt? Alle jene Dinge sind verschwunden, gleich einem Schatten, gleich einer Botschaft, die vorübereilt ...... So sind auch wir gleich nach unserer Geburt hingeschwunden, wir können kein Zeichen unserer Tugend aufweisen, sondern in unserer Bosheit sind wir hingerafft worden. — Ja die Hoffnung des Gottlosen ist wie der Staub, den der Wind zerstreut..... Die Gerechten aber leben ewig, ihr Lohn ist bei dem Herrn und ihre Fürsorge bei dem Höchsten. Darum werden sie das Reich der Herrlichkeit und die Krone der Schönheit aus der Hand des Herrn empfangen; er wird sie mit seiner Rechten beschützen und mit seinen Armen schirmen. Er wird seinen Eifer wie eine Rüstung anlegen und die ganze Schöpfung zur Rache an seinen Feinden bewaffnen. Er wird die Gerechtigkeit als Harnisch anlegen und den ernsten Urteilsspruch als Helm aufsetzen. Er wird die Heiligkeit als unbezwinglichen Schild ergreifen; den heiligen Zorn zum Schwerte schärfen und die ganze Welt wird mit ihm gegen die betörten Sünder streiten. — Wie im Zorn geschleuderte Steine, wird Hagel in Menge auf sie niederfallen, die Wogen des Meeres werden wild

Mächtigen und alle, welche die Erde inne haben, werden rühmen und preisen und erheben den, der über alles herrscht, der verborgen war. Denn zuvor war er verborgen der Menschensohn und der Höchste hat ihn vor seiner Macht aufbewahrt,[1]) und ihn den Auserwählten geoffenbart; und es wird gesät werden die Gemeinde der Heiligen und Auserwählten an jenem Tage. Und alle die mächtigen Könige und die Hohen und die, welche das Festland beherrschten, werden vor ihm auf ihr Angesicht fallen und anbeten und ihre Hoffnung setzen auf jenen Menschensohn und ihn anflehen und Barmerzigkeit von ihm erbitten. Und jener Herr der Geister wird sie nun drängen, daß sie eilends hinweggehen vor seinem Angesicht, und ihre Angesichter werden

---

tosend gegen sie anstürmen und der Wirbel der Ströme sie in den Abgrund hinunterziehen. Der Hauch der Allmacht wird sich wider sie erheben und wie ein Sturmwind wird er sie worfeln. So verwüstet die Bosheit die ganze Erde, und die schlechten Taten stürzen die Throne der Fürsten um.“ Der ganze Unterschied zwischen Pseudosalomo und dem Apokalyptiker ist hier der, daß der letztere an Stelle der Gerechten und Auserwählten, den Auserwählten, den Messias treten läßt.

[1]) Diese apokalyptische Vorstellung von dem seit der Weltschöpfung unter dem Throne Gottes weltverborgen ruhenden Messias findet sich auch in der späteren Agada wieder. Pesikta rabbati Par. 36, Midr. Jalkut zu Jes. 60 heißt es: Welches ist das Licht, worauf die Gemeinde Israels sehnsüchtig harret? Es ist das Licht des Messias, denn es steht geschrieben: „Und Gott sah das Licht, daß es gut sei“, das lehrt uns, daß Gott, bevor er die Welt geschaffen, auf den Messias und sein Wirken geschaut und es ihm unter seinem heiligen Thron geborgen hat: מלמד שצפה הקב״ה במשיח ובמעשיו קודם שנברא העולם וגנזו למשיחו לדורו תחת כסא הכבוד שלו — Da sprach Satan zu Gott: Herr der Welt, was du da unter deinem heiligen Thron verborgen hältst, wessen ist es? Und Gott antwortete: es gehöret dem, der dich einst in Schmach und Scham zurückschleudern wird. Darauf bat der Satan: Laß mich ihn schauen. Und Gott erwiderte: Komm und sieh! Als Satan ihn erblickte, da erfaßte ihn ein Beben, er fiel auf sein Angesicht und sprach: gewiß, das ist der Messias, der einst mich und alle Fürsten der Welt in den Feuerpfuhl der Gehenna schleudern wird. —

Auch nach Apokal. Joh. 12,5 ist der Messias unter Gottes Thron geborgen: καὶ ἡρπάσθη τὸ τέκνον πρὸς τὸν Θεὸν καὶ τὸν θρόνον αὐτοῦ. Ebenso wiederholt in der Esraapokalypse. cf. Esr. 12,32: „Das ist der Messias, den der Höchste bewahrt für das Ende der Tage, der aus dem Samen Davids erstehen und auftreten wird, um zu ihnen zu reden.“ Ferner ib. 13,26: „Das ist derjenige, den der Höchste lange Zeiten hindurch aufbewahrt, durch den er die Schöpfung erlösen will.“ —

mit Schande erfüllt werden und Finsternis wird man darauf häufen. Und die Strafengel werden sie in Empfang nehmen, um Vergeltung an ihnen zu üben, dafür daß sie seine Kinder und Auserwählten mißhandelt haben. Und sie werden ein Schauspiel sein für die Gerechten und für seine Auserwählten: sie werden sich über sie freuen, weil der Zorn des Herrn der Geister auf ihnen ruht, und das Schwert des Herrn der Geister von ihnen trunken ist. Und die Gerechten und Auserwählten werden gerettet werden an jenem Tage, und werden das Angesicht der Sünder und Ungerechten von nun an nicht mehr schauen. Und der Herr der Geister wird über ihnen wohnen, und mit jenem Menschensohn werden sie zusammenwohnen und essen und sich niederlegen und aufstehen von Ewigkeit zu Ewigkeit. Und die Gerechten und Auserwählten werden sich erhoben haben von der Erde und aufgehört haben, ihr Antlitz niederzuschlagen und werden angetan sein mit dem Kleide der Herrlichkeit. Und das soll euer Kleid sein, ein Kleid des Lebens bei dem Herrn der Geister; und eure Kleider werden nicht veralten und eure Herrlichkeit nicht abnehmen vor dem Herrn der Geister. — In jenen Tagen werden die mächtigen Könige, die das Festland besitzen, seine Strafengel, denen sie überliefert sind, anflehen, daß man ihnen ein wenig Ruhe gewähre, damit sie niederfallen und anbeten vor dem Herrn der Geister und ihre Sünden vor ihm bekennen. Sie werden preisen und loben den Herrn der Geister und sprechen: „Gepriesen sei er, der Herr der Geister, der Herr der Könige, der Herr der Mächtigen, der Herr der Herrlichkeit und der Herr der Weisheit, vor dem jedes Geheimnis offenbar ist. Deine Macht ist von Geschlecht zu Geschlecht und deine Herrlichkeit von Ewigkeit zu Ewigkeit; tief sind alle deine Geheimnisse und deine Gerechtigkeit ist unberechenbar. Nun haben wir eingesehen, daß wir den Herrn der Könige und den Herrscher über alle Könige rühmen und preisen sollen.“ Auch werden sie sagen: „Vergönnt uns Ruhe, daß wir rühmen, danken und preisen und unsern Glauben vor seiner Herrlichkeit bekennen! Und jetzt sehnen wir uns nach ein wenig Ruhe, aber erlangen sie nicht; das Licht ist vor uns verschwunden und Finsternis erfüllt unsere Wohnstätte immerdar. Denn wir haben unsern Glauben vor ihm nicht bekannt, den Namen des Herrn der Geister nicht gerühmt und den Herrn wegen all seines Tuns nicht gepriesen. Unser Vertrauen ruhte auf dem Zepter unseres Reiches und auf unserm Ruhm.

Am Tage unserer Not und Trübsal rettet er uns nicht, und wir finden keinen Aufschub, daß wir unsern Glauben bekennen, daß unser Herr in all seinem Tun und in allen seinen Gerichten und seinem Recht wahrhaftig ist und seine Gerichte auf die Person keine Rücksicht nehmen. Und wir werden vergehen vor seinem Angesicht um unserer Werke willen, und alle unsere Sünden sind gezählt mit Gerechtigkeit." — Und darnach wird ihr Angesicht sich erfüllen mit Finsternis und Scham vor jenem Menschensohn, und sie werden von seinem Angesicht verstoßen werden. — Also sprach der Herr der Geister: „Dies ist das von dem Herrn der Geister festgesetzte Gericht über die Mächtigen, die Könige, die Hohen und die, welche das Festland besitzen.[1])

Dieses Bild von dem Messias, seiner Präexistenz, seiner Göttlichkeit und seiner Wirksamkeit auf Erden, des Messias, der schon vor der Weltschöpfung bei Gott war, unter seinem Throne die „Erfüllung der Zeit" abwartend, der aber den Menschen verborgen und später den Auserwählten offenbart wurde, dieses Messiasbild, welches später im Christentum zum lebensvollsten Ausdruck gelangt,[2]) es ist die Kopie desjenigen, das die jüdische Diaspora, früher, als man anzunehmen geneigt ist, entworfen und in das Bewußtsein weiter Volkskreise eingeführt hat. — Es ist selbst in Palästina — und dafür liefern sogar die einschlägigen, allerdings stark abgeblaßten, aus der spätern Apokalyptik geschöpften talmudischen Überlieferungen Zeugnisse — in noch vorchristlicher Zeit landläufig ge-

---

[1]) Hen. Kap. 62, 63.

[2]) cf. Röm. 16,25—26: . . . . τὸ κήρυγμα, Ἰησοῦ Χριστοῦ κατὰ ἀποκάλυψιν μυστηρίου χρὸνοις αἰωνίοις σεσιγημένου, φανερωθέντος δὲ νῦν, διά τε γραφῶν προφητικῶν, κατ᾽ ἐπιταγὴν τοῦ αιωνίου Θεοῦ. 1. Kor. 2,7—11: . . . . . ἀλλὰ λαλοῦμεν σοφίαν Θεοῦ ἐν μυστηρίῳ, τὴν ἀποκεκρυμμένην, ἣν προώρισεν ὁ Θεὸς πρὸ τῶν αἰώνων εἰς δόξαν ἡμῶν· ἣν οὐδεὶς τῶν ἀρχόντων τοῦ ἀιῶνος τοῦτου ἔγνωκεν. — ἡμῖν δε ὁ Θεὸς ἀπεκάλυψε διὰ τοῦ Πνεύματος αὐτοῦ. — Eph. 1,9—10: γνωρίσας ἡμῖν τὸ μυσήριον τοῦ θελήματος αὐτοῦ· εἰς οἰκονομίαν τοῦ πληρώματος τῶν καιρῶν, ἀνακεφαλαιώσασθμ τὰ πάντα ἐν τῷ Χριστῷ, τὰ τε ἐν τοῖς οὐρανοῖς καὶ ἐπὶ γῆς. Und ib. ib. 3,5.9: ὅτι κατὰ ἀποκάλυψιν ἐγνώρισέ μοι τὸ μυστήριον — ὃ ἐν ἑτέραις γενεαῖς οὐκ ἐγνωρίσθη τοῖς υἱοῖς τῶν ἀνθρώπων, ὡς νῦν ἀπεκαλύφθη τοῖς ἁγίοις ἀποστόλοις αὐτοῦ καὶ προφήταις ἐν Πνεύματι κτλ. cf. Ap. Joh. 10,7; 11,15; Act. 3,20-21. Das Geheimnis des Himmelreiches ist erst den Jüngern Jesu offenbar geworden Matth. 13,11: Ὅτι ὑμῖν δέδοται γνῶναι τὰ μυστήρια τῆς βασιλείας τῶν οὐρανῶν, ἐκείνοις (τοῖς ὄχλοις) δὲ οὐ δέδοται.

worden und beschäftigte daselbst intensiv die Phantasie aller nachfolgenden Apokalyptiker.

In den Psalmen Salomos, die aus der Zeit des Pompejus stammen, ist der Messias ein Sproß aus dem Hause David. Er bringt ein heiliges Volk zusammen, das er mit Gerechtigkeit regiert, er richtet die Stämme des von seinem Gotte geheiligten Volkes. Er läßt nicht zu, daß ferner Unrecht in ihrer Mitte weile, und niemand darf bei ihnen wohnen, der um Böses weiß; denn er kennt sie, daß sie alle Söhne ihres Gottes sind. Er richtet die Völker und die Stämme nach seiner gerechten Weisheit. Er hält die Heidenvölker unter seinem Joche, daß sie ihm dienen und den Herrn verherrlichen offenkundig vor der ganzen Welt; er macht Jerusalem rein und heilig, wie es zu Anfang war, so daß alle Völker der Erde kommen, seine Herrlichkeit zu sehen, als Geschenke bringend ihre erschöpften Söhne, und um zu schauen des Herrn Herrlichkeit, mit der sie Gott verherrlicht hat. Er aber herrscht als gerechter König, von Gott unterwiesen,[1] über sie, und in seinen Tage geschieht kein Unrecht unter ihnen, weil sie alle heilig sind und ihr König der Gesalbte des Herrn ist. Denn er verläßt sich nicht auf Roß und Reiter und Bogen, auch sammelt er sich nicht Gold und Silber zum Kriege, und auf die Menge setzt er nicht seine Hoffnung für den Tag der Schlacht. Der Herr selbst ist sein König, die Hoffnung dessen, der durch die Hoffnung auf Gott stark ist, und alle Heiden wird er bebend vor ihn stellen, denn er zerschlägt die Erde mit dem Worte seines Mundes für immer, segnet das Volk des Herrn mit Weisheit in Freuden.[2])

Ähnlich, wenn auch schon in vergröberterer Gestalt — da schon der Glaube an die Auferstehung des Leibes den Boden der Eschatologie zu beherrschen anfängt — stellt sich der Messias in der Baruchapokalypse[3]) und in den Visionen Esras dar. Und überall wird die schon in der Henochapokalypse inbezug auf den Zeitpunkt des Erscheinens des Messias gemachte Angabe, laut

---

1) cf. Orac. sib. III, 655f., wo es von dem vom Aufgang her kommmenden Messias gleichfalls heißt:

Οὐδέ γε ταῖς ἰδίαις βουλαῖς τάδε πάντα ποιήσει
Ἀλλὰ Θεοῦ μεγάλοιο πιθήσας δόγμασι ἐσυλοῖς.

2) Psalter Sal. 17,26–38.

3) Ap. Baruch. C. 29,30. 39,7f. 70,9. Kautzsch II, 423, 425, 439.

welcher dasselbe erfolgen soll, wenn alles dafür erst vorbereitet, das Weltgericht reinigend und läuternd vorübergezogen, „Weisheit wie Wasser ausgegossen ist“, kurz, wenn, wie es später im Neuen Testament heißt, die Zeit erfüllt ist, bezeichnender Weise festgehalten, gleichsam als eine uralte heilige Überlieferung, an der nicht gerüttelt werden dürfe.[1])

Auch bei Esra wird der „Gesalbte, der herkommt aus dem Samen Davids, von Gott bis zum Ende der Tage aufbewahrt“. In Anlehnung an Daniel und Henoch geschildert ist die folgende Vision:

„Und es geschah nach sieben Tagen, da sah ich ein Gesicht bei Nacht. Und siehe, ein großer Wind erhob sich auf dem Meere, so daß er alle seine Wellen in Bewegung setzte. Und ich sah und siehe, dieser Wind brachte herauf aus dem Innern des Meeres einen von der Gestalt eines Menschen. Und ich sah und siehe, dieser Mensch flog mit den Wolken des Himmels, und wohin er sein Gesicht wandte, daß er beobachte und sehe, erzitterte alles vor seinem Ansehen. Und wohin die Stimme seines Mundes erging, da zerfloßen alle, die seine Stimme hörten, wie Wachs zerfließt, wenn es Feuer verspürt. Darnach schaute ich und siehe, es kam von den vier Winden des Himmels ein unzählbares Heer von Menschen zusammen, um den Menschen, der aus dem Meer emporgestiegen war, zu bekämpfen. — Darnach schaute ich, siehe, alle, die sich gegen ihn zum Kriege versammelt hatten, gerieten in große Furcht, wagten aber doch den Kampf. Als er aber den Ansturm des Herres, das auf ihn loskam, sah, da erhob er keine Hand, noch führte er ein Schwert oder eine andere Waffe, sondern ich sah nur, wie er von seinem Munde etwas wie einen feurigen Strom ausließ, von seinen Lippen einen flammenden Hauch, und von seiner Zunge ließ er hervorgehen stürmende Funken: alle diese vermischten sich miteinander: der feurige Strom, der flammende Hauch und der gewaltige Sturm. Das fiel über das anstürmende

---

[1]) Besonders Henoch in der Tiervision 90,37–39, wo der Messias erst nach dem Gericht erscheint. Bar. 29,8 schildert die Drangsale, die dem Erscheinen des Messias vorausgehen werden und schließt: „Alsdann wird der Messias sich offenbaren.“ Und ib. 39,5–8, von dem letzten und schlimmsten aller vorangegangenen Reiche sprechend, sagt er: „Und nun die Zeit seines Endes herangekommen ist, daß es zu Falle kommen wird, alsdann wird sich die Herrschaft eines Messias offenbaren.“ cf. IV Esra 14,9: „Bis die Zeiten um sind“ u. a. St.

Heer, das zum Kampf bereit war, und entzündete sie alle, daß im selben Augenblick von dem unzählbaren Heer nichts anderes zu sehen war außer dem Staube, der Asche und dem Dunste des Rauchs. — Darnach schaute ich, wie jener Mensch vom Berge herabstieg und ein anderes friedliches Heer zu sich rief. Da nahten sich ihm Gestalten von vielen Menschen, die einen frohlockend, die andern traurig; einige waren in Banden, einige führten andere als Opfergaben mit sich. — Die Deutungen dieses Gesichtes sind diese: wenn du einen Mann aus dem Herzen des Meeres hast emporsteigen sehen: das ist derjenige, den der Höchste lange Zeiten hindurch aufbewahrt, durch den er seine Schöpfung erlösen will; der wird selber unter den Übergebliebenen die neue Ordnung schaffen. Wenn du gesehen hast, wie aus seinem Munde Sturm und Feuer und Wetter hervorging, wie er kein Schwert noch Waffe führte und doch den Ansturm jenes Heeres, das wider ihn zu Felde zog, vernichtete, das bedeutet: siehe, Tage kommen, da der Höchste die Erdenbewohner erlösen wird. Da wird gewaltige Erregung über die Erdenbewohner fallen, daß sie Kriege wider einander planen, Stadt gegen Stadt, Ort gegen Ort, Volk gegen Volk, Reich gegen Reich. Dann, wann dies geschieht und wann die Zeichen eintreffen, die ich dir vorausgesagt, dann wird mein Sohn erscheinen, den du als Mann, der emporsteigt, gesehen hast. Dann, wenn alle Völker seine Stimme vernehmen, werden sie alle ihre Länder und wechselseitigen Kriege lassen; so wird sich ein unzählbares Heer an einem Punkte sammeln, wie du gesehen hast, daß sie von sich aus herankamen und ihn angriffen. — Er selbst aber wird auf den Gipfel des Zionsberges treten; Zion aber wird erscheinen und allen offenbar werden, vollkommen erbaut. — Er aber, mein Sohn, wird den Völkern, die wider ihn gezogen sind, ihre Sünden strafen — — dann wird er sie ohne Mühe vernichten durch das Gesetz dessen, der dem Feuer gleicht. — — Da sprach ich: Herr Gott zeige mir, weshalb ich den Mann aus dem Herzen des Meeres habe aufsteigen sehen. Und er antwortete und sprach zu mir: Wie niemand etwas erforschen und erfahren kann, was in des Meeres Tiefen ist, so kann niemand der Erdenbewohner meinen Sohn schauen, noch seine Gefährten, vor jener Zeit an seinem Tage."[1])

---

[1]) IV Esra 13,1–53. cf. 11,25–39. Kautzsch II, 395 sqq. 391 sq. 398.

Auch in den Testamenten der zwölf Patriarchen, deren Abfassung nach unsrer Überzeugung, wie jene des Psalters Salomos in die Zeit des Pompejus fällt,[1]) ist der Messias eine hehre Lichtgestalt, die weithin Gotteserkenntnis ausstrahlt, so daß sie über die Erde ausgegossen ist, wie Wasser des Meeres: Auch wenn Israel sich schwer gegen seinen Gott vergangen haben wird, wird Gott ihm, nachdem er es gezüchtigt und geläutert, einen neuen Priester, einen Messias erwecken, welchem alle Worte des Herrn enthüllt sein werden. Er wird Gericht halten über die Erde, Licht ausstrahlen wie die Sonne und jedes Dunkel verscheuchen, und es wird Friede auf der ganzen Erde sein. In seinen Tagen werden die Himmel jauchzen, die Erde wird sich freuen, und die Völker werden frohlocken, und die Erkenntnis des Herrn wird ausgegossen werden auf der Erde wie Wasser der Meere. Und die Engel der Herrlichkeit des Angesichts des Herrn werden sich über ihn freuen. Die Himmel werden sich öffnen und aus dem Tempel der Herrlichkeit wird über ihn Heiligkeit kommen mit väterlicher Stimme, wie von Abraham, dem Vater Isaaks. Und die Herrlichkeit des Höchsten wird über ihn gesprochen werden, und der Geist des Verstandes und der Heiligung wird auf ihm ruhen. Er selbst wird die Majestät des Herrn seinen Söhnen geben in Wahrheit bis in Ewigkeit. Und zur Zeit seines Priestertums wird jede Sünde vergehen, und die Gottlosen werden aufhören Böses zu tun. Er selbst wird die Türen des Paradieses öffnen, das Schwert, das gegen Adam drohte, entfernen und die Heiligen mit dem Holze des Lebens speisen, und der Geist der Heiligkeit wird auf ihnen ruhen. Und der Herr wird frohlocken über seine Kinder und Wohlgefallen haben an seinen Geliebten bis in Ewigkeit. Dann wird Abraham jauchzen und Isaak und Jakob.[2]) — So prophezeit Levi. — Und Juda: Darauf wird euch aufgehen ein Stern aus Jakob in Frieden. — Und es werden sich über ihm die Himmel öffnen, auszugießen den Segen des Geistes vom heiligen Vater; und er selbst wird ausgießen den Geist der Gnade über euch, und ihr werdet seine Söhne in Wahrheit sein. — Dann wird aufleuchten das Zepter meines Königreichs, und an eurer Wurzel wird ein Schößling entstehen. Und durch ihn wird ein Zepter der Gerechtigkeit für

---

[1]) Vgl. unsere „Geschichte der jüd. Apolog." 161 sqq.

[2]) Test. Levi c. 18.

die Heiden aufgehen, zu richten und zu retten alle, die den Herrn anrufen.[1])

Diese Messiasvorstellungen sind Eigentum der jüdischen Diaspora. Den Leib, den Sproß aus dem Hause David, hat allerdings Palästina dazu geborgt, die großartigen Dekorationen mit den farbenreichen Gemälden des Weltgerichtes und des Gottesreiches hat der Prophet Jesaia geliefert; allein die Auffassung des Messias als einer vorweltlichen göttlichen Potenz, als der Verkörperung der göttlichen Weisheit und Güte — und darauf kommt hier alles an — die im Kampfe mit der Finsternis und dem Bösen den endlichen Sieg erringt und das ewige Gottesreich unter den Menschen begründet: sie ist Ureigentum des jüdischen Hellenismus, von dem sie die Apokalyptiker übernommen und in ihrer volkstümlichen Weise in der Sprache der Bibel zur Darstellung brachten.

Ein jüdischer Sibyllist aus der Zeit des Antonius und der Kleopatra läßt „das größte der Reiche des unsterblichen Königs unter den Menschen erstehen durch das Erscheinen eines **heiligen Herrschers**, der alle Länder der Erde alle Zeiten hindurch bis in Ewigkeit beherrscht“.[2]) Ein noch früherer, in den Zeiten der Ptolomäer lebender Sibyllendichter prophezeit, daß in der messianischen Zeit Gott von der Sonne her einen König senden werde, der dem schrecklichen Krieg auf der ganzen Erde ein Ende bereiten und alle diese Dinge nicht nach eigenem Rate vollbringen werde, sondern in Ausführung des göttlichen Willens.[3]) — Hierauf wird — wie später in den Apokalypsen — das letzte Gericht farbenreich geschildert, aus welchem das Gottesvolk siegreich hervorgeht, den ewigen Frieden genießt und den übrigen Menschen, die sich sämtlich zu dem einzigen Gott und seiner Lehre bekehren, zum Vorbild dient.[4])

Daß sich nun die Sibylle den Messias als eine göttliche Potenz vorstellt, ist zweifellos. Das lehren überdies am deutlichsten ihre

---

[1]) Test. Juda c. 24. cf. Naphtali c. 8. Kautzsch II, 470sq. 477. 488.

[2]) Orac. sib. III, 46—50:

Ἥξει δ' ἁγνὸς ἄναξ, πάσης γῆς σκῆπτρα κρατήσων
Εἰς αἰῶνας πάντας, ἐπειγομένοιο χρόνοιο.

[3]) Orac. sib. III, 652 sqq.:

Καὶ τότ' ἀπ' ἠελίοιο Θεὸς πέμψει βασιλῆα,
Ὃς πᾶσαν γαῖαν παύσει πολέμοιο κακοῖο κτλ.

[4]) Orac. sib. III, 660—795.

Schilderungen des die widergöttliche Macht repräsentierenden Beliar, einer Verkörperung der Verführung und des Abfalls von Gott, den der Messias niederringen muß, um dem Gottesreiche zum endlichen Sieg zu verhelfen.[1]) Von diesem Antimessias Beliar prophezeit die Sibylle: „Er wird die Höhen der Berge und das Meer stehen machen, die große feurige Sonne und den glänzenden Mond. Er wird die Toten erwecken und viele Zeichen den Menschen tun; aber in ihm ist keine Vollendung, sondern nur trugvolle Verführung, und er wird viele Menschen irre führen, auch fromme auserwählte Hebräer und andere Menschen, die ohne Gesetz. Wenn aber dann die Drohungen des großen Gottes herannahen, und die feurige Kraft in Gluten auf die Erde niederfährt, dann wird er den Beliar und mit ihm alle die übrigen Menschen, die im Übermut auf ihn vertraut haben, verbrennen.“[2])

Natürlich kann es nur eine göttliche Macht sein, die diesen widergöttlichen, mit dämonischen Kräften ausgestatteten und das Erscheinen des Gottesreichs aufhaltenden Antimessias Beliar und seinen durch ihn verblendeten und verführten Anhang zu überwältigen vermag.[3])

Daß wir aber auch diesen Antimessias-Beliar, als die Verkörperung der Finsternis, die sich dem Erscheinen des ewigen Lichtes entgegenstellt, in den Apokalypsen, besonders in den späteren,

---

[1]) cf. Test. Sebulon c. 9: „Beliar wird von dem Messias gebunden werden“ u. a. St.

[2]) Orac. sib. III, 63—75. cf. Orac. sib. II, 165—170.

[3]) cf. 2 Thess. 2,6—7: καὶ νῦν τὸ κατέχον οἴδατε . . . . . . μόνον ὁ κατέχων ἄρτι ἕως ἐκ μέσου γένηται. Überhaupt kehrt in dieser Epistel das Bild von Beliar in der Schilderung des ἄνθρωπος τῆς ἁμαρτίας, ὁ υἱὸς τῆς ἀπωλείας wieder, „der da ist ein Widerwärtiger und sich überhebt über alles, das Gott oder Gottesdienst heißt, also daß er sich setzt in den Tempel Gottes, als ein Gott, und gibt sich vor, er sei Gott. — Und was noch aufhält, wisset ihr, daß er geoffenbart werde zu seiner Zeit. Denn es regt sich schon bereits die Bosheit heimlich, ohne daß, der es jetzt aufhält, muß hinweggetan werden. Und alsdann wird der Boshaftige geoffenbart werden, welchen der Herr umbringen wird mit dem Geiste seines Mundes, und wird seiner ein Ende machen, durch die Erscheinung seiner Zukunft, deß, welches Zukunft geschieht nach der Wirkung des Satans mit allerlei lügenhaftigen Kräften und Zeichen und Wundern und mit allerlei Verführung und Ungerechtigkeit unter denen, die verloren werden, dafür, daß sie die Liebe zur Wahrheit nicht haben aufgenommen, daß sie selig werden“. 2 Thess. 2,3—12.

wiederfinden, beweist deutlich deren Abhängigkeit von dem Geiste und den religiösen Vorstellungen der jüdischen Diaspora und läßt sie als gelehrige Schüler ihrer hellenistischen Meister erscheinen.

Am häufigsten tritt uns dieser Beliar in den Testamenten der zwölf Patriarchen entgegen. „Wählet", ruft Levi seinen Kindern zu, „entweder die Finsternis oder das Licht, entweder die Gesetze des Herrn oder die Werke Beliars."[1]) Und Joseph prophezeit: „Der Herr wird mit euch im Lichte sein und Beliar wird im Finstern mit den Ägyptern sein".[2])

Durch den Kanal der jüdischen Apokalypsen ist unter vielen andern eschatologischen Vorstellungen auch jene von Beliar in das Neue Testament übergegangen. Der Beliar der Testamente findet sich bei Paulus wieder: „Ziehet nicht", sagt er, „am fremden Joche mit den Ungläubigen. Denn was hat die Gerechtigkeit zu schaffen mit der Ungerechtigkeit? Was hat das Licht für Gemeinschaft mit der Finsternis? Wie stimmt Christus mit Belial? Oder was für ein Teil hat der Gläubige mit dem Ungläubigen?"[3])

Wie in der Sibylle, ist auch in den jüdischen Apokalypsen Beliar der Geist der Verführung und des Abfalls, „das Haupt der Werke der Umwälzung".[4]) Aus seinen Händen wird Gott alle Menschenkinder erlösen und den Geist der Verführung zertreten.[5]) Die Herrschaft Beliars erscheint in den letzten Zeiten, wenn die Söhne Israels die Einfaltsfrömmigkeit, die Unschuld verlieren und die Gebote des Herrn verlassen.[6]) — In dem Buche der Jubiläen betet Moses zu Gott: „Hoch sei, o Herr, dein Erbarmen über dein Volk, und schaffe du ihnen einen rechten Sinn, und der Geist Beliars beherrsche sie nicht, um sie vor dir anzuklagen und sie von allen Wegen der Gerechtigkeit wegzulocken, damit sie fern von deinem Angesicht verderben."[7])

---

[1]) Test. Levi c. 19. [2]) Test. Jos. c. 20. [3]) 1 Kor. 6,14–16.

[4]) Test. Ruben c. 2. [5]) Test. Sebul. c. 9. [6]) Test. Issachar c. 6.

[7]) Jubil. 1,20. cf. Jubil. 15,33sq.: „Jetzt aber verkündige ich dir, daß die Kinder Israels gegen die Ordnung treulos sein und ihre Kinder nicht beschneiden werden gemäß diesem Gesetz — und alle Söhne Beliars werden ihre Söhne ohne Beschneidung lassen. Und es wird ein Zorn ausgehen über die Kinder Israels, ein großer von Gott, weil sie seinen Bund verlassen und von seinem Wort abgewichen sind und ihn zum Zorne gereizt und gelästert haben, indem sie die Ordnung dieses Gesetzes nicht halten; denn sie haben ihre Glieder gemacht wie die Heiden." — cf. Ascen. Jes. c. 2sqq. Kautzsch II, 124sqq.

Fragt man nun, wie sich die Gelehrtenschulen der Diaspora die messianische Zeit vorstellten, wie der jüdische Alexandrinismus über den Messias und sein Reich dachte, so ist die Antwort: nicht anders als die Lehrer der breiten Volkschichten: die Sibyllisten und die Apokalyptiker; nur daß sie diese Dinge philosophischer behandelten. Am besten unterrichtet uns hierüber Philo, der uns ja den ganzen Schatz der jüdisch-hellenistischen Religionsweisheit aufbewahrt hat. Am ausführlichsten finden sich die messianischen Ideen, wie sie seine Vorgänger entwickelt, in den beiden Büchern De praem. et poen. und De execrationibus niedergelegt. Wir übergehen die breiten Schilderungen der Vorgeschichte des Messiasreiches, zumal sie sich im wesentlichen mit jenen der Sibyllisten und Apokalyptiker decken und es uns hier lediglich darum zu tun ist, zu zeigen, daß die Auffassung des Messias als einer göttlichen Potenz aus dem Geiste des jüdischen Hellenismus herausgewachsen ist.

Wir wissen bereits, daß Philo die Bekehrung der Heidenwelt durch das herrliche Beispiel, welches das jüdische Volk den übrigen Völkern geben wird, vollzogen werden läßt. Vorerst aber muß das Judentum sich selbst zu Gott emporgeläutert haben, muß aus allen Enden und Ecken der Erde, wo es zerstreut lebt, durch eine mächtige, gottgeführte Hand gesammelt und in seine Heimat geführt werden. Und wenn es auch an den äußersten Enden der Erde zerstreut lebt, so wird es doch mit einem Male an einem Tage frei werden, da seine allgemeine Rückkehr zur Tugend seine Beherrscher in Staunen versetzen und sie mit Scham erfüllen wird, über Vorzüglichere zu herrschen.[1]) Wenn nun auf solche Weise

---

[1]) De execr. II, 435: καὶ ἂν γὰρ ἐν ἐσχαταῖς ὦσι γῆς, δουλεύοντες παρὰ τοῖς αἰχμαλώτους αὐτοὺς ἀπάγουσιν ἐχθροῖς, ὥσπερ ἀφ᾽ ἑνὸς συνθήματος ἡμέρᾳ μιᾷ πάντες ἐλευθερωθήσονται, τῆς ἀθρόας πρὸς ἀρετὴν μεταβολῆς κατάπληξιν ἐργασαμένης τοῖς δεσπόταις. Μεθήσονται γὰρ αὐτοὺς, αἰδεσθέντες, κρειτόνων ἄρχειν. Wir haben hier vor uns lediglich eine Ausführung von Psalt. Sal. 17,31: ..... ἔρχεσθαι ἔθνη ἀπ᾽ ἄκρων τῆς γῆς ἰδεῖν τὴν δόξαν αὐτοῦ, φεροντες δῶρα τοὺς ἐξησθενηκότας υἱοὺς αὐτῆς, καὶ ἰδεῖν τὴν δόξαν κυρίου, ἣν ἐδόξασεν αὐτὴν ὁ θεός; ebenso von Orac. sib. III, 710sqq: καὶ τότε δὴ νῆσοι πᾶσαι πόλεές τ᾽ ἐρέουσιν, — Ὁππόσον ἀθάνατος φιλέει τοὺς ἄνδρας ἐκείνους. Und ib. III, 732sqq.: Ἀλλὰ τάλαιν᾽ Ἑλλὰς ὑπερήφανα παῦε φρονοῦσα· — Λίσσεο δ᾽ ἀθάνατον μεγαλήτορα, καὶ προφύλαξαι. — Στεῖλον δὴ ἐπὶ τήνδε πόλιν τὸν λαὸν ἄβουλον, — Ὅστε μιν ἐξ ὁσίης γαίης πέλεται μεγάλοιο κτλ.

alle, die bislang in Hellas und in den Ländern der Barbaren, auf dem Festlande und den Inseln zerstreut waren, zu unerwarteter Freiheit gelangt sein werden, werden sie mit einem Male aufstehen und von den verschiedensten Gegenden nach dem Lande ziehen, das ihnen angewiesen ist: geführt von einer göttlichen, weit über alles Menschliche erhabenen Gestalt, welche allen andern unsichtbar, jenen allein sichtbar, die gerettet werden sollen.[1])

Das ist das unverfälschte Urbild des Diaspora-Messias, noch ohne jegliche Beziehung auf den Davididen: der von Gott aus dem Himmel herabgesandte Messias.

Ob Philo hier, wie manche Ausleger mit gutem Grunde vermuten,[2]) an den Logos dachte, ist nicht beweisbar. Nahe genug liegt die Beziehung, und es unterliegt wohl keinem Zweifel, daß, wie Gfrörer, überzeugend ausführt, schon in Alexandrien der Logos mit den messianischen Erwartungen der Juden in Verbindung gesetzt war. Fanden wir doch schon die Sophia der alexandrinischen Schule bei den Apokalyptikern, in dem Messias verkörpert, auf

---

[1]) De execr. II, 435 sq.: Ὅταν δὲ τύχωσιν τῆς ἀπροσδοκήτου ταύτης ἐλευθερίας οἱ πρὸ μικροῦ σποράδες ἐν Ἑλλάδι καὶ Βαρβάρῳ, κατὰ νήσους, καὶ κατὰ ἠπείρους, ἀναστάντες ὁρμῇ μιᾷ, πρὸς ἕνα συντείνουσιν ἀλλαχόθεν ἄλλοι τὸν ἀποδειχθέντα χῶρον, ξεναγούμενοι πρός τινος θειοτέρας, ἢ κατὰ φύσιν ἀνθρωπίνης ὄψεως, ἀδήλου μὲν ἑτέροις, μόνοις δὲ τοῖς ἀνασωζομένοις ἐμφανοῦς κτλ. Ähnlich, wenn auch freilich im Geiste des Apokalyptikers geschaut, die Vorstellung Jesu von dem Erscheinen des Messias und der damit verbundenen Heimführung der Zerstreuten Matth. 24,30—32: καὶ τότε φανήσεται τὸ σημεῖον τοῦ υἱοῦ τοῦ ἀνθρώπου ἐν τῷ οὐρανῷ· καὶ τότε κόψονται πᾶσαι αἱ φυλαὶ τῆς γῆς, καὶ ὄψονται τὸν υἱὸν τοῦ ἀνθρώπου ἐρχόμενον ἐπὶ τῶν νεφελῶν τοῦ οὐρανοῦ μετὰ δυνάμεως καὶ δόξης πολλῆς. καὶ ἀποστελεῖ τοὺς ἀγγέλους αὐτοῦ μετὰ σάλπιγγος φωνῆς μεγάλης, καὶ ἐπισυνάξουσι τοὺς ἐλεκτοὺς αὐτοῦ ἐκ τῶν τεσσάρων ἀνέμων, ἀπ ἄκρων ἕως ἄκρων αὐτῶν. cf. Marc. 13,26—28.

[2]) Gfrörer, Philo I, 528 sqq. cf. Dähne, Jüdisch-alex. Religionsphil. II, 437 sq.: „Aber eine Frage läßt sich nicht unterdrücken: Wer ist die menschliche Gestalt, die doch zu göttlich ist, als daß sie in Wahrheit menschlich sein könne, die das jüdische Volk aus seiner Verbannung leitet; oder um in der sonst gewöhnlichen jüdischen Sprache zu reden: wer ist der Messias, den die Alexandriner erwarteten? Mit Entschiedenheit hat sich Philo hierüber nicht erklärt. Doch ist es nicht unwahrscheinlich, daß er hierbei an den Logos dachte. Einer solchen Verkörperung desselben steht nach dem, was wir oben beigebracht haben, nichts entgegen. Dafür spricht die spätere sichere Identifizierung beider . . . . .“

dem Throne Gottes sitzen; was Wunder, wenn etwa ein Jahrhundert später das vom jüdisch-alexandrinischen Geiste genährte Johannesevangelium mit seiner Identifizierung des Messias mit dem Logos einem tiefen Verständnis begegnet und das Evangelium der gebildeten Welt wird?

Wir haben hier, um eine ungefähre Vorstellung von der Intensität der messianischen Bewegung in dem letzten vorchristlichen Jahrhundert zu ermöglichen, die einschlägige Literatur — die jüdisch-hellenistische wie die palästinensische — mit Ausschluß der talmudischen reichlicher vielleicht als nötig herangezogen und gezeigt, wie sehr in jener Zeit die Messiaserwartungen die weitesten Kreise des jüdischen Volkes beherrschten. Daraus ist ersichtlich, wie unbegründet die Ansicht jener Gelehrten ist, die da behaupten, daß diese Hoffnungen und Erwartungen in den Zeiten Jesu bereits erloschen waren und erst durch die christliche Bewegung zu neuem Leben wieder erweckt wurden.[1])

Insbesondere sind es manche modernen Rabbiner, die es leugnen, daß es es im Zeitalter Jesu überhaupt eine größere Messiasbewegung im Judentum gegeben habe. Sie leugnen dies, obwohl unantastbare zeitgenössische Zeugen, wie Josephus, Tacitus und Suetonius übereinstimmend und in unzweideutigster Weise davon berichten.[2]) Sie verschanzen sich mit ihrer Behauptung hinter dem bei ihnen so beliebten Grundsatz: quod non est in Mischna, non est in mundo! Weiß die Mischna von einer solchen Bewegung nichts zu berichten, dann hat es eine solche auch nicht gegeben. Mit diesem kindischen Machtwort will man eine Bewegung, der an Großartigkeit und Erhabenheit keine andere in der Religionsge-

---

[1]) Schürer II², 424 widerlegt diese Ansicht.

[2]) Jos. B. J. VI, 5,4 berichtet, daß die Messiaserwartungen das jüd. Volk in den Kampf gegen Rom trieben: τὸ δὲ ἐπᾶραν αὐτοὺς μάλιστα πρὸς τὸν πόλεμον, ἦν χρησμὸς ἀμφίβολος ὁμοίως ἐν τοῖς ἱεροῖς εὑρημένος γράμμασιν, ὡς κατὰ τὸν καιρὸν ἐκεῖνον ἀπὸ τῆς χώρας τις αὐτῶν ἄρξει τῆς οἰκουμένης . . . . . τοῦτο οἱ μὲν ὡς οἰκεῖον ἐξέλαβον, καὶ πολλοὶ τῶν σοφῶν ἐπλανήθησαν περὶ τὴν κρίσιν. — Und Tacit. Hist. V, 13; Pluribus persuario inerat antiquis sacerdotum litteris contineri, eo ipso tempore fore ut valesceret oriens, profecti Judaea rerum potirentur. — Ebenso Sueton. Vesp. 4, der die Messiaserwartung als eine von alters her im ganzen Orient verbreitete bezeichnet: Pererebuerat oriente tote vetus et constans opinio, esse in fatis, ut eo tempore Judaea profecti rerum potirentur.

schichte zur Seite gestellt werden kann, eine Bewegung, aus der unmittelbar die Weltreligion hervorging, aus der Geschichte streichen.[1])

---

[1]) Als Kuriosum mögen hier die diesbezüglichen Folgerungen von M. Güdemann, Oberrabb. in Wien („Neutestamentl. Studien", Sonderabdruck aus der Monatsschrift f. Gesch. u. Wissenschaft des Judent. 37. Jahrg. S. 32f.) wiedergegeben werden. Güdemann gegen Grätz, welch letzterer ungleich tiefere Einsicht als sein Schüler verrät, polemisierend, führt aus: „Wenn auch ohne Frage eine endliche Herrschaft des Gottesreiches, wovon schon die Propheten schwärmen, überall und immer im Judentum erhofft wurde, und wenngleich man diesen im Wesen des letztern begründeten Gedanken mit einem persönlichen Messias und dessen Vorläufer verband, so kann doch davon, daß dieser Gedanke in der neutestamentlichen Zeit mehr als zu einer andern betont worden sei, und daß, wie auch Grätz behauptet, damals eine „messianische Spannung" obgewaltet habe, nicht die Rede sein. Man beruft sich auf einige hellenistische Schriften, in denen man Spuren dieser Spannung finden will. Aber wo bleibt dann das eigentliche jüdische Schrifttum, worin von jeher die freudigen und schmerzlichen Empfindungen der Besten des Volkes ihren Ausdruck gefunden haben? Die „Sprüche der Väter" umfassen einen Zeitraum vom dritten Jahrhundert vor bis ins zweite Jahrhundert nach Chr., aber vom Messias ist darin nicht mit einem Worte die Rede. Wäre dies denkbar, wenn in der neutestamentlichen Zeit das jüdische Volk plötzlich von einem Messiastaumel ergriffen gewesen wäre? Alsdann hätten doch Anzeichen davon sowohl in dem angeführten Teile der Mischna, wie in anderen Teilen derselben sich vorfinden müssen, aber der Messias und Elijahu werden in der Mischna nur nebenher oder als allgemeiner Ausdruck zur Bezeichnung der letzten Dinge erwähnt. Daß unter den Differenzen der Pharisäer und Sadduzäer die Messiasfrage nicht vorkommt, sowie daß in der jedenfalls der neutestamentlichen Zeit angehörenden Mischna Sanhedrin X, 1, neben den grundstürzenden, mit dem Verlust der ewigen Seligkeit bedrohten Irrlehren die Leugnung des Messias nicht aufgeführt erscheint, spricht doch auch nicht dafür, daß der letztere im Vordergrunde des religiösen Interesses gestanden habe." Soweit Rabbiner Güdemann.

Allerdings, wenn man lediglich von „einigen" hellenistischen Schriften weiß, welche „Spuren" der messianischen Spannung enthalten sollen; wenn man ferner, wie G. (das. p. 37), dieses hellenistische Material „doch nur in der Peripherie des Judentums" gelegen findet, ohne zu ahnen, wie sehr alle Schichten des jüdischen Volkes im Zeitalter Jesu von dem Geiste des Hellenismus durchtränkt waren, wenn man endlich die historischen Geschehnisse jener religiös so tief bewegten Zeit nur in der Mischna wahrheitsgetreu sich widerspiegeln sieht; dann kann in der Tat „davon keine Rede sein, daß damals eine messianische Spannung obgewaltet habe". — Mit solchen primitiven wissenschaftlichen Mitteln ausgerüstet, will man es unternehmen, geschichtlich feststehende Tatsachen wegzudisputieren! Der jüdische Rabbiner zieht hier an einem Strang mit jenen christlichen Theologen, die daraus, daß im Zeitalter Jesu die

Also die Mischna ist sehr sparsam mit Nachrichten über messianische Bewegungen, folglich hat es in ihrer Zeit solche nicht gegeben. — Da müssen wir hinwiederum fragen, warum die Mischna eigentlich für eine ihr wenig sympatische, ja ihr gefährlich dünkende Bewegung viel Redens hätte machen sollen? Oder weiß man es nicht — und es scheint so, da man nirgends etwas davon erwähnt — daß die messianischen Vorstellungen, wie sie sich in dem letzten vorchristlichen Jahrhundert herausgebildet und in den weitesten jüdischen Volkskreisen herrschend geworden waren, dem Pharisäismus, wenn sie sich verwirklichten, ein jähes Ende bereiten mußten? Entweder Pharisäismus oder Messianismus! Partikularismus oder Universalismus, Gesetzesreligion oder Weltreligion! Das eine schließt das andere aus. Daher galt denn auch, bevor die messianische Idee zum allgemeinen Sieg gelangen konnte, der Kampf ausschließlich dem Pharisäismus, nebenher nur dem wenig gefährlichen Sadduzäismus; und dieser Kampf wurde seit den Tagen des Täufers aggressiv und mit der heftigsten Erbitterung geführt. Denn Mes-

---

messianische Hoffnung im Judentum angeblich erloschen war, die religiöse Minderwertigkeit des Judentums beweisen wollen. Hierüber äußert sich Baldensperger (Das spätere Judent. als Vorst. des Christent. p. 4) wie folgt: „In der wissenschaftlichen Theologie wurden Stimmen laut, welche sogar die Vermutung aussprachen, daß selbst die alte messianische Hoffnung im Schoße des Judentums allmählich dahin schwand und in der Zeit Jesu vielleicht erloschen ward. — Diese Ansicht von der religiösen Minderwertigkeit des Judentums gehört nach den Prämissen einer gewissen theologischen Schule der Neuzeit . . . . ." Wenn aber G. als Beweis dafür, daß der Messias im Judentum neutestamentlicher Zeit nicht im Vordergrund des religiösen Interesses gestanden, anführt, daß unter den Differenzen der Pharisäer und Sadduzäer die Messiasfrage nicht vorkommt und daß Sanhedr. X, 1 unter den mit Verlust der ewigen Seligkeit bedrohten Irrlehren die Leugnung des Messias nicht angeführt erscheint, so wollen wir ihn daran erinnern, daß andererseits im Talmud derjenige als Häretiker bezeichnet wird, der beim Rezitieren des Schmone-Esre die Benediktion, welche von der Wiederherstellung des Thrones Davids, also von der Messiaserwartung handelt, mit Stillschweigen übergeht. cf. j. Berach 9a. — Herford, Christianity in Talmud and Midrash p. 206, in der Talmudauslegung der modernen Rabbiner befangen, versteht diese Stelle nicht und erklärt im Sinne Güdemanns: but it is not clear to me why the omission of that prayer should be characteristic of a Min. So far as I know, the point is never raised in the polemical discussions of Iews with Minim. Ein Weiteres darüber unten im Minim-Kapitel.

sianismus bedeutet: des Gesetzes Ende; Pharisäismus hingegen nicht nur die Unantastbarkeit und Ewigkeit des geschriebenen Gesetzes, sondern auch der dasselbe umklammernden endlosen Traditionssatzungen.

Die messianische Losung der Zeit war: „Das Gesetz und die Propheten weissagten bis auf Johannes den Täufer; und von der Zeit wird das Reich Gottes durch das Evangelium gepredigt, und jedermann dringt mit Gewalt ein.“[1] Der Pharisäismus, „der das Himmelreich vor den Menschen verschließt“, muß erst niedergerungen werden, damit jedermann in das Gottesreich eindringen könne. Der Messias ist das Ende des Gesetzes![2] Das alte Jerusalem bricht zusammen, an seine Stelle tritt ein neues, geistiges, vom Himmel herabgekommenes. Darin wohnen die frommen Israeliten, denen die Heiden huldigen.[3] Der Messias erscheint, da alles für seinen Empfang vorbereitet, und alle Heiden beten ihn an und bekehren sich zu Gott.[4]

Diese Anschauungen der Apokalyptiker sind in der Folge dermaßen herrschend geworden, daß sie selbst in die Kreise der pharisäischen Schriftgelehrten eindrangen und daselbst Anhänger fanden, während sie von der Majorität derselben selbstredend bekämpft wurden. Wir finden in der talmudischen Literatur die in den Volksmassen gangbare Ansicht vertreten, daß Gott dereinst durch den Messias eine neue Thora geben werde.[5] Freilich treten diese und ähnliche Vorstellungen hier nur vereinzelt auf und stoßen

---

1) Math. 11,12–13: ἀπὸ τῶν ἡμερῶν Ἰωάννου τοῦ βαπτιστοῦ ἕως ἄρτι, ἡ βασιλεία τῶν οὐρανῶν βιάζεται, καὶ βιασταὶ ἁρπάζουσιν αὐτὴν. πάντες γὰρ οἱ προφῆται καὶ ὁ νόμος ἕως Ἰωάννου προεφήτευσαν. cf. Luc. 16,16: Ὁ νόμος καὶ οἱ προφῆται ἕως Ἰωάννου· ἀπὸ τότε ἡ βασιλεία τοῦ Θεοῦ εὐαγγελίζεται, καὶ πᾶς εἰς αὐτὴν βιάζεται. Wie weit diese Anschauung, daß der Messias dem Gesetz ein Ende machen werde, verbreitet war, lehrt schon der Umstand, daß sie auch im Talmud ihren Nachklang findet. cf. Berach. 34b, Sabb. 63a: „Alle Propheten weissagten nur bis auf die messianische Zeit: כל הנביאים כולן לא נתנבאו אלא לימות המשיח. Der Nachsatz: „was aber die künftige Welt betrifft, so hat sie kein Auge noch enthüllt, Gott allein kennt sie“: אבל לעולם הבא עין לא ראתה בלתי אלהים זולתך ist sichtlich gegen die Apokalyptiker gerichtet, die es unternahmen, die Geheimnisse dieser „zukünftigen Welt“ zu enthüllen.

2) Röm. 10,4. 3) Henoch 9,28–30. 4) Henoch 90,37–38.

5) Jalkut. Jes. § 296: הקב"ה יושב ודורש תורה חדשה שעתיד ליתן על ידי משיח. Einschlägige Stellen bei Hamburger, Realencycl. II, 747 sq.

auf Widerspruch seitens der Mehrheit der Schriftgelehrten; aber immerhin verbürgt es ihre Landläufigkeit, wenn sie sogar in den pharisäischen Lehrhäusern ihre Vertreter und Verfechter gefunden. Im allgemeinen allerdings geht die Ansicht der Schriftgelehrten dahin, die Aufgabe des Messias werde einzig und allein darin bestehen, Israel aus der Knechtschaft der Völker zu befreien, im übrigen aber werde alles beim alten bleiben, die Thora, über dem Messias stehend, keinerlei Änderung erfahren.[1]) „Israel" — so heißt es da — „wird der Lehre des Königs Messias nicht bedürfen." „Zu ihm wenden sich die Völker",[2]) nicht aber Israel. „Wozu aber kommt dann der Messias und was ist seine Aufgabe? Die Zerstreuten Israels zu sammeln und den Heiden dreißig Gebote zu geben."[3]) Die Thora aber wird niemals aufhören,[4]) und kein Prophet wird jemals Erneuerungen vornehmen dürfen.[5]) —

Kein Wunder, daß die Diskussion über den Messias, von welchem die Menge die Erwartung hegte, daß er das Joch des Gesetzes brechen werde, in den pharisäischen Lehrhäusern wenig beliebt war, und daß man hier, wo man fieberhaft daran arbeitete, dem geschriebenen Gesetz mit Hilfe der drückenden „Umzäunung" der mündlichen Überlieferung Ewigkeitsdauer zu verleihen, es gern vermied, die Frage nach dem Messias aufzurollen.[6])

---

[2]) Berach. 34b, Sabb. 63a: אין בין העולם הזה לימות המשיח אלא שעבוד מלכיות בלבד.

[1]) Jes. 11,10.

[3]) Genes. rabb. Par. 98 z. 48,11: אין ישראל צריכין לתלמודו של מלך המשיח לעתיד לבוא שנאמר אליו גוים ידרושו לא ישראל אם כן למה מלך המשיח בא ומה הוא בא לעשות? לכנס גוליותיהן של ישראל וליתן להם שלשים מצוה.

[4]) Megila I, 8.

[5]) Joma 80a: והכתיב אלה המצות שאין נביא רשאי לחדש דבר מעתה.

[6]) Richtiger als Güdemann urteilt hierüber J. Klausner, Die mess. Vorstell. des jüd. Volkes im Zeitalter der Tannaiten. 1904 p. 3. Der Grund, meint er, davon, daß sich kein einziger messianischer Spruch der Schriftgelehrten der ersten tannaitischen Generation erhalten hat, liegt nicht darin, „daß diese ältesten Tannaiten keine messianischen Vorstellungen hatten, sondern weil, solange Judäa noch eine Spur von Selbständigkeit besaß und der jerusalemische Tempel noch in seinem Glanze dastand, die Führer der Volkspartei, die Großen der Pharisäer, es nicht für nötig hielten, die messianischen Ideen auszuspinnen; diese Ideen waren sowohl im Volke als in denjenigen höheren Kreisen, aus

Eben so selbstverständlich ist es, daß über diese Frage zwischen den Pharisäern und Sadduzäern nicht verhandelt wurde.[1]) Das Reich der Sadduzäer war, im direkten Gegensatz zu jenem des Messias, von dieser Welt, die künftige leugneten sie; das Reich der Pharisäer hingegen waren die „vier Ellen der Halache"; was aber haben diese mit einem transzendenten Messias, was mit einer Welterlösung zu schaffen? — Freilich, wenn diese beiden Parteien tatsächlich das gesamte Judentum repräsentierten, dann allerdings war in diesem kein Boden für eine intensive messianische Bewegung im Zeitalter Jesu vorhanden. Wer aber möchte behaupten, daß diese beiden Parteien, so sehr sie auch in den Vordergrund der geschichtlichen Ereignisse geschoben werden mögen, in Wirklichkeit das jüdische Volk jener Zeit bildeten? Die Pharisäer und Sadduzäer, wie nicht minder die der Politik völlig fernstehenden Essener waren blos Sekten des Judentums. Die Pharisäer bildeten, selbst nach den Angaben des Josephus, nur eine Fraktion des Volkes,[2]) die im ganzen nicht viel über sechstausend Mitglieder zählte,[3]) also nicht übermäßig stärker als die über viertausend Mann starke Sekte der Essener.[4]) Und wenn wir auch bereitwillig zugeben, daß jene einen starken Anhang im Volke hatten, so waren sie doch noch lange nicht das Volk selbst, ebensowenig wie die Essener es waren, die in den Städten und auf dem Lande unzählige

---

welchen die Verfasser des Henochbuches, des Salomonischen Psalters, des IV Esra, der Baruchapokalypse usw. hervorgingen, lebendig genug. Die „Schriftgelehrten" richteten ihr Augenmerk auf die Schriftauslegung und auf die ethische Ausbildung des Volkes, ohne sich um die messianischen Vorstellungen viel zu kümmern." — Freilich zeigt es wieder von pharisäischer Befangenheit, wenn er p. 2 sagt: daß der Ausspruch: „mein Reich ist nicht von dieser Welt", im Munde des jüdischen Messias undenkbar sei. Da möchten wir hinwiederum fragen, ob denn der Messias der Henochapokalypse, dessen Reich doch auch nicht von dieser Welt, kein jüdischer ist?

[1]) Erst später kam sie zwischen den Gesetzeslehrern und den Minim, welche den Messias aus dem Hause David leugneten und jene provozierten, zur Diskussion.

[2]) Antt. XVII, 2,4: καὶ ἦν γὰρ μόριόν τι Ἰουδαϊκῶν ἀνθρώπων ..... Φαρισαῖοι καλοῦνται.

[3]) ib.: ὄντες ὑπὲρ ἑξακισχίλιοι.

[4]) Philo, quod omn. prob. liber II, 457: Λέγονταί τινες παρ' αὐτοῖς (sc. Ἰουδαίοις) ὄνομα Ἐσσαῖοι, πλῆθος ὑπὲρ τετρακισχιλίους. — Ebenso Jos. Antt. XVIII, 1,5: ἄνδρες ὑπὲρ τετρακισχίλιοι τὸν ἀριθμὸν ὄντες.

Anhänger hatten.[1]) Und wo bleiben schließlich die großen und ausschlaggebenden Massen des „Landvolkes“, die weder pharisäisch noch sadduzäisch waren, in deren Mitte aber der jüdische Volksgeist, wie er sich in den denkwürdigen Zeiten der Ptolomäer unter den günstigsten Verhältnissen entwickelt hatte, noch nicht ganz erloschen war und noch Kraft genug besaß, sich gegen das Joch, das der Pharisäismus dem Volke auferlegen wollte, zu wehren? Jawohl, der von den pharisäischen Baumeistern verachtete Stein, er wurde zum Eckstein der Weltreligion. —

Wir sagten schon, daß die apokalyptische Gemeinde ebenso ihre Radikalen hatte, wie sie die übrigen religiösen Parteien des Judentums in Palästina und in der griechischen Diaspora hatten. Dies war tatsächlich der Fall, und diese Radikalen bildeten die große Mehrzahl der Gemeinde, wie vormals die „Gottlosen“ in den Psalmen gegenüber ihren Gegnern und Hassern, den „Frommen“. Es setzt sich eben in nachmakkabäischer Zeit derselbe religiöse Prozeß fort, wie er seit dem Eindringen der griechischen Kultur in Palästina begonnen und wie er uns in den Psalmen in so ausgeprägter Form entgegentritt.

Die Apokalyptiker sind die „Frommen“ in den Psalmen, mit dem Unterschied, daß sie, während die Psalmenfrommen sich mit Macht gegen den eindringenden griechischen Geist wehrten und von keinem wie immer gearteten Kompromiß mit ihm wissen wollten, denselben, soweit er die Wiederbelebung des abgestorbenen väterlichen Glaubens fördern konnte, in sich aufnahmen und ihn ihrer Religion dienstbar machten, wodurch sie sich als ungleich geeignetere Bekämpfer des verderbten jüdischen Hellenismus, der in den Reihen des palästinensischen Judentums Unglauben und Abfall verbreitete, bewährten, als ihre Vorfahren der vormakkabäischen Zeit, denen das Rüstzeug des zu bekämpfenden fremden Geistes völlig abging.

Der Unglaube ihrer Gegner gipfelte hauptsächlich in der Leugnung der Vergeltungs- und Unsterblichkeitslehre, die ja im Grunde

---

[1]) Philo II, 632: Μυρίους δὲ τῶν γνωρίμων ὁ ἡμέτερος νομοθέτης ἤλειψει ἐπὶ κοινονίαν, οἳ καλοῦνται Ἐσσαῖοι. — Οἰκοῦσι δὲ πολλὰς μὲν πόλεις τῆς Ἰουδαίας, πολλὰς δὲ κώμας, καὶ μεγάλους καὶ πολυανθρώπους ὁμίλους. Jos. B. J. II, 8,4: Μία οὐκ ἔστιν αὐτῶν πόλις, ἀλλ᾽ ἐν ἑκάστῃ κατοικοῦσι πολλοί. cf. Antt XV, 10,4 u. a. St.

neu war, da sie das vormakkabäische Judentum, selbst der Siracide noch nicht kannte. Erst die Apokalyptik hat ihr den palästinensischen Boden erobert und dadurch dem absterbenden Glauben der Väter neue Lebenssäfte zugeführt und ihn zur eigentlichen Volksreligion gemacht.

Dem entarteten jüdischen Hellenismus galt der unversöhnliche Kampf der frommen Apokalyptiker; von diesem Roste, der den Bibelglauben von Grund aus zu zerstören drohte, ihr Volk zu befreien, war die eigentliche Aufgabe ihres Lebens.

Man darf sich die Sache jedoch nicht so vorstellen, als ob die gottlosen Gegner der apokalyptischen Gemeinde lediglich aus übermütigen, blinden Leugnern des Gesetzes und des hergebrachten Glaubens bestanden, in denen sich etwas von den Instinkten des Libertiners regen mochte, der sich für jahrelange, zwangsweise Unterordnung revanchieren möchte. Das kann am wenigsten von den geistigen Führern der Gegenpartei gelten. Diese leugneten vielmehr — wie es ähnlich im Talmud von den Minim und von Acher heißt — aus klarem Bewußtsein, weil sie, vom neuen Geiste getrieben, die Sonde der Kritik an das Alte anlegten, dieses umdeuteten, oder wie ihre Gegner, die frommen Apokalyptiker, sie beschuldigten, „fälschten". Sie waren Schöpfer einer eigenen, von der rechtgläubigen gar sehr verschiedenen Literatur, welche jene der apokalyptischen überwucherte, „die Menge verführte, die Weisheit verschlechterte, so daß sie keine Stätte mehr fand und Versuchungen aller Art nicht mehr abnahmen".[1]) Diese Literatur machte die Worte der Gerechten eitel, verbreitete Lügenreden und Frevelworte, denn diese Gottlosen schrieben ihre Lügen auf, damit man sie höre, und nicht vergesse die Torheit. Sie begingen Gottlosigkeiten, lobten und hielten in Ehren die Lügenreden, fälschten die Worte der Wahrheit und fielen von dem ewigen Gesetze ab.[2]) Sie logen und änderten die Worte der Wahrheit und gaben die Worte des Heiligen und Großen für Lüge aus. Sie schufen große Werke und schrieben Bücher über ihre Reden.[3])

Gegen diese Irrlehrer, die ihre Lehrmeinungen, ähnlich den „Kainsjüngern" bei Philo, philosophisch begründeten, „die das

---

1) Hen. 94,5 2) Hen. 98,14–15. 99,1–3.
3) Hen. 104,9–11.

Maß und das Erbteil ihrer Väter, das da ewig dauert, verwerfen"[1],) schrieben die Apokalyptiker ihre rechtgläubigen Bücher, um die unverfälschten Lehren des Glaubens zu verbreiten und die Verirrten auf den Weg der Wahrheit zurückzuführen: „Wenn sie aber", sagt Henoch, „alle meine Worte richtig schreiben in ihren Sprachen, und nichts umändern und weglassen von meinen Worten, sondern alles richtig schreiben, alles was ich zuerst über sie bezeugt habe, so weiß ich ein anderes Geheimnis, daß nämlich den Gerechten und Weisen die Bücher gegeben werden zur Freude und zur Rechtschaffenheit und vieler Weisheit. Ihnen werden die Bücher gegeben, und sie werden daran glauben und sich darüber freuen; und den Lohn werden empfangen alle Gerechten, welche alle Wege der Rechtschaffenheit daraus kennen lernten."[2])

Die Literatur der Radikalen, welcher die Apokalyptiker mit aller Macht entgegenwirken wollten, war also eine sehr gefährliche, da sie die Rechtgläubigkeit und alle religiöse Treue zu untergraben drohte. Das wird auch in den Bilderreden Henochs bezeugt. Von dem Engel Pênêmê heißt es da, daß er die Menschen das Schreiben mit Tinte und Papier lehrte, und dadurch versündigten sich viele von Ewigkeit bis in Ewigkeit bis auf diesen Tag. Denn die Menschen seien nicht dazu geschaffen, daß sie auf solche Weise mit der Feder und Tinte ihre Treue bekräftigen. Denn sie seien nicht anders als die Engel geschaffen, damit sie gerecht und rein blieben, und der Tod, der alles zugrunde richte, würde sie nicht berührt haben, aber durch das Wissen gingen sie unter.[3]) — Es wird also auch hier gegen jenes den Glauben aufs tiefste

---

[1]) Hen. 99,14. [2]) Hen. 104,11–13.

[3]) Hen. 69,9–12. Dillmann, Das Buch Hen. p. 211 sq. kommentiert diese Worte, wohl irrtümlich, folgendermaßen: „Zu diesen bösen Künsten rechnet er (Henoch) auch die Schreibekunst, natürlich weil er über Mißbrauch derselben zu klagen hatte, namentlich über die zu seiner Zeit immer mehr einreißende Sitte, im Handel und Wandel, vor Gericht und im gemeinen Leben durch schriftliche Urkunden, statt durch einfaches Manneswort seine Aussagen zu beglaubigen, was ihm eine Abnahme der Wahrhaftigkeit und Ehrlichkeit ebenso vorauszusetzen wie hervorzubringen schien". — Allein einer solchen Auslegung sind schon die kommentierenden Worte Henochs 69,11: „Durch ihr Wissen gehen sie unter" im Wege. Wie berechtigt dagegen unsere Auffassung ist, lehren die oben angeführten einschlägigen Auslassungen Henochs über die Schädlichkeit der gegnerischen Literatur.

schädigende Wissen geeifert, von welchem später Paulus klagt, daß es aufblähe.[1])

Seit dem Eindringen der griechischen Kultur in Palästina tobte daselbst auf der ganzen Linie der Kampf zwischen den „Frommen“ und „Gottlosen“. Dieser Kampf erzeugte die Psalmenliteratur und setzte sich in der Apokalyptik fort; nur mit dem Unterschied, daß in jener den Radikalen Altkonservative, in dieser aber Neukonservative gegenüberstanden. Der gegenseitige Haß und die Entrüstung waren jedoch dieselben geblieben. Dieser Riß ging klaffend durch das ganze Volk, von den untersten bis hinauf zu den obersten Schichten: „Alles zankt“, — heißt es im Buche der Jubiläen — „diese mit jenen, Jünglinge mit alten Leuten, alte mit Jünglingen, der Arme mit dem Reichen, der Niedrige mit dem Großen, der Bettler mit dem Mächtigen wegen des Gesetzes und des Bundes“.[2]) Dieselbe Klage erhebt Baruch, vor Gott sprechend: „Ich will aber vor dir reden alles, was ich denke, und will dich um das fragen, was ich im Sinne habe. Denn siehe, ich sehe viele aus deinem Volke, die sich von deinen Bundesvorschriften losgesagt und das Joch deines Gesetzes von sich geworfen haben.“ [3]) — Von diesen selben „Gottlosen“ heißt es in der Esraapokalypse: „Sie erdachten sich eitle Gedanken und ersannen ruchlose Lügen, dazu behaupteten sie, daß der Höchste nicht sei und kümmerten sich um seine Wege nicht; sein Gesetz verachteten sie, seine Bündnisse leugneten sie, seinen Geboten glaubten sie nicht. Darum Eitles den Eitlen, Fülle den Vollkommenen.“ [4])

---

[1]) 1. Kor. 8,1–2: ἡ γνῶσις φυσιοῖ, ἡ δὲ ἀγάπη οἰκοδομεῖ· εἰ δέ τις δοκεῖ εἰδέναι τι, οὐδέπω οὐδὲν ἔγνωκε καθὼς δεῖ δνῶναι.

[2]) Jubil. 23,19: Et litigabunt isti cum illis, iuvenes cum senioribus, et seniores cum iuvenibus, pauper cum divite, et infimus cum magno, et egenus cum eo qui potestatem exercet, nempe ob legem et ob testamentum, quoniam obliti erunt praeceptum eius et testamentum.

[3]) Ap. Bar. 41,3. 42,4. Wir vermögen hier Baldensperger (Die mess. apokal. Hoff. d. Judent. p. 64) durchaus nicht beizustimmen, wenn ihm unter „den Vielen aus dem jüd. Volke, die sich von den Bundesvorschriften losgesagt und das Joch des Gesetzes von sich geworfen haben“, Anhänger der christlichen Gemeinde gemeint zu sein scheinen. Es sind vielmehr, wie überall in den jüdischen Apokalypsen, die Radikalen im Judentum, denen später auch das Christentum mit derselben Feindseligkeit wie die Apokalyptiker entgegentrat.

[4]) IV Esra 7,21–26.

Am markantesten jedoch, wie wir gesehen haben, zeichnet diese Partei der Gottlosen der Verfasser der Grundschrift des Henochbuches. „Der ganze letzte Teil[1]) zeigt ihn in einem Kampf auf Leben und Tod mit den abtrünnigen Elementen seiner eigenen Nation begriffen. Der praktische Materialismus, der es auf gut Essen und Trinken, auf Kleiderschmuck und Häuserbauen abgesehen, ist nur die Außenseite des innern Glaubensschiffbruchs. Kecke Freigeister, die es nicht glauben wollen, daß ihre Gewalttätigkeiten Tag für Tag im Himmel aufgeschrieben werden, sondern die Sünde als etwas Unvermeidliches hinstellen, haben Lügenschriften verfaßt, in welchen sie vermutlich die Auferstehung leugneten und überhaupt die Wahrheit verkehrten. So arg ist die Störung aller Ordnung, das Übermaß der Bosheit, daß der gottesfürchtige Schreiber, der es nicht zu fassen vermag, unter der Wucht der bittern Tageserfahrungen die Wurzeln des Abfalls über die geschichtlichen Faktoren hinaus bis in die transzendente Dämonen- und Sternenwelt verfolgen zu müssen glaubt. — Es ist nicht mehr das einige Volk, es sind zwei völlig verschiedene Klassen: die Gerechten und Heiligen oder, wie sie auch heißen, die Pflanze der Gerechtigkeit einerseits, die Sünder und Ungerechten andrerseits. Wie sehr das Maß der gegenseitigen Erbitterung gestiegen war, mag daraus entnommen werden, daß am Tage der Vergeltung die Gerechten ein furchtbares Blutbad anrichten und den Abtrünnigen die Hälse abschneiden werden.“ [2])

Die Henochapokalypse gewährt uns, zumal wenn wir uns dabei die einschlägigen Schilderungen der Psalmen und der Danielapokalypse vor Augen halten, einen tiefen Einblick in das Wesen und Streben der „Gottlosen“. Nur dürfen wir dabei niemals vergessen, daß diese Zeichnungen aus der Feder ihrer Todfeinde, die sie als vollständig religionslos — was sie in Wirklichkeit nicht durchwegs waren — darstellen, geflossen sind.

Wie in den Psalmen der „Gottlose“ seinen Mund gegen den Himmel erhebt und seinen Worten Geltung auf Erden zu verschaffen weiß, so daß die Menge ihm wie Wasser zu Haufen

---

[1]) Hen. Kap. 92—105.

[2]) Baldensperger l. c. 14sq. — Denselben Feind will schon der Fromme in den Psalmen, wenn er einmal zur Macht kommt, jeden Morgen im Lande vertilgen, sie allesamt aus der Stadt des Herrn ausrotten. Ps. 101,8.

zuströmt;[1]) wie hier seine Zunge Großes spricht;[2]) wie er bei Daniel große Dinge redet, wider die Heiligen streitet und sie niederringt, den Höchsten lästert, die Heiligen verstört und sich erkühnt, Zeit und Gesetz zu ändern;[3]) wie er da bis an des Himmels Heer sich wagt und von diesem und von den Sternen einige zu Boden wirft und zertritt, sich gegen das tägliche Opfer auflehnt, die Wahrheit zu Boden schlägt,[4]) einen großen Abfall herbeiführt, die Starken mitsamt dem heiligen Volke verstört,[5]) sich frech erhebt wider alles, das Gott ist, und Wunderbares spricht wider den Gott der Götter:[6]) wir finden ihn wieder bei Henoch in den Gottlosen, „die die Sterne des Himmels meistern, ihre Hände gegen den Höchsten erheben und die Erde niedertreten und auf ihr wohnen“;[7]) die den Herrn der Geister und seinen Gesalbten verleugnen,[8]) die das Gesetz des Herrn nicht erfüllen, sondern übertreten und mit hochmütigen lästernden Worten aus ihrem unreinen Munde seine Größe schmähen,[9]) die unziemliche Reden gegen Gott mit ihrem Munde reden und frech über seine Herrlichkeit sprechen,[10]) übermütige und freche Reden gegen seine Gerechtigkeit führen.[11])

Mit ungemeiner Schärfe und schonungsloser Härte wird den Gottlosen in der Henochapokalypse, weil sie die Lehre von der Vergeltung und einem Leben nach dem Tode verwerfen, das ihrer harrende Strafgericht vorgemalt. Genau so wie der Talmud die minäischen Sektierer, weil sie gleichfalls diese Lehre verwerfen, dem Feuer der Gehenna „alle Geschlechter hindurch“ verfallen sein läßt, läßt Henoch den Geist der Gottlosen „in die Flamme eingehen und das große Gericht für alle Geschlechter bis in Ewigkeit“ währen.[12])

Der Verfasser der Grundschrift des Henochbuches schrieb zu einer Zeit, wo die Lehre von der Vergeltung und der Fortdauer

---

1) Ps. 73,7–10. 2) Ps. 12,4–5. 3) Dan. 7,20–25. 4) Dan. 8,10–13.
5) Dan. 8,23–25. 6) Dan. 11,36. 7) Hen. 46,7. 8) Hen. 48,10.
9) Hen. 5,4. 10) Hen. 27,2.

11) Hen. 101,3, mit deutlicher Beziehung auf Ps. 31,19: תאלמנה שפתי שקר הדוברות על צדיק עתק בגאוה ובוז. In gleicher Weise werden die Worte על צדיק im Talmud j. Chag. 77a auf Gott bezogen: הדוברות על צדיקי של עולם דברים שהעתיק מבריותיו, wobei die „übermütigen und frechen Reden“ als die Folgen des Eindringens in die kosmologische Geheimlehre bezeichnet werden: "בגאוה ובוז": זה שהא מתגאה לומר: אני דורש במעשה בראשית.

12) Hen. 102,1–4. 100,7 sqq.

nach dem Tode dem palästinensischen Judentum noch neu war und hier vielem Zweifel nicht nur bei den „Gottlosen“ sondern selbst bei den „Frommen“ begegnete. Diesen Zweifel wollte er durch energische Entfaltung des Unsterblichkeitsproblems ein für allemal bannen, hoffend durch Enthüllung der eschatologischen Geheimnisse, die er in den „himmlischen Tafeln und in dem Buche der Heiligen“ offenbart gefunden, seine neuen erlösenden Ideen zum Gemeingut der Nation machen zu können: Von nun ab, meint er, werde der Vorwand, von diesen Grunddogmen nichts gewußt zu haben, vor Straffälligkeit nicht mehr schützen. „Wähnet nicht“, so ruft er den Gottlosen zu, „in eurem Geiste und saget nicht in eurem Herzen, ihr wisset und sehet nicht, daß jede Sünde täglich im Himmel vor dem Höchsten aufgeschrieben werde. Von nun an wißt ihr, daß alle eure Gewalttätigkeit, die ihr ausübt, aufgeschrieben wird jeden Tag bis zum Tage des Gerichts“.[1]) „In jenen Tagen, wenn er schmerzhaftes Feuer auf euch bringt, wohin wollt ihr fliehen, und wo euch retten? und wenn er sein Wort auf euch bringt, werdet ihr da nicht bestürzt werden und euch fürchten? Alle Lichter werden erschüttert werden von großer Furcht, und die ganze Erde wird bestürzt werden und zittern und zagen. Und alle Engel werden ihre Befehle vollziehen und werden suchen sich zu verbergen vor dem, der groß ist an Herrlichkeit, und die Kinder der Erde werden beben und erschüttert sein, und ihr Sünder seid verflucht auf ewig und habt keinen Frieden.“[2]) — Und die Frommen, in denen er den Glauben an die neue Botschaft unaustilgbar wecken will, mahnt er eindringlichst: „Fürchtet euch nicht, ihr Seelen der Gerechten, und hoffet auf den Tag eures Todes in Gerechtigkeit. Und trauert nicht, daß eure Seele in großer Trübsal, in Jammer und Seufzen und in Kummer hinabfährt in das Totenreich, und euer Leib in eurem Leben nicht gefunden hat, wie es eure Güte verdiente, vielmehr nun an einem Tage, da ihr den Sündern gleich wurdet, und am Tage des Fluches und des Strafgerichtes [sterbet].“[3]) „Und nun schwöre ich euch, den Gerechten, bei seiner großen Herrlichkeit und Ehre, und bei seinem ruhmwürdigen Reiche und bei seiner Größe schwöre ich euch: ich weiß dieses Geheimnis, und habe es gelesen auf den himmlischen Tafeln, und habe das Buch der Heiligen gesehen, und

[1]) Hen. 98,7–8. [2]) Hen. 102,1–4. [3]) Hen. 102,4–6.

habe darauf geschrieben und eingezeichnet gefunden über sie, daß alles Gute und Freude und Ehre für sie bereitet ist, und aufgeschrieben für die Geister derer, welche in Gerechtigkeit gestorben sind, und daß mit vielem Guten euch für eure Mühen vergolten wird, und euer Los besser ist als das Los der Lebenden. Und es werden leben eure Geister, die ihr in Gerechtigkeit gestorben seid, und freuen werden sie sich und frohlocken ihre Geister, und ihr Gedächtnis wird sein vor dem Angesicht des Großen für alle Geschlechter der Welt; so fürchtet denn euch nicht vor ihrer Schmach!“ [1])

Dieser schwungvollen Energie im Vortrage der als genuin biblisch hingestellten Lehren von der Unsterblichkeit der Seele, von Lohn und Strafe nach dem Tode ist es zu verdanken, daß dieselben so erstaunlich rasch auf dem ihnen früher ganz fremden palästinensischen Boden heimisch geworden, so tiefe Wurzel daselbst gefaßt und zu Kardinaldogmen geworden sind.

Die Quelle aber, aus der die Unsterblichkeitslehre und das darauf begründete Dogma von Lohn und Strafe nach dem Tode geflossen, ist abermals der jüdische Hellenismus. Das verriete uns, wüßten wir es nicht schon längst, Henoch selbst. Wir erfahren nämlich von ihm, daß er gegen dieselben jüdischen Materialisten die härtesten Kämpfe zu bestehen hat, gegen welche Pseudosalomo sich wehren muß, und daß er sie mit denselben Waffen, wie dieser, nämlich mit dem Unsterblichkeitsglauben, bekämpft. Henoch läßt die Gottlosen sprechen: „Wie wir sterben, sind die Gerechten gestorben, und was hatten sie für einen Nutzen von ihren Taten? Siehe, wie wir sind sie gestorben in Kummer und Finsternis, und was ist ihr Vorzug vor uns? Von nun an sind wir gleich. Und was werden sie davon tragen und was schauen in Ewigkeit? Denn siehe, auch sie sind gestorben, und von nun an bis in Ewigkeit werden sie das Licht nicht schauen.“

Darauf der Apokalyptiker:

„Ich sage euch, ihr Sünder: euch genügt es, zu essen und zu trinken und Menschen nackt auszuziehen, und zu rauben und zu sündigen, und Vermögen zu erwerben, und gute Tage zu sehen. Habt ihr wohl die Gerechten gesehen, wie ihr Ende Friede war, [2])

---

[1]) Hen. 103,1–5.

[2]) cf. Sap. Sal. 4,7: δίκαιος δὲ ἐὰν φθάσῃ τελευτῆσαι, ἐν ἀναπαύσει ἔσται.

weil keinerlei Gewalttätigkeit an ihnen erfunden ward bis auf den Tag ihres Todes? Und sie gingen unter [sagt ihr], als wären sie nicht gewesen, und ihre Seelen fuhren in Trübsal in die Unterwelt hinab!“ [1])

Und hier setzt er, wie wir bereits gesehen, unter Leistung eines heiligen Eides mit der Enthüllung des großen „Geheimnisses“ ein, daß das Seelenleben nach dem Tode keineswegs aufhöre, daß es vielmehr für den Frommen jetzt erst glanzvoll aufzuleuchten anfange, der jetzt den Lohn seiner Frömmigkeit empfange, während der Gottlose der ewigen Verdammnis entgegengehe. [2])

Dieses alles lehrt Henoch genau nach der Weise Pseudosalomos. Bei diesem nämlich sprechen die Gottlosen:

„Kurz und mühevoll ist unser Leben, und nicht gibt es ein Heilmittel beim Tode des Menschen und nicht hat man gehört von einem Befreier aus der Unterwelt. Denn durch Zufall sind wir entstanden und werden dann wieder sein, als wären wir nie gewesen. Denn Dunst ist der Hauch in unserer Nase und die Vernunft ist ein Funke, der sich in unserm Herzen regt. Erlischt dieser, dann zerfällt der Leib in Asche und der Geist verfliegt, wie dünne Luft. Unser Name wird mit der Zeit vergessen, und niemand gedenkt mehr unserer Werke. Unser Leben geht vorüber wie die Spur einer Wolke, verflüchtigt sich wie der Nebel, der vertrieben wird von den Strahlen der Sonne und von ihrer Wärme zum Sinken gebracht wird. Denn das Vorüberziehen eines Schattens ist unser Leben und nicht gibt es eine Rückkehr von unserm Ende, weil es versiegelt ist und keiner wiederkehrt. Wohlan denn, laßt uns die vorhandenen Güter genießen und die Welt eilig, noch in der Jugendzeit, ausnützen! Mit kostbarem Weine und Salben wollen wir uns füllen, und die Blume des Frühlings soll uns nicht entgehen. Wir wollen uns mit Rosenknospen bekränzen, ehe sie verwelken, keiner von uns bleibe ausgeschlossen von unserm ausgelassenen Treiben; überall wollen wir Spuren der Freude zurücklassen; denn das ist unser Anteil, das unser Los. Laßt uns den Gerechten unterdrücken, die Witwe nicht schonen und die grauen Jahre des Hochbetagten nicht achten. — — Laßt uns dem Gerechten nachstellen, weil er uns beschwerlich ist und unsern Werken

---

[1]) Hen. 102,6–11. [2]) Hen. K. 103, 194.

entgegenarbeitet; weil er uns Übertretungen des Gesetzes vorwirft.[1]) Er rühmt sich, die Erkenntnis Gottes zu besitzen, und ein Kind des Herrn nennt er sich selbst. Er ist zum Tadel unserer Gesinnungen geboren. Er ist uns zuwider, wenn wir ihn nur anschauen, weil sein Leben verschieden ist von dem der Übrigen, und seine Wege eine andere Richtung nehmen. Wie Schlacken werden wir von ihm geachtet, und er hält sich fern von unsern Wegen, als wären wir unrein. Er preist das Ende der Gerechten und prahlt mit Gott als seinem Vater. Wir wollen sehen, ob seine Reden wahr sind, und prüfen, wie es ihm zuletzt ergeht. Denn wenn der Gerechte ein Sohn Gottes ist, so wird er sich seiner annehmen und ihn aus den Händen seiner Gegner erretten. Durch Gewalttat und Marter laßt uns ihn prüfen. — — Zu einem schmachvollen Tode laßt uns ihn verdammen; es ist ja Einer, der auf ihn sieht, wie er behauptet.“ [2])

Zu solchen materialistischen Weltanschauungen waren weite Kreise im Judentum gelangt, die mit ihrem Bibelglauben zerfallen waren, den Unsterblichkeitsgedanken entweder noch nicht kannten, oder ihn verwarfen. — „Dieses sind ihre Gedanken“, so fährt Pseudosalomo fort, „die sie in die Irre führen, denn ihre Bosheit hat sie blind gemacht: Sie erkennen Gottes Geheimnisse nicht, auf den Lohn der Heiligkeit achten sie nicht. Denn Gott hat den Menschen zur Unvergänglichkeit geschaffen und ihn zum Bilde seines Wesens gemacht.[3]) — Aber die Seelen der Gerechten sind in Gottes Hand und keine Qual wird sie berühren. Nur in den Augen der Toren scheinen sie zu sterben; nur diese halten ihr Ende für ein Unglück und ihren Weggang von uns für einen Verlust. Sie aber sind im Frieden. Denn wenn sie auch vor den Augen der Menschen leiden müssen, so ist doch ihre Hoffnung der Unsterblichkeit voll. Nachdem sie weniges erdultet, werden sie viel Gutes empfangen, da Gott sie geprüft und seiner würdig befunden hat. Wie Gold im Schmelzofen prüft er sie, und wie ein dargebrachtes Brandopfer nimmt er sie auf. Zur Zeit ihrer Heimsuchung werden sie glänzen, wie Funken am Halme

---

[1]) cf. Hen. 100,7. [2]) Sap. Sal. 2,1—21.

[3]) ib. 2,22—24: καὶ οὐκ ἔγνωσαν μυστήρια θεοῦ, οὐδὲ μισθὸν ἤλπισαν ὁσιότητος, οὐδὲ ἔκριναν γέρας ψυχῶν ἀμώμων. ὅτι ὁ θεὸς ἔκτισε τὸν ἄνθρωπον ἐπ᾽ ἀφθαρσίᾳ, καὶ εἰκόνα τῆς ἰδίας ἰδιότητος ἐποίησεν αὐτόν.

herauflaufen. Sie werden Völker richten und Nationen beherrschen. — Ja, die auf ihn vertrauen, werden die Wahrheit erkennen und die Treuen in der Liebe werden bei ihm weilen. Denn Gnade und Erbarmen hat er für seine Auserwählten. Die Gottlosen aber werden wegen ihrer Gesinnungen Strafe erleiden, da sie das Recht verachteten und von dem Herrn abfielen.[1]) — Ja die Hoffnung der Gottlosen ist wie der Staub, den der Wind verweht, wie der dünne Reif, den der Sturm vertreibt, wie der Rauch, den der Wind verjagt, wie die Erinnerung an einen eintägigen Gast verschwindet sie. Die Gerechten aber leben ewig, ihr Lohn ist bei dem Herrn und ihre Fürsorge bei dem Höchsten. Deshalb werden sie das Reich der Herrlichkeit und die Krone der Schönheit aus der Hand des Herrn empfangen; er wird sie mit seiner Rechten beschützen und mit seinem Arme beschirmen. Er wird seinen Eifer wie eine Rüstung anlegen und die ganze Schöpfung bewaffnen zur Rache an seinen Feinden. Er wird die Gerechtigkeit als Harnisch anlegen und den ernsten Urteilsspruch als Helm aufsetzen. Er wird die Heiligkeit als unbezwinglichen Schild ergreifen, den heiligen Zorn zum Schwerte schärfen und die ganze Welt wird mit ihm gegen die unsinnigen Sünder streiten. Die abgeschossenen Blitze werden sicher treffen, und von den Wolken, wie von einem gutgespannten Bogen, nach dem Ziele hineilen. Wie Steine, im Zorn geschleudert, wird Hagel in Menge auf sie niederfallen; die Wogen des Meeres werden wild tosend wider sie anstürmen und der Wirbel der Ströme wird sie in den Abgrund hinunterziehen. Der Hauch der Allmacht wird sich wider sie erheben und wie ein Sturmwind wird er sie worfeln. So verwüstet die Bosheit die ganze Erde, und die schlechten Taten stürzen die Throne der Fürsten um.“[2])

Hier haben wir das selbst schon zu einer Apokalypse gesteigerte Original vor uns, dem unser Apokalyptiker seine neuen Offenbarungen: das „Geheimnis“ von der Unsterblichkeit der Seele, von Lohn und Strafe nach dem Tode, von dem letzten Gericht, davon schon die älteste jüdische Sibylle so ergreifende Schilderungen entwirft, entlehnt hat. Mit diesen vermochte er nunmehr erfolgreich gegen das tief eingerissene Übel des Unglaubens und des Materialismus anzukämpfen.

---

[1]) ib. 2,21–24; 3,1–11. [2]) Sap. Sal. 5,14–23.

Es war, wie gesagt, kein leichtes Beginnen, diesen neugeoffenbarten Lehren, welche die Vorfahren nicht kannten, zum Siege zu verhelfen. Denn nicht nur stießen sie auf den hartnäckigsten Widerstand der „Gottlosen", die, wie wir gleich zeigen werden, in ihrem Unglauben einen Rückhalt an den von der Nation hochverehrten Gerechten der vorangegangenen Zeiten hatten, auch die Frommen der Gemeinde der Apokalyptiker selbst setzten ihnen starke Zweifel entgegen.

Was nun zunächst die ersteren betrifft, so stößt Henoch den Wehruf über sie aus, weil sie, so einer ihresgleichen stirbt, ihn seligpreisen mit den Worten:

„Selig sind sie, die Sünder, sie haben all' ihr Leben lang Gutes gesehen; nun sind sie gestorben in Glück und Reichtum, sie haben keine Trübsal und kein Blutvergießen in ihrem Leben gesehen; in Herrlichkeit sind sie gestorben, und ein Gericht wurde an ihnen zu ihren Lebzeiten nicht vollzogen." [2])

Das Anathem Henochs hierüber trifft aber direkt den frommen Hiob, den Gott selbst als einen Frommen bezeichnet, der seinesgleichen im ganzen Lande suche. Denn was hier die Gottlosen an dem Grabe ihres Gesinnungsgenossen von seinem Erdenleben rühmen, dasselbe preist Hiob, der gleichfalls der eben erst auftauchenden Botschaft von einem Leben nach dem Tode keinen Glauben schenken will,[1]) an dem hinscheidenden Gottlosen.

Hier einige markante Worte:

„Der Eine stirbt inmitten seiner Vollkraft, noch ganz wohlgemut und sorglos; seine Tröge sind voll von Milch und das Mark seiner Knochen ist reich getränkt. — Und der Andere tsirbt mit bitterer Seele und hat kein Glück genossen. — Zusammen liegen sie im Staube und Gewürm bedeckt sie beide. — Und wenn ihr mir entgegenhaltet: „Wohin ist doch das Haus des Gewaltigen, wohin das Prachtgezelt der Gottlosen?" So fragt doch nur die Gereisten — und ihre Beweise werdet ihr nicht verleugnen —: Ob der Böse je für den Tag des Verderbens aufgespart ist, ob er dem Tag des Zorngerichts entgegengeführt wird? Wer rügt ihm ins Angesicht seinen Wandel, was er getan, wer vergilt es ihm? Ja, zum Grabe wird er geleitet, und über

---

1) Hen. 103,5–7.

2) Vgl. bes. Hiob K. 14; 7,7–11. 10,20–22.

seinem Grabmal hält man Wache. Sanft liegen auf ihm des Tales Schollen, und hinter ihm zieht alles Volk und vor ihm her die Menge ohne Zahl.“[1])

Es scheint uns kein Zweifel, daß Henoch in obiger Rede, die er den Gottlosen in den Mund legt, diese Worte Hiobs vor Augen hat und mit aller Schärfe gegen sie polemisiert. — Wollte man uns aber dagegen einwenden, daß die durchaus strenge Bibelfrömmigkeit, wie sie der Verfasser der Henochapokalypse allenthalben an den Tag legt, ihm nicht gestattet hätte, einen Weisen der „Vorzeit“, wie Hiob es war, mit solcher Heftigkeit anzugreifen,[2]) so antworten wir, daß eben in der Zeit, in der die Grundschrift des Henochbuches entstand, das Buch Hiob — und dies gilt noch mehr von dem Buche Koheleth, in welchem der Lebensgenuß vielfach gepredigt und der Glaube an eine Fortdauer nach dem Tode abgewiesen wird[3]) — noch lange nicht die Kanonizität erhalten hatte, und daher ebenso anfechtbar war, als irgend eine profane Schrift, die der Rechtgläubigkeit, oder vielmehr einer durch die mächtigen Einwirkungen neuer Offenbarungen erst im Werden begriffenen Rechtgläubigkeit entgegen war. Traten doch überdies mit derselben Schärfe, wie hier Henoch, dem „unvergleichlich frommen Hiob“ auch seine drei altgläubigen Freunde entgegen, seine vom neuen Geiste mächtig beeinflußte Weltanschauung als gotteslästerlich bezeichnend.

Diese Auffassung rückt zwar die Abfassung des Buches Hiob tiefer herunter,[4]) dagegen jene der Grundschrift der Henochapokalypse höher hinauf, als man gemeiniglich annehmen möchte; dafür aber löst sie viele, sonst schwer zu beantwortende Fragen, ohne daß Erhebliches gegen sie vorgebracht werden könnte.

---

[1]) Hiob 21,23–24.

[2]) Hen. 103,7–9 antwortet er den Gottlosen, die so sprechen, wie Hiob hier: „Wißt ihr nicht, daß man ihre Seelen ins Totenreich hinabfahren lassen wird, und sie es schlecht haben werden und groß sein wird ihre Trübsal? Und in die Finsternis und in die Umstrickung und in die brennende Flamme wird euer Geist eingehen beim großen Gericht, und das große Gericht wird sein für alle Geschlechter bis in Ewigkeit. Wehe euch, denn ihr habt keinen Frieden!“

[3]) cf. Kohel. 3,12; 6,9; 11,9; 3,22; 5,16–17; 9,7–9; 11,8; 2,23; 5,7,12; 3,2; 9,2–7; 3,18–21; 12,7; 1,11; 2,16; 4,16; 6,12; 11,8; 9,10; 12,5.

[4]) cf. Friedländer, Griech. Philosophie im A. T. p. 9sqq.

Kein Zweifel, alle die hier genannten und noch andere Produkte der Weiheitsliteratur sind in einem und demselben Jahrhundert entstanden, in welchem die in Rede stehenden Probleme durch Einwirkung des in den Schoß des Judentums eindringenden griechischen Geistes aufgerollt wurden und die Gemüter stark erregten. Schon Hiob kennt die Botschaft von der Unsterblichkeit; sie ergreift und rührt ihn; aber es fehlt ihm der Glaube. Koheleth noch verwirft sie. Pseudosalomo hingegen ist längst von ihr, als einer genuin mosaischen Offenbarung, durchdrungen. Natürlich, er lebt ja in Alexandria, dem Zentrum der griechischen Philosophenschulen. Die Henochapokalypse erst erringt ihr, sie mit heimatlichen religiösen Farben schmückend, eine bleibende Stätte auf dem Boden Palästinas, wo sie bald dem den Volksglauben mit großer Virtuosität patronisierenden Pharisäismus als reife Frucht in den Schoß fällt, der jetzt, ebenso wie der Apokalyptiker, die Leugner der Auferstehungslehre der Gehenna „zur ewigen Verdammnis" überliefert sein läßt.

Aber nicht allein den frommen Hiob, auch den Einfaltsfrommen der Psalmen trifft das Anathem, das Henoch über die Gottlosen ausruft. Denn auch der Psalmist weiß noch nichts von einer Unsterblichkeit, nichts von einer Vergeltung nach dem Tode; wie Hiob, wird auch er beim Anblick des ungetrübten Glücks der Gottlosen stutzig und droht auf dem Wege seiner Frömmigkeit zu entgleisen. Ich selbst, so klagt er, wäre leicht wankend geworden, mein Tritt wäre beinahe ausgeglitten. Denn ich beneidete die Ruhmredigen, da ich die Wohlfahrt der Gottlosen sah. Denn sie sind in keiner Gefahr des Todes und stehen fest wie ein Palast. Sie sind nicht im Unglück wie Andere und werden nicht wie andere Menschen geplagt. Darum ist ihr Hochmut ihr Schmuck und Gewalt ihr Kleid. Sie sinnen und reden Böses und lästern hoch her. Gegen den Himmel erhebt sich ihr Mund, und ihr Wort hat Geltung auf der Erde. Darum strömt ihnen das Volk in Haufen wie Wasser zu, und sie sprechen: Was sollte Gott danach fragen? Sollte der Höchste es beachten? S i e h e, d a s s i n d d i e G o t t l o s e n, u n a n g e f o c h t e n e w i g m e h r e n s i e d i e G ü t e r; i c h a b e r h a b e v e r g e b l i c h m e i n H e r z l a u t e r g e h a l t e n u n d i n U n s c h u l d m e i n e H ä n d e g e w a s c h e n! U n d b i n g e p l a g t a l l e T a g e, u n d m e i n e S t r a f e i s t a l l e M o r g e n d a! U n d w e n n i c h s p r a c h: i c h w i l l l e h r e n w i e s i e; s i e h e, d a s G e s c h l e c h t d e i n e r K i n d e r verriete ich. Und ich dachte solchem nach, daß ich es begreifen möchte, aber es war zu schwer in meinen Augen. Bis ich ging in das Heiligtum Gottes und merkte auf ihr Ende: Ja, du setzest sie auf das Schlüpfrige und stürzest sie zu Boden. Wie werden sie plötzlich ein Entsetzen, nehmen ein Ende mit Schrecken! Wie ein Traum beim Erwachen, so machst du, o Herr, ihr Bild verächtlich in der Stadt![1])

Während nun der an dem hergebrachten Volksglauben machtvoll rüttelnde Hiob das Unsterblichkeitsproblem schon kennt, dieses neu auftauchende Ideal jedoch, von dem er zugesteht, daß es, wäre es kein Wahngebilde, befreiend und erlösend auf den Menschen wirken könnte, als trügerisch abweist;[2]) weiß der Fromme in den Psalmen noch nichts von ihm und erfährt auch nichts davon im Gotteshaus, wohin er sich flüchtet, wenn ihn beim Anblick des strotzenden Lebensglücks der Gottlosen, im Jammer über das eigene grenzenlose Elend Verzweiflung erfassen will. Denn was ihm hier offenbart wird, ist nicht die erhebende und beseligende Zuversicht, daß die bösen Handlungen wie die guten im Jenseits ihren Lohn empfangen, sondern das alte, so stark abgebrauchte Lied: daß die Gottlosen noch auf Erden ihren Sturz erleben, daß sie plötzlich ein Ende mit Schrecken nehmen werden.

In die Reihen dieser, der fremden Kultur sich hartnäckig verschließenden Einfaltsfrommen aus der Zeit Hiobs ist sonach die

---

1) Ps. 73,1–22.

2) Hiob 14,14–22. „Lebt der Mensch wieder auf", sagt er hier, „wenn er gestorben? Alle Tage meines Lebens wollte ich hoffen, bis meine Ablösung käme. Du riefst dann und ich antwortete, du würdest meine Schritte nicht zählen, und auf meine Vergehen nicht achten, im Bündel läge versiegelt meine Schuld, du verdecktest meine Sünde. Doch ach: ein Berg, der stürzt, zerfällt, von seiner Stätte rückt der Fels, Wasser wäscht Steine ab und seine Ströme schwemmen fort den Staub der Erde: Und des Sterblichen Hoffnung machst du zunichte. Denn du bewältigst ihn für immer, und er geht dahin, entstellst sein Angesicht, und lässest ihn fahren. Sind seine Söhne in Ehren, er weiß es nicht, sind sie verachtet, er wird es nicht gewahr." Und ib. 7,8–11: „Eine Wolke schwindet, geht dahin; so ersteht nicht wieder, wer ins Grab sinkt, nie kehrt er wieder, niemals sieht seine Stätte ihn wieder". — Und wieder 14,7–13: . . . . . „Der Mensch stirbt und liegt da, er verschwindet und ist nicht mehr. Wasser schwinden aus dem Meere, der Strom versiegt und vertrocknet: Und der Mensch liegt und ersteht nicht wieder, und nicht erwacht er, solange der Himmel besteht, noch wird er vom Schlafe erweckt werden."

neue Offenbarung, das Geheimnis, das Henoch in den himmlischen Tafeln und in dem Buche der Heiligen gefunden, noch nicht gedrungen. Die Empfänglichkeit weiter Kreise für derartige Enthüllungen erwachte erst in der makkabäischen Periode.

Aber selbst gegen den Unglauben der eigenen Gemeinde hatte der Apokalyptiker schwer zu ringen. Wie vormals in den Psalmen, so klagt noch jetzt der Fromme:[1]) In den Tagen unserer Not haben wir Mühe gehabt, und alle Not haben wir durchgemacht, und sind von vielen Übeln betroffen worden und klein geworden an Geist. Wir sind untergegangen, und niemand half uns mit Wort und Tat; wir vermochten nicht das Geringste zu erreichen; wir wurden gequält und vernichtet, und hofften nicht das Leben zu sehen Tag für Tag. Wir hofften das Haupt zu sein und wurden zum Schwanz; wir mühten uns mit Arbeiten ab und erlangten keinen Lohn für unsere Mühe; wir wurden den Sündern zur Speise und die Ungerechten ließen ihr Joch schwer auf uns drücken. Die uns haßten und schlugen, bekamen die Herrschaft über uns; denen, die uns haßten, mußten wir unsere Rücken beugen, und sie hatten kein Mitleid mit uns. Wir suchten ihnen zu entgehen, um uns zu flüchten und Ruhe zu haben; aber wir fanden keinen Ort, wohin wir fliehen und uns vor ihnen retten sollten. Wir klagten bei den Herrschern über sie in unserer Trübsal und schrien über die, die uns verschlangen; aber sie beachteten unser Geschrei nicht und wollten auf unsere Stimme nicht hören. Und sie halfen denen, die uns beraubten und verschlangen und uns verminderten; sie verheimlichten ihre Gewalttätigkeit und nahmen von uns nicht das Joch derer ab, die uns verschlangen, zerstreuten und mordeten. Sie verheimlichten unsere Hinmordung und dachten nicht daran, daß sie ihre Hände gegen uns erhoben hatten.[2])

Es bedurfte also heroischer Anstrengung, um auf dem Grabe des Glaubens die Hoffnung auf Unsterblichkeit aufpflanzen zu können. Und abermals beschwört Henoch die völlig verzagten Frommen, seine Lehre, die allein noch dem tief gesunkenen Glauben neue Lebenssäfte zuzuführen vermochte, in ihr Herz zu schließen. Ich beschwöre euch, ihr Gerechten, ruft er ihnen mit der Überzeugungsglut des Sehers zu, daß die Engel im Himmel vor der

---

[1]) cf. Dillmann 321 sq.

[2]) Hen. 103,9–15.

Herrlichkeit des Großen euer zum Guten gedenken; eure Namen sind vor der Herrlichkeit des Großen aufgeschrieben. Seid guter Hoffnung! Denn zuerst wart ihr der Schande durch Unglück und Not preisgegeben, aber nun werdet ihr wie die Lichter des Himmels leuchten und scheinen; die Pforte des Himmels wird euch aufgetan sein. Verharret in eurem heißen Verlangen nach dem Gerichte, so wird es euch erscheinen; denn an den Herrschern und allen Helfern derer, die euch beraubten, wird man eure Trübsal heimsuchen. Hoffet und gebet eure Hoffnung nicht auf, denn ihr werdet große Freuden wie die Engel des Himmels haben. Was werdet ihr alsdann zu tun haben? Ihr braucht euch nicht am Tage des großen Gerichts zu verbergen und werdet nicht als Sünder erfunden werden; das ewige Gericht wird fern von euch sein für alle Geschlechter der Welt. Verzagt nun nicht, ihr Gerechten, wenn ihr die Sünder erstarken und auf ihrem Wege Glück haben seht. Werdet ihnen nicht gleich, habt keine Gemeinschaft mit ihnen, sondern haltet euch fern von ihrer Gewalttätigkeit, denn ihr sollt Genossen der himmlischen Heerscharen werden.[1])

Und es gelang in Wirklichkeit den Apokalyptikern ihren eschatologischen Lehren, mit deren Hilfe sie den durch das Eindringen des griechischen Geistes in Palästina tief erschütterten alten Glauben neu befruchteten, zum endlichen und unbestrittenen Sieg zu verhelfen. Ihnen allein muß das Verdienst zuerkannt werden, ihre unzeitgemäß gewordene Religion verjüngt und neugekräftigt zu haben. Denn sie waren es, die zuerst den Unsterblichkeitsgedanken, den sie in den faltenreichen Mantel der Propheten zu kleiden verstanden, auf dem Boden Palästinas enthüllten, mit der Begeisterung gottgesandter Propheten propagierten und in die Massen brachten; sie und nicht die Essener, die gleichfalls frühzeitig über ihn philosophierten, aber ihn, anstatt ihn zu enthüllen, nur verhüllten, da sie ihn bei geschlossenen Türen lehrten; sie und nicht die Pharisäer, die ihn bereits, und in vergröberter Form, im Volke eingewurzelt fanden und ihn einfach als ein Gebot der Thora hinstellten, in ihre Agada — was leicht aus zahlreichen rabbinischen Stellen erweislich — Bruchstücke der apokalyptischen Eschatologie herübernehmend.

Die Apokalyptiker waren die wirklichen Volkspropheten der

---

[1]) Hen. 104,1–7.

beiden letzten vorchristlichen Jahrhunderte, die den alten Volksglauben in neue Bahnen lenkten und die Massen durch Schaffung neuer, zeitbeherrschender geistiger Werte zu kräftigerem religiösem Leben erweckten.

Sollen wir die Aufgabe, die der Apokalyptiker sich stellte, mit einem markanten Worte kennzeichnen, so eignet sich hierfür am besten jenes, womit der Siracide das Bild seiner eigenen Lehrweise gibt:

„Unterricht wie Prophezeiung für alle kommenden Geschlechter ausgießen!“ [1])

---

[1]) Sirach. 24,31: ἔτι διδασκαλίαν ὡς προφητείαν ἐκχεῶ, καὶ καταλείψω αὐτὴν εἰς γενεὰς αἰώνων.

II.

DIE RELIGIÖSEN BEWEGUNGEN IM LANDVOLK (AM-HAAREZ).

Man hat bisher bei der Darstellung der Entstehungsgeschichte des Christentums den wichtigsten Faktor, der sich hervorragend an dem Bau der Weltkirche beteiligte und ihren so ungeahnt raschen Aufschwung herbeiführte, fast ganz unbeachtet gelassen, nämlich: das sogenannte Landvolk, in welchem die messianische Idee einen empfänglichen Boden vorfand, aus dessen Schoße das messianische Reich um so ungestörter hervorsprossen konnte, als es sich von Anbeginn gegen die Aufnahme der pharisäischen Saat mit aller Macht wehrte.

Nach dem bewährten Beispiel der pharisäischen Schriftgelehrten, die ihren ganzen Haß und ihre unsagbare Verachtung über dieses ihrer Führerschaft unerreichbare „Landvolk“ ausgossen, ist auch die moderne Religionsforschung geringschätzig über dasselbe hinweggegangen und hat sich dadurch des einzigen Schlüssels beraubt, mit dessen Hilfe das geheimnisvolle Dunkel, das die Geburt des Christentums umschließt, wenigstens einigermaßen gelüftet werden kann. Dieses Landvolk, Am-haarez, gilt heute noch als der „idiotische Pöbel“, als ein loser unwissender Haufe,[1]) der sich frech über Gesetz und Recht hinwegsetzte, Lehre und Zucht haßte

[1]) So noch Bousset, Die Religion d. Judent. in neutestamentl. Zeit. 1903. p. 142: „Der Pharisäer“, urteilt er, „ist der Gebildete, der im Gesetz Unterrichtete, der Am-haarez der Ungebildete, der gemeine Mann.“ Und ib. 166: „Die Pharisäer sind die Gebildeten, Am-haarez ist die Masse der Ungebildeten.“ Ähnliches aber könnte man auch von den Pharisäermassen sagen: denn nur die pharis. Schriftgelehrten waren im Gesetz Unterrichtete, die große Masse der Pharisäer aber waren ebenso ungebildet wie die Am-haarez.

und einen schweren Makel am jüdischen Volkskörper bildete. — Das war es aber durchaus nicht, am allerwenigsten in vorchristlicher Zeit, wo es noch von gottbegeisterten jüdischen — allerdings nicht pharisäischen — Männern geleitet wurde. Erst als diese zu schwinden und ihre erhebenden Lehren seltener zu werden anfingen, um die Zeit also, als die tobenden Kriegsstürme über Judäa hereinbrachen, denen Tempel und Reich zum Opfer fielen, da verfiel auch das Landvolk, „es war verschmachtet und verstreut, wie Schafe, die keinen Hirten haben“.

Die talmudischen Quellen über das Verhalten der Pharisäer zu den Am-haarez und umgekehrt fließen aus vorchristlicher Zeit sehr spärlich. Natürlich. Damals galt es noch die Bekämpfung eines drohendern, zeitweilig politisch mächtigen Gegners: der sadduzäischen Partei, die Niederwerfung eines im Ringen um den Einfluß auf die Regierung und um die Führerschaft im Volke mit großen Machtmitteln ausgestatteten Gegners. Um so reichlicher sind uns die einschlägigen Berichte aus dem ersten und den folgenden Jahrhunderten erhalten, und diese geben eine geradezu schauerliche Vorstellung von dem seit langem tief eingewurzelten Hasse, mit dem die Schriftgelehrten und Am-haarez einander verfolgten, die unüberbrückbare Kluft enthüllend, die beide von jeher trennte.

Unter den aus vorchristlicher Zeit stammenden Berichten ist für uns in erster Linie der vielbekannte Ausspruch Hillels: ein Am-haarez könne kein Chasid sein![1]) von großer Bedeutung. Wenn schon ein Mann wie Hillel, von dessen unerschöpflicher Sanftmut und Duldsamkeit die talmudischen Quellen förmlich überströmen, ein solches Verdikt über eine ganze Volksklasse fällt, ihr die Möglichkeit, wahrhaft fromm — allerdings nach pharisäischen Begriffen — sein zu können, absprechend, so ermöglicht dies allein schon eine Vorstellung von dem Verhalten der übrigen, weniger toleranten Gesetzeslehrer den Am-haarez gegenüber. Zum Überfluß lehren uns zahlreiche hallachische Verordnungen gegen die

---

[1]) Abot II, 6: ולא עם הארץ חסיד. In späteren talmudischen Überlieferungen wird sogar davor gewarnt, in der Nachbarschaft eines Am-haarez, der ein Chasid ist, zu wohnen, da man sonst leicht auf dem Wege der Frömmigkeit zum Entgleisen gebracht werden könnte. Sabbat 63a: אם עם הארץ הוא חסיד אל תדיר בשכונותו cf. Raschi z. St.

Am-haarez nicht minder aber das ganze neutestamentliche Schrifttum, wie tief die Erbitterung seit jeher zwischen diesen und den Pharisäern gewesen.

Man sieht aber, wie gesagt, hergebrachtermaßen allgemein in den Am-haarez einen ganz unwissenden, religiös und sittlich verkommenen Pöbel, der in den Schriftgelehrten lediglich die Wissenschaft unauslöschlich haßte. Ungefähr so stellte sich noch vor kurzem der in seinem Besitzstand sich gefährdet wähnende ungebildete Spießbürger die zur Fahne der Sozialdemokratie schwörenden und zu einem eigenen Stande sich organisierenden Proletarier aller Länder als eine gesetz- und zuchtlose Bande sittlich verkommener Menschen vor, ohne zu ahnen, von welch tief sittlichem Geiste diese ganze freiheitliche Bewegung getragen wird. — Eine solche Auffassung aber ist grundfalsch und wird selbst von verschiedenen talmudischen Überlieferungen widerlegt, aus denen unzweideutig hervorgeht, daß die Am-haarez keineswegs aus lauter unwissenden Idioten bestanden, als welche man sie gemeiniglich hüben und drüben hinstellt, noch daß sie von den pharisäischen Schriftgelehrten wegen ihrer Unwissenheit in religiösen Dingen, sondern deswegen gehaßt und verfehmt wurden, weil sie von den pharisäischen Satzungen nichts hören wollten und überdies einer gesetzesfreien Richtung huldigten.

Vor allem sei hier aus dem Talmud selbst festgestellt, daß es eine Zeit gegeben, wo der Am-haarez weder ein Unwissender gewesen noch als solcher allgemein gegolten hat. Wenn beispielsweise die Hallacha über den Fall verhandelt, wo der Sohn oder Diener eines Chaber bei einem Am-haarez in die Schule geht,[1]) dann hat schon das Bild, das man von dem Am-haarez entworfen, einen starken Riß bekommen. Es gab also unter den Am-haarez Männer, welche Unterricht erteilen konnten und auch tatsächlich erteilten, womit allein erhärtet ist, daß diese pharisäerfeindlichen Volksmassen ihre eigenen Lehrer und Führer hatten. Es waren dies, wie bereits gezeigt, die Apokalyptiker, die gleichfalls aus dieser Volksklasse hervorgegangen, die nirgends die pharisäische Gesetzesauslegung propagieren, nirgends auch nur eine Bekanntschaft mit derselben verraten.

---

[1]) Tosephta Demai II, 8: בן חבר שלמד אצל ע הארץ עבדם חבר שלמד אצל עם הארץ הרי הן בחזקתן עד שיחשדו.

Ganz unzweideutig geht aus den talmudischen Quellen hervor, daß die hervorstechendsten Merkmale eines Am-haarez waren: die Absonderung von den pharisäischen Schriftgelehrten und die gesetzesfreiere Richtung. Mochte einer sich auch mit dem Studium der Thora und der Mischna befassen, sobald er den Umgang mit den Schriftgelehrten mied, galt er für einen Am-haarez.[1]) — Dieser Klasse von Volksgenossen, die in ihrer gesetzesfreien Richtung so weit gingen, daß sie Sabbat und Festtage geringachteten, die Beschneidung verwarfen, die Schrift nicht der Überlieferung gemäß auslegten, wurde der Anteil an dem künftigen Leben abgesprochen, obgleich sie Werke der Menschenliebe übten und sich des Studiums der Thora beflissen.[2])

Es waren sonach nicht nur sittlich gute und fromme, sondern auch schriftkundige Leute, die aber ihre eigenen, von der pharisäischen verschiedenen Auslegungen hatten und sich von pharisäischen Gesetzeslehrern nicht beeinflussen ließen.

Solche religiöse Parteien gab es auch, wie wir später des ausführlicheren zeigen werden, in der Diaspora, und es liegt sehr nahe, hier an jene Radikalen zu denken, die der konservative Philo, obwohl er in der Theorie ihre allegorische Schriftauslegung nicht nur billigte, sondern auch selbst rückhaltlos ihr huldigte, hart tadelt, weil sie auch die praktischen Konsequenzen aus dieser Auslegung zogen und sich pietätlos über nationale und religiöse, von gottgeliebten Vorfahren eingesetzte Institutionen hinwegsetzten, Sabbat, Festtage und Beschneidung verwarfen, nachdem sie deren geistigen Gehalt philosophisch erforscht hatten. — Die nahe Verwandtschaft dieser von Philo Gerügten mit den im Talmud bekämpften geistigen Führern der Am-haarez, welche sich mit der Thora befaßten, sie aber nicht in traditioneller Weise auslegten,[3]) fromme Werke übten, aber Sabbat, Festtage und Beschneidung mißachteten, ist unverkennbar.

---

[1]) Berach. 47b, Sota 22a: אחרים אומרים אפיל׳ קרא ושנה ולא שמש ת״ח הרי זה עם הארץ.

[2]) Abot III, 15: אמר ר׳ אליעזר המודעי: המחלל שבתות והמבזה את המועדות והמפר בריתו של אברהם אבינו והמגלה פנים בתורה שלא כהלכה אע״פ שיש בידו תורה ומעשים טובים אין לו חלק לעה״ב cf. Sanhedr. 99a, Makkot 23a u. a. St.

[3]) והמגלה פנים בתורה שלא כהלכה:

Aus allen talmudischen, die Am-haarez betreffenden Diskussionen, die besonders nach der römischen Zerstörung des Tempels, als die Wogen der religiösen Bewegungen hoch gingen, mit großer Erbitterung geführt wurden, leuchtet die eine Tatsache hervor, daß die Am-haarez sich skrupellos über gewisse, von den Pharisäern als von Gott selbst angeordnet bezeichnete Satzungen hinwegsetzten. Es wird einmal von den Gesetzeslehrern die Frage aufgeworfen, wer ein Am-haarez sei. R. Eliezer ben Hyrkanos sagt: wer nicht morgens und abends das Schmagebet rezitiert. R. Josua lehrt: wer nicht Thephillin anlegt. Nach ben Azzai: wer nicht Schaufäden an seinem Kleide hat. Nach R. Nathan: wer keine Mesusoth an seiner Tür hat. Nach andern: auch derjenige, der den Umgang mit den Schriftgelehrten meidet, gleichviel ob er sich sonst mit Thora und Mischna befaßt.[1])

Die Möglichkeit einer Einflußnahme auf die Am-haarez bestand für die pharisäischen Schriftgelehrten von vornherein nicht, da sie ja jeden nähern Umgang mit ihnen als befleckend mieden und ihn auch ihren Anhängern verboten;[2]) jedes Gerät, wenn es auch nur eine Stunde im Bereiche eines Am-haarez gewesen, als unrein bezeichneten.[3]) — Der Am-haarez lebte im Weltverkehr, und darum galt sein Haus den Pharisäern als unrein. Selbst der Besuch seiner Synagogen wurde gemieden. „Das Sitzen in den Synagogen der Am-haarez“ — heißt es in den Sprüchen der Väter — bringt den Menschen von der Welt.“[4])

---

[1]) Berach. 47b, Sota 22a: ת"ר איזהו עם הארץ כל שאינו קורא ק"ש ערבית ושחרית דברי ר' אליעזר ר' יהושע אומר כל שאינו מניח תפילין בן עזאי אומר כל שאין לו ציצית בבגדו ר' נתן אומר כל שאין מזוזה על פתחו ..... אחרים אומרים אפי' קרא ושנה ולא שמש ת"ח הרי זה עם הארץ.

[2]) cf. Mischna Demai II, 13, Nedar. 20a: ת"ר ...... ואל תהי רגיל אצל עם הארץ.

[3]) Tosephta Para c. 3.

[4]) Abot III, 14: וישיבת בתי כנסיות של עמי הארץ מוציאין את האדם מן העולם. Freilich will man in diesen „Synagogen der Am-haarez“ keine *gottesdienstlichen* sondern lediglich *profane* Zusammenkunftsstätten sehen. So meint selbst Zunz, Gottesdienstl. Vortr.² S. 1 sq., „daß in dem Worte Beth-haknesseth, welches „Versammlung“ oder „Gemeinde“ bedeutet, durchaus keine Bezeichnung eines gottesdienstlichen Aktes oder einer religiösen Bestimmung enthalten sei“, und führt als Stütze für seine Behauptung haupt-

Wie tief die Kluft zwischen den pharisäischen Schriftgelehrten und den Am-haarez in den letzten Jahrzehnten des ersten Jahrhunderts gewesen, das lehrt eine ganze Reihe hallachischer Bestimmungen und Verordnungen gegen die letzteren, deren einige hier angeführt werden mögen, da sie das beiderseitige Verhältnis grell beleuchten, obgleich sie noch immer nicht zu den wildesten Zornausbrüchen gegen diese Volksklasse zählen, denen wir im Talmud begegnen, deren manche so grauenerregend sind, daß sie gar nicht ernst genommen werden können. Da wird u. a. verordnet: Man nehme nicht die Tochter eines Am-haarez und gebe ihm die eigene Tochter nicht zum Weibe, weil sie, ihre Weiber und Töchter

---

sächlich die oben zitierte Stelle Abot III, 14: בתי כנסיות של עמי הארץ, „Versammlungshäuser des idiotischen Pöbels“ (so Zunz' Übersetzung) an. Diese Versammlungshäuser des „idiotischen Pöbels“ waren aber in Wirklichkeit Lehr- und Bethäuser. Beth-haknesseth ist die Übersetzung des griechischen Wortes συναγωγή, welches die stereotype Bezeichnung für die Bet- und Lehrhäuser in Palästina und in der Diaspora war. Das sagt uns in bündigster Weise Philo, cf. Quod omn. prob. liber II, 458, wo er von dem Gottesdienst der Essener spricht, berichtend, daß sie sich allsabbatlich an heilige Orte begeben, welche Synagogen genannt werden: εἰς ἱεροὺς ἀφικνούμενοι τόπους οἳ καλοῦνται συναγωγαί. — In diesen Synagogen der Am-haarez — denn das waren ja schließlich auch die gelehrten hellenistischen Juden in den Augen der pharisäischen Schriftgelehrten — in welchen ein ganz anderer Geist, als der pharisäische wehte, durften später Jesus, Paulus, Barnabas, Apollos und ähnliche Andere frei predigen (παῤῥησιάζεσθαι ἐν τῇ συναγωγῇ cf. Act. 18,26 u. a. St.) und die neue Botschaft verkünden. Darum waren die Synagogen der Am-haarez den Pharisäern ein Greuel, und wiesehr sie die eigenen heilig hielten und sie nie und nimmer profanieren ließen (cf. Megila 28a), selbst dann nicht, wenn sie zu Ruinen verfallen waren (cf. j. Megila Mischna 3: בית הכנסת שחרב אין עושין אותם קפנדריא), die Synagogen der Am-haarez besaßen für sie keine Heiligkeit, ihre Profanierung galt ihnen als gestattet. Das beweist schlagend ein talmudischer Bericht, nach welchem R. Eleazar b. Zadok eine den Tarsern — nach einer andern Version den Alexandrinern — gehörige Synagoge in Jerusalem käuflich an sich gebracht und zu profanen Zwecken verwendet hatte. (Tosephta Megila 3,6. j. Megila 73d: מעשה בר' אלעזר בן צדק שלקח בית הכנסת של אלכסנדרים ועשה בה כל צרכו). Die Profanierung einer den Juden der griechischen Diaspora angehörigen Synagoge, wie solche die Tarser, Alexandriner, Kyrenäer usw. in Jerusalem hatten (cf. Act. 6,9), fand man nicht im mindesten anstößig. Der Ausspruch Abot III, 14, nach welchem der Besuch der Synagogen der Am-haarez verderbenbringend sei, hat demnach im Munde des im Kampf auf Leben und Tod mit den Am-haarez stehenden pharisäischen Schriftgelehrten nichts Befremdendes.

verworfen sind.[1]) Seine Tochter einem Am-haarez zur Frau geben, heißt soviel, als sie gebunden einem Löwen hinwerfen.[2]) Man berufe keinen Am-haarez zur Zeugenschaft und nehme keine solche von ihm an, man mache ihn nicht zum Mitwisser eines Geheimnisses, nicht zum Vormund von Waisen und nicht zum Verwalter von Wohltätigkeitsgeldern; man gehe nicht in seiner Begleitung auf Reisen und lasse nicht öffentlich ausrufen, wenn ihm etwas in Verlust geraten.[3]) Es wird davor gewarnt, in ihrer Gegenwart sich mit dem Studium der Thora zu befassen.[4])

Dieser so tief eingewurzelte Haß zwischen den Pharisäern und Am-haarez hat sich auf die spätesten Geschlechter fortgeerbt. Hier ein Beispiel statt vieler: Rabbi Jehuda Hannasi, welcher um die Mitte des zweiten christlichen Jahrhunderts blühte, öffnete in einem Jahre der Hungersnot seine Getreidekammern und ließ verlautbaren, daß allen jenen, die in der Schrift oder Mischna, Hallacha oder Agada bewandert, nur nicht den Am-haarez, der Zutritt gestattet sei.[5]) Da drängte sich ein gewisser Nathan b. Amram herzu, verlangend, gleichfalls gespeist zu werden. Darauf der Rabbi: Mein Sohn, hast du Thora oder Mischna gelernt. Nein! Welchen Anspruch also hast du auf meine Hilfe? So speise mich, erwiderte Nathan, wie einen Hund oder einen Raben.[6]) Der Rabbi ließ ihn hierauf gewähren. Als sich der Am-haarez wieder entfernte, da grämte sich der Nasi und rief aus: Wehe mir, daß ich mein Brot

---

1) Pesach. 49a sq.: ואל ישא בת ע"ה ..... מפני שהו שקץ ונשותיהו שרץ וכ'.

2) ib. 49b: תניא היה ר' מאיר אומר כל המשיא בתו לעם הארץ כאילו כופתה ומניחה לפני ארי.

3) ib. 49b: ת"ר ששה דברים נאמרו בעמי הארץ: אין מוסרין להן עדות ואין מקבלין ממנו עדות ואין מגלין להן סוד ואין ממנין אותן אפוטרופוס על היתומים ואין ממנין אותן אפוטרופוס על קופהן של צדקה ואין מתלוין עמהן בדרך וי"א אף אין מכריזין על אבידתו.

4) ib.: תנא ר' חייא כל העוסק בתורה לפני עם הארץ כאילו בא על ארוסתו בפניו וכ'.

5) Baba bathra 8a: אבל עמי הארץ אל יכנסו.

6) ib.: פרנסני ככלב וכעורב. Diese Erzählung ist auch deshalb von Interesse, weil sie lebhaft an Math. 15,29–29 erinnert, wo das kananäische Weib Jesum um Hilfe anruft, er aber ihr antwortet, nachdem er vorher seinen Jüngern erklärt hatte, er sei nur zu den verlorenen Schafen aus dem Hause Israel gesandt: „Es ist nicht fein, daß man den Kindern ihr Brot nehme und werfe

einem Am-haarez gegeben! Denn er war von der Überzeugung durchdrungen, daß kein Unheil die Welt heimsuche, das nicht durch das Verschulden der Am-haarez herbeigeführt würde.[1])

Schon die Gesetzeslehrer des ersten christlichen Jahrhunderts führen herzzerreißende Klagen über den Haß, mit dem sie von den Am-haarez verfolgt werden. „Brauchten sie uns nicht in geschäftlicher Beziehung“, klagt R. Eliezer ben Hyrkanos, „sie hätten uns vernichtet.“ [2]) Und ein späterer Gesetzeslehrer: „Größer ist der Haß der Am-haarez gegen den Gesetzeslehrer als selbst jener der Heiden gegen Israel, und ihre Frauen überbieten sie noch darin.“ [3])

Selbst da, wo die Schriftgelehrten einer liberaleren religiösen Auffassung hinneigen, dem Am-haarez gegenüber werden sie zurückhaltend. So lehrt beispielsweise R. Simon b. Jochai: „Wer auch nichts weiter als das Schmagebet morgens und abends liest, der erfüllt schon das göttliche Gebot: „Das Buch dieses Gesetzes soll nicht weichen von deinem Munde.“ [4]) «Das aber“ — so fügt er einschränkend hinzu — „darf man in Gegenwart eines Am-haarez nicht verlautbaren lassen.“

So finden wir denn überall die Am-haarez als die unversöhnlichsten Pharisäerhasser dargestellt. Und die sie so zeichnen, sind ihre grimmigen Gegner. Denn sie selbst kommen ja in der tal-

---

es vor die Hunde.“ Als ihm aber das Weib erwiderte: „aber doch essen die Hündlein von den Brosamen, die von ihrer Herren Tische fallen“, da bereute Jesus seine ebenso engherzige als harte Abweisung und antwortete: „O Weib, dein Glaube ist groß! Dir geschehe, wie du willst.“ —

[1]) ib.: בתר דנפק יתיב רבי וקא מצטער ואמר אוי לי שנתתי פתי לעם הארץ. . . . . דא״ר אין פורענות בא לעולם אלא בשביל ע״ה

[2]) Pesach. 49b: תניא ר״א אומר אלמלא אנו צריכין להם למשא ומתן היו הורגין אותנו.

[3]) Josua 1,8.

[4]) Menach. 99b: ודבר זה אסור לאומרו מפני עם הארץ. Daß man es nun für ein überaus frommes und erlösendes Werk hielt, die Kinder der Am-haarez dem sündhaften Beispiel ihrer Eltern zu entrücken und sie im pharisäischen Geiste zu erziehen, ist selbstverständlich. So heißt es Baba mez. 85a: וכל הלומד את בן עם הארץ תורה הקב״ה גוזר גזרה ומבטלה בשבילו. — Gleichwohl konnte man einem aus diesem Milieu hervorgegangenen Schriftgelehrten seinen Ursprung nicht vergessen. Die Worte Prov. 14,33: ובקרב כסילים תודע wurden gedeutet: וזה תלמיד חכם בן עם הארץ, d. i. ein schriftgelehrter Sohn eines Am-haarez.

mudischen Literatur nicht zu Wort. Nur einer von ihnen, R. Akiba, der später eine Zierde der pharisäischen Schriftgelehrsamkeit geworden, enthüllt uns den tiefen Ingrimm, von dem er gegen die pharisäischen Gesetzeslehrer erfüllt war, als er noch in den Niederungen der Am-haarez wandelte. „Da ich noch ein Am-haarez war“ — so erzählt er in späteren Tagen — „sagte ich: o daß mir ein Gesetzeslehrer in den Weg träte, ich würde ihn beißen wie ein Esel“.[1])

Unverfälscht jedoch treten uns die religiösen und pharisäerfeindlichen Gesinnungen der Am-haarez entgegen in ihrem eigenen uns noch zum Teil ganz, wenn auch vielfach in späteren Umarbeitungen, zum Teil fragmentarisch erhaltenen Schriften, insbesondere in den Apokalypsen, und im weiteren Sinne, in dem ganzen apokryphen und pseudepigraphen Schrifttum, das mehr oder weniger noch von dem Geiste der Propheten und der Weisheitsliteratur angehaucht ist und ebenso wie diese, obgleich von tiefster Frömmigkeit durchglüht, nirgends die Verbindlichkeit des Zeremonialgesetzes betont, am wenigsten aber ein Hinneigen zur pharisäischen Gesetzesauslegung verrät.

Mit den schärfsten Waffen aber sehen wir die Am-haarez den Kampf gegen den Pharisäismus und gegen die pharisäischen Gesetzeslehrer führen: in der Assumptio Mosis und in den Evangelien. Hier lodert der lang genährte Groll gegen die „das Himmelreich vor den Menschen verschließenden Pharisäer und Schriftgelehrten“ mächtig auf, gegen die „verblendeten Leiter“, die den Stuhl Mosis usurpiert haben,[2]) jede Berührung mit der Menge als verunreinigend scheuten,[3]) und die auf den Messias harrenden Am-haarez als die Gottverfluchten hinstellten, als Menschen, die vom Gesetz nichts wissen.[4])

Hier mag die Frage eingeschaltet werden, ob denn diese Am-haarez in Wirklichkeit jene „verwilderte, verwahrloste, in Unsittlichkeit völlig verkommene“ Rotte gewesen, als welche sie die alten wie die modernen pharisäischen Schriftgelehrten darstellen, die man, wie

---

[1]) Pesach. 49b: תניא אמר ר' עקיבא כשהייתי עם הארץ אמרתי מי יתן לי תלמיד חכם ואנשכנו כחמור וכ'

[2]) Math. 23,2.

[3]) Ass. Mos. V: superdicent; noli tu me tangere, ne inquines me.

[4]) Ev. Joh. 7,48–50: ἀλλ' ὁ ὄχλος οὗτος, ὁ μὴ γινώσκων τὸν νόμον ἐπικατάρατοί εἰσιν.

sich der eine oder andere Gesetzeslehrer im Talmud so drastisch ausdrückt, selbst an einem Versöhnungstag, der auf einen Sabbat fällt, durchbohren oder wie einen Fisch zerreißen dürfe?[1])

Wir wollen hier durchaus nicht eine gewaltsame Reinwaschung dieser gegen die Siegelbewahrer der „mündlichen Lehre“ so tief erregten Volksklasse versuchen; wir geben vielmehr bereitwillig zu, daß die ersteren, da sie ihr Religionsgebäude und den nationalen Bestand durch die letztere bedroht sahen, sich zur Wehr setzen mußten. Wir geben weiters zu, daß die Am-haarez zur Zeit der römischen Zerstörung Jerusalems stark im Niedergang begriffen waren, da es ihnen damals bereits an begeisterten, die Massen mit sich fortreißenden Lehrern und an Belehrung fehlte. Dieses zuzugeben, nötigen die übereinstimmenden einschlägigen talmudischen und neutestamentlichen Berichte. So klagt R. Eliezer b. Hyrkanos, daß bei dem allgemeinen mit der Zerstörung Jerusalems eingetretenen Verfall des Volkes auch die Am-haarez arg verfielen.[2]) Dazu stimmt vollkommen der Bericht des Evangeliums, daß Jesus bei seinem Auftreten diese Am-haarez (ὄχλοι) „verschmachtet und zerstreut fand, wie Schafe, die keinen Hirten haben“.[3])

Aber war denn nicht nach denselben Schilderungen auch die pharisäische Partei in Verfall geraten? Und dann: ist es denkbar, daß eine Volksklasse, wie die Am-haarez, die für die Unterweisung Jesu, der ihr ein diesseitiges Wohlleben weder gewähren konnte noch verheißen wollte, im Gegenteil stets scharf betonend: sein Reich sei nicht von dieser Welt, und den Blick der Menge auf die idealen, nicht auf die materiellen Güter richtend, ein entbehrungsvolles, asketisches, weltabgewandtes Leben fordernd, eine so reiche Empfänglichkeit an den Tag legte; ist es, fragen wir, denkbar, daß eine solche Volksklasse so durch und durch korrumpiert und entsittlicht gewesen sein konnte? Da könnte man, wie gesagt, mit gleichem Recht behaupten, daß die ganze Partei der Pharisäer, weil ihre Häupter seit den Tagen der ersten Hasmonäerfürsten bis herab auf Agrippa I. durch die Politik verweltlicht, von Herrschbegier getrieben, auf den Weg der Gewalttat und Heuchelei geraten waren,

---

1) Pesach 49b.

2) Sota Mischna IX, 14, b. Sota 49a sq.: ועמי דארעא אולא ודלדלה

3) Math. 9,36; Marc. 6,34: ἰδὼν δὲ τοὺς ὄχλους ἐσπλαγχνίσθη περί αὐτῶν, ὅτι ἦσαν ἐκλελυμένοι καὶ ἐρριμένοι ὡσεὶ πρόβατα μὴ ἔχοντα ποιμένα.

von Grund aus verderbt war — was man doch den geistigen Führern der Am-haarez durchaus nicht zum Vorwurf machen kann, da sie politisch indifferent und überhaupt weder herrschsüchtig waren noch zur Regierungspartei gehörten. Es wäre aber gründlich verfehlt, die Schuld der Häupter und Führer auf die ganze Partei zu überwälzen. Es gab selbst zu jenen Zeiten, wo die Pharisäer am Ruder waren, fromme und demutsvolle Schriftgelehrte, die eben wegen ihrer selbstlosen Hingebung an die väterlichen Gesetze in weiten Schichten des Volkes Verehrung fanden, wenn sie auch allerdings, in religiöser Engherzigkeit befangen, den Weg der wahren, von Propheten gepredigten, alle Menschen verbrüdernden Religion verfehlten. Selbst ein so entschiedener Gegner der Pharisäer, wie Paulus, räumt ihnen ein, „daß sie um Gott eifern — aber mit Unverstand“.[1]) — Und nun gar die pharisäischen Schriftgelehrten nach der Zerstörung des zweiten Tempels, wo für politische Ambitionen kein Boden mehr vorhanden war, sie waren, soweit wir sie kennen, fromme, gottergebene, von jeder Heuchelei unberührte Leute. Ihr großer Fehler, der zugleich dem pharisäischen Judentum zum Verhängnis wurde, war ihre Kurzsichtigkeit, aus welcher auch ihre Unduldsamkeit gegen jede freie religiöse Anschauung, die ihrer „mündlichen Überlieferung“ entgegen war, entsprang.

Gleichwohl haben den Bruch zwischen den Am-haarez und den Pharisäern nicht die ersteren, sondern die letzteren herbeigeführt, da diese dem seit je im Verkehr mit den Heiden lebenden „Landvolk“ schwere und unerträgliche Bürden an den Hals legen wollten. — Die frommen Schriftgelehrten und ihr pharisäischer Anhang trugen unschwer diese Bürden, da sie abgeschlossen und abgesondert von der Außenwelt lebten; dagegen waren sie den an der Politik intensiv beteiligten Pharisäerhäuptlingen Mittel zur Behauptung ihres Einflusses auf die Regierung und im Volke, solange dies noch unter der Herrschaft eigener Fürsten stand. Wir haben das Wesen und Treiben dieser pharisäischen Parteiführer an anderer Stelle unter Heranziehung der zeitgenössischen Quellen beleuchtet und verweisen, um Wiederholungen zu vermeiden, den Leser auf diese Ausführungen.[2]) Hier

---

[1]) Röm. 10,1–3: μαρτυρῶ γὰρ αὐτοῖς ὅτι ζῆλον Θεοῦ ἔχουσιν, ἀλλ' οὐ κατ' ἐπίγνωσιν. ἀγνοοῦντες γὰρ τὴν τοῦ Θευῦ δικαιοσύνην, καὶ τὴν ἰδίαν δικαιοσύνην ζητοῦντες στῆσαι κτλ.

[2]) Vgl. unsere Geschichte der jüd. Apologetik p. 316—328.

wollen wir uns nur auf die notwendigsten, zur Erklärung der Wutausbrüche des Am-haarez in der Assumptio Mosis und in den Evangelien gegen die Pharisäer und Schriftgelehrten dienenden Erörterungen beschränken.

Überblickt man das ganze aus dem Zeitalter Jesu uns erhaltene Quellenmaterial, das über die Parteien der Pharisäer und Sadduzäer berichtet, so kommt man bald zu der Überzeugung, daß es damals und schon früher um keine der Beiden am reinlichsten bestellt war. Nicht nur der Sadduzäismus, auch der Pharisäismus, soweit er sich politisch betätigte — und als politischer Faktor stand er ja von Anbeginn im Vordergrund der geschichtlichen Ereignisse in der Hasmonäerperiode, saß er sogar in Agrippa I. verkörpert auf dem Throne —, war arg verweltlicht und watete tief im Schlamm des krassesten Materialismus und der Heuchelei.

Es ist bekannt, wie sehr die nach der Zerstörung des zweiten Tempels lebenden Gesetzeslehrer selbst ebenso und womöglich noch schärfer als die pharisäerfeindlichen Am-haarez den heuchlerischen Pharisäer und Pharisäismus verdammten. Rabbi Josua b. Chananja lehrt, daß die scheinheiligen und heuchlerischen Pharisäer zu jenen Schädlingen gehören, die die Welt verderben.[1]) Die Rabbinen, so berichtet der Talmud, haben gelehrt, es gebe sieben Gattungen von scheinheiligen Pharisäern: Pharisäer, die die Werke Sichems üben; Pharisäer, die sich die Füße verwunden, weil sie mit niedergeschlagenen Augen einhergehen; Pharisäer, die, um kein Weib anzuschauen, die Augen zudrücken und sich den Kopf blutig schlagen; Pharisäer, die mit gekrümmten Rücken einhergehen; Pharisäer, die da sprechen: sagt mir, was mir noch zu tun übrig ist, worin ich gefehlt, damit ichs durch ein frommes Werk gut mache; Pharisäer aus Furcht vor der göttlichen Strafe und Pharisäer, die den verheißenen Lohn erwarten.[2])

Vor diesen „gefärbten" Pharisäern, die schon sehr früh das öffentliche Leben im Judentum nachmakkabäischer Zeit beherrschten, warnte, wie wir im Talmud lesen, König Alexander Jannäus auf dem Sterbebette liegend seine Gattin, die nachmalige Königin Alexandra Salome, mit den markanten Worten: „Fürchte

---

[1]) Sota 20a: ומכת [ומכות] פרושין הרי אלו מבלי עולם.

[2]) j. Sota V, 5; j. Berach. IX, 4. b. Sota 22b; Abot d. R. Nath. c. 37. cf. Math. 6,1–6.

dich nicht vor den (wahren) Pharisäern und nicht vor jenen, die keine Pharisäer sind; wohl aber fürchte dich vor den Gefärbten, die nur dem Scheine nach Pharisäer sind, die Schandtaten eines Simri üben und den Lohn des für Gott eifernden Priesters Pinchas, des Sohnes des Eleasar beanspruchen.[1])

Gegen diese zu Zeiten allmächtige Clique, die unter dem Mantel der Frömmigkeit Laster aller Art verbargen, muß selbst der Pharisäer Josephus den Vorwurf erheben, daß sie die Einfalt der Königin Alexandra, die als eine gottesfürchtige Frau, ihnen nur zu großen Einfluß auf die Regierung eingeräumt habe, allmählich beschlichen und so alle Geschäfte in die Hände bekamen, daß sie nach Willkür verjagten und zurückberiefen, banden und lösten, kurz, daß sie in den Besitz der Genüsse, die die Herrschaft bietet, gelangt waren, während die Königin die Lasten und Beschwerden zu tragen hatte, daß sie, da sich Alexandra ihnen völlig gefangen gab, wen sie wollten, mordeten.[2]) — Ein andermal wieder berichtet er von den Pharisäern: „Alexandra ließ sie frei schalten, befahl der Menge ihnen Gehorsam zu leisten und verlieh allen von den Pharisäern nach alter Überlieferung eingeführten Satzungen, die ihr Schwiegervater Hyrkan aufgehoben hatte, wieder gesetzliche Kraft. So führte sie die Regierung nur dem Namen nach, die Macht aber hatten die Pharisäer in Händen. Sie riefen die Verbannten zurück, lösten die Gefesselten, kurz, sie unterschieden sich in nichts von den Herrschern.[3]) Und als es

---

[1]) Sota 22b: אמר לה ינאי מלכה לדביתיה אל תתירא מן הפרושין ולא ממי שאינן פרושין אלא מן הצבועין שדומין לפרושין שמעשיהן כמעשה זמרי ומבקשין שכר כפנחס:

[2]) Jos. B. J. I, 5, 2: τούτοις (sc. φαρισαίοις), περισσὸν δή τι προσεῖχεν ἡ Ἀλεξάνδρα, σεβομένη περὶ τὸ θεῖον. οἱ δὲ τὴν ἁπλότητα τῆς ἀνθρώπου κατὰ μικρὸν ὑπιόντες, ἤδη καὶ διοικηταὶ τῶν ὅλων ἐγίνοντο. διώκειν τε καὶ κατάγειν οὓς ἐθέλοιεν, λύειν τε καὶ δεῖν. καθόλου δ᾽ αἱ μὲν ἀπολαύσεις τῆς βασιλείας ἐκείνων ἦσαν, τὰ δε ἀναλώματα καὶ αἱ δυσχέρειαι τῆς Ἀλεξάνδρας ..... ἐκράτει δὲ τῶν μὲν ἄλλων αὐτὴ, φαρισαῖοι δ᾽ αὐτῆς. Und ib. I, 5, 3: ἐνδιδούσης δ᾽ ὑπὸ δεισιδαιμονίας ἀνῄρουν οὓς ἐθέλοιεν δ᾽ αυτοί.

[3]) Antt. XIII, 16,2: καὶ πάντα τοῖς Φαρισαίοις ἐπιτρέπει ποιεῖν· οἷς καὶ τὸ πλῆθος ἐκέλευσε πειθαρχεῖν, καὶ εἴ τι δὲ καὶ τῶν νομίμων Ὑρκανὸς ὁ πενθερὸς αὐτῆς κατέλυσεν, ὧν εἰσήνεγκαν οἱ Φαρισαῖοι κατὰ τὴν πατρῴαν παράδοσιν, τοῦτο πάλιν ἀποκατέστησε. τὸ μὲν οὖν ὄνομα τῆς βασιλείας εἶχεν αὐτὴ, τὴν δὲ δύναμιν οἱ Φαρισαῖοι. καὶ γὰρ φυγάδας οὗτοι κατῆγον, καὶ δεσμώτας ἔλυον, κᾶὶ καθάπαξ οὐδὲν δεσποτῶν διέφερον.

schließlich den Anstrengungen der Königin gelungen war, ihre Macht auszudehnen und die benachbarten Fürsten zu bezwingen, da „kam das ganze Land zur Ruhe, nur nicht die Pharisäer", die immer neue Stürme erregten, um ihre Gegner, die früher am Ruder waren, völlig zu vernichten.[1])

Diese Zeugnisse sind völlig unanfechtbar, da sie ja von den Parteifreunden der Pharisäer herrühren.

Mit Agrippa I. wurde der von Herodes d. Gr. unterdrückte Pharisäismus wieder hoffähig und wieder taucht er in seiner widerwärtigsten Gestalt auf: die pharisäische Heuchelei saß jetzt mit Agrippa, dem Gefärbtesten aller Gefärbten, auf dem Throne, weithin vorbildlich wirkend. Welch ein fratzenhaftes Bild! Der moralisch und sittlich verkommene, mit allen Künsten und Ränken des ganz versumpften römischen Kaiserhofes vertraute Agrippa, der Günstling des wahnwitzigen Caius Caligula und des Claudius, wird König der Juden und — ein gesetzestreuer Pharisäer! — In Jerusalem angelangt, so berichtet Josephus, brachte er Dankopfer dar und ließ keine der vorgeschriebenen Satzungen unbeachtet. Er hielt sich gern und dauernd in der heiligen Stadt auf, hütete sorgfältig die vaterländischen Gesetze, zeigte sich in allen Stücken sittenrein und ließ keinen Tag vorübergehen, ohne die vorgeschriebenen Opfer besorgt zu haben.[2]) In tiefer Demut nahm er, wie im Talmud berichtet wird, den zum Tempel wallfahrenden Pilgern den Korb mit den Erstlingsfrüchten ab und lud ihn auf seine eigenen Schultern,[3]) holte in rituellen Fragen die Entscheidung der Gesetzeslehrer ein,[4]) und war, um es kurz zu sagen, jeder Zoll ein Pharisäer! Am Laubhüttenfest des Sabbatjahres las er vorgeschriebenermaßen dem versammelten Volke stehend das Deuteronomium vor und als er zu der Stelle kam, die da lautet: „Du sollst nicht einen Fremden zum König über dich einsetzen, aus der Mitte deiner Brüder sollst du dir einen König wählen", da hub er an

---

[1]) ib: ἐποιεῖτο μέν τοι καὶ ἡ γυνὴ τῆς βασιλείας πρόνοιαν, καὶ πολὺ μισθοφορικὸν συνίστησι, καὶ τὴν ἰδίαν δύναμιν ἀπέδειξε πλείονα, ὡς καταπλῆξαι τοὺς πέριξ τυράννους, καὶ λαβεῖν ὅμηρα αὐτῶν. ἤρεμα δὲ ἡ χώρα πᾶσα παρὲξ τῶν Φαρισαίων. οὗτοι γὰρ ἐπετάραττον τὴν βασίλισσαν κτλ.

[2]) Antt. 7,3: καὶ τὰ πάτρια καθαρῶς ἐτήρει. διὰ πασης γοῦν αὐτὸν ἦγεν ἁγνείας, οὐδὲ ἡμέρα τὶς παρώδευεν αὐτῷ τῆς νομίμης χηρεύουσα θυσίας.

[3]) Bikkurim 3,4.

[4]) Pesach. 88b.

zu schluchzen. Die Gesetzeslehrer aber beruhigten ihn mit den Worten: „Fürchte dich nicht, König Agrippa, du bist ja unser Bruder, bist unser Bruder!“[1])

Er war also der richtige „Gefärbte“, dieser Agrippa, und die gleichgestimmten Häupter der pharisäischen Partei nahmen ihn auch ernst, ihn feierlich als ihren Bruder erklärend, obgleich er selbst mit Recht befürchtete, nicht als Volljude genommen zu werden. Ebenso ernst nahm seine pharisäische Frömmigkeit der pharisäische Politiker Josephus und mit ihm die moderne jüdische Geschichtsschreibung.[2]) Anders jedoch, aber zutreffend lautet das Urteil oder vielmehr das Verdikt der von ungeheuchelter pharisäischer Frömmigkeit erfüllten Gesetzeslehrer, die nach der Zerstörung des Tempels lebten. Diese ließen sich nicht täuschen durch seine Scheinheiligkeit, ebensowenig als sich der ehrliche Pharisäer in den Tagen Agrippas durch sie täuschen ließ, wenn er sah, daß dieser „gesetzestreue“ König den Pharisäern ebenso ein Pharisäer, wie er den Griechen ein Grieche war, um — es mit keinem von beiden zu verderben. Huldigte er doch den griechischen Sitten dermaßen, daß er, hätte er in den Zeiten des Hasmonäers Mathathias gelebt, die gleiche Empörung, wie damals die feilen, durch griechische Sitte verderbten Hohepriester, hervorgerufen haben würde. — Doch die Zeiten hatten sich inzwischen gar sehr verändert, und der Hasmonäerstämmling durfte ungestraft den Griechen spielen, wenn er nur auf der andern Seite dem Pharisäer gab, was

---

[1]) Sota, Mischna 41a: יושב אגריפס המלך עמד וקבל וקרא עומד ושבחוהו חכמים וכשהגיע ״ללא תוכל לתת עליך איש נכרי״ זלגו עיניו דמעות אמרו לו אל תתירא אגריפס אחינו אתה אחינו אתה.

[2]) Graetz III², 272 legt sich die gründliche „Umwandlung“ Agrippas in folgender Weise psychologisch zurecht: „Als Agrippa mit Ehren überhäuft, von dem Kaiser (Claudius) entlassen, von Rom nach Judäa zurückkehrte, um Besitz von seinem Königreiche zu ergreifen, merkte man an seinen Handlungen, daß eine Umwandlung mit ihm vorgegangen war, und daß der stürmische Thronwechsel in Rom, der einen übermächtigen Kaiser (Caligula) gestürzt und einen Schwächling emporgehoben hatte, einen tiefen Eindruck auf ihn gemacht hat. Aus dem leichtfertigen Agrippa war ein ernster Mann geworden, der Höfling war verschwunden und an seine Stelle trat der Patriot, der gewissenhafte Regent, der sich bewußt war, was er seiner Nation schuldete. Der Hasmonäer in ihm hatte den Herodianer völlig besiegt.

des Pharisäers, dem Tempel was des Tempels. Hatte er dem vaterländischen Gesetz und Brauch seine Reverenz gemacht, sich ihnen demutsvoll unterworfen, den pharisäischen Häuptlingen Weihrauch gestreut, dann drückten diese beide Augen zu, wenn er andererseits an verschiedenen Orten Judäas prachtvolle Theater aufführen ließ und diese selbst besuchte, Wettkämpfe und alle Arten Ergötzlichkeiten veranstaltete, die sonst in Israel als Greuel galten, deren Anblick die frommen Gemüter bis zum Wahnsinn erhitzte. Die gefärbten, mit Agrippa „verbrüderten" Pharisäer aber hüllten um alle diese königlichen Sünden den Mantel der Liebe, froh und glücklich, durch Agrippa aus der Versenkung, in die sie Herodes gewaltsam untergetaucht hatte, zu Macht und Ansehen wieder emporgehoben worden zu sein. Das alles verrät uns nur zu deutlich die, wenn auch kunstvoll geschraubte Darstellung des Josephus, der die krampfhaftesten Anstrengungen macht, diesen Pharisäerkönig in die vorteilhafteste Beleuchtung zu rücken.

Agrippa — so zeichnet ihn Josephus — von Natur über die Maßen freigebig, war bemüht, die Untertanen durch seine Munifizenz zu verpflichten. Er erwarb sich großen Ruhm durch reiche Geschenke und war dadurch, daß er Freude am Geben hatte und sich glücklich fühlte, den Namen eines Freigebigen sich zu erwerben, gar sehr dem Herodes unähnlich. Dieser letztere war von grausamem und unversöhnlichem Charakter, maßlos im Haß, und gab unverhohlen zu, daß er mehr den Griechen als den Juden angehöre. Während er fremde Städte auf seine Kosten schmückte, in den einen Theater, in den andern Säulenhallen errichtete, tat er für eine jüdische Stadt nicht das geringste. — Agrippa aber war sanften Gemütes und gleich freigebig gegen alle: human gegen alle Ausländer. Und wenn er diese reichlich bedachte, so bewies er seinen Landsleuten um so größeres Wohlwollen.[1]) — Unter den vielen Bauwerken, so fährt Josephus fort, die er in verschiedenen Orten errichtete, zeichneten sich jene von Berytus ganz besonders aus. Hier ließ er nämlich ein Theater aufführen, das an Eleganz und Schönheit alle anderen übertraf, ferner ein überaus kostspieliges Amphitheater und dazu Bäder und Säulengänge, wobei mit dem Gelde nicht gespart wurde, um nur einen verschwenderischen Glanz zu erzielen. Er bot das Möglichste auf, diese würdig

---

[1]) Antt. XIX, 7, 3.

einzuweihen, indem im Theater Schauspiele aufgeführt, Wettkämpfe jeder Art und alle möglichen Ergötzlichkeiten veranstaltet wurden. Im Amphitheater wieder bekundete er durch die Menge der Gladiatoren seine Freigebigkeit, und um durch das Schauspiel eines Massenkampfes zu ergötzen, ließ er zwei Kohorten von siebenhundert Mann miteinander kämpfen, zu welchem Kampfe alle nur irgend vorhandenen Verbrecher herbeigeschafft wurden, und während so der Krieg zur Belustigung im Frieden diente, wurde jenen verdientermaßen völliger Untergang bereitet.[1])

Wahrlich ein ganz merkwürdiger Pharisäer, dieser Agrippa! Er schillert in allen Farben, und alle diese sind nach den pharisäischen Darstellungen echt und ehrlich. Und dennoch ließen sich auch die Pharisäer nicht sämtlich von Agrippa täuschen. Selbst damals gab es in Jerusalem noch ungefärbte Pharisäer, die dem König nicht trauen wollten und, entrüstet über sein unjüdisches Wesen und Treiben, ihn offen zu rügen und die Menge gegen ihn zu empören wagten. Freilich waren auch diese Frommen lange nicht mehr so nackensteif wie ihre chasidäischen Vorfahren von ehemals und ließen sich unschwer durch die bestrickende, in Purpur einherwandelnde Heuchelei wieder besänftigen. Über eine solche Entrüstungskundgebung, die, wenn sie nicht von Agrippa gedämpft worden wäre, ihm leicht hätte schwierig werden können, berichtet Josephus, wie folgt:

„Ein Mann namens Simon aus Jerusalem, der im Rufe großer Gesetzeskenntnis stand, wagte es gleichwohl, als der König nach Cäsarea gereist war, eine Volksmenge einzuberufen und den König anzuklagen, daß er nicht fromm sei und nicht verdiene, zum Tempel zugelassen zu werden, der ja nur den Einheimischen offen stehe. Von diesen aufwühlerischen Reden Simons verständigte der Stadtpräfekt unverzüglich den König brieflich, worauf dieser den frommen Eiferer zu sich ins Theater, in welchem er sich damals gerade befand, kommen und neben sich Platz nehmen ließ. Nach einer Weile fragte er Simon mit sanft einschmeichelnden Worten: Nun sage mir doch, was hier eigentlich Gesetzwidriges geschieht?[2]) Simon wußte hierauf nichts zu er-

---

[1]) Antt. XIX, 7, 5.

[2]) Antt. XIX, 7, 4: ἡμέρα τε καὶ πράως, εἰπέ μοι, φησίν, τι τῶν ἐνθάδε γινομένων ἐστὶ παράνομον;

widern und bat um Verzeihung. Früher als man erwartet hatte, erfolgte die Aussöhnung, da Agrippa der Ansicht huldigte, daß Sanftmut einem König mehr zieme als Zorn, und daß den Großen eher Milde als Aufbrausen zustehe. Er entließ nun den Gesetzeslehrer, nachdem er ihn noch überdies beschenkt hatte.[1])

---

[1]) ib. — Eine eigenartige Beleuchtung erfährt diese so lehrreiche Episode bei Graetz, der in der Idealisierung unseres Pharisäerkönigs seinen Gewährsmann Josephus noch überbietet. Es ist nicht überflüssig, diese Art Geschichtsschreibung, da sie Uneingeweihte irre zu führen geeignet, ein wenig zu kennzeichnen. Während Josephus auch da, wo er liebt, die Sünden nicht ganz verschweigt, sie nur milder darzustellen sich bemüht, ist Graetz peinlich bemüht, alles was nur irgendwie einen Schatten auf das Pharisäertum seines Helden werfen könnte, von diesem abzuwälzen; so kommt es, daß er in solchen Fällen „Mücken seihet und Kamele verschluckt". Die Darstellung des eben erwähnten Falles, für welchen ihm einzig und allein Josephus Quelle ist, lautet bei Graetz: „Nur ein einziger angesehener Pharisäer, der fromme Simon, ohne Zweifel von der streng schammaitischen Schule, vergaß Agrippas Herkunft nicht und versuchte seinen Anhang gegen ihn einzunehmen, als sei er unwürdig zum König, unwürdig den Tempel zu betreten. Agrippa befand sich gerade in Cäsarea, als der Stadthauptmann Silas ihm meldete, Simon wiegle das Volk gegen ihn auf. Er ließ darauf den unversöhnlichen Tadler zu sich kommen und neben sich setzen, fragte ihn nach dem Grunde seiner Unzufriedenheit und entwaffnete den strengen Pharisäer durch Freundlichkeit sosehr, daß dieser um Verzeihung bat. Reich beschenkt entließ ihn Agrippa." So die Darstellung Graetz' III², 273. — In dieser merkwürdigen Zeichnung wird vor allem der Pharisäer Simon zum Anhänger der schammaitischen Schule gemacht, um ihn zum übertriebenen Frommen zu stempeln und damit der von dem „unversöhnlichen Tadler" gegen den König erhobenen Anklage der Unfrömmigkeit die Spitze abzubrechen. Denn Agrippas Frömmigkeit mochte ja den Charakter der mildern hillelitischen Richtung haben. — Weiters wird mit einer geradezu vordringlichen Absichtlichkeit „Agrippas Herkunft", als ob diese den eigentlichen und ausschließlichen Stein des Anstoßes in den Augen des Pharisäers Simon gebildet hätte, in den Vordergrund der Darstellung gerückt, um dadurch die Aufmerksamkeit des Lesers von dem widerjüdischen und unheiligen Treiben Agrippas abzulenken. Davon aber ist bei Josephus nichts zu lesen. Dieser berichtet vielmehr, und zwar bei Gelegenheit, wo er von den heidnischen Baudenkmälern und Institutionen, die Agrippa ins Leben rief, spricht, klipp und klar, Simon habe der Menge erklärt: der König sei nicht würdig den Tempel zu betreten, weil er nicht fromm sei: Σίμων ..... πλῆθος εἰς ἐκκλησίαν ἁλίσας ..... ἐτόλμησεν αὐτοῦ (βασιλέως) κατειπεῖν, ὡς οὐχ' ὅσιος εἴη, δικαίως δ' ἂν εἴργοιτο τοῦ ναοῦ τῆς εἰσόδου. Nur nebenher läuft die Bemerkung, daß der Tempel ja doch nur den Einheimischen offen stehe (προσηκούσης τοῖς ἐγγενέσι), womit offenbar das fremd-

Aber auch die späteren, dem verderblichen Einfluß des politischen Lebens völlig entrückten pharisäischen Gesetzeslehrer ließen sich in ihrem Urteil weder durch die vielgepriesene „Frömmigkeit“ Agrippas noch durch die Autorität der ihm zujubelnden pharisäischen Weisen blenden und fällten über beide ein ebenso strenges als gerechtes Verdikt, das also lautet:

> „Damit, daß die Schriftgelehrten dem Agrippa jubelnd zuriefen: du bist unser Bruder, du bist unser Bruder! machten sie sich der Heuchelei schuldig, welche den Verfall und Untergang des Reiches nach sich ziehen mußte.“ [1])

Es ist bezeichnend, daß der Talmud bei derselben Gelegenheit überliefert: von dem Tage an, da die Heuchelei überhand genommen, sei das Recht verdreht worden und alle Werke seien in Entartung geraten, so daß jeder Wetteifer in großen Dingen aufgehört habe.[2])

Nach allem dem werden uns die Auslassungen der Am-haarez gegen die Pharisäer in der Assumptio Mosis und in den Evangelien, die ja sämtlich aus der Zeit stammen, in der die Heuchelei Agrippas von den oberen Zehntausend der pharisäischen Partei umjubelt wurde, nicht mehr allzu hart und ungerecht erscheinen und wir

ländische Treiben Agrippas gerügt werden sollte. Das größte Vergehen aber, dessen sich hier Graetz gegen die historische Treue schuldig macht, ist das krasse Verschweigen des Ortes, wohin Agrippa den Aufwiegler lud: „Er ließ ihn zu sich kommen“, berichtet Graetz, „und ihn neben sich setzen, fragte ihn nach dem Grund seiner Unzufriedenheit.“ Wohin er ihn in Wirklichkeit geladen, verschweigt Graetz, weil der Ort jedem Juden, gleichviel ob schammaitischer oder hillelitischer Richtung, anstößig sein mußte. Agrippa ließ ihn nämlich ins Theater kommen, ließ ihn neben sich daselbst Platz nehmen, fragte ihn aber nicht, wie Graetz meint, „nach dem Grund seiner Unzufriedenheit“, sondern darnach: ob er denn etwas Ungesetzliches an diesen Theatervorstellungen finde? μεταπέμπεται δὲ αὐτὸν ὁ βασιλεὺς, καὶ καθέζετο γὰρ ἐν τῷ θέατρῳ τοτε, καθεσθῆναι παρ' αὐτον ἐκέλευσεν κτλ. Eine solche Geschichtsauffassung und Geschichtsdarstellung richtet sich selbst. Es ist nur unsagbar traurig, daß die jüdischen Theologen noch heute im Banne derselben liegen und dadurch für ein objektives Erfassen der religiösen Entwicklung, die das Judentum in den verschiedenen Epochen durchgemacht, untauglich geworden sind.

1) j. Sota 7,7; b. Sota 41b: תנא משמיה דרבי נתן באותה שעה נתחייבו שונא ישראל כלייה שהחניפו לו לאגריפס.

2) ib.: וכ׳ מיום שגבר אגרופה של חנופה נתעוות הדינין ונתקלקלו המעשים.

werden nicht mehr behaupten dürfen, daß sie lediglich der Ausfluß des ungezügelten Hasses waren, von welchem diese Ankläger gegen die „Pharisäer und Schriftgelehrten" erfüllt waren. Ihre tiefe Entrüstung war berechtigt, und was sie diesen „Volksverderbern", wie sie der Talmud nennt, vorwerfen, das gleiche wird ihnen vom Talmud und von Josephus zur Last gelegt.

In der Assumptio Mosis, welche gegen die herrschenden verderbten Parteien der Pharisäer und Sadduzäer zu Felde zieht, wird von den sadduzäischen Priestern „prophezeit", daß sie nicht Priester, sondern Sklaven, von Sklaven geboren, sein und den Altar beflecken werden. Hierauf werden die pharisäischen Schriftgelehrten, von der Gattung derjenigen, die Agrippas Scheinfrömmigkeit bejubelten, charakterisiert: „Und ihre Schriftgelehrten werden auf die Person ihrer Lieblinge und auf die Annahme von Geschenken achten, das Recht verkehren, und ihr Land wird voll sein von Ungerechtigkeit.[1]) Und es werden unter ihnen verderbliche Menschen herrschen, die sich für gerecht ausgeben. Trügerische Menschen, die nur sich zu Gefallen leben, verstellt in allen Dingen; Liebhaber von Gelagen zu jeder Stunde des Tages, Schlemmer der Kehle[2]) .... Sie verschlingen die Güter der Armen und sagen, daß sie das aus Erbarmen tun. Ihre Hände und Sinne treiben Unreines und ihr Mund redet Ungeheures und dazu sagen sie: „Rühre mich nicht an, daß du mich nicht verunreinigst."[3])

---

[1]) Ass. Mos. VI, VII: qui. enim magistri sunt doctores eorum illis temporibus erunt mirantes personas cupiditatum et acceptiones munerum et pervendent justitias accipiendo poenas. Genau wie in der eben zitierten Talmudstelle Sota 41b: נתעוות הדינין ונתקלקלו המעשים.

[2]) ib. VII: Et regnabunt de his homines pestilentiosi: et impii, dicentes, se esse justos et erunt homines dolosi, sibi placentes, ficti in omnibus suis. cf. Jos. Antt. XVII, 2, 4, wo es von diesen verweltlichten pharisäischen Schädlingen heißt: καὶ ἦν γὰρ μοριόν τι Ἰουδαϊκῶν ἀνθρώπων ἐπ᾽ ἀκριβώσει μέγα φρονοῦν τοῦ πατρίου νόμου, οἷς χαίρειν τὸ θεῖον προσποιουμένων .... προμηθεῖς.

[3]) ib. bonorum comestores, dicentes, se haec facere propter misericordiam sed exterminatores, queruli et falaces, celantes se, ne possint cognosci; impii in scelere pleni et iniquitate ..... dicentes ..... tanquam principes erimus (dasselbe sagt Josephus Antt. XIII, 16,2 von den Pharisäern: καὶ καθάπαξ οὐδὲν δεσποτῶν διέφερον), et manus eorum et mentes immunda tractabunt ..... et superdicent: noli me tangere, ne inquines me. Auch Origines scheint in dieser Schilderung die Pharisäer erkannt zu haben,

Zu jeder dieser Anklagen können frappante Parallelen aus dem Talmud und aus Josephus beigebracht werden, die wieder sämtlich mit den in den Evangelien gegen die heuchlerischen Pharisäer und Schriftgelehrten erhobenen haarscharf übereinstimmen, so daß es keinem Zweifel unterliegen kann, daß unter den in der Assumptio gegeißelten Heuchlern, welche Bewunderung für ihre Lieblinge — wenn sie ihren Willen tun —, große Empfänglichkeit für Geschenke an den Tag legen, alle Laster in den Mantel der Frömmigkeit hüllen und dabei sich vor jeder Berührung mit der Menge ostentativ scheuen: „um nicht verunreinigt zu werden", nur die bei Josephus und im Talmud so markant gezeichneten politischen, an jede Regierung sich herandrängenden herrsch- und vergnügungssüchtigen Pharisäer gemeint seien.

Zum offenen Kampf zwischen den Am-haarez und den Phari-

---

denn auch er zeichnet die letzteren fast mit denselben Worten cf. Orig. Comment. in Math. 23,23: Similiter Pharisaei sunt omnes, qui justificant semet ipsos et dividunt se a ceteris dicentes: noli mihi appropriare, quoniam mundus sum. — Gleichwohl hat man in dem Verf. der Assumptio einen Pharisäer und in den hier gegeißelten heuchlerischen Schriftgelehrten die Sadduzäer erkennen wollen. Bessere Einsicht verrät auch hier Baldensperger. Er sagt hierüber l. c. 41sq.: „Vielleicht sind nicht lauter Pharisäer gemeint, aber auf das, was geschichtlich von diesen feststeht, passen mehrere Züge seiner Darstellung trefflich. Dem einfältigen, aufrichtigen Manne, welcher der Schreiber der Assumptio war, scheinen einige seiner pharisäischen Volksgenossen besonders wegen ihrer Heuchelei und ihrer zweideutigen Haltung (homines dolosi etc.) in hohem Grade zuwider gewesen zu sein. Darum muß aber seine Schrift nicht vom Christentum beeinflußt sein. Es braucht doch nicht erst Jesus dieses Erzlaster des Pharisäismus entdeckt zu haben, wenn er es auch tiefer durchschaute als die Andern. Auch schon der Täufer Johannes hatte sie dieser Untugend halber an den Pranger gestellt. Unser Verf. läßt sich nicht durch die Scheinheiligkeit und die levitische Reinheitssucht der Heuchler blenden ..... Er ist zwar ein Mann des Gesetzes, aber er nimmt es ernst und achtet auf den Kern. Will man ihn und den Kreis der ihm gleichgesinnten Gruppe identifizieren, so dürfte man sie am besten in Zusammenhang bringen mit den seit der makkabäischen Erhebung bekannten Chasidäern, welche die weitere Entwicklung des Hasmonäerstaates immer mehr vom öffentlichen Leben zurückdrängte. Politisches Treiben, weltliche Pläne liegen unserm Apokalyptiker fern. Er ist kein Zelote. — Er ist ein messianischer Pietist." — Dieses Urteil ist im allgemeinen zutreffend, nur hat Baldensperger übersehen, daß außer dem Täufer und Jesus, auch Josephus und der Talmud selbst dieses Erzlaster des Pharisäismus entdeckt und dasselbe, wie wir gezeigt, nicht minder hart wie jene verurteilt haben.

säern, in welchem die ersteren die ungestümen Angreifer waren, kam es erst — soweit uns geschichtlich bekannt — mit dem Auftreten des Täufers Johannes, der eine mächtige und nachhaltige Bewegung im Volke hervorrief, die nicht mehr zur Ruhe kommen wollte. Denn sie bedeutete, wie der zweite Evangelist richtig hervorhebt: den Anfang des Evangeliums! Der weithin ertönende Ruf dieses Predigers in der Wüste bereitete tatsächlich der kommenden Weltreligion den Weg. Er ertönte wie die Posaune des Weltgerichts, und auf seine eindringliche Mahnung: Tut Buße, das Himmelreich ist nahe herbeigekommen! strömten „die Stadt Jerusalem und das ganze jüdische Land und alle Länder an dem Jordan herbei und ließen sich taufen von ihm am Jordan und bekannten ihre Sünden".[1]) — Aber mit dem Kampf um das Himmelreich eröffnete er zugleich den Kampf gegen den heuchlerischen und verderbten Pharisäismus und den völlig entarteten Sadduzäismus. Denn als er viele Pharisäer und Sadduzäer zu seiner Taufe kommen sah, herrschte er sie an mit den Worten: Ihr Otterngezücht, wer hat denn euch gewiesen, daß ihr dem künftigen Zorn entrinnen werdet? Sehet zu, tut rechtschaffene Frucht der Buße. Denkt nur nicht, daß ihr bei euch wollt sagen: Wir haben Abraham zum Vater. Ich sage euch: Gott vermag dem Abraham aus diesen Steinen Kinder zu erwecken. Es ist schon die Axt den Bäumen an die Wurzel gelegt. Darum welcher Baum nicht gute Frucht bringt, wird abgehauen und ins Feuer geworfen.[2])

Es war ein gewaltiger Sturm, der da durch einen frischen Diasporahauch erregt wurde. Ja wohl, es war Diasporageist. der aus dem Täufer sprach: die Losung, mit der er auftrat, die Losung, daß alle Menschen unterschiedslos, gleichviel ob sie von Abraham oder von heidnischen Eltern abstammen mögen, erlöst werden können, ist jüdisch-hellenistischer Eigenbau.[3]) Das alte, enggefugte, politisch drappierte Religionsgebäude begann zu krachen und zu bersten, und ein Größerer, der folgte, ausgerüstet mit der Macht der ewigen Wahrheit, mit einem unbeugsamen, todesverachtenden Willen und mit den blanken Waffen des ethisch geläuterten Zeitgeistes, eine hehre Gestalt, unter der das Gemeine

---

1) Math. 3,2–7.

2) Math. 3,7–11. Luc. 3,3–10.

3) Eingehenderes hierüber in Friedländers Gesch. der jüd. Apol. 297—312.

in wesenlosem Scheine verschwand, zertrümmerte vollends das morsche Alte und öffnete gewaltsam die Hallen des Tempels dem neuen Geiste, der sich hier zwar schon längst angekündigt, schon längst Einlaß begehrt hatte, aber stets von falschen Priestern und scheinheiligen und selbstsüchtigen Lehrern abgewiesen wurde, so daß er lange abseits von dem offiziellen jüdischen Leben in den unteren, von glaubensstarken apokalyptischen Lehrern betreuten Volksschichten, in den Konventikeln der essenischen Gemeinschaften und in den in Jerusalem im Angesicht des Tempels befindlichen und von Diasporajuden erfüllten Synagogen ein bescheidenes Dasein fristete, mit zitternder Ungeduld der Erfüllung der Zeit entgegenharrend.

Der Täufer war ein gewaltiger Rufer im Streite, er stampfte Massen aus dem Boden, die zerstören sollten, was nicht mehr lebensfähig; allein die Kraft des Aufbauens war ihm versagt. Er konnte den Dingen, die da kommen sollten, vorarbeiten, einem Größern, auf dessen Herannahen er auch hinwies, den Pfad bereiten, aber es fehlte ihm die Schöpferkraft, um ein neues Evangelium bringen zu können. Und das gesteht er denn auch, klar sich der Grenzen seines Könnens bewußt, offen und ehrlich denen gegenüber ein, die in ihm den erwarteten Messias sehen wollten:[1] „Ich taufe euch“, sagte er, „mit Wasser zur Buße; der aber nach mir kommt, ist stärker denn ich, dem ich auch nicht genugsam bin, seine Schuhe zu tragen; der wird euch mit dem heiligen Geist und mit Feuer taufen. Und er hat seine Worfschaufel in der Hand; er wird seine Tenne fegen, und den Weizen in seine Scheune sammeln; aber die Spreu wird er verbrennen mit ewigem Feuer.“[2]

Mit dem Auftreten des Täufers kündigt sich in der Weltgeschichte ein großer und erhabener Moment an, in welchem eine unter den krampfhaftesten Anstrengungen dreier Jahrhunderte geleistete Kulturarbeit, bestehend in der Umwertung aller ethischen Werte ins Religiöse, in gottgeoffenbarte Weltreligion, zur Reife gelangt, die Zeit der Erfüllung entgegengeht und der neue Geist sich anschickt, alle Dämme, welche die finsteren Mächte des Irrwahns

---

[1]) Luc. 3,15: Προσδοκῶντος δὲ τοῦ λαοῦ καὶ διαλογιζομένων πάντων ἐν ταῖς καρδίαις αὐτῶν περὶ τοῦ Ἰωάννου, μήποτε αὐτὸς εἴη ὁ Χριστός κτλ. Joh. 1,20: καὶ ὡμολόγησε, καὶ οὐκ ἠρνήσατο· καὶ ὡμολόγησεν, ὅτι οὐκ εἰμὶ ἐγὼ ὁ Χριστός κτλ.

[2]) Math. 3,11–13 u. Par.

gegen ihn aufgeführt, mit eruptiver Gewalt zu durchbrechen. Es war ein Moment ganz ungeahnter geistiger Kraftentfaltung, und es ist ganz begreiflich, daß all das Große, daß da geschah, als ein Wunder, als ein Werk des unmittelbar eingreifenden Gottes — und nach den Weissagungen der Propheten sollte ja das messianische Weltreich eine Schöpfung Gottes sein — angestaunt wurde. Die Saat, die tausende, regsame, von himmlischer Begeisterung geleitete Hände Jahrhunderte hindurch angebaut, sie fing jetzt an aufzugehen. „Es gibt Zeiten", sagt ein moderner Philosoph zutreffend, „die anscheinend nichts Großes hervorbringen, weil sie das Große erst vorbereiten. In diesen wird in tiefer Stille die Saat gelegt. Und es gibt Zeiten von überquellender Fruchtbarkeit, in denen sich mit einem Male die latenten Kräfte von Jahrhunderten zu entladen scheinen. Hier drängt sich das mächtige Wollen und Können der Menschheit gleichsam in einen kurzen Augenblick zusammen. In ihnen wird das Erntefest gefeiert." [1]) — Mehr denn drei Jahrhunderte hindurch arbeitete das griechische, an Zahl nicht minder als an Intelligenz dem palästinnenischen weit überlegene Judentum in selbstlosester Weise unter den unsagbarsten Anstrengungen und Anfeindungen an der Verbreitung seiner Moral- und Sittenlehre in der griechischen Welt und an der Bekehrung der Heiden zu seinem im Geiste der herrschenden Philosophie umgestalteten Mosaismus, in Wort und Schrift für seine ihm von den Propheten aufgebürdete Mission: „das Licht der Völker zu werden", bis zur Erschöpfung kämpfend.[2]) Endlich begann die Saat aufzugehen. Es nahte die Zeit der Ernte heran, die Jesus in der ihm eigenen lichtvollen und blitzartig das Dunkel erhellenden Weise begrüßte, zu seinen Jüngern sprechend: „Denn hier ist der Spruch wahr: dieser säet, der andere schneidet. Ich habe euch gesandt zu schneiden, das ihr nicht habt gearbeitet; andere haben gearbeitet und ihr seid in ihre Arbeit kommen." [3]) — Einer der rührigsten und weitausholendsten Schnitter war der Täufer.

[1]) Oscar Ewald, Romantik und Gegenwart p. XII.

[2]) Hierüber M. Friedländer, Geschichte der jüd. Apologetik p. 31 sqq. 192 sqq.

[3]) Ev. Joh. 4,37—38: ἐν γὰρ τούτῳ ὁ λόγος ἐστὶν ὁ ἀληθινὸς, ὅτι ἄλλος ἐστὶν ὁ σπείρων, καὶ ἄλλος ὁ θερίζων. ἐγὼ ἀπέστειλα ὑμᾶς θερίζειν ὃ οὐχ᾽ ὑμεῖς κεκοπίακατε· ἄλλοι κεκοπίακασι, καὶ ὑμεῖς εἰς τὸν κόπον αὐτῶν εἰσεληλύθατε.

Aber er wurde bald von dem Mächtigern, der nach ihm kam, in den Schatten gestellt.

Gleichwohl war die Johanneische Taufbewegung von nachhaltigster Wirkung und keineswegs so harmlos, wie die moderne jüdische Geschichtsschreibung annehmen will. Es verlohnt sich zu zeigen, wie diese Geschichtsschreibung, die sich in den Kreisen der jüdischen Theologen so großer Beliebtheit erfreut, und die hier geradezu autoritativ geworden, sich die Johanneische Taufbewegung zurecht gelegt hat. Sie vermag nämlich in ihr nicht die geringste Spitze gegen den Pharisäismus zu entdecken und will nicht einräumen, daß sie aus einer geschichtlichen Notwendigkeit hervorgegangen, noch daß sie von einem dauernden Erfolg begleitet war. „Ob die Menge", fragt Graetz, „gebessert von der Jordantaufe heimkehrte, und ob der symbolische Akt einen tiefern sittlichen Eindruck hinterlassen hat? Im ganzen brauchte das jüdische Volk, namentlich in den mittleren Schichten der Städtebewohner, gar nicht dieser krampfhaften Erschütterung zur innern Besserung; es war keineswegs so lasterhaft und entartet, und die Mittel, welche ihm die ausgeprägte Religionsform reichte, waren hinlänglich, es auf dem Weg des Guten zu erhalten. Zu keiner Zeit war die Opferwilligkeit der Massen größer als in dieser, und dies setzt einen regen Sinn und edle Gesinnung voraus. Wenn Leidenschaftlichkeit den Einen oder den Andern zu Vergehungen oder Verbrechen hinriß, so liegen ja solche Ausschweifungen in der menschlichen Schwäche. Nach zwei Seiten hätte vielleicht Johannes' Aufruf zur Bußfertigkeit heilsam wirken können: nach oben und nach unten, auf die durch die Römer verderbten jüdischen Aristokraten und Reichen und auf das durch die vielfachen Kämpfe verwilderte Landvolk. Aber die Großen verlachten wohl den gutmütigen Schwärmer, welcher durch die Jordantaufe das Wunder der messianischen Zeit herbeizuführen gedachte, und die Söhne der Scholle (Am-haarez) waren viel zu stumpfsinnig, dem Rufe der Besserung zu folgen. — Johannes' Aufruf war viel zu harmlos und ging zu wenig über den Kreis gewohnter Vorstellungen hinaus, als daß er Anstoß bei der herrschenden Partei der Pharisäer hätte erregen können. Die Jünger, die sich ihm näher anschlossen und die Lebensweise des Meisters fortgeführt haben, beobachteten das Gesetz in aller Strenge und fügten sich sogar dem äußerlichen Fastengebote. Wenn die Pharisäer, d. h. in der damaligen Zeit die Hilleliten und Schammaiten, auch nicht sehr von der essäischen Schwärmerei und Übertreibung eingenommen waren, so befanden sie sich doch mit den Morgentäufern in keinem Gegensatze. Schwerlich wird also der Täufer mit den Trägern der Religion angebunden haben, um sie „Otterngezücht" zu nennen, „welche dem Zorn des Jüngsten Gerichts nicht entgehen werden". Von dieser Seite her hatte Johannes wohl kein Hindernis für seine Wirksamkeit."[1])

Welch verkehrte Geschichtsauffassung! Da ist jeder Satz ein Irrtum und eine Irreführung, eine willkürliche Verdrehung historisch gesicherter Tatsachen! Rechts und links ist alles vertauscht, alles verschoben zugunsten des Pharisäismus, der intakt bleiben und aus allen Angriffen und Fährnissen triumphierend als alleinseligmachende Kirche hervorgehen muß.

Wie, es fehlten uns darüber Nachrichten, ob die Taufe am Jordan einen tiefern und nachhaltigen Eindruck hinterlassen? Und wie wäre sonst die Entstehung und ungeahnt rasche Ausbreitung des Christentums zu erklären, das schon bei seinem ersten Lallen die Massen dieses angeblich verwilderten und stumpfsinnigen „Landvolkes" so mächtig anzog, das schon bald nach seiner Geburt in allen Zungen redete, und den Juden „aus allerlei Volk, das unter dem Himmel", verständlich? Wie wäre es sonst denkbar, daß die Galiläer, die da redeten, von allen Juden und Proselyten, ob sie Parther, Meder, Elamiter, Mesopotamier, ob sie aus Judäa, Kappadozien, Pontus, Asien, Phrygien, Pamphylien, Ägypten, Libyen, Kyrene, Rom, ob sie Kreter oder Araber waren, verstanden werden konnten und so deutlich, als ob jeder dieser Diasporajuden die Sprache zu hören wähnte, in der er geboren?[2])

Wenn es aber damals im jüdischen Volke um das religiöse und sittliche Leben so tadellos bestellt war, daß es jener „krampfhaften Erschütterung zur inneren Besserung nicht bedurfte", warum scharten sich dann die Massen so sehr um den Täufer und um Jesus? Freilich nach oben, will sagen nach der Seite der Aristokraten hin, nämlich: der Sadduzäer, und ebenso nach unten, nach der Seite des Landvolkes — in deren beider Mitte, nach Graetz,

---

[1]) Graetz, Geschichte der Juden III², 220sq.

[2]) Act. 2,5–13.

die herrliche Oase der Pharisäer blühte — da herrschte Nacht und Grauen; da wäre für den Täufer ein großes Feld gewesen, versittlichend zu wirken. Allein dieses soll ihm völlig verschlossen und unzugänglich gewesen sein! — Der Verfasser der „Geschichte der Juden“ hat also nicht die leiseste Ahnung davon, daß eben aus diesem „verwilderten und stumpfsinnigen Landvolk“, in welchem allein die Hoffnung auf das endliche Erscheinen des von den Propheten verheißenen und von begeisterten Apokalyptikern unaufhörlich gepredigten messianischen Reiches fortglomm, diese intensive, die Weltreligion vorbereitende Taufbewegung, an die Jesus unmittelbar anknüpfte, hervorgegangen war. Er hat aber auch keine Ahnung davon, daß es sich in dieser Taufbewegung nicht um eine alltägliche Bußpredigt, sondern um eine machtvolle Aufforderung zur völligen inneren Umwandlung handelte, um eine der eindringlichsten Mahnungen: den alten Menschen abzutun und den neuen anzuziehen, um in das Himmelreich eingehen zu können! Dazu sind die Besten — und nach Graetz waren ja die pharisäischen Juden jener Zeit durch „die ausgeprägte Religionsform hinlänglich auf dem Wege des Guten erhalten“ — nicht genug, sie müßten sich denn vorerst mit aller Anstrengung emporläutern.

Wahrlich eine krasse Verkennung des tief sittlichen und mächtig erhebenden Kerns der Johanneischen Taufbewegung, den selbst Josephus, der doch am Ende auch ein Pharisäer gewesen, zu würdigen verstand! Für Graetz ist der Aufruf des Johannes viel zu harmlos und nicht über den Kreis gewohnter Vorstellungen hinausgehend, als daß er Anstoß bei der herrschenden Partei der Pharisäer hätte erregen können! Daran liegt's: Gegen den Pharisäismus, dessen „ausgeprägte Religionsform“ vollkommen hinreichte, um das Volk auf dem Weg des Guten zu erhalten, konnte die so ungestüm auftretende Taufbewegung nicht gerichtet gewesen sein; sie war ja im Gegenteil Geist von seinem Geiste, und es fehlte nicht viel, daß der Täufer uns als ein Pharisäer vom reinsten Wasser vorgeführt wird; ja er überbietet ihn sogar, da er ja ein Adept des Essenismus, der ja „eine Übertreibung des Pharisäertums“.[1]) —

So wird jede Spur prinzipieller Gegensätzlichkeit zwischen der Johanneischen Taufbewegung und dem Pharisäismus weggedeutet;

---

[1]) Graetz, Gesch. III², 81, 87.

es schwebt im Gegenteil über beiden derselbe Geist, sie sind beide Kinder desselben Milieus. Und wenn dennoch der Täufer den Pharisäern schimpfliche Benennungen, wie „Otterngezüchte", an den Hals wirft, die dem Zorn des künftigen Gerichts nicht entgehen würden, dann „stammen diese sicherlich aus den ersten Reibungen zwischen Juden und Judenchristen in der Bar-Kochbaischen Zeit und sind auch Johannes dem Täufer in den Mund gelegt worden".[1]) Die Predigt des Täufers war hiernach durchaus nicht antipharisäisch und in ihrer Wirkung ganz harmlos.

Weiter kann wahrlich die Verschleierung nicht getrieben werden!

Da hat Josephus die Sache doch tiefer erfaßt und sie mit möglichster Treue zur Darstellung gebracht. Er kennt die große Bedeutung, welche zumal das auf Heidenbekehrung ausgehende Diasporajudentum der die vollständige Sinnesänderung, die gründliche Umwandlung des ganzen Menschen symbolisierenden Taufe beimaß und faßt denn auch die die großen Massen ergreifende Johanneische Taufbewegung als eine epochale Erscheinung auf. Bei der Gelegenheit, wo er von der Niederlage spricht, die der Tetrarch Herodes durch den König des peträischen Arabien erlitten, berichtet er:

„Manche unter den Juden erblickten in dem Untergang des herodeischen Heeres einen Fingerzeig Gottes, der von Herodes für den Täufer Johannes die gerechte Strafe forderte. Diesen hatte nämlich Herodes töten lassen: einen trefflichen Mann, der die Juden aufforderte, sich der Tugend eifrigst zu befleißigen, gegeneinander Gerechtigkeit, gegen Gott Frömmigkeit zu üben, und so vorbereitet, sich zur Taufe zu vereinigen; denn dann werde die Taufe Gott wohlgefällig sein, indem sie dieselbe nicht zum Zwecke der Sündenvergebung anwendeten, da ja ihre Seele schon durch ein gerechtes Leben geheiligt sei, sondern zur Heiligung des Leibes.[2]) Da nun von allen Seiten die Massen ihm zuströmten — sie wurden nämlich durch seine Reden in tiefe Erregung versetzt[3]) — begann

---

[1]) ib. 221. Anm. 2.

[2]) Antt. XVIII, 5, 2: οὕτω γὰρ καὶ τὴν βάπτισιν ἀποδεκτὴν αὐτῷ φανεῖσθαι, μὴ ἐπί τινων ἁμαρτάδων παραιτήσει χρωμένων, ἀλλ' ἐφ' ἁγνείᾳ τοῦ σώματος, ἅτε δὴ καὶ ψυχῆς δικαιοσύνῃ προεκκεκαθαρμένης.

[3]) ib.: καὶ τῶν ἄλλων συστρεφομένων, καὶ γὰρ ἤρθησαν ἐπὶ πλεῖστον τῇ ἀκροάσει τῶν λόγων.

Herodes zu fürchten, die hinreißende Beredsamkeit des Mannes, welche eine solche Macht auf die Menschen ausübte,[1]) möchte leicht einen Aufruhr herbeiführen. Er hielt es daher für angezeigter, ihn früher aus dem Wege zu räumen, bevor noch irgend eine Neuerung von ihm ausgegangen, als später nach einer bereits erfolgten Umwälzung die Unschlüssigkeit bereuen zu müssen. Auf diesen Argwohn des Herodes hin wurde Johannes in Fesseln geschlagen, nach der bereits erwähnten Festung Machärus gebracht und daselbst enthauptet. Die Juden aber hegten die Überzeugung, daß der Tod dieses Mannes die Ursache war von dem über das Heer hereingebrochenen Verderben, da Gott dem Herodes zürnte.“[2])

Sie war also nicht so ganz harmlos, diese Johanneische Taufbewegung, zu der die Massen von allen Seiten derart zuströmten, daß sie dem Tetrarchen über den Kopf zu wachsen anfing. Die Aufforderung des Täufers zur Ein- und Umkehr ging aber auch weit „über den Kreis gewohnter Vorstellungen“ hinaus. Denn sie verlangte nicht bloß eine äußere Taufe etwa nach der Art der „Morgentäufer“ des Talmud, mit denen man hüben und drüben die Essener so gern identifizieren will, um ihre so gründlich mißverstandene Eigenart aus dem Pharisäismus erklären zu können; sie verlangte nicht bloß die Ablegung des hergebrachten Sündenbekenntnisses; wohl aber forderte sie jene Taufe, die die Religionsphilosophen der jüdischen Diaspora predigten: die Taufe als Symbol der Wiedergeburt, die nur unter Aufwand der äußersten menschlichen Anstrengungen bewirkt werden kann, jene Buße, die zwar nicht unmittelbar zum Himmelreich führt, die aber im Drange nach Besserung alle Ungerechtigkeit und Selbstsucht abtut, um sich einem frommen und enthaltsamen Leben zu widmen. Diese Metanoia galt den jüdisch-hellenistischen Religionsphilosophen als die zweite der drei, den Menschen in die Nähe Gottes emporhebenden Kardinaltugenden: „Hoffnung, Buße und Gerechtigkeit“.[3]) Eine

---

[1]) ib.: δείσας Ἡρώδης τὸ ἐπὶ τοσόνδε πιθανὸν αὐτοῦ τοῖς ἀνθρώποις κτλ.

[2]) ib.: τοῖς δὲ Ἰουδαίοις δόξαν ἐπὶ τιμωρίᾳ τῇ ἐκείνου τὸν ὄλεθρον ἐπὶ τῷ στρατεύματι γενέσθαι, τοῦ Θεοῦ κακῶς Ἡρώδῃ θέλοντος.

[3]) Philo, de praem. et poen. II, 410: Μετὰ δὲ τὴν ἐλπίδος νίκην ἀγὼν δεύτερός ἐστιν, ἐν ᾧ μετάνοια ἀγωνίζεται, τῆς μὲν ἀτρέπτου καὶ ἀμετανοήτου, καὶ ἀεὶ κατὰ ταὐτὰ καὶ ὡσαύτως ἐχούσης φύσεως ἀμοιρήσασα, ζήλῳ δὲ καὶ ἔρωτι τοῦ βελτίονος ἐξαίφνης κατασχεθεῖσα, καὶ σπεύδουσα καταλιπεῖν μὲν τὴν σύντροφον πλεονεξίαν καὶ ἀδικίαν, μεθορμίσασθαι δὲ πρὸς σωφροσύνην καὶ δικαιοσύνην, καὶ

solche Umwandlung von Grund aus, ein völliges und rückhaltloses Verleugnen der ganzen frühern Lebensführung verlangten die Apostel der jüdischen Diaspora von den dem Judentum sich zuwendenden Heiden: Der Übertretende soll alle Sitten und Gewohnheiten seines Volkes aufgeben, soll von der Unwissenheit zum Wissen, von der Unbesonnenheit zur Besonnenheit, von der Unmäßigkeit zur Enthaltsamkeit, von der Unsicherheit zur Zuversicht und Festigkeit, von der Finsternis zum Licht vorschreiten.[1]) Der Lohn aber für die Überwindung des alten sündigen Menschen ist ein glückseliges Leben.[2])

Die Taufe als Symbol dieser Metanoia ging gar „sehr über den Kreis gewohnter Vorstellungen", die sie ja bekämpfen und

---

τὰς ἄλλας ἀρετάς. cf. De Abr. II, 3: Δευτέραν δὲ ἔχει τάξιν ἡ ἐπὶ τοῖς ἁμαρτανομένοις μετάνοια καὶ βελτίωσις, ὅθεν ἑξῆς ἀναγράφει τὸν ἀπὸ χείρονος βίου πρὸς τὸν ἀμείνονα μεταβαλόντα, ὃς καλεῖται παρά μὲν Ἑβραίους Ἐνὼχ — ἐφ' οὗ καὶ ταυτὶ λέλεκται, „ὡς ἄρα εὐηρέστησεν Ἐνὼχ τῷ Θεῷ, καὶ οὐχ' ηὑρίσκετο, ὅτι μετέθηκεν αὐτὸν ὁ θεός". Ἡ γὰρ μετάθεσις τροπὴν ἐμφαίνει καὶ μεταβολήν· πρὸς δὲ τὸ βέλτιον ἡ μεταβολὴ, διότι προμηθείᾳ γίνεται θεοῦ κτλ. Und ib. 4: Διὰ τοῦτ' εἶπεν, ὅτι ὁ μετατεθεὶς οὐχ' εὑρίσκεται. — Μεθορμίζεται οὖν εἰς παιδείαν ἐξ ἀμαθίας, καὶ ἐξ ἀφροσύνης εἰς φρόνησιν, ἔκ τε δειλίας εἰς ἀνδρίαν, καὶ ἐξ ἀσοβείας εἰς εὐσέβειαν· καὶ πάλιν ἐκ μὲν φιληδονίας εἰς ἔγκρατειαν, ἐκ δὲ φιλοδοξίας εἰς ἀτυφίαν κτλ. Ferner ib. 5: Οὐ δεῖ δὲ ἀγνοεῖν, ὅτι τὰ δευτερεῖα φέρεται μετάνοια τελειότητος, ὥσπερ καὶ ἀνόσου σώματος ἡ πρὸς ὑγιείαν ἐξ ἀσθενείας μεταβολή Τὸ μὲν οὖν διηνεκὲς καὶ τέλειον ἐν ἀρεταῖς ἐγγυτάτω θείας ἵσταται δυνάμεως κτλ.

[1]) Philo, De poenit. II, 405 sq.: Πάντας οὖν ὅσοι τὸν κτίστην καὶ πατέρα τοῦ παντὸς εἰ καὶ μὴ ἐξ ἀρχῆς σέβειν ἠξίωσαν, ἀλλ' ὕστερον, μοναρχίαν ἀντὶ πολυαρχίας σέβειν ἀσπασάμενοι, φιλτάτους καὶ συγγενεστάτους ὑποληπτέον, τὸ μέγιστον εἰς φιλίαν καὶ οἰκειότητα παρασχομένους θεοφιλὲς ἦθος, οἷς χρὴ καὶ συνήδεσθαι, καθάπερ ἂν εἰ καὶ τυφλοὶ πρότερον ὄντες, ἀνέβλεψαν, ἐκ βαθυτάτου σκότους αὐγοειδέστατον φῶς ἰδόντες. — Τὸ μὲν οὖν πρῶτον καὶ ἀναγκαιότατον τῶν εἰς μετάνοιαν εἴρηται· μετανοείτω δέ τις, μὴ μόνον ἐφ' οἷς ἠπατήθη πολὺν χρόνον τὰ γενητὰ πρὸ τοῦ ἀγενήτου καὶ τοιητοῦ θαυμάσας, ἀλλὰ καὶ ἐν τοῖς ἄλλοις, ὅσα περὶ βίον ἀναγκαῖα μετιὼν, ὥσπερ ἐκ τῆς φαυλοτάτης τῶν κακοπολιτειῶν ὀχλοκρατίας, εἰς τὴν εὐνομωτάτην πολιτείαν δημοκρατίαν, τοῦτ' ἔστιν ἐξ ἀμαθίας εἰς ἐπιστήμην ὧν ἡ ἄγνοια αἰσχρὸν, ἐξ ἀφροσύνης εἰς φρόνησιν, ἐξ ἀκρατείας εἰς ἐγκράτειαν, ἐξ ἀδικίας εἰς δικαιοσύνην, ἐξ ἀτολμίας εἰς θαῤῥαλεότητα. Πάγκαλον γὰρ καὶ συμφέρον αὐτομολεῖν ἀμεταστρεπτὶ πρὸς ἀρετὴν, κακίαν ἐπίβουλον δέσποιναν ἀπολιπόντας. Ἅμα δ' ἀναγκαῖον ἕπεσθαι ὡς ἐν ἡλίῳ σκιὰν σώματι, καὶ τῇ τοῦ ὄντος θεοῦ τιμῇ πᾶσαν τὸν τῶν ἄλλων ἀρετῶν κοινωνίαν.

[2]) ib. 406: Γίνονται γὰρ εὐθὺς οἱ ἐπήλυται σώφρονες, ἐγκρατεῖς, αἰδήμονες ἥμεροι χρηστοὶ, φιλάνθρωποι, σεμνοὶ, δίκαιοι, μεγαλόφρονες, ἀληθείας ἐρασταὶ, κρείττους χρημάτων καὶ ἡδονῆς. —

durch neue, höhere ersetzen sollte, hinaus und war gar sehr verschieden von jener der Morgentäufer. Sie verlangte einen ungemein schwierigen und rauhen Aufstieg, der nur durch große Willenskraft und unter Mitwirkung der göttlichen Gnade bewältigt werden konnte.[1])

Aber selbst wenn wir das so überaus wertvolle, eben zitierte Zeugnis des Josephus nicht besäßen, wir wüßten, daß der Täufer nachhaltig mit seiner Predigt gewirkt, daß er sogar Schule gemacht,[2]) und zwar nicht bloß in Judäa, sondern auch in der weiten Diaspora, in deren Geiste er ja predigte. Wir hören nämlich, daß ein Vierteljahrhundert nach dem Hingang Jesu der alexandrinische Jude Apollos, der nachmalige herrvorragende Mitarbeiter des Apostel Paulus, predigend und lehrend durch die Sygnagogen der Diaspora ging, ohne noch Kunde von der Existenz Jesu erhalten zu haben und nur von der Taufe Johannis wußte. „Es kam“, so lesen wir in der Apostelgeschichte, „gen Ephesus ein Jude, mit Namen Apollos, der Geburt von Alexandria, ein beredter Mann und mächtig in der Schrift. Dieser war unterwiesen den Weg des Herrn und redete mit brünstigem Geist und lehrte mit Fleiß von dem Herrn, wußte aber allein von der Taufe des Johannes. Dieser fing an frei zu predigen in der Synagoge.[3])

Dieser griechisch gebildete Missionar des Diasporajudentums, der, als er später von dem Christentum Jesu Kenntnis erhielt, dasselbe mit dem Geiste seines jüdischen Alexandrinismus befruchtete, wie dies der Apostel Paulus ihm bezeugt,[4]) einer der vielen Diasporajuden, die lehrend und aufklärend durch die Welt zogen, würde gewiß, hätte er die pharisäische Religionsauffassung gekannt und in ihr eine erlösende Kraft gefunden, diese und nicht die Bot-

---

[1]) cf. Orac. sib. IV, 161—168:

Ἐν ποταμοῖς λούσασθε ὅλον δέμας ἀενάοισι,
Χεῖράς τ' ἐκτανύσαντες ἐς αἰθέρα, τῶν πάρος ἔργων
Συγγνώμην αἰτεῖσθε, καὶ εὐσεβίαις ἀσέβειαν
Πικρὰν ἱλάσασθε· Θεὸς δὲ δώσει μετάνοιαν.

cf. Orac. sib. I, 128—129.

[2]) cf. Math. 9,24 u. Par.

[3]) Act. 18,24—28: ἐπιστάμενος μόνον τὸ βάπτισμα Ἰωάννου κτλ. cf. Act. 19,1sq., wo Paulus auf Johannesjünger stößt, die nie etwas von einem „heiligen Geist“ erfahren hatten und erst von Paulus auf den Namen Jesu getauft wurden.

[4]) 1 Kor. 3,6: ἐγὼ ἐφύτευσα, Ἀπολλὼς ἐπότισεν, ἀλλ' ὁ Θεὸς ηὔξανεν. — ὁ φυτεύων δὲ καὶ ὁ ποτίζων ἕν εἰσιν.

schaft des Täufers propagiert haben. Daß er aber im Geiste des Johannes und nicht in jenem des Pharisäismus lehrte und predigte, beweist hinlänglich, wie wenig Werbekraft dieser außerhalb der Gemarkung seiner engsten Heimat besaß und andererseits, wie weithin die Predigt des Täufers ihre Wirkung übte.

Und endlich, was die Stellung des Täufers zum Pharisäismus betrifft, so würde sie, auch wenn er sie nicht selbst schon stark markiert hätte, genugsam durch seinen großen Nachfolger, der ja unmittelbar an dessen Predigt anknüpfte, sie mit seiner überreichen Schöpferkraft befruchtend und auf ihr das von dem Kern des Volkes so sehnsüchtig herbeigewünschte Himmelreich aufbauend, gekennzeichnet worden sein. Einen größeren Pharisäerhasser als Jesus war, hat es wohl niemals gegeben, und er war es, weil er wie kein anderer die unermeßliche Schädlichkeit des in seiner Zeit zur äußerlichen und scheinheiligen Frömmigkeit entarteten Pharisäismus erkannt hatte. Er sah in ihm das Haupthindernis für die Entfaltung des eigentlichen Wesens des Judentums: des Messianismus. Er fand ihn vor der Pforte des Himmelreiches gelagert liegen, den Menschen durch unerträgliche Gesetzesbürden, die er ihnen mit Bleigewicht um den Hals legte, niederdrückend und jeden Aufschwung lähmend. Er sah in ihm den leibhaften übermächtigen Antimessias, der nur durch übermenschliche Anstrengung zu besiegen und von dem „Stuhle Mosis“, den er mißbräuchlich an sich gerissen, herunterzustürzen war. Was Wunder dann, daß später die Gemeinde Jesu in diesem, der diese antimessianische Macht niedergerungen, den Messias, den Christ, sah?

Der Pharisäismus galt Jesu als der Inbegriff aller Scheinheiligkeit, als die Inkarnation der bewußten und unbewußten religiösen Heuchelei, die nicht genug bekämpft werden könne. „Zum ersten“, so warnt er seine Jünger eindringlichst, „hütet euch vor dem Sauerteig der Pharisäer, welches ist die Heuchelei.“ [1]) Wie der Täufer, nennt auch er die Pharisäer unter Androhung der höllischen Verdammnis: „Schlangen und Otterngezüchte.“ [2])

Man sage uns nicht, daß ja auch ab und zu im Neuen Testament die Sadduzäer in einem Atem mit den Pharisäern

---

1) Luc. 12,1: ἤρξατο λέγειν πρὸς τοὺς μαθητὰς αὐτοῦ, Πρῶτον προσέχετε ἑαυτοῖς ἀπὸ τῆς ζύμης τῶν Φαρισαίων, ἥτις ἐστὶν ὑπόκρισις. cf. Math. 15,16; Marc. 8,15.

2) Math. 23,33; 3,7; 12,34.

verdammt werden. Die Sadduzäer bedeuteten im Zeitalter Jesu nicht mehr viel, sie waren nur mehr der Schatten ihrer vormaligen Größe und ließen sich gern von den Pharisäern um des lieben Friedens willen ins Schlepptau nehmen. Es sind nur wenige Leute, sagt Josephus von ihnen, sie gehören aber den Vornehmsten an. Sie haben keinen großen Einfluß. Wenn sie einmal gezwungen sind, ein Amt zu bekleiden, so schließen sie sich den Pharisäern an, da das Volk sie sonst nicht dulden würde.[1])

Der Krebsschaden des Jahrhunderts hieß: Pharisäismus. Und diesen zu beseitigen, um das messianische Weltreich aufbauen zu können, war die Hauptaufgabe der Wortführer der Am-haarez.

Glich aber der Kampf des Täufers gegen die Pharisäer einem unterirdischen, lang verhaltenen dumpfen Grollen, das die nahende Eruption ankündigt, so waren die Wehrufe Jesu gegen die „heuchlerischen Schriftgelehrten und Pharisäer“ vulkanartige Ausbrüche. — Gleichwohl kann nicht behauptet werden, daß ihm in seiner elementaren Erregung unbegründete Anklagen entfahren seien; denn wie wir gezeigt, werden auch im Talmud nicht minder diffamierende Anklagen gegen die „Pharisäerplage“ erhoben. Jesus geißelt die herrschende religiöse Heuchelei mit den schärfsten, aber der Wahrheit durchaus entsprechenden Ausdrücken. In der Bergpredigt spricht er der Gerechtigkeit der Schriftgelehrten und Pharisäer das Himmelreich ab und warnt vor diesen Schädlingen,[2]) deren Werkheiligkeit nur Scheinheiligkeit, die Almosen nur vor den Leuten geben, daß sie von ihnen gesehen werden, die da gern in den Schulen und an den Ecken auf den Gassen stehen und beten, daß sie von den Leuten gesehen werden; die, wenn sie fasten, sauer sehen, da sie ihre Angesichter verstellen, auf daß sie vor den Leuten scheinen mit ihrem Fasten.[3]) Er sah in diesem Pharisäismus eine Lästerung wider den Geist und haßte ihn mit der ganzen Glut seiner tiefen Seele: Alle Sünde und Lästerung, lehrte er, wird den Menschen vergeben, ebenso die Lästerung wider des Menschen Sohn; aber die Lästerung wider den Geist wird den

---

[1]) Antt. XVIII, 1,4: εἰς ὀλίγους τε ἄνδρας οὗτος ὁ λόγος ἀφίκετο, τοὺς μέντοι πρώτους τοῖς ἀξιώμασι. πράσσεταί τε ἀπ᾽ αὐτῶν οὐδὲν ὡς εἰπεῖν· ὁπότε γὰρ ἐπ᾽ ἀρχὰς παρέλθοιεν, ἀκουσίως μὲν καὶ κατ᾽ ἀνάγκας, προσχωροῦσι δ᾽ οὖν οἷς ὁ Φαρισαῖος λέγει, διὰ τὸ μὴ ἄλλως ἀνεκτοὺς γενέσθαι τοῖς πλήθεσιν.

[2]) Math. 5,20.

[3]) Math. 6,1–19.

Menschen nicht vergeben.[1]) „Ihr Otterngezüchte“, ruft er den Pharisäern zu, „wie könnt ihr Gutes reden, dieweil ihr böse seid? Wes das Herz voll ist, des geht der Mund über.“[2])

Man mag sich leicht die sittliche Entrüstung erklären, die ihn überkam, wenn er die ihm überall hemmend in den Weg tretenden Schriftgelehrten und Pharisäer des Marktes „auf Mosis Stuhl sitzen und das Himmelreich vor den Menschen verrammeln sah“. Dabei eifert Jesus zunächst gar nicht gegen die pharisäische Lehre, sondern gegen das Leben dieser Pharisäer. Denn er hält selbst die von diesen Pharisäern gepredigten Lehren für nützlich und fördernd: „Alles nun“, predigt er, „was sie euch sagen, daß ihr halten sollt, das haltet und tut's; aber nach ihren Werken sollt ihr nicht tun, sie sagen's wohl, und tun's nicht.“[3]) Und in seinem Wehruf gegen sie, „die Minze, Till und Kümmel verzehnten und dahinten lassen das Schwerste im Gesetz, nämlich: das Gericht, die Barmherzigkeit und den Glauben“, fügt er ausdrücklich hinzu: „dies sollte man tun und jenes nicht lassen!“[4]) Nur gegen ihre Heuchelei und Scheinheiligkeit, gegen ihre Ehr- und Herrschsucht, zu deren Befriedigung sie die Religion mißbrauchten, flammte sein Zorn auf. „Sie binden aber,“ klagt er, „schwere und unerträgliche Bürden und legen sie den Menschen an den Hals; aber sie wollen dieselben nicht mit einem Finger regen. Alle ihre Werke tun sie, daß sie von den Leuten gesehen werden. Sie machen ihre Phylakterien breit und die Schaufäden an ihren Kleidern groß.[5]) Sie sitzen gerne obenan über Tisch und in den Schulen, und haben's gerne, daß sie gegrüßt werden auf dem Markt und von den Menschen Rabbi genannt werden.[6]) Diese Heuchler schließen das Himmelreich vor den Menschen zu, sie selbst kommen nicht hinein, und die hineinwollen, lassen sie nicht hinein. Sie fressen der Witwen Häuser und schützen lange Gebete vor.“[7]) Diese blinden Führer seihen

---

[1]) Math. 12,31–32. [2]) Math. 12,34. [3]) Math. 23,3.

[4]) Math. 23,23: ταῦτα ἔδει ποιῆσαι, κἀκεῖνα μὴ ἀφιέναι.

[5]) Math. 23,4–6. Dieser Protest allein schon läßt den Am-haarez, der sich über äußere religiöse Zeremonien leicht hinwegsetzt, erkennen. Wie wir bereits wissen, gehören nach dem Talmud jene in die Klasse der Am-haarez, die keine Phylakteren anlegen nnd keine Schaufäden an ihren Kleidern tragen.

[6]) Math. 23,6–7.

[7]) Math. 23,13–14: Οὐαὶ ὑμῖν γραμματεῖς καὶ Φαρισαῖοι, ὅτι κατεσθίετε τὰς οἰκίας τῶν χηρῶν, καὶ προφάσει μακρὰ προσευχόμενοι. Wir haben dieselbe An-

Mücken durch und verschlucken Kamele! Sie halten die Becher und Schüsseln auswendig reinlich, inwendig aber ist's voll Raubes und Fraßes! Sie gleichen den übertünchten Gräbern, die auswendig hübsch scheinen, aber inwendig sind sie voller Totenbein und alles Unflats![1])

Das sind freilich sehr harte Anklagen; man darf sie indessen nicht für Übertreibungen halten. Erheben doch die ungeheuchelt frommen Gesetzeslehrer des Talmud selbst nicht minder schwere Beschuldigungen gegen dieselben „gefärbten", am Mark des Volkes zehrenden Pharisäer, die überall, auf dem Markte und in den Schulen, im Allerheiligsten und in der Nähe des Thrones obenan sind, die Gegner mit Härte behandeln, aber die Sünden ihrer mächtigen Lieblinge sowie die eigenen mit dem Mantel der Frömmigkeit zudecken. — Oder werden diese im Talmud nicht scharf genug gegeißelt, wenn er uns in grellen Farben sieben Arten heuchlerischer und scheinheiliger Pharisäer von der Sorte der im Evangelium für ewige Zeiten gebrandmarkten vorführt? Wenn er sie die „Weltverderber" nennt! Wenn er ihrer Heuchelei den Verfall der Nation zuschreibt! Wenn er sie endlich von dem König Alexander Jannai mit den brennenden Worten gekennzeichnet werden läßt: Sie üben die Schandtaten eines Simri und beanspruchen den Lohn eines für Gott eifernden Pinchas ben Eleazar!

Schlimmeres wahrlich hat auch Jesus nicht von diesen Weltverderbern ausgesagt.

Die wuchtigen Streiche, die der Wortführer der Am-haarez im Evangelium gegen die Pharisäer und in der Folge auch gegen die schweren und unerträglichen Bürden, die sie den Menschen auf den Hals legten, führte, erklärend: „alle Pflanzen, die mein himmlischer Vater nicht pflanzte, sie werden ausgereutet!"[2]) erweckten weithin einen mächtigen Widerhall. Als er den Mühseligen und Beladenen zurief: „Kommt her zu mir alle, ich will euch erquicken, nehmt auf euch mein Joch und lernet von mir; denn ich bin sanftmütig und vom Herzen demütig, so werdet ihr Ruhe finden für eure

---

klage in der Assumptio Mos. gelesen, wo von denselben Heuchlern gesagt wird: „Sie verschlingen die Güter der Armen und sagen, daß sie dies aus Erbarmen tun: bonorum comestores, dicentes, se haec facere propter misericordiam.

[1]) Math. 23,24–29.

[2]) Math. 15,13.

Seelen; denn mein Joch ist sanft und meine Last ist leicht“:[1]) da gewann er die Herzen der Massen, denn er wurde in Wahrheit ihr Erlöser! Aus der innersten Volksseele heraus bejubelt ein späterer christgewordener Am-haarez das Erscheinen Jesu als des Befreiers von der schwer drückenden Bürde des pharisäischen Gesetzes, ihn also begrüßend:

„Freue dich heilige Tochter Zions, die du vieles erduldet hast, er selbst, dein König, zieht ein auf dem Jungen des Esels sitzend. Sanft erscheint er allen, damit er das uns schwer und sklavisch auf dem Nacken lastende Joch breche und die ungöttlichen Satzungen und die drückenden Bande löse!“[2])

---

[1]) Math. 11,28—31.

[2]) Orac. sib. VIII, 324—329:

Χαῖρ᾽, ἁγνὴ θύγατερ Σιών, καὶ πολλὰ παθοῦσα·
Αὐτός σου βασιλεὺς ἐπιβὰς ἐπὶ πῶλον ἐσάγει,
Πρᾶος πᾶσι φανεὶς, ἵνα τοι ζυγὸν, ὅνπερ ὑπῆμεν,
Δοῦλον, δυσβάστακτον, ἐπ᾽ αὐχένι κείμενον ἄρῃ,
Καὶ θεσμοὺς ἀθέους λύσῃ, δεσμούς τε βιαίους.

III.

DIE ESSENISCHE BEWEGUNG.

Der Essenismus tritt uns in der Geschichte von vornherein gleichzeitig mit dem Auftauchen des Pharisäismus und Sadduzäismus entgegen, was uns lehrt, daß er, wie diese, die Fortsetzung einer der vielen im vormakkabäischen Judentum herrschend gewesenen religiösen Richtungen bildete: er repräsentiert den edelsten jüdischen Hellenismus, der von der Weisheitsliteratur seinen Ausgang nahm.

Daß dem Essenismus mehr hellenisches als jüdisches Wesen beigemengt war, das beweist schon der Umstand, daß keine andere jüdisch-palästinensische Religionssekte den zeitgenössischen heidnischen Literaten und Vornehmen irgendwie bekannt oder von ihnen gewürdigt worden war, als jene der Essener, für welche selbst ein Schriftsteller von der Bedeutung eines Plinius eine gewisse Bewunderung an den Tag legt. Es ist auch kaum anzunehmen, daß er sie für Juden, für die er sich sonst nicht im mindesten eingenommen zeigt, gehalten habe; wohl aber war es die dem genuinen Judentum fremde, der nachplatonischen Philosophie entlehnte Lebens- und Weltanschauung der Essener, die ihn so sympathisch berührte. — Übrigens sieht sich auch Josephus bemüßigt, in den einleitenden Worten seiner Essenerschilderung zu betonen: sie seien Juden von Geburt.[1])

Man hat aber ein so frühes, weil angeblich geschichtlich nicht nachweisbares Eindringen des griechischen Geistes in Palästina nicht zugeben wollen, und da der Essenismus denn doch einmal auf dem Boden Palästinas seine Heimstätte hatte, so konnte er nur aus einer der beiden daselbst dominierenden Religionsparteien: aus derjenigen der Pharisäer und Sadduzäer — andere kannte man nicht oder

---

[1]) Bell. Jud. II, 8,2: Ἰουδαῖοι μὲν γένος ὄντες.

wollte man nicht kennen — hervorgegangen sein, und selbstverständlich nur aus der pharisäischen Partei, mit der er sehr nahe Verwandtschaft verrate. Dieses Auskunftsmittel — dargeboten von der Graetz-Frankelschen Rabbinerschule, die der jüdischen Wissenschaft und dem jüdischen Geiste durch ihre blinde Anbetung des Pharisäismus und vollständige Verkennung des großen Einflusses des griechischen Geistes auf das nachexilische Judentum schwere Wunden auf Generationen hinaus geschlagen — wurde seither allenthalben geradezu als eine Erlösung empfunden, und so wurde mit dieser Blendlaterne in alle dunkeln Winkel der Geschichte des nachexilischen Judentums hineingeleuchtet, und — wie man in den Wald hineinrief, so hallte es wider.

Der Essenismus ein Kind des Pharisäismus, ja sogar eine Steigerung desselben! Eine gröbere Täuschung hat es in der Geschichtswissenschaft wohl kaum gegeben. In Wahrheit ist er vielmehr sein stärkster Antipode, und steht ihm ebenso feindlich gegenüber wie die Wortführer der Am-haarez in der Assumptio Mosis und im Evangelium.

Zu so verkehrtem Urteil über das Wesen des Essenismus konnte man nur auf dem Wege der Willkür und Vergewaltigung des einschlägigen, historisch überlieferten Geschichtsmaterials gelangen, indem man die einzigen uns noch erhaltenen ausführlicheren Darstellungen des Essenertums diskreditierte, sie teils als christliche Mache, teils als arg tendenziöse Übertreibungen bezeichnete. Philo und Josephus hätten in ihren Essenerschilderungen — insofern man diese für authentisch ansehen mußte und sie nun einmal nicht mehr streichen konnte — übermäßig idealisiert und ganz falsche Vorstellungen von den essenischen, das Niveau des palästinensischen Judentums in keiner Weise überschreitenden Gemeinschaften verbreitet, hätten das, was nichts weiter als eine einfache „Übertreibung des Pharisäismus" gewesen, in die Höhe der griechischen Philosophie emporgepriesen, die Essener zu Pythagoräern gemacht, während sie in Wirklichkeit lediglich eine Abart der Pharisäer, sozusagen „stehen gebliebene Chasidim" gewesen seien.[1])

---

[1]) cf. Graetz III², 463: „Über die Bedeutung der Essäer herrscht selbst in der wissenschaftlichen Welt eine so bedeutende Verkennung, daß es wohl lange dauern wird, ehe sich der richtige Begriff von denselben Bahn brechen wird. Während man die Pharisäer sehr niedrig stellte, hat man die

Aber hat denn auch Plinius fabuliert und mit Philo und Josephus in der Lobpreisung dieser „stehengebliebenen Chasidim" gewetteifert? Und warum und wem zu lieb? Warum weiß er nichts von den Pharisäern zu berichten, die doch nach der Ansicht unserer Kritiker geistesmächtiger als die Essener waren und sich, ebenso wie diese, von der Menge absonderten, dabei aber das nachmakkabäische Judentum beherrschten? Daß aber Plinius den Essenern und nicht den Pharisäern ein Ruhmesblatt in seinem Werke widmet, beweist, zu welcher Bedeutung der Essenismus nicht bloß auf dem engen Boden Palästinas, sondern selbst in der großen Welt gelangt war, und das allein verbietet uns, hier an eine nahe Verwandtschaft mit den Pharisäern zu denken. Freilich nach Graetz hat Plinius der Essener lediglich „als Kuriosität" erwähnt;[1] aber hat nicht auch diesmal diesem jüdischen Geschichtsschreiber sein pharisäisches Empfinden das Urteil getrübt? Andere feinfühligere Forscher haben hierüber anders geurteilt: „Sogar der skeptische Plinius", sagt Keim,[2] „verrät Sympathie und Erregung, wenn er die „Weltmüden" schildert, welche den von ihm selbst so tief empfundenen Jammer der Menschheit irgendwie überwunden haben."

Essäer bis in den Himmel gehoben, und bei beiden nicht auf den historischen Hintergrund gesehen, aus dem sie als verschiedene Richtungen ein und derselben Lebensanschauung herausgetreten sind. Schuld an der Verkennung tragen einerseits Josephus, andererseits ein dem Philo zugeschriebenes Buch über die Therapeuten, wodurch die Forscher sich berechtigt glaubten, die Essäer zu idealisieren. Die kritische Geschichtsforschung wird von vornherein annehmen müssen, daß der Essenismus mit seinen Eigentümlichkeiten ganz analog dem Pharisäismus und Sadduzäismus in den tiefen Bedingungen des jüdisch-geschichtlichen Kausalnexus gewurzelt haben müsse, und nicht aus einer fremden Anschauung, etwa aus der neupythagoreischen Schule hervorgewachsen sein könne. Glücklicherweise überhebt mich die tief eingehende meisterhafte Arbeit meines geehrten Freundes Dr. Frankel über die Essäer der weitläufigen Beweisführung: daß die Essäer aus den realen Faktoren der jüdischen Geschichte hervorgegangen sind, daß sie eigentlich nichts weiter als stehengebliebene, oder richtiger, konsequente Chasidim waren, daß sie demnach von den Pharisäern nicht soweit abstanden, daß man sie als eigene Sekte betrachten könnte, daß sie vielmehr nur einen Zweig des Pharisäismus gebildet haben."

[1]) Gesch. III², 464.

[2]) Gesch. Jesu von Zaz. I, 298.

Man will aber gleichwohl nachweisen, daß alles essenischen Wesens Gepräge dem Pharisäismus entstamme. Natürlich, man sah in den ins Auge fallenden, im Grunde aber wenig bedeutenden Äußerlichkeiten das Wesen des Essenismus und entdeckte unter krampfhaften Anstrengungen ähnliche Züge im Pharisäismus, die man übrigens ohne alle Mühe auch bei den verschiedenen philosophischen Sekten des zeitgenössischen Heidentums zu finden vermag.

Vor allem sind es die Scheu vor jeder Verunreinigung und die Waschungen der Essener, welche voreingenommenen Forschern den Schein von Berechtigung verliehen, ihre Sekte aus rein jüdischem, oder präziser gesprochen, pharisäischem Boden hervorgehen zu lassen.[1]) Charakteristisch für diese Art Forschung ist die Darstellung, die Graetz von der Entstehung des Essenerordens gibt: „Man findet“, sagt er, „daß Essäer sogar der Berührung mit Pharisäern auszuweichen pflegten, weil diese im gewöhnlichen Leben nur einen mindern Grad levitischer Vorschriften beobachteten. Solche Rücksichten zwangen die Essäer, nur mit Gleichgesinnten zu verkehren und sich zu vereinigen, um keine Trübung ihres geweihten Zustandes zu erfahren, und sie waren auf diese Weise genötigt, sich zu einem Orden zusammenzutun, dessen Regel zunächst auf gewissenhafter Beobachtung der allerstrengsten Reinheitspflege beruhte. Nur von Gleichgesinnten konnten sie ihre Speisen bereiten lassen, Kleider Werkzeuge und andere Gegenstände kaufen, von denen sie überzeugt waren, daß bei deren Anfertigung die Reinheitsgesetze beobachtet worden waren. Sie waren daher aufeinander angewiesen und mochten es für ratsam erachten, ihre Mahlzeiten gemeinsam zu halten, um jeder Beihilfe minder Strenger entbehren zu können. Dabei mochte ihnen das Passahmahl als Ideal vorschweben, welches nur in geschlossenen Kreisen (Chabura) genossen werden durfte, wobei also eine gewisse Gemeinschaftlichkeit der dabei beteiligten Mitglieder zur Pflicht gemacht war. Mit Frauen zusammen zu leben, war den Essäern fast unmöglich, um nicht durch deren anstreifende Berührung jeden Augenblick der levitischen Verunreinigung ausgesetzt zu sein. So gelangten die Essäer, von Konsequenz zu Konsequenz schreitend, bis zur Verachtung des Ehestandes.“[2])

---

[1]) cf. Graetz Gesch. III², 80 sqq. Lucius, Der Essenismus 63 sqq.

[2]) Graetz, l. c. 81. Er fährt hier fort: „Wie sollten sie sich gar erst in den kriegerischen Zeitläuften mitten in der Gesellschaft mit ihrer gesteigerten

Das sind jedenfalls phantasiereiche, durchwegs jedoch mit pharisäischem Baumaterial operierende Kombinationen, die wir hier nur deshalb wiedergeben, weil diese Auffassung Schule gemacht

---

Reinlichkeit behaupten? Nicht bloß der heidnische Feind, sondern auch der heimkehrende jüdische Sieger, der sich in der Schlacht an Leichnamen verunreinigt hatte, konnte ihre ganze Vorsicht zu Schanden machen. Diese Verlegenheit mag den Essenern den Gedanken eingegeben haben, sich in eine einsame Gegend zurückzuziehen, um unbelästigt vom Kriegslärm und dessen für ihre Lebensweise störenden Folgen bleiben zu können." — Schade nur, daß diese phantasievolle Konstruktion durch die Tatsache, daß die Essener sich hervorragend an dem großen Krieg mit den Römern beteiligt hatten, über den Haufen geworfen wird. — Auch die Essener wurden von den damals, wie oben gezeigt, das Judentum im ganzen Orient so tief erregenden messianischen Bewegungen, die vornehmlich deshalb zum Aufstand gegen Rom führten, weil man, auf autoritative Prophezeiungen bauend, das Erscheinen des Messias als unmittelbar bevorstehend erwartete, mitgerissen. Dieser Kampf gegen Rom galt als ein heiliger, „gottgewollter" (cf. Orac. sib. V, 514: Ἄστρα μάχην ὤδινε Θεὸς ἐπέτρεψε μάχεσθαι). Denn aus diesen letzten schweren Wehen sollte sich das messianische Weltreich hervorwinden; und da durfte die fromme Gemeinde der Essener nicht abseits stehen. Sie, die bisher im Dienste des Friedens stand, in ihrer Mitte keine Verfertiger von Kriegsgeräten duldete, sie stürzte sich freudig in diesen Krieg. Das erfahren wir nicht nur von der zeitgenössischen Sibylle, die bittere Klage darüber erhebt, daß die Gemeinde der Frommen in diesem Aufstand vernichtet wurde (Or. sib. IV, 136: Εὐσεβέων ὅτι φῦλον ἀναίτιον ἐξολέκουσιν), sondern auch von Josephus: „Im Kriege mit den Römern", so berichtet er, „haben die Essener die Stärke ihrer Gesinnung bewährt. Man schraubte und dehnte sie auf der Folterbank, man verrenkte und sengte ihre Glieder, und dennoch war man trotz der grausamen Anwendung aller Mordinstrumente nicht imstande, ihnen eine Lästerung wider den Gesetzgeber abzupressen, oder sie auch nur zu dem Genusse einer verbotenen Speise zu zwingen, oder ihnen eine Träne zu entlocken. Sie lächelten unter Schmerzen, spotteten derer, die die Folterwerkzeuge anlegten und ließen freudig das Leben, als ein Gut, das sie wiederbekommen würden" (Bell. Jud. II, 8,10). — Warum sonst wären diese von den grimmigsten Machthabern stets unangefochten gebliebenen, vielgepriesenen und vielbewunderten Essener in diesem Kriege mit so ausgesuchter Grausamkeit verfolgt worden, hätten sie sich ganz abseits gehalten? Allein sie hatten sich fraglos stark exponiert, daher die fürchterliche Rache, die an ihnen genommen wurde. Zum Überfluß berichtet uns Josephus, daß die Essener in diesem Aufstand einen physisch und geistig hervorragenden Befehlshaber ins Feld gestellt haben: εἰς ..... Θαμνᾶ δὲ τοπαρχίας Ἰωάννης ὁ Εσσαῖος στρατηγήσων ἐπέμφθη. προσκεκλήρωτο δὲ αὐτῷ Λύδδα, καὶ Ἰόππη, καὶ Ἀμμαοῦς Bell. Jud. II, 20,4. — Ferner ib. III, 2,1: ἐξηγοῦντο δὲ τῆς καταδρομῆς τρεῖς ἄνδρες, ἀλκήν τε κορυφαῖοι καὶ σύνεσιν ..... πρὸς οἷς Ιωάννης ὁ Ἐσσαῖος. Es unterliegt

und selbst ernste Forscher irregeführt hat. Diese Hypothese geht selbstverständlich von der Voraussetzung aus, daß der Talmud Kunde habe von dem Essenismus, der ja einen Zweig des Pharisäismus bilde. Wie aber, wenn der Talmud auch nicht die leiseste Bekanntschaft mit dem Essenismus verriete? Und so verhält es sich auch tatsächlich, und wird auch von einem gründlichen Talmudkenner wie Geiger zugestanden, der erklärt: es stehe fest, „daß Talmud und Midraschim von einer Partei der Essäer ebensowenig wissen wie die altchristlichen Urkunden".[1]) — Freilich ergibt sich ihm hieraus, „daß dieses Schweigen, wenn es auch ihre Existenz nicht geradezu aufhebt, doch jedenfalls ihrer Bedeutung merklich Abbruch tut". Allein dieser Nachsatz, den wir noch später zu beleuchten haben werden, ändert an der Tatsache nichts, daß Geiger ebensowenig wie jeder unvoreingenommene Talmudist in der talmudischen Literatur Spuren einer Bekanntschaft mit dem Essenismus zu entdecken vermag.

Aber von Waschungen und strengen Verordnungen inbezug auf die „levitische Reinheit" weiß doch wohl der Talmud mehr als genug?[2]) — Allerdings! Was aber berechtigt uns, die essenische Heiligung mit der „levitischen Reinheit" auf gleichen Fuß zu stellen? So wenig die jüdisch-alexandrinische Schriftauslegung mit der pharisäischen, so wenig hat die äußerliche pharisäische Reinigung mit der innerlichen essenischen etwas gemein. — Die später von dem Paulinismus mit so viel Schärfe betonte Auffassung, daß das Gesetz geistig sei, sowie die Freude an dem Gesetz Gottes nach dem „inwendigen Menschen", sie waren lange vorher schon Eigentum des Essenismus, dessen Anfänge sicherlich in die vormakkabäische Zeit, in die Blütezeit der Weisheitsliteratur zurückreichen, die von dem fleischlichen Gesetz, wie es sich allmählich unter der Herrschaft des Pharisäismus herausgebildet hatte, noch völlig verschont war.

---

sonach keinem Zweifel, daß die Essener sich gegebenenfalls auch an einem Krieg beteiligten, wofern sie ihn für menschenerlösend hielten, wie den Aufstand gegen die das messianische Reich aufhaltende gottfeindliche römische Macht. Hiermit zerfällt die Hypothese, nach welcher die Essener aus Rücksichten levitischer Reinheit von der Welt und der Berührung mit den übrigen Menschen sich abschlossen, in sich.

[1]) Jüd. Zeitschrift f. Wissensch. und Leben 1871. p. 56.

[2]) cf. Lucius l. c. p. 67sq.

Wie sehr verschieden die Waschungen der Essener von jenen der „Morgentäufer“ (Toble-Schacharit) gewesen, mit denen sie Graetz ohne weiteres identifiziert, das braucht hier nicht mehr erörtert zu werden, da wir die tiefe Bedeutung, welche der Johanneischen Taufe, die ja Graetz als essenisch bezeichnet, als Symbol der Metanoia, der geistigen Wiedergeburt des Menschen, innewohnte, bereits auseinandergesetzt haben. Hier sei nur noch ergänzend bemerkt, daß die Taufe gleichwohl kein Haupterfordernis und kein hervorstechendes Merkmal des Essenismus bildete, da es sonst Philo gewiß nicht unterlassen hätte, ihrer in seinen Essenerschilderungen zu erwähnen. Er weiß aber ebensowenig wie Plinius etwas von ihr. Nur Josephus, der mit peinlicher Genauigkeit die Äußerlichkeiten und Förmlichkeiten der essenischen Gemeinschaften ausmalt, gedenkt ihrer, indem er, und auch nur gelegentlich, berichtet, daß die Essener täglich um die Mittagszeit baden, um wie zu einem geweihten Heiligtum gereinigt beim Mahle zu erscheinen; ferner, daß der Novize, nachdem er das Probejahr absolviert, mit reinem Wasser geweiht, aber doch noch nicht zu den gemeinsamen Mahlen zugelassen werde. Deshalb aber behaupten zu wollen, daß diese täglichen Waschungen „sakramentale Bedeutung“ hatten und daß sie den Menschen zum Essener machten,[1]) scheint uns unberechtigt, zumal der Novize nach dem Bade noch gar nicht Essener wurde, sondern erst nach demselben noch zwei weitere Jahre geprüft werden mußte, ehe er den Eid des Esseners leisten und in Wirklichkeit Essener werden durfte.

Einer eingehenderen Erörterung aber bedarf die Absonderung der Essener von der Menge, weil man in ihr irrtümlich das ängstliche Bestreben, sich levitisch rein zu erhalten, erblicken und darauf die Kombination aufbauen wollte, sie seien lediglich übertriebene Pharisäer gewesen. Nichts ist gefehlter als eine solche Vermutung! Die Essener sonderten sich vielmehr von der Menge ab, einsame Gegenden aufsuchend: weil sie das Bestreben hatten, sich ungestört von dem städtischen Lärm und Gewühle zu Gott zu erheben, und um in ihren asketischen Übungen, die sie nach der Anschauung der jüdisch-alexandrinischen Schule für unerläßlich hielten, sich zu der erforderlichen Heiligkeit emporzuläutern, ohne durch

---

[1]) So Bousset, Die Religion des Judent. 436.

das städtische Leben und Treiben und die durch dasselbe gebotenen Anreizungen zur Sinnlichkeit abgezogen zu werden.

Dies ist der wahre Grund ihrer Weltflüchtigkeit, und wir finden ihn auch bei Philo am Eingange seiner Essenerschilderung hervorgehoben: „Erstlich", sagt er, „wohnen die Essener in Dörfern, indem sie die Städte wegen der in denselben herrschenden Sündhaftigkeit meiden, wissend, daß, wie durch schädliche Luft Krankheiten, so durch die Gesellschaft unheilbare Ansteckung für die Seele entstehe." [1])

Sämtliche uns über den Essenismus erhaltenen Berichte stimmen darin überein, daß der Grundzug seines Wesens: Abtötung der Sinnlichkeit durch Übung größtmöglichster Enthaltsamkeit zum Zwecke seelischer Erhebung gewesen. Diese führte zu mehr oder minder strenger Abschließung von der Menge. Und nur hieraus, nicht aber durch ein gewaltsames Herbeizerren angeblich verwandter pharisäischer oder chasidäischer Züge lassen sich seine Eigentümlichkeiten ohne alle Schwierigkeit erklären.

Den Schlüssel zum Verständnis des essenischen Wesens bietet uns die Aufklärung, welche die philonische Schrift De vita contemplativa über die Weltflüchtigkeit der den Essenern so nahe verwandten Therapeuten in den Worten gibt: „Wenn die Therapeuten sich ihres Vermögens entäußert haben, so fliehen sie, von nichts mehr angelockt, unabänderlich und verlassen Brüder, Kinder, Weiber, Eltern, zahlreiche Verwandtschaften, das Vaterland, in welchem sie geboren und erzogen wurden, weil das Zusammenleben eine mächtige Anziehungskraft auszuüben vermag. Sie wandern aber nicht in eine andere Stadt — denn jede ist voll von Unruhe und unsäglichem Treiben, was derjenige nicht zu ertragen vermag, der einmal von der Weisheit ergriffen ist — sondern stellen außerhalb der Mauern ihre Meditationen an, in Gärten und Feldern, die Einsamkeit suchend, nicht etwa aus Menschenfeindlichkeit, sondern weil sie wissen, daß der Umgang mit Menschen, von denen sie sich in ihrem ganzen

---

[1]) Quod. omn. prob. liber II, 457: Οὗτοι τὸ μὲν πρῶτον κωμηδὸν οἰκοῦσι, τὰς πόλεις ἐκτρεπόμενοι, διὰ τὰς τῶν πολιτευομένων χειροήθεις ἀνομίας, εἰδότες ἐκ τῶν συνόντων ὡς ἀπ᾽ ἀέρος φθοροποιοῦ νόσον, ἐγγινομένην προσβολὴν ψυχαῖς ἀνίατον κτλ.

Wesen unterscheiden, nachteilig und schädlich ist. Menschen dieser Art finden sich an vielen Orten der Welt."[1])

Das ist jüdisch-alexandrinische, aus dem Griechentum geflossene Anschauung, der wir auch sonst bei Philo unzählige Male begegnen. „Verderbt ist", sagt er, „der von Natur Schlechte; der fein Gebildete aber, der ein eifriger Verehrer eines ungeschäftigen Lebens geworden, zieht sich zurück und liebt die Einsamkeit, indem er vor der Menge verborgen zu sein wünscht; nicht etwa aus Menschenhaß, denn er ist menschenfreundlich wie nur irgend einer, sondern aus Verachtung der Schlechtigkeit, die der große Haufe liebt, der sich freut über das zu Beseufzende und sich betrübt über das, worüber man sich freuen soll; deshalb schließt er sich ab und bleibt zumeist zu Hause, oder sucht sich außerhalb der Stadt die Einsamkeit der Felder für seine Meditationen aus."[2])

Das Streben nach Enthaltsamkeit und Weisheit, wodurch allein man sich zu Gott erheben könne, ist nach jüdisch-alexandrinischer Anschauung nur dann vom Erfolg begleitet, wenn man die Berührung mit der Menge und mit dem Getriebe des öffentlichen Marktes flieht und in die Einsamkeit sich zurückzieht, ohne Haß sich vor der Welt verschließend. „Diejenigen", sagt Philo, „die Gott suchen und sich sehnen, ihn zu schauen, lieben die ihm teure Einsamkeit und bestreben sich hierdurch, zuerst jener glücklichen und seligen Natur ähnlich zu werden".[3]) — Und auf einer andern Stelle: „Wenn ein Mensch einmal entschlossen ist, den Leidenschaften obzusiegen und Lüste und Begierden zu verschmähen, so eile er unverzüglich vom Hause, vom Vaterland und von den

---

[1]) De vita cont. II, 474: πᾶσα γε πόλις καὶ εὐνομωτάτη γέμει θορύβων καὶ κηρῶν καὶ ταραχῶν ἀμυθήτων, ἃς οὐκ ἂν ὑπομείναι τις ἅπαξ ὑπὸ σοφίας ἀχθεἰς — ἀλλὰ τειχῶν ἔξω ποιοῦνται τὰς διατριβὰς ἐν κήποις ἢ μοναγρίοις, ἐρημίαν μεταδιώκοντες, οὐ διά τινα ὠμὴν ἐπιτετηδευμένην μισανθρωπίαν, ἀλλα διὰ τὰς ἐκ τῶν ἀνομοίων τὸ ἦθος ἐπιμιξίας, ἀλυσιτελεῖς καὶ βλαβερὰς εἰδότες. Πολλαχοῦ μὲν οὖν τῆς οἰκουμένης ἐστὶ τοῦτο τὸ γένος.

[2]) De Abr. II, 4: ὁ δὲ ἀστεῖος ἔμπαλιν ἀπράγμονος ζηλώτης βιόυ γεγονὼς ὑποχωρεῖ, καὶ μόνωσιν ἀγαπᾷ, λανθάνειν τοὺς πολλοὺς ἀξιῶν, οὐ διὰ μισανθρωπίαν — φιλάνθρωπος γὰρ, εἰ καὶ τις ἄλλος — ἀλλὰ διὰ τὸ προβεβλῆσθαι κακίαν, ἣν ὁ πολὺσ ὄχλος ἀσπάζεται. Ὧν ἕνεκα συγκλσάμενος οἴκοι τὰ πολλὰ καταμένει — ἢ διὰ τοὺς ἐπιφοιτῶντας συνεχέστερον ἔξω πόλεως προελθὼν, ἐν μοναγρίῳ ποιεῖται τὰς διατριβάς.

[3]) ib. II, 14: Οἱ γὰρ ζητοῦντες καὶ ἐπιποθοῦντες θεὸν ἀνευρεῖν, τὴν φίλην αὐτῷ μόνωσιν ἀγαπῶσι, κατ᾽ αὐτὸ τοῦτο πρῶτον σπεύδοντες ἐξομοιοῦσθαι τῇ μακαρίᾳ καὶ εὐδαίμονι φύσει.

Verwandten fort. Denn die Gewohnheit besitzt Anziehungskraft, und es steht zu befürchten, daß er, wenn er bleibt, wieder gefangen wird, da sich in seiner Nähe viele Anreizungen befinden, die nach alter Gewohnheit die schlummernden Begierden leicht wieder wecken könnten. Viele schon haben sich durch Entfernung geheilt von törichten Leidenschaften. Denn durch Abwesenheit ihres Gegenstandes wird die Lust kraftlos. Will sich also jemand auf solche Weise entfernen, so hüte er sich wohl vor dem Umgang mit der Menge und suche die Einsamkeit. Auch in fremden Ländern finden sich Netze, die wir zu Hause geflohen, die den Unvorsichtigen leicht umstricken, sobald er sich unter die Menge mischt. Denn der große Haufe ist die Ordnungslosigkeit, Arglist und Bosheit, und wer nach Tugend strebt, kann sich unter demselben unmöglich wohl befinden."[1]) Deshalb seien denn auch die Gesetze in der Einsamkeit der Wüste gegeben worden. „Wenn jemand", so führt er ein andermal aus, „nicht wissen sollte, warum die Gesetze nicht in Städten, sondern in der tiefsten Wüste gegeben wurden, so will ich's ihm sagen: Zunächst weil die Städte voll von unzählbaren Bösen sind, voll Ruchlosigkeit gegen das Göttliche und voll Ungerechtigkeit gegen die Menschen; denn es gibt in ihnen nichts, was nicht Täuschung wäre, wo das Verfälschte mehr Beifall findet als das Echte, und das Scheinbare, das zwar irrtümlich, aber eine betrügliche und einschmeichelnde Hülle um sich wirft, mehr als das Wahre, wo auch die Eitelkeit erzeugt wird, die hinterlistiger als alles ist, die man aber dort anstaunt und verehrt, indem man leeren Schein wegen goldener Kronen, purpurner Gewänder, oder wegen der Menge der Diener und Wagen heilig hält, auf denen die sogenannten Glücklichen oder gar Seligen erhaben herumgeführt werden und die zwar zuweilen mit Maultieren und Pferden bespannt sind, bisweilen aber auch von Menschen auf den Schultern getragen werden, deren Seelen mehr denn die Körper durch dieses Übermaß des Stolzes niedergebeugt werden." — Zum andern aber sind die Gesetze in der Wüste gegeben worden, „damit der, der sie beobachten will, seine Seele losreißen und sich von den schwer abzuwaschenden Makeln reinigen könne, zu welchen der vermischte und zusammengelaufene Haufe in den Städten hingerissen wird. Dies ist aber nur dem möglich, der abgesondert

[1]) De praem. et poen. II, 411.

lebt, wenn nach geraumer Zeit die eingeprägten Male der alten Gesetzlosigkeit sich nach und nach verdunkelt und verlaufen haben und endlich verschwunden sind." [1]) Im ähnlichen Sinne läßt Philo den heidnischen Propheten Bileam über das jüdische Volk sich aussprechen: „Einsam wird es wohnen, nicht gezählt unter die Nationen, nicht etwa wegen Entfernung der Orte und der Absonderung der Wohnsitze, sondern wegen der Eigentümlichkeit vorzüglicher Tugend, unbefleckt in ihrer Reinheit durch fremde Sitten". [2])

Das ist nun gewiß nicht jüdische, noch weniger pharisäische, wohl aber jüdisch-hellenistische Theorie, die, wie Philo uns einmal im Vorbeigehen verrät, dem Griechentum entlehnt ist. So viele, sagte er gelegentlich der Lobpreisung der Einsamkeit, unter den Griechen und Barbaren ihr Leben der Weisheit widmen, sie kehren dem menschenwimmelnden Markt und dem öffentlichen Leben den Rücken, um sich in der Einsamkeit ihren Meditationen hingeben zu können. [3])

Nun verstehen wir auch, wie in De vita contemplativa von den Therapeuten ohne große Übertreibung gesagt werden kann, daß Leute dieser Art vielfach in der Welt anzutreffen seien, da es ja nach Philo selbst in der griechischen Welt weisheitsbeflissene Einsiedler gegeben, deren Weise auch im Judentum Nachahmung gefunden und hier nur eine jüdische Färbung angenommen hatte.

Alle diese Einsiedler aber leitet das eine Motiv zur Einsamkeit: sich von der großen, dem sinnlichen Leben ergebenen Menge ab und mit Gleichstrebenden und Gleichgestimmten einem philosophischen Leben sich zuzuwenden.

Hier tönt uns zum erstenmal aus der Geschichte des jüdischen Geistes das Motiv der Einsamkeit herauf. Zum erstenmal, sagen wir. Und nicht umsonst verdient dies Phänomen so sehr akzentuiert zu werden. Es vollzieht sich darin nicht etwa eine bloße Episode,

---

[1]) De decal. II, 181 sq.

[2]) Vita Mos. II, 124. cf. De monarch. II, 220.

[3]) De septen. II, 279: ὅσοι ἢ παρ' Ἕλλησιν ἢ βαρβάροις ἀσκηταὶ σοφίας εἰσὶ, ἀνεπιλήπτως καὶ ἀνυπαιτίως ζῶντες, μητ' ἀδικεῖν μητ' ἀνταδικεῖν αἱρούμενοι, τὰς τῶν φιλοπραγμόνων ὁμιλίας ἐκτρεπόμενοι, καὶ κατὰ χωρία ποιούμενοι τὰς διατριβὰς, προβέβληνται δικαστήρια καὶ βουλευτήρια καὶ ἀγορὰς καὶ ἐκκλησίας, καὶ συνόλως, ὅπου τὶς τῶν εἰκαιοτέρων ἀνθρώπων θίασος ἢ σύλλογος, οἷα βίον ἀπόλεμον καὶ εἰρηναῖον ἐζηλωκότες, θεωροὶ τῆς φύσεως καὶ τῶν ἐν αὐτῇ πάντων ἄριστοι.

eine flüchtige Seitenwendung der Spekulation. Der Hang zur Einsamkeit ist jederzeit ein gewichtiges Symptom, und als solches figuriert es vor allem im Judentum. Denn Einsamkeit ist dem jüdischen Wesen an sich fremd. Es sind nirgends innerhalb des mosaischen Volkstums Ansätze, Keime für eine Existenzform gegeben, die sich über das soziale Medium emporhebt. Das Judentum trägt einen entschieden demokratischen Charakter, das Wort in seiner weitesten Bedeutung genommen, also nicht als politischer und ökonomischer Wert. Wohl mochte es alexandrinischer Interpretationskunst gelingen, auch diesem neuen Ideal einen würdigen Adelsbrief zu schaffen. Wohl hingen Abraham, Moses und andere gefeierte Männer des alten Bundes in der Einsamkeit ihren frommen Betrachtungen nach, im ahnungsvollen Schauen des Ewigen und seiner Herrlichkeit versunken. Ihnen aber war die Einsamkeit und die Fülle von Gesichten, die sich in ihr bot, niemals Selbstzweck sondern Vorbereitung. Sie waren einsam, um sich innerlich zu stärken und für ihre große Mission reif zu werden. Ganz anders die essenische und jüdisch-hellenistische Einsamkeit. Sie ist die Krone und nicht die Wurzel des Lebensbaums. Hier ist das Verhältnis ein umgekehrtes. Zuerst Aufgehen in den großen Zwecken der Gesamtheit, dann sinnvolle Kontemplation. Den Preis der Einsamkeit erwirbt sich der, der vorerst unverdrossen in Reih und Glied gestanden hatte. Man zahlt seine Schuld an die Mitwelt, indem man für sie arbeitet. Man heimst den Lohn der Arbeit ein, indem man sich mit jener Bemühung das Recht auf Einsamkeit erwirbt.[1]) — Das Buch des alten Bundes ist durchtränkt von

[1]) Philo, De prof. I, 550 sq., tadelt scharf diejenigen, welche die Beschäftigungen und Erwerbszweige des bürgerlichen Lebens ungeprüft verlassen, sagend, daß sie Ruhm und Vergnügen verachten: Μέμψαιτο δὲ ἂν οὖν δεόντως ἡ ἀλήθεια τοῖς ἀνεξετάστως ἀπολείπουσι τὰς ἐν τῷ πολιτικῷ βίῳ πραγματείας καὶ πορισμοὺς, καὶ δόξης καὶ ἡδονῆς καταπεφρονηκέναι λέγουσιν. Leuten dieser Art, sagt Philo, rufen wir zu: Ihr sehnt euch nach einem abgeschiedenen, gesellschaftslosen, stillen und geräuschlosen Leben? Was habt ihr denn früher für die menschliche Gesellschaft Schönes geleistet? (τί γὰρ τῶν ἐν κοινωνίᾳ καλῶν προεπεδείξασθε;) Ihr verachtet den Reichtum. Seid ihr reich gewesen und habt gerecht gehandelt? Ihr gebet vor, die sinnlichen Genüsse zu verachten. Wart ihr mäßig, als ihr im Besitze der materiellen Mittel gewesen? Ihr verachtet den Ruhm. Habt ihr Bescheidenheit geübt, als ihr in Ehren wart? Ihr verlacht die Gesellschaftsordnung, und habt vielleicht nie erfahren, wie nützlich sie sei. Übt euch und sorgt zuerst für die Geschäfte des öffentlichen

sozialer Gesinnung. Vor ganz Israel verkündet Gott seine zehn Gebote. Aus diesem Boden entsproß kein Wert, der sich von der Gesellschaft emanzipiert, der die gedankenvolle Isolation zum moralischen Imperativ verklärt. Fremde Einflüsse beginnen sich da zu zeigen. Wenn man sie auch vor der Hand nicht zu lokalisieren vermag, es genügt anfangs, sie als solche gekennzeichnet zu haben. Das Märchen von der pharisäischen Herkunft der Essener muß angesichts eines solchen Phänomens schweigen. Den Pharisäer zog kein inneres Bedürfnis von der „freundlichen Gewohnheit des Wirkens“, von den trauten Kreisen der Gemeinschaft ab. Ihn lockte nicht der Wunsch, „Gott zu schauen“, ins Gefilde der Einsamkeit. Es kann also nicht geleugnet werden, daß man hier auf fremden Boden sich versetzt findet. Aus dem sozialen Charakter des Mosaismus ist der Sprung in weltflüchtiges Anachoretentum keineswegs zu erklären. Lassen wir also die unfruchtbare Spekulation, die mit sophistischen Mitteln bloß verjährte Irrtümer decken soll, und rechnen wir mit Realitäten. Der Essenismus mit seinem hochragenden Eigenbau an Ideen und Idealen ist aber eine solche Realität und läßt sich nicht zum Schattenspiel des Pharisäismus verflüchtigen. Wenn sein Grundbegriff Einsamkeit also nicht aus dem Mosaismus geflossen ist, dann restiert bloß die andere Möglichkeit einer Herkunft aus dem Geist des Hellenismus.[1]) Auch hier wird man wohl einer Reihe von Einwänden begegnen. In das Wesen des Griechentums ist nicht weniger sozialer Geist geprägt,

---

Lebens, und wenn ihr vorher in hinreichendem Maße um eurer Brüder willen im politischen und häuslichen Leben tätig gewesen seid, dann mögt ihr zu der andern bessern Lebensweise übergehen; kämpft erst den zu den höhern Kämpfen vorbereitenden Kampf im öffentlichen Leben vor dem beschaulichen: Πρότερον οὖν ἐγύμνασασθε καὶ προεμελετήσατε τοῖς τοῦ βίου πράγμασιν ἰδίοις τε καὶ κοινοῖς, καὶ γενόμενοι πολιτικοί τε καὶ οἰκονομικοὶ δἰ ἀδελφῶν ἀρετῶν οἰκονομικῆς τε καὶ πολιτικῆς κατὰ πολλὴν περιουσίαν, τὴν εἰς ἕτερον καὶ ἀμείνω βίου ἀποικίαν ἐστείλασθε. Τὸν γὰρ πρατικὸν τοῦ θεωρητικοῦ βίον, προάγωνά τινα ἀγῶνος τελειοτέρου, καλὸν πρότερον διαθλῆσαι. In diesem Tadel zeigt sich, wie groß damals im Judentum die Weltflucht, ja sogar der mit ihr getriebene Mißbrauch gewesen; andererseits aber, daß die eben wegen ihrer abgeschiedenen Lebensweise soviel gepriesenen Essener Leute gewesen sein müssen, die sich vorher um das öffentliche Leben verdient gemacht und sich ein Recht auf ein beschauliches Leben erworben haben. Diesen Eindruck erwecken auch die Essenerschilderungen bei Philo und Josephus und insbesondere bei Plinius.

[1]) So auch Pfleiderer Urchristent. II, 42.

als in das des Judentums. Die drei großen Denker, die ja vielleicht als die Einzigen sichtbare Spuren in die jüdisch-hellenistische Religionsphilosophie eingezeichnet haben konnten: Sokrates, Plato und Aristoteles waren keine Säulenheilige oder Wüstenmänner.

Und es ist wahr, daß man hier Vorsicht walten lassen muß. Der Hellenismus hat in seinen idealen Gestaltungen nicht das Erbe des Buddhismus übernommen. Er predigt nirgends Abkehr von der Sozialität. Sokrates trug seine Lehre auf dem Markte vor. Das Symposion atmet den Geist freundlicher Geselligkeit. Die sokratische Dialektik schöpft aus dem Medium sozialen Verkehrs. Plato warf das Kostbarste seiner Lehre in seine Theorie des Staates, der Politik. Es ist keineswegs der abstrakte Ideenmensch in seiner beziehungsfreien Isolation, den er als höchsten Repräsentanten des Geschlechts feiert. Der Staat ist es, der die Realisierung der Idee gewährleisten soll, der Staat nicht als ein Aggregat der Individuen, sondern gleichsam als Individuum höheren Grades. Ebensoweit ist Aristoteles von anachoretischer Idolatrie entfernt. Sein Postulat sinnvoller Lebensgestaltung gründet sich auf Sozialität, wie er es denn nachdrücklich hervorhebt, daß wahres Glück ohne Freundschaft nicht gedacht werden dürfe. Hier ist also kein Platz für Weltflüchtige, kein Imperativ der Einsamkeit dringt ans Tageslicht. Wo also ist ein Band zwischen Essenismus und Griechentum zu suchen, wenn es sich nicht zwischen ihm und den vornehmsten hellenischen Denkern weben soll. So scheint es beinahe, als müsse man entweder die Theorie einer nicht autochtonen Begründung dieser Lehre aufgeben oder an einen mystischen Zusammenhang mit der buddhistischen Religionsphilosophie glauben, die durch das Medium Alexandrias sich nach Judäa verpflanzt hat. Allein noch bietet sich uns ein Ausweg. Und unsere Behauptung, essenische Einsamkeit habe aus hellenischem Born geschöpft, erhält neue Basis. Wohl ist es wahr, daß jene Denker sich zu einer sozialen Weltauffassung bekannt haben. Daß sie nicht von der Isolation sondern von der Koexistenz der Individuen der Menschheit Bestes erwarteten. Aber der Übergang von ihrer Weltanschauung zu der der Essener läßt sich dennoch und nicht blos als haltlose Hypothese rekonstruieren.

Vor allem muß man den zweifachen Gedankenkern in dem an sich fließenden und relativen Begriff der Einsamkeit festhalten.

Einsamkeit ist nicht notwendig die absolute Abkehr des Individuums von seinesgleichen, das Anachoretentum, das zu seinem Wohnort die Wüste kürt. Es gibt auch eine Einsamkeit zu vielen, eine sozial organisierte Einsamkeit. Eine solche war eigentlich der Essenismus. Er war einsam der Masse, dem großen Haufen gegenüber, vor dem er sich vornehm abschloß. Aber diese Einsamkeit sublimierte nicht zum Extrem der Wüstenheiligen, sondern trug einen im höhern Sinn sozialen Charakter. Hier aber erweist sich das Griechentum zweifellos vorbildlich. Sogar die Superlativform jenes Ideals hatte sich in einzelnen seiner philosophischen Repräsentanten frühzeitig verwirklicht. Zwei so verschiedene Denker wie der lachende und der weinende Philosoph, Demokrit und Heraklit, kamen einander in den praktischen Prinzipien ihrer Lebensführung nichtsdestoweniger außerordentlich nahe. Einsam waren beide, wenn auch die Einsamkeit des einen mehr eine resignierte, behagliche Zuschauerruhe war, die des andern dagegen sich von bitterer Weltverachtung gesättigt zeigte. Um so mehr fand jene zweite Form, die soziale Einsamkeit, in Hellas Eingang. Wie markant, wie typisch ist jene philosophische Vereinigung, die der Pythagoreismus ins Leben rief, der sich beinahe wie ein Vorbild des Essenertums ausnimmt. Es war eine Vereinigung, die freilich in prägnantem Sinn wie die der Essener auch unter politischen Tendenzen stand, aber eben damit ihre Beziehung zu dieser bekundete, daß sie die politischen Aufgaben nicht in ihre Voraussetzungen aufnahm, sondern in erster Reihe von philosophischen Prinzipien ausging, denen sie erst das praktische politische Rezept entraffte. Das gleiche läßt sich vom Platonismus prädizieren. Auch er ist im Gegensatz zum Essenismus politisch, aber wie bereits Sokrates die Politik unter philosophische Begriffe zu stellen sucht, wie seine Schulbildung trotz aller freundlichen Geselligkeit und Verbrüderung ihren exklusiven Charakter nicht verleugnet, so entwickelt Plato die Idee einer philosophischen Organisation eben durch eine Organisation der Philosophen. In seinem Staat erscheint das Programm einer Denkergemeinde fixiert, die einerseits das Ruder der gesamten Regierung in der Hand hält, andrerseits in sich kastenmäßig gegründet erscheint.

Aber wenn man alle diese Analogien von sich weisen und sich auf den Gegensatz zwischen essenischer Einsamkeit und hellenischem Gemeinschaftsgeist steifen wollte, diese Hartnäckigkeit könnte dennoch einer genealogischen Ableitung der ersteren aus dem Griechentum auf die Dauer nichts anhaben. Was nämlich sich als der eigentliche Nerv des Einsamkeitsideals immer klarer aus dogmatischen Umhüllungen und liturgischem Apparat herausschält, das ist die eminente Potenzierung des theoretischen, des rein philosophischen Elementes, das hierin seinen Ausdruck und seine höhere Weihe empfängt. Es ist das Verlangen, Gott zu schauen, durch inbrünstige Hingabe an den Erkenntnistrieb der Welt tiefstes Geheimnis in sich aufzunehmen. Der antisoziale, besser gesagt, der antiplebejische Charakter ist nicht der Sinn, der Kern des Essenismus, sondern bloß eine folgerichtige Konsequenz aus jenem Hang. Wie der Denker die Einsamkeit aufsucht, um durch das Getriebe des Marktes die Energie intellektueller Arbeit in sich nicht verkümmern zu lassen, so ließ der Essener die lärmende Zionsstadt mit ihrem Parteigetriebe im Rücken. Dieser theoretische Geist ist aber dem auf das Praktische, auf die organisatorische, agitatorische Wirksamkeit gerichteten jüdischen Nationalcharakter im Tiefsten wesensfremd. Um so deutlicher zeigt er hellenisches Gepräge. Nicht bloß Sokrates und Plato finden die weihevolle Hingabe an die Erkenntnis, an die ideale Erfassung des Universums als höchste Entfaltung des Menschen, sondern auch nüchterne Denker wie Aristoteles krönen ihre Ethik mit diesem Imperativ. Von Thales bis Plotin ist der philosophische Hellenismus von diesem Ideal beseelt. Und überall, wo der Intellekt, der in sich vollendete Geist, als höchste Blüte des Menschentums gepriesen wird, tritt die Sozialität von selber, ohne daß eine polemische Stellungnahme gegen sie sich zu zeigen braucht, in den Hintergrund. Denn der Intellekt ist sich selbst genug und wenn er auch, wie dies eben in der sokratischen Dialektik so deutlich zum Ausdruck kommt, durch geistigen Verkehr und Meinungsaustausch Nahrung und Anregung erhält, so ist diese Neigung dennoch nicht mit der Eigenart des praktischen Willens zu vergleichen, der unter allen Umständen größerer sozialer Zusammenhänge, der Berührung mit fremden Willenssphären bedarf, um überhaupt wirksam in Erscheinung treten zu können.

Unter diesem Gesichtspunkt haben wir die Erscheinung des Essenismus, wie er uns in den einzigen auf uns gekommenen, authentischen Schilderungen des Philo, Josephus und Plinius entgegentritt, zu beurteilen. Und da wird sich überall eklatant zeigen, daß von dem Pharisäismus keine Verbindungsbrücke zu ihm führe.

Aber nicht nur nicht pharisäisch ist der Essenismus, er ist sogar streng antipharisäisch! Der Pharisäismus spricht jenen, die die Auferstehung des Leibes leugnen, oder auch nur behaupten, dieselbe werde in der Thora nicht gelehrt, den Anteil an dem künftigen Leben ab und läßt sie für ewige Zeiten in der Gehenna gerichtet werden; der Essenismus hingegen verwirft stracks die Auferstehungslehre, ganz im Geiste des jüdischen Alexandrinismus den Leib für sündhaft erklärend, den der Fromme schon bei Lebzeiten abtöten müsse; dagegen huldigt er einer, wie Josephus berichtet, ungemein erhebenden Lehre von der Unsterblichkeit der Seele, die ebenfalls ganz zweifellos der jüdisch-alexandrinischen Schule entlehnt ist. Der Pharisäismus verpönt die Ehelosigkeit als eine krasse Verletzung des göttlichen Gebotes; der Essenismus preist sie und huldigt ihr. Der erstere hält den Opferdienst im Tempel für eine unantastbare göttliche Institution; der letztere verwirft ihn und führt andere Heiligungen an seine Stelle ein, bricht mit dem offiziellen Judentum und wird deshalb aus dem Tempel ausgeschlossen.[1]) — Solche und andere, in der Folge noch zu berührende fundamentale religiöse Differenzen bildeten eine unüberbrückbare Kluft zwischen beiden Sekten,[2]) so daß es ganz unerfindlich ist, wie ernste Forscher über sie hinweg, auf unbedeutende äußerliche Ähnlichkeiten hin, zu der Überzeugung gelangen konnten, der Essenismus sei lediglich eine Steigerung des Pharisäismus!

* * *

Nachdem wir uns im Vorhergehenden den Weg zur Erforschung der Provenienz und des Wesens des Essenismus ein wenig frei ge-

---

[1]) Jos. Antt. XVIII, 1,5: εἰς δὲ τὸ ἱερὸν ἀναθήματά τε στέλλοντες, θυσίας οὐκ ἐπιτελοῦσι διαφορότητι ἁγνειῶν ἃς νομίζοιεν, καὶ δι᾽ αὐτὸ εἰργομενοι τοῦ κοινοῦ τεμενίσματος. Sie waren also, weil sie den Tieropferdienst verwarfen, aus dem Tempel ausgeschlossen, und es stimmt nicht, wenn Bousset l. c. 438 hier, das εἰργόμενοι medial fassend, lesen will: „die Essener schlossen sich von der Beteiligung am Tempelkultus aus“. — Ähnlich sagt der Pharisäer Simon bei Jos. Antt. XIX, 7,4 von Agrippa, daß er wegen seiner Unfrömmigkeit verdiene, vom Tempel ausgeschlossen zu werden: δικαίως δ᾽ ἂν εἴργοιτο τοῦ ναοῦ τῆς εἰσόδου.

[2]) Hierzu M. Friedländer, Gesch. der jüd. Apol. p. 458sqq.

macht, können wir nunmehr auf die Quellen selbst näher eingehen. Und da müssen wir die Bemerkung vorausschicken, daß wir, wofern wir die im vorchristlichen Judentum tatsächlich bestandenen, durch Einwirkung des griechischen Geistes hervorgerufenen Strömungen nach Gebühr würdigen, der Überzeugung von dem Wahrheitskern der uns über die Essener erhaltenen Berichte im großen und ganzen uns nicht verschliesen können. Mögen immerhin Philo und Josephus apologetisch färben und das Ideal, das sie uns vorführen, als ein genuin jüdisches hinstellen, in der Sache selbst dürfen ihre Darstellungen nicht angefochten werden, da sie in vollkommenem Einklang mit den Zeitströmungen stehen. Es geht aber über das Maß des Erlaubten, mit diesen so hochverdienten und so ungemein orientierenden Autoren, denen wir unsere ganze Kenntnis der Geschichte und der religiösen Bewegungen des Judentums der beiden letzten vorchristlichen Jahrhunderte verdanken, so umzuspringen, wie dies vielfach beliebt ist: glaubwürdig bei ihnen zu finden, was einem paßt, und als maßlose Übertreibung oder gar als spätere christliche Mache zu verwerfen, was einem nicht paßt. Hier gibt es nur zweierlei: entweder anzunehmen, daß Philo, Josephus und Plinius gefabelt und eine Sekte der Essener erfunden haben und demgemäß die letzteren aus der Geschichte zu streichen; oder die Berichte dieser Autoren ernst zu nehmen und ihnen, soweit ihre Angaben nicht im Widerspruch mit den bestehenden Zeitverhältnissen — die man allerdings nicht ausschließlich aus dem talmudischen Schrifttum herauslesen darf —, Glauben zu schenken und den Essenismus, wie er es in Wahrheit verdient, zu würdigen.

Aber — so wendet man mit gewichtiger Miene ein — die Partei der Essener, wenn auch ihre Existenz nicht wegzuleugnen ist, war ganz bedeutungslos, da weder die talmudischen noch die neutestamentlichen Quellen etwas von ihr wissen.

Was nun zunächst den Talmud anbelangt, so hat er nicht die mindeste Veranlassung, sich mit den Essenern zu beschäftigen, da diese niemals in seinen Gesichtskreis traten. Es ist auch, soweit uns bekannt, niemals zwischen ihnen und den Schriftgelehrten zu herausfordernden Diskussionen oder auch nur zu Kontroversen überhaupt gekommen. Die Essener lebten abseits vom öffentlichen Getriebe, standen dem offiziellen Judentum kalt und gleichgültig gegenüber, waren von dem Tempelbesuch ausgeschlossen, standen dem politischen Leben völlig fern und mochten schließlich von den herrschenden, in die Politik aktiv eingreifenden Parteien gar nicht als Juden angesehen worden sein, wie sie denn auch von Plinius kaum als solche erkannt wurden, und wie sich denn auch Josephus gedrungen fühlt, eingangs seiner Essenerschilderung zu erklären: sie seien zwar Juden von Geburt, liebten sich aber inniger als die andern Zugehörigen dieses Volkes. — Und endlich darf nicht übersehen werden, daß die Redigierung selbst der Mischna in viel späterer Zeit erfolgte, wo die Essener kaum mehr selbständig existierten. Und wenn die Sammler der Mischna gleichwohl noch eine dunkle Erinnerung von ihnen hatten, dann warfen sie dieselben als Häretiker, was sie doch nach pharisäischem Begriffe im buchstäblichsten Sinne des Wortes waren, mit den „Minim", „Apikorsim", „Philosophen" zusammen — von denen im Talmud ungleich mehr als von den Sadduzäern die Rede ist — deren Kontroversen mit den Schriftgelehrten Legion im Talmud sind.

Aber auch die Evangelien wissen nichts von den Essenern zu berichten. Das stimmt. Allein da möchten wir hinwiederum fragen, wie Jesus dazu hätte kommen sollen, sich mit den Essenern, an denen er Ähnliches wie an den Pharisäern und Sadduzäern nicht zu tadeln hatte, deren Lebensweise und religiöse Anschauung er in der Hauptsache billigte, auseinanderzusetzen? Seine und des Täufers Lebensrichtung war mit jener der Essener zu eng verwandt, als daß zwischen ihnen eine zu erregten Diskussionen Anlaß gebende Diskrepanz geherrscht haben sollte. Die urchristliche Bewegung ging von jenen Kreisen aus, die dem Essenismus nahe standen, und wenn sich auch später in ihr die konservativen und radikalen Elemente befehdeten, in der Zeit Jesu, wo der Kampf ausschließlich gegen die herrschenden Parteien, und in vorderster Linie gegen die Pharisäer, gerichtet war, der, wie wir gesehen, mit großer, alle Kraft absorbierender Heftigkeit geführt wurde, da war für innere Differenzen kein Raum. Aber auch später, als die Evangelien schriftlich fixiert wurden, war keine Veranlassung, der Essener zu gedenken. Es war vielmehr nahegelegen, um das Lebenswerk Jesu als ein ganz neues, ursprüngliches erscheinen zu lassen, der Vorarbeiten und Vorarbeiter gar nicht oder nur so wenig als nur immer möglich zu gedenken, wie denn auch diese Tendenz inbezug auf den unmittelbaren Vorläufer Jesu deutlich zutage tritt. In dem Johannesevangelium schon wird die Bedeutung des Täufers stark abgeschwächt, um jene des Messias im hellsten Glanz aus dem Dunkel hervorstrahlen zu lassen: „Er muß wachsen“, läßt dieser Evangelist den Täufer von Jesu sprechen, „ich aber muß abnehmen, der von obenher kommt, ist über alle. Wer von der Erde ist, der ist von der Erde und redet von der Erde. Der vom Himmel kommt, der ist über alle“.[1])

Ebensowenig aber wie die Bedeutung des Täufers, die ja auch von Josephus stark hervorgehoben wird, darf jene des Essenismus herabgedrückt werden. Schon der Umstand, daß die essenische Sekte die einzige im Judentum ist, die nach außen hin ein bedeutsames Aufsehen erregte, müßte uns stutzig machen. — Wenn man nun, um die Essener zu Pharisäern machen zu können, nach dem vielbeliebten Auskunftsmittel greift, Philo und Josephus ungebührlicher Schönfärberei zu beschuldigen oder gar die eine oder andere philonische Essener- und Therapeutenschilderung für Fälschungen zu erklären, so mag das immerhin bei der in diesen Dingen hüben und drüben herrschenden Voreingenommenheit noch verfangen; was will man aber dazu sagen, daß ein Ethnologe wie Plinius die Essener als Philosophen hinstellt, die in der ganzen Welt ihresgleichen suchen, denen alle Jene in Massen zuströmen, die sich vom Weltgetriebe abgestoßen fühlen?[2]) Man wird doch nicht behaupten wollen, daß auch Plinius hier zugunsten der ihm so wenig sympathischen Juden gefabelt habe? Entweder hat er die von ihm geschilderte essenische Kolonie selbst gesehen und sie rühmenswert gefunden, dann war sie keine alltägliche Erscheinung mehr, oder er hat aus ihm vorgelegenen Quellen geschöpft, dann bestätigen sie nicht minder die übereinstimmenden Meldungen von Philo und Josephus, nach welchen die Essener weithin die Bewunderung selbst der hohen und höchsten Kreise erregt hätten.

Warum man aber dem Pharisäer Josephus auch da, wo er über eine jüdische, den Pharisäismus vollständig verdunkelnde Sekte referiert, keinen Glauben schenken will, ist uns ganz unerfindlich. Wäre seine Essenerschilderung in Wirklichkeit bloße Erfindung,

---

[1]) Ev. Joh. 3,30—31.

[2]) Hist. Nat. V, 17: gens sola, et in tote orbe praeter ceteras mira. — — In diem ex aequo convenarum turba renascitur large frequetantibus quos vita fessos ad mores eorum fortunae fluctibus agit. — — Tam fecunda illis alliorum vitae poenitentia est.

oder auch nur eine allzustarke Idealisierung, was hätte ihn gehindert, all das Schöne, womit er diese Sekte schmückt, auf die Pharisäer — wie dies ihre heutigen Bewunderer tun —, deren Anhänger zu sein er sich doch rühmt, zu übertragen und sie in derselben Weise zu idealisieren, wie er die Essener idealisiert? Warum wirft er sich, so oft er sich anschickt, die drei Sekten des Judentums ausführlich zu behandeln, sogleich mit aller Begeisterung auf jene der Essener, der dritten im Bunde, sich über sie in Lobeshymnen ergehend, und bespricht dann erst die beiden andern, die doch die herrschenden Parteien im Judentum waren, nur so im Vorbeigehen, gleichsam pflichtschuldig? Warum schwelgt er, so oft er in seinen Schriften dieser drei Sekten gedenkt, in der Erinnerung an die Essener, nicht einen einzigen Makel an ihnen findend, während er selbst über seine eigene Partei da und dort harten Tadel nicht zu unterdrücken vermag? Was, fragen wir, sind ihm, dem Pharisäer, die Essener, daß er sie sollte so sehr hervorheben müssen? Wohl aufzuwerfende Fragen. Auf alle diese Fragen aber gibt es nur eine Antwort: Die Essener spielten bis zur römischen Zerstörung des Tempels eine hervorragende Rolle in der Welt. Man sprach allenthalben von ihnen und mit Bewunderung. Josephus konnte unmöglich an ihnen vorbeigehen. Im Herzen war er längst der ihrige. Er war in frühester Jugend bei ihnen in die Schule gegangen, sein Geist war essenisch angehaucht; aber sein Fleisch war schwach. Er sehnte sich, eine politische Rolle zu spielen, aber für solche Ambitionen war auf essenischem Boden kein Raum: darum wurde er, wie er dies selbst andeutet,[1] beim Hinaustreten ins öffentliche Leben Anhänger der Pharisäer. Zum Überfluß bot sich ihm, dem Apologeten seines Volkes, der Essenismus als ein willkommenes Objekt dar, sein Judentum der Außenwelt gegenüber unwidersprochen — weil er ja aller Welt Bekanntes schilderte — verherrlichen zu können und zu zeigen, welche unvergleichliche ethische Vollkommenheit dem Boden des Mosaismus entsprieße. Zudem wissen wir, daß Josephus fast nirgends selbständig schafft oder erfindet, sondern stets unterhalb, nicht oberhalb seiner Quellen steht, die er meist kritiklos ausschreibt.[2] Auch seinen Essenerschilderungen merkt man es deutlich an, daß er sie

---

[1]) Vita c. 2.

[2]) cf. M. Friedländer, Gesch. der jüd. Apol. 346 sqq.

aus ihm vorliegenden Berichten schöpft, auf die er um so mehr angewiesen war, als er ja zumeist den Essenismus, wie er in den früheren Zeiten, von seiner Entstehung ab, in die Erscheinung trat, zeichnet und sich nur mit fremden Quellen behelfen muß, zumal er selbst, während seiner kurzen essenischen Lehrzeit, sich nur in der Peripherie des Ordens aufhalten, in das Innere desselben aber nicht eindringen durfte, also Authentisches über die Geheimnisse desselben nicht zu berichten wußte.

Sehen wir uns nun die Grundprinzipien näher an, welche zur Bildung der essenischen Gemeinschaften führten, so fällt uns zunächst ihre Forderung strenger Enthaltsamkeit ins Auge. Sie machte zwar nicht das Wesen des Essenismus aus, wohl aber bildete sie den Grundstein, auf welchem er sich aufbaute. Durch möglichste Abtötung der sinnlichen Lust sollte der Mensch zur Vollkommenheit, zum Anschauen Gottes gelangen. Sie mieden die Vergnügungen als etwas Böses und hielten es für eine Tugend, den Leidenschaften nicht zu unterliegen.[1]) — Auch die Therapeuten hielten die Enthaltsamkeit für die Kardinaltugend, die die Grundlage bilde, auf der sich alle übrigen Tugenden aufbauen.[2]) — Die Essener ließen denn auch keinen in ihren Orden hinein, der nicht vorher ein volles Jahr hindurch Proben der Enthaltsamkeit gegeben.[3]) Die Enthaltsamkeit aber, zum Prinzip erhoben, ist durchaus jüdisch-alexandrinische Theorie, was die philonischen Schriften fast auf jeder Seite beweisen. Sie ist aber nicht Selbstzweck, sondern nur Mittel zur Erreichung des eigentlichen Zweckes. Das Endziel ist die Vollkommenheit! Die Enthaltsamkeit bildet die unterste Sprosse der essenischen, zur Vollkommenheit

---

[1]) Jos., Bell. jud. II, 8,2: τὰς μὲν ἡδονὰς ὡς κακίαν ἀποστρέφειν τὴν δὲ ἐγκράτειαν, καὶ τὸ μὴ τοῖς πάθεσιν ὑποπίπτειν, ἀρετὴν ὑπολαμβάνουσι. cf. Philo, quod. omn. pr. lib. II, 458: τοῦ δὲ φιλαρέτου (δείγματα παρέχονται), τὸ ..... ἀφιλήδονον, τὸ εγκρατὲς, τὸ καρτερικόν· ἔτι ὀλιγόδειαν, ἀφέλειαν κτλ.

[2]) De vita cont. II, 476: ἐγκράτειαν ὥσπέρ τινα θεμέλιον προκαταβαλόμενοι τῇ ψυχῇ, τὰς ἄλλας ἐποικοδομοῦσιν ἀρετάς. Dasselbe sagt Philo, De somn. I, 639 von den Asketen überhaupt: οἱ πρὸς ἀλήθειαν ἄνδρες, σωφροσύνης καὶ κοσμιότητος καὶ αἰδοῦς ἐρασταὶ, ἐγκράτειαν, ὀλιγόδειαν, καρτερίαν, ὥσπερ κρηπῖδάς τινας ὅλου τοῦ βίου καταβεβλημένοι, ψυχῆς ἀσφαλεῖς ὑποδρόμους; οἷς ἀκινδύνως καὶ βεβαίως ἐνορμεῖται.

[3]) Jos., Bell. jud. II, 8,7: ἐπειδὰν δὲ τούτῳ τῷ χρόνῳ πεῖραν ἐγκρατείας δῷ πρόσεισι ἔγγιον.

emporführenden Entwicklungsleiter. Die oberste Stufe ist die Heiligkeit.[1])

Ebenso fordert der jüdische Hellenismus von demjenigen, der sich zur Vollkommenheit emporzuläutern strebt, die größtmöglichste Einschränkung der leiblichen Bedürfnisse. Als ein Beispiel aus unzähligen möge hier die folgende klassische Stelle aus Philo, welche die nahe Verwandtschaft des jüdischen Alexandrinismus mit dem Essenismus erweist, Platz finden: „Sind wir, die an den Körper Gebundenen, wohl imstande, die leiblichen Bedürfnisse abzuweisen? Und auf welche Weise wäre das möglich? Merke auf folgendes. Der heilige Gesetzgeber schreibt dem von den leiblichen Bedürfnissen Geleiteten die Art und Weise vor, wie er sich mit dem Allernotdürftigsten begnügen solle.[2]) Zuerst sagt er: „Einen Platz sollst du außerhalb des Lagers haben.“ [3]) Lager bedeutet hier die Tugend, in welcher die Seele ihren Wohnsitz aufgeschlagen hat. Die Weisheit kann aber nicht mit den körperlichen Bedürfnissen und Genüssen auf demselben Platze herrschen. Nun heißt es weiter: „Und hinausgehen sollst du dahin.“ Weshalb? Weil die Seele, so lange sie bei der Weisheit verbleibt und in deren Behausung weilt, von den körperlichen Dingen nicht genießen kann. Denn dort erhält sie göttliche Nahrung in den Erkenntnissen, um derentwillen sie das Fleisch vernachlässigt. Erst wenn sie das heilige Gebäude der Tugend verlassen, wendet sie sich dem den Körper beschwerenden und bedrückenden Stofflichen zu. Wie aber soll sie dieses benützen? „Und ein Bohrer“, so heißt es weiter, „soll dir an deinem Gürtel hängen, und du sollst damit graben“; das ist die Vernunft, welche nach den Leidenschaften gräbt, sie hinauswirft und von sich abtut.[4]) Wir sollen uns nämlich die Begierden umgürten und ihnen keine freie Entfaltung gestatten. Deshalb sollen wir beim Durchschreiten derselben, Passah genannt, wie die Schrift es befiehlt, die Lenden

---

[1]) Jos., Bell. jud. II, 8,2: ὃ δὴ καὶ δοκεῖ σεμνότητα ἀσκεῖν Ἐσσηνοὶ καλοῦνται.

[2]) Philo, Leg. alleg. I, 117: ὁ ἱεροφάντης τὸν τρόπον παραγγέλει τῷ ἀγνομένῳ ὑπὸ σωματικῆς χρείας αὐτῷ μόνῳ χρῆσθαι τῷ ἀναγκαίῳ.

[3]) Deuter. 23,13.

[4]) Leg. alleg. ib.: πῶς οὖν αὐταῖς χρήσομαι; „πάσσαλος ἔστω σοι“, φησιν, „ἐπὶ τῆς ζώνης σου, καὶ ὀρύξεις ἐν αὐτῷ“, τουτέστι λόγος ἐπὶ τοῦ πάθους ἐξορύττων καὶ ἀναστέλλων, καὶ ἀπαμφιεννὺς αὐτό.

gürten,[1]) will sagen, die Begierden fesseln. Ein Bohrer aber, das ist die Vernunft, soll der Begierde folgen, um ihre Ausschreitung zu verhindern. Denn auf diese Weise werden wir nur das Notdürftigste gebrauchen, uns aber von jedem Überflüssigen fern halten.[2]) Und wenn wir zu Mahlzeiten die Vernunft wie eine schützende Waffe mitbringen, dann werden wir weder übermäßig Speise verschlingen, noch in Trunkenheit verfallen. Denn die Vernunft wird den ungestümen Andrang der Leidenschaft zügeln und zurückdrängen. — — „Du sollst mit dem Bohrer graben", das heißt, du sollst die Natur jeder Begierde zum Essen, Trinken usw. mit Hilfe der Vernunft aufdecken und durchgraben, um das Wahre an derselben zu erkennen. Dann wirst du erfahren, daß in keinem dieser Dinge das Gute liegt, sondern einzig und allein das Notwendige und Unentbehrliche. — „Und du sollst deinen Auswurf bedecken."[3]) Sehr mit Recht! Lenke doch, o Seele, die Vernunft auf alles, wodurch jeder Auswurf des Fleisches und der Leidenschaft verdeckt, verdunkelt und versteckt werde: denn was nicht der Vernunft gemäß ist, ist häßlich, sowie hinwiederum alles Vernunftgemäße schön ist. So schreitet der Vergnügungssüchtige auf dem Bauche einher; der Vollkommene hingegen spült den ganzen Bauch ab; der in der Ausbildung Fortschreitende die Eingeweide; der mit der Ausbildung Beginnende aber geht hinaus, wenn er der Notdurft des Leibes sich widmen will, die Vernunft mitnehmend, welche symbolisch Bohrer genannt wird, um die Leidenschaften zu zügeln."[4])

---

[1]) Exod. 12,11.

[2]) Leg. alleg. ib.: πάσσαλος οὖν τουτέστι λόγος, ἐπέσθω τῷ πάθει, κωλύων αὐτὸ χεῖσθαι. οὕτως γὰρ αὐτοῖς μόνοις χρησόμεθα τοῖς ἀναγκαίοις, τῶν δὲ περίττῶν ἀφεξόμεθα.

[3]) Deut. ib.

[4]) Leg. alleg. I, 118: ὁ δὲ τέλειος τὴν κοιλίαν ὅλην ἐκπλύνει, ὁ δὲ προκόπτων τὰ ἐν κοιλίᾳ ὁ δὲ ἄρτι ἀρχόμενος παιδεύεσθαι ἔξω πρόεισιν, ὅταν μέλλῃ τῆς γαστρὸς, τοῖς ἀναγκαίοις ἐπιφερὸμενος λόγον, ἐπιστομιεῖν τὸ πάθος, ὃς εἴρηται συμβολικῶς πασσάλος. Hiernach liegt die Vermutung sehr nahe, daß der Spaten (ἀξινάριον, σκαλίς), welchen der die Aufnahme in den Essenerorden anstrebende Novize, von dem vor allem Proben der Enthaltsamkeit gefordert wurden, bei seinem Eintritt erhielt, die Vernunft (λόγος), die der Leidenschaft Halt gebietet und zur Enthaltsamkeit mahnt, versinnbildlichen sollte. Hierzu stimmt alles, was Philo hier und anderwärts über die Mittel zur Erlangung der Vollkommenheit spricht. So wie er nun im Aufstiege zur

Das ist Essenismus in allen Farben, und ihr Grundton: Enthaltsamkeit!

Mit der Einschränkung der leiblichen Bedürfnisse hängt auch die von sämtlichen einschlägigen Berichten als eine Haupteigentüm-

---

Vollkommenheit drei Stufen unterscheidet: die des Beginnens, auf der der Auszubildende (ὁ ἄρτι ἀρχόμενος παιδεύεσθαι), um die Leidenschaften zu zügeln, mit dem die Vernunft symbolisierenden Passalos ausgerüstet sein müsse, die Stufe des Fortschreitenden (ὁ προκόπτων), die einen höheren Grad darstellt, und endlich die der Vollkommenheit (ὁ τέλειος); ebenso unterscheidet nach Josephus auch der Essenismus drei zur förmlichen Aufnahme in die essenische Gemeinschaft führende Stufen: die des Bewerbers (ὁ ζηλῶν), der, wie schon erwähnt, Proben der Enthaltsamkeit liefern mußte, die des Nähertretenden (προσιὼν ἔγγιον), der bereits diese Probe bestanden, und endlich die des Symbiotes (ὅς εἰς τὸν ὅμιλον ἐγκρίνεται), der bis zur förmlichen Aufnahme in den Orden vorgedrungen. Und sowie bei Philo Deut. 23,12–13 der Spaten (πάσσαλος), womit der Auswurf bedeckt werden soll, symbolisch als Vernunft (λόγος) gedeutet wird, welche die Aufgabe hat, die Ausschreitungen der Begierden zu hemmen, so hatten auch die Essener zu demselben Zweck ihren Spaten (Jos., Bell. jud. II, 8,9) und vermutlich als gleiches Symbol. — Der Spaten, womit bei den Essenern im Geiste des jüdischen Alexandrinismus der „Anfänger“, um an die Enthaltsamkeit gemahnt zu werden, ausgerüstet wurde, war sonach das Symbol der Vernunft, eine Auslegung, die gar oft bei Philo wiederkehrt. So lesen wir auf einer anderen Stelle bei ihm, wo er ebenfalls an Deut. 23,12–13 anknüpft: Mit dem Spaten wird symbolisch die Vernunft bezeichnet, welche das Heimliche in den Dingen herausgräbt. Man soll sie an der Leidenschaft tragen, die umgürtet werden muß und nicht frei gelassen werden darf: πάσσαλον συμβολικῶς φάσκων τὸν ἐξορύσσοντα λόγον τὰ κεκρυμμένα τῶν πραγμάτων. Κολεύει δὲ αὐτὸν φορεῖν ἐπὶ τοῦ πάθους, ὃ ἀνεζῶσθαι χρὴ, καὶ μὴ ἐᾶν κεχαλᾶσθαι καὶ ἀνεῖσθαι. — Das hat zu geschehen, wenn der Geist, der Anstrengungen des reinen Denkens müde, sich den Leidenschaften überläßt geleitet von leiblichen Bedürfnissen. — Wenn bei schwelgerischem Mahle der Geist von den Genüssen bewältigt, seiner selbst vergißt, dann werden wir zu Sklaven und waten in unverhüllter Unreinheit. Wenn aber die Vernunft stark ist, um die Leidenschaften zu reinigen, dann werden wir beim Trinken nicht berauscht, beim Essen aus Sättigung nicht übermütig. Leg. alleg. I, 72. — Wie hier der Spaten die Vernunft symbolisiert, die die Begierden zum Schweigen bringt, so versinnbildlicht auch das Schwert des Pinehas, womit er die buhlerische Midjaniterin tötete, die Vernunft: Pinehas, der Priester und Diener Gottes, ergreift die Lanze, d. h. er forscht nach der Natur der Dinge, nachdem er nichts Ehrwürdigeres gefunden als die Tugend, so durchsticht und tötet er mit der Vernunft (λόγῳ) die tugendhassende, lustliebende Zeugung und die Orte, aus denen die trügerischen und verfälschten Schwelgereien und Genüsse hervorsprießen. Denn die Schrift sagt, „daß er das Weib durch den Leib durchbohrte“ (Num. 25,11). So hat er, im Eifer für den höchsten und einzigen

lichkeit des Essenismus hervorgehobene, aus dem Pharisäismus nimmer zu erklärende Mißachtung gegen jeden irdischen Besitz zusammen. Sie sammeln, sagt Philo, weder Gold noch erwerben sie sich aus Verlangen nach Einkünften Grundstücke,

---

Gott entbrennend, den Aufruhr in sich selbst unterdrückt und die eigene Lust von sich abgewälzt. De posterit. I, 261: λαβὼν τὸν σειρομάστην, τουτέστι μαστεύσας, καὶ ἀναζητήσας τὴν τῶν ὄντων φύσιν, καὶ μηδὲν σεμνότερον ἀρετῆς ἀνευρὼν, κατεκέντει, καὶ ἀνῄρει τῷ λόγῳ τὴν μισάρετον καὶ φιλήδονον γένεσιν κτλ. Er, der von Eifer für Gott Erfüllte, flieht nicht, auf die eigene Rettung bedacht, sondern er ergreift den Speer, d. i. die eifernde Vernunft und ruht nicht, bis er die Midjaniterin, nämlich das sich vor Gott verbergende Wesen, durchbohrt hat, damit sie nie Sprößlinge und Kinder des Lasters gebären könne. Leg. alleg. I, 135: Φινεὲς δὲ ὁ ἱερεὺς ὁ ζηλώσας τὸν ὑπὲρ θεοῦ ζῆλον, οὐ φυγῇ τὴν ἰδίαν σωτηρίαν πεπόρισται, ἀλλὰ τὸν „σειρομάστην“, τουτέστι τὸν ζηλωτικὸν λόγον λαβὼν, οὐκ ἀποστήσεται, πρὶν ἢ „εκκεντῆσαι τὴν Μαδιανῖτιν“, τὴν ἐγκεκρυμμένην θείῳ χορῷ φύσιν, „διὰ τῆς μήτρας αὐτῆς“, ἵνα μηδέποτε ἰσχύσῃ φυτὸν ἢ σπέρμα κακίας ἀνατεῖλαι. — Abraham ergreift, nachdem er begonnen, alles nach Gebühr abzuwägen, in Nachahmung des „flammenden Schwertes“ — das ist die Vernunft (λόγου δὲ τὴν φλογίνην ῥομφαίον [σύμβολον εἶναι]) — Feuer und Messer, um das Sterbliche von sich abzuschneiden, um sich ungestört im Geiste zu Gott erheben zu können. De cherub. I, 144: Οὐχ’ ὁρᾷς ὅτι καὶ Αβραὰμ ὁ σοφὸς, ἡνίκα ἤρξατο κατὰ θεὸν μετρεῖν πάντα, καὶ μηδὲν ἀπολείπειν τῷ γεννητῷ, λαμβάνει τῆς φλογίνης ῥομφαίας μίμημα, „πῦρ καὶ μάχαιραν“ διελεῖν καὶ καταφλέξαι τὸ θνητὸν ἀφ’ ἑαυτοῦ γλιχόμενος, ἵνα γυμνῇ τῇ διανοίᾳ μετάρσιος πρὸς τὸν θεὸν ἀναπτῇ;

Wir haben es hier sonach mit einer feststehenden, immer wiederkehrenden Auslegung zu tun: Speer und Spaten in der heiligen Schrift bedeuten symbolisch die Vernunft, mit deren Hilfe die Enthaltsamkeit gefördert, alles Irdische und Sinnliche durchforscht und ausgeschieden werden könne, um den Menschen zu Gott zu erheben. Dahin geht aber auch das ganze Streben der gleichfalls die Bibel allegorisch auslegenden Essener. Sollte nun der Spaten, den hier der Novize bei seiner Anmeldung zur Aufnahme erhielt, und ein Jahr lang auf seine Enthaltsamkeit geprüft wurde, ehe er dem Orden näher treten durfte, nicht ebenfalls als Symbol der Enthaltsamkeit gegolten haben?

Es ist ebenso interessant als instruktiv zu sehen, daß sich ähnliche Symbole zu gleichen Zwecken wie bei den Essenern, später bei den christlichen Mönchen wiederfinden: „Der ganze Chor der Heiligen“, heißt es bei Ephräm (Unterricht über die Tugend c. 2), hat einen Gürtel um die Lenden gebunden, der die Strenge ihrer Lebensweise veranschaulicht, denn sie hat sich die ganze Waffenrüstung des heiligen Geistes zueigen gemacht. Sie sind von der Kraft des heiligen Geistes ringsum eingeschlossen. Die Ketzer aber sehen wir aus ihrer eigenen Nachlässigkeit jenes Geschenkes entblößt und ihre Lende ist nicht mit keuscher Gesinnung umgürtet, sondern ihr ganzer Charakter ist weichlich und ausgelassen, sowohl in Reden als in Handlungen.“

sondern verschaffen sich bloß, was zum nötigen Lebensbedarf gehört. Denn während sie fast allein unter allen Menschen ohne Güter und Besitz sind, mehr infolge ihrer Einrichtung als aus Mangel an Glück, halten sie sich für die reichsten, indem sie Genügsamkeit in den Bedürfnissen und frohen Sinn, wie dies denn auch in Wahrheit ist, für Reichtum halten.[1]) — Handel und Gastwirtschaft oder Schiffahrt kennen sie auch nicht im Traum, weil sie jede Veranlassung zur Habgier verbannen. Sie bewähren ihre Liebe zur Tugend durch Verachtung des Geldes, durch die Enthaltsamkeit und Genügsamkeit in den Bedürfnissen.[2]) — Sie sind Verächter des Reichtums und haben bei sich eine bewunderungswürdige Gütergemeinschaft eingeführt.[3])

Sie verabscheuen den Krieg. Handwerker, die Pfeile, Lanzen, Schwerter, Helme, Panzer oder Schilder verfertigten, Waffenschmiede, Verfertiger von Kriegsgeräten oder überhaupt zum Krieg gehörigen Dingen, oder auch nur von solchen, die im Frieden zur Schlechtigkeit führen könnten, sind bei ihnen nicht zu finden.[4])

---

[1]) Quod. omn. prol. liber II, 457: Μόνοι γὰρ ἐξ ἁπάντων σχεδὸν ἀνθρώπων ἀχρήματοι καὶ ἀκτήμονες γεγονότες, ἐπιτηδεύσει τὸ πλεῖον ἢ ἐνδείᾳ εὐτυχίας, πλουσιώτατοι νομίζονται, τὴν ὀλιγόδειαν καὶ εὐκολίαν, ὅσπερ ἐστὶ κρίνοντες περιουσίαν.

[2]) ib. 458.

[3]) Jos., Bell. jud. II, 8,3: Καταφρονηταὶ δὲ πλούτου καὶ θαυμάσιον παῤ αὐτοῖς τὸ κοινωνητικόν. cf. Philo II, 458.

[4]) Die Verurteilung des Krieges seitens der Essener, welcher auch Josephus erwähnt — er nennt die Essener „Diener des Friedens“: εἰρήνης υπουργοί, B. J. II, 8,6 — sowie die Verachtung des irdischen Besitzes finden wir auch in der Henochapokalypse unter den Idealen des messianischen Reiches aufgezählt. Hen. 52,8–9 heißt es: „Und es wird kein Eisen geben für den Krieg, noch das Kleid eines Panzers. Erz wird nichts nützen und Zinn wird nichts nützen und nicht geschätzt werden und Blei nicht begehrt werden. Alle diese Dinge werden verschwinden und vernichtet werden von der Oberfläche der Erde, wenn der Auserwählte erscheinen wird vor dem Angesichte des Herrn der Geister“. — Und Hen. 8,1, wo Kriegsgeräte und Reichtum als Erfindung des Teufels bezeichnet werden: „Azael lehrte die Menschen Schwerter und Messer und Schilde und Panzer verfertigen und zeigte ihnen die Metalle und ihre Bearbeitung und die Armspangen und Schmucksachen — die kostbarsten auserlesensten Steine. — So herrschte viel Gottlosigkeit.“ — Ferner Hen. 108,8: Das Reich Gottes gehört jenen, „die ihren Leib kasteien und dafür von Gott belohnt werden; die Gott lieb hatten, nicht Gold noch Silber noch alle Güter der Welt, sondern ihren Leib der Qual hingaben, die, seit sie ins Leben traten, nicht nach irdischen Speisen verlangten, sich selbst für einen vergänglichen Hauch hielten und danach lebten.“

Gerühmt wird ferner ihre große Begeisterung für wahre Freiheit, Gleichheit und Brüderlichkeit.[1]) Und diese im Verein mit der Verachtung des irdischen Besitzes und des herrschenden Materialismus, nicht aber, wie behauptet wird, die Scheu vor Verletzung der levitischen Reinheitsgesetze führten zur Bildung der soviel bewunderten essenischen Gemeinschaften, in denen sie ihre doch nur in einem engen Kreise gleichgesinnter und gleichstrebender Genossen zu verwirklichenden Ideen praktisch durchführen konnten. Da sie die Gleichheit aller Menschen proklamierten, so war in ihrer Gemeinschaft kein Sklave zu finden. Sie verdammten die Besitzer von Sklaven, nicht bloß weil sie in ungerechter Weise die Gleichheit verletzen, sondern auch als gottlos, weil sie das Gesetz der Natur aufheben, die wie eine Mutter alle auf gleiche Weise geboren und erzogen und zu leiblichen Brüdern, nicht dem Worte, sondern der Tat nach, gemacht, deren Verwandtschaft aber die listige und durch das Glück übermütig gemachte Habsucht zerstört und statt Vertraulichkeit Feindschaft, statt Liebe Haß hervorgebracht habe.[2])

Auch die Therapeuten waren bestrebt, die Idee der Gleichheit und Brüderlichkeit in ihrer Gemeinschaft zu verwirklichen, auch sie wollten nicht von Sklaven bedient sein, da sie jeden Besitz von Dienenden überhaupt für etwas Widernatürliches hielten; denn die Natur habe jeden als einen Freien geboren, aber die Ungerechtigkeit und Habsucht einzelner, welche die Ungleichheit, die Ursache alles Übels, zur Geltung zu bringen strebten, habe den Mächtigeren die Gewalt über die Schwächeren in die Hände gegeben.[3])

---

[1]) cf. Philo II, 632: τέλειοι δ' ἄνδρες — μηκέτι ὑπὸ τῆς τοῦ σώματος ἐπιῤῥοῆς ἐπικλυζόμενοι, μήτε ὑπὸ τῶν παθῶν ἀγόμενοι, τὸν ἀψευδῆ δὲ καὶ μόνην ὄντως ἐλευθερίαν καρπούμενοι. Μάρτυς δὲ τῆς ἐλευθερίας αὐτῶν ὁ βίος. cf. Quod. omn. prob. l. II, 458: τοῦ δέ φιλανθρώπου (δείγματα παρέχονται) εὔνοιαν, ἰσότητα, παντὸς λόγου κρείττονα κοινωνίαν.

[2]) Quod. omn. pr. l. II, 457: Δοῦλός τε παρ' αὐτοῖς οὐδὲ εἷς ἐστιν, ἀλλ' ἐλεύθεροι πάντες ἀνθυπουργοῦντες ἀλλήλοις. Καταγινώσκουσί τε τῶν δεσποτῶν, οὐ μόνον ὡς ἀδίκων, ἰσότητα λυμαινομένων, ἀλλὰ καὶ ὡς ἀσεβῶν, θεσμὸν φύσεως ἀναιρούντων, ἣ πάντας ὁμοίως γεννήσασα καὶ θρέψασα μητρὸς δίκην ὡς ἀδελφοὺς γνησίους, οὐ λεγομένους, ἀλλ' ὄντας ὄντως ἀπειργάσατο. Ὧν τὴν συγγένειαν ἡ ἐπίβουλος πλεονεξία παρευημερήσασα διέσεισεν, ἀντ' οἰκειότητος ἀλλοτριότητα, καὶ ἀντὶ φιλίας ἔχθραν ἐργασαμένη.

[3]) De vit. cont. II, 482: Διακονοῦνται δὲ οὐχ' ὑπὸ ἀνδραπόδων, ἡγούμενοι συνόλως τὴν θεραπόντων ἢ δούλων κτῆσιν εἶναι παρὰ φύσιν. Ἡ μὲν γὰρ ἐλευθέρους

Dazu stimmt vollkommen die einschlägige Mitteilung des Josephus, daß die Essener nicht nach dem Besitz von Leibeignen streben, da sie glauben, daß dies zur Ungerechtigkeit führe, weshalb sie sich gegenseitig bedienen.[1])

Das jedoch ist gewiß nicht pharisäische, sicherlich aber jüdisch-hellenistische Denkweise. Genau dieselben Theorien von der Gleichheit aller Menschen entwickelt Philo wiederholt, sich dabei auf die Philosophen berufend. Die Gleichheit, sagt er einmal, ist, wie alle Naturphilosophen bestätigen, die Mutter der Gerechtigkeit: sie ist das glänzendste Licht in der Welt, eine zweite Sonne. Die Ungleichheit hingegen ist in allen Fällen die Quelle und der Ursprung der Finsternis. Die Gleichheit ist es, welche im Himmel und auf der Erde alles geordnet und für alle Ewigkeit den Grund gelegt hat für das göttliche und menschliche Recht. — Alles, was wider die Regel ist, verstößt gegen die Gleichheit, alles, was sich der Regel unterwirft, gehorcht der Gleichheit. Man kann von ihr sagen, daß sie im Schoße des Alls die Ordnung, in dem Staate die feste und gesetzmäßigste Regierung, d. i. die demokratische Verfassung ist.[2])

Zu den hervorstechendsten Merkmalen des Essenismus gehört auch die Ehelosigkeit. Doch war sie nicht ganz allgemein. Denn es gab, wie Josephus ausdrücklich hervorhebt, Essener, die zwar in Lebensweise, Sitten und Gesetzen mit den übrigen über-

---

ἅπαντας γεγέννηκεν· αἱ δέ τινων ἀδικίαι καὶ πλεονεξίαι ζηλωσάντων τὴν ἀρχέκακον ἀνισότητα καταζεύξασαι, τὸ ἐπὶ τοῖς ἀσθενεστέροις κράτος τοῖς δυνατωτέροις ἀνῆψαν.

[1]) Antt. XVIII, 1,5: οὔτε δqύλων ἐπιτηδευούσι κτῆσιν, τὸ μὲν εἰς ἀδικίαν φέρειν ὑπειληφότες — αὐτὸ δὲ ἐφ' ἑαυτῶν ζῶντες διακονίᾳ τῇ ἐπ' ἀλλήλους ἐπιχρῶνται.

[2]) De creat. princ. II, 373 sq.: Ἔστι γὰρ ἰσότης ὡς οἱ τὰ φύσεως ἀκριβοῦντες ἡμῖν παρέδοσαν, μήτηρ δικαιοσύνης. Ἰσότης δὲ, φῶς ἄσκιον, ἥλιος, εἰ δεῖ τὸ ἀληθὲς εἰπεῖν, νοητὸς, ἐπέιδὴ καὶ τὸ ἐναντίον ἀνισότης, ἐν ᾧ το τε ὑπερέχον καὶ τὸ ὑπερεχόμενον, σκότους ἀρχή τε καὶ πηγή. Πάντα ἰσότης τά τε κατ' οὐρανὸν καὶ τὰ ἐπὶ γῆς εὖ διετάξατο νόμοις καὶ θεσμοῖς ἀκινήτοις. — Und ib. p. 474: Ὅσα γὰρ πλημμελεῖ τῶν παρ' ἡμῖν, ἀνισότης, ὅσα δὲ τάξιν ἔχει τὴν προσήκουσαν, ἰσότης ἀπειργάσατο, ἥτις ἐν μὲν τῇ τοῦ παντὸς οὐσίᾳ κυριώτατα φάναι κόσμος ἐστὶν, ἐν δ' ἄστεσιν ἡ εὐνομωτάτη καὶ πολιτειῶν ἀρίστη δημοκρατία, ἐν δ' αὖ σώμασι ὑγεία, καὶ ἐν ψυχαῖς καλοκἀγαθία. cf. De plant. I, 347: δικαιοσύνην δὲ ἰσότης τὴν ἔξαρχον καὶ ἡγεμονίδα τῶν ἀρετῶν ἔτεκεν· ὥστε ἰσότητος καὶ δικαιοσύνης καὶ πάσης ἀρετῆς, χωρὶς τῶν ἄλλων, ἐπιδείκνυται τὸν ἀριθμὸν εἶναι σύμβολον κτλ. De agric. I, 309: παγκαλὴ δὲ καὶ εἰς ἰσοτητα παραίνεσις, ἡ διὰ τοῦ λεχθέντος ἄσματοσ (Ps. 22) κτλ. — De septen. II, 283: ἄνθρωπος γὰρ ἐκ φύσεως δοῦλος οὐδείς. U. a. St.

einstimmten, aber inbezug auf die Ehe abweichend dachten, da sie der Ansicht waren. daß diejenigen die wichtigste Aufgabe des Lebens versäumen, die ehelos bleiben und daß, wenn alle so lebten, das ganze menschliche Geschlecht bald aufhören müßte.[1]) Darin jedoch stimmen alle Berichterstatter überein, daß das Zölibat zu den Eigentümlichkeiten der Essener gehörte. Die Essener des Plinius sind unverheiratet und entsagen aller Geschlechtsliebe.[2]) Ebenso die Essener des Philo.[3]) — Diese vongrundaus antipharisäische Eheverachtung entspricht vollkommen dem Geiste des jüdischen Hellenismus, der die Askese als das wirksamste und unerläßlichste Mittel, zum Anschauen Gottes zu gelangen, empfiehlt. Schon bei Pseudo-Salomo finden wir die Jungfräulichkeit verherrlicht. „Selig", so heißt es da, „ist die Unbefleckte, die nie ein sündiges Ehebett erkannte, denn sie wird Frucht ernten bei Heimsuchung der Seelen. Selig ist der Verschnittene, der nichts Böses tut, und nicht auf Arges sinnt gegen Gott; denn ihm wird hohe Gnade für seinen Glauben zuteil werden und ein glänzendes Los im Tempel des Herrn."[4])

Als die Krone der auf kommunistischer Basis aufgebauten essenischen Institutionen werden von den Berichterstattern die gemeinsamen Mahle gepriesen. — Diese nun bedürfen noch gar sehr der Beleuchtung.

Die große Heiligkeit, die sie umschwebte, die Scheu, von der die in den Speisesaal eintretenden Ordensbrüder erfüllt waren, als gelte es in ein „geweihtes Heiligtum" einzugehen,[5]) die schweren mehrjährigen Proben, die der Novize zu bestehen hatte, bevor er zu ihnen zugelassen wurde, der furchtbare Eid, den er bei der endlichen Aufnahme leisten mußte: alles das verrät deutlich genug, daß es sich

---

[1]) Jos., Bell. jud. II, 8,13.

[2]) Hist. Nat. V, 17: sine ulla femina omni venere abdicata (gens.).

[3]) Frag. II, 632: Ἔστι δὲ αὐτοῖς ἡ προαίρεσις οὐ γένει· γένος γὰρ ἐφ᾽ ἑκουσίοις οὐ γράφεται. Ἐσσαίων γοῦν κομιδῇ νήπιος οὐδείς, ἀλλὰ οὐδὲ πρωτογένειος, ἢ μειράκιον κτλ. cf. Jos. B. J. II, 8,2: καὶ γάμου μὲν ὑπεροψία παρ᾽ αὐτοῖς, τοὺς δ᾽ ἀλλοτρίους παῖδας ἐκλαμβάνοντες, ἁπαλοὺς ἔτι πρὸς τὰ μαθήματα, συγγενεῖς ἡγοῦνται, καὶ τοῖς ἤθεσι τοῖς ἑαυτῶν ἐντυποῦσι. cf. Jos. Antt. XVIII, 1,5: καὶ οὔτε γαμετὰς εἰσάγονται.

[4]) Sap. Sal. 3, 13–14.

[5]) Jos., Bell. jud. II, 8,5: αὐτοί τε καθαροὶ καθάπερ εἰς ἅγιόν τι τέμενος παραγίνονται τὸ δειπνητήριον.

bei diesen gemeinsamen Mahlen, welche bei den Draußenstehenden den Eindruck eines schauerlichen Geheimnisses hervorriefen,[1]) um weit mehr als bloß um ein nüchternes Tafeln handelte. — Es verdient aber bei dieser Gelegenheit besonders hervorgehoben zu werden, daß an diesen gemeinsamen Mahlen, zumal an den Abendmahlzeiten, auch Ordensbrüder aus der Fremde, die sich einfanden, teilnahmen.[2]) Von einem solchen Kommen und Gehen von Brüdern ist wiederholt die Rede. Sie unternahmen also Reisen. Sie lebten demnach nicht so durchweg abgeschlossen von der Welt, als man gemeiniglich annehmen möchte. — Zu welchen Zwecken aber reisten sie? Doch noch mehr: sie waren von vornherein aufs Reisen eingerichtet, und sie reisten leicht, fanden überall offene Türen, überall Genossen, die sie gastfreundlich aufnahmen und für alle ihre leiblichen Bedürfnisse sorgten. Sie haben, berichtet Josephus, nicht eine Stadt für sich, sondern in jeder wohnen viele von ihnen, und den von auswärts kommenden Genossen steht, was an Vorrat vorhanden, offen, als wäre es ihr Eigentum, und sie kehren da bei denen, die sie nie vorher gesehen, wie bei nächsten Verwandten ein. Daher nehmen sie denn auch nichts auf ihren Reisen mit, als Waffen zum Schutz gegen Räuber. In jeder Ordensstadt ist ein Pfleger für die Fremden bestellt, der für Kleider und Lebensbedürfnisse sorgt.[3]) — Übereinstimmend hiermit berichtet Philo: Keiner hat sein eigenes Haus, das nicht zugleich allen gehörte. Denn abgesehen davon, daß sie in ganzen Gesellschaften zusammenwohnen, steht es auch den aus der Fremde kommenden Genossen offen.[4])

Wir haben es also hier mit einer weitverzweigten, wohlorganisierten Gesellschaft zu tun, deren Mitglieder zu bestimmten Zwecken

---

[1]) ib.: καὶ τοῖς ἔξωθεν ὡς μυστήριόν τι φρικτὸν ἡ τῶν ἔνδον σιωπὴ καταφαίνεται.

[2]) ib.: δειπνοῦσι δὲ ὑποστρέψαντες ὁμοίως συγκαθεζομένων τῶν ξένων, οἳ τύχοιεν αὐτοῖς παρόντες.

[3]) Bell. jud. II, 8,4: Μία δὲ οὐκ ἔστι αὐτῶν πόλις, ἀλλ᾽ ἐν ἑκάστῃ κατοικοῦσι πολλοί, καί τοῖς ἑτέρωθεν ἥκουσι αἱρετισταῖς ἀναπέπταται τά παρ᾽ αὐτοῖς ὁμοίως, ὥσπερ ἴδια, καὶ πρὸς οὓς οὐ πρότερον εἶδον εἰσίασιν ὡς συνηθεστάτους· διὸ καὶ ποιοῦνται τὰς ἀποδημίας, οὐδὲν μὲν ὅλως ἐπικομιζόμενοι, διὰ δὲ τοὺς λῃστὰς ἔνοπλοι. κηδεμὼν δὲ ἐν ἑκάστῃ πόλει τοῦ τάγματος ἐξαιρέτως τῶν ξένων ἀποδείκνυται, ταμιεύων ἐσθῆτα καὶ τὰ ἐπιτήδεια.

[4]) Quod. omn. prob. l. II, 458: Οὐδενὸς οἰκία τίς ἐστιν ἰδία, ἣν οὐχὶ πάντων εἶναι συμβέβηκε. Πρὸς γὰρ τὸ κατὰ θιάσους συνοικεῖν, ἀναπέπταται καὶ τοῖς ἑτέρωθεν ἀφικνουμένοις τῶν ὁμοζήλων.

Reisen unternahmen und weithin Verbindungen unterhielten, Zusammenkünfte veranstalteten, ihre Zentren hatten — von denen die Kolonie am Asphaltsee die bekannteste —, von wo aus sie ihre Wirksamkeit entfalteten.

Es wird sich mit den Essenern am Toten Meer ungefähr so verhalten haben, wie mit den Therapeuten am Mariotischen See, von welchen letzteren berichtet wird, daß Leute ihrer Art sich in vielen Gegenden der Welt, am häufigsten jedoch im Umkreis von Alexandrien am Mariotischen See finden, wohin die Edelsten von allen Orten, gleichsam wie in ein Vaterland, die Pflanzstätte der Therapeuten, gesandt würden.

Nur aus der, aus der Natur der Sache selbst sich ergebenden Annahme, daß es verschiedene, die essenische Lebensweise mehr oder minder streng beobachtende Verbände gegeben, lassen sich die scheinbar widersprechend lautenden Berichte erklären, von denen die einen die Essener am Toten Meer, die andern sie in den Städten, andere wieder sie in Dörfern wohnen, die Städte aber wegen der in ihnen herrschenden Laster meiden, noch andere sie in vielen Städten Judäas, in vielen Dörfern und großen menschenreichen Gemeinden zu Hause sein lassen. Es gab eben enggeschlossene Essenergemeinschaften, die streng in allen Dingen nach den Ordensregeln lebten, und solche, welche, in der Welt lebend und wirkend, sich weniger an die Ordensregeln banden. Wir haben ja bereits gehört, daß es eine Fraktion von Essenern gab, die das Zölibat verwarf. Es gab also geistliche und weltliche Essener. Aber beide wirkten für die religiösen Lehren und Grundsätze des Ordens. Neben den viertausend, aus welchen nach Philo und Josephus der enggeschlossene Orden der Essener bestand, finden wir „Myriaden" Anhänger desselben, die vonwegen ihres Verkehrs mit der Welt freier sich bewegen mußten und durften.[1]) Sie waren in den Städten, in den Dörfern anzutreffen, im Menschengewühle, sowie in der Einsamkeit der Wüste. In der letzteren scheinen sich die Lehrer und Meister aufgehalten zu haben.

Da es nun fest steht, daß die Essener viel reisten, daß sogar überall in den Ordensstädten für die reisenden Essener Verwalter bestellt waren, da sie ferner keinen Handel treiben durften, also

---

[1]) Philo II, 632: Μυρίους δὲ τῶν γνωρίμων ὁ ἡμέτερος νομοθέτης ἤλειψεν ἐπὶ κοινωνίαν, οἳ καλοῦνται μὲν Ἐσσαῖοι.

keine Geschäftsreisen unternahmen: welchen andern Zweck konnten ihre Reisen verfolgen, als Propaganda für die Lehren des Essenismus zu machen?

Daß ferner die Essener ebenso wie vormals die Weisheitslehrer und später die ihnen verwandten Apokalyptiker die Volkslehrer ihrer Zeit waren und Jünger heranbildeten, die ihre Lehren verbreiteten, steht für uns wenigstens außer Zweifel. Denn abgesehen davon, daß der Essenismus nach allen einschlägigen Berichten auf eine Lehrtätigkeit hinauslief, erfahren wir dies ja ausdrücklich von Josephus. Er berichtet nämlich einmal, daß die Essener die Ehe verwarfen, aber fremde Kinder im jugendlichen, für den Unterricht noch empfänglichen Alter aufnahmen, um sie in ihren Grundsätzen zu erziehen.[1] Zum andern erzählt er von einem Essener, Namens Judas, der den Tod des Antigonos vorhersagte, daß er eine zahlreiche Schülerzahl um sich hatte.[2]

Zweifellos, die Essener waren Volkslehrer, nur umgaben sie sich aus naheliegenden Gründen mit geheimnisvollen Formen und wirkten mehr durch ihre Schüler und Anhänger als unmittelbar auf die breiten Volksschichten. Wir müssen also mitten durch die den Essenismus umhüllenden Förmlichkeiten hindurch in das Wesen desselben einzudringen suchen, dürfen aber nicht bei jenen stehen bleiben, wie dies Josephus und alle seinem Beispiel folgenden modernen Forscher tun. — Und selbst Josephus, der sich fast durchwegs in Detailmalerei ergeht und über die Äußerlichkeiten nahe daran ist, das eigentliche Wesen des Essenismus zu übersehen, bietet uns die Handhabe zur Erforschung des Kerns der essenischen Bewegung: „Sie wenden“, sagt er, „erstaunlich viel Fleiß auf die Schriften der Alten an, um daraus wahrzunehmen, was für Seele und Leib ersprießlich.“[3]

---

[1]) Bell. jud. II, 9,2.

[2]) Antt. XIII, 11,2: μάλιστα δ᾽ ἄν τις θαυμάσειε καὶ Ἰούδαν τινὰ Ἐσσηνὸν μὲν τὸ γένος, οὐδέποτε δὲ ἐν οἷς προεῖπε διαψευσάμενον τἀληθές. οὗτος γάρ, ἰδὼν Ἀντιγόνον παριόντα τὸ ἱερὸν, ἀνεβόησεν ἐν τοῖς ἑταίροις αὐτοῦ καὶ γνωρίμοις, οἳ διδασκαλίας ἕνεκα τοῦ προλέγειν τὰ μέλλοντα παρέμενον. cf. Bell. jud. I, 3,5: ὃς ἐπειδὴ καὶ τότε τὸν Ἀντίγονον ἐθεάσατο παριόντα διὰ τοῦ ἱεροῦ, πρὸς τοὺς γνωρίμους ἀνέκραγεν, ἦσαν δ᾽ οὐκ ὀλίγοι παρεδρεύοντες αὐτῷ τῶν μανθανόντων. —

[3]) Bell. jud. II, 8,6: σπουδάζουσι δὲ ἐκτόπως περὶ τὰ τῶν παλαίων συγγάμματα, μάλιστα τὸ πρὸς ὠφέλειαν ψυχῆς καὶ σώματος ἐκλέγοντες.

Die Pflege der göttlichen Wissenschaft bildete also den Mittelpunkt ihrer Bestrebungen. Wer in ihren Orden nach überstandener dreijähriger Prüfung aufgenommen wurde, mußte feierlich schwören: „Niemand die Lehre der Gesellschaft anders mitzuteilen, als er sie selbst empfangen und die Bücher der Sekte und die Namen der Engel heilig zu bewahren.“ [1])

Von diesem selben Josephus erfahren wir auch, daß die Essener sich intensiv mit der Lehre von der Unsterblichkeit der Seele befaßten, und daß diese Lehre es war, die mit bestrickender Gewalt alle, die einmal von der Weisheit des Ordens gekostet, ergriff und festhielt.[2]) Durch ein streng asketisches Leben und tiefes Eindringen in die Geheimnisse der heiligen Schrift erlangten die Vorzüglichsten unter ihnen prophetische Einsicht.[3]) Und eben dahin

---

[1]) Bell. jud. II, 8,7: πρὸς τούτοις ὀμνύουσι μηδενὶ μὲν μεταδοῦναι τῶν δογμάτων ἑτέρως, ἢ ὡς αὐτὸς μετέλαβεν — καὶ συντηρήσειν ὁμοίως τά τε τῆς αἱρέσεως αὐτῶν βιβλία, καὶ τὰ τῶν ἀγγέλων ὀνόματα. — Wie von vielen andern bei den Essenern geheimgehaltenen Lehren, haben die Apokalyptiker auch den Schleier von ihrer Engellehre gelüftet. So der Verf. der Henochapokalypse. cf. Dillmann, Das B. Henoch XVIII sq.: „Einen weiteren wesentlichen Teil seines Systems und seiner neuen Weisheit bildet die Engellehre und die Erkenntnis der unsichtbaren Welt der Geister. Der Glaube an die Engel ist bei den späteren Israeliten nicht neu; er war schon von den ältesten Zeiten her da; nur bemerken wir, daß von den exilischen Zeiten an die Engel für die Betrachtung und in der Anschauungsweise der Israeliten mehr in den Vordergrund treten, daß das Interesse an ihnen, der Drang, über sie und ihre Ordnungen etwas zu erfahren, in fortwährendem Steigen begriffen ist, und sie endlich geradezu als die obere himmlische Welt, als ein unsichtbares Reich von reinen Geistern mit festen Ordnungen und stufenweisen Gliederungen der niederen sichtbaren Welt der Menschen und wieder dem Reich der Dämonen und Satane entgegengesetzt, untereinander aber dieselben in das Verhältnis einer fortwährenden Wechselwirkung und eines lebendigen Verkehrs miteinander gestellt werden. So besteht nun auch die geheime Weisheit unseres Verf. nicht darin, den Glauben an die Engel erst zu lehren, sondern darin, in die Ordnungen und Herrlichkeiten dieser oberen Welt, in die Rangstufen der Engel, in die Wohnung der göttlichen Majestät selbst, in das Leben der reinen und seligen Geister, in die Güter und Segensschätze des oberen himmlischen Reiches, in den Frieden, das Licht, die Weisheit und Gerechtigkeit der Oberen seine Leser tiefere Blicke tun zu lassen.“ —

[2]) Bell. jud. II, 8,11: τάδε μὲν οὖν Ἐσσηνοὶ περὶ ψυχῆς θεολογοῦσιν, ἄφυκτον δέλεαρ τοῖς ἅπαξ γευσαμένοις τῆς σοφίας αὐτῶν ἐγκαθιέντες.

[3]) Bell. jud. II, 8,12: Εἰσὶ δὲ ἐν αὐτοῖς οἳ καὶ τὰ μέλλοντα προγινώσκειν ὑπισχνοῦνται, βίβλοις ἱεραῖς, καὶ διαφόροις ἁγνίαις, καὶ προφητῶν ὑποφθέγμασιν

ging ja, wie wir wissen, das ganze Streben des sublimierten jüdischen Hellenismus.

Alles in allem: das Ziel des Essenismus ist: Gott zu schauen! und dies vermittelst der Askese und des tiefen Erforschens der Gotteslehre. Das ist sein Kern, und um diesen bewegt sich alles. Darüber jedoch finden sich bei Josephus natürlich bloß Andeutungen, da ihm das innere Wesen des Essenismus im Grunde fremd geblieben, während der jüdisch-hellenistische Religionsphilosoph nichts über die zeremoniellen Formen des Essenerordens zu berichten weiß, oder sie, wenn er etwas von ihnen wußte, nicht für wesentlich hielt. Dagegen legt er den essenischen Lehrgehalt, der ja tatsächlich den Essenismus ausmacht, bloß, uns ohne Umschweife in medias res versetzend.

Kehren wir nun nach diesen Vorbemerkungen zu dem gemeinsamen Mahle der Essener zurück. Und da ist es höchst beachtenswert, daß Philo die große Heiligkeit, mit der Josephus diese Mahle umgeben sein läßt, in die essenische Synagoge verlegt. Er spricht von der Beschäftigung der Essener mit der Philosophie, daß sie vorzüglich jenen Teil derselben pflegen, der sich mit dem Forschen über Gott und Weltschöpfung und insbesondere mit der Ethik befaßt, und fährt dann fort: Den ethischen Teil bearbeiten sie vorzüglichst, unter Anleitung der von den Vätern überkommenen Gesetze, die der menschliche Geist unmöglich ohne göttliche Inspiration hätte ersinnen können. Hierin belehren sie sich zu jeder Zeit, insbesondere aber an den siebenten Tagen. Denn der siebente Tag wird heilig gehalten, und indem sie sich an demselben aller Geschäfte enthalten und an heilige Orte sich begeben, welche Synagogen genannt werden, setzen sie sich der Ordnung nach nieder, die Jüngern hinter den Ältern und hören mit geziemendem Anstand zu. Sodann nimmt einer die Bücher und liest, ein anderer aber von den Erfahreneren tritt hinzu und erklärt die unverständlichen Stellen. Denn das meiste wird von ihnen durch Symbole nach alter Weise erklärt.[1]) Sie werden erzogen zur Frömmigkeit, Heiligkeit, Gerechtigkeit, Häuslichkeit, zum Bürger-

ἐμπαιδοτριβούμενοι. cf. Antt. XV, 10,5: διότι πολλοὶ (τῶν Ἐσσηνῶν) — διὰ τούτων ὑπὸ καλοκἀγαθίας καὶ τῆς τῶν θείων ἐμπειρίας ἀξιοῦντα.

[1]) Quod omn. prob. l. II, 458: Τὰ γὰρ πλεῖστα διὰ συμβόλων ἀρχαιοτρόπῳ ζηλώσει παρ᾽ αὐτοῖς φιλοσοφεῖται.

sinn, zur Kenntnis des wahrhaft Guten, des Bösen und Gleichgültigen, zur Wahl der Dinge, die nötig sind und zur Vermeidung des Entgegengesetzten. Sie gebrauchen dabei eine dreifache Regel und Bestimmungsart: die Liebe zu Gott, die Liebe zur Tugend und die Liebe zum Nebenmenschen.[1] Als Beispiele für die Liebe zu Gott geben sie unzählige an: die durch das ganze Leben bewahrte Heiligkeit, die Enthaltung vom Eide und von der Lüge und den Glauben, daß Gott die Ursache alles Guten, nicht aber des Bösen sei.[2] Als Beispiel für die Liebe zur Tugend führen sie an: die Verachtung des Geldes, des Ruhmes und der Wollust, die Enthaltsamkeit, die Genügsamkeit in den Bedürfnissen, die Einfachheit, den heitern Sinn, die Bescheidenheit, Gesetzmäßigkeit, die Festigkeit und ähnliches. Als Beispiel für die Menschenliebe: Wohlwollen, Gleichheit und die über alle Beschreibung erhabene Gemeinschaft.[3]

Der Inhalt der essenischen Lehre war somit ein philosophischer, an die heilige Schrift sich anlehnender, welche letztere allegorisch ausgelegt wurde, ganz nach dem Vorgange des jüdischen Hellenismus, dem auch die platonische Vorstellung, daß Gott die Ursache des Guten, nicht aber des Bösen, entlehnt ist.

Für uns besteht nun kein Zweifel darüber, daß die Essener bei den von Josephus geschilderten gemeinsamen Mahlen diese Lehre pflegten — daher der Eindruck des Mysteriösen, den diese Mahle bei den Draußenstehenden hervorriefen.

Und wieder ist es die Schilderung von den Therapeuten, die hier wegweisend sein kann. Auch die Therapeuten hatten ihre gemeinsamen Mahle, und bei diesen philosophierten sie über die heiligen Schriften, indem sie die väterliche Philosophie bildlich erklärten, da sie den wörtlichen Ausdruck für Symbole geheimer, in Allegorien geoffenbarter Natur hielten, und ihr Leben und sich selbst der Wissenschaft und der Beschauung der

---

[1]) ib.: ὅροις καὶ κανόσι τριττοῖς χρώμενοι, τῷ τε φιλοθέῳ, καὶ φιλαρέτῳ, καὶ φιλανθρώπῳ.

[2]) ib.: τὸ πάντων μὲν ἀγαθῶν αἴτιον, κακοῦ δὲ μηδενὸς νομίζειν εἶναι τὸ θεῖον. Dieser platonischen Lehre widerspricht stracks die pharisäische Anschauung von der Provenienz des Guten und Bösen in der Welt. cf. Friedländer, Gesch. der jüd. Apol. 260.

[3]) ib. II, 458.

Natur nach den heiligen Lehren des Propheten Moses gewidmet haben.[1])

Über diese gemeinsamen Mahle wird berichtet: Die Therapeuten versammeln sich — außer den Sabbaten — alle sieben Wochen. — Wenn sie nun zusammengekommen sind, weiß gekleidet, fröhlich, mit erhabener Würde — erheben sie vor dem Niedersetzen, einer nach dem andern in geordneter Reihe stehend, die Augen und Hände zum Himmel — und beten zu Gott, daß das Mahl ihm wohlgefällig sei und daß es nach Wunsch vonstatten gehe. Nach dem Gebete aber legen sich die Älteren zu Tisch nach der Reihenfolge ihrer Aufnahme. Denn für die Älteren achten sie nicht die Bejahrten und Hochbetagten — sondern diejenigen, welche vom frühesten Alter heranreiften und mit jugendlicher Kraft in dem beschaulichen Teil der Philosophie, der der schönste und göttlichste ist, tätig waren. — — Bei diesen heiligen Mahlen ist kein Sklave, es bedienen nur Freie. — Wenn sich nun die Gäste in der angedeuteten Ordnung gelagert haben, dann beginnt keineswegs ein Gelage, sie beobachten vielmehr noch tieferes Schweigen als früher, so daß keiner einen Laut von sich zu geben oder auch nur stärker zu atmen wagt. Es legt dann einer eine Stelle der heiligen Schrift zur Erörterung vor, oder erklärt, was von einem andern aufgestellt ist, ohne sich dabei durch Schönrednerei hervortun zu wollen. Die Auslegung der heiligen Schrift geschieht durch sinnbildliche Erörterungen in Allegorien. Denn die ganze Gesetzgebung scheint diesen Männern einem lebenden Wesen vergleichbar: die Worte an sich sind ihnen der Leib, die Seele aber der in dem Ausdruck gelegene verborgene Sinn. In ihm beschaue die vernünftige menschliche Seele besonders sich selbst.[2]) — Nach dem Vortrag stimmt er

---

[1]) De vit. cont. II, 475: Ἐντυγχάνοντες γὰρ τοῖς ἱεροῖς γράμμασι φιλοσοφοῦσι, τὴν πάτριον φιλοσοφίαν ἀλληγοροῦντες, ἐπειδὴ σύμβολα τὰ τῆς ῥητῆς ἑρμηνείας νομίζουσι φύσεως ἀποκεκρυμμένης, ἐν ὑπονοίαις δηλουμένης. cf. ib. 481.

[2]) ib. 483: Αἱ δὲ ἐξηγήσεις τῶν ἱερῶν γραμμάτων γίνονται δι᾽ ὑπονοιῶν ἐν ἀλληγορίαις. Ἅπασα γὰρ ἡ νομοθεσία δοκεῖ τοῖς ἀνδράσι τούτοις ἐοικέναι ζώῳ· καὶ σῶμα μὲν ἔχειν τὰς ῥητὰς διατάξεις, ψυχὴν δὲ τὸν ἐναποκείμενον ταῖς λέξεσιν ἀόρατον νοῦν, ἐν ᾧ ἤρξατο ἡ λογικὴ ψυχὴ διαφερόντως τὰ οἰκεῖα θεωρεῖν, ὥσπερ διὰ κατόπτρου τῶν ὀνομάτων, ἐξαίσια κάλλη νοημάτων ἐμφερόμενα κατιδοῦσα, καὶ τὰ μὲν σύμβολα διαπτύξασα καὶ διακαλύψασα, γυμνὰ δὲ εἰς φῶς προαγαγοῦσα τὰ ἐνθύμια, τοῖς δυναμένοις ἐκ μικρᾶς ὑπομνήσεως τὰ ἀφανῆ διὰ τῶν φανερῶν θεωρεῖν.

einen Lobgesang zur Verherrlichung Gottes an, nach dessen Beendigung der Tisch herbeigebracht wird, auf welche die heilige Speise: Brot mit Sauerteig gemischt, Salz und Isop aufgestellt ist.

Bei den Therapeuten nun, einer asketischen, freilich außerpalästinensischen, der essenischen jedoch nahe verwandten Gesellschaft, bilden den Mittelpunkt der gemeinsamen Mahle theologisch-philosophische Untersuchungen. Und warum sollte es sich nicht ähnlich mit den gemeinsamen Mahlen der Essener verhalten haben, von denen Josephus mit so geheimnisvoller Scheu spricht? Man braucht sich nur seine einschlägige Schilderung ein wenig ins Gedächtnis zurückzurufen, um zu der Überzeugung zu gelangen, daß die essenischen Mahle weit eher durch die Belehrungen, mit denen sie gewürzt waren, als durch die nüchterne Kost, die sie boten, ihre heilige Weihe erhielten. Sie treten, berichtet Josephus, gereinigt, wie zu einem geweihten Heiligtum in den Speisesaal ein, zu welchem Andersdenkenden der Einlaß nicht gestattet ist. Das Abendmahl, an welchem auch die von auswärts sich einfindenden Genossen teilnehmen, entweiht weder Geschrei noch Unordnung, einer überläßt das Wort dem andern, wie jeden die Reihe trifft, so daß auf die Draußenstehenden das Schweigen der Versammlung im Saale den Eindruck des Schauerlichen und Geheimnisvollen macht.[1])

Hält man nun diesen Bericht mit dem zusammen, was Josephus selbst von dem bewunderungswürdigen Fleiße zu erzählen weiß, den die Essener auf das Studium der Schriften der Alten verwendeten, die heilig zu bewahren, sie sich eidlich verpflichten mußten, was er von ihrer berückenden Unsterblichkeitslehre sagt, ferner mit dem, was uns Philo über den essenischen Lehrgehalt enthüllt, und endlich mit der eben im Auszug mitgeteilten Schilderung der therapeutischen Mahle, so ist es schwer, sich der Über-

---

[1]) Jos., Bell. jud. II, 8,5: οὐδὲ κραυγή ποτε τὸν οἶκον, οὔτε θόρυβος μολύνει, τὰς δὲ λαλιὰς ἐν τάξει παραχωροῦσιν ἀλλήλοις. καὶ τοῖς ἔξωθεν, ὡς μυστήριόν τι φρικτὸν, ἡ τῶν ἔνδον σιωπὴ καταφαίνεται. Josephus allerdings will sich die heilige Stille mit der bei diesen Mahlen herrschenden Nüchternheit erklären, da die Essener nie mehr, als zur Stillung des Hungers nötig, genossen. Welche Bewandtnis aber hatte es mit den Wechselreden bei diesen Mahlen, wobei „einer dem andern das Wort überließ, wie jeden die Reihe traf?“ Den Kommentar zu diesen Wechselreden liefern die Schilderungen der Essener und Therapeuten bei Philo. —

zeugung zu verschließen, daß eben die Pflege dieser Lehren den Mittelpunkt der gemeinsamen Mahle der Essener gebildet haben, zumal die arbeitenden Essener, die sich tagsüber mit Ackerbau, Viehzucht und den Künsten des Friedens beschäftigten,[1]) keine andere Zeit für ihre geistige Ausbildung zur Verfügung hatten.

Ist dem aber so, dann verstehen wir auch das ungeteilte Lob, das diesen Mahlen gezollt wurde, und wir werden es nicht mehr als Übertreibung finden, wenn wir bei Philo lesen, daß Private und Könige dieselben bewunderten,[2]) und daß selbst die grausamsten Machthaber, die sonst mit ausgesuchter Härte, List und Tücke regierten, den Essenern nichts anhaben konnten, daß sie vielmehr, durch die makellose Redlichkeit dieser Männer entwaffnet, dieselben als Selbständige und von Natur Freie anerkannten und ihre gemeinsamen Mahle sowie die über jede Beschreibung erhabene Gemeinschaft priesen, die das untrügliche Zeichen eines vollkommenen und höchst glücklichen Lebens seien.[3])

Die gemeinsamen Mahle also und die Gütergemeinschaft bildeten den Glanzpunkt des Essenismus und verkündeten weithin seinen Ruhm. Beide aber bauten sich auf den Grundsätzen der Freiheit, Gleichheit und Brüderlichkeit auf, die von ihnen aus der Fremde auf palästinensischen Boden verpflanzt und hier in allen ihren Konsequenzen durchgeführt wurden. Wie Philo, so hebt auch Josephus ganz besonders die kommunistischen Institutionen der Essener rühmend hervor. Die Essener sind, sagt er, die besten Menschen und leben fast ausschließlich vom Ackerbau. Die höchste Bewunderung aber und größeres Lob als alle, die sich der Tugend befleißigen, verdienen sie wegen einer bei den Griechen und den übrigen Völkern unbekannten, von ihnen aber nicht etwa erst seit

---

[1]) cf. Jos., Antt. XVIII, 1,5. Bell. jud. II, 8,5. — Philo, Quod omn. prob. l. II, 457. Frag. II, 633.

[2]) Philo, Frag. II, 634: Οὕτως γοῦν ὁ βίος ἐστὶν αὐτῶν περιμάχετος. Ὥστε οὐκ ἰδιῶται μόνον, ἀλλὰ καὶ μεγάλοι βασιλεῖς ἀγάμενοι τοὺς ἄνδρας τεθήπασι, καὶ τὸ σεμνὸν αὐτῶν ἀποδοχαῖς καὶ τιμαῖς ἔτι μᾶλλον σεμνοποιοῦσιν.

[3]) Philo II, 459: Ἀλλὰ γὰρ οὐδεὶς οὐδὲ τῶν σφοδρ᾽ ὠμοθύμων, οὐδὲ τῶν πάνυ δολερῶν καὶ ὑπούλων, ἴσχυσε τὸν λεχθέντα ὅμιλον τῶν Ἐσσαίων ἢ ὁσίων αἰτιασάσθαι. Πάντες δὲ ἀσθενέστεροι τῆς τῶν ἀνδρῶν καλοκἀγαθίας γενόμενοι καθάπερ αὐτονόμοις καὶ ἐλευθέροις οὖσιν ἐκ φύσεως, προσηνέχθησαν ᾄδοντες αὐτῶν τὰ συσσίτια, καὶ τὴν παντὸς λόγου κρείττονα κοινωνίαν, ἣ βίου τελείου καὶ σφόδρα εὐδαίμονός ἐστι δεῖγμα.

kurzem, sondern schon seit alten Zeiten beobachteten Gleichstellung, wodurch sie eine in jeder Beziehung vollkommene Gütergemeinschaft herbeigeführt haben, die dem Reichen nicht mehr von dem gemeinschaftlichen Eigentum gewährt als dem Armen. — Sie leben abgesondert und dienen einander.[1])

Ist es aber Tatsache, daß die gemeinsamen Mahle der Essener allgemeine Bewunderung erregten und von den Machthabern nicht bloß toleriert, sondern sogar protegiert wurden, dann werden sie auch weite Kreise, insbesondere in der griechischen Welt, wo sich bekanntlich viele „gottesfürchtige" Heiden den Synagogen anschlossen, zur Nachahmung angeregt haben. Dann liegt es auch nahe, daß die von den Juden der Diaspora und ihren „Paröken" veranstalteten gemeinsamen Mahle, von denen uns Josephus wiederholt berichtet, daß sie im Gegensatz zu den heidnischen, die überall unterdrückt wurden, von den römischen Imperatoren und Statthaltern geschätzt wurden, in einer gewissen Verwandtschaft zu den essenischen standen. Wir erinnern hier an das bei Josephus aufbewahrte Edikt des Prätors Caius Julius an die Parier, welches lautet: „Die Juden von Delos und einige der jüdischen Paröken haben sich in Gegenwart eurer Gesandten an mich gewendet und mir angezeigt, daß ihr sie durch gesetzliche Verordnungen verhindert, ihre väterlichen Einrichtungen und heiligen Gebräuche auszuüben. Ich muß darüber mein Mißfallen ausdrücken, daß ihr solche Bestimmungen gegen unsere Freunde und Bundesgenossen erlasset und ihnen verbietet, nach ihren Bräuchen zu leben und Geld zu gemeinsamen Mahlen und Opfern zusammenzutun, zumal als dies ihnen nicht einmal in Rom verboten ist.[2]) Unser Prätor

---

[1]) Antt. XVIII, 1,5: βέλτιστοι δὲ ἄλλως ἄνδρες τὸν τρόπον, καὶ τὸ πᾶν πονεῖν ἐπὶ γεωργίᾳ τετραμμένοι. ἄξιον δὲ αὐτῶν θαυμάσαι παρὰ πάντας τοὺς ἀρετῆς μεταποιουμένους τὸ δίκαιον, μηδαμῶς ὕπαρξαν Ἑλλήνων ἢ βαρβάρων τισὶν, ἀλλὰ μηδ᾽ εἰς ὀλίγον, ἐκείνοις δ᾽ ἐκ παλαιοῦ συνελθὸν, ἐν τῷ ἐπιτηδεύεσθαι, μὴ κεκωλῦσθαι τὰ χρήματα κοινὰ αὐτοῖς εἶναι, ἀπολαύοι δὲ οὐδὲν ὁ πλούσιος τῶν οἰκείων μειζόνως, ἢ ὁ μηδοτιοῦν κεκτημένος. — αὐτοὶ δὲ ἐφ᾽ ἑατῶν ζῶντες διακονίᾳ τῇ ἐπ᾽ ἀλλήλους ἐπιχρῶνται.

[2]) Antt. XIV, 10,8: Ἰουδαῖοι ἐν Δήλῳ, καί τινες τῶν παροίκων Ἰουδαίων, παρόντων καὶ τῶν ὑμετέρων πρέσβεων· καὶ ἐνεφάνισαν, ὡς ὑμεῖς τε ψηφίσματι κωλύετε αὐτοὺς, τοῖς πατρίοις ἔθεσι καὶ ἱεροῖς χρῆσθαι. ἐμοὶ τοίνυν οὐκ ἀρέσκει κατὰ τῶν ἡμετέρων φίλων καὶ συμμάχων τοιαῦτα γίνεσθαι ψηφίσματα, καὶ κωλύεσθαι αὐτοὺς ζῆν κατὰ τὰ αὐτῶν ἔθη, καὶ χρήματα εἰς σύνδειπνα καὶ τὰ ἱερὰ εἰσφέρειν, τοῦτο ποιεῖν αὐτῶν μηδ᾽ ἐν Ῥώμῃ κεκωλυμένων.

und Konsul Caius Cäsar hat sogar bei der Verordnung, durch welche alle Versammlungen in der Stadt Rom verboten wurden, diese allein ausgenommen, und inbezug auf diese nicht verboten, Geld zusammenzulegen und gemeinschaftliche Mahle zu veranstalten.[1]) Ebenso erlaube auch ich, der ich gleichfalls alle sonstigen Versammlungen verbiete, den Juden allein, sich nach ihren väterlichen Gebräuchen zu versammeln und damit fortzufahren."[2])

Es hatten also, wie wir hier erfahren, auch die Juden in der Diaspora die Gepflogenheit, Syssitien abzuhalten und Geld für diese Zwecke zusammenzutun. Diese gemeinsamen Mahle erfreuten sich der Protektion der römischen Machthaber, wurden sogar durch Privilegien geschützt, und dies, schon in den Zeiten des Julius Cäsar. — Wir kennen aber bei den Juden keine andern gemeinsamen Mahle als jene der Essener und Therapeuten; daß aber diese weithin Verbreitung gefunden, wissen wir von Philo und Josephus,[3]) und sie erfreuten sich der hohen Anerkennung nicht

---

[1]) ib.: καὶ γὰρ Γάϊος καῖσαρ, ὁ ἡμέτερος στρατηγὸς καὶ ὕπατος, ἐν τῷ διατάγματι κωλύων θιάσους συνάγεσθαι κατὰ πόλιν, μόνους τούτους οὐκ ἐκώλυσεν, οὔτε χρήματα συνεισφέρειν, οὔτε σύνδειπνα ποιεῖν.

[2]) ib.: ὁμοίως δὲ κἀγὼ τοὺς ἄλλους θιάσους κωλύων, τούτους μόνους ἐπιτρέπω κατὰ τὰ πάτρια ἔθη καὶ νόμιμα συνάγεσθαί τε καὶ ἵστασθαι. — Daß diese religiösen Zusammenkünfte der Juden von den römischen Machthabern seit Cäsar durch Privilegien geschützt waren, bestätigen auch anderweitige unantastbare Zeugnisse. So Philo, Legat. II, 591, wo von Augustus erzählt wird, er habe an sämtliche Prokuratoren der asiatischen Provinzen den Auftrag ergehen lassen: ἵνα ἐπιτρέπωσι τοῖς Ἰουδαίοις μόνοις εἰς τὰ συναγώγια συνέρχεσθαι. Μὴ γὰρ εἶναι ταῦτα συνόδους ἐκ μέθης καὶ παροινίας ἐπὶ στάσει ὡς λυμαίνεσθαι τὰ τῆς εἰρήνης, ἀλλὰ διδασκαλεῖα σωφροσύνης, καὶ δικαιοσύνης, ἀνδρῶν ἐπιτηδευόντων μὲν ἀρετὴν ἀπαρχὰς δὲ ἐτησίους εἰσφερόντων κτλ. Und ib. 592 wird eine Verordnung des Prokonsuls C. Norbanus Flaccus im Auftrage des Kaisers Augustus an den Magistrat von Ephesus zitiert: „Καῖσάρ μοι ἔγραψεν Ἰουδαίους, οὗ ἂν ὦσιν, ἰδίῳ ἀρχαίῳ ἐθισμῷ νομίζειν συναγομένους χρήματα εἰσφέρειν ἃ πέμπουσιν εἰς Ἱεροσόλυμα. Τούτους οὐκ ἠθέλησε κωλύεσθαι τοῦτο ποιεῖν. Hierzu Sueton. Caesar 42, August. 32.

[3]) cf. Jos., Bell. jud. II, 8,4: Μία δὲ οὐκ ἔστιν αὐτῶν πόλις, ἀλλ' ἐν ἑκάστῃ κατοικοῦσι. Frankel, Monatsschrift 1853, p. 460 macht sich freilich die Sache sehr leicht, indem er im Vorbeigehen hierzu bemerkt: „Die Opfermahle in den heidnischen Tempeln sind bekannt und es wird hier in dieser Anschauung gesprochen." Graetz, Gesch. III[4], 667 wieder erklärt zu σύνδειπνα ποιεῖν: „Nicht ganz verständlich ist dieser Passus. Vielleicht liegt darin das gemeinschaftliche Speisen bei Beschneidung, Hochzeiten u. dgl., was im Talmud סעודה

nur „Privater, sondern auch großer Könige, die ihr Ansehen durch Beifall und Ehrenbezeugungen erhöhten“.[1]) Eine andere nur halbwegs plausible Erklärung für diesen Syndeipna ist wohl kaum zu finden. Wir vermuten ferner, daß unter den „Paröken der Juden in Delos“ gottesfürchtige Heiden zu verstehen sein dürften, an denen ja die Diasporasynagogen überreich waren. Die heidnischen Syssitien wurden überall unterdrückt, die jüdischen jedoch von den Behörden gestattet und beschützt; überdies mußte ein Vergleich zwischen den heidnischen und essenischen gemeinsamen Mahlen durchaus zugunsten der letzteren ausfallen, wie dies ja auch in der Gegenüberstellung beider in der Schrift De vita contemplativa drastisch gezeigt wird: warum sollten also religionsbedürftige Heiden nicht dieselben frequentiert und dabei die jüdische Religion als eine von Gott inspirierte Philosophie kennen und würdigen gelernt haben? So erklärt sich denn auch leicht das massenhafte Zuströmen der Heiden zum Judentum.

Wie landläufig übrigens, zumal in der griechischen Diaspora, die essenischen Ideale der Gleichheit aller Menschen und Lebensbedingungen, der Gütergemeinschaft, sowie ihre Mißachtung

מצוה religiöses Mahl genannt wird. Es wurde vielleicht als Klubversammlung angesehen und als solche verboten.“ — Aber solche Mahlzeiten wurden doch nicht aus einer gemeinsamen Kasse bestritten, und das waren doch keine Syssitien, die erst durch Privilegien geschützt werden mußten. Übrigens wußten die römischen Behörden gar wohl zu unterscheiden zwischen heidnischen und jüdischen Syssitien, sie wußten, daß die letzteren rein religiöse Zusammenkünfte und keine staatsgefährliche waren und hatten allen Grund, dieselben zu protegieren, wie sie denn auch mit gutem Grund jene der Essener protegierten, die bei ihrer Aufnahme in den Orden, bevor sie zu den gemeinsamen Mahlen zugelassen wurden, u. a. schwören mußten: „die Treue gegen jedermann, insbesondere aber gegen die Obrigkeit zu bewahren“ (Bell. jud. II, 8,7: τὸ πιστὸν ἀεὶ παρέξειν πᾶσι μάλιστα τοῖς κρατοῦσι, οὐ γὰρ δίχα θεοῦ περιγίνεσθαί τινι τὸ ἄρχειν), „denn die Macht sei von Gott gegeben.“ Eine Anschauung, die wir im jüdischen Hellenismus und später im Neuen Testament vertreten finden. cf. Sap. Sal. 6,2–3: Ἐνωτίασθε, οἱ κρατοῦντες πλήθους καὶ γεγαυρωμένοι ἐπὶ ὄχλοις ἐθνῶν· ὅτι ἐδόθη παρὰ τοῦ κυρίου ἡ κράτησις ὑμῖν, καὶ ἡ δυναστεία παρ᾽ ὑψίστου. cf. Röm. 13,1: πᾶσα ψυχὴ. ἐξουσίαις ὑπερεχούσαις ὑποτασσέσθω. οὐ γαρ ἐστιν ἐξουσία εἰ μὴ ἀπο Θεοῦ cf. Ev. Joh. 13,11. Tit. 3,1. 1. Petr. 2,13–14. Der römische Kaiser durfte also mit Recht von den jüdischen Thiasen und Syssitien sagen: Μὴ γὰρ εἶναι ταῦτα συνόδους ἐκ μέθης καὶ παροινίας ἐπὶ στάσει ὡς λυμαίνεσθαι τὰ τῆς εἰρήνης κτλ.

[1]) Philo. II, 634.

des Geldes geworden waren, geht schon daraus hervor, daß die Sibylle, die dichtende Volksstimme, sie zu den ihrigen macht. Schon die älteste jüdische Sibylle lehrt: „Allen gab der Himmlische die Erde gemeinsam und allen hat er in die Brust eine treffliche Denkart gelegt.“ [1]) Nur die Ungleichheit des Besitzes und die Habgier haben alle Kämpfe und alle Zerrüttung in der Welt verschuldet.[2]) Die Habgier stürze die Städte ins Unglück.[3]) Die Juden allein seien im Besitz der Gerechtigkeit und der Tugend, fern von jeder Geldgier, die den Menschen unzählige Übel erzeuge, den Krieg und den schrecklichen Hunger.[4])

Eine jüngere, aber noch jüdische Sibylle schildert die messianische Zukunft ganz im Bilde des essenischen Kommunismus: Die Erde werde für alle gleich sein, keine Mauern, keine Zäune werden sie scheiden; das Leben werde gemeinsam, der Reichtum entbehrlich sein; da werde es keine Armen und keine Reichen mehr geben, keine Tyrannen, keine Sklaven, keine Großen und keine Kleinen, keine Könige, keine Herren, sondern alle werden gleich sein.[5])

Das sind lauter Ideale, die dem Boden Alexandrias entsprossen sind, deren Verwirklichung der Essenismus angestrebt und nach Möglichkeit herbeigeführt hat.

Eine andere höchst beachtenswerte Eigentümlichkeit des Essenismus war die Verwerfung des Opferkultus. Die Essener, sagt Josephus, bringen keine Opfer dar, weil sie heiligere Reinigungen zu haben vermeinen, und sind deshalb vom Tempel ausgeschlossen.[6]) Dasselbe berichtet Philo von ihnen. Sie verehren, sagt er, Gott auf die vorzüglichste Weise, opfern ihm keine Tiere, sondern beeifern sich ihre eigene Gesinnung zu heiligen.[7]) — Beides aber,

---

[1]) Orac. sib. III, 247, 261 sq.

[2]) ib. III, 188 sq. [3]) ib. III, 641 sq. [4]) ib. III, 234—237.

[5]) Orac. sib. II, 320—326:

Γαῖα δ᾽ ἴση πάντων, οὐ τείχεσιν, οὐ περιφραγμοῖς
Οὐδὲ μεριζομένη, καρποὺς τότε πλείονας οἴσει
Αὐτομάτη, κοινοί τε βίοι, καὶ πλοῦτος ἄμοιρος.
Οὐ γὰρ πτωχὸς ἐκεῖ, οὐ πλούσιος, οὐδὲ τύραννος,
Οὐ δοῦλος, οὔτ᾽ αὖ μέγας, οὐ μικρός τις ἔτ᾽ ἔσται,
Οὐ βασιλεῖς, οὐχ᾽ ἡγεμόνες· κοινῇ δ᾽ ἅμα πάντες.

[6]) Antt. XVIII, 1,5.

[7]) Quod omn. prob. l. II, 457: οὐ ζῷα καταθύοντες, ἀλλ᾽ ἱεροπρεπεῖς τὰς αὐτῶν διανοίας κατασκευάζειν ἀξιοῦντες. — Wie das zu verstehen sei, erfahren wir insbesondere aus dem Kommentar Philos (De ebriet. I, 380) zu den Worten

sowohl die Verwerfung des Tieropfers, als auch der hier angedeutete Ersatz für dasselbe: daß nämlich der Mensch sich selbst zum Heiligtum Gottes machen müsse, ist jüdisch-hellenistische Theorie.

Es lag in der Natur der Sache, daß die Juden in der Diaspora bei ihrer großen Entfernung von Jerusalem allmählich gegen den Opferkultus erkalten und in ihrem synagogalen Gottesdienst Ersatz für den Tempel suchen mußten. Justin Martyr hat uns eine Auslegung der Prophetenworte: „Eure Opfer will ich nicht aus euren Händen annehmen, mein Name soll vom Aufgang bis zum Untergang der Sonne gepriesen werden, ihr aber entweiht ihn“,[1]) erhalten, welche noch zu seiner Zeit bei den Diasporajuden landläufig war, dahingehend: Gott habe die Opfer der damals in Jerusalem wohnenden sogenannten Israeliten nicht angenommen; nur die Opfer derjenigen, die von ihrem Volke in der Zerstreuung leben und ihre Gebete ihm darbringen, diese billige er; denn ihr Gebet nenne

---

Hannas 1 Reg. 1,15: „Ich bin ein Weib betrübten Gemütes, Wein und starke Getränke habe ich nicht genossen, sondern gieße meine Seele vor dem Herrn aus.“ Es sei in der Tat, erklärt hier Philo, eine große und bewunderungswürdige Sache, einen freien, reinen, von keiner Leidenschaft berauschten Sinn zu bewahren. Wer es dahin bringe, der möge sich selbst als reines Opfer dem Herrn ausgießen. „Denn was mögen diese Worte: „ich will meine Seele vor dem Herrn ausgießen“ anders sagen, als: ich will mich ihm heiligen, dadurch nämlich, daß die Bande, welche die eitlen Sorgen des sterblichen Lebens um uns schlingen, gesprengt werden, daß der Geist aus sich selbst heraus trete, die Enden des Alls erreiche und selbst den himmlischen Anblick des Ungezeugten genieße.“ Bekanntlich das Ziel der Essener und Therapeuten: καὶ γὰρ ὄντως ἀφέτῳ καὶ ἐλευθεριάζοντι, καὶ καθαρῷ χρῆσθαι λογισμῷ πρὸς μηδενὸς πάθους παροινομένῳ, μέγα καὶ θαυμαστὸν ἦν ἔργον. Ἐκ τούτου δὲ συμβαίνει, νήψεως ἀκράτου τὸν νοῦν ἐμφορηθέντα σπονδὴν ὅλον δι᾽ ὅλων γίνεσθαί τε καὶ σπένδεσθαι θεῷ. Τί γὰρ ἦν τὸ „Ἐκχεῶ τὴν ψυχήν μου ἐνάντιον κυρίου“, ἢ σύμπασαν αὐτὴν ἀνιερώσω; Δεσμὰ μὲν οἷς πρότερον ἐσφίγγετο, ἃ περιῆψαν αἱ τοῦ θνητοῦ βίου κεναὶ σπουδαί, πάντα λύσας, προαγαγὼν δὲ ἔξω καὶ τείνας καὶ ἀναχέας τοσοῦτον, ὡς καὶ τῶν τοῦ παντὸς ἅψασθαι περάτων, καὶ πρὸς τὴν τοῦ ἀγεννήτου παγκάλην καὶ ἀοίδιμον θέαν ἀπειχθῆναι. Νηφόντων μὲν οὖν ὁ χορὸς οὗτος παιδείαν προστησαμένων ἡγεμονίδα. — Ganz im Geiste des Essenismus ist die Aufforderung des Paulus: den Leib als Opfer zu heiligen, was wahrer Gottesdienst sei. cf. Röm. 12,1—2: Παρακαλῶ οὖν ὑμᾶς, ἀδελφοί, διὰ τῶν οἰκτιρμῶν τοῦ Θεοῦ, παραστῆσαι τὰ σώματα ὑμῶν θυσίαν ζῶσαν, ἁγίαν, εὐάρεστον τῷ Θεῷ, τὴν λογικὴν λατρείαν ὑμῶν· καὶ μὴ συσχηματίζεσθε τῷ αἰῶνι τούτῳ, ἀλλὰ μεταμορφοῦσθε τῇ ἀνακαινώσει τοῦ νοὸς ὑμῶν κτλ.

[1]) Maleachi 1,10—12.

er Opfer.[1]) Diese Auslegung belehrt uns darüber, wie man noch im zweiten christlichen Jahrhundert im Diasporajudentum über den Opferkultus dachte. — Schon im Aristeasbrief wird das Opfer als unwesentlich hingestellt, dafür aber Reinheit der Seele und frommer Glaube gefordert. Und nun gar erst bei Philo, wie oft lesen wir da, daß das Opfer unwesentlich, der von Menschenhänden gebaute Tempel bedeutungslos, daß das wahre Opfer in der Frömmigkeit einer gottgeliebten Seele bestehe, deren dankbare Gesinnung unsterblich bleibe und bei Gott eingegraben sei, so lange fortlebend, wie Sonne, Mond und die ganze Welt, daß die menschliche Seele allein die würdige Wohnung Gottes auf Erden sei und darum geheiligt werden müsse.[2])

Dem jüdischen Hellenismus ist auch die essenische Lehre von der Unsterblichkeit der Seele und der Verweslichkeit und Verwerflichkeit des Leibes, in welchen die Seele wie in einen Kerker gebannt sei, entlehnt. Über diese der pharisäischen stracks entgegengesetzte Unsterblichkeitslehre, welche dem Essenismus die stärkste Anziehungskraft verlieh, weiß selbst der Pharisäer Josephus Bescheid, richtig urteilend, daß sie viel Ähnlichkeit mit der griechischen aufweise. „Es steht“, sagt er, „bei den Essenern die Meinung fest, daß der Körper vergänglich und sein Stoff verweslich, daß die Seele aber unsterblich und ewig dauere, daß sie aus dem feinsten Äther hervorgegangen,[3]) um im Leib, wie in einem Kerker eingeschlossen zu werden; sobald aber die Bande des Fleisches gefallen seien, freue sie sich der Erlösung aus langer Knechtschaft und steige empor. Die guten Seelen, lehren sie in Übereinstimmung mit den Griechen, leben an einem Orte jenseits des Meeres, der weder von Regen noch von Schnee, noch von Hitze belästigt werde, stets von einem sanften, kühlenden Zephir angeweht

---

[1]) Just. Dial. c. Tr.

[2]) Vita Mos. II, 151. De victim. II, 253. Quod. det. pot. insid. I, 195. Leg. alleg. I, 115. De somn. I, 643 u. a. St. — Orac. sib. II, 82; IV, 8sqq. 24sqq. cf. Friedländer, Gesch. d. jüd. Apolog. 99sqq. 292sqq.

[3]) Bell. jud. II, 8,11: τὰς δὲ ψυχὰς ἀθανάτους ἀεὶ διαμένειν, καὶ συμπλέκεσθαι μὲν ἐκ τοῦ λεπτοτάτου φοιτώσας αἰθέρος ὥσπερ εἱρκταῖς τοῖς σώμασιν ἴυγγί τινι φυσικῇ κατασπωμένας. cf. Philo, De concup. II, 356: Τὸ δ' ἐμφυσώμενον δῆλον ὡς αἰθέριον ἦν πνεῦμα καὶ εἰ δή τι αἰθερίου πνεύματος κρεῖττον, ἅτε τῆς μακαρίας καὶ τρισμακατίας φύσεως ἀπαύγασμα. Ähnlich an vielen andern Stellen bei Philo.

sei. Der Bösen aber harre eine finstere Hölle voll unaufhörlicher Qualen. Das lehren sie teils weil sie die Seele für unsterblich halten, dann aber auch zur Aufmunterung zur Tugend und zur Warnung vor dem Bösen. Denn durch die Hoffnung auf ein Leben nach dem Tode müssen die Guten in diesem Leben besser, die Bestrebungen der Bösen aber gehemmt werden, weil sie, wenn sie auch im Leben der Strafe entgehen, nach ihrem Hinscheiden eine endlose Strafe zu erleiden, befürchten müssen. Diese Lehre der Essener von der Seele ist es, die alle, die einmal von der Weisheit des Ordens gekostet haben, mit der Macht eines Zaubers ergreift und festhält.“ [1])

Der synagogale Gottesdienst der Essener ist gleichfalls nahe verwandt dem der Diasporasynagoge. Auf diesen letzteren kommt Philo wiederholt zu sprechen und zeichnet ihn stets mit kurzen, aber kräftigen Strichen, [2]) während er, wie wir gesehen, den essenischen eingehend bespricht. Nach diesen Schilderungen strebten beide dasselbe an: die religiöse Erhebung vermittelst einer zeitgemäßen, Geist und Gemüt anregenden allegorischen Schriftauslegung. Freilich war die Schriftauslegung der essenischen Synagoge eine mehr in die Tiefe gehende, da ja die Besucher derselben geschult und vorbereitet für eine philosophische Behandlung der Schriften Mosis und der Propheten waren, während die Synagogen der Diaspora im allgemeinen es doch nur mit einem Laienpublikum zu tun hatten. In der Sache selbst aber glichen sich beide vollständig. — Anstatt aber die verborgen liegenden Fäden, die den Essenismus mit dem jüdischen Hellenismus verbinden, aufzudecken, zerschneidet man selbst die offen zutage liegenden und versperrt sich so jedes tiefere Verständnis für diese merkwürdige geschichtliche Erscheinung. Philos Bericht, so heißt es vielfach, sei an diesem Punkte kaum zuverlässig; er scheine in dieser Schilderung des synagogalen Gottesdienstes der Essener einfach allgemeine Verhältnisse der jüdischen Diaspora auf jene zu übertragen.[3]) —

---

[1]) Bell. jud. II, 8,11.

[2]) cf. Vita Mos. II, 167sq. De septen. II, 282. Legat. II, 568. Frag. II, 630.

[3]) Bousset, Die Relig. d. Judent. 439 Anm. 1. — Mit derselben, soviel beliebten Methode spricht er S. 440 Anm. 2 der Darstellung der essenischen Eschatologie des Josephus als einer hellenisierenden die Glaubwürdigkeit ab. „Sie ist“, sagt er, „auf der andern Seite übrigens nicht spezifisch hellenisch. Der Darstellung des Josephus ist hier nicht zu trauen. Er hellenisiert absichtlich.

Das gleiche aber könnte man von der ganzen Essenerschilderung Philos behaupten und sie in Bausch und Bogen als eine freie dichterische Erfindung verwerfen.

Doch merkwürdig: Während man sich einerseits bemüht, die Essener zu Hyperpharisäern zu machen, will man sie andererseits gleichzeitig zu Sonnenanbetern stempeln, und dies lediglich auf die mißverstandene Phrase des Josephus hin, die da lautet: „Gegen Gott sind sie besonders fromm. Denn ehe die Sonne aufgeht, sprechen sie nichts Profanes, sondern richten gewisse von den Vorfahren ererbte Gebete an sie, wodurch sie sie gleichsam anflehen, daß sie aufgehen möge.“ [1]) — Aus dieser Stelle, in welcher Josephus gerade die Frömmigkeit der Essener gegen Gott im glänzendsten Lichte zeigen will, wird noch heute gefolgert: die von den Vätern ererbten Gebete, welche die Essener jeden Morgen zur Sonne emporsenden, „als wollten sie dieselbe um ihr Erscheinen bitten“, gehörten zu dem fremdartigsten. Hier scheine ja fast der Monotheismus durchbrochen zu sein, obwohl sich natürlich eine gewisse Vermittlung finden lasse; aber hier werde allerdings die Annahme einer Beeinflussung von ethnisch-polytheistischer Seite kaum abzuweisen sein. Unmittelbar im Zusammenhang damit stehe die ängstliche Scheu, das Licht der Sonne namentlich bei Verrichtuug der Notdurft zu verunreinigen, und die von hier aus sich ergebende sorgfältige Verbergung der Exkremente.[2])

Allein der Brauch sorgfältiger Bergung der Exkremente ist schon im mosaischen Gesetzbuch angeordnet; und wenn Josephus berichtet, daß die Essener ihre Exkremente mit einer Decke ver-

---

Spezifisch hellenisch ist allerdings der Gedanke, daß die Seele aus feinstem Äther bestehend, infolge eines Zaubers in den Körper herabgezogen und dort eingekerkert sei. — Aber was etwa, wenn wir die hellenisierende Form des Josephus-Berichtes abstreichen, übrig bleibt, die Gedanken von der Präexistenz der Seele und dem Gericht über die Seele nach dem Tode, ist ebensogut orientalisch und schließt nicht einmal die Hoffnung auf Auferstehung des Leibes aus.“ Hier wird also aus Josephus das direkte Gegenteil von dem, was er berichtet herausgelesen!

[1]) Bell. jud. II, 8,5: Πρός γε μὴν τὸ θεῖον ἰδίως εὐσεβεῖς. πρὶν γὰρ ἀνασχεῖν τὸν ἥλιον, οὐδὲν φθέγγονται βεβήλων, πατρίους δέ τινας εἰς αὐτὸν εὐχὰς, ὥσπερ ἱκετεύοντες ἀνατεῖλαι.

[2]) Bousset, l. c. 441.

hüllten, „damit sie das Licht Gottes nicht beleidigen",[1]) so wird jeder Unbefangene das bildlich nehmen und sich nicht davon beirren lassen, daß sich unter den viel spätern, mit den Essenern in Zusammenhang gebrachten christlichen Sekten auch eine befindet, die als Sonnenverehrer bezeichnet wird.

Interessant, weil die herrschende Methode der Beurteilung des Essenismus kennzeichnend, ist, was Clemens über die „Sonnenanbetung" der Essener sagt: „Hippolytus, Presbyter und Bischof in Rom am Anfang des dritten Jahrhunderts n. Chr.", meint er, „lehnt sich in seinem Berichte über die Essener offenbar an die Schilderung des Josephus an; indessen finden sich bei ihm einzelne, und zwar für die Dogmen des Ordens nicht unbedeutende Abweichungen. — Auffällig ist die Abweichung von dem Bericht des Josephus, wo derselbe von dem Sonnenkultus der Essener spricht. Nach der Erzählung des Hippolytus scheint eine Verehrung der Sonne geradezu ausgeschlossen, und nur die Pflicht der Ordensgenossen gewesen zu sein, sogleich beim Erwachen, bevor sie etwas anderes unternahmen, Gott durch Gebete und Hymnen anzurufen. Wahrscheinlich ist es, daß Hippolytus aus gewissen Gründen Bedenken getragen hat, den Essenern eine heidnische Verehrung der Sonne zuzuschreiben, und dieser daher die Angabe des Josephus, welche für die Verehrung der Sonne als eines göttlichen Lichtwesens spricht, mit alleiniger Auslassung von θεοῦ als Zusatz zu τὰς αὐγάς[2]) wiedergab, wodurch ihm der Anstoß, den man nehmen konnte, beseitigt schien. Offenbar hat er dasselbe in der ersten Stelle durch die Auslassung eines Wortes oder mit geringer Änderung nicht erreichen können und deshalb den ganzen Passus geändert. Es wird darum seine Auffassung die Annahme von einer Verehrung der Sonne als eines göttlichen Lichtwesens seitens der Essener, wie sie dem Parsismus eigentümlich und aus diesem herübergenommen ist, keinesfalls in Zweifel stellen können."[3])

Also die Essener bleiben Sonnenanbeter und haben diesen Kultus dem Parsismus entlehnt. Und merkwürdig: Hippolyt soll mehr als Josephus, der an dieser Stelle die reine Gottes-

[1]) Bell. jud. II, 8,9: ὡς μὴ τὰς αὐγὰς ὑβρίζοιεν θεοῦ.

[2]) Bei Hippolyt lauten nämlich die eben zitierten Worte des Josephus: φάσκοντες μὴ δεῖν ὑβρίζειν τὰς αὐγάς.

[3]) Zeitschr. f. wiss. Theologie 1869, p.347.

verehrung der Essener preist, Grund gehabt haben, die Essener zu schonen, mehr als dieser Bedenken getragen haben, den Essenern eine heidnische Verehrung der Sonne zuzuschreiben! Josephus drückt den Essenern das Stigma der Sonnenanbetung auf, Hippolyt ist bemüht, sie davon zu befreien, indem er den Josephus korrigiert! Die moderne Forschung, die hier die Worte des Josephus buchstäblich nimmt, urteilt über die Essener nicht anders, wie die judenfeindlichen römischen Schriftsteller im Altertum über die Juden im allgemeinen, die sie zu Wolkenanbetern machten.[1]) — Die Juden waren seit je gewohnt bei Sonnenaufgang mit gen Himmel emporgehobenen Händen und Augen zu beten. Das berichtet uns der Talmud, und noch früher Pseudosalomo.[2]) Und überdies liefert auch die Therapeutenschilderung bei Philo die natürlichste und bündigste Erklärung zu diesen so mißverstandenen Worten, indem sie von den Therapeuten berichtet, daß diese, sobald sie die Sonne aufgehen sahen, mit zum Himmel emporgerichteten Händen um einen schönen und wahrhaft günstigen Tag beteten, damit ihre Gedanken mit himmlischem Lichte erfüllt werden.[3]) — Die Essener waren ebensowenig Sonnenanbeter, so wenig es die ältesten Christen waren, von denen die Heiden, wie wir bei Tertullian lesen, gleichfalls behaupteten, daß die Sonne ihr Gott sei, weil man gehört, daß sie beim Gebet sich gegen Aufgang der Sonne wenden.[4])

Was aber, wird man fragen, ist aus diesem so viel gepriesenen und so weithin anregend wirkenden Essenismus geworden? Wären seine Lehren in Wirklichkeit so erlösender Natur gewesen, wie sie die zeitgenössischen Lobredner darstellen, wie wäre es zu erklären, daß er schließlich so spurlos versandete?

---

[1]) cf. Juvenal. Sat. XIV, 96: Nil praeter nubes et coeli numen adorant.

[2]) Sap. Sal. 16,28: ὅπως γνωστὸν ᾖ, ὅτι δεῖ φθάνειν τὸν ἥλιον ἐπ' εὐχαριστίαν σου καὶ πρὸς ἀνατολὴν φωτὸς ἐντυγχάνειν σοι. cf. Orac. sib. III, 591sq.: Ἀλλὰ μὲν ἀείρουσι πρὸς οὐρανὸν ὠλένας ἁγνὰς, ὄρθιοι ἐξ εὐνῆς αἰεὶ χέρας ἁγνίζοντες.

[3]) Philo II, 485sq.: τάς τε ὄψεις καὶ ὅλον τὸ σῶμα πρὸς τὴν ἕω στάντες, ἐπὰν θεάσωνται τὸν ἥλιον ἀνίσχοντα, τὰς χειρὰς ἀνατείναντες εἰς οὐρανὸν εὐημερίαν καὶ ἀλήθειαν ἐπεύχονται, καὶ ὀξυωπίαν λογισμοῦ. Und ib. II, 475: δὶς δὲ καθ' ἑκάστην ἡμέραν εἰώθασιν εὔχεσθαι περὶ τὴν ἕω — ἡλιόυ μὲν ἀνίσχοντος, εὐημερίας αἰτούμενοι, τὴν ὄντως εὐημερίαν, φωτὸς οὐρανίου τὴν διανοίαν αὐτῶν αναπλησθῆναι.

[4]) Tert. Apol. c. 16: Alii plane humanius et verisimilius solem credunt deum nostrum — — denique inde suspicio, quod innotuerit nod ad orientis regionem precari.

Nun, der Essenismus hat in Wahrheit seine Schuldigkeit vollauf getan. Er bildete das Reservoir, vermittelst dessen das nichtpharisäische Judentum Palästinas mit neuen, insbesondere griechischen Ideen befruchtet wurde. Der Orden als solcher bildete allerdings einen geschlossenen Kreis, allein er sandte, wie wir gezeigt, Jünger aus, die seine Ideen hinaustrugen und die weitesten Schichten für kommende Dinge vorbereiteten. Man lauschte gern, zumal in den Kreisen der Am-haarez, ihren Belehrungen, da man in ihnen gottbegnadete Propheten sah, die ihre Anhänger nicht mit Gesetzesbürden belasteten, sondern ihnen Schätze des Himmelreichs zeigten, die nur durch Veredlung der Sitten zu erreichen seien. Daher rührt denn auch ihre, von den Forschern allenthalben erkannte Verwandtschaft mit den Apokalyptikern, von denen sie sich nur durch ihre tiefere philosophische Bildung und durch ihr geheimnisvolles Wesen unterschieden. — Alle religiösen Werte, die der Essenismus teils neugeschaffen, teils umgebildet hatte, sie sind durch den Kanal der Apokalyptik in das Christentum geflossen und von diesem und den auf seinem Boden sich bald darauf bildenden zahllosen Sekten übernommen worden.

Damit soll aber durchaus nicht behauptet werden, daß Jesus und das Christentum aus der Schule des Essenismus hervorgegangen. Dies anzunehmen verbietet schon die Tatsache, daß Jesus die Askese, den Grundstein, auf welchem der Essenismus sich aufbaute und in der sein Vorläufer der Täufer, noch gefangen lag, bereits überwunden hatte. Auf die Frage der Johannesjünger, warum seine Jünger wie sie selbst und die Pharisäer es täten, nicht fasten, erwidert Jesus: Wie können die Hochzeitsleute Leid tragen, solang der Bräutigam noch bei ihnen?[1]) Ein andermal klagt er: Johannes ist gekommen, aß nicht und trank nicht, so sagen sie: er hat den Teufel. Des Menschen Sohn ist gekommen, ißt und trinkt, so sagen sie: Siehe wie ist der Mensch ein Fresser und Weinsäufer, der Zöllner und der Sünder Geselle.[2])

Es darf ferner nicht übersehen werden, daß Jesus sich über die hergebrachte Sabbatheiligung, die von den Essenern noch strenger als selbst von den Pharisäern beobachtet wurde,[3]) skrupel-

---

[1]) Math. 9,14—15. [2]) Math. 11,18—19.

[3]) cf. Bell. jud. II, 8,9: καὶ ταῖς ἑβδομάσιν ἔργων ἐφάπτεσθαι, διαφορώτατα Ἰουδαίων ἁπάντων κτλ.

los hinwegsetzte, lehrend, der Menschensohn sei Herr über den Sabbat.[1]) — Der fundamentale Unterschied jedoch zwischen Essenismus und Christentum lag in der Auferstehungslehre, die den Eckstein des Christentums bildete, mit der es stand und fiel, während die Essener die Auferstehung verwarfen, da sie ja den Leib als ein Hindernis für die Erhebung des Menschen zu Gott betrachteten, der nach dem Tode der ewigen Verwesung verfalle.

Doch bei allen zwischen Jesus und seiner Lehre einerseits und den Essenern andererseits herrschenden Differenzen ist die enge Verwandtschaft unverkennbar. Vor allem ist es die essenische Organisation, die das Urchristentum übernommen, und die ihm über alle Maßen zustatten kam. Wie die essenischen Wanderlehrer in die Welt hinausgingen, ohne etwas anderes als Waffen zum Schutz gegen Räuber mitzunehmen, da sie überall von den Genossen mit Kleidern und allen nötigen Lebensbedürfnissen versehen wurden, so sendet auch Jesus seine Jünger aus mit der Weisung: nicht Gold noch Silber noch Erz in ihrem Gürtel zu haben, auch keine Tasche zur Wegfahrt, auch nicht zwei Röcke, keine Schuhe, auch keine Stecken. Denn ein Arbeiter sei seiner Speise wert. Wo sie aber in eine Stadt oder Markt kämen, da sollten sie sich erkundigen, ob jemand darinnen sei, der es wert, und sollten bei demselben bleiben, bis sie von dannen zögen.[2]) — Desgleichen finden wir die essenischen Institutionen der Gütergemeinschaft und gemeinsamen Mahle im Urchristentum wieder. Wir lesen hierüber in der Apostelgeschichte: „Sie blieben beständig in der Apostel Lehre und in der Gemeinschaft und im Brodbrechen und im Gebet. — Alle aber, die gläubig waren worden, waren bei einander und hielten alle Dinge gemein. Ihre Güter und Habe verkauften

---

[1]) Math. 12,8: κύριος γάρ ἐστι καὶ του σαββάτου ὁ υἱὸς τοῦ ἀνθρώπου. cf. Marc. 2,23–28. Luc. 6,1–6.

[2]) Math. 10,7–13 und Par. — Noch Origenes c. Cels. III, c. 9 schildert ähnlich die christlichen Missionare seiner Zeit: „Sie bieten alles auf, den Glauben über die ganze Erde zu verbreiten. Darum machen es einige sich geradezu zur Lebensaufgabe nicht bloß von Stadt zu Stadt, sondern selbst von Flecken zu Flecken, von Dorf zu Dorf zu gehen, um dem Herrn neue Gläubige zu gewinnen. Und man wird nicht sagen können, daß sie dies eines Gewinnes wegen tun, da sie oft nicht einmal soviel nehmen wollen, als sie zum Leben nötig haben. Und wenn die Not sie manchmal zwingt, etwas anzunehmen, so begnügen sie sich mit der Befriedigung der dringendsten Bedürfnisse.“

sie und teilten sie aus unter alle, nachdem jedermann not war. Und sie waren täglich und stets beieinander einmütig im Tempel und brachen das Brod hin und her in den Häusern.[1]) — Der Menge aber der Gläubigen war ein Herz und eine Seele; auch keiner sagte von seinen Gütern, daß sie sein wären, sondern es war ihnen alles gemein. — Es war auch keiner unter ihnen, der Mangel hatte; denn wie viel ihrer waren, die da Äcker oder Häuser hatten, verkauften sie dieselben und brachten das Geld und legten es zu der Apostel Füßen, und man gab einem jeglichen, was ihm not war.“[2])

Wie man sieht, ist dies alles rein essenischer Kommunismus.

Während aber die Essener bei geschlossenen Türen lehrten, gebot Jesus, der hellsehendste aller Apokalyptiker, seinen Jüngern von vornherein, alle Geheimtuerei abzulegen: es sei nichts verborgen, das nicht offenbart werde, und nichts heimlich, was man nicht wissen werde; sie sollten daher im Lichte reden, was er ihnen im Finstern sage, und was sie in das Ohr hören, auf den Dächern predigen[3].) Denn niemand zünde ein Licht an und bedecke es mit einem Gefäß, oder setze es unter die Bank, sondern er setze es auf einen Leuchter, auf daß, wer hineingehe, das Licht sehe.[4]) — Darum läßt er auch in dem Gleichnis von dem Manne, der, als er über Land ging, sein Gut den Knechten zur Verwaltung überließ, jenen Knecht, der in Blindheit das ihm anvertraute Gut, anstatt es zu verzinsen, in die Erde vergrub und es dann dem Herrn unvermehrt zurückstellte, als einen unnützen, in die Finsternis hinausgestoßen werden: „Du solltest“, so schilt der Herr diesen engherzigen und unbrauchbaren Knecht — „mein Geld zu den

---

[1]) Act. 2,42–47: Ἦσαν δὲ προσκαρτεροῦντες — — τῇ κοινωνίᾳ καὶ τῇ κλάσει τοῦ ἄρτου κτλ. — πάντες δὲ οἱ πιστεύοντες ἦσαν ἐπὶ τὸ αὐτὸ, καὶ εἶχον ἅπαντα κοινὰ, καὶ τὰ κτήματα καὶ τὰς ὑπάρξεις ἐπίπρασκον, καὶ διεμέριζον αὐτὰ πᾶσι, καθότι ἄν τις χρείαν εἶχε κτλ. Genau nach der von Philo und Josephus geschilderten kommunistischen Weise der Essener.

[2]) Act. 4,32–37: καὶ οὐδὲ εἷς τι τῶν ὑπαρχόντων αὐτῷ ἔλεγεν ἴδιον εἶναι, ἀλλ᾽ ἦν αὐτοῖς ἅπαντα κοινά. — — οὐδὲ γὰρ ἐνδέης τις ὑπῆρχεν ἐναὐτοῖς· ὅσοι γὰρ κτήτορες χωρίων ἢ οἰκιῶν ὑπῆρχον, πωλοῦντες ἔφερον τὰς τιμὰς τῶν πιπρασκομένων, καὶ ἐτίθουν παρὰ τοὺς πόδας τῶν ἀποστόλων. διεδίδοτο δὲ ἑκάστῳ καθότι ἄν τις χρείαν εἶχον. Genau nach dem essenischen Programm.

[3]) Math. 10,26–28 und Par.

[4]) Luc. 8,16. Math. 5,15. Marc. 4,21.

Wechslern getan haben, und wenn ich gekommen wäre, hätte ich das Meine zu mir genommen mit Wucher. Darum nehmt von ihm den Zentner und gebet's dem, der zehn Zentner hat. Denn wer da hat, dem wird gegeben werden, und wird die Fülle haben; wer aber nicht hat, dem wird auch, das er hat, genommen werden. Und den unnützen Knecht werft in die Finsternis hinaus, da wird sein Heulen und Zähneklappern." [1])

Wie die Essener, und im erhöhten Maß die Therapeuten, um sich zur Vollkommenheit emporläutern zu können, Hab und Gut, Haus und Familie verließen, [2]) so empfiehlt auch Jesus dasselbe Mittel denen, die zur Vollkommenheit emporstreben wollen: „Willst du vollkommen sein", lehrt er, „so gehe hin, verkaufe was du hast und gib's den Armen, so wirst du einen Schatz im Himmel haben, und komm und folge mir. — Wer verläßt Häuser oder Brüder oder Schwestern oder Vater oder Mutter oder Weib oder Kinder oder Äcker um meines Namens willen, der wird's hundertfach nehmen und das ewige Leben erwerben." [3])

Das nur unter Aufwand der äußersten menschlichen Kräfte zu erreichende Ziel der Lehre Jesu war dasselbe wie das von den Essenern, dem jüdischen Hellenismus überhaupt und den Apokalyptikern angestrebte: „Gott zu schauen", und die Mittel zur Erreichung desselben hüben wie drüben die gleichen. [4])

Wie die Essener predigte auch Jesus Verachtung des irdischen Besitzes: „Ihr sollt", lehrt er, „nicht Schätze sammeln auf Erden, da sie die Motten und der Rost fressen, und da die Diebe nachgraben und stehlen. Sammelt euch aber Schätze im Himmel, da sie weder Motten noch Rost fressen, und da die Diebe nicht nachgraben und stehlen. — Niemand kann zwei Herren dienen. Ent-

---

[1]) Math. 25,14–31. Luc. 19,12–27.

[2]) cf. De vita cont. II, 474 und weiter unten im Kapitel über die Therapeuten.

[3]) Math. 19,21.29: Εἰ θέλεις τέλειος εἶναι ὕπαγε, πώλησόν σου τὰ ὑπάρχοντα, καὶ δὸς πτωχοῖς· καὶ ἕξεις θησαυρὸν ἐν οὐρανῷ. καὶ δεῦρο, ἀκολούθει μου. — καὶ πᾶς ὃς ἀφῆκεν οἰκίας, ἢ ἀδελφοὺς, ἢ ἀδελφὰς, ἢ πατέρα, ἢ μητέρα, ἢ γυναῖκαι, ἢ τέκνα, ἢ ἀγροὺς ἕνεκα τοῦ ὀνόματός μου, ἑκατονταπλασίονα λήψεται, καὶ ζωὴν αἰώνιον κληρονομήσει.

[4]) cf. Math. 5,8. 1 Joh. 3,2.3 u. a. St. „Beachtung verdient", sagt Baldensperger l. c. 84, „vor allem der apokalyptische Ausdruck für den höchsten Lohn: Gott sehen, oder das Antlitz Gottes schauen."

weder er wird den einen hassen und den andern lieben, oder er wird dem einen anhangen und den andern verachten. Ihr könnt nicht Gott dienen und dem Mammon.“[1]) „Und weiter sage ich euch: es ist leichter, daß ein Kamel durch ein Nadelöhr gehe, denn daß ein Reicher in das Reich Gottes komme.“[2])

Die Essener mieden das Schwören, denn alles, was sie sprachen, mußte fester als ein Eid sein. Das Schwören hielten sie für schlechter als selbst den Meineid; denn sie sagten, daß der, dem man ohne Gottes Namen nicht glauben dürfe, schon gerichtet sei.[3]) Auch Jesus verurteilt das Schwören. „Ihr habt gehört“, sagt er, „daß den Alten gesagt wurde: du sollst keinen falschen Eid tun und sollst Gott deinen Eid halten. Ich aber sage euch, daß ihr allerdinge nicht schwören sollt. — Eure Rede sei: Ja, ja; nein, nein; was darüber ist, das ist von Übel.“[4])

Die Essener duldeten in ihrer Gemeinschaft keine Diener, sondern leisteten einander alle erforderlichen Dienste. Dieselbe Gleichheit und Brüderlichkeit verlangt auch Jesus: „Ihr wißt“, lehrt er, „daß die weltlichen Fürsten herrschen, und die Oberherren haben Gewalt. So soll es nicht unter euch sein; sondern so jemand will unter euch gewaltig sein, der sei euer Diener. Und wer da will der Vornehmste sein, der sei euer Knecht. Gleichwie des Menschen Sohn nicht gekommen ist, daß er sich dienen lasse, sondern daß er diene.[5]) Der Größte unter euch soll euer Knecht sein.“[6])

Beim Eintritt in den Orden mußte der Essener schwören: die Treue gegen jedermann, insbesondere aber gegen die Obrigkeit zu bewahren, denn niemand habe die Macht, sie sei ihm denn von Gott gegeben.[7]) Das ist, wie wir bereits gesehen, jüdisch-helle-

---

[1]) Math. 6,19.24 u. Par. [2]) Math. 19,24 u. Par.

[3]) Jos., Bell. jud. II, 8,6: καὶ πᾶν μὲν τὸ ῥηθὲν ὑπ᾽ αὐτῶν ἰσχυρότερον ὅρκου· τὸ δὲ ὀμνύειν αὐτοῖς περιΐσαταται, χεῖρον τι τῆς ἐπιορκίας ὑπολαμβάνοντες. ἤδη γὰρ ἤδη κατεγνῶσθαι φασὶ τὸν ἀπιστούμενον, δίχα Θεοῦ. — Nach Philo II, 458 bewiesen die Essener unter zahlreichen andern Tugenden ihre Liebe gegen Gott durch Enthaltung vom Eid: τοῦ μὲν οὖν φιλοθέου δείγματι παρέχονται μύρια: .... τὸ ἀνώμοτον. —

[4]) Math. 5,33–37.

[5]) Math. 20,25–28 u. Par.

[6]) Math. 23,11.

[7]) Jos., Bell. jud. II, 8,7.

nistische Auffassung von dem Gottesgnadentum der Herrscher, und dieser Auffassung begegnen wir im Neuen Testament wieder. „Gebet dem Kaiser, was des Kaisers ist“, sagt schon Jesus, „und Gott, was Gottes ist.“[1]) Und Paulus: „Jedermann sei der Obrigkeit untertan, die Gewalt über ihn hat. Denn es ist keine Obrigkeit ohne von Gott, wo aber Obrigkeit ist, die ist von Gott verordnet.“[2])

Doch es mag genug sein der Anführung von Parallelen zwischen Essenismus und Urchristentum, die sich noch weiter verfolgen ließen. Am Ende ist, bei aller Verwandtschaft, das Christentum Jesu doch etwas ganz anderes als essenische Lehre. Dagegen sind die Haupterben des Essenismus, die dessen ganzes philosophisches Material übernommen: die christlichen Häretiker, zumal die zahlreichen gnostischen Sekten, denen bei der Bildung und Weiterentwicklung des Christentums eine bedeutsame Rolle zufiel.

---

[1]) Math. 22,21 u. Par.

[2]) Röm. 13,1. cf. Ev. Joh. 19,11. Tit. 3,1. 1 Petri 2,13–14.

IV.

DER MINÄISMUS.

Wir haben bisher von religiösen Bewegungen im Judentum gesprochen, die neben dem Pharisäismus bestanden, parallel mit ihm liefen, genährt von fremden Speichern, und erst im Zeitalter Jesu sich mit ihm auseinanderzusetzen begannen. Von Unterströmungen im Pharisäismus selbst aber haben wir noch nicht gesprochen. Solche aber gab es tatsächlich, und zwar tief einschneidender Natur, die wir freilich nur aus talmudischen und midraschischen Berichten kennen. Und da zeigt es sich eklatant, wie wenig Zutrauen die modernen jüdischen Gelehrten selber zu den talmudischen Quellen haben, für die sie andererseits wieder unbedingte Berücksichtigung bei Darstellung der Geschichte des sogenannten Spätjudentums fordern.

Denn wie wäre es sonst zu erklären, daß die moderne jüdische Geschichtsschreibung so wenig von Gegenströmungen innerhalb des Pharisäismus weiß, während das talmudische Schrifttum darüber, wenn auch vielfach abrupt oder verhüllt, Andeutungen in Fülle enthält? Weit mehr als von Pharisäern und Sadduzäern spricht der Talmud von Minim, Zedim, Apikorsim und Philosophen, mit denen die Schriftgelehrten im ewigen religiösen Streit lagen; und doch, wie viel und überviel wissen unsere jüdischen Geschichtsforscher von jenen und wie wenig von diesen zu melden!

Freilich, hätten nicht Josephus und das Neue Testament die Sekten der Pharisäer und Sadduzäer uns gezeichnet, aus dem Talmud allein wüßten wir blutwenig von ihnen, und unsere jüdischen Theologen hätten von ihnen ebensowenig wie von den Minim zu berichten gewußt, von welch letzteren außertalmudische Quellen nichts überliefern. Man hätte uns dann erzählt, daß das ganze, in so viele Sekten zerklüftete, in allen seinen Tiefen aufgewühlte Judentum der beiden letzten vorchristlichen Jahrhunderte ein rein talmudisches, von keiner Opposition getrübtes gewesen. Die Frage aber, wie aus einem solchen Judentum Jesus und das Christentum hätten hervorgehen können, hätte da nicht die geringsten Skrupel verursacht. Wir haben ja gesehen, wie das Kunststück zustande gebracht wurde, die Essener, deren Existenz, da einmal Philo, Josephus und Plinius sie verbürgen, nicht geleugnet werden konnte, in den Talmud hineinzuzwängen und sie zu Hyperpharisäern zu machen!

Hätte aber Philo oder Josephus oder irgend ein anderer namhafter zeitgenössischer Schriftsteller der Minim Erwähnung getan, dann wären sie nicht mehr übergangen oder nur so im Vorbeigehen gestreift worden. Da dies aber nicht der Fall, so konnte man sich die Sache recht leicht machen, indem man einfach dekretierte: die Minim sind Judenchristen gewesen, die es mit ihrem Geplänkel und ihren Hetzereien lediglich darauf abgesehen hatten, die Schriftgelehrten zu molestieren! Und damit war die Sache erledigt: man beruhigte sich dabei hüben und drüben.

Daß aber die Minim ursprünglich nicht Christen, sondern jüdische Häretiker noch in vorchristlicher Zeit gewesen, haben wir bereits anderwärts aufgezeigt,[1]) und damit die Zustimmung der maßgebenden Kritik erlangt. Hier jedoch kommt es uns hauptsächlich darauf an, die minäische, im Schoße des Pharisäismus selbst entstandene Bewegung im Zusammenhange mit den übrigen religiösen Zeitströmungen zu behandeln und ihre Bedeutung zu kennzeichnen.

In den Minim hatten die Pharisäer ebenso ihre Radikalen, wie sie der jüdische Hellenismus in jenen Allegoristen hatte, die von der allegorischen Auslegung des mosaischen Schrifttums zur Verwerfung des ganzen nationalen und zeremonialen Gesetzes gelangten.[2]) Sie hatten ihre Radikalen, wie sie die Apokalyptiker hatten, inbezug auf welche in der Henochapokalypse geklagt wird, daß sie ihre Lügenreden und Frevelworte niederschreiben, die Worte der Wahrheit fälschen, das ewige Gesetz übertreten, große Betrügereien ersinnen und Bücher über ihre Reden verfassen.[3]) Sie

---

[1]) In unseren Schriften: Der vorchristl. jüd. Gnostizismus 1897; Der Antichrist 1901.

[2]) Philo, De migr. Abr. I, 450 sq.

[3]) Hen. 98,14–15; 99,1; 104,8 sq.

hatten ihre Radikalen, wie sie der Essenismus in den Therapeuten hatte, die die väterliche Philosophie bildlich erklärten, über das sinnlich Wahrnehmbare hinweg zum Anschauen der nackten Wahrheit, wie sie an sich ist, vordringend.[1] Sie hatten endlich ihre Radikalen, wie sie das jüdische Christentum in den Antinomisten und Gnostikern hatte. Und diese pharisäischen Radikalen nannten die Schriftgelehrten des Talmud „Minim", eine Bezeichnung, die wir heute nicht mehr mit Sicherheit erklären können, ebensowenig wie die Benennungen Pharisäer, Sadduzäer, Essener, was uns lehrt, daß ihre Entstehung in so frühe Zeit fällt, daß die ältesten Berichterstatter selbst die Etymologie dieser Namen nicht mehr kannten. So weiß Philo selber nicht mehr über die Etymologie der Bezeichnung „Essäer" Bescheid und ergeht sich in vagen Vermutungen. — Was aber Minim und Minuth inhaltlich bedeuten, darüber läßt uns die talmudische und midraschische Literatur keinen Augenblick im Zweifel.

Der Midrasch zeichnet sie einmal in signifikanter Weise, indem er Doëg und Ahitofel als Verkörperung von Minuth vorführt, deren jeder in der talmudischen Literatur als Typus der Häresie hingestellt wird. Sie seien Schriftgelehrte gewesen, vollgefüllt mit Wissen, aber es habe ihnen die innere Frömmigkeit gefehlt und daher ihre Auflehnung gegen die Gebote Gottes. Sie seien auswendiggelernte Meister der Schrift gewesen, deren Inneres keinen Teil an der Gesetzeslehre hatte, weshalb sie denn auch schließlich von derselben abgefallen seien.[2] — In derselben Weise werden

[1] Philo II, 473.

[2] Num. rabba z. XVIII, 17 werden die Psalmworte 55,13–16: „Wäre es ein Feind, der mich schändete, würde ichs ertragen ..... Du aber bist mein Freund und Verwandter," auf Doëg und Ahitofel gedeutet. „Denn nicht ein Feind schmähte mich," darunter, so heißt es hier im Midrasch, sind Doëg und Ahitofel zu verstehen, die mich schmähten; obgleich sie nicht meine Feinde waren, so schmähten sie mich doch und nannten mich nicht bei meinem Namen ..... Es heißt Ps. 55,14: „Sondern du bist es, ein Mensch wie ich, mein Lehrer und mein Freund." „Mein Lehrer", deutet an, daß er groß in der Thora war; „mein Freund", daß er über halachische Fragen verhandelte ..... R. Eleazar sagt: es waren minäische Ideen in ihnen. Womit sind diese beiden Männer zu vergleichen? Mit einem Hause, das mit Stroh gefüllt war; in demselben waren Öffnungen, in welche das Stroh hineindrang. Nach einiger Zeit trat das Stroh, das in den Öffnungen war, heraus, da wußten alle, daß das Haus mit Stroh gefüllt war. Ebenso verhält es sich mit Doëg

die Minim von dem Gesetzeslehrer R. Tarphon im ersten christlichen Jahrhundert charakterisiert: Sie sind Gelehrte, die „wissentlich leugnen“.

Daß die minäische Bewegung aus noch vorchristlicher Zeit stammt und schon in dieser zu einer großen, bis heute noch nicht gewürdigten Bedeutung gelangt war, das lehrt am deutlichsten die Tatsache, daß sie schon im ersten christlichen Jahrhundert eine stark angefeindete, von den pharisäischen Schriftgelehrten mit dem Anathem belegte Literatur hatte. Eine solche aber entsteht nicht über Nacht. Gegen Ende des ersten Jahrhunderts wird unter den Schriftgelehrten darüber verhandelt, ob die Giljonim — jüdisch-gnostische Zaubertafeln — und die Bücher der Minäer vor dem Verbrennen gerettet werden dürfen. Da bricht R. Tarphon in die heftigen Worte aus: beim Leben meiner Kinder, wenn mir diese Bücher unter die Hände kommen, verbrenne ich sie mitsamt den in ihnen vorkommenden Gottesnamen (Askaroth)! Und wenn man von einem Mörder oder von einer Schlange verfolgt wird, suche man lieber in einem heidnischen Tempel als in den Häusern der Minäer Schutz. Denn diese, die Minäer nämlich, erkennen und leugnen dennoch, die Heiden aber leugnen aus Unkenntnis. Auf jene ist das Prophetenwort zu beziehen: „Hinter Tür und Pfosten stelltest du dein Gedächtnis auf, denn von meiner Seite hinweg buhltest du.“ — Sein Zeitgenosse R. Ismael — der wie Tarphon in jungen Jahren den Tempel noch in Funktion gesehen — stützt die Behauptung, daß man die minäischen Bücher selbst

---

und Ahitofel. Es waren in ihnen von Anbeginn keine frommen Handlungen; obgleich sie Söhne der Thora (Gesetzeskundige) waren, blieben sie dennoch wie vorher: „denn Bosheit wohnte in ihrem Innern“: ואתה אנוש בערכי אלופי שהיה אדם גדול בתורה ומיודעי שהיה נושא ונותן בהלכה....... א"ר אלעזר עצת **מינות** היה בהן למה היו דומין לבית שהוא מלא תבן והיה בבית חורין והיה התבן נכנס בהם לאחר ימים התחיל אותו התבן שהיה בתוך אותן החורין יוצא יודעו הכל כי היה אותו הבית של תבן כך דואג ואחותופל לא היה בהן מצות בתחלה אף על פי שנעשו בני תורה היו כתחלתן היו "כי רעות במגורם בקרבם„. — R. Travers Herford, Christianity in Talmud and Midrasch, London 1903 p. 121 kennzeichnet richtig das Wesen des Minäers mit den Worten: The term Min denotes, I believe, invariably a Jewisch heretic, i. e. one, who, having been trained in the principles of the Jewisch religion, departs from them and is unfaithful towards them, violates the covenant between God and Israel.

mitsamt den in ihnen enthaltenen Gottesnamen verbrennen dürfe, auf die Schrift in folgender Weise: wenn schon die Thora kein Bedenken trägt, den heiligen Namen Gottes durch Wasser verwischen zu lassen, wo es gilt, Frieden zwischen Mann und Weib zu stiften, um wie viel mehr ist dies in unserm Falle gestattet, da ja diese Ketzer nur Haß, Neid und Zwietracht zwischen Israel und seinem himmlischen Vater stiften. Inbezug auf diese sagt der Psalmist: „Sollte ich deine Hasser, o Gott, nicht hassen und die gegen dich sich empören, nicht verabscheuen? Fürwahr, mit tiefstem Hasse hasse ich sie, zu Feinden sind sie mir geworden." Und sowie man — heißt es im Talmud weiter — diese Bücher nicht vor dem Verbrennen rettet, so rettet man sie auch nicht aus dem Wasser und vor dem Untergang überhaupt.[1]) Ein solch tief eingefleischter Haß gegen die Minäer und ihre Schriften kann ebensowenig plötzlich entstanden sein, wie ihre Literatur, die schon damals als eine zahlreiche angegeben wurde. Von Elischa ben Abuja, nachmals Acher, der „Abtrünnige", genannt, der zu Beginn des zweiten Jahrhunderts blühte, und den man gewiß nicht zu einem Christen wird machen wollen, wird erzählt, daß ihm, wenn er sich im Lehrhaus erhob, viele minäische Schriften aus dem Schoße fielen.[2]) Es gab also schon damals eine reiche minäische Literatur, wie es eine reiche essenische und eine massenhafte gnostische Literatur gab, die aber sämtlich mit dem Siege der konservativen Parteien hüben und drüben untergegangen sind. Die sogenannte jüdische Ecclesia magna, die selbst biblische, ihr bedenklich scheinende Schriften, wie die Visionen Ezechiels, welche gnostisierenden Untersuchungen über Gott und Weltschöpfung reiche Nahrung boten, ferner Kohelet, Proverbien, Canticum „aufheben" zu wollen im Begriff war, wachte um so strenger über jüngere antipharisäische literarische Erzeugnisse und unterdrückte sie, wo sie nur konnte. Ebenso wie später die pharisäisch gewordene christliche Ecclesia die literarischen Produkte der — wie wir aus Irenäus, Epiphanius u. a. wissen — schriftstellerisch ungemein fruchtbaren antinomistischen Gnostiker der

---

[1]) Sabbat 116 a und Par.

[2]) Chagiga 15 b: אָמרו עלָיו על אחר בשעה שהיה עומד מביה"מ הרבה ספרי מינים נשרו מחיקו.

Vernichtung preisgab. — Und in dieser minäischen Bewegung, die rein spekulativer Natur war, die gerade deshalb mit bestrickendem Zauber auf viele hervorragende pharisäische Schriftgelehrte wirkte und sie in ihren Bannkreis zog, wollte man den Geist Jesu und des Evangeliums erkennen! Der Geist der letztern war aber ein ekstatischer, von tief kindlichem Glauben getragener, jeder Schulweisheit und Spekulation abholder, so daß er, selbst zugegeben, daß einige evangelische Schriften in der Zeit, von der wir sprechen, bereits niedergeschrieben waren, nimmer auf pharisäische, zu nüchterner Schriftgelehrsamkeit herangebildete Gesetzeslehrer — was ja noch unsere heutigen pharisäischen Schriftgelehrten eklatant dartun — hätte Eindruck machen können.

Wie sehr aber der Minäismus, der, wie wir zeigen werden, ebenfalls ein Produkt der griechischen Schulweisheit war, bis in den Schoß der pharisäischen Lehrhäuser eingedrungen und hier seine Opfer forderte, daß zeigt sich schon darin, daß Schriftgelehrte von der Bedeutung eines R. Eliezer ben Hyrkanos, „der Große" genannt, eines ben Azzai, ben Zoma, ben Dama u. a. sich, sei es auch nur vorübergehend, von ihm bestricken ließen, und nicht zuletzt, daß ein so bedeutender Gesetzeslehrer wie Elischa ben Abuja sich diesem andern Geist völlig gefangen gab und ein „Anderer" wurde.

Man hat sich aber durch den Umstand, daß die talmudischen Berichte über den Minäismus erst aus der Zeit der Entstehung des Christentums reichlicher zu fließen anfangen, verleiten lassen anzunehmen, daß er erst damals aufgekommen, also christlicher Provenienz, ja daß er mit dem jüdischen Christentum identisch sei; hat aber dabei nicht bedacht, daß im Talmud geschichtliche Mitteilungen überhaupt aus der Zeit vor der römischen Zerstörung des Tempels nur spärlich vorkommen, und wenn einmal solche vorkommen, so verschwommen und verwischt sind, daß sie erst der Beleuchtung durch andere einschlägige Geschichtsquellen bedürfen. Es gewinnt den Anschein, als ob die Katastrophe vom Jahre 70 alle geschichtliche Erinnerung aus früherer Zeit ausgelöscht hätte, und daß nur jene Überlieferungen, die das rituelle und kultuelle Gebiet behandeln, in die Zukunft hinübergeflüchtet worden seien.

Und dennoch, bei all dem Mangel an historischen Reminiszenzen aus der Zeit des zweiten jüdischen Staatslebens enthält der Talmud noch immer hinlängliche Andeutungen, aus denen unzweideutig hervorgeht, daß die pharisäischen Schriftgelehrten schon in jener Zeit schwer gegen den Minäismus, der frühzeitig in ihren Reihen sich regte, zu kämpfen hatten, weit mehr als gegen ihre politischen Gegner, die Sadduzäer.

So wird in der Mischna berichtet, daß schon in der Zeit, als der Tempel noch stand, in der Rezitation von Gebeten „wegen Entartung der Minäer“ Änderungen vorgenommen werden mußten.[1]) — Es scheinen die gleichen Häretiker gewesen zu sein, von denen wir in der Henochapokalypse lesen, daß sie den Synagogengottesdienst verhindert haben, und daß sie aus den Häusern der göttlichen Gemeindeversammlung werden ausgetrieben werden.[2])

Wie übermäßig die minäische Bewegung, lange bevor das Christentum Weltreligion zu werden anfing, angewachsen war, das lehrt eine apokalyptische Überlieferung, die uns die Mischna aufbewahrt hat, lautend: Vor der Ankunft des Messias wird die Anmaßung überhandnehmen, Teuerung eintreten, der Weinstock wird zwar seine Frucht geben, aber der Wein wird kostbar sein, das Weltreich wird minäisch werden.[3])

Nach der Zerstörnng des Tempels kam es zum völligen Bruch mit den Minäern, die man direkt des Abfalls von der Nation und der Teilnahme an der Zerstörung des Tempels beschuldigte,[4]) und

---

[1]) j. Berach. XI, 5. b. Berach. 54a: כל חותמי ברכות שבמקדש היו אומרים "עד העולם„ משקלקלו המינים ואמרו אין עולם אלא אחד התקינו שיהו אומרים "מן העולם ועד העולם„ וכ׳. Man vgl. hierzu eine andere Mischna j. Rosch-hasch. II, 1, welche berichtet, daß man vordem betreffs des Sichtbarwerdens des Monds Zeugenschaft von jedermann, aber als die Minäer entarteten, nur solche von Personen, die man kannte, annahm: משקלקלו המינים התקינו שלא יהו מקבלין אלא מן המכירין.

[2]) Hen. 53,6. 46,8.

[3]) Sota 49b: בעקבות המשיח חוצפי יסגי וויקר יהא הגפן יתן פריו והיין ביוקר והמלכות תהא למינות. Aus diesem zweifellos noch vorchristlichen apokalyptischen Bruchstücke werden im zweiten christl. Jahrh. von R. Nehemia Sanhedr. 97a die Worte zitiert: דור שבן דוד בא בו העזות תרבה והיוקר יעות והגפן יתן פריו והיין ביוקר ונהפכה כל המלכות למינות. Diese Prophezeiung stammt zuverlässig aus einer alten, vorchristl. Apokalypse. Sie wird noch im 4. christl. Jahrh. im Talmud zitiert, hier aber wahrscheinlich schon auf das nunmehr zur Weltkirche ausgestaltete Christenth. bezogen. cf. Sanhedr. ib.

[4]) Tosefta Sanhedr. XIII. Rosch-hasch. 17a: — שפשטו ידיהם בזבול. ושפירשו מדרכי צבור.

deren mächtigem Anwachsen man es zuschrieb, daß das jüdische Volk ins Exil gehen mußte.[1]) Man drängte sie aus der Synagoge hinaus, indem man eine Verfluchungsformel gegen sie in das Achtzehngebet einschaltete.[2]) Man verbot streng jeden religiösen und sozialen Verkehr mit ihnen, erklärte ihre Schriften für Zauberbücher, das von ihnen geschlachtete Vieh für Götzenfleisch, ihr Brot und ihren Wein dem Genuß unerlaubt, ihre Söhne für Bastarde;[3]) und während man den Gebrauch der von einem Heiden gekauften Thorarollen, wofern sie vorschriftsmäßig geschrieben waren, gestattete,[4]) dekretierte man, daß eine von einem Minäer geschriebene Thora verbrannt werden müsse.[5]) Man schnitt im gesetzlichen Wege nicht nur jede Möglichkeit einer verwandtschaftlichen, sondern auch geschäftlichen Verbindung mit ihnen ab, verbot, ihre Kinder in einem Handwerk zu unterrichten, sich von ihnen, sei es auch nur während eines flüchtigen Augenblicks, in Krankheitsfällen heilen zu lassen.[6]) Die Härte gegen sie ging so weit, daß man sich nicht scheute, zu verordnen: man brauche Minäern, die in eine Grube gefallen, nicht aus derselben heraufzuhelfen.[7])

Aus allen diesen und ähnlichen Maßregeln, welche die pharisäischen Schriftgelehrten gegen die Minim ergriffen, leuchtet zur Genüge hervor, wie mächtig dieselben waren und wie eminent die Gefahr war, die dem Bestand des jüdischen Volkes von ihrer Seite drohte.

---

[1]) j. Sanhedr. X, 5: לא גלו ישראל עד שנעשו עשרים וארבע כיתות של מינים.

[2]) Berach. 28b sq. Megila 17b. j. Berach. II, 4. IV, 2. Taanit II, 2. Tosefta Berach. III, 5.

[3]) Tosefta Chull. II, 20. b. Chull. 13a: בשר שנמצא.... ביד המין אסור בהנאה.... מפני שאמרו שחיטת המין ע"ז פתן פת כותי ויינם יין נסך ופירותיהן טבלין וספריהן ספרי קוסמין ובניהם ממזרין.

[4]) Tosefta Abod. zar. III, 6—7. Gittin 45b und Par.

[5]) Gittin 45b: ספר תורה שכתבו מין ישרף.

[6]) Tosefta Chull. II, 21. Abod. zara. 27b: מיתיבי לא ישא ויתן אדם עם המינין ואין מתרפאין מהן אפי' לחיי' שעה אין מוכרין להן ואין לוקחין מהן ואין נושאין מהן ואין נותנין להן ואין למדין את בניהן אומנות ואין מתרפאין מהן.

[7]) Abod. zar. 26b sq.

Bezeichnend für die große Verbreitung, die das Minäertum zu Beginn der christlichen Bewegung gewonnen hatte, ist das Zugeständnis, das die gelehrte Gattin des R. Meïr in dieser Richtung einem Minäer machte, der, auf eine Prophetenstelle anspielend,[1]) ihr zu beweisen suchte, daß das Judentum zur Unfruchtbarkeit verurteilt sei. Sie verwies ihn nämlich auf die Fortsetzung der angezogenen Schriftworte: „denn zahlreicher sind die Kinder der Einsamen als jene der Vermählten", was sagen wolle: die Gemeinde Israels gleiche einem unfruchtbaren Weib, das nicht Kinder für die Hölle gebäre, wie die Minäer.[2])

Sie trieben es aber auch zu arg, diese Minäer mit ihrer Verachtung des pharisäischen Judentums, dem sie — wie dies vielfach in den in der talmudischen Literatur uns erhaltenen, zwischen den Gesetzeslehrern und den Minäern geführten Kontroversen offen zutage tritt — jede Existenzberechtigung absprachen. Rabbi Josua b. Chananja gegenüber äußerte ein Minäer, daß Gott von seinem Volke sein Angesicht abgewendet habe;[3]) ein anderer wieder, daß die Besten unter den Juden den Dornen gleichen.[4]) Dem Nasi Gamaliel II rief ein Minäer in einer Diskussion mit ihm zu: Ihr seid von Gott endgültig verworfen.[5]) Die Schriftgelehrten wurden wegen ihrer Gesetzesauslegung von den Minäern der lügenhaften Übertreibung beschuldigt.[6]) — Als R. Gamaliel, R. Josua, R. Eleazar b. Azarja und R. Akiba — Gesetzeslehrer noch aus dem ersten christlichen Jahrhundert — zu Rom predigten, rief ihnen bei ihrem Abgang ein Minäer zu: „alle eure Worte sind eitel Trug."[7])

Diese Sektierer kamen aus der pharisäischen Schule, mit deren

---

1) Jes. 54,1.

2) Berach. 10a: אמרה ליה שטיא שפיל לסיפי דקרא: כי רבים בני שוממה מבני בעולה אמר ה׳ אלא מאי לא ילדה: רני כנסת ישראל שדומה לאשה עקרה שלא ילדה בנים לגיהנם כותייכו.

3) Chagiga 5b.

4) Erubin 101a.

5) Jebam. 102b. cf. Joma 57a: אמר ליה ההוא מינאה לר׳ חנינא השתא ודאי טמאין אתן דכתיב טומאתה בשוליה וכו׳.

6) Gittin 57a: אמר ליה ההוא מינא לר׳ חנינא שקורי משקריתו.

7) Exod. rabba z. XXX, 9: מעשה בר׳ גמליאל ור׳ יהושע ור״א בן עזרי׳ ור׳ עקיבא שהלכו לרומי ודרשו שם...... היה שם מין אחד אחר שיצאו אמר להם אין דבריכם אלא כזב וכו׳.

Schriftauslegung sie sich genau vertraut zeigen, wodurch sie in der Lage waren, die Gesetzeslehrer in den Disputationen mit ihnen über die Schrift durch kränkende Angriffe und „Gotteslästerungen" außer Fassung zu bringen.[1])

Daß jedoch die Minäer keine unwissenschaftlichen, lediglich dem Epikureismus huldigenden Gesetzes- und Gottesverächter gewesen, das geht schon daraus hervor, daß sie wie die Essener, die behufs Heilung von Krankheiten unter Anleitung der Schriften der Alten heilkräftige Wurzeln und die Eigenschaften der Minerale zu erforschen bemüht waren,[2]) die gesuchtesten Ärzte waren. Das Verbot der Gesetzeslehrer: sich auch nur während eines flüchtigen Momentes von den Minäern heilen zu lassen,[3]) sowie die im Talmud mitgeteilte Tatsache, daß selbst führende Gesetzeslehrer die ärztliche Hilfe von Minäern in Anspruch nahmen,[4]) erhärten genugsam unsere Behauptung, daß die Minäer dem Gelehrtenstande angehörten, worauf schon der Umstand hinweist, daß im Talmud Minim und Philosophen vielfach Wechselbegriffe sind. Zum Überfluß erklären die Gesetzeslehrer selbst, daß die Minäer nicht zu der Klasse der Unwissenden, sondern zu jener der Wissenden zählen, die aber dennoch leugnen; und deshalb eben für die Gläubigen eine Gefahr seien.[5])

Mit welchem Recht man aber christlicherseits, wo man da und dort noch gern behauptet, der antinomistische Gnostizismus sei erst um die Mitte des zweiten Jahrhunderts entstanden und erst aus dem Christentum hervorgegangen, die Minäer schon der zweiten Hälfte des ersten und der ersten Hälfte des zweiten Jahrhunderts zu Christen machen will, ist uns um so weniger verständlich, als die Minäer das Kardinaldogma des Christentums: die Auferstehungslehre, verwarfen.

Wir erklären hier, um jeder Mißdeutung ein für alle mal vorzubeugen, daß wir, wo wir von einer jüdisch-minäischen Bewegung

---

[1]) cf. Chullin 87a, Berach. 7a, Sanhedr. 105b u. a. St.

[2]) Jos., Bell. jud. II, 8,6: σπουδάζουσι δὲ ἐκτόπως περὶ τὰ τῶν παλαιῶν συγγράμματα, μάλιστα τὰ πρὸς ὠφέλειαν ψυχῆς καὶ σώματος ἐκλέγοντες, ἔνθεν αὐτοῖς πρὸς θεραπείαν παθῶν, ῥίζαι τε ἀλεξιτήριοι, καὶ λίθων ἰδιότητες ἀνερευνῶνται.

[3]) cf. Aboda zar. 27b u. Par.: ואין מתרפאין מהן [מן המינין] אפי' להיי שעה.

[4]) ib. 27b u. 28a u. a. St.

[5]) Sabbat 116a: שהללו מכיריו וכופרין.

sprechen, ausschließlich jene im Auge haben, die bis in die Zeit des Bar-Kochbaaufstandes anhielt; um diese Zeit erreichte sie mit der großen Verwirrung, die sie unter den Gesetzeslehrern selbst anrichtete und dem Abfall des Elischa ben Abuja den Gipfelpunkt. Wenn wir aber gleichwohl talmudische Quellen aus nachbarkochbaischer Zeit heranziehen, so geschieht dies nur zu dem Zwecke, um mit deren Hilfe das Wesen des Minäismus nach allen Seiten hin beleuchten zu können. Wir verwahren uns aber mit aller Entschiedenheit gegen eine Wiederholung der irrtümlichen Behauptung, daß wir alle in der talmudischen Literatur erwähnten Minäerspielarten unterschiedslos zu jüdisch-antinomistischen Häretikern machen. Die talmudischen Hauptdarstellungen der minäischen Bewegung — und diese stammen aus dem ersten Jahrhundert noch oder spätestens aus dem Anfang des zweiten Jahrhunderts — zwingen uns vielmehr zu der Annahme, daß dieselbe mit dem Bar-Kochbaaufstand erlosch; sie lassen vermuten, daß sie in den nach dieser Zeit mächtig aufstrebendem christlichen Gnostizismus einmündete. Denn was nach dieser Zeit noch im Talmud von den Minäern gemeldet wird, ist tatsächlich eitel Gezänke und vermag ein klares Bild von den Minäern nicht zu gewähren.

Nach den ältesten talmudischen Darstellungen nun ist die Quelle, aus der der Minäismus geflossen und die ihm auch seinen berückenden Zauber verliehen habe, die durch griechische Schulweisheit angeregte kosmogonische und theosophische Geheimlehre, die im letzten vorchristlichen Jahrhundert in Palästina die Herrschaft über die Gemüter so sehr gewonnen. Diese führte, da sie Gott transzendent setzte, zur Annahme göttlicher Mittelkraft und insbesondere zu der Vorstellung von der gnostischen „Zweigottheit",[1]) die zu dem Hauptmerkmal des Minäismus gehört. — Die kosmogonischen und theosophischen Studien wurden ja, wie wir gesehen haben, schon von den Essenern gepflegt, welche aus der Philosophie nur jenen Teil herübernahmen, der sich mit den Fragen über das Wesen Gottes und über die Weltschöpfung befaßt,[2]) nur daß sie dabei die Ethik zum Mittelpunkt ihrer Forschungen machten, als deren Grundlage ihnen die väterlichen

---

[1]) שתי רשויות.

[2]) Philo II, 458: πλὴν ὅσον αὐτοῦ περὶ ὑπάρξεως θεοῦ καὶ τῆς τοῦ παντὸς γενέσεως φιλοσοφεῖται.

Gesetze dienten, die, wie sie überzeugt waren, eine menschliche Seele ohne göttliche Inspiration nimmer hätte ersinnen können.[1])

Den Inhalt dieser Geheimlehre enthüllen uns von ungefähr die Apokalyptiker, die, wie schon vor ihnen Pseudosalomo, diese Mysterien den weitesten Kreisen zu vermitteln sich bemühten, um den gesunkenen Bibelglauben aufs neue zu beleben. Sie zeigen uns, mit welch brennendem Verlangen weite Kreise selbst innerhalb des palästinensischen Judentums in die Geheimnisse der Weltschöpfung und Weltregierung, ja selbst des Wesens Gottes eingeweiht zu werden sich sehnten. Bei Henoch wird den Auserwählten und Gerechten zum Lohne ihrer Frömmigkeit „siebenfältige Belehrung über die ganze Schöpfung Gottes gegeben werden“.[2]) „Nicht bloß die himmlischen Heerscharen, den Engelstaat, haben die Späher wahrgenommen, sondern durch die ganze apokalyptische und pseudepigraphische Literatur zieht sich wie eine neue Offenbarungskette, betreffend die verborgene Herrlichkeit der „großen Majestät“, ihren Thron, rings umgeben von flammenden Wesen, ihren Palast, den Bau aus Kristallsteinen mit den Strömen lebendigen Feuers, die übereinander aufgetürmten Himmelsräume, das Paradies, die Hölle und die Behälter der Seelen.“[3])

Die vom Geiste tiefen Glaubens erfüllten Apokalyptiker mußten ja über alle Geheimnisse im Himmel und auf Erden autentische

---

[1]) ib.: Τὸ ἠθικὸν εὖ μάλα διαπονοῦσιν, ἀλείπταις χρώμενοι τοῖς πατρίοις νόμοις, οὓς ἀμήχανον ἀνθρωπίνην ἐπινοῆσαι ψυχὴν ἄνευ κατοκωχῆς ἐνθέου.

[2]) cf. Hen. 93,10.

[3]) Baldensperger 68sq. Und ib. 70: „Ein Symptom desselben ängstlichen Suchens nach göttlicher Gemeinschaft sind die stets wiederkehrenden kosmologischen Erörterungen und atmosphärischen Betrachtungen.“ cf. Dillmann, Hen. X: „Das Buch Henoch will nicht bloß, wie andere „Offenbarungen“ über die messianische Zukunft, die Zeit ihres Eintritts, die Art ihres Verlaufs den sehnsüchtig auf Erlösung aus Trübsalen der Gegenwart harrenden Zeit- und Glaubensgenossen Aufklärungen geben und sie durch die Hinweisung auf das Erscheinen dieser Zukunft trösten, und sie zum gläubigen Festhalten an der Gerechtigkeit ermahnen, sondern es will auch über Naturgegenstände, über Wesen und Kräfte Himmels und der Erde, welche der gewöhnlichen menschlichen Erkenntnis verschlossen sind, über die „Geheimnisse“ Himmels und der Erde, wie sie im B. immer heißen, Enthüllungen geben; sofern aber auch diese Enthüllungen, Offenbarungen sonst verborgener Dinge sein sollen, paßt auch auf diese Teile des B. der Name Apokalypse.“ cf. ib. XXVI.

Aufschlüsse oder Enthüllungen geben können, wofern sie ihre durch fremde Philosophie in ihrem Bibelglauben erschütterte Gemeinde bei demselben erhalten wollten, von welchem die mit der weltlichen Philosophie sich befassenden und infolgedessen „Ungeziemendes“ und „Lästerliches“ gegen den Herrn der Geister redenden „Gottlosen“ sich abwendeten, die Massen durch Verfälschung der Wahrheit verführten, Lügen und Frevelworte niederschrieben, übermütige und freche Reden gegen die Gerechtigkeit Gottes führten, große Werke schufen und Bücher über ihre Reden schrieben.[1]

Die Apokalyptiker mußten den unheiligen philosophischen Lehren heilige, unmittelbar geschaute göttliche Offenbarungen entgegenstellen;[2] und während die frommen Essener in ihren abseits vom Weltgetriebe abgehaltenen Konventikeln die Bibel philosophisch auslegten, machten die Apokalyptiker die Resultate dieser Aus-

---

[1]) Hen. 94,5; 98,14–15; 99,1–3; 101,3; 104,9–11.

[2]) Dasselbe tun später die Kirchenlehrer, welche die Häresien gleichfalls aus der Philosophie hervorgehen lassen und sie als eine Vermischung philosophischer und christlicher Lehren bezeichnen. So sagt beispielsweise Tertullian, der Plato omnium haeresium condimentarius nennt, Praescr. haer. c. 7 von ihnen: „Das sind jene Lehren der Menschen und Dämonen, erzeugt mit der Erfindungsgabe irdischen Wissens, um die Ohren zu kitzeln (2. Tim. 4,3; 1. Cor. 3,19), welche als Torheit bezeichnend der Herr, das vor der Welt töricht ist, erwählt hat, die Philosophie selbst zu beschämen. Denn sie ist eben der Nahrungsstoff für die Weisheit der Welt, sie, jene voreilige Erklärerin der göttlichen Natur und Anordnung. Die Häresien selbst endlich empfangen durch die Philosophie ihre Ausrüstung. — Von dort kommen jene Fabeln und endlosen Genealogien, die unersprießlichen Untersuchungen und die krebsartig fortschreitenden Reden, von welchen der Apostel uns zurückzuhalten sucht und dabei ausdrücklich die Philosophie bezeichnet, als vor der man sich hüten müsse, indem er an die Kolosser schreibt: „Sehet zu, daß euch niemand täusche durch die Philosophie und durch leeren Trug, nach der Überlieferung der Menschen gegen die Vorsehung des heiligen Geistes“ (Kol. 2,8). — Unsere Lehre stammt aus der Säulenhalle Salomos.“ — Und ib. c. 47: Haereses a philosophia subornantur. — Ähnlich Iren. haer. II, 14 u. a. St. — Damit ist zu vergleichen Hippolyt, Vorrede zu d. Philosophum.: „Wir wollen“, heißt es hier, „nachweisen, woher die Häretiker ihre Lehrsysteme haben, und daß sie nicht etwa auf Grund der heiligen Schriften diese Lehren aufgestellt haben oder im Anschluß an die Überlieferung irgend eines Heiligen zu diesen Lehren gelangt sind, daß vielmehr ihre Thesen aus der Weisheit der Hellenen hergeholt sind, aus philosophischen Lehren und erfundenen Mysterien und den Erzählungen herumstreifender Astrologen.“ cf. Bardenhewer, Gesch. d. altkirchl. Lit. II, 507.

legungen sich zu eigen und verkündigten sie weithin als biblische Offenbarungen und Enthüllungen. Der Zweck dieser inhaltlich gleichen Lehren war derselbe: die profane Philosophie, welche Irreligiosität verbreitete, durch eine prophetisch geoffenbarte, aus der Bibel herausgelesene göttliche Weisheit zu verdrängen.

Wie mächtig aber diese von den Apokalyptikern enthüllte Geheimlehre die Gemüter in jenen Zeiten erregte, zeigt am deutlichsten die Tatsache, daß sie selbst in die von der Außenwelt hermetisch sich abschließenden pharisäischen Lehrhallen schon in vorchristlicher Zeit eindrang, Störungen und Verheerungen daselbst stiftend. Sie trat da unter dem Namen „Maasse-Merkaba" und „Maasse-Bereschit" auf — also unter terminis, die auf eine rein biblische Weisheit schließen ließen[1]) — und wurde, da sie alsbald als eine gefährliche, leicht zum Abfall von der Lehre Gottes führende Disziplin erkannt wurde, streng geheim gehalten und nur den Eingeweihtesten und auch diesen nur unter Beobachtung aller möglichen Kautelen, gestattet sie zu pflegen.

Schon eine alte, ganz zweifellos noch aus vorchristlicher Zeit stammende Überlieferung der Mischna warnt vor dieser Geheimlehre, indem sie verordnet: man dürfe die Lehre von der Weltschöpfung nicht in Gegenwart zweier und jene von der Merkaba nicht in Gegenwart auch nur eines Hörers vortragen, es wäre denn, daß dieser ein Weiser und ein Eingeweihter. Wer über vier Dinge forsche: was oben und was unten, was vorher gewesen und nachher was sein werde, und wer die Ehre seines Schöpfers nicht schone, dem wäre es besser, nicht geboren zu sein.[2])

---

[1]) Die Bezeichnungen „מעשה בראשית" und „מעשה המרכבה" entsprechen in Form und Inhalt vollkommen demjenigen, was die Essener περὶ ὑπάρξεως θεοῦ καὶ τῆς τοῦ παντὸς γενέσεως im Geheimen lehrten.

[2]) Chag. 11b: אין דורשין ...... במעשה בראשית בשנים ולא במרכבה ביחיד אלא אם כן היה חכם ומבין מדעתו כל המסתכל בערבעה דברים רתוי לו כאילו לא בא לעולם: מה למעלה מה למטה מה לפנים ומה לאחור וכל שלא חס על כבוד קונו רתוי לו שלא בא לעולם. Die Gemara beleuchtet diese Mischna des ausführlichern und schließt mit dem Hinweis auf die einschlägige Warnung des Siraciden: עד כאן יש לך רשות לדבר מכאן ואילך אין לך רשות לדבר שכן כתוב בספר בן סירא: במופלא ממך אל תדרוש ובמכוסה ממך אל תחקור במה שהורשית התבונן אין לך עסק בנסתרות. Chag. 13a.

Auf diese Überlieferung beruft sich schon R. Jochanan ben Saccai, der unmittelbare Schüler Hillels, dem die gründlichsten Kenntnisse in den eschatologischen Dingen nachgerühmt werden,[1]) einem seiner hervorragendsten Schüler — R. Eleazar b. Arach — gegenüber, als dieser ihn bat, ihm ein Kapitel aus der „Merkaba“ vorzutragen. Er erwiderte ihm: haben nicht schon unsere Weisen gelehrt: man dürfe die Merkaba nicht einmal in Gegenwart eines Hörers vortragen, es wäre denn, daß dieser ein Weiser und ein eingeweihter Forscher?“ [2])

Warum man aber so ängstlich bemüht war, dieses Studium geheim zu halten, und es der Öffentlichkeit zu entziehen, wird wiederholt angedeutet: es führe zur Erniedrigung Gottes.[3])

Nur der wahrhaft Fromme, der schon aus eigenen Fähigkeiten in die Weltgeheimnisse eingedrungen, der dürfe in ihnen forschen, denn er verherrliche dadurch den Namen Gottes, während der Unberufene auf diesem Wege zur Entweihung des Namens Gottes gelange. So ruft denn auch R. Jochanan b. Saccai seinem Schüler R. Eleazar, der sich in die „Merkaba“ tief eingeweiht zeigte, mit einem tadelnden Hinweis auf die mit diesen Mysterien unberufenerweise sich Befassenden zu: „Gepriesen sei der Gott Abrahams, Isaaks und Jakobs, der unserm Vater Abraham einen weisen Sohn gegeben, der fähig, über die Würde unseres himmlischen Vaters zu forschen und lehren, im Gegensatz zu jenen, die durch ihr Forschen ihr Tun beeinträchtigen, oder bei all ihrer Werkheiligkeit im Forschen untüchtig sind.“ [4])

---

1) Sukka 28a: אמרו עליו על ר׳ יוחנן בן זכאי של הניח.... דבר גדול: מעשה מרכבה.

2) j. Chag. 77a; b. Chag. 14b: אמר לו ולא כך שנו חכמים: ולא במרכבה אלא אם כן היה חכם ומבין מדעתו.

3) cf. Chag. 11b: וכל שלא חס על כבוד קונו. Ferner j. Chag. 77a: בגאוה ובוז זה שהוא מתגאה לומר אני דורש במעשה בראשית סבור שהו כמגאה ואינו אלא כמבזה. — cf. Genes. rabb. z. 1,2. — Es wird hier und an anderen Stellen der intellektualistische Hochmut der Minäer gegeißelt, mit dem sie sich rühmen, durch ihr tiefes Eindringen in die Probleme der Weltschöpfung und der Gotteserkenntnis zur richtigen Würdigung der Gottheit gelangt zu sein, während ihre Vorstellungen in Wahrheit nur Blasphemien seien. —

4) Chag. 14b: עמד ר׳ יב״ז ונשקו על ראשו ואמר ברוך ה׳ אלהי ישראל שנתן בן לאברהם אבינו שיודע להבין ולחקור ולדרוש בכבוד אבינו

R. Akiba, der sich gleichfalls eine Zeitlang mit dieser Geheimlehre befaßte, und sich auch in der Folge von ihren Vorstellungen nicht ganz freimachen konnte, legte einmal die Worte Daniels: „Sein Stuhl Feuerflammen“, und: „Bis Stühle aufgestellt wurden und der Alte der Tage sich setzte,“[1]) dahin aus: ein Stuhl sei für Gott und einer für den Messias. Darauf rief ihm der Galiläer R. Jose zu: Wie lange, Akiba, willst du Schechina profanieren![2])

Diese Geheimlehre hatte also die gefährliche Kehrseite, daß sie gleich dem Gnostizismus zur Annahme der Existenz einer zweiten göttlichen Potenz neben dem obersten transzendenten Gott führte und überhaupt in jenen, welche nicht von ursprünglicher unerschütterlicher Frömmigkeit und Gottergebenheit erfüllt waren und diese Studien nicht in Heiligkeit, sondern in stolzem Gelehrtendünkel pflegten, leicht ketzerische Vorstellungen hervorrufen und ihren Abfall von der Gotteslehre und vom Judentum herbeiführen konnten. Ein abschreckendes Beispiel bot der hochgelehrte, auf diesem selben Weg zum „Acher“ gewordene Elischa b. Abuja, den der Talmud — um seinen Abfall psychologisch zu erklären — mit dem Gelehrtendünkel erblich belastet sein läßt.[3])

Daß nun diese Spekulation über „Gott und Weltschöpfung“ schon in vorchristlicher Zeit die Köpfe vieler und hervorragender Gesetzeslehrer beschäftigte und vielfach verwirrte, wird und kann nicht bestritten werden; wohl aber wird unsere Behauptung, daß dieselbe in Beziehung zu dem Lehrgehalte des Minäismus gestanden, angefochten. Und doch sollte schon das Beispiel Achers allein diese unsere Behauptung erhärten. Von diesem wissen wir auf das bestimmteste, daß er durch die Lektüre minäischer Schriften

---

שבשמים יש נאה דורש ואין נאה מקיים נאה מקיים ואין נאה דורש אתה נאה דורש ונאה מקיים.

1) Dan. 7,9.

2) Chag. 14a: כתוב אחד אומר „כרסיה שביבין די נור“ וכרוב אחד אומר „עד די כרסון רמיו ועתיק יומין יתיב“ לא קשיא אחד לו ואחד לדוד כדתניא אחד לו ואחד לדוד דברי ר׳ עקיבא אמר לו רבי יוסי הגלילי: עקיבא עד מתי אתה עושה שבינה חול! cf. Sanhedr. 38b.

3) j. Chag. II, 1. cf. Chag. 15b: כל מאן דהוה נקי אגב אימה סליק כל דלא הוה נקי אגב אימה לא סליק.

zum Antipharisäer und sogar zum Antinomisten geworden, daß er beim tieferen Eindringen in die Geheimlehre, die „Pflanzen des Gartens zerstörte“.[1]) Wenn er im pharisäischen Lehrhaus sich erhob, fielen zahlreiche minäische Bücher aus seinem Schoß, erzählt der Talmud.[2]) Und um uns über die Provenienz der in diesen Büchern enthaltenen Lehren zu orientieren, wird dabei vorausbemerkt: „griechische Dichtungen wichen nicht aus seinem Munde.“ [3])

Was man nun in den Kreisen der Schriftgelehrten ganz besonders von der Beschäftigung mit dem Studium der „Merkaba“ befürchtete, das war die Gefahr, daß sie zu der Erniedrigung des Weltschöpfers führen könnte, was denn auch tatsächlich bei Acher eintraf, da er in Verfolgung dieser Studien zu der Überzeugung kam: daß es zwei göttliche Potenzen gebe.[4])

Gegen diese, die Einheit Gottes, des Weltschöpfers, antastende und daher minäisch gewordene Spekulation richtet sich der Hauptkampf der Schriftgelehrten. Die Entwürdigung und Degradierung des von Moses offenbarten Gottes Himmels und der Erde durch Einführung eines zweiten weltschöpferischen Gottes, der als ein inferiorer bezeichnet und dessen durch Moses verkündete Gesetze auch darum als unzulänglich und schlecht erklärt wurden, konnte nicht genug zurückgewiesen werden, und so wimmelt denn auch

---

[1]) Chag. 14b: אחר קיצץ בנטיעות. Dasselbe Bild für dieselbe Sache wird von Jesu bei Math. 15,13 gebraucht: ὁ δὲ (sc. Ἰησοῦς) ἀποκριθεὶς, εἶπε, Πᾶσα φυτεῖα, ἣν οὐκ ἐφύτευσεν ὁ πατήρ μου ὁ οὐράνιος ἐκριζωθήσεται.

[2]) Chag. 15b.

[3]) ib.: אחר מאי זמר יווני לא פסק מפומיה.

[4]) Chag. 15a: חזא מטטרון ..... אמר ... שמא שתי רשויות הן — Das ist die Häresie des Minäismus, und darum hat man denn auch in späten Tagen noch mit richtigem Verständnis Kohel. 7,27: „Und ich fand, daß ein Weib, dessen Herz Fallstricke und Netze und dessen Hände Bande sind, bitterer als der Tod; der Gottgefällige entgeht ihr, der Sünder aber wird durch sie verstrickt“, auf Acher und seine Ketzerei, Minuth genannt, gedeutet. Kohel. rabb. z. St.: ר' איסי דקיסרין פתר קרייה במינת.....ד"א טוב זה ר' אליעזר ור' יהושע וחוטא זה אלישע. — Der Sünder, der durch die Ketzerei gefangen wird, sei Elischa ben Abuja, im Gegensatz zu den Gottgefälligen, nämlich zu R. Eliezer b. Hyrkanoth und Josua b. Chananja, die sich ihr entwanden.

die talmudische Literatur förmlich von Diskussionen zwischen den Schriftgelehrten und den Minim über dieses Thema.[1])

Die Vorstellung von einer Zweigottheit beherrschte die Gedanken nicht weniger, selbst rechtgläubig gebliebener Gesetzeslehrer, zumal derjenigen, die sich — wie Akiba, ben Zoma[2]) u. a. — mit der Geheimlehre von „Gott und Weltschöpfung“ befaßten, so daß selbst Säulen, wie R. Josua b. Chananja, b. Azzai, b. Zoma, eine bei der Welterschaffung vermittelnd einwirkende in „Metatron“ verkörperte göttliche Kraft annahmen. So lehrte der erstere,[3]) der Finger Gottes sei dem Moses zum Metatron geworden, der ihm das ganze Land Israels gezeigt habe,[4]) während von b. Azzai und b. Zoma überliefert wird, sie hätten bei Erklärung der Schöpfungsgeschichte die Psalmworte: „die Stimme Gottes über den Gewässern“,[5]) dahin gedeutet: die Stimme Gottes sei zum Metatron über den Gewässern geworden.[6])

---

[1]) Hier nur einige Beispiele. Sanhedr. 37ª sq.: Die Rabbiner haben gelehrt: warum ist der Mensch als Einer geschaffen worden? Damit die Minim nicht sagen, es gebe viele göttliche Potenzen im Himmel. תנו רבנן אדם יחידי נברא ומפני מה? שלא יהו מינין אומרין הרבה רשויות בשמים אדם נברא בערב שבת ומפני מה? שלא יהו מינים אומרים· שותף היה לו להקב"ה במעשה בראשית Hiernach lehrten die Minäer, Gott habe bei dem Schöpfungswerke einen Mithelfer gehabt. — Vgl. ferner Tosefta Sanhedr. VIII, 7; j. Megila IV, 10 und Par.: האומר יברכך טובים הרי זה דרך מינות..... האומר יברכך טובים שתי רשויות· cf. Graetz IV, 102 sq.: „Sicher ist, daß er (Acher) sich den Grundgedanken der Gnosis von einem Doppelwesen in der Gottheit angeeignet und dadurch gleich den Gnostikern ein Verächter des jüd. Gesetzes geworden war.“

[2]) cf. Levit. rabb. c. 16. Ferner j. Chag. 77ª sq. b. Chag. 15ª; Genes. rabb. c. 2 und Par., wo b. Zoma auf die Frage des R. Josua, wohin seine Gedanken schweifen? erwidert: מסתכל הייתי במעשה בראשית·

[3]) In Auslegung von Deut. 34,4.

[4]) Sifrê zu Deut.: אצבעו של הקב"ה נעשה מטטרון למשה cf. Bacher Ag. der Tan. I, 154.

[5]) Ps. 29,3.

[6]) Genes. rabb. z. 1,9: יש מן הדרשונים שהן דורשין כגון בן עזאי ובן זומא נעשה קולו של הקב"ה מיטטרון על המים· Diese Auslegung verrät die Bekanntschaft der Logosvorstellung des jüdischen Alexandrinismus; noch deutlicher aber die Stelle Genes. rabb. c. 4, welche berichtet, daß die Worte

Das sprechendste Bild jedoch von der Intensität, mit der gegen Ende des ersten und Anfang des zweiten Jahrhunderts diese Geheimlehre in den Kreisen der Schriftgelehrten gepflegt wurde, sowie von den schlimmen Folgen, die diese Studien nach sich zogen, liefert uns die vielbekannte talmudische Überlieferung von den vier Gesetzeslehrern — sämtlich erste Größen des pharisäischen Lehrhauses — die in das „Paradies", d. h. in die Mysterien der Merkaba, eindrangen. Es waren dies: ben Azzai, ben Zoma, Acher und Akiba. — Ben Azzai, so berichtet der Talmud, schaute und starb, und auf ihn ist das Schriftwort zu beziehen: „Kostbar ist in den Augen des Ewigen der Tod seiner Frommen." [1]) Ben Zoma schaute und wurde geistesverwirrt, und von ihm gilt das Wort des Spruchdichters: „Wenn du Honig gefunden, so genieße davon mit Maß, daß du dich nicht übersättigst und ihn ausspeist." [2]) Acher riß die Pflanzungen aus; Akiba allein ging heil hinein und heil hinaus.[3])

Also der einzige Akiba entkam wie durch ein Wunder allen Versuchungen, denen seine übrigen Genossen zum Opfer

---

Gen. 1,7: „Gott machte die Ausdehnung," zu jenen Schriftversen zählten, um derentwillen ben Zoma die Welt in Sturm versetzt habe, da sie ja im Widerspruch mit der Tatsache stehe, daß Gott die Welt durch das Wort geschaffen habe: ויעש אלהים את הרקיע זה אחד מן המקראות שהרעיש בן זומא ·את העולם „ויעש" אתמהא! והלא במאמר הן הוי

[1]) Ps. 116,15.

[2]) Prov. 25,16. Es ist instruierend zu sehen, daß der Talmud auch sonst das Studium der Merkaba — um den Zauber, den es auf die Schriftgelehrten ausübte, anzudeuten — mit dem Genuß von Honig vergleicht. So Chag. 13a hinweisend auf Cantic. 4,11: אמרו ליה לגמרון מר במעשה מרכבה א"ל תנינא בהו [שיר ד'] דבש וחלב תחת לשונך דברים המתוקין מדבש וחלב ·יהו תחת לשונך..... דברים שהן כבשונו של עולם יהו תחת לבושך Die Welträtsel also, „Dinge, die süßer als Honig und Milch," müssen geheim gehalten werden.

[3]) Chag. 14b: ת"ר ד' נכנסו בפרדס ואלו הן בן עזאי ובן זומא אחר ור"ע וכ'. בן עזאי הציץ ומת עליו הכתוב אומר [תלים קטו] יקר בעיני ה' המותה לחסידיו בן זומא הציץ ונפגע ועליו הכתוב אומר [משלי כה] דבש אכל דיך וג'. אחר קיצץ בנטיעות ר"ע יצא בשלום· Auch die gnostischen Sekten der Ophiten bezeichnen das Paradies, da es den Baum der Erkenntnis birgt, als den Garten der Gnosis. cf. Orig. c. Cels. VI, 33. Man denke übrigens an das Paradies der Apokalyptiker. —

fielen. Freilich war auch er, wie der Talmud weiter berichtet, nahe daran zu straucheln; aber Gott selbst schützte den „alten Mann“, den er des Schauens seiner Herrlichkeit würdig befunden, vor dem Falle.[1])

Es war dies eine Zeit, in der die Wogen des Minäismus dermaßen hochgingen, daß sie selbst Säulen der pharisäischen Schriftgelehrsamkeit in ihre Wirbel hineinzogen, wie R. Eliezer, „der Große“, der dadurch in peinliche Lage geriet und ganz trostlos darüber war: das Gebot der Schrift, „halte fern von dem fremden Weib deine Wege und komme nicht nahe der Tür ihres Hauses,“[2]) welches sich auf Minuth beziehe, übertreten zu haben.[3])

---

[1]) Chag. 15b: ואף ר׳ עקיבא בקשו מלאכי השרת לדוחפא אמר להם הקב"ה הניחו לזקן שראוי להשתמש בכבודי. Die Gefahr also, die mit diesen Studien verbunden war, lag darin, daß sie leicht zu Minuth führen konnten, was ja im Falle Achers, von dem ausdrücklich betont wird, daß er sich mit der Lektüre minäischer Schriften befaßte, tatsächlich eintrat, während seine drei andern Studiengenossen dem gleichen Schicksal nur dadurch entgingen, daß der eine bald starb, der andere geistesverwirrt, der letzte, Akiba, durch Gott selbst gerettet wurde. Hiernach ist Herfords Einwendung, die er gegen meine Annahme einer nahen Beziehung zwischen Minäismus und Gnostizismus erhebt, völlig ungerechtfertigt. Er sagt nämlich l. c. 369sq.: „That Friedländer is right in concluding that Gnosticism is referred to in the passages about the „Chariot“ and „Creation“, in the story of Ben Zoma ..... is probable enough. But if the Minim are the Gnostics in question, it is at least remarkable that the term Min is never used in connexion with those persons who are said to have pursued such studies. The long passage b. Hag. 11b fol., which may be called the locus classicus for Gnosticism in the Talmud, makes no reference to Minim et Minuth.“ Gut, die Bezeichnung Min wird im Talmud nicht ausdrücklich mit jenen in Verbindung gebracht, die sich mit der Geheimlehre befaßten — denn geschähe dies, so brauchten wir ja hierüber kein Wort zu verlieren — sicher aber die Bezeichnung Minuth, wie wir dies bei Acher, dem Adepten dieser Geheimlehre, gesehen haben. Auch sonst lassen die talmudischen Berichte, die über die mit der Pflege der Geheimlehre verbundenen Gefahren sprechen, überall deutliche Beziehungen auf Minim und Minuth erkennen. Und endlich werden die Bücher der Minim mit den Zauberbüchern identifiziert, cf. Tosefta Chullin II, 20; b. Chullin 13a וספריהן ספרי קוסמין. Und was sind das anders als gnostische Zauberbücher?

[2]) Prov. 5,8.

[3]) Abod. zar. 16b; Tosefta Chull. II, 24. Kohel. rabb. z. 1,9 und Par.: ועברתי על מה שכתוב בתורה "הרחק מעליה דרכך„ זו מינות וכ׳. Hierzu M. Friedländer, Griech. Philosophie im A. T. 68sqq.

Es ist ja ferner bekannt, daß in derselben Zeit noch andere namhafte Gesetzeslehrer in den Netzen des Minäismus gefangen lagen und nur gewaltsam denselben entrissen werden konnten. So ben Dama, der Schwestersohn des R. Ismael, des fanatischen Gegners der Minäer, der bezeichnenderweise von seinem Oheim mit der Begründung, er habe bereits dem Studium der Thora vollauf Genüge getan, die Erlaubnis, sich nunmehr auch mit der griechischen Weisheit befassen zu dürfen, erwirken wollte, ohne freilich diese ihm abringen zu können.[1]) — Ben Dama starb in jungen Jahren — von einer Schlange gestochen — ohne daß Ismael seinen Bitten, dem Minäer Jacob, der ihn von dem Schlangengift heilen wollte, Zutritt zu ihm zu gestatten, Gehör schenken wollte. Und als er seine Seele aushauchte, da rief Ismael aufatmend aus: Heil dir, ben Dama, daß du rein geblieben und daß deine Seele in Reinheit dahingegangen, ohne daß du die Worte deiner Kollegen übertreten, die da lehren: „Wer den Zaun durchbricht, den sticht die Schlange."[2])

In derselben Zeit wurde Chanina, der Neffe des R. Josua b. Chananja, des berühmten Minimbestreiters,[3]) in die minäische Bewegung hineingezogen, so daß er an einem Sabbat in die Stadt

---

1) Menach. 99b: שאל בן דמה בן אחותו של ר' ישמעאל את ר' ישמעאל כגן אני שלמדתי כל התורה כולה מהו ללמוד חכמות יונית? קרא עליו המקרא הזה לא ימוש ספר התורה הזה מפיך והגית בו יומם ולילה צא ובדוק שעה שאינה לא מן היום ולא מן הלילה ולמד בה חכמת יונית.

2) Abod. zar. 58b u. Par.: מעשה בבן דמא בן אחותו של ר' ישמעאל שהכישו נחש ובא יעקב איש כפר סכניא לרפאותו ולא הניחו ר' ישמעאל ואמר לו רבי ישמעאל אחי הנח לו וארפא ממנו ואני אביא מקרא מן התורה מותר. ולא הספיק לגמור את הדבר עד שיצתה נשמתו ומת קרא עליו ר' ישמעאל אשריך בן דמא שגופך טהור ויצתה נשמתך בטהרה ולא עברת על דברי חביריך שהיו אומרים [קהלתי] ופורץ גדר ישכנו נחש....... מינות דמשכא.

3) Als R. Josua auf dem Totenbett lag, klagten die Rabbiner, daß sie nun im Kampfe gegen die Minäer in R. Josua den Meister verlieren. Chag. 5b: כי קא ניחא נפשי' דר' יהושע בן חנניא אמרי ליה רבנן ומאי תיהוי עלן מן מינאי [מאפיקורסין]. — Die jüd. Gelehrten (cf. Bacher, Ag. d. T. I, 161) und mit ihnen auch viele christliche Theologen denken hier überall an Judenchristen und erachten es gar nicht als nötig, ihre Auffassung eingehender zu begründen!

geritten kam. R. Josua beugte seinem Abfall dadurch vor, daß er ihn nach Babylonien sandte, wo er sich später als schriftgelehrter Rabbi hervortat.[1])

Solche und ähnliche, in Talmud und Midrasch überlieferte Beispiele[2]) beweisen hinlänglich, wie stark in jener Zeit die minäische Bewegung selbst die Lehrer der Mischna beeinflußte, was ja auch aus den harten, bis zur Grausamkeit gesteigerten Maßregeln, die gegen dieselbe seitens der Synagoge und des Lehrhauses ergriffen wurden, unzweideutig hervorgeht.

Worin aber lag der so unwiderstehliche Reiz, den der Minäismus auf die Schriftgelehrtenkreise ausübte, und vor welchem die ältesten talmudischen Quellen soviel und so eindringlich warnen? „Die minäische Lehre fesselt!“ rufen sie wiederholt aus.[3]) „Halte fern von ihr deine Wege“, mahnen sie mit dem Spruchdichter, „pflege keinen Umgang mit den Minäern, komme nicht in ihre Nähe, du könntest sonst leicht straucheln; sprich nicht, ich bin stark genug, ohne zu Falle zu kommen, ihre Lehren anhören zu können; achte auf die Warnung der Schrift: „alle, die dort eingehen, kehren nicht wieder und erreichen nicht den Pfad des Lebens.““[4]) — Sie ist das unersättliche Weib, das unaufhörlich nach neuen Opfern verlangt.[5]) Halte dich zu deiner Sicherheit an die Lehren der Thora, damit du weder nach rechts noch nach links ausbiegest, halte zurück deinen Fuß vom Bösen, auf daß du nicht auf den Weg der Minäer geratest.[6])

Die große Anziehungskraft des Minäismus lag zweifellos in den

---

[1]) cf. Kohel. rab. z. 1,8.

[2]) cf. M. Friedländer, Vorchristl. jüd. Gnostizismus 71 sqq. Wie sehr die Minäer selbst von der Werbekraft ihrer Lehre überzeugt waren, geht aus der Midraschstelle Kohel. rabb. zu 1,8 hervor, nach welcher die Minäer einem Gesetzeslehrer, der sich ihnen durch die Flucht entzogen, nachriefen: Gehe hin und sage deiner Mutter, daß du nur flüchtig mit uns verkehrt hast, denn sonst würdest du uns mehr nachgelaufen sein, als wir dir: אמרין [מינאי] ר' יונתן אזיל גלוג לאמך דלא הפכת ולא איסתכלת בן דאילו הפכת ואיסתכלית בן יותר מה דהוינן פרחין בתרך הוית פריח בתרן.

[3]) !מינות דמשכא Abod. zar. 27b u. a. St.

[4]) Abot d. R. Nath. II. Aboda zar. 16b u. Par.

[5]) Abod. zar. 17a: לעלוקה [משלי ל] שתי בנות הב הב וג' [קול] שתי בנות שצועקות מגיהנם ואומרות בעה"ז הבא ומאן נינה: מינות והרשות.

[6]) Midrasch Mischle z. Prov. 4,10.

philosophischen Spekulationen, welche brennende Fragen, wie jene nach dem Wesen Gottes und der Weltentstehung zu lösen versprachen. Das ist aus den betreffenden talmudischen Quellen ganz deutlich herauszulesen, dafür gibt überdies der Fall Acher, der durch das „Eindringen in das Paradies" zum Minäer geworden war, die sprechendste Illustration.

Von diesen minäischen Spekulationen aber, die wohl für geschulte pharisäische Schriftgelehrte, nicht aber für die Massen der Am-haarez, an die sich Jesus wandte, einen großen Reiz haben mochten, diese Geheimlehre, die zur „Erniedrigung des Weltschöpfers" und zum Antinomismus führte, weiß oder will vielmehr das Christentum Jesu nichts wissen, und ebensowenig das Evangelium Jesu, mit welchem man so gern die „Giljonim und die Bücher der Minim", von denen der Talmud spricht,[1]) identifizieren möchte. — Diese werden vielmehr im Neuen Testament ebenso als antichristlich verurteilt, wie sie im Talmud als antipharisäisch und antijüdisch überhaupt bekämpft und verurteilt werden.

Und doch behauptet man mit einer geradezu unbegreiflichen Zähigkeit, die Minäer des Talmud seien Judenchristen, und der einzige Beweis, den man für diese Hypothese geltend zu machen vermag, ist der: daß in einigen wenigen, von der Zensur gestrichenen Talmudstellen Jesus genannt werde und daß nach andern solchen Talmudstellen der eine oder andere pharisäische Gesetzeslehrer mit einem Jünger Jesu in Verkehr gestanden, also von Jesu und dem Evangelium Kenntnis gehabt habe.

Allein jeder unbefangene Talmudkenner weiß, daß die Lehrer des Talmud jener Zeit nicht das mindeste unmittelbare Wissen von Jesu und den Evangelien verraten,[2]) woraus folgt, daß wir es hier mit Einschiebseln aus spätern, mit den religiösen Bewegungen des ersten christlichen Jahrhunderts nicht mehr vertrauten Zeiten zu tun haben. — Die Lehre Jesu hätte übrigens mitnichten pharisäische Schriftgelehrte dermaßen anzuziehen vermocht, wie die

---

[1]) Sabb. 116a. cf. M. Friedländer, Der vorchristl. jüd. Gnostiz. 81 sqq. Der Antichrist 42 sqq.

[2]) Das müssen selbst jüd. Seminartheologen zugeben. So L. Blau, welcher in seiner Schrift, Das altjüd. Zauberwesen, p. 29 wörtlich hierüber sagt: Jesus galt den Talmudlehrern, welche übrigens keine autochthonen Traditionen über ihn besaßen und ihn lediglich aus den unter dem Volke verbreiteten Erzählungen der Evangelien kannten, als Zauberer.

Schriften der Minäer. Dies zeigt sich auch deutlich darin, daß aus späteren Zeiten, wo die Gesetzeslehrer tatsächlich mit den Evangelien vertraut werden konnten und auch vertraut wurden, kein einziger Fall bekannt geworden, wo einer von ihnen so mächtig von diesen Schriften angezogen worden wäre, daß er zum Entgleisen gebracht wurde. — Die älteren rabbinischen Talmudausleger haben auch niemals daran gedacht, daß unter Minuth Christentum zu verstehen sei. Diese Entdeckung blieb den modernen jüdischen Theologen vorbehalten, die damit der Erforschung der urchristlichen Geschichte einen schlechten Dienst erwiesen und hier um so größern Schaden angerichtet haben, als ihnen christliche Theologen auf diesem Wege gern folgten. Hielten sie es doch für einen unschätzbaren Gewinn, durch den Talmud selbst die historische Existenz Jesu beglaubigt und die Feindseligkeit der pharisäischen Schriftgelehrten gegen ihn und seine Lehre, wie sie im Neuen Testament geschildert, bezeugt zu finden.[1])

Das alles ist aber grundfalsch. Denn die minäische Bewegung, welche, wie wir gezeigt, selbst nach den talmudischen Quellen in die vorchristliche Zeit zurückreicht, ist so alt wie der jüdische Hellenismus in Palästina. Schon Pseudosalomo eifert gegen eine Partei im Judentum, welche die Vergeltungslehre ebenso wie den Glauben an ein Leben nach dem Tode verwarf, frohen und zügellosen Lebensgenuß empfahl und den Frommen, der ihr entgegenarbeitete, ihr Gesetzesübertretung vorwarf, sie mied, als ob sie unrein wäre,[2]) ihr die Fähigkeit, die Gottesgeheimnisse zu

---

[1]) Dies ist auch bei Herford l. c. 359sq. deutlich zu lesen. Da heißt es: In general, tough not in detail, they serve to confirm the Christian tradition, by giving independent, and indeed hostile, evidence that Jesus of Nazareth really existed, a fact which has by some been called in question. But if, beyond this, the Rabbinical Jesus-Tradition has no value for the history of Christianity, it does throw some light upon the attitude of Judaisme, as represented by the Rabbis, towards Jesus. It schows how the violent hostility directed against him during his life left only the vague and careless memory of a deceiver and an apostate. — Es wäre wahrlich arg um die Historizität Jesu bestellt, hinge sie lediglich von den märchenhaften und völlig unauthentischen talmudischen „Bezeugungen" ab. Und was die weiteren Folgerungen Herfords anbelangt, daß die Rabbiner Jesum auf das feindseligste verfolgt haben, so mögen die jüdischen Lehrmeister Herfords, die ihm ja seine ganze Talmudauslegung suggeriert haben, darauf reagieren!

[2]) Sap. Sal. 2,16: καὶ ἀπέχεται (ὁ δίκαιος) τῶν ὁδῶν ἡμῶν ὡς ἀπὸ ακαθαρσιῶν.

erforschen absprach,[1]) sich selbst aber der Gotteskindschaft und des wahren Wissens von Gott rühmte,[2]) mit aller erdenklichen Härte verfolgte.[3]) Dieselben Gottlosen haben wir in der Henochapokalypse bekämpft gefunden; ebenso stießen wir auf sie bei Philo. Hier traten sie als philosophierende Juden auf, die vermittelst einer allegorischen Schriftauslegung den Wortglauben zerstören, das geschriebene Gesetz für Symbole geistiger Lehre halten, es mit allem Fleiße durchforschen und auf diesem Wege zur Mißachtung der nationalen und zeremonialen, von heiligen Männern der Vorzeit eingesetzten Institutionen gelangen.[4]) Sie suchen, über den Glauben der Menge stolz hinwegschreitend, die nackte Wahrheit, wie sie an sich ist, zu erfassen und verwerfen schließlich Sabbat, Festtage, Beschneidung und viele andere gesetzliche Vorschriften.[5])

An anderer Stelle geißelt Philo mit tiefer Erbitterung das Treiben der von intellektualistischem Hochmut erfüllten „Jünger Kains", die durch sophistische Künste den frommen Einfaltsglauben untergraben.[6]) Wie Pseudosalomo, spricht auch er dieser von „törichtem Weisheitsdünkel" aufgeblasenen, von der schwindligen Höhe ihres Lehrgebäudes herab die Gegner unaufhörlich bestürmenden Partei den Besitz der echten Wahrheit ab,[7]) die Anklage gegen sie erhebend, daß sie in ihrem verwegenen Frevelmut soweit gehe, die fromme Menge Israels bezwingen und ihr verderbliche

---

[1]) ib. 2,22: καὶ οὐκ ἔγνωσαν μυστήρια θεοῦ.

[2]) ib. 2,13: ἐπαγγέλλεται (ὁ δίκαιος) γνῶσιν ἔχειν θεοῦ, καὶ παῖδα κυρίου ἑαυτὸν ὀνομάζει.

[3]) ib. 1,16; 2,1—23.

[4]) De migr. Abr. I, 450: οἳ τοὺς ῥητοὺς νόμους σύμβολα νοητῶν πραγμάτων ὑπολαμβάνοντες τὰ μὲν ἄγαν ἠκρίβωσαν, τῶν δὲ ῥαθύμως ὠλιγώρησαν.

[5]) ib. Dieselbe Mißachtung gesetzlich vorgeschriebener Zeremonien, wie Sabbat, Festtage, Beschneidung etc. wird in der talmudischen Literatur den Minäern zur Last gelegt. cf. Friedländer, Der Antichrist 12sqq. Pirke Abot III, 15 u. a. St.

[6]) Quod det. pot. insid. I, 191, 197sqq.

[7]) De poster. I, 235: τὰ μὲν οἰκοδομήματά ἐστιν αὐτῷ (τῷ Κάϊν) λόγοι οἱ ἀποδεικνύντες, οἷς, καθάπερ ἀπὸ τείχους, πρὸς τὰς τῶν ἐναντίων ἀπομάχεται προσβολὰς πιθανάς, εὑρέσεις κατὰ τῆς ἀληθείας, μυθοπλαστῶν. Οἰκήτορες δὲ οἱ ἀσεβείας, ἀθεότητος, φιλαυτίας, μεγαλαυχίας, ψεύδους δόξης ἑταῖροι, δοκησίσοφοι, τὸ πρὸς ἀλήθειαν σοφὸν οὐκ εἰδότες.

Führer und Lehrer aufzwingen zu wollen.[1]) — Und sicherlich kehrt sich die Polemik gegen diese selben Parteien, die Philo aus der Gemeinde Gottes ausgeschlossen wissen will, wenn er die Moabiter, „die Söhne des Geistes“, als Symbol für jene Menschen hinstellt, die alles aus dem Geiste in gottloser Weise erklären wollen.[2])

Dieser Minäismus nun, der in den beiden letzten vorchristlichen Jahrhunderten das griechische Judentum in Atem hielt und einem uferlosen Universalismus entgegensteuerte, drang frühzeitig in Palästina ein, gewann hier Boden und stiftete zumal in der Zeit nach der Zerstörung des Tempels, mit welcher alle nationalen Hoffnungen urplötzlich so grausam vernichtet wurden, heillose Verwüstung selbst im Lager der pharisäischen Schriftgelehrten.

Wir sehen ihn aber auch bald auf dem Boden des Urchristentums auftauchen, bemüht, dieses, wie vormals das Judentum, zu zersetzen und zu verweltlichen. Gegen ihn wehrt sich mit aller Macht nicht nur das gesetzestreue sondern selbst das gesetzesfreie paulinische Christentum, welch letzteres dieser Häresie das einzige gute zuschreibt, daß von ihr die Rechtgläubigkeit sich glanzvoll abhebe. Ich höre, schreibt Paulus an die Korinther, daß es in euren Versammlungen Spaltungen gebe, und zum Teil glaube ich es auch; denn es müssen Häresien unter euch sein, auf daß die, welche rechtgläubig, offenkundig unter euch werden.[3])

Der Anomos im zweiten Thessalonicherbrief, der Widersacher, der sich überhebt über alles, was Gott oder Gottesdienst heißt, dieser Mensch der Sünde und des Verderbens, dessen Zukunft in der Wirkung des Satans geschieht, mit allerlei lügenhaften Kräften und allerlei Verführung zur Ungerechtigkeit unter denen, die verloren werden, weil sie die Liebe zur Wahrheit nicht angenommen, weshalb ihnen Gott kräftige Irrtümer sendet, daß sie der Lüge glauben:[4]) was ist dieser Anomos anders als die Verkörperung des Minäismus? Ebenso sind die Anhänger der „falsch berühmten Gnosis“ — deren

---

[1]) ib. I, 235.

[2]) Leg. alleg. I, 103. Hierüber weiter unten.

[3]) 1. Kor. 11,18–19: συνερχομένων ὑμῶν ἐν τῇ ἐκκλησίᾳ, ἀκούω, σχίσματα ἐν ὑμῖν ὑπάρχειν, καὶ μέρος τι πιστεύω, δεῖ γὰρ καὶ αἱρέσεις ἐν ὑμῖν εἶναι, ἵνα οἱ δόκιμοι φανεροὶ γένωνται ἐν ὑμῖν.

[4]) 2. Thess. 2,3–12.

Hochmut schon Paulus geißelt[1]) — vor denen die Pastoralbriefe nicht eindringlich genug warnen können, —[2]) ganz zweifellos identisch mit den Freunden des Dünkels und der falschen Lehre, die sich weise dünken, ohne die wahre Weisheit zu kennen," als welche Philo die „Schüler Kains" kennzeichnet.[3])

Es ist lehrreich zu sehen, daß schon im apostolischen Zeitalter Psalmworte, die in der talmudischen Literatur auf die minäische Geheimlehre und auf die Minäer bezogen, christlicherseits auf die häretischen Gnostiker ausgedeutet werden. So lesen wir im ersten Klemensbrief:[4]) „Es ist ja besser Gott zu gehorchen, als sich Leuten anzuschließen, die sich in Prahlsucht und aufrührerischem Geiste zu Führern fluchwürdiger Eifersucht aufgeworfen haben.[5]) Denn wir werden uns in große Gefahr stürzen, wenn wir uns blindlings den Zwecken von Menschen dienstbar machen, die zu Streit und Parteiungen aufreizen, um uns von guter Lage zu entfremden. — Schließen wir uns also denen an, die gottesfürchtig den Frieden pflegen, nicht denen, die nur heuchlerisch den Frieden zu wollen vorgeben. Denn von ihnen heißt es in der Schrift: „Mit ihrem

---

1) 1. Kor. 8,1: ἡ γνῶσις φυσιοῖ, ἡ δὲ ἀγάπη οἰκοδομεῖ. εἰ δέ τις δοκεῖ εἰδέναι τι, οὐδέπω οὐδὲν ἔγνωκε κάθῶς δεῖ γνῶναι.

2) 1. Tim. 6,20: τὴν παρακαταθήκην φύλαξον, ἐκτρεπόμενος τὰς βεβήλους κενοφωνίας καὶ ἀντιθέσεις τῆς ψευδωνύμου γνώσεως, ἥν τινες ἐπαγγελόμενοι. cf. 1. Tim. 6,3–6; 2. Tim. 2,16–23; 3,1–10; 1. Tim. 1,3–9; Tit. 3,9; 1,10 sqq.; 2. Petr. 2; Jud. 4 u. a. St.

3) De poster. I, 235: μεγαλαυχίας, ψευθοῦς δόξης ἑταῖροι δοκησίσοφοι κτλ. Ausführlicheres hierüber bei Friedländer, Vorchristl. Gnostiz. 96—109.

4) I, 14,15.

5) cf. Philo, De poster. I, 235: τοσοῦτον δ' ἄρα τῆς ἀσεβείας ἐπιβεβήκασιν, ὥστ' οὐ μόνον δὶ ἑαυτῶν ἐγείρειν τὰς τοιαύτας πόλεις ἀξιοῦσιν, ἀλλὰ καὶ τὴν φιλάρετον πληθὺν Ἰσραὴλ ἀναγκάζουσιν ἐπιστάτας καὶ διδασκάλους κακῶν ἔργων ἐπ' αὐτοῖς χειροτονήσαντες. cf. 1. Tim. 6,3–6: Εἴ τις ἑτεροδιδασκαλεῖ καὶ μὴ προσέχεται ὑγιαίνουσι λόγοις τοῖς τοῦ κυρίου ἡμῶν Ἰσοῦ Χριστοῦ, καὶ τῇ κατ' εὐσέβειαν διδασκαλίᾳ, τετύφωται, μηδὲν ἐπιστάμενος, ἀλλὰ νοσῶν περὶ ζητήσεις καὶ λογομαχίας, ἐξ ὧν γίνεται φθόνος, ἔρις, βλασφημία, ὑπόνοιαι πονηραὶ, παραδιατριβαὶ διεφθαρμένων ἀνθρώπων τὸν νοῦν καὶ ἀπεστερημένων τῆς ἀληθείας κτλ. Genau dieselben bösen Folgen werden im Talmud der Beschäftigung mit den minäischen Schriften und dem Umgang mit den Minäern zugeschrieben, cf. Tosefta Sabb. XIII, 5: ספרי מינים שמטילין איבה וקנאה ותחרות בין ישראל לאביהם שבשמים. b. Sabb. 116a u. Par.: הללו [המינים] שמטילין קנא ואיבה ותחרות בין ישראל לאביהם שבשמים וכ'.

Munde segnen, mit ihrem Herzen fluchen sie."[1]) — Und ein andermal: „Verderben möge der Herr alle trügerischen Lippen, die Zunge, die Großes spricht, die da sprechen: unsere Lippen sind mit uns, wer will unserer Herr werden? Wegen der Not der Elenden und der Seufzer der Armen werde ich mich jetzt erheben, spricht der Herr, werde Rettung schaffen, offen dabei verfahren."[2])

Wir finden sonach hier überall dieselben, mit den gleichen charakteristischen Merkmalen gekennzeichneten Häretiker, auf das allerschärfste bekämpft, sowohl von den jüdischen Konservativen der griechischen Diaspora als auch von dem pharisäischen Schriftgelehrten und nicht minder später von den gesetzestreuen wie von dem paulinischen Christentum, welche sämtlich sie aus der „Gemeinde Gottes" ausschließen. — Und dennoch wird noch heute der Versuch unternommen, die Minim des Talmud, ja selbst jene des ersten Jahrhunderts, in Bausch und Bogen zu Christen, und die unmittelbaren Jünger Jesu zu Minim zu machen! Und das ist denn auch der Grund davon, daß wir noch einmal des ausführlichern über die Minim zu sprechen uns veranlaßt sahen.

Insbesondere bestimmte uns hierzu eine vor kurzem erschienene, von uns bereits zitierte Schrift: Christianity in Talmud and Midrash von R. T. Herford, die es unternimmt, den Nachweis zu führen, daß der Talmud autentische Kenntnis von Jesu habe und daß die Minim im Talmud und im Midrasch Christen seien, eine Schrift, die deshalb von manchen Theologen begreiflicherweise freudig begrüßt und ohne weiteres als eine gründliche Widerlegung meiner Minim-Erklärung, die die Zustimmung einer maßgebenden Kritik gefunden,[3]) erklärt wurde.

---

[1]) Ps. 62,5.

[2]) Über die ähnliche talmudische Auslegung dieser Psalmverse vgl. Friedländer, Geschichte der jüd. Apologetik 486sq., 472sqq.

[3]) Hier einige derselben. Schürer, Theolog. Litz. 1899 Nr. 6 sagt inbezug auf Minim: „Bei den christlichen Theologen ist bekanntlich die Meinung vorherrschend, daß damit immer Judenchristen gemeint seien; auch die neuern jüdischen Gelehrten haben diese Meinung sich angeeignet. — — Ich freue mich, daß diese Identifizierung von Minim und Judenchristen, die ich stets für falsch gehalten habe, von Friedländer mit großer Entschiedenheit bekämpft wird." — Zöckler, Evang. Kirchenz. 1899 Nr. 10 urteilt: „Radikale Gesetzesverächter von gnostisierender Art und Haltung wird es im Diasporajudentum der letzten vorchristlichen Zeit jedenfalls gegeben haben, und daß die

Herfords Beweisführung erinnert lebhaft an jene, mit welcher vor einem Vierteljahrhundert Lucius — nach dem Vorgang der jüdischen Gelehrten Frankel und Graetz — es mit vielem Glück versucht hatte, die Therapeuten als christliche Mönche zu entlarven und das Buch De vita contemplativa als eine christliche Dichtung

---

talmudische Literatur mit ihren „Minim“ nicht etwa Christen meint, sondern solche antinomistische Pseudophilosophen innerhalb des Judentums, erscheint ziemlich gewiß; die vom Verf. (des vorchristl. jüd. Gnostiz.) hierüber beigebrachten Gründe dürften als stichhaltig anzuerkennen sein.“ — W. C. van Manen äußert sich (Theol. Tijdschr. 1897) folgendermaßen: „Um die Existenz einer vorpaulinischen religiösen Partei, die sich ganz von dem Gesetz losgerissen hatte, unserer Kenntnis näher zu bringen, hat Friedländer seinen vorchristl. jüd. Gnostizismus geschrieben — hauptsächlich um abschließend nachzuweisen, daß man bei den Minim der Talmudisten des ersten Jahrhunderts nicht an Christen und bei ihren Giljonim, die ebensowenig wie ihre Schriften vor dem Verbrennen geschützt werden sollen, nicht an Evangelien denken darf. — Diese Auffassung ist zwar weit verbreitet, aber unrichtig .....“ Und O. Wendland, Deutsche Litz. 1902 Nr. 42: „Daß unter Minim nicht immer Judenchristen verstanden werden, scheint Friedländer bewiesen zu haben.“ — „Es ist das Verdienst Friedländers“, sagt G. Hoenicke, Theol. Literaturbl. 1902 Nr. 32, „nachdrücklich darauf aufmerksam gemacht zu haben, daß unter den Minim in der talmudischen Literatur nicht speziell Christen zu verstehen seien.“ — Ähnlich L. Hackspill, Revue biblique 1903: Dans ses grandes lignes la thèse de M. Friedländer nous paraît assez solidement assise, et dans l'histoire des partis religieux du Judaïsme nés-testamentaire il faudra tenir compte des „Minim“. Que ce nom ait désigné plus récement tous les nonjuifs, y compris les chrétiens, surtout dans les éditions revisées du Talmud, on l'admettra assez généralement; mais l'attribution de ce nom aux seuls antinomistes juifs vers l'ère chretienne nous paraît prouvée. Noch sei hier der Zustimmung erwähnt, die G. Wildeboer erst jüngst, Theolog. Studien 1905, p. 292—304, in der meiner Schrift „Griech. Philosophie im Alten Testament“ gewidmeten eingehenden Besprechung meiner Minim-Erklärung spendet. Er sagt da u. a., daß mir alles daran gelegen sei, „om de vrij allgemeen verbreide meening uit te roeien; dat de dikwijls in de Talmudische litteratuur voorkomende Minim Joden-Christenen zouden zijn. Zij zijn volgens hem voorchristelijke en latere Joodsche ketters de Minuth is de filosofie van Joden, die met God en Zijn Woord niet rekent.“ — Und fügt hinzu: „Hierin nu heeft Friedländer voor een groot deel goed gezien. Inderdaad beteekent Min niet overal een Joodsch Christen.“ — Diese und noch viele andere, ähnlich lautende Urteile der Fachkritik zeigen zur Genüge, daß unsere Minim-These in theologischen Kreisen Beifall gefunden. Gegen dieselbe nun wendet sich Herfords Buch und sucht mit großer, vielfach von Erbitterung geleiteten Entschiedenheit die hergebrachte Anschauung wieder zur Geltung zu bringen.

aus dem Anfang des vierten Jahrhunderts hinzustellen. Durch Aufhäufung von Massenbeweisen, die bei näherem Zusehen wenig beweisen, gelang es ihm, nahezu allgemeine Zustimmung zu erzielen, zumal als die Therapeuten seit jeher für alle jene Gelehrten eine Verlegenheit bildeten, die den Essenismus aus dem Pharisäismus hervorgehen lassen und alle seine Eigentümlichkeiten „aus dem Geiste des traditionellen Judentums" erklären wollten. Dem aber widersprachen stracks die über die Essener und Therapeuten uns überlieferten Berichte des Philo und des Josephus. Den eigentlichen Stein des Anstoßes bildete die Therapeutenschilderung in De vita contemplativa. War dieser einmal beseitigt, mit den Berichten über die Essener wollte man schon fertig werden. Da erschien zur guten Stunde Lucius mit seinem Massengeschütz vor den Mauern der Therapeuten und führte gegen sie eine regelrechte Belagerung auf. Und bald glaubte man aus dem betäubenden Geknatter des Kleingeschützes und dem Qualm, der die Belagerten umhüllte, auf ihren Untergang schließen zu dürfen. — Als aber der Rauch verflogen war, da zeigte sich, daß die Therapeuten heil und unversehrt aus allen gegen sie gemachten Angriffen und Anstürmen hervorgegangen.

Nach derselben Methode nun, mit welcher Lucius die Therapeuten aus der vorchristlichen Geschichte des Judentums zu streichen unternahm, versucht Herford Jesum und das Christentum in den Talmud hineinzudeuten und die Minäer aus der Geschichte des Judentums hinauszuweisen. Nun hat niemand daran gezweifelt, daß der Name Jesus tatsächlich im Talmud vorkommt; wohl aber haben wir es bestritten, daß die aus dem ersten Jahrhundert stammenden talmudischen Quellen schon Kenntnis von ihm haben. Selbst diejenigen, die am eifrigsten nach Jesus und dem Christentum im Talmud spähen, in ihm „mit gieriger Hand nach Schätzen graben und froh sind, wenn sie Regenwürmer finden", müssen schließlich resigniert zugeben, daß daselbst nur sehr spärlich Jesu Erwähnung geschieht.[1])

[1]) So muß selbst Laible, Jesus Christus im Talmud p. 7 eingestehen: „Während wir nun aber die Erwartung hegen konnten, in dem großen Talmud, der doch vorzugsweise religiöse Erörterungen aller Art enthält, die Person und die Taten und Lehren Jesu recht ausführlich und oft besprochen zu finden, tritt uns die überraschende Tatsache entgegen, daß von Jesu sehr selten die Rede ist und nur wenig von ihm gewußt wird. Es verhält sich nämlich

Nicht der Kampf gegen Jesus, der das Gesetz zu erfüllen kam, sondern gegen die das Gesetz auflösenden Minäer hielt die Gesetzeslehrer des ersten Jahrhunderts in Atem; daher die Fülle der talmudischen Überlieferungen über diese und der völlige Mangel an solchen über Jesus und das entstehende Christentum, deren Gesetzestreue und Auferstehungsglaube sie ebenso wie die pharisäischen Schriftgelehrten zu den heftigsten Gegnern der Minäer machen mußten, welche letztere ja Gesetz und Auferstehungsglauben verwarfen.

In eklatantester Weise wird diese unsere Behauptung durch die Apostelgeschichte erhärtet. Da wird erzählt, daß das Erscheinen des Apostels Paulus in Jerusalem — nach seiner Bekehrung — große Aufregung hervorrief, und daß das ganze Volk sich gegen ihn zusammenrottete. Man warf ihm vor, daß er „an allen Ecken wider dieses Volk, wider das Gesetz und wider diese Stätte lehre".[1]) Er wird vor den hohen Rat gebracht. „Da er aber wußte, daß ein Teil Sadduzäer war und das andere Teil Pharisäer, rief er im Rat: Ihr Männer, lieben Brüder, ich bin ein Pharisäer und eines Pharisäers Sohn; ich werde angeklagt um der Hoffnung und Auferstehung willen der Toten."[2]) Darüber entstand ein Aufruhr zwischen den Pharisäern und Sadduzäern und die Menge zerspaltete sich. „Denn die Sadduzäer sagen, es sei keine Auferstehung noch Engel noch Geist; die Pharisäer aber bekennen beides. Es ward ein groß Geschrei, und die Schriftgelehrten von der Pharisäer Teil standen auf, stritten und sprachen: Wir

---

nicht so, wie früher christlicherseits gemeint wurde, daß der Talmud von Schmähungen gegen Christus wimmle. Das ist ein christlicher Mythus, hervorgegangen wahrscheinlich aus der Meinung, alles im Talmud vom Götzendienst und von Rom Gesagte sei auf die Christen gemünzt. Nein, Jesu geschieht im Talmud, soweit das erhaltene Material zu urteilen gestattet, nur spärlich Erwähnung. Es scheint unerklärlich, daß die Schriftgelehrten, welche zu Jesu Lebzeiten sich Tag und Nacht mit ihm beschäftigten, deren Gesinnung auch im Talmud noch die nämliche feindselige ist, verhältnismäßig so schweigsam geworden sind." — Und ib. p. 88 am Schlusse seiner Schrift: „Zweierlei ist uns fortwährend in auffälliger Weise entgegengetreten: 1. die ungemeine Dürftigkeit und Spärlichkeit dieser Notizen (über Jesus), 2. ihre fabelhafte Beschaffenheit."

[1]) Act. 21,27—29: . . . . . οὗτός ἐστιν ὁ ἄνθρωπος ὁ κατὰ τοῦ λαοῦ καὶ τοῦ νόμου καὶ τοῦ τόπου τούτου πάντας πανταχοῦ διδάσκων.

[2]) Act. 23,6: Ἄνδρες ἀδελφοί, ἐγὼ Φαρισαῖός εἰμι, υἱὸς Φαρισαίου· περὶ ἐλπίδος καὶ ἀναστάσεως νεκρῶν ἐγὼ κρίνομαι.

finden nichts Arges an diesem Menschen; hat aber ein Geist oder ein Engel mit ihm geredet, so können wir mit Gott nicht streiten.“ [1])

Also derselbe Paulus, den man beschuldigte, Abfall von Gott und seinem Volke, Mißachtung vor dem Tempel zu predigen, derselbe Paulus, der offen seine Bekehrung zu Jesus bekannte, er brauchte sich nur dem pharisäischen Teil des Rates gegenüber auf seinen Glauben an die Auferstehung der Toten, um dessenwillen er verfolgt werde, zu berufen, um von ihm als Jude, ja als pharisäischer Jude, „an dem nichts Arges zu finden sei“, anerkannt zu werden! Wir fragen hiernach: Wem standen Jesus, seine Lehre und selbst Paulus näher: den Pharisäern oder den Minäern, welche letztere von der Auferstehungslehre nichts wissen wollten?

Daß unter den Minäern des ersten christlichen Jahrhunderts nicht, wie man allgemein gern annehmen möchte, Judenchristen, sondern antinomistische jüdische Häretiker verstanden wurden, wird ebenfalls, wenn auch indirekt, von der Apostelgeschichte an anderer Stelle auf das nachdrücklichste bestätigt. Sie berichtet uns mit durchaus historischer Treue, daß die Apostel vor den Rat gebracht wurden, weil sie im Volke die Lehre Jesu verbreiteten. Gamaliel aber, „ein Schriftgelehrter, in Ehren gehalten vor allem Volk“, habe die Sache vorurteilslos angesehen, und hinweisend auf ähnliche in den letzten Zeiten entstandene und bald wieder untergegangene religiöse Bewegungen, habe er seine Rede mit folgender Mahnung geschlossen: „Und nun sage ich euch: lasset ab von diesen Menschen und lasset sie fahren. Ist der Rat oder das Werk aus den Menschen, so wird es untergehen, ist es aber aus Gott, so könnt ihr's nicht dämpfen; auf daß ihr nicht erfunden werdet, als die wider Gott streiten wollen.“ [2])

So aber spricht nicht ein oberster pharisäischer Gesetzeslehrer von Minäern, die er und seine Schule als Gesetzesverächter und Leugner des Auferstehungsdogmas kennen und mit Ingrimm verfolgen. — Eine solche harmlose Auffassung der urchristlichen Be-

---

[1]) Act. 23,7–10: ..... καὶ ἀναστάντες οἱ γραμματεῖς τοῦ μέρους τῶν Φαρισαίων διεμάχοντο λέγοντες, Οὐδὲν κακὸν εὑρίσκομεν ἐν τῷ ἀνθρώπῳ τούτῳ κτλ.

[2]) Act. 5,34–40.

wegung zeigt deutlich genug, daß dieselbe nicht mit der minäischen verwechselt werden dürfe.

Die Hauptstütze für die Annahme, daß die talmudischen Quellen schon des ersten Jahrhunderts von Jesu und den Evangelien Kenntnis haben, lag unstreitig in der halachischen Verordnung. nach welcher man die „Giljonim und Bücher der Minäer“ vor dem Verbrennen nicht schützen dürfe.[1]) Denn diese Verordnung stammt zuverlässig, wenn nicht aus noch früherer Zeit, spätestens aus dem ersten christlichen Jahrhundert, zumal bereits R. Tarphon und R. Ismael, die beide im ersten Jahrhundert blühten, sie zu verschärfen sich bemühten. Sind nun — wie man dies so lange als so ganz selbstverständlich annahm[2]) — unter diesen

---

[1]) cf. Sabb. 116ª u. Par.: תניא הגליונים וספרי מינים אין מצילין אותם מפני הדליקה וכ'.

[2]) So übersetzt Graetz III², 103sq. unsere Talmudstelle ohne weiteres: „Die Evangelien (Giljon) und sämtliche Schriften der Minäer — nämlich der Judenchristen — verdienen verbrannt zu werden mitsamt den heiligen Gottesnamen“ usw. Und um den Haß der Schriftgelehrten gegen diese „Judenchristen“ begreiflich zu machen, glossiert er: „feindliche Mächte drangen in seinen (des Judentums) Tempel, entweihten seine Heiligtümer, trübten seinen reinen Gottesbegriff, verfälschten und mißdeuteten seine Lehren, machten seine Anhänger abtrünnig und bewaffneten sie mit Haß und Verachtung gegen den Gegenstand ihrer früheren Verehrung und es durfte dieses Treiben nicht gleichgültig und müßig mitansehen. Die Zeit der Hellenisten in der makkab. Periode, welche zuerst die Zwietracht in das Haus Israel gebracht, schien in erschreckender Gestalt wiedergekehrt; abermals verschworen sich die eigenen Söhne gegen ihre Mutter. Der enge Kreis der Tanaiten empfand die von daher drohende Gefahr aufs lebhafteste; er versah sich nichts Gutes für die Lehre von seiten der Minäer und erkannte, daß die Schriften derselben eine verführerische Wirkung auf die urteilsunfähige Masse ausübte. R. Tarphon sprach von diesem gefahrdrohenden Einflusse mit vollster Überzeugung: „die Evangelien und sämmtliche Schriften der Minäer verdienen verbrannt zu werden“ usw. R. Ismael, von Charakter minder heftig als R. Tarphon äußerte dieselbe Stimmung gegen das seinem Ursprunge entartete Judenchristentum; „man dürfe sich nicht scheuen, die Gottesnamen in den Evangelien zu verbrennen, denn sie schürten nur Haß und Widerwillen zwischen dem jüdischen Volke und seinem Gott an.“ — So Graetz. Und alles das beten seine Jünger ihm blind nach! Von den BB. der Judenchristen — sagt Bacher, Agada d. T I, 266 — lehrte Ismael in Übereinstimmung mit Tarphon, daß dieselben, obwohl sie Gottesnamen enthielten, am Sabbat nicht aus dem Feuer gerettet werden dürfen. Und ib. p. 357: „Unter den strengen Aussprüchen der Tanaiten dieser Zeit gegen die vom Judentum sich lossagenden Judenchristen ist

„Giljonim“ und den „Büchern der Minim“ die Evangelien und sonstige christliche Schriften zu verstehen, dann wäre allerdings der Beweis erbracht, daß die Gesetzeslehrer des ersten Jahrhunderts sie kannten und ihnen in erbitterter Feindseligkeit gegenüberstanden. Das aber war arge Täuschung. Die Giljonim, von denen die aus dem ersten christlichen Jahrhundert stammenden talmudischen Quellen sprechen, waren niemals die Evangelien. Das haben wir schon anderwärts nachgewiesen, und das gibt selbst Bousset, der sonst voll Lobes für Herfords Darbietungen ist, bereitwillig zu. Er sagt nämlich:[1] „Weiter ist es ein Verdienst Friedländers, daß er die merkwürdige Überlieferung eines Gespräches zwischen R. Ismael und R. Tarphon über die Giljonim und die in ihnen enthaltenen Askaroth (Gottesnamen) in Sabbath 116 richtig gedeutet hat. Es kann, wenn freilich zugestanden werden muß, daß bereits spätere Rabbinen die Giljonim auf die Evangelien bezogen, doch kaum bezweifelt werden, daß die Giljonim (wie die Bücher der Minim) nichts anderes als die uns jetzt zur Genüge bekannten Zauberbücher mit ihren alttestamentlichen Gottesnamen gewesen seien.“

Wird dies aber zugeben,[2] dann ist der Annahme, daß die talmudischen Quellen des ersten Jahrhunderts hin und wieder von

---

Tarphons Ausspruch der heftigste. Er schwört, daß er ihre Bücher, wenn sie ihm zu Händen kämen, ohne Rücksicht auf die darin vorkommenden Gottesnamen verbrennen würde.“

[1]) Theol. Litz. 1904, Nr. 23, p. 631 sq.

[2]) Freilich Schlatter, Isr. Gesch. p. 315, hält diese „Giljonim und Bücher der Minim“ nach wie vor für „christliche Bibeln“, gegen welche, wie er behauptet, die „leidenschaftliche Kampfesstellung der palästinensischen Lehrer hervortritt bei einer Verhandlung über die kasuistische, rein theoretische Frage, ob christliche Bibeln wegen der in ihnen enthaltenen Gottesnamen bei einer Feuersbrunst gerettet werden dürfen“. — Das darf aber bei diesem Gelehrten nicht befremden, der auch sonst in jüdischen Quellen schon des ersten Jahrhunderts dort, wo niemand sie vermuten würde, „deutlich“ polemische Angriffe auf die Kirche entdeckt. Nach ihm hat schon Josephus gegen die Kirche polemisiert. „Wie sich“ — sagt er — „die griechischen Gemeinden zur Kirche stellten, ergibt sich aus der Weise, wie Josephus von ihr spricht. — — Josephus beruft sich in der Archeologie am Schluß des dritten Buches zum Erweis für die Würde des Gesetzes auch auf diejenigen, „welche uns hassen“ und trotzdem auch ihrerseits bekennen, daß Gott Israel durch Mose seine Verfassung gegeben habe. Da Josephus hier gleichzeitig vom Bekenntnis zur göttlichen Heiligkeit des mosaischen Gesetzes und von Haß und Feindschaft gegen die Judenschaft spricht, hat er deutlich die Kirche im

Jesu und dem Christentum sprechen, jede reale Unterlage benommen; denn die sonstigen einschlägigen talmudischen Überlieferungen sind nicht ernst zu nehmen oder sie beweisen das Gegenteil.

Und ferner ist es im Grunde ganz irrelevant, ob die Jesusstellen im Talmud — weil die Zensur aus Unkenntnis des historischen Sachverhalts sie gestrichen — echt, oder ob sie spätere Interpolationen sind: die Auffassung der Person Jesu und seiner Lehre erleidet dadurch nicht die mindeste Verschiebung. Daran aber liegt es, daß man mit Hilfe dieser sehr fragwürdigen Stellen den Minäismus mit dem Christentum identifizieren will. Denn dadurch wird eine der bedeutungsvollsten religiösen Bewegungen innerhalb des vorchrlstlichen Judentums, die sich später nach dem Hingang Jesu und seiner unmittelbaren Jünger in dem so mächtig aufstrebenden paulinischen und gnostischen Christentum fortsetzt, völlig verwischt, ja aus der Geschichte gelöscht. Hat man doch mit geradezu fanatischem Eifer hüben und drüben geleugnet, daß es im Judentum der letzten vorchristlichen Jahrhunderte im eigentlichen Sinne andere religiöse Sekten als Pharisäer und Sadduzäer gegeben habe, während der Talmud selbst von vierundzwanzig Minäer-Sekten spricht! Die Apokalyptiker wurden zu Pharisäern, die Essener zu Hyperpharisäern, die Therapeuten zu christlichen Mönchen und die Minäer zu Judenchristen gestempelt! Und alles das aus

---

Auge. Er nennt sie aber nicht, zählt sie nicht zur Judenschaft, sondern schreibt ihr lediglich die Rolle zu, feindselig derselben zu widerstehen." (ib. 315). — Und dies liest Schlatter aus den Worten Antt. III, 15,3 heraus: „Daher braucht man sich nicht über das, was Moses gewirkt, zu wundern; seine Schriften besitzen bis auf den heutigen Tag ein so großes Ansehen, daß sogar unsere Feinde eingestehen, Gott selbst habe uns durch Moses unsere Sitten und Gebräuche vorgeschrieben." — Diese Worte des Josephus sind offenkundig gegen die heidnischen Feinde des Judentums gerichtet, um derentwillen er seine Archeologie und seine Streitschrift gegen Apion abfaßte, in welchen Büchern er immer wieder, wo ihm nur Überlieferungen dafür zu Gebote standen, heidnische Gegner des Judentums selbst zu Zeugen für das hohe Alter und die Unübertrefflichkeit der mosaischen Gesetze aufruft (cf. Friedländer, Gesch. d. jüd. Apolog. p. 350 sqq.), behauptend, daß sie in der ganzen Welt Nachahmung finden. Und diese Auslassung soll gegen die damals kaum noch im Entstehen begriffene Kirche gerichtet gewesen sein, gegen eine religiöse Bewegung, mit welcher Josephus, wie seine Schilderung des Täufers Johannes zur Genüge bezeugt, so ungemein sympathisierte!

religiöser Verblendung! Die jüdischen Theologen wollen in ihrer unbegrenzten Verehrung für alles, was pharisäisch, nicht zugeben, daß im Grunde doch nur ein Bruchteil des jüdischen Volkes, wenn auch ein starker, dem Pharisäismus huldigte; sie glauben vielmehr, daß im Zeitalter Jesu das gesamte jüdische Volk, bis auf eine verschwindende Minderheit, die zu der aristokratischen, dem Lebensgenuß fröhnenden Partei der Sadduzäer zählte, im Schoße des alleinseligmachenden Pharisäismus in ungetrübtem religiösen Frieden geborgen lag, und daß dieser heilige Friede erst mit dem Entstehen des Christentums — d. i. nach ihrer Meinung des Minäertums — eine tiefgehende Störung erfahren habe. Die christlichen Gelehrten hinwiederum, die so gern dem Evangelium Jesu die Gesetzesreligion der Pharisäer gegenüberstellen, um ersteres von dem dunklen Hintergrund der letzteren sich glanzvoll abheben zu lassen, sehen in der Enthüllung der mächtigen, dem Christentum den Pfad bereitenden religiösen Bewegungen des vorchristlichen Judentums eine arge Schädigung der Persönlichkeit Jesu und der Originalität seiner Lehre. Daher die krampfhaften Anstrengungen auf beiden Seiten, dem Pharisäismus einen überwältigenden Einfluß auf das Spätjudentum einzuräumen, und andrerseits das Christentum als die primäre, den Minäismus aber als die sekundäre Erscheinung darzustellen, welch letzterer erst von jenem seinen Ausgang genommen habe. — Was Wunder nun, daß meine These: die Minim seien ursprünglich keineswegs Christen — da es ja schon in vorchristlicher Zeit minäische Sekten gegeben — sondern philosophierende antinomistische Juden gewesen, hüben und drüben den heftigsten Widerspruch bei den Konservativen hervorrief? Freilich habe ich mich, als ich zum erstenmal diese These aufstellte, zu früh und zu weit mit der Behauptung — die ja sehr nahe lag und die ich noch heute in ihrem ganzen Umfange aufrecht erhalte — die Minäer seien vorchristliche jüdische Gnostiker gewesen, hervorgewagt, ohne zunächst ein erschöpfendes Beweismaterial beizubringen, wodurch ich meine „grundstürzende These" allen möglichen und unmöglichen Anfechtungen aussetzte. — Ungeachtet dessen hatte ich es mit meinen Untersuchungen über die Minim zum mindesten dahin gebracht, daß man endlich diese Sektierer nicht mehr, wie früher, unterschiedslos zu Christen machte. Diese bescheidene Errungenschaft soll mir nun durch Herfords Christianity in Talmud and Midrash entwunden werden, ein Buch, das durch Massenzitate aus dem Talmud, die durch ihre Quantität, nicht aber durch ihre Qualität imponieren wollen, den Beweis zu erbringen sich anstrengt, daß die Minim des Talmud in Wahrheit nichts als Christen waren und in alle Ewigkeit Christen bleiben müssen.

Wäre nun Herford ein richtiger Talmudist, er hätte vermittelst der von ihm in Anwendung gebrachten, freilich nicht mehr originellen Methode, Jesus und das Christentum in der talmudischen Literatur beleuchtet zu finden, nicht bloß armselige 139, sondern tausende und abertausende Stellen hier entdeckt, die er mit gleichem und vielleicht besserem Rechte auf Jesus und das Christentum hätte beziehen können. So aber hängt er von gleichstrebenden Talmud-Dilettanten ab, in erster Linie von Laible, dessen Schrift: „Jesus Christus im Talmud“ und dessen Methode für ihn grundlegend, ferner von modernen jüdischen Talmudisten, die sich gleich ihm mit heißem Bemühen abquälten, Jesus und die Evangelien aus dem talmudischen Schrifttum heraus- oder vielmehr in dasselbe hineinzulesen. Ich werde ihm aber auf diesem Wege, so verlockend es auch sein mag, sein so künstlich aufgeführtes Kartengebäude Stück für Stück umzublasen, nicht folgen, um so weniger, als es für meine Untersuchungen völlig belanglos ist, ob der Talmud von der Mitte des zweiten Jahrhunderts ab, wo der christliche Gnostizismus einen so mächtigen Aufschwung zu nehmen anfängt, das Christentum und seinen Stifter kennt oder nicht. Gegen Herfords phantasievolle, freilich mit blendender Methode geübte Talmudauslegung, die in manchen Fällen einem polnisch-jüdischen Talmudkünstler alle Ehre machen würde, mögen sich die jüdischen Rabbiner und Seminartheologen kehren, die ja diese ganze Verirrung verschuldet haben und endlich erkennen dürften, welche heillose Verwirrung ihre unglückselige Methode: ohne eingehende Kenntnis der Zeitgeschichte den Talmud für Geschichtskonstruktionen auszuschroten, gestiftet hat. Die Ernüchterung muß bei ihnen um so eher eintreten, als sie sonst Gefahr laufen, einen neuen, von dem alten gar sehr verschiedenen, christlichen Talmud — ich meine nicht einen Talmud im Geiste der Evangelien, sondern einen „verchristelten“ Talmud — zu bekommen, der das Originalwerk, auf dessen Besitz sie so stolz sind, über kurz oder lang verdrängen und der offizielle Talmud der Universitäten — was er ja halb und halb schon ist — werden müßte. — Wogegen aber ich mit aller Kraft meiner unerschütterlichen Überzeugung mich wehren werde, ist: gegen die den Tatsachen ins

Gesicht schlagende Behauptung, daß unter den in den talmudischen Quellen des ersten Jahrhunderts und des ersten Viertels des zweiten Jahrhunderts bekämpften Minim Judenchristen zu verstehen seien.

Im Grunde brauchte ich hierüber jetzt, wo meine Schriften: „Der Antichrist“, „Geschichte der jüdischen Apologetik“, „Griechische Philosophie im Alten Testament“ vorliegen, in denen ich aufzeigte, wie stark die minäische, vom griechischen Geiste durchaus beeinflußte Bewegung schon sehr früh in vorchristlicher Zeit weite Kreise des Judentums beherrschte, kein Wort mehr zu verlieren. Diese Schriften allesamt kennt nämlich Herford nicht, und sein ganzes so umfangreiches Buch ist ausschließlich gegen meinen 1898 erschienenen „vorchristlichen Gnostizismus“ gerichtet, in welchem ich zum erstenmal meine Ansichten über Minim und Minuth darlegte, ohne freilich dabei die nötige Vorsicht walten zu lassen und ohne im Drange meiner, wissenschaftlichen Studien wenig förderlichen Berufsgeschäfte, in der Lage gewesen zu sein, meine Sache in einer nach jeder Richtung erschöpfenden Weise vertreten zu können. Daß ich aber gleichwohl schon mit dieser Schrift ins Schwarze getroffen, bewies mir, mehr als die ihr seitens der maßgebenden Kritik zuteil gewordene Beurteilung, der Riesenapparat, den Herford jüngsthin — nach mehr denn fünf Jahren ihres Erscheinens — gegen ihre Positionen aufführte und seine impetuosen Angriffe, die in der Hitze des Gefechtes das eine und anderemal sogar einen persönlichen, nicht gerade sehr würdigen Charakter annehmen.[1]) — Weil aber sein Buch, wie ich eben sehe, von

---

[1]) So p. 122, N. 2; 145, N. 1. 371 sq. Da wirft Herford mir vor, ich hätte mit Absicht bei Reproduzierung der Talmudstelle Abod. zar. 16a sq.: „Als R. Eliezer wegen Minuth ergriffen wurde,“ die Worte: כך למדני ישו הנוצרי weggelassen, um meine Leser irre zu führen und meiner Theorie nicht zu schaden! Eine solche gehässige und ganz unbegründete Zumutung muß ich mit aller Entschiedenheit zurückweisen. Sie entspringt der Tendenz, die Herford mit seinem Buche verfolgt, während meine Untersuchung über Minim und Minuth, wie mir jeder Unbefangene zugeben wird, nichts anderes als die Erforschung der geschichtlichen Wahrheit bezweckten. Daß dieser Vorwurf, gelinde gesprochen, ein nicht zu rechtfertigender ist, will ich sofort beweisen. Als 1898 mein „vorchristl. jüd. Gnostizismus“ erschien, bekam ich auch schon von Bacher und Dalmann denselben Vorwurf zu hören, daß ich nämlich in meiner Schrift nur zensierte Talmudausgaben benutzt, in denen die Version: כך למדני ישו הנוצרי nicht vorkomme. Ich wehrte mich unverzüglich gegen

einigen Kritikern mit unverhohlener Freude und Genugtuung begrüßt, und als eine vollständige Widerlegung meiner Ansichten befunden wurde,[1]) sehe ich mich bestimmt, auf die wesentlichsten Darbietungen desselben zu reagieren.

Die Minim sind also Christen! Nun frage ich jeden Unbe-

---

diese Behauptung in der Rev. des Et. j. und schrieb noch überdies in der Vorrede p. XIXsq. zu meiner 1901 erschienenen Schrift „Der Antichrist" die folgenden Worte: „Diesen Vorwurf hätte ich mir ersparen können, wäre ich nicht naiv genug gewesen, zu glauben, daß es keinen ernsten Talmudkundigen gebe, der nicht die wenigen Talmudstellen, welche von Jesu sprechen, für spätere Einschiebsel halten würde. Ich war von diesem Glauben dermaßen durchdrungen, daß ich, als ich (Ende August 1898) von meinem Verleger zugleich mit den ersten Korrekturbogen des „vorchristl. jüd. Gnostiz." ein Schreiben erhielt, in welchem ich auf dieses „Versehen" aufmerksam gemacht und mir eindringlichst geraten wurde, die betreffenden Stellen noch rechtzeitig umzuarbeiten, um den Angriffen der Kritik zu entgehen. Ungesäumt antwortete ich, daß ich nicht die mindeste Veranlassung zur Vornahme der empfohlenen Korrektur habe, da ich mit Vorbedacht und gutem Grunde diese Unterlassungssünde begangen habe, und daß ich, falls ich deswegen angegriffen werden sollte, mich zu verteidigen wissen werde. — Dies an die Adresse der Herren Prof. Bacher in Budapest und Prof. Dalmann in Leipzig." — So schrieb ich im Jahre 1901. Und im Jahre 1903 wirft mir Herford trotz dieser auf lebende Zeugen sich berufenden Rechtfertigung vor, daß ich, weil ich sonst meine Theorien gefährdet hätte, die in Rede stehende Stelle unterschlagen! Auf diese im Jahre 1901 von mir abgegebene Erklärung Rücksicht zu nehmen, sagen wir mit Herford 371: would have been more honest! Wie schlimm aber wäre es um unsere Ansicht über Minim und Minuth bestellt, stünde oder fiele sie mit der Unechtheit oder Echtheit jener von der Zensur gestrichenen Worte!

[1]) So sagt Fiebig in seiner Besprechung des Buches Theol. Litz. 1904, Nr. 21, p. 588sq. u. a.: „Herfords Polemik gegen Friedländer ist schlagend." Und doch giebt er wieder an anderer Stelle einen vorchristlichen jüd. Gnostizismus zu. Er sagt nämlich in der Besprechung meiner „Geschichte der jüd. Apologetik" Theol. Litz. 1904, p. 998: „Daß Friedländer mit seiner These vom Vorhandensein eines „vorchristlichen jüdischen Gnostizismus" Recht hat, hat ihm O. Pfleiderer mit Recht zugegeben." — Befriedigt zeigt sich auch Bousset von dem Buche Herfords. „Ich verweise", sagt er gelegentlich seiner Besprechung meines „Antichrist", Theol. Litz. 1904, p. 633sq., „zum Schlusse auf das vortreffliche Buch von R. Trav. Herford: Christianity in Talmud and Midrash, London 1903. Hier findet man in bequemer Zusammenstellung eine außerordentlich brauchbare Zusammenstellung des Materials. Friedländers Ansichten werden scharf abgewiesen. Doch bezieht der Verf. die Minim nun wieder gar zu einseitig auf Judenchristen."

fangenen: was in aller Welt sind das für Christen, die — davon gar nicht zu reden, daß jeder Zug im talmudischen Minäismus geradezu ein Hohn auf die Lehre Jesu ist — die Auferstehungslehre, auf der das ganze Christentum sich aufbaut, leugnen![1]) Dazu steht noch, wie Herford selbst zuzugeben gezwungen ist,[2]) das Problem der Auferstehung im Mittelpunkt der Diskussionen zwischen den Minim und den pharisäischen Schriftgelehrten! An dieser Klippe muß jeder Versuch, die Minim zu Judenchristen zu machen, von vornherein zerscheitern. An dieser Klippe sich vorbeizudrücken, gelingt nicht einmal den Auslegekünsten eines mit einem bestechenden, methodisch aneinandergereihten Massenmaterial operierenden Herford, obgleich er es in dieser Kunst seinen jüdischen Meistern zuvortut. Hier schon sind wir in der Lage, ihn zu zwingen, Halt zu machen und uns Rede zu stehen.

Wir fragen noch einmal: können die Minim, obwohl sie die Thora und Auferstehung leugneten — und sie leugneten beides nach den ganz eindeutig und entschieden lautenden talmudischen Überlieferungen — Judenchristen oder Christen überhaupt gewesen sein? Nie und nimmer! Daß muß auch Herford zugeben. Aber hier möchte er sich mit einem Kunstgriff — selbstverständlich bona fide, da er ja in hergebrachter Weise im innersten Herzen von dem Christentum der Minäer überzeugt ist — sich aus der kritischen Lage heraushelfen: Die Minim, meint er — und dies, im Angesicht der zahlreichen, unmöglich zu mißdeutenden talmudischen Quellen — *leugneten gar nicht die Auferstehung, nur das leugneten sie, daß sie aus dem Alten Testament bewiesen werden könnte*;[3]) da sie ja als Christen dieses Dogma auf die

---

[1]) Tos. Sanhedr. XIII, 4,5. Rosch-hasch. 17a: שכפרו בתורה ושכפרו בתחיית המתים.

[2]) l. c. 205: It will be shown hereafter that the doctrine of the resurrection was one of the main points in dispute between Jews and Minim. — Und ib. 232: The doctrine of the resurrection of the dead was one of the most frequent subjects of controversy between Jews and Minim, as will be seen from several passages to be presented below.

[3]) Die klassische Stelle Tos. Sanhedr. XIII, 4,5; b. Rosch-hasch. 17a: שכפרו בתורה ושכפרו בתחיית המתים kommentiert Herford l. c. p. 123: It is not stated that they denied the Thora, but that they lied *concerning* it, a charge which might cover a variety of offences. Similarly, „who have lied *concerning* the resurrection of the dead" does not necessarily imply that

Auferstehung Christi gründeten, welche letztere als überflüssig erschienen, wenn die Lehre von der Auferstehung schon im Alten Testament enthalten wäre.[1])

Nichts natürlicher: Die Minim waren nach Herford ganz zweifellos Christen, somit mußte die Auferstehungslehre ihr Kardinaldogma sein. Aber aus dem Alten Testament durfte sie nicht hergeleitet werden können. Dagegen allein sträubten sie sich! Daß aber ihr Lehrer und Meister, Jesus Christus, dieses Sträuben nicht teilte, sondern sich vielmehr ebenso wie die pharisäischen Gesetzeslehrer abmühte, die Auferstehungslehre aus dem Alten Testament herauszulesen,[2]) das geniert Herford und seine Talmudlehrer nicht im mindesten.

---

resurrection itself was denied, but that some falsehood was taught concerning it; probably, that it could not be proved from the Thora. — Vermutlich würde Herford auch Hen. 48,10, wo von den „Gottlosen" gesagt wird, „daß sie den Gesalbten leugnen," in derselben Weise deuten.

[1]) ib. p. 232: Neither side disputed the fact of resurrection. The question was whether there was proof of the doctrine in the O. T. scriptures. The Jews of course maintained that there was, while the Minim maintained the contrary. The controversy could have no interest unless both parties where concerned with the Hebrew scriptures; so that it is clearly Christians who are referred to as Minim when the doctrine of resurrection is the subject of discussion. The Christian position was that the resurrection of the dead was consequent on the resurrection of Christ. — And that position would be weakened if a valid proof of the doctrine could be produced from the O. T.; becanse, in that case, the resurrection of Christ would be shown to be unnecessary, at all events as an argument for the resurrection of man in general.

[2]) cf. Math. 22,23–33 u. Par.: Καὶ ἔρχονται Σαδδουκαῖοι πρὸς αὐτὸν (Ἰησοῦν), οἵτινες λέγουσιν ἀνάστασιν μὴ εἶναι .... καὶ ἀποκριθεὶς ὁ Ιησοῦς εἶπεν αὐτοῖς, Πλανᾶσθε, μὴ εἰδότες τὰς γραφὰς, μηδὲ τὴν δύναμιν τοῦ Θεοῦ .... περὶ δὲ τῆς ἀναστάσεως τῶν νεκρῶν ὅτι ἐγείρονται, οὐκ ἀνέγνωτε ἐν τῇ βίβλῳ Μωσέως, ἐπὶ τῆς βάτου, ὡς εἶπεν αὐτῷ ὁ Θεὸς, λέγων, „Εγὼ ὁ Θεὸς Αβραὰμ, καὶ ὁ Θεὸς Ισκαὰ, καὶ ὁ Θεὸς Ἰακώβ"; οὐκ ἔστιν ὁ Θεὸς νεκρῶν, ἀλλὰ Θεὸς ζώντων· ὑμεῖς οὖν πολὺ πλανᾶσθε. Genau dieselbe Methode der Anlehnung des Auferstehungsglaubens an die Thora wird im Talmud befolgt. cf. Sanhedr. 90[b]. Ketub. 111[a]. Aber nicht bloß der Schriftbeweis für die Auferstehung und ihre Möglichkeit überhaupt, sondern selbst die Vorstellung von der Art, wie sich das Leben nach dem Tode gestalten werde, sind beiden: dem jungen Christentum und den pharisäischen Gesetzeslehrern, gemeinsames Gut, was beweist, daß beide aus derselben Quelle geschöpft und hier eines Sinnes waren. Beide standen, zum mindesten inbezug auf die in Frage stehenden Kardinaldogmen,

Wie aber bringt es Herford fertig, diese ebenso neue als frappierende Offenbarung mit Hilfe des das gerade Gegenteil besagenden Talmud zu stützen? Auf die allereinfachste Weise, und

---

auf demselben Boden und gegen den gemeinsamen Feind, den Minäismus! Hier einige signifikante Beispiele. „Möchte aber Jemand sagen," so lesen wir bei Paulus 1. Kor. 15,35 sqq., „wie werden die Toten auferstehen? Und mit welcherlei Leibe werden sie kommen? Du Narr, das du säest wird nicht lebendig, es sterbe denn. Und das du säest, ist ja nicht der Leib, der werden soll, sondern ein bloßes Korn. — Gott aber giebt ihm einen Leib, wie er will, und einem Jeglichen von den Samen seinen eigenen Leib. — — Also auch die Auferstehung der Toten. Es wird gesäet verweslich, und wird auferstehen unverweslich ......" Hiermit zu vergl. Tertullian., De resurr. car. c. 52: „Denn gesäet wird einzig das Korn, ohne Kleid und Hülse, ohne die Ähre, woran es sitzt, ohne die Deckung durch die Grannen, ohne den stolzen Schmuck des Halmes. Es steht aber wieder auf, wuchernd in üppiger Fülle, sich erhebend durch die Triebe, aufgebaut in Harmonie der Teile, mit Schmuck versehen und überall bekleidet ......" Dasselbe Bild als Beispiel für die Auferstehung führt der Talmud, Sanhedr. 90b, Ketuboth 111b an: ק"ו מחיטה ומה חיטה שנקברה ערומה יוצאה בכמה לבושין צדיקים שנקברים בלבושיהן על אחת כמה וכמה. „Wenn Gott," sagt Athenagoras περὶ ἀναστάσεως νεκρῶν c. 3, „beim ersten Schöpfungsakte die menschlichen Leiber aus dem Nichtsein ins erste Dasein rief, so wird er sie auch nach Auflösung in der ihnen eigenen Weise mit gleicher Leichtigkeit auferwecken; denn ebenso leicht ist ihm auch dieses möglich. cf. Justin., De resurr. mort. c. 5. Minuc. fel. c. 34,11. Theoph. ad Aut. I, 13. Genau so der Talmud. Sanhedr. 91 sagt ein Minäer zu Gabiha b. Pesisa: Ihr glaubt an die Auferstehung der Toten; wie, der Lebende stirbt, und der Tote sollte wieder auferstehen? Da erwiderte der andere: Wenn schon, was früher nicht war, geworden, um wieviel eher wird das Gewesene wieder werden können: א"ל ווי לכון חייביא דאמריתון מייתי לא חיין: דלא הוו חיי דהוו חיי לא כ"ש. Tertullian, De resurr. car. c. 57, tritt der folgenden „verschmitzten Einrede des gemeinen Unglaubens" entgegen: „Wird, sagt man, eine und dieselbe Substanz wieder ins Sein zurückgerufen, mit ihrer Gestalt, Umriß und Eigenschaft, dann wird sie es folglich aber auch mit ihren übrigen Mahlzeichen. Daher würde man auch als Blinder, Lahmer, Gichtbrüchiger oder, wie sonst mit Gebrechen behaftet jemand aus dem Leben geschieden ist, wiederkommen ...." Ebenso der Talmud. cf. Sanhedr. 91b: כתיב [ירמיה לא] בם עור ופסח הרה וילדת יחדיו וכתיב [ישעיה לה] אז ידלג כאיל פסח ותרון לשון אלם וג' הא כיצד? עומדין במומן ומתרפאין .... כתיב [דברים לב] אני אמית ואחיה וכתיב: מחצתי ואני ארפא אמר הקב"ה מה שאני ממית אני מחיה והדר מה שמחצתי ואני ארפא. — ferner Pesach. 68a: אמר הקב"ה מה שאני ממית אני מחיה כמו שמחצתי ואני ארפא בתחלה מה שאני ממית אני

das kennzeichnet seine von einigen Kritikern so sehr belobte Methode. Er greift nämlich aus den vielen über Minim sich verbreitenden talmudischen Quellen eine heraus, die seiner Auffassung auf den ersten Blick günstig zu sein **scheint** und stellt sie in den Vordergrund seiner Betrachtungen, um so für alle folgenden, weniger gefügigen talmudischen Berichte Stimmung vorzubereiten und künstlich für seine These Voreingenommenheit zu erzeugen. Es ist das die talmudische Überlieferung einer zwischen R. Gamaliel II. und den Minim über die Auferstehung stattgehabte Diskussion, nach welcher die letzteren von dem Rabbi Beweise dafür verlangten, daß Gott die Toten wieder erwecken werde. Er habe ihnen, heißt es da, Stellen aus der Thora, aus den Propheten und aus Hagiographen zitiert, die sie jedoch nicht als beweiskräftig gelten lassen wollten.[1]) — Dieses nun ist die einzige Stütze, die Herford für seine Behauptung, daß die Minim nicht die Auferstehung sondern nur ihre Beweisbarkeit aus dem Alten Testament bestritten, in Anspruch zu nehmen vermag. Sie gilt ihm als ein klassisches Zeugnis, auf das er sich in der Folge, in schwierigeren Situationen, wo die talmudischen Quellen ganz unzweideutig von der Verwerfung des Auferstehungsglaubens seitens der Minim sprechen, wiederholt beruft, als ob er hier bereits den unumstößlichen Beweis für seine Behauptung erbracht hätte.[2]) Welcher Art aber dieser Beweis in Wirklichkeit ist, haben wir ja eben gezeigt. Nun wird mir jeder Talmudkenner zugeben, daß selbst in der eben beregten Talmudstelle, aus welcher

---

cf. Rasch z. St: שבדרך שהן מחיה והדר מה שמחצתי ואני ארפא. — — — מתים חגרים סומים אלמים כך הן חיין במומן ואחר כך מתרפאים כדכתיב „אז ידלג כאיל פסח“. Kirchenlehrer und talmudische Schriftgelehrten schöpften hier also aus derselben Quelle, um denselben Gegnern Rede stehen zu können.

1) Sanhedr. 90b: שאלו מינין את רבן גמליאל מניין שהקב"ה מחייה מתים אמר להם מן התורה ומן הנביאים ומן הכתובים ולא קיבלו ממנו וכ׳.

2) l. c. p. 279: The argument of the Minim against the resurrection was usually a denial that the doctrine could be proved from the Thora. This appears from the passage abready quoted (see above p. 232), where Rn. Gamliel tries to refute their argument. — Und ib. p. 318: It is true that the Minim are said to have denied the doctrine of Immortality; but as has been abready shown (see above p. 232 fol.), what they really denied, was the Scripture proof of the doctrine. cf. ib. p. 315: for the attitude of the Minim to the doctrine of Immortality, see above pp. 232, 280. —

Herford die Auferstehungsgläubigkeit der Minim herauslesen will, nichts dergleichen zu finden ist; es wird vielmehr hier sowie an vielen andern Stellen im Talmud bezeugt, daß die Minim den Auferstehungsglauben verwarfen und lächerlich fanden. Die Gesetzeslehrer des Talmud hielten vielmehr die Minim identisch mit den Leugnern der Auferstehung.[1]) Und mit einem solch federleichten Rüstzeug ausgestattet, will es Herford unternehmen, die in der talmudischen und midraschischen Literatur eben wegen ihrer Verwerfung des Auferstehungsglaubens so scharf bekämpften und für alle Ewigkeit zur Feuerpein in die Gehenna verwiesenen Minim zu auferstehungsgläubigen Christen zu machen!

Freilich schwer macht er sich die Sache nicht. Wenn er nämlich endlich doch gezwungen ist, aus einer talmudischen Stelle herauszulesen, daß die Minim von einer Auferstehung nach dem Tode absolut nichts wissen wollen, wie beispielsweise in jener, wo ein Min zu R. Ami sagt: „Ihr lehrt, daß die Toten wieder auferstehen werden; die Toten aber sind Staub und wie kann Staub wieder aufleben?“[2]) Dann sagt Herford mit beneidenswerter Seelenruhe: „Dieser Min scheint halt an eine Auferstehung überhaupt nicht zu glauben; wenn dem aber so, dann war er natürlich kein Judenchrist. Denn was die Minim gegen die Auferstehungslehre vorbringen, bezieht sich lediglich auf die Behauptung, daß sie in der Thora gelehrt werde, was aus der bereits oben erwähnten Stelle, wo R. Gamaliel den bezüglichen Einwand der Minäer zu widerlegen sucht, hervorgeht.“[3])

---

[1]) cf. Num. rabb. 44,6 z. Num. 32,13: זכור לאברה' ליצחק ולישרא' למה הזכיר ג' אבות א"ר לוי אמר משה רבון העולם חיים הם המתים א"ל משה נעשית מין!. Hier läßt der Rabbi Gott dem Moses wegen seines Zweifels, ob die Toten wieder auferstehen werden, zurufen: Moses, du bist ein Min geworden! Natürlich findet Herford (p. 315) auch hier, daß nicht die Leugnung der Auferstehung selbst gemeint sei, sondern daß die Leugnung ihrer Beweisbarkeit aus der Schrift ein Zeichen von Minuth sei: This passage, sagt er, is of interest only as showing that to deny the Scripture warrant for immortality is sign of Minuth. —

[2]) Sanhedr. 91a: א"ל ההוא מינא לר' אמי אמריתו דשכבי חיי והא עפרא ועפרי מי קא חיי. cf. Herford l. c. 278, 428.

[3]) Herford 279: The Min would seem to have been an unbeliever in resurrection altogether. If so, of course, he cannot have been a Jewish Christian etc.

Herford würde sehr wohl daran getan haben, seiner an der einen talmudischen Stelle gemachten Wahrnehmung: „daß dieser Min natürlich kein Christ gewesen“, größere Beachtung zu schenken und sie bei nicht wenigen einschlägigen talmudischen Überlieferungen zu Rate zu ziehen; er wäre dann vielleicht — vorausgesetzt, daß er sich von der auf ihn drückenden Autorität seiner jüdischen und christlichen Meister zu befreien vermocht hätte — allmählich, gleich mir, zur Überzeugung gekommen, daß die Minim ursprünglich überhaupt keine Judenchristen gewesen. Dann wäre er auch nicht mit einem verlegenen Achselzucken vor der von ihm anstandshalber zitierten Midraschstelle vorbeigegangen, die da lautet: Simeon b. Levi sagt: wenn die Minim zu dir sprechen, daß Gott die Toten nicht belebe, so rufe dagegen den Propheten Eliahu als Zeugen auf.[1]) Denn Herford hätte sich sagen müssen: waren diese Minäer Christen, dann hätte der Gesetzeslehrer hier seinen Schülern einfach geraten, denselben entgegenzuhalten, daß ja ihr Hauptdogma in dem Glauben an die Auferstehung Jesu bestehe: wie konnten sie also glauben, daß Jesus von den Toten auferstanden, wenn sie die Auferstehung überhaupt leugneten? Hätte Herford jene einmal gemachte zutreffende Wahrnehmung nach Gebühr gewürdigt, dann hätte er die alte Mischna, die berichtet, daß zur Zeit, als noch der Tempel stand, wegen der Minim, die an eine zukünftige Welt nicht glaubten, Änderungen in der Liturgie vorgenommen werden mußten, richtiger verstanden und aus ihr nicht das Gegenteil von dem, was sie besagt, herausgelesen.[2]) Dann wäre er auch nicht so rat- und hilflos der talmudischen Überlieferung gegenübergestanden, nach welcher: „ein Vorbeter, der beim Rezitieren des Schmone-Esre die Benediktion bezüglich der Auferstehung, bezüglich der Zedim und bezüglich des Wiederaufbaues Jerusalems und der Wiederherstellung des Davidischen Thrones schweigend übergeht, gehalten wird, wieder von vorn anzufangen: Er ist ein Min.“[3]) Herford findet es nämlich hier ganz

---

[1]) Jalket Schimoni z. Ps. 60,9. Herford 323, 434: א"ר שמעון בן לוי אם יאמרו לך המינין שאין הקב"ה מחיה מתים אמור להם הרי אליהו מתושבי גלעד מעיד שהחייתי על ידו. —

[2]) l. c. p. 313, 433.

[3]) j. Berach. 9c. Herford 204, 420: לכל אין מחזירין אותו חוץ ממי שלא אמר מחיה המתים ומכניע זדים ובונה ירושלים אני אומר מין הוא.

unverständlich, warum die Auslassung des Gebetes um die Wiederherstellung des Davidstrones den Min kennzeichnen sollte![1]) Wäre er etwas weniger von der Überzeugung beherrscht gewesen, daß die Minim durchaus Christen sein müssen, er hätte sich hier sagen müssen, daß Leute, wie die Minäer, die von einem Erscheinen des Messias aus dem Hause Davids nichts wissen wollen und die Evangelien Lügen strafen, unmöglich Christen gewesen sein können! Dann hätte er, der den Anspruch erhebt, das einschlägige rabbinische Quellenmaterial möglichst erschöpft zu haben,[2]) größere Sorgfalt auf die Auffindung und Kommentierung solcher talmudischer und midraschischer Stellen verwendet, aus denen zur Evidenz hervorgeht, daß die Minim die Auferstehungslehre verwarfen. Ich will ihm hier mit einer solchen, aus der ersten Hälfte des zweiten Jahrhunderts stammenden midraschischen Überlieferung, die er übersehen — ich sage nicht, sein Beispiel nachahmend: mit Absicht verschwiegen, weil sie seiner These schaden konnte, sondern daß ihn Laible und seine jüdischen Lehrmeister hier im Stich gelassen — aufwarten. Sie lautet: Einem Manne zu Sephoris war ein Sohn gestorben. Ein Minäer besuchte ihn, während gleichzeitig der Gesetzeslehrer R. Jose b. Chalafta zu ihm kam, um ihn zu trösten. — Als der Leidtragende den Gesetzeslehrer heiter und aufgeräumt dasitzen sah, fragte er ihn nach der Ursache seiner frohen Laune. Darauf antwortete R. Jose: Wir vertrauen auf den Herrn des Himmels, daß du deinen Sohn in der zukünftigen Welt wiedersehen wirst. Darauf der Minäer entrüstet: Wie, hat der Arme nicht schon an

---

[1]) Herfords Kommentar zu dieser Talmudstelle p. 205sq. lautet: But — — the opinion is clearly expressed that if a man leaves out the benedictions referring to "the raising of the dead", "the casting down of the proud", and "the building of Jerusalem", that man is a Min. It will be shown hereafter that the doctrine of the resurrection was one of the main points in dispute between Jews and Minim. — The words "that bringest down the proud" are the conclusion of the formula against the Minim. — The formula concerning the "building of Jerusalem" included the prayer for the restoration of the throne of David; but it is not clear to me why the omission of that prayer shuld be characteristic of a Min. So far as I know, the point is newer raised in the polemical discussions of Jews with Minim.

[2]) p. 396 sagt Herford: I have now reached the end of my task, which was to present, in as full detail as possible, all the references which I could find in the Rabbinical literatur of the first four centuries to the origin and development of Christianity.

seinem gegenwärtigen Leid genug, daß du ihn noch mit so eitlen Dingen belästigst! Können etwa zerschmetterte Scherben wieder ganz werden? Und heißt es nicht in der Schrift: „Ich zerschlage sie gleich irdenem Gefäß?“ [1])

Die Minäer leugneten also schlechtweg eine Auferstehung, nicht bloß ihre Beweisbarkeit aus der Thora, die sie ja nach der Behauptung ihrer Gegner gleichfalls verwarfen.

Leugneten aber die Minäer das Dogma der Auferstehung — und das geht klipp und klar selbst aus den von Herford zitierten rabbinischen Überlieferungen hervor, die nicht einmal mit Hilfe eines wissenschaftlichen Raffinement, wie es hier Herford in so frappierender Weise in Anwendung bringt, gezwungen werden können, das Gegenteil von dem, was sie in Wahrheit berichten, auszusagen — dann war ich, zumal als ich wußte, daß die minäische Bewegung vorchristlichen, ja sogar vorpharisäischen Ursprungs, vollauf berechtigt, den Minäern das Christentum, das ihnen die Unkenntnis der zeitgeschichtlichen religiösen Strömungen aufgezwungen, mit aller Entschiedenheit abzusprechen. Wußte ich überdies, daß die talmudischen Quellen des ersten und des ersten Viertels des zweiten Jahrhunderts auch nicht die leiseste Kenntnis von der Existenz Jesu und des Christentums verraten, dann durfte ich den aus diesen Zeiten stammenden talmudischen Berichten über Minim und Minuth, welche obendrein einen entschieden antichristlichen Charakter an den Tag legen, jede Beziehung auf das Christentum kühn absprechen.

Meine jüdischen und christlichen Gegner aber bestehen auf ihrem Schein: daß nämlich an zwei talmudischen, noch aus dem ersten oder Anfang des zweiten Jahrhunderts reichenden Überlieferungen Jesus genannt und mit Minuth in Verbindung gebracht werde. Es sind das jene bereits oben erwähnten Erzählungen, deren eine von der wegen Minuth erfolgten Gefangennahme R. Eliezers, die andere von ben Dama handelt, der, von einer

[1]) Genes. rabba zu Gen. 2,7: מעשה באחד בציפורי שמת בנו. אית דאמר מינאי הוה יתיב גביה. סלק רבי יוסי בר חלפתא למחמי ליה אפין. חמתי יתיב ושחיק. א״ל למה אתה שחיק? א״ל אנן דחיצן במרי שמיא דאתחמי לאפויי לעלמי דאתי. א״ל לא מסתייה לההוא גברא עקתיה אלא דאתית מעאקא ליה אית חספין מתדבקין, לא כך כתיב בכלי יוצר תנפצם אתמה׳!

Schlange gebissen, sich von dem Minäer Jakob aus Kephar Sechanja heilen lassen wollte, aber dazu die Erlaubnis von seinem Oheim R. Ismael nicht erlangen konnte. In beiden Stellen und Parallelen wird der Minäer Jakob zum Schüler „Jesu ben Pandera“ gemacht. Die erstere lautet:

Als einst R. Eliezer b. Hyrkanos wegen Minuth ergriffen und vor Gericht gestellt wurde, richtete der Hegemon an ihn die Worte: ein Mann von deiner Bedeutung, wie mag der sich mit solchen müßigen Dingen abgeben! Darauf erwiderte R. Eliezer: Der Richter ist im Rechte. Mit diesen Worten meinte R. Eliezer den himmlischen Richter, der Hegemon aber bezog sie auf sich und ließ ihn frei. Verstört kehrte R. Eliezer heim. Da kamen die Schüler, ihn zu trösten, er aber weigerte sich Trost anzunehmen. Hierauf erbat sich sein Schüler R. Akiba die Erlaubnis, dem Lehrer ein Wort in Erinnerung zu bringen, das er von ihm selbst gelernt habe und sprach: Meister, vielleicht daß einer von den Minim dir eine minäische Auslegung mitgeteilt hat und du an ihr Interesse gefunden, und darum wegen Minuth ergriffen worden bist? Beim Himmel! erwiderte darauf R. Eliezer, du erinnerst mich da, Akiba, daß ich einmal in der oberen Straße von Sepphoris Jakob aus Kephar Sechanja begegnet bin, der mir eine minäische Auslegung [im Namen Jesu ben Pantera] mitteilte, die mir wohlgefiel, und darum wurde ich wegen Minuth ergriffen,[1]) denn ich hatte die Worte der Thora: „Halte fern von ihr deine Wege und komme nicht nahe der Tür ihres Hauses“ übertreten.

Auf die sehr fragwürdigen Worte: „im Namen Jesu ben Pantera“ nun, die nur in der Tosefta, nicht aber in den Parallelen vorkommen, schwören die Gegner meiner Thesen, die sonst auf Talmudworte nicht im mindesten bauen, vielmehr willkürlich mit ihnen umspringen. — Ich aber behaupte mit aller Entschiedenheit — und dazu berechtigt mich allein schon alles bisher hierfür Beigebrachte —, daß diese Worte ursprünglich an dieser Stelle nicht gestanden, nicht gestanden haben konnten. Denn abgesehen davon, daß, um an unserer Stelle unter Minuth Christentum verstehen zu

[1]) Tos. Chullin II, 24: אמר השמים הזכרתני פעם אחת הייתי מהלך באיסתרטיא של ציפורי מצאתי יעקוב איש כפר סכנין ואמר דבר של מינות [משום ישוע בן פנטירי] והנאני על דברי מינות וכ׳. cf. Kohel. rabb. z. 1,8. Aboda zar. 16b, 17a.

können, vorerst eine auf palästinensischem Boden zur Zeit R. Eliezers stattgehabte Christenverfolgung künstlich entdeckt werden muß,[1]) erscheinen jene Worte schon deshalb unecht, weil ja sonst nicht einzusehen wäre, warum wir außer an dieser Stelle nirgends aus dem Munde pharisäischer Gesetzeslehrer, wie R. Eliezer b. Hyrkanos, R. Josua b. Chananja, R. Tarphon, R. Ismael, R. Akiba u. a. auch nur ein Sterbenswörtchen über Jesus vernehmen? Es ginge doch wahrlich nicht mit rechten Dingen zu, wenn aus keiner anderen als aus der eben angeführten und der zweiten noch anzuführenden, aus jener frühen Zeit stammenden talmudischen Quelle auch nur die leiseste Andeutung über den Stifter der Kirche hervordringen sollte, wenn, wie meine Gegner behaupten, diese Gesetzeslehrer ihn in Wirklichkeit gekannt und bekämpft haben. Noch schlimmer bestellt ist es um die Benennung „ben Panthera", die — das wird jedermann zugeben — nicht auf pharisäischem, sondern griechischem Boden geprägt, also schon deshalb nicht bereits in apostolischer Zeit den Gesetzeslehrern geläufig sein konnte. Diese allein verrät schon die späterere Provenienz des fraglichen Passus. Dazu kommt, daß der Talmud nachweisbar frühestens erst in der Bar-Kochbazeit Kenntnis von dem Schmähnamen „ben Panthera", oder wie er sonst lautet: „ben Pandera", hat, weshalb denn auch Graetz zu der Vermutung gelangt, daß dieser Name während des Bar-Kochbakrieges entstanden zu sein scheine, da ihn schon Celsus kenne, den er allerdings in die Zeit Hadrians versetzt.[2]) Nun hat aber Keim sichergestellt, daß Celsus seine christenfeindliche Schrift erst um 178 n. Chr. geschrieben, somit ist die Entstehung der Pantherasage schon während des Bar-Kochbakrieges zum mindesten fraglich. Aber selbst dies zugegeben, konnte R. Eliezer, der damals nicht mehr unter den Lebenden wandelte, von einem „Jesu ben Panthera" noch nichts gewußt haben. Wie aber kam dieser ben Panthera in unsern talmudischen Bericht? Das wird uns sofort klar, wenn wir die talmudische Erzählung von dem Tode ben Damas näher ins Auge fassen. Da heißt es: „Es ereignete sich, daß R. Eleazar ben Dama von einer Schlange gestochen wurde. Da kam Jakob aus Kephar Sechanja, um ihn zu heilen [im Namen Jesu ben Pandera], aber R. Ismael ließ es nicht zu . . . . ."[3])

---

[1]) cf. Herford 144 sqq. Schlatter, Die Kirche von Jerus. p. 13.

[2]) Gesch. III², 243. Anm. 1.

[3]) Tos. Chull. II, 22,23: מעשה בר׳ אלעזר בן דמא שנשכו נחש ובא

Auch hier konnten aus den eben angeführten Gründen die Worte: „im Namen Jesu b. Pandera“ ursprünglich nicht gestanden haben, ebensowenig wie sie in den „zensierten“ Talmudausgaben und in der Midraschparallele stehen.[1]) Wie aber kamen sie da hinein? Ganz einfach. An derselben Stelle, wo der jerusalemische Talmud die Geschichte von b. Dama mitteilt, bringt er auch das folgende, am Ende des dritten Jahrhunderts stattgehabte Ereignis: Der Enkel des R. Josua b. Levi hatte ein Übel im Schlund. Da kam ein Mann und lispelte ihm ein Wort im Namen Jesu b. Pandera zu, und er wurde wieder gesund. Als er sich entfernte, fragte ihn R. Josua, was er dem Geheilten zugelispelt habe? „Ein gewisses Wort“, erwiderte der Fremde. Darauf R. Josua: „Dann wäre der Tod ihm besser gewesen.“[2])

Wir haben hier die echte talmudische Panthera-Quelle vor uns, aus der sie in die ähnlich lautende, aber zwei Jahrhunderte ältere Erzählung von der Erkrankung b. Damas später hineingetragen wurde. Der Enkel R. Josuas wurde tatsächlich von einem Christen im Namen „Jesu ben Pandera“ geheilt. Daß nun am Ende des dritten Jahrhunderts, wo die Minäersekten mit dem Christentum bereits zusammengeflossen waren, die Schriftgelehrten unter Minim zumeist Judenchristen verstanden, daran ist nicht zu zweifeln, und das wird auch tatsächlich von Hieronymus, den meine Gegner als Kronzeugen für ihre Behauptung, daß unter Minim niemals etwas anderes als Judenchristen verstanden wurden, ins Treffen führen,[3]) bestätigt. Sicherlich, am Ende des dritten

---

יעקב איש כפר סמא לרפאותו [משום ישוע בן פנדירא] ולא הניחו ר' ישמעאל וכ'. — cf. Sabb. 14d; j. Abod. zar. 40d, 41a; b. Abod. zar. 27b; Herford 103, 408 sq.

[1]) Kohel. rabb. z. 1,8 heißt es in der Erzählung von der Gefangennahme R. Eliezers: מישום פלוני; und jener von b. Dama: „nach Art eines Ploni“. —

[2]) J. Sabbath 14d: בר בריה הוה ליה בלע אתא חד ברנש ולחש ליה מן שמיה דישו פנדירא ואינשם כד נפיק א"ל מאי לחשתה ליה א"ל מילה פלן א"ל נוח היה ליה אלו הוה מיית וכ'. cf. Herford 108, 409.

[3]) cf. Herford 378: A remarkable confirmation of this view is found in a passage of Jerome (Ep. 89 ad Aug.), „Usque hodie per totas Orientis synagogas inter Judaeos haeresis est, quae dicitur Minaeorum, et a Pharisaeis nunc usque damnatur, quos vulgo Nazaraeos nuncupant etc.“ I have not till now referred to this interresting passage, because I wished to decide the question of the identity of the Minim from the evidence of the Rabbinical literatur.

Jahrhunderts, aus der das Ereignis von der Erkrankung des Enkels R. Josua b. Levis, und seiner im Namen Jesu ben Pandera erfolgten Heilung berichtet wird, und zweifellos noch mehr gegen Ende des vierten Jahrhunderts, wo Hieronymus schrieb, verstand man unter Minim fast allgemein Judenchristen. Es wäre aber, wie wir gezeigt, gründlich verfehlt, daraus den Schluß ziehen zu wollen, daß dies auch schon im ersten oder am Anfang des zweiten Jahrhunderts der Fall gewesen.

Nun werden uns im Talmud die beiden Fälle: von der Erkrankung des Enkels des R. Josua gegen Ende des dritten und derjenigen des ben Dama gegen Ende des ersten oder spätestens Anfang des zweiten Jahrhunderts nebeneinander vorgeführt. Der erstere ist von einem Christen „im Namen Jesu Pandera" geheilt worden, den letzteren wollte der Minäer Jakob aus Kephar Secanja nach minäischer Art heilen: was lag da näher, als auch diesem Minäer Jakob, nach dem Vorgang jenes Christen, die Absicht zu unterschieben: er habe b. Dama „im Namen Jesu ben Pandera" heilen wollen? Schon die Unsicherheit, die in diesen Versionen herrscht,[1]) muß darauf führen, daß wir es hier lediglich mit Glossen zu tun haben, die ursprünglich im Text nicht vorhanden waren.

Dieselbe Erzählung von der Erkrankung und Heilung des Enkels des R. Josua bringt der Midrasch in folgender Version: Der Sohn des

---

Having done so, it is fair to call in this unimpeachable witness who can speak of the Minim out of his own personal knowledge. He says that they are a sect of the Jews who profess to be both Jews and Christians, and are in fact, neither. This agrees exactly whit what we have already ascertained, viz., that the Minim are secretly unfaithful Jews, claiming to be Christians, but yet remaining in communion with Jews etc. — cf. Jost, Gesch. IV, 221 sq.; Graetz, Gesch. IV², 433. .N 11: „In der talmudischen Literatur werden sie (die Nazaräer) Minäer מינים genannt, über deren Identität belehrt uns Hieronymus ep. ad Aug." —

[1]) Einmal, Tos. Chull. II, 22,23; j. Sabb. 14d, heißt es: משום ישוע בן פנדירא; ein andermal, j. Abod. zar. 40d, 41a: בשם ישו בן פנדרא; wieder ein andermal: מן שמיה דישו פנדיר'; noch ein andermal, Tos. Chull. II, 24: משום ישוע בן פנטירא; und wieder, b. Abod. zar. 16b, 17a: אדם אחד מתלמיד ישו הנוצרי; b. Abod. zar. 16b, 17a u. Kohel. rabb. z. 1,8 endlich: ואמר לי דבר אחד משום פלוני; und ebenso in dem Fall b. Damas: לרפאותו בשום פלוני. —

R. Josua ben Levi hatte ein Übel im Schlund, man holte einen von den Jüngern des Bar Pandera, damit er das Verschlungene herausbringe. „Was hast du über ihn gesprochen?“ fragte R. Josua den Panderajünger; „den und den Schriftvers“ erwiderte dieser; „wäre er lieber begraben worden, ehe diese Verse zur Heilung gebraucht wurden!“[1])

Also hier, wo es sich um einen Vorfall handelt, der am Ende des dritten Jahrhunderts sich ereignete, weiß der Midrasch zu berichten, daß der herbeigerufene Arzt den Kranken „im Namen Jesu ben Pandera“ geheilt habe; warum hätte er es dann in dem Berichte über die Erkrankung ben Damas, warum hätte er auch in der Erzählung über die Gefangennahme R. Eliezers „wegen Minuth“ den Namen Jesu ben Pandera verschwiegen, hätte ihm die Überlieferung in der gleichen Version vorgelegen? Das spricht doch wohl deutlich genug für unsere Behauptung, daß diese Version eine Interpolation aus späterer Zeit ist.

Aber freilich, meine Gegner kümmern sich nicht im mindesten darum, ob diese Worte in allen den genannten talmudischen Stellen ursprünglich gestanden haben konnten; für sie stehen sie nun einmal da und dort, die Zensur hat sie überdies beanstandet, folglich sehen sie es für ein Sakrilegium an, ihre Echtheit auch nur zu bezweifeln. — Ob Jesus sich jemals zu einer solch unheiligen Schriftauslegung, wie sie der Minäer Jakob ihm in den Mund gelegt haben soll, die der Gesetzeslehrer R. Eliezer ergötzlich gefunden, erniedrigen konnte, darnach wird nicht gefragt, sie wird einmal vom Talmud überliefert: von dieser „feindseligen“ Seite wird also die Existenz Jesu bezeugt, das ist die Hauptsache, anderes kommt nicht mehr in Betracht; es sei sonach, meint man, ein verzweifeltes Beginnen, an der so felsenfest stehenden Tatsache, daß die Schriftgelehrten des Talmud schon des ersten Jahrhunderts gegen Jesus und das Christentum Sturm gelaufen, rütteln zu wollen: denn Minim seien von allem Anfang Judenchristen, und nur solche gewesen. „Geradezu verzweifelt“, ruft Bousset aus, „steht es um Friedländers Beurteilung der bekannten Geschichte. von dem Zusammentreffen des (Minäers) Jakob von Kephar Sech. mit dem R. Eliezer ben Hyrkanos.

---

1) Kohel. rabb. z. 10,5: בריה דריב"ל הוה לי חד בלעא אזל וייתי חד מן אילין **דבר פנדירא** לאפקא בלעיה אמר ליה מה אמרת עלוי אמר ליה פסוק פלן בתר פלן. אמר והוה נייח ליה דקבריה ולא הות אמר עלוי הדין פסוקא.

Hier ist nämlich in der alten, mehrfach wiederkehrenden Überlieferung jener Minäer Jakob ausdrücklich als Schüler Jesu bezeichnet. — Gerade jene der Zensur zum Opfer gefallenen Stellen seien ihrerseits wieder Interpolationen im Text der talmudischen Überlieferung!! Diese erstaunliche Behauptung sucht Friedländer mit der Erwägung zu stützen, daß die rabbinische Überlieferung in so früher Zeit — noch gar nichts von Jesus gewußt habe.“ [1])

Man sieht, Bousset ist über meine Behauptung ganz fassungslos, und ich hege begründeten Zweifel, daß es mir jemals gelingen könnte, ihn und seinesgleichen, die hier gern auf Graetz, Bacher und andere denselben Weg wandelnde moderne jüdische Talmudausleger schwören, zu meiner Ansicht zu bekehren. Und dennoch soll es meinerseits an Versuchen nicht fehlen, die durch eine schiefe Auffassung der in Rede stehenden talmudischen Überlieferungen getrübte Situation aufzuhellen und zu zeigen, daß die Minim ursprünglich keine Judenchristen, sondern Juden waren, die mit dem Christentum nichts gemein hatten und deren Häresie dem Bestande des Judentums weit gefährlicher war, als jene des Begründers des Christentums und seiner unmittelbaren Schüler. Und da sehe ich mich bestimmt, Bousset über manche meiner Ausführungen, die er als „reine Phantasie“ bezeichnet, Aufklärung, und wenn man will, auch Belehrung zu geben.

Bousset sagt gelegentlich seiner Besprechung meines „Antichrist“: „Besonders schlimm sind die Phantasien Friedländers über die Minim und Zedim. Der Verf. nimmt an, daß die Zedim die älteren Vorgänger der Minim gewesen seien. Seine Beweisführung beruht dabei im wesentlichen auf der Annahme, daß in der zwölften Bitte des Schmone Esre, die ursprünglich gegen die Zedim gerichtet gewesen sei, später bei der bekannten Redaktion der Name der Minim eingeschoben worden sei. Fr. stützt sich bei

[1]) Theol. Litz. 1904 Nr. 23 p. 633. Ähnlich wie Bousset, Herford und andere durch eine verfehlte Auffassung der in Rede stehenden talmudischen Stellen irregeleitete Forscher folgert A. Meyer in seinem Artikel, Jesus, Jesu Jünger und das Evangelium im Talmud und verwandten jüd. Schriften (im Handb. z. d. Neutstl. Apokryphen von E. Hennecke 1904 p. 47sqq.). Er kommt hier p. 71 zu dem Schlusse: „Ein wirklicher Gewinn ist die Bekanntschaft, die wir mit Jakob von Kephar Sechanja machen; wir lernen hier das spätere Judenchristentum in scharfer Beleuchtung und seiner ganzen Eigenart kennen.“

dieser Beweisführung auf den ganz schlechten gebräuchlichen Text des Gebetes. Aber ein Vergleich der von Dalmann veröffentlichten alten Texte in jerusalemischer und babylonischer Rezension des Gebetes scheint mir mit großer Deutlichkeit zu ergeben, daß die zwölfte Bitte ursprünglich gar nicht gegen Ketzer gerichtet war, sondern gegen nationale Feinde Israels. In beiden Rezensionen kehrt der markante Ausdruck Malkut Zadon wieder. In diesen alten Text scheint dann in der späteren Zeit unter Gamaliel II. das Gebet gegen die Minim — die jerusalemische Rezension erwähnt dabei ausdrücklich die Nazaräer — eingeschoben worden zu sein. Ein organischer Zusammenhang zwischen einer Sekte der Minim und der Zedim ist reine Phantasie."[1])

Vor allem bestreite ich, daß meine Auffassung von Minim und Zedim durch die von Dalmann veröffentlichten „alten" Texte des Schmone-Esre-Gebets auch nur im geringsten erschüttert werden; ich behaupte vielmehr, daß sie durch dieselben eine neue Stütze erhalte.

Sehen wir uns die fraglichen Texte ein wenig näher an. Der palästinensische lautet: „Den Meschumadim sei keine Hoffnung und das Reich der Gewalt möge bald in unsern Tagen entwurzelt werden und die Nazaräer und die Minim mögen schnell zugrunde gehen, sie mögen ausgelöscht werden aus dem Buche des Lebens und mit den Frommen nicht eingeschrieben werden; gelobt seist du Gott, der demütigt die Zedim."[2]) — In der babylonischen Rezension lautet dieses Gebet: „Den Meschumadim sei keine Hoffnung und alle Minim und Delatoren mögen schnell zugrunde gehen und das Reich der Gewalt möge entwurzelt und gebrochen werden bald in unsern Tagen; gelobt seist du Gott, der die Feinde zerbricht und die Zedim demütigt."[3])

Daß nun die Worte „Meschumadim" und „Nozrim" in dem

---

1) Bousset l. c. p. 632.

2) cf. Dalmann, Die Worte Jesu, p. 300: למשׂדים אל תהי תקוה ומלכות זדון מהרה תעקר בימינו והנצרים והמינים כרגע יאבדו ימחו מספר החיים ועם צדיקים אל יכתבו ברוך אתה יי מכניע זדים.

3) Dalmann 303: למשומדים אל תהי תקוה וכל המינים והמוסרים כרגע יאבדו ומלכות זדון תעקור ותשבור מהרה בימינו ברוך אתה יי שובר אויבים ומכניע זדים.

Zedimgebet zur Zeit, als die Verwünschung der Minim unter Gamaliel II. eingeschaltet wurde, noch nicht gestanden haben konnten, sondern später erst, als das Christentum die einzige judenfeindliche Macht geworden, eingeschoben wurde, bedarf wohl kaum eines Beweises. Die Bezeichnung „Nozrim“ kennen überhaupt die talmudischen Quellen des ersten und des Anfangs des zweiten Jahrhunderts noch nicht. Die Nebeneinanderstellung von Nozrim und Minim in der palästinensischen Rezension zeigt uns aber auch, daß man selbst in spätern Zeiten noch gar wohl die Minim von den Nazaräern zu unterscheiden wußte; also abermals ein Beweis, daß die Minim nicht vom Anfang Judenchristen, sondern jüdische Antinomisten gewesen. Wenn aber Bousset aus den von Dalmann veröffentlichten „alten“ Texten mit großer Deutlichkeit herauslesen will, daß die zwölfte Bitte des Schmone Esre ursprünglich gar nicht gegen Ketzer gerichtet war, sondern gegen nationale Feinde Israels, da ja in beiden Rezensionen der markante Ausdruck Malkut Zadon wiederkehre, so erinnern wir daran, daß ja die beiden Rezensionen mit dem ebenso markanten Gebet: „Gott möge demütigen die Zedim“ — das sind die jüdischen Gegner der Thora[1]) — schließen, weshalb denn auch in den ältesten talmudischen Quellen diese zwölfte Benediktion des Schmone Esre, später „Birkhat Hamminim“ geheißen, schlechtweg das Gebet „der Zedim Demütigung“ genannt wird.[2])

Doch solche und ähnliche kritische Bemerkungen Boussets könnte man immerhin ruhig hinnehmen und widerlegen; wenn er aber apodiktisch erklärt: „Ein organischer Zusammenhang zwischen einer Sekte der Minim und der Zedim ist reine Phantasie,“ dann müssen wir ihm erwidern, daß eine solche dezidierte Behauptung nur jemand wagen dürfe, der auf dem weiten „Meere des Talmud“ heimisch und dasselbe selbständig, ohne Beihilfe der den Buchstaben kultivierenden Seminartalmudisten zu befahren vermag. Daß er dies vermöchte, hat hier zum mindesten Bousset nicht gezeigt. —

---

[1]) cf. M. Friedländer, Antichrist p. 73 sqq.

[2]) j. Berach. 9c: — שמואל הקטן עבר קומי תיבותא ואשגר מכניע זדים. — לכל אין מחזירין אורו חוץ ממי שלא אמר ..... ומכניע זדים. — j. Berach. II, 4: כולל של מינים ..... במכניע זדים u. ib. IV, 2: כולל של מינים ..... במכניע זדים. cf. j. Taan. II, 2; Tos. Berach III, 5.

Wir fragen ihn zunächst, warum die Formel gegen die Minim, wenn zwischen diesen und den Zedim keinerlei Relation bestand, gerade in das Zedimgebet und nicht in irgend einen andern Segensspruch eingereiht wurde? Allein es bestand eine Relation, und eine ganz nahe, und das haben die Gesetzeslehrer, die diese Einschaltung vorgenommen, gar wohl gewußt und uns nicht im Zweifel darüber gelassen, daß eine nahe Verwandtschaft zwischen Zedim und Minim einerseits, und Beziehungen zwischen diesen und der „Herrschaft der Gewalt" — Malkut Zadon — andererseits vorhanden waren. Schon der wiederholt genannte, wegen Minuth in peinliche Lage geratene R. Eliezer ben Hyrkanos deutete die Worte des Spruchdichters: „Halte fern von ihr — dem fremden Weibe — deine Wege und komme nicht nahe der Tür ihres Hauses",[1]) auf „Minuth und Fremdherrschaft".[2]) Und auch sonst im Talmud werden Minuth und Fremdherrschaft, als ob sie unzertrennliche Verbündete gewesen, nebeneinander genannt;[3]) ebenso wie im Zedimgebet Malkut Zadon und Zedim. Und tatsächlich erscheinen sie in der jüdischen Geschichte seit den Zeiten der griechischen Herrschaft miteinander verbündet. Was trieb denn eigentlich das kleine Häuflein der national und gesetzestreu gebliebenen „Frommen" in den Zeiten des Antiochus Epiphanes zu dem verzweifelten Aufstand? Der Versuch der übermächtig gewordenen jüdisch-hellenistischen Partei, mit Hilfe der Fremdherrschaft das jüdische Volk zu ethnisieren und sich an der Herrschaft dauernd zu erhalten. Und als die Makkabäer siegreich aus dem Kampfe hervorgingen, wer unterlag da? Die Übermacht der entarteten jüdisch-hellenistischen Partei unterlag der heiligen Begeisterung der chasidäischen Minderheit: „die Unreinen" — wie es so markant in dem Chanukagebet ausgedrückt ist — „den Reinen,

---

[1]) Prov. 5,8.

[2]) b. Abod. zar. 17a, wo er von der minäischen Schriftauslegung spricht, an der er Gefallen gefunden, sagt er: על ידי זה נתפסתי למינות ועברתי על מה שכתוב בתורה הרחק מעליה דרכך זו **מינות** ואל תקרב אל פתח ביתה זו **הרשות**.

[3]) ib.: לעלוקה שתי בנות — —. ואיכא דאמרי הרחק מעליה דרכך זו **מינות והרשות** שצועקות מגיהנם ואומרות בעלם הזח הבא הבא ומאן נינהו: **מינות והרשות**

die Gottlosen den Frommen, die Zedim den Anhängern der Thora!“[1])

Da haben wir ganz deutlich die Zedim als Antinomisten charakterisiert, wie der Talmud die Minim als Thoraleugner bezeichnet.

Diese Partei der Zedim war aber mit den Makkabäersiegen keineswegs vernichtet, sie war nur durch die Hasmonäer von der Herrschaft verdrängt worden und zerfiel in der Folge in zahlreiche Sekten, die sämtlich mehr oder weniger antinational und antinomistisch waren. Und wie die Zedim der griechischen Zeit mit der Fremdherrschaft gemeinschaftliche Sache machten und deshalb als Volksfeinde in dem Zedimgebet gemeinsam mit dem Malkut Zadon verwünscht wurden, so haben ihre Nachfahren, die später aus gutem Grunde in diese selbe Verfluchung einbezogenen Minim, in der römischen Zeit ihre antinationalen Gesinnungen durch ihren Antinomismus und ihre Mitschuld an der Zerstörung des Tempels unzweideutig dokumentiert. Das ist jedoch keineswegs „reine Phantasie“, sondern bittere Wahrheit und findet sich ausdrücklich in der Tosefta und im babylonischen Talmud berichtet. Da heißt es:

„Die jüdischen Gottlosen und die heidnischen Gottlosen fahren mit ihren Leibern in die Gehenna und werden dort durch zwölf Monate gerichtet; nach dieser Zeit vergehen ihre Seelen, verbrennen ihre Leiber und die Gehenna speit sie aus, sie werden zu Staub und der Wind verweht sie unter die Fußsohlen der Frommen. — Die Minim aber und die Abtrünnigen und die Delatoren und die Apikorsim, die die Thora leugnen, die Wege der Gemeinde nicht wandeln, die Auferstehung leugnen . . . . die da Schrecken verbreiten im Lande des Lebens und die ihre Hände gegen den

---

[1]) Der Text dieses sehr lehrreichen Gebetes lautet: מסרת גבורים ביד חלשים ורבים ביד מעטים וטמאים ביד טהורים ורשעים ביד צדיקים וזדים ביד עוסקי תורתך. — Und wenn Bousset mir weiters entgegenhält, daß Ps. 119 mit seiner Polemik gegen die Gottlosen (Zedim) in diesem Zusammenhang gar nichts zu tun habe, so erwidere ich, daß er allerdings und in diesem Zusammenhang damit zu tun hat, da er uns ganz klar das Wesen der Zedim charakterisiert, indem er sie konsequent als Gegner der gesetzestreuen Frommen und des Gesetzes bezeichnet. Man lese doch nur Ps. 119,21,51,69,78,85,122.

Tempel ausgestreckt haben, sie werden in der Gehenna alle Zeiten hindurch gerichtet."[1])

In dem babylonischen Talmud wird die Frage aufgeworfen, warum denn diese Minim und die ihnen verwandten Häretiker mit so ausgesuchter Härte gestraft werden? Und die Antwort lautet: „weil sie ihre Hände gegen den Tempel ausgestreckt haben."[2])

Also die Minim und die ihnen ähnlichen Häretiker waren die Volksfeinde, die die Thora verwarfen, die Auferstehungslehre leugneten, den Bestand des nationalen Judentums bedrohten und sich mit dem äußern Feinde gegen den Tempel verbanden.

Hier nun mit Herford und andern Theologen an Judenchristen zu denken,[3]) ist von Grund aus verfehlt. Das verbietet schon die

---

[1]) Tos. Sanhedr. XIII, 4,5: פושעי ישראל בגופן ופושעי אומות העולם בגופן יורדין לגיהנם ונידונין בה שנים עשר חודש ולאחר שנים עשר חודש נפשותן כלה וגופן נשרף וגיהנם פולטתו ונעשין אפר והרוח זורה אותן ומפרזתן תחת כפות רגלי צדיקים..... אבל המינין והמשומדים והמסורות ואפיקורסין ושכפרו בתורה ושפורשין מדרכי ציבור ושכפרו בתחיית המתים..... ושנתנו חיתיתם בארץ החיים ושפשטו ידיהם בזבול גיהנם נינעלת בפניהם ונידונין בה לדורי דורות..... מי גרם להן שפשטו ידיהם בזבול שנ׳ מזבול לו ואין זבול אלא בית המקדש שנ׳ בנה בניתי בית זבול לך מכון לשבתך עולמים. — Nach Graetz, Monatschr. 1870 p. 487sqq. stammt diese Baraitha aus der Zeit des Domitian, also kurz nach der Zerstörung des Tempels.

[2]) b. Rosch-hasch. 17a findet sich dieselbe Überlieferung mit dem Zusatz: וכל כך למה? מפני שפשטו ידיהם בזבול שנאמר מזבול לו ואין זבול אלא בהמ"ק וכ׳.

[3]) Es ist interessant zu sehen, wie Herford, der auch hier in den Minim Judenchristen zu sehen gezwungen ist, sich um diese alte talmudische Überlieferung herumwindet. Er sagt p. 123sqq.: "who have set their terror in the land of the living" is a quotation from Ezekiel XXXII, 24, 26, as such, the precise point of the present application of the words remains doubtful. As used in Ezekiel, the words refer to the great nations Assur ..... who had at various times oppressed Israel: and it is possible, especially in view of the following clause "Who have stretched forth their hands against Zebul (the Temple)", that the reference is to the Roman Empire, the oppressor above all others. If this is so, then it must be admitted that these two last clauses do not in any way serve to describe Minim or hereties. But on the other hand, it seems forced and unnaturel to pass so suddenly from heretics to political enemies; and further, the Talmud nowhere else, so far as I know,

lapidare Zeichnung, die die Tosefta und der babylonische Talmud von diesen jüdischen Häretikern entwerfen, nach welcher sie Thora und Auferstehungslehre verwarfen, und dies in Ausdrücken, an denen sich nicht feilschen und mäkeln läßt.

Nun könnte man uns freilich, und scheinbar mit gutem Grund, entgegenhalten, daß ja Jesus im Evangelium mit derselben Heftigkeit die „Pharisäer und Schriftgelehrten" angreift, mit welcher die Schriftgelehrten im Talmud die Minim bekämpfen, daß sonach unter den letztern nur Judenchristen gemeint sein können. — Ein solcher Schluß ist aber nach dem bereits oben von uns Gezeigten ganz unzulässig. Denn einmal kämpft Jesus nicht sowohl gegen die Schriftgelehrten als solche, als vielmehr gegen den „Sauerteig der Pharisäer, welches ist die Heuchelei".[1]) Er empfiehlt sogar seinen Hörern alles zu halten, was jene lehrten; aber nach ihren Werken sollten sie nicht tun: denn „sie sagen's und tun's nicht".[2])

Und dann kehrt er sich nicht gegen die pharisäischen Stubengelehrten, die weltentrückt Tag und Nacht in der Thora forschen, sondern gegen die Pharisäer und Schriftgelehrten des Marktes,[3]) gegen jene Heuchler, die schwere und unerträgliche Bürden den Menschen an den Hals legen, aber selbst dieselben nicht mit einem Finger regen wollen.[4]) Sein Kampf gilt den heuch-

---

threatens the Romans, or even the Roman Emperor, with the fate here described. The date of the passage forbids us to think of a time when the Roman Empire had officially become Christian, and there is no reason to suspect an interpolation in the text. The political reference seems then to be excludet, and "those who have set their fear in the land of living", must be understood of some class of heretics. — — "Those who have stretched out their hands against Zebul." It is explainted in the Tosephta itself that Zebul (habitation) denotes the Temple. But it does not follow that the reference is to the destruction of the Temple by the Romans. And since the whole passage seems to be directed against heresy in some form, we may perhaps interpret this clause of those who, like the Christians, repudiated the claim of the Temple to be the place where alone worship could be duly and perfectly offered." — So viele Worte, so viele Vermutungen, um eine so durchsichtige historische Überlieferung zu verdunkeln: weil ja die Minim doch Judenchristen sein müssen.

[3]) Luc. 12,1: πρῶτον προσέχετε ἑαυτοῖς ἀπὸ τῆς ζύμης τῶν Φαρισαίων, ἥτις ἐστὶν ὑπόκρισις. cf. Math. 16,6; Marc. 8,15.

[4]) Math. 23,3.

[5]) Math. 6,2. 5. 16.

[6]) Math. 23,4.

lerischen Pharisäern, die der Witwen Häuser fressen und lange Gebete vorschützen;[1]) die Minze, Till und Kümmel verzehnten, aber das Schwerste im Gesetz, nämlich das Gericht, die Barmherzigkeit und den Glauben, dahintenlassen. Ja selbst jene Äußerlichkeiten will er nicht ganz außer acht gelassen wissen und fügt hinzu: „dies sollte man tun und jenes nicht lassen".[2]) Sein ganzer Zornausbruch wendet sich wider jene pharisäischen Heuchler, die Mücken seien und Kamele verschlucken;[3]) die die Becher und Schüsseln auswendig reinlich halten, inwendig aber ist's voll Raubes und Fraßes.[4]) Nur über die Scheinheiligkeit des Pharisäers, nicht aber über seine Lehre, die er sogar billigt, gießt er die heilige Lohe seiner tiefen Entrüstung aus. „Du blinder Pharisäer", ruft er ihm zu, „reinige zum ersten das Inwendige an Becher und Schüssel, auf daß auch das Auswendige rein werde."[5])

Zum andern können unter den Minim jener Zeit unmöglich Judenchristen verstanden werden, da Jesus und seine Schule — die vormarzionistisch Paulinische inbegriffen[6]) — die Thora keineswegs verwarfen, schon darum nicht, weil ja die ganze Messianität Jesu auf ihr sich aufbaut, weil sie ferner den Auferstehungsglauben zum Grundpfeiler ihrer Lehre machten und von einer Zweigottheit nichts wußten; während die Minäer nach den übereinstimmend und ganz entschieden lautenden talmudischen Berichten Thora und Auferstehung verwarfen und Anhänger der Theorie von den „zwei Himmelsmächten" waren, die erst später dem Christentum durch die Logoslehre aufgezwungen wurde. Um dieser ihrer Kardinallehren willen wurden sie ja von den pharisäischen Schriftgelehrten ingrimmig gehaßt und blutig bekämpft.

Mit denselben Waffen aber, mit denen die Schriftgelehrten des Talmud gegen die Annahme von zwei göttlichen Potenzen kämpften, sehen wir noch im zweiten Jahrhundert christliche Apologeten die jüdische Vorstellung von der Einheit Gottes verteidigen. So lehrt Theophilus: Gott hat das Weib aus der Rippe Adams geschaffen, „damit nicht die Meinung entstehe, der eine Gott habe den Mann, ein zweiter das Weib geschaffen, deswegen schuf er sie nicht getrennt voneinander. Ja gerade damit dadurch das Geheimnis

---

[1]) ib. v. 14. [2]) ib. v. 23. [3]) ib. v. 24. [4]) ib. v. 25. [5]) ib. v. 26.

[6]) cf. Röm. 3,31: νόμων οὖν καταργοῦμεν διὰ τῆς πίστεως; μὴ γένοιτο· νόμον ἱστῶμεν.

der Einigkeit Gottes gezeigt werde, schuf Gott das Weib zugleich mit dem Manne".[1]) — Wir glauben hier nichts anderes, denn einen Midrasch vor uns zu haben, so haarschaf stimmen die Gründe zusammen, die von beiden Seiten: von Seite der talmudischen Schriftgelehrten, sowie von jener der ältesten christlichen Apologeten gegen die minäische Vorstellung von der Zweigottheit ins Treffen geführt wurden.[2]) Es zeigt sich hier, wie so oft, daß beide Teile im Kampf gegen den gemeinsamen Feind, den Minäismus, zu Bundesgenossen sich zusammenfinden mußten.

Es darf ferner nicht übersehen werden, daß in den Evangelien die von Jesu so hart angefahrenen Pharisäer und Schriftgelehrten wenig oder gar nicht auf seine Auslassungen und Anwürfe reagieren! Wie wäre diese erstaunliche Zurückhaltung der soviel Gescholtenen zu erklären, wäre die Lehre Jesu mit der minäischen identisch gewesen? Im Talmud kämpfen zur Zeit der Entstehung des Christentums die Gesetzeslehrer auf Leben und Tod gegen die Minim; in den Evangelien, wo der Pharisäismus noch an der Macht ist und es noch wagen darf, kräftig dreinzuschlagen, ducken sich diese selben pharisäischen Schriftgelehrten und finden kaum ein Wort der Erwiderung auf alle die vehementen Angriffe Jesu! Ist ein solches Verhalten verständlich? Wenn man die Minim für Christen hält, gewiß nicht! Allein die Minim der vorbarkochbaischen Zeit waren noch lange keine Christen. Diese letzteren waren damals im Vergleich mit den „gottverfluchten" untadelig fromme, wenn auch messiasgläubige Juden. Mit dem rechtgläubigen Israel teilten sie den Glauben an den Gott Israels, an seine Verheißungen und hingen seinen Grundlehren an, welche sämtlich die Minim verwarfen. Die Minim galten den rechtgläubigen Juden als die Erzfeinde des Volkes, ihre Lehren als die gottlosesten von der Welt und sie gaben, wie wir gesehen, den pharisäischen Schriftgelehrten so viel zu schaffen, hielten sie so sehr in Atem, daß sie der an den Namen Jesu sich knüpfenden, der minäischen gegenüber ganz harmlos fromm erscheinenden religiösen Bewegung kaum eine Beachtung schenken mochten. Das erklärt denn auch vollauf das sonst ganz unverständliche Verhalten der Pharisäer und Schrift-

---

[1]) Theophil. ad Autol. II, 28.

[2]) cf. Sanhedr. 37a: Chullin 87a. Die hierher gehörigen talmudischen Texte sind bereits oben zitiert worden.

gelehrten im Evangelium. Hier galt der ganze Kampf Jesu den Straßenpharisäern, den heuchlerischen, weltlich gesinnten, herrschsüchtigen Schriftgelehrten des Marktes; die wahrhaft frommen pharisäischen Schriftgelehrten des Talmud, die ihre Tätigkeit nicht auf Markt und Straßen, sondern in der Stille des Lehrhauses entfalteten, fühlten sich durch seine Angriffe um so weniger getroffen, als sie ja sein Verdikt über die „gefärbten Pharisäer" unterschrieben, und ließen den frommen „Schwärmer" von Nazareth gewähren, der das Gesetz hochhielt und mit weithin vernehmlicher Stimme erklärte: „Ihr sollt nicht wähnen, daß ich gekommen bin, das Gesetz oder die Propheten aufzulösen; ich bin nicht gekommen aufzulösen, sondern zu erfüllen. Denn ich sage euch wahrlich: Bis daß Himmel und Erde zergehe, wird nicht zergehen der kleinste Buchstabe, noch ein Tütel vom Gesetz, bis daß es alles geschehe. Wer nun Eines von diesen kleinsten Geboten auflöst und lehrt die Leute also, der wird der Kleinste heißen im Himmelreich: wer es aber tut und lehrt, der wird groß heißen im Himmelreich." [1])

Verderblich oder gar grundstürzend, wie die minäische, konnte den Gesetzeslehrern des Talmud die Lehre Jesu nicht erscheinen, und sie hatten für seine Predigt, wie überhaupt für die der Apokalyptiker, deren religiösem Vorstellungsmaterial sie oft gern Einlaß in ihre Lehrhäuser gewährten, im schlimmsten Falle nur ein mitleidiges Lächeln. Das zeigt uns ja deutlich die bereits erwähnte, von der Apostelgeschichte berichtete Tatsache, daß einer der hervorragendsten Gesetzeslehrer, Gamaliel, von einer Verfolgung der jungen christlichen Bewegung nichts wissen wollte, meinend, daß sie von selbst untergehen werde, wofern sie nicht von Gott, daß sie aber nicht unterdrückt werden könne, wofern sie von Gott. Das lehrt auch das ungemein liberale Verhalten der pharisäischen Schriftgelehrten im Rate gegen Paulus, an dem sie nichts Arges fanden. Wäre aber diese Bewegung identisch mit der minäischen gewesen, dann konnte ein Gesetzeslehrer, in so führender Stellung wie R. Gamaliel, darüber keinen Augenblick im Zweifel sein, ob sie von Gott, er mußte vielmehr wissen, daß sie wider Gott und sein Gesetz gerichtet, zumal die Gesetzeslehrer seiner Zeit ausnahmslos den Minäismus als widerjüdisch und widergöttlich ver-

---

[1]) Math. 5,17–21.

dammten und seine Anhänger zu grausamer ewiger Strafe der Gehenna verfallen sein ließen.

Die minäischen Angriffe und die minäische Schriftauslegung werden von den Gesetzeslehrern des ersten Jahrhunderts bitter ernst genommen; jene Jesu und seiner Jünger wenig beachtet, eine Tatsache, die mit nicht mißzuverstehender Deutlichkeit sowohl aus dem urchristlichen als aus dem talmudischen Schrifttum hervorleuchtet. — Die Minäer waren, wie die Mischna berichtet, schon „entartet“ zur Zeit, als der Tempel noch stand und leugneten eine zukünftige Welt und eine Vergeltung. Das war ganz sicherlich noch vor Entstehung des Christentums. — Nach der Zerstörung des Tempels trat eine vollkommene Scheidung zwischen den Minim und dem gesetzestreuen Judentum ein. Man schob ihnen die Mitschuld an der Vernichtung der Nation und der Zerstörung des Tempels zu, und nun wurde, wie oben gezeigt, Schlag auf Schlag gegen sie geführt. Sie wurden aus der Synagoge hinausgeflucht, aus allem religiösen und sozialen Verkehr durch halachische Verordnungen gewaltsam hinausgedrängt.

Waren aber die Minim ursprünglich keine Christen, dann erklärt sich auch der selbst von Herford in den Kontroversen zwischen den Minim und den Gesetzeslehrern so schwer empfundene Mangel eines jeden Hinweises auf die Messianität Jesu.[1]) Die Minim waren eben keine Messiasgläubigen, zum mindesten nicht in dem Sinne des Judenchristentums, dessen Botschaft ja dahin lautete, daß die alten Prophezeiungen, nach welchen der Erlöser dem Hause Davids entsprossen werde, mit dem Erscheinen Jesu erfüllt seien. „Das Neue Testament läßt keinen Zweifel darüber,

---

[1]) Die bezügliche nach jeder Richtung hin interessante Bemerkung Herfords p. 379 sq. lautet: It must, however, be admitted, that the theory which identifies Minim with Jewish Christians is not free from difficulties, which would be serious if the evidence in favour of the theory were less dicisive. It will have struck every reader who has gone through the long series of polemical discussions examined in the earlier part of the book, that the subjects of debate are not what we should have expected in the controversies of Jews with Christians. Most remarkable is the absence of all reference to the alleged Messiahship of Jesus. That Gentil Christians have ignored this might be understood; but that neither Jews nor Jewish Christians should have a word to say about it seems very strange. Even in the passages where Jesus himself is mentioned there is no allusion to his alleged Messiahship, though it is perhaps

daß breite Volksschichten in der Hoffnung auf den Davidssohn großgezogen wurden und die junge Christengemeinde bemüht sich, davidische Stammbäume aufzustellen, um den entsprechenden Forderungen des Judentums zu genügen."[1]) Diesen in gleicher Weise von den pharisäischen Schriftgelehrten wie in dem Evangelium gepredigten Glauben an einen Messias aus dem Hause Davids aber bestritten die Minäer, und das war eines der Hauptmerkmale, an denen sie erkannt wurden. Wir haben ja bereits gesehen, daß man denjenigen als Min bezeichnete, der beim Rezitieren des Schmone Esre die Benediktion, betreffend die Auferstehung und die Aufrichtung des davidischen Messiasreiches, unterdrückte. Die Minim waren ebensowenig messiasgläubig, wie die „Gottlosen" der Henochapokalypse, mit denen wir sie oft identifizierten und von denen es heißt: daß sie den Gesalbten leugneten.[2]) — Natürlich muß Herford gegenüber so unzweideutig lautenden Überlieferungen stutzig werden.[3]) Er gesteht zwar in solchen Fällen ehrlich sein Unvermögen ein, das ihm Unerklärliche erklären zu können, allein in seiner felsenfesten Überzeugung von dem Christentum der Minäer vermag ihn nichts zu erschüttern.

Natürlich. Er trat an das Studium des Talmud mit der ausgesprochenen Absicht heran, Jesus und das Christentum darin zu finden. Und wer sucht, der findet, wer anklopft, dem wird aufgetan; zumal wenn er seinen Weg an der Hand so verläßlicher Führer wie Graetz, Bacher u. a., die ihm hier als infaillible Autoritäten gelten, verfolgt, vor deren Urteil er sich überall demütig

---

implied in the statement that he was a deceiver. And in the passage in b. Sanh. 97—98, where a good deal is said about the "coming of the Son of David", there is no reference to the alleged fulfilment of the prophecy in Jesus. I can only account for this by supposing that the Minim were Jewish Christians whose Christologie was developed beyond the point ad which the Missiahship was the chief distinction of Jesus etc. etc. Überall also dieselbe Ratlosigkeit.

[1]) Baldensperger, Die messianisch-apokal. Hoffn. d. Judent.[3] p. 110sq.

[2]) Hen. 48,10.

[3]) cf. p. 205sq.: The formula concerning the „building of Jerusalem" included the prayer for the restoration of the throne of David; but it is not clear to me whey the omission of that prayer should be a characteristic of a Min. So far as I know, the point is never raised in the polemical discussions of Jews with Minim.

beugt. Sie kamen seinem sehnsüchtigen Verlangen entgegen, da sie es für selbstverständlich hielten, daß die Minim des Talmud Christen seien. Was Wunder nun, daß er unter so bewährter Führung mutig und zuversichtlich in das labyrinthische Gewinde des Talmud eindrang und bald mit vollen Händen Beweise auf Beweise für seine oder vielmehr für seiner Lehrer Behauptung heraufholte, und daß er, der von so feuriger Leidenschaft für seine These Erfüllte, hierin seine Meister bald übermeisterte? Und endlich war es ja kein so kühnes Wagnis, den bereits stark erschütterten Glauben an das Christentum der Minäer aufs neue zu befestigen. Denn hinter sich hatte Herford die ganze Schar der jüdischen Seminartalmudisten und vor sich die Erwartung der begeisterten Zustimmung aller jener christlichen Theologen, die Jesus und das Christentum um jeden Preis, ob echt oder entstellt, ob nach primären oder tertiären Quellen dargestellt, in der rabbinischen Literatur finden wollen.[1])

Exempla trahunt!

Dieselbe Methode, mit der Herford Jesus und das Christentum in den Talmud hineinzwängen will, wendete, wie gesagt, vor ihm Lucius an, um den Therapeutismus, der den Theologen hüben und drüben wegen der scharfen Beleuchtung, unter die er die religiösen Strömungen innerhalb des vorchristlichen Diasporajudentums rückte, ganz unverständlich war, da sie ja das gesamte Judentum der beiden letzten vorchristlichen Jahrhunderte durch pharisäische Brillen ansahen, aus der Geschichte zu streichen. Auch er folgte leichten und frohen Herzens den irreführenden Winken der auf den Pharisäismus eingeschworenen Seminartheologen Frankel und Graetz und häufte mit bestechender Methode ganze Berge von Beweisen an für die Hypothese, daß die Therapeuten Christen waren. Die Fülle seiner Argumente imponierte selbst minder voreingenommenen und tiefer blickenden Forschern und verschaffte allen jenen, die hier

---

[1]) Bezeichnend für den geschichtlichen Wert der talmudischen „Jesus"-Quellen ist schon der Umstand, daß in denselben auf der einen Seite Jesus zum Zeitgenossen des R. Josua ben Perachia, der ein volles Jahrhundert vor dem Stifter des Christentums lebte, auf der andern ben Stada, in welchem man Jesu erkennen will, zum Zeitgenossen des R. Akiba, der zu Anfang des zweiten Jahrhunderts blühte, gemacht wird! cf. b. Sanh. 107^{b}; Tos. Sabb. XI, 15. Kallah 51^{a}; b. Sabb. 104^{b}. Das Richtige wird wohl sein, daß der Talmud hier nirgends an den Jesus der Evangelien gedacht. —

gern überzeugt sein wollten, die unumstößliche Gewißheit, daß das bislang dem Philo zugeschriebene Buch De vita contemplativa mit seiner Therapeutenschilderung eine Fälschung, eine christliche Dichtung aus dem vierten Jahrhundert sei, verfaßt zum Preise des christlichen Mönchtums!

Dieselbe Fülle von „Beweisen“ und dieselbe Methode in der Anordnung imponiert bei Herford. Nur schade, daß mit Methode allein, und mag sie die vollendetste sein, ein Gebäude nicht aufgeführt werden kann, daß es immer ein Luftschloß bleibt, solange das Baumaterial nicht zur Verfügung ist. Und an dem geeigneten Material fehlt es dem Herfordschen Bauplan ganz und gar: denn die Bausteine, die er verwendet, sind unveräußerliches Eigentum der Synagoge, der Synagoge aus noch vorchristlicher Zeit, nicht aber der Kirche. — Das wird sich bestätigt finden, wenn man einmal — und dazu wird es sicherlich kommen — ohne jede Voreingenommenheit die der kommenden Weltreligion den Weg bereitenden religiösen Bewegungen innerhalb des Judentums zu erforschen anfangen und zu der Erkenntnis gelangen wird, daß sie sich mitnichten in der Erzeugung des Pharisäismus, Sadduzäismus und Essenismus erschöpft haben.

ZWEITER TEIL:

DAS HELLENISTISCHE JUDENTUM.

I.

DER JÜDISCHE HELLENISMUS.

Seine Lehre.

Von einer religionsgeschichtlichen Darstellung, die es unternimmt, den religiösen Bewegungen des Judentums, die der Entstehung des Christentums vorausgegangen und ihm den Pfad bereitet hatten, nachzugehen, erwartet man wohl, daß sie in den Vordergrund ihrer Betrachtungen den jüdischen Hellenismus, den eigentlichen Erreger und Nährvater dieser Bewegungen, rücken werde. Da jedoch der Prozeß der unter dem Einfluß des griechischen Geistes sich vollziehenden Umgestaltung des Mosaismus zur Weltreligion, nach unserer Überzeugung, auf palästinensischem Boden begonnen, und dies, schon in jener frühen Zeit, wo die griechische Diaspora erst im Werden begriffen war, haben wir in Fortsetzung des in unserer Schrift „Griechische Philosophie im Alten Testament" dargebotenen Nachweises eines sehr frühen Eindringens des griechischen Geistes in Palästina damit angefangen, die Entwicklung zu verfolgen, die dieser daselbst in der nachmakkabäischen Zeit genommen. Dabei ergab sich unausgesetzt die Notwendigkeit, die religiösen Strömungen der Diaspora, die auf jene in der Heimat so befruchtend einwirkten, im Auge zu behalten, um die letzteren durch die ersteren ins richtige Licht zu stellen.

Nun aber ist es an der Zeit, in zusammenhängender Darstellung zu zeigen, wie die in der kanonischen Weisheitsliteratur angebahnte universalistische Richtung, welcher durch den nach den Makkabäersiegen mächtig aufstrebenden Pharisäismus in Palästina selbst ein starker Damm entgegengesetzt wurde, in der unmittelbar unter die suggestive Macht der griechischen Philosophie gekommenen jüdischen Diaspora herrschend geworden, und wie, dank den unermüdlichen Arbeiten der Diasporatheologen, die „Erfüllung der Zeit“ in erstaunlich raschem Tempo herbeigeführt wurde.

Freilich, das Quellenmaterial, zumal jenes, welches über die ersten Anfänge der griechischen Diaspora Licht verbreiten sollte, fließt nur spärlich; allein es vermag gleichwohl dem unbefangenen Forscher eine ungefähre Vorstellung von den Zielen zu ermöglichen, die sich dieses „Allerweltjudentum“ von Anbeginn unter den Kulturvölkern gesetzt, und denen es im vollsten Bewußtsein der ihm gewordenen heiligen Mission mit unvergleichlicher Hingebung gedient hat. Man darf es kühn aussprechen: Niemals vorher und auch niemals nachher sind in Israel solche Taten geschehen, wie sie das griechische Judentum in den beiden letzten vorchristlichen Jahrhunderten vollbracht hat.

Es darf als grundlegender Gedanke der Diasporajuden angesehen werden, daß sie, kaum in die Kulturwelt eingetreten, auch schon erkannten, dieser etwas Neues und Kostbares, das ihr bisher bei all ihrem Reichtum an geistigen Schätzen noch gefehlt, bringen zu können. Sie hatte eine Philosophie; der Jude bot ihr an: die Philosophie, die ungleich höher als jene, deren sie sich berühmte; eine himmlische Philosophie zum Unterschied von der weltlichen; eine göttliche Weisheit gegenüber der menschlichen. Eine solche gottgeoffenbarte Weisheit stellten schon die Weisheitslehrer und nach ihrem Beispiel die Apokalyptiker und zuletzt die Apostel Jesu [1]) der Weltweisheit entgegen.

Ist es nicht bezeichnend genug, daß schon der sogen. Aristeasbrief — nächst der Septuaginta das älteste uns erhalten gebliebene literarische Denkmal des Diasporajudentums — wiederholt und mit starker Betonung den Mosaismus als die erhabenste aller Philosophie und seine Bekenner als Philosophen κατ’ ἐξοχήν hinstellt?

Pseudoaristeas läßt den König Ptolomäus, voll Bewunderung für die ganz eigenartige Weise, in welcher die ihm von dem Hohenpriester zu Jerusalem behufs Übertragung der Bibel ins Griechische zugesandten zweiundsiebzig Schriftgelehrten die an sie gerichteten philosophischen Fragen, ohne erst lange überlegen zu müssen, beantworteten, ausrufen: „Ich meine, diese Männer sind durch

---

[1]) 1. Kor. 2,4—14: . . . Σοφίαν δὲ λαλοῦμεν ἐν τοῖς τελείοις· σοφίαν οὐ τοῦ αἰῶνος τούτου . . . . . ἀλλὰ λαλοῦμεν σοφίαν Θεοῦ ἐν μυστηρίῳ τὴν ἀποκεκρυμμένην, ἣν προώρισεν ὁ Θεὸς πρὸ τῶν αἰώνων εἰς δόξαν ἡμῶν.

Tüchtigkeit und Weisheit ausgezeichnet, da sie solche Fragen aus dem Stegreif gehörig beantwortet haben: Alle in ihren Reden von Gott ausgehend."[1])

Aber nicht nur der König und der gesamte Hof, auch die anwesenden Philosophen spenden ihnen ungeteilten Beifall, und die letztern am meisten, und vornehmlich darüber — wie Pseudoaristeas kommentierend hinzufügt — weil diese jüdischen Philosophen sie „an Wandel und Weisheit sehr übertrafen, da sie von Gott ausgingen".[2])

Was also die jüdische Philosophie so sehr vor jeder andern auszeichnete, und was denn auch überall mit Bewunderung anerkannt und hervorgehoben wurde, das war: ihr göttlicher Ursprung.

Es ist für eine richtige Beurteilung des jüdischen Hellenismus von nicht zu unterschätzender Wichtigkeit, zu sehen, daß schon in dieser frühen Schrift die liberale und vermittelnde Richtung, die die jüdische Diaspora von vornherein einschlug, die Toleranz, die sie fremden Meinungen gegenüber geübt wissen wollte, scharf markiert ist, sich gern bereitfindend, dieselben, wofern sie ihr religiöses Denken zu fördern vermochten, in sich aufzunehmen. Von den genannten zweiundsiebzig jüdischen Schriftgelehrten rühmt Pseudoaristeas: „Sie hielten gerade die rechte Mitte inne, indem sie die Schroffheit und Härte des Sinns abgelegt hatten, aber auch über Dünkel und Besserwissen erhaben waren, gern bereit zu zwangloser Unterhaltung, zum Anhören [fremder Meinung] und zum gründlichen Eingehen auf jede Frage. Sie alle beobachteten dieses

---

[1]) Ps. Arist. Kautzsch II, p. 21; v. 200: πρὸς τοὺς φιλοσόφους εἶπεν ὁ βασιλεύς· οἴομαι διαφέρειν τοὺς ἄνδρας ἀρετῇ καὶ συνιέναι πλεῖον· οἵτινες ἐκ τοῦ καιροῦ τοιαύτας ἐρωτήσεις λαμβάνοντες, ὡς δέον ἐστὶν, ἀποκεκρίνεται, πάντες ἀπὸ τοῦ λόγου τὴν καταρχὴν ποιούμενοι. Dem habe auch der Philosoph Menedemos aus Eretria zugestimmt, sprechend: ναὶ, βασιλεῦ. προνοίᾳ γὰρ τῶν ὅλων διοικουμένων, καὶ ὑπειληφότων ὀρθῶς τοῦτο, ὅτι θεόκτισιόν ἐστιν ἄνθρωπος, ἀκολουθεῖ, πᾶσαν δυναστείαν καὶ λόγου καλλονὴν ἀπὸ θεοῦ κατέρχεσθαι (ib. v. 201).

[2]) ib. v. 235: μετὰ μείζονος δὲ φωνῆς πάντας αὐτοὺς ὁ βασιλεὺς ἠσπάζετο καὶ παρεκάλει συνεπιφωνούντων τῶν παρόντων, μάλιστα δὲ τῶν φιλοσόφων. καὶ γὰρ ταῖς ἀγωγαῖς καὶ τῷ λόγῳ πολὺ προέχοντες αὐτῶν, ὡς ἂν ἀπὸ θεοῦ τὴν καταρχὴν ποιούμενοι. Und Ps. Aristeas selbst v. 295—296: τεθαυμακὼς γὰρ τοὺς ἄνδρας ὑπὲρ τὸ δέον, ὡς ἐκ τοῦ καιροῦ τὰς ἀποκρίσεις ἐποιοῦντο πολλοῦ χρόνου δεομένας· καὶ, τοῦ μὲν ἐρωτῶντος μεμεριμνηκότος ἕκαστα, τῶν δὲ ἀποκρινομένων καταλλήλως ἐχόντων τὰ πρὸς τὰς ἐρωτήσεις, ἄξιοι θαυμασμοῦ κατεφαίνοντό μοι καὶ τοῖς παροῦσι, μάλιστα δὲ τοῖς φιλοσόφοις.

Verhalten und wollten vor allem hierin einer den andern übertreffen.“ [1])

Welch ein Unterschied zwischen dieser liberalen, das Leitmotiv des Diasporajudentums enthüllenden und der von derselben Zeit ab in Palästina Platz greifenden partikularistischen religiösen Richtung! Wir wollen es nicht dezidiert behaupten, aber die Vermutung liegt sehr nahe, daß Pseudoaristeas hier nicht nur den Griechen gegenüber die große Toleranz der jüdischen Religion in das hellste Licht stellen, sondern auch gleichzeitig über die engherzige Gesetzesauslegung, die sich jetzt in Palästina breit zu machen anfängt, den Stab brechen wollte. Darum rühmt er denn auch von den zweiundsiebzig nach Alexandria delegierten, durch Bildung ausgezeichneten Schriftgelehrten, die sich nicht nur Kenntnis der jüdischen Literatur angeeignet, sondern auch eifrig die griechische studiert hatten, daß sie alle Qualitäten für die Erfüllung ihrer Mission, gesellschaftliche Tugenden und Tüchtigkeit für Erörterungen über das Gesetz besessen. [2])

Daß Pseudoaristeas einer Zeit angehörte, in der das Diasporajudentum erst aufzublühen, in der griechischen Welt den Boden sich zu erobern anfängt, beweist schon der Umstand, daß er das Unsterblichkeitsdogma noch nicht kennt, von Spaltungen innerhalb des Judentums noch nichts weiß; wie nicht minder, daß er die Erörterung der von den Heiden vielfach angefochtenen Speisegesetze in den Vordergrund des Interesses zu rücken und ihr einen unverhältnismäßig großen Raum in seiner Apologie zu widmen sich gezwungen sieht. [3]) Weder in dem apokryphen und pseudepigraphen noch in dem jüdisch-hellenistischen Schrifttum finden wir das

---

[1]) ib. v. 122: καὶ πρὸς τὰς ὁμιλίας καὶ τὰς ἐπερωτήσεις τὰς ἐκ τοῦ νόμου μεγάλην εὐφυίαν εἶχον, τὸ μέσον ἐζηλωκότες κατάστημα (τοῦτο γὰρ κάλλιστόν ἐστιν) ἀποτεθειμένοι τὸ τραχὺ καὶ βάρβαρον τῆς διανοίας· ὁμοίως δὲ καὶ τὸ κατοίεσθαι καὶ νομίζειν ὑπερφρονεῖν ἑτέρους ὑπερβεβηκότες, τὴν δ᾽ ὁμιλίαν καὶ τὸ συνακούειν καὶ πρὸς ἕκαστον ἀποκρίνεσθαι δεόντως παραδεδεγμένοι, καὶ πάντες ταῦτα συντηροῦντες καὶ μᾶλλον ἐν τούτοις βουλόμενοι ὑπερφέρειν ἕτερος ἑτέρου.

[2]) ib. v. 121—122: Ἐπιλέξας γὰρ (ὁ Ἐλεάζαρος) τοὺς ἀρίστους ἄνδρας καὶ παιδείᾳ διαφέροντας, ἅτε δὴ γονέων τετευχότας ἐνδόξων, οἵ τινες οὐ μόνον τὴν τῶν Ἰουδαϊκῶν γραμμάτων ἕξιν περιεποίησαν ἑαυτοῖς, ἀλλὰ καὶ τῆς τῶν ἑλληνικῶν ἐφρόντισαν οὐ παρέργως κατασκευῆς· διὸ καὶ πρὸς τὰς πρεσβείας εὔθετοι καθεστήκεισαν, καὶ τοῦτ᾽ ἐπετέλουν ὅτε δέοι καὶ πρὸς τὰς ὁμιλίας καὶ τὰς ἐπερωτήσεις τὰς ἐκ τοῦ νόμου μεγάλην εὐφυίαν εἶχον.

[3]) ib. v. 128—172.

Zeremonialgesetz mit irgendwelchem Nachdruck betont oder überhaupt erörtert. Es tritt vielmehr hier überall auffallend hinter der das ganze religiöse Gebiet beherrschenden Ethik zurück. Dies zeigt uns deutlich, daß das Diasporajudentum zu der Zeit, da Pseudoaristeas schrieb, in der griechischen Welt noch jung war und noch im Banne des Zeremonialgesetzes lag, daß es aber, bedrängt von den Angriffen heidnischer Schriftsteller,[1] sich gleichwohl schon bemüßigt sah, demselben einen tiefern Inhalt zu geben, es allegorisch auszulegen, um alle seine Bestimmungen als Symbole höherer sittlicher Wahrheiten hinstellen zu können.[2] — Damit erfahren wir aber auch, wie früh das Diasporajudentum die Allegorie, die es auf griechischem Boden in Blüte fand, in den Dienst seiner Religion genommen, die später im jüdischen Hellenismus zu so großer Entfaltung gelangte.

Ein halbes Jahrhundert später findet sich die Allegorie selbst in den wenigen auf uns gekommenen Fragmenten des Aristobul, die man freilich gern zu christlichen Fälschungen stempeln möchte, virtuos gehandhabt. Sie ist bereits auf dem Boden der Bibel heimisch, als ob sie hier autochthon, verleiht ihr Schwingen und hebt sie zu den höchsten Höhen der Philosophie empor. Wir erfahren hier schon, daß die hervorragendsten griechischen Philosophen und Dichter ihr ganzes Wissen und Können dem Mosaismus, der Quelle aller Philosophie, verdanken.

So wenig Pseudoaristeas noch von einer Spaltung im Judentum etwas weiß, so wenig scheint er noch die Unsterblichkeitslehre, die ja die eigentliche Ursache dieser Spaltung war, als ein Dogma des Judentums zu kennen. Gerade bei ihm, der alle

---

[1]) ib. v. 144: μὴ γὰρ εἰς τὸν καταπεπτωκότα λόγον ἔλθῃς κτλ.

[2]) ib. v. 143: „Im Ganzen“, sagt der Hohepriester Eleazar bei Erläuterung der Speisegesetze, „sind alle Bestimmungen nach ihrem tiefern Sinne gleich, da alle von einer Kraft bestimmt werden; und im einzelnen hat jede der Vorschriften über verbotene und erlaubte Speisen ihren tiefern Grund: τὸ γὰρ καθόλου πάντα πρὸς τὸν φυσικὸν λόγον ὅμοια καθέστηκεν ..... καὶ καθ᾽ ἓν ἕκαστον ἔχει λόγον βαθὺν, ἀφ᾽ ὧν ἀπεχόμεθα κατὰ τὴν χρῆσιν, καὶ οἷς συγχρώμεθα. Ferner v. 150: πάντων δὲ τῆς συγχωρήσεως ἡμῶν ἕνεκα ἐπὶ τούτων καὶ τῶν κτηνῶν τροπολογῶν ἐξέθετο. Und v. 171 sagt, Ps. Arist. über die Auslegungen des Eleazar bezüglich der Opfer: καὶ περὶ τούτων οὖν νομίζω τὰ τῆς ὁμιλίας ἄξια λόγου καθεστάναι, διὸ τὴν σεμνότητα καὶ φυσικὴν διάνοιαν τοῦ νόμου προῆγμαι κτλ. Man vgl. überhaupt die ganz allegorische Auffassung der Speisegesetze in dem Aristeasbrief, die später von dem Paulinismus adoptiert wird.

möglichen philosophischen Probleme von der Höhe seines Mosaismus aus nur so spielend, „im Stegreif“, zu lösen unternimmt, hätte man mit Sicherheit erwartet, den Unsterlichkeitsgedanken in den Vordergrund der Verhandlungen mit dem philosophischen König gerückt zu sehen. Davon aber ist keine Rede, nicht die leiseste Andeutung. Und selbst wo die Berührung dieses Problems unvermeidlich scheint, wo der König an einen der jüdischen Gelehrten die Frage richtet: welches die Frucht der Weisheit sei? antwortet dieser, anstatt mit Pseudosalomo als Frucht der Weisheit den transzendenten Glauben an die Unsterblichkeit hervorgehen zu lassen,[1]) mit einer platten Sentenz praktischer, immanentes Glück verheißender Diesseitigkeit. Die Frucht der Weisheit besteht ihm darin: „Sich keines Unrechts bewußt zu sein und sein Leben in Wahrhaftigkeit zu führen. Denn daraus folge die größte Freudigkeit, Seelenruhe und festes Gottesvertrauen, wenn der König seine Herrschaft in Frömmigkeit führe.“[2])

Seine Auffassung der Philosophie ist auch sonst eine ganz primitive, lediglich auf das praktisch Nützliche gerichtete. Von einem tiefern Erfassen derselben hat er noch keine Vorstellung, was abermals beweist, daß seine Bekanntschaft mit derselben noch sehr jung und sehr oberflächlich. So erwidert er auf die Frage des Königs, was Philosophie sei? „In allen Fällen sich richtig entschließen und nicht seinen Trieben folgen, sondern den aus den Lüsten sich ergebenden Schaden erwägen und je nach den Verhältnissen recht handeln, indem man Mäßigung beobachtet. Gott aber müssen wir bitten, daß wir Verständnis hierfür gewinnen.“[3]) — Von einem Hinweis auf ein Leben nach dem Tode ist da nirgends noch eine Spur zu entdecken.

Von hervorragendster Bedeutung für die Erforschung des Wesens und der frühen Missionstätigkeit des Diasporajudentums, sowie der in ihm zum Durchbruch gelangten religiösen Strömungen ist die etwa zu Beginn des zweiten vorchristlichen Jahrhunderts verfaßte Sapientia Salomonis.

---

[1]) Sap. Sal. 6,18–2: ἀρχὴ γὰρ αὐτῆς (sc. τῆς σοφίας) ἡ ἀληθεστάτη παιδείας ἐπιθυμία. φροντὶς δὲ παιδείας ἀγάπη, ἀγάπη δὲ τήρησις νόμων αὐτῆς, προσοχὴ δὲ νόμων βεβαίωσις ἀφθαρσίας, ἀφθαρσία δὲ ἐγγὺς εἶναι ποιεῖ θεοῦ. ἐπιθυμία ἄρα σοφίας ἀνάγει ἐπὶ βασιλείαν.

[2]) Ps. Arist. v. 260.

[3]) ib. v. 256.

Beabsichtigte vor Pseudosalomo Pseudoaristeas mit seiner Schrift, ausschließlich auf die heidnische Welt zu wirken, ihr eine möglichst hohe Vorstellung von dem Wesen des Mosaismus zu geben, so will der erstere nach innen nicht minder wie nach außen Belehrung und Erhebung bieten. Pseudoaristeas kennt noch keine innere Spaltungen; als Pseudosalomo schrieb, ging bereits ein klaffender Riß auch durch das Diasporajudentum, teilte dieses sich schon in zwei feindliche, einander schroff gegenüberstehende Parteien: in eine glaubenstreue, deren Frömmigkeit, befruchtet durch den Geist der griechischen Philosophie und durch den Unsterblichkeitsgedanken, neue Nahrung und Erstarkung erfahren, und in eine radikale, die Unsterblichkeitslehre verwerfende, in deren Mitte, der griechische Geist zersetzend wirkte, und Unglauben erzeugte. Wir haben letztere bereits oben gezeichnet und dabei gefunden, daß dieselben Ursachen dieselben Wirkungen in Palästina hervorgebracht haben, daß im Großen und Ganzen die „Gottlosen“ hüben und drüben dieselben waren, desgleichen ihre Bekämpfer: die Apokalyptiker in Palästina und deren Vorbilder in der Diaspora, die Weisheitslehrer von der Gattung Pseudosalomos, die von demselben Geist beseelt, von derselben Welt- und Religionsauffassung beherrscht waren.

Der griechischen Philosophie verdankte das Judentum den wahrhaft schöpferischen und erlösenden Gedanken der Unsterblichkeit, der seine verdorrenden Fluren tränkte und neue Keime in ihnen zum Leben erweckte.

Man denke nur, wie noch in der Ptolomäerzeit führende Geister im Judentum, wie die Verfasser der biblischen Schriften Hiob und Koheleth, denen der Glaube an ein Leben nach dem Tode noch fremd war, verzweiflungsvoll aber vergeblich rangen, um den Bibelglauben für die neue Zeit brauchbar zu gestalten!

Dem spätern, vom Hellenismus schon tief durchtränkten jüdischen Schrifttum war die Unsterblichkeitsidee nicht bloß ein wirksames Motiv der ideellen Entfaltung, sondern recht eigentlich das Urmotiv des neuen Glaubens. Aus ihr quoll ein Evangelium, dessen Kunde die Gemüter in unbeschreibliche Erregung versetzte.[1]) Durch

---

[1]) Von der Unsterblichkeitslehre der Essener, die mit jener des jüdischen Hellenismus identisch, berichtet Josephus, Bell. jud. II, 8,11, daß sie es war, die alle, welche einmal von der Weisheit des Ordens gekostet, mit der berückenden

sie erst vollzog sich jene Umwertung der Werte, die dann in der Weltreligion zum verkörperten Ausdruck kommen sollte. Und nicht allein die psychische Wirkung dieser Lehre verbürgte ihre Aufnahme in den jüdischen Volksglauben; nicht allein der jubelnde Widerhall, den sie in der Seele der Menge weckte, die durch Erschließung des Himmelreichs von dem dräuenden Bannfluch irdischer Vergänglichkeit sich erlöst fühlte, einem Bannfluch, dem noch die Schöpfer der biblischen Weisheitsliteratur unterlagen und von welchem die großen Propheten der Vorzeit bloß darum sich nicht bedrückt fühlten, weil in ihrer Zeit die Religion sich noch nicht individualisiert hatte und sich stets nur ans Volk, an die nationale Gemeinschaft, nicht aber, wie bei den Weisheitslehrern, später schon an das Individuum wandte:[1]) sondern es wirkte auch sowohl bei den idealen jüdischen Hellenisten und Apokalyptikern als auch bei den nüchternen pharisäischen Gesetzeslehrern, die sich von dem erhabenen, beinahe berauschenden Pathos der Idee nicht blenden ließen, ein anderes Motiv mit. Sie sahen in ihr ein glänzendes Erziehungsmittel, einen sozialpädagogischen Behelf. Und es berührt einen ganz eigenartig, wenn man bei Josephus genau dasselbe Argument zugunsten des Unsterblichkeitsdogmas findet,[2])

Macht eines Zaubers ergriff und festhielt. τάδε μὲν οὖν Εσσηνοὶ περὶ ψυχῆς θεολογοῦσιν, ἄφυκτον δέλεαρ τοῖς ἅπαξ γευσαμένοις τῆσ σοφίας αὐτῶν ἐγκαθιέντες. Daß diese Unsterblichkeitslehre von den Griechen herübergekommen, hat auch Josephus erkannt; er sagt nämlich ib.: δοκοῦσι δέ μοι κατὰ τὴν αὐτὴν ἔννοιαν Ἕλληνες. Freilich diskreditiert man hier und in ähnlichen Fällen gern die Darstellung des Josephus: „da er ja absichtlich hellenisiere.“

[1]) „Das Geheimnis vom Himmelreich“ war, wie es im Evangelium in Übereinstimmung mit Henoch heißt, den Frommen der Vorzeit, den „Propheten und Gerechten“, noch nicht erschlossen. cf. Math. 13,11,16,17: Ὅτι ὑμῖν δέδοται γνῶναι τὰ μυστήρια τῆς βασιλείας τῶν οὐρανῶν. — — Ὑμῶν δὲ μακάριοι οἱ ὀφθαλμοί, ὅτι βλέπουσι· καὶ τὰ ὦτα ὑμῶν, ὅτι ἀκούει. ἀμὴν γὰρ λέγω ὑμῖν, ὅτι πολλοὶ προφῆται καὶ δίκαιοι ἐπεθύμησαν ἰδεῖν ἃ βλέπετε, καὶ οὐκ εἶδον· καὶ ἀκοῦσαι ἃ ἀκούετε καὶ οὐκ ἤκουσαν. cf. Luc. 10,23–24.

[2]) cf. Bell. jud. II, 8,11. Die Essener, heißt es hier, erklären vor allem die Seele für unsterblich, dann benützen sie diese Lehre, um die Tugend zu fördern und vor dem Laster abzuschrecken; denn die Guten müssen in diesem Leben, weil sie auf einen Lohn nach dem Tode hoffen, noch besser, die Leidenschaften der Bösen aber durch Furcht gezügelt werden, da ihnen ja, falls sie im Leben der Strafe entgehen, nach ihrem Hinscheiden ewige Qual bevorsteht: πρῶτον μὲν ἀϊδίους ὑφιστάμενοι τὰς ψυχάς, ἔπειτα εἰς προτροπὴν ἀρετῆς

das fast zwei Jahrtausende später Napoleon im Interesse des Christentums ausspielte: daß die Verheißung einer jenseitigen Vergeltung einen zugleich beruhigenden und sittigenden Einfluß auf das Volk ausübe. Es ist wahr, mit einer höhern Moral verträgt sich eine solche Auffassung nicht, aber im Dienst rein praktischer Aufgaben schickt sie sich wohl. So hatte denn die neue Lehre, abgesehen von dem rein philosophischen Moment zwei Wurzeln, die ihren Bestand sicherten: das Gemütsbedürfnis des religiösen Menschen und die pädagogische Perspektive.

Die Unsterblichkeitslehre, der wir auf jüdischem Boden zum erstenmal bei Pseudosalomo, hier aber schon in den Vordergrund der religiösen Betrachtungen gestellt, begegnen,[1]) haben die Apokalyptiker, die Volkspropheten Palästinas, übernommen, sie greifbarer gestaltet und in volkstümlicher Weise ausgebaut, so daß von ihr bereits eine Brücke zu dem Glauben an die Auferstehung der Toten angedeutet erscheint. Schon in der Henochapokalypse, in der die Lehre von der Unsterblichkeit der Seele souverän und alles Denken beherrschend auftritt, werden die schattenhaften Umrisse des später sich bildenden Dogmas der leiblichen Auferstehung sichtbar. Es ist noch nicht da, aber die Ansätze sind bereits gegeben. Der jüdische Hellenismus freilich weiß und darf von einer leiblichen Auferstehung nichts wissen. Denn er verwirft den Leib als sündhaft. Die Vernichtung des Leibes gilt ihm als notwendige Voraussetzung für die Erlangung der Unsterblichkeit. Der Leib ist eine beschwerliche Bürde für den Geist. Er fesselt ihn an den Boden, lähmt seinen Aufschwung und verhindert die Erhebung zu Gott, welche ja das oberste Ziel des jüdischen Hellenismus ist. Eine Lehre von der Auferstehung der Toten, von der Wiederbelebung des Körpers, von dem sich zu emanzipieren, der jüdische Hellenismus nicht genug mahnen konnte, hätte in der griechischen Diaspora nimmer entstehen, nimmer Boden fassen können. Sie hatte in Palästina selbst, wo sie autochthon war und nachgerade dominierend wurde, ihre unversöhnlichen Gegner in den Essenern, den Pflegern des jüdischen Hellenismus auf dem Boden Judäas.

καὶ κακίας ἀποροπήν. τούς τε γὰρ ἀγαθοὺς γίνεσθαι κατὰ τὸν βίον ἀμείνους, ἐλπίδι τιμῆς καὶ μετὰ τὴν τελευτὴν, τῶν τε κακῶν ἐμποδίζεσθαι τὰς ὁρμὰς δέει, προσδοκώντων, εἰ καὶ λάθοιεν ἐν τῷ ζῆν, μετὰ τὴν διάλυσιν ἀθάνατον τιμωρίαν ὑφέξειν.

[1]) Sap. Sal. 1,13–16; 2,22–24; 3,1–6; 5,15–17; 6,18–20; 9,15; 15,3. —

Bei diesen stand der Glaube fest, daß der Leib vergänglich und daß sein Stoff der Zerstörung anheimfalle, daß die Seele aber ewig fortdauere.[1])

Und diese Lehre von der Unsterblichkeit der Seele und der Verwerflichkeit des Leibes finden wir schon in der Zeit, als Pseudosalomo schrieb, im Diasporajudentum eingebürgert, sie ist bereits sein geistiges Eigentum und wird hier vorgetragen, als ob sie Gott dem Moses schon auf dem Sinai geoffenbart hätte. „Der verwesliche Leib“, sagt Pseudosalomo, „beschwert die Seele und die Hütte aus Erde drückt den Geist durch Sorgen nieder.“[2]) Das ist aber, wie wir wissen, buchstäblich platonische Theorie,[3]) die auch die Essener durch Vermittlung des jüdischen Hellenismus überkommen hatten. Der Körper, lehrten sie, umfängt die aus der reinen Höhe herabgekommene unsterbliche Seele wie ein Kerker; sobald aber die Bande des Fleisches gefallen, freut sie sich der Erlösung aus langer Knechtschaft und schwingt sich wieder empor.[4]) Der Essenismus, wie der edle jüdische Hellenismus hielten es sonach für die heiligste Aufgabe des Menschen, sich schon während des Erdenlebens, soweit dies nur immer möglich, vom Körperlichen frei zu machen.

Um diese Probleme bewegt sich die ganze jüdisch-hellenistische Religionsphilosophie. Ihr idealer Nerv war: Abtötung des Leibes durch Askese.

Durch das ganze philonische Schrifttum zieht sich das krampfhafte Streben, die der griechischen Philosophie entlehnten Theorien der Unsterblichkeit der Seele und der Verwerflichkeit des Leibes, die schon König Salomo in dem Buche der Weisheit vertritt, in das biblische Schrifttum hineinzuinterpretieren. Hier gilt als der

---

[1]) Jos., Bell. jud. II, 8,11: Καὶ γὰρ ἔῤῥωται παρ᾽ αὐτοῖς ἥδε ἡ δόξα, φθαρτὰ μὲν εἶναι τὰ σώματα, καὶ τὴν ὕλην οὐ μόνιμον αὐτοῖς, τὰς δὲ ψυχὰς ἀθανάτους ἀεὶ διαμένειν. cf. Philo, De human. I, 387; Leg. alleg. I, 95; De migr. Abr. I, 437; Quis rer. div. haer. I, 482, 412 u. v. a. St.

[2]) Sap. Sal. 9,15: φθαρτὸν γὰρ σῶμα βαρύνει ψυχὴν, καὶ βρίθει τὸ γεῶδες σκῆνος νοῦν πολυφροντίδα. cf. 2. Kor. 5,4: Καὶ γὰρ οἱ ὄντες ἐν τῷ σκήνει στενάζομεν βαρούμενοι κτλ.

[3]) cf. M. Friedländer, Griech. Philosophie im A. T. p. 189.

[4]) Jos., Bell. jud. II, 8,11: τὰς δὲ ψυχὰς ἀθανάτους διαμένειν, καὶ συμπλέκεσθαι μὲν ἐκ τοῦ λεπτοτάτου φοιτώσας αἰθέρος, ὥσπερ εἰρκταῖς τοῖς σώμασιν ἴυγγί τινι φυσικῇ κατασπωμένας. ἐπειδὰν δὲ ἀνεθῶσι τῶν κατὰ σάρκα δεσμῶν οἷα δὴ μακρᾶς δουλείας ἀπηλλαγμένας, τότε χαίρειν καὶ μετεώρους φέρεσθαι.

Weisheit letzter Schluß: das Irdische verachten und den Sinn zum Unvergänglichen erheben: nur wer nach oben strebe, könne sich vom Irdischen befreien, Ewigkeit für Zeitlichkeit erwerben.[1])

Wir wollen nun an einigen markanten Beispielen zeigen, wie unsere jüdischen Hellenisten es anfingen, um alle diese fremden Ideen aus der Bibel herauslesen zu können.

Da werden die Schriftworte: „Und Juda gab seinem erstgeborenen Sohne Er ein Weib, die hieß Thamar; aber Er war schlecht vor dem Herrn und der Herr tötete ihn,"[2]) in folgender Weise ausgelegt: „Er" bedeutet den menschlichen Leib. Deshalb habe ihn Gott als schlecht erkannt und getötet. Gott wisse, daß der Körper schlecht und verderblich für die Seele sei.[3]) Jeder Mensch nun trage den an sich toten Körper mit sich herum, indem die Seele ihn belebe und ohne Mühe leite. Gott aber habe „Er", den menschlichen Körper, nicht getötet, sondern ihn von allem Anfang an tot geschaffen. Schlecht aber sei dieser von Natur und verderblich für die Seele; doch werde dies nicht allen, sondern nur Gott und seinen Verehrern sichtbar. Denn es heiße: „Er war schlecht vor dem Herrn." Wenn nämlich der Geist sich zum Überirdischen emporschwinge und in die göttlichen Geheimnisse eingeweiht werde, dann erkenne er den Körper als schlecht und feindselig; wenn er aber von der Frforschung der göttlichen Dinge abstehe, halte er den Körper für verwandt und mit sich verbrüdert und lasse sich von seinen Freuden gefangen nehmen.[4]) Hierin unterscheide sich eben die Seele des Athleten von der des Philosophen. Der erstere habe nur das Wohlbefinden des Körpers im Auge, der letztere aber, als Freund der Tugend, sorge für die ihm innewohnende Seele, ohne sich um den toten Leib zu kümmern, einzig und allein bemüht, daß nicht das Vorzüglichste, die Seele,

---

[1]) Philo, Quod Deus sit imm. I. 299: Ἀδύνατον γὰρ τὸν μὴ ταῖς ὑψηλαῖς καὶ ὁρικαῖς χρώμενον ὁδοῖς ἀπογνῶνα μὲν τὰ θνητά, μετακλῖναι δὲ καὶ μεταναστεῦσαι πρὸς τὰ ἄφθαρτα.

[2]) Genes. 38,6–7.

[3]) Leg. alleg. I, 100: Διὰ τοῦτο καὶ τὸν Εἲρ χωρὶς αἰτίας περιφανοῦς „πονηρὸν οἶδεν ὁ θεὸς" καὶ ἀποκτείνει. Τὸν γὰρ δερμάτινον ὄγκον ἡμῶν, τὸ σῶμα — Εἲρ γὰρ δερμάτινος ἑρμηνεύεται — πονηρόν τε καὶ ἐπίβουλον τῆς ψυχῆς οὐκ ἀγνοεῖ, καὶ νεκρὸν καὶ τεθνηκὸς ἀεί.

[4]) ib. 101: Ὅταν γὰρ ὁ νοῦς μετεωροπολῇ καὶ τὰ τοῦ κυρίου μυστήρια μυῆται, πονηρὸν καὶ δυσμενὲς κρίνει τὸ σῶμα. ὅταν δὲ ἀποστῇ τῆς τῶν θείων ἐρεύνης, φίλον αὐτῷ καὶ συγγενὲς καὶ ἀδελφὸν ἡγεῖται. Καταφεύγει γοῦν ἐπὶ τὰ φίλα τούτῳ.

durch den an sie gefesselten schlechten und toten Leib geschädigt werde. Es heiße ja auch in der Schrift: daß nicht der Herr den „Er“ getötet habe, sondern Gott, also nicht in seiner Eigenschaft als Herrscher und Regierer, sondern in der seiner Liebe und Güte. Denn der Name des Schöpfers sei Gott der Güte, damit man wisse, daß er auch die unbelebten Wesen wie die belebten nicht aus seiner Macht, sondern aus seiner Güte geschaffen habe. Denn zur Offenbarung der höheren Wesen sei es nötig gewesen, daß auch die geringeren von der Dynamis der göttlichen Güte selbst, die Gott sei, geschaffen werden. Wenn sich also die Seele vervollkommne und Lohn und Ruhm erlange, dann komme sie zur sichern Überzeugung, daß sie an dem Körper etwas Totes mit sich herumtrage. Dann werde sie Gott lieben und nicht den Leib.[1]) Dann werde sie auch den Preis empfangen, wenn ihr Thamar zum Weibe geworden; denn Thamar bedeute Palme, das Symbol des Sieges. Beweis dafür sei, daß „Er“, als er sie erlangt, auch schon als schlecht erkannt und getötet worden sei. Denn die Schrift sage: „Und Juda nahm ein Weib für „Er“, seinen Erstgeborenen, Thamar mit Namen. Und gleich darauf: „Und Er war schlecht vor dem Herrn, und Gott tötete ihn.“ Natürlich, wenn der Geist den Preis der Tugend erlangt habe, dann verwerfe er den Körper als etwas Totes.[2])

Von den Seelen, so lehrt der jüdische Alexandrinismus, die von oben herab in den Leib kommen, werden die einen in den Wirbel der Sinnlichkeit hineingezogen und von ihnen verschlungen, andere sind widerstandsfähiger, erheben sich von neuem und schwingen sich wieder zu der Höhe empor, aus der sie herabkommen. So die Seelen derjenigen, die sich der Weisheit widmeten und von Anfang bis zum Ende bemüht waren, dem Körperlichen abzusterben, um des unkörperlichen und unvergänglichen Lebens bei dem Ungeborenen und Unvergänglichen teilhaftig zu werden.[3]) Jene aber, die verschlungen werden, sind die

[1]) ib.: Πότε οὖν, ὦ ψωχὴ, μάλιστα νεκροφορεῖν σαυτὴν ὑπολήψῃ; Ἀρά γε οὐχ ὅταν τελειωθῇς καὶ βραβείων καὶ στεφάνων ἀξιωθῇς; Ἔσῃ γὰρ τότε φιλόθεος, οὐ φιλοσώματος. Τεύξῃ δὲ τῶν ἄθλων κτλ.

[2]) ib.: Ὅταν γὰρ ὁ νοῦς τὰ ἁρετῆς ἀπενέγκηται νικητήρια, θάνατον καταψηφίσεται τοῦ νεκροῦ σώματος.

[3]) Philo, De Gigant. I, 264: Ἐκεῖναι δὲ (ψυχαί) ὥσπερ εἰς ποταμὸν τὸ σῶμα καταβᾶσαι, τοτὲ μὲν ὑπὸ συρμοῦ δίνης βιαιοτάτης ἁρπασθεῖσαι κατεπόθησαν, τοτὲ

Seelen der gewöhnlichen Menschen, die die Weisheit vernachlässigten und sich den wandelbaren Dingen hingaben, die nicht zu dem unsterblichen Geist hinführen, nämlich der an uns gefesselten Leiche, will sagen, dem Leibe, oder noch andern, noch leblosern Dingen wie Ruhm und Geld, Herrschaft und dem, was sonst wahnbetörte Menschen, die niemals das wahrhaft Schöne erkannt haben, ersinnen.[1])

Der Leib ist also ein Kerker für die Seele, er hemmt ihren Aufschwung und sucht sie ans Irdische zu fesseln. In diesem Sinne wird bei Philo auch die folgende, von Gott dem Abraham gemachte Verheißung ausgelegt: „Du sollst wissen, daß dein Same fremd sein wird in einem Lande, das nicht sein ist.“ Was vor allem — so lautet die Auslegung — aus diesen Worten hervorgeht, ist, daß der Tugendliebende im Leibe nicht wie in seiner Heimat wohnen, sondern ihn als ein ihm fremdes Land ansehen solle. Nur der Schlechte fühlt sich dem Leibe verwandt und heimisch in ihm. Dies die eine Lehre. Die andere: daß die Knechtschaft, Verderbnis und die unerträgliche Demütigung der Seele sämtlich ihren Ursprung in dem Leibe haben.[2]) Die Leidenschaften sind nämlich außerhalb der Seele und ihr völlig fremd, sie sind das Erbteil des Fleisches, in welchem sie wurzeln. — Wenn die Wollust Herrschaft über uns erlangt, wird der Geist von hohlem Wind aufgebläht; gebieten die Begierden in uns, entsteht in der Seele die Sehnsucht nach abwesenden Genüssen und plagt und quält sie durch trügerische Hoffnungen. Sie dürstet dann unaufhörlich, ohne ihren Durst löschen zu können, so daß sie Tantalusqualen erduldet. Nimmt aber der Schmerz überhand, so wird die Seele zusammengeschnürt und eingeengt, dem verdorrten Baume vergleichbar, der die Blätter verloren. Sind wir von Furcht beherrscht, so wagt niemand zu bleiben und jeder sucht sein Heil in der Flucht. — Die Begierde hat eine unwiderstehliche Anziehungskraft; die Leidenschaften üben auf die von ihnen Beherrschten einen schweren Druck aus,

---

δὲ πρὸς τὴν φοραν ἀντισχεῖν δυνηθεῖσαι, τὸ μὲν πρῶτον ἀνενήξαντο, εἶτα, ὅθεν ὡρμήθησαν, ἐκεῖσε πάλιν ἀπέπτησαν. Αὗται μὲν οὖν εἰσι ψυχαὶ τῶν ἄνωθέν πρως φιλοσοφησάντων, ἐξ ἀρχῆς ἄχρι τέλους μελετῶσαι τὸν μετὰ σωμάτων ἀποθνήσκειν βίον, ἵνα τῆς ἀσωμάτου καὶ ἀφθάρτου παρὰ τῷ ἀπεννέτῳ καὶ ἀφθάρτῳ ζωῆς μεταλάχωσιν κτλ.

[1]) ib. I, 264.

[2]) Genes. 15,14.

bis Gott, der oberste Richter, den Bedrückten von dem Bedrücker trennt und jener seine volle Freiheit, dieser seine Strafe erhält. Denn es heißt in der Schrift: „Das Volk, daß sie bedrückte, will ich richten, und dann sollen sie ausziehen mit großem Gut.“ [1]) Es ist notwendig, daß der Sterbliche dem Volke der Leidenschaft unterworfen werde und das Los der Staubgeborenen erdulde. Aber es ist auch der Wille Gottes, die dem menschlichen Geschlechte angeborenen Leiden zu erleichtern. Wenn wir daher auch in der Knechtschaft des Leibes das Unvermeidliche erdulden, so tut Gott wieder das Seinige. Er bereitet Freiheit den Seelen, die sich flehend an ihn wenden, und verschafft ihnen nicht bloß Erlösung aus dem Gefängnis und Befreiung von den Fesseln, sondern er gibt ihnen auch Zehrung auf die Reise, in der Schrift ἀποσκευή genannt. Was ist dies wohl? Wenn der vom Himmel herabgekommene Geist an die Bedürfnisse des Leibes gebannt wird und sich von keiner Lust wie ein Weichling unterjochen läßt, sondern als ein Mann, nicht zum Leiden sondern zur Tat bereit, kräftig nach Freiheit strebt und alle Wissenschaften rüstig treibt, so nimmt er beim Abschied, beim Hingang in sein Vaterland alles das mit, was hier unter ἀποσκευή verstanden ist. [2])

„Der Geist,“ — so philosophiert der jüdisch-hellenistische

---

[1]) Quis rer. div. haer. I, 511: Τίνα δ᾽ ἐστὶν ἐῤῥέθη προθεσπισθέντα, καλὸν ἀκοῦσαι. Πρῶτον μὲν, ὅτι τῷ φιλαρέτῳ κατοικεῖν οὐ δίδωσιν ὁ θεὸς, ὡς ἐν οικείᾳ γῇ: τῷ σώματι, ἀλλὰ παροικεῖν ὡς ἐν ἀλλοδαπῇ μόνον ἐπιτρέπει χώρᾳ. „Γινώσκων γὰρ“, φησὶ, „γνώσῃ, ὅτι πάροικον ἔσται τὸ σπέρμα τοῦ ἐν γῇ οὐκ ἰδίᾳ“. Παντὸς δὲ φαύλου συγγενὲς τὸ σώματος χωρίον, ἐν ᾧ μελετᾷ κατοικεῖν. Ἓν μὲν δὴ παίδευμα τοῦτο· ἕτερον δὲ, ὅτι δουλείαν καὶ κάκωσιν καὶ δεινὴν, ὡς αὐτὸς ἔφη, ταπείνωσιν ἐπάγοντα τῇ ψυχῇ, τὰ κατὰ γῆν ἐστιν οἰκίδια. Weil nun — sagt Philo auf einer andern Stelle, De conf. ling. I, 416 — die Gottlosen Erdenbewohner, die Guten aber Fremdlinge in dieser Welt sind, spreche auch Moses von den Weisen nicht als von Bürgern, sonnern als von Beisassen in dieser Welt: Διὰ τοῦτο οἱ κατὰ Μοϋσῆν σοφοὶ πάντες εἰσάγονται παροικοῦντες· αἱ γὰρ τούτων ψυχαὶ στέλλονται μὲν ἀποικίαν δή ποτε τὴν ἐξ οὐρανοῦ. Εἰώθασι δὲ ἕνεκα τοῦ φιλοθεάμονος καὶ φιλομαθοῦς εἰς τὴν περίγειον φύσιν ἀποδημεῖν κτλ.

[2]) Quis rer. div. haer. I, 512: . . . . . . Ἐπειδὰν ἄνωθεν ἀπ᾽ οὐρανοῦ καταβὰς ὁ νοῦς ἐνδεθῇ ταῖς σώματος ἀνάγκαις, εἶτα ἀπὸ μηδεμιᾶς δελεασθεὶς οἷα ἀνδρόγυνος ἢ γύνανδρος, τὰ ἡδέα ἀσπάσηται κακά· μείνας δὲ ἐπὶ τῆς ἑαυτοῦ φύσεως, ἀνὴρ ὄντως τραχηλίζεσθαι δύναται, τοῖς τῆς ἐγκυκλίου μουσικῆς ἐγγραφεὶς ἅπασιν, ἐξ ὧν θεωρίας λαβὼν ἵμερον, ἐγκράτειαν καὶ καρτερίαν ἐῤῥωμένας ἀρετὰς ἐκτήσατο, μετανιστάμενος, καὶ κάθοδον τὴν εἰς πατρίδα εὑρισκόμενος, παντ᾽ ἐπάγεται τὰ παιδείας, ἅπερ ἀποσκευὴ καλεῖται.

Mosaismus — „den Gott dem menschlichen Körper einhaucht, kann eben nicht dauernd in diesem bleiben, da er nur Fleisch[1]) und deshalb nichts Unveränderliches ist. Im Fleische liegt die Schwäche der menschlichen Erkenntnis, es hemmt das Aufblühen der Weisheit. Nur die vom Körper nicht beschwerten Seelen genießen das göttliche Schauen und Hören, wonach ihr ganzes Sehnen und Fühlen geht; die durch den Körper niedergedrückten Seelen aber können nicht nach oben schauen, da ihr Nacken gewaltsam zur Erde gezogen wird, in der sie tierisch wurzeln.[2]) Darum ist denn auch der Gesetzgeber bemüht, die ungesetzlichen und unerlaubten Verbindungen und Vermischungen zu verhindern, indem er verordnet: „Der Mensch, der Mensch, allem Verwandten seines Fleisches wird er nicht nahen, dessen Scham zu entblößen.“ [3]) Das ist wohl die stärkste Aufforderung, die man erlassen kann, das Fleisch und alles ihm Ähnliche zu verachten! Mit dieser Ermahnung aber zeigt er gleichzeitig ganz deutlich, daß der wahre Mensch sich niemals aus freien Stücken den dem Körper angenehmen und verwandten Lüsten naht, sondern eifrig bemüht ist, dieselben zu fliehen. Zweimal heißt es: „der Mensch! der Mensch!“ das beweist, daß hier nicht von dem aus Leib und Seele gemischten, sondern von dem nur der Tugend beflissenen Menschen die Rede ist. Denn der eigentliche wahre Mensch ist der, von dem auch einer der Alten, die Fackel am hellen Tag in der Hand, sagte: „Ich suche einen Menschen.“ Und daß man zu den Verwandten des Fleisches nicht komme, das enthält eine wichtige Lehre: Einiges nämlich ist

---

[1]) Mit Beziehung auf Genes. 6,3.

[2]) De gigant. I, 265: „Εἶπε γὰρ“, φησὶ (ὁ νομοθέτης), „κύριος ὁ θεὸς, οὐ καταμενεῖ τὸ πνεῦμά μου ἐν τοῖς ἀνθρώποις εἰς τὸν αἰῶνα, διὰ τὸ εἶναι αὐτοὺς σάρκας“. — Μένει μὲν γὰρ ἔστιν ὅτε, καταμένει δε οὐδ᾽ εἴσαπαν παρὰ τοῖς πολλοῖς ἡμῖν. — Und. ib. 266 sq.: Διὸ δὴ πνεῦμα θεῖον μένειν μὲν δυνατὸν ἐν ψυχῇ, διαμένειν δὲ ἀδύνατον ὡς εἴπομεν. Καὶ τί θαυμάζομεν; ...... Αἴτιον δὲ τῆς ἀνεπιστημοσύνης μέγιστον ἡ σὰρξ καὶ ἡ πρὸς σάρκα οἰκείωσις· καὶ αὐτὸς δὲ ὁμολογεῖ φάσκων, διὰ „τὸ εἶναι αὐτοὺς σάρκας“ μὴ δύνασθαι τὸ θεῖον πνεῦμα καταμεῖναι· — — — Ψυχαὶ μὲν γὰρ ἄσαρκοι καὶ ἀσώματοι ἐν τῷ τοῦ παντὸς θεάτρῳ διημερεύουσαι, θεαμάτων καὶ ἀκουσμάτων θείων, ὧν ἄπληστος εἰς ταύτας εἰσέληλυθεν ἔρως, μηδενὸς καλυσιεργοῦντος ἀπολαύουσιν. Ὅσαι δὲ τὸν σαρκῶν φόρτον ἀχθοφοροῦσι, βαρυνόμεναι καὶ πιεζόμεναι, ἄνω μὲν βλέπειν εἰς τὰς οὐρανίους περιόδους ἀδυνατοῦσι, κάτω δὲ ἑλκυσθεῖσαι τὸν αὐχένα βιαίως δίκην τετραπόδων γῇ προσεῤῥίζωνται.

[3]) Levit. 18,6.

zu gestatten, so das Notwendige, das Notdürftige, das zu einem gesunden Leben Unerläßliche. Das Überflüssige aber, das die Begierden entfacht, so daß sie alles Edle ungestüm niederbrennen, ist abzutun, die Leidenschaft gewaltsam zu unterdrücken. Siegt also die der Tugend verwandte Enthaltsamkeit über die Sinnlichkeit, dann wird ein großes Heer unversöhnlicher Feinde vernichtet."[1]) — In gleicher Weise nun, als bei der Masse der dem Irdischen zugewandten Menschen der göttliche Odem nicht dauernd verbleibt, sondern nur jener Klasse von Menschen zuteil wird, die sich alles Irdischen entkleidet und reinen, unverhüllten Geistes sich zu Gott erheben,[2]) hat Moses außerhalb des Lagers und des ganzen körperlichen Heeres sein Zelt aufgeschlagen,[3]) mit andern Worten, seine Lehre unerschütterlich fest gegründet. Und nachdem er in die Finsternis, in das Land des Unsichtbaren, eingedrungen, verblieb er daselbst und wurde in die heiligsten Mysterien eingeweiht. Aber nicht nur eingeweiht wurde er, er wurde auch ein Verkünder der Mysterien, ein Lehrer der göttlichen Dinge, die er

---

[1]) De gigant. I, 267: Πῶς ἄν τις προτρέψαιτο μᾶλλον σαρκὸς καὶ τῶν σαρκὸς οἰκείων καταφρονεῖν, ἢ τοῦτον τὸν τρόπον; Καί τοι οὐκ ἀποτρέπει μόνον, ἀλλὰ καὶ παγίως ἀποφαίνεται, ὅτι ὁ πρὸς ἀλήθειαν ἄνθρωπος, οὐ προσελεύσεταί ποτε ἑκὼν ταῖς φίλαις καὶ συγγένεσι σώματος ἡδοναῖς, ἀλλοτρίωσιν δὲ τὴν πρὸς αὐτὰς ἀεὶ μελετήσει. Τὸ μὲν οὖν μὴ ἅπαξ, ἀλλὰ δὶς φάναι, „Ἄνθρωπος, ἄνθρωπος", σημεῖόν ἐστι τοῦ μὴ τὸν ἐκ σώματος καὶ ψυχῆς, ἀλλὰ τὸν ἀρετῇ κεχρημένον δηλοῦσθαι. Ὄντως γὰρ ὁ ἀληθινὸς οὗτός ἐστιν, ὃν καὶ τῶν παλαιῶν λύχνον τίς μεσημβρίας ἁψάμενος πρὸς τοὺς πυνθαμένους, „ἄνθρωπον", ἔφη, „ζητεῖν". Τὸ δὲ μὴ πρὸς πάντα οἰκεῖον προσέρχεσθαι τῆς σαρκὸς, ἔχει λόγον ἀναγκαῖον. Ἔνια γὰρ προσετέον, οἷον αὐτὰ τὰ ἐπιτήδεια, οἷς χρώμενοι ζῆν ἀνόσως καὶ ὑγιεινῶς δυνησόμεθα· τὰ δὲ περιττὰ σκορακιστέον, ὑφ᾽ ὧν ἐξαπτόμεναι αἱ ἐπιθυμίαι τὰ σπουδαῖα πάντα ῥύμῃ μιᾷ καταφλέγουσι. Μὴ πρὸς πάντα οὖν τὰ τῇ σαρκὶ φίλα αἱ ὀρέξεις ἀνερεθιζέσθωσαν· ἡδοναὶ γὰρ αἱ ἀτίθασσοι πολλάκις, ὅταν κυνῶν τρόπον προσσαίνωσιν, ἐξ ὑποστροφῆς ἀνίατα ἔδακον. Ὥστε τὴν ἀρετῆς φίλην ὀλιγόδειαν πρὸ τῶν σώματος οἰκείων ἀσπαζόμενοι, τὸν πολὺν καὶ ἀνήνυτον ὄχλον ἀσπόνδων ἐχθρῶν καταλύομεν.

[2]) De gigant. I, 270: Ὥστε οὖν ἐν μὲν τοῖς πολλοῖς, τουτέστι τοῖς πολλὰ τοῦ βίου τέλη προτεθειμένοις, οὐ καταμένει τὸ θεῖον πνεῦμα, καὶ ἂν πρὸς ὀλίγον χρόνον ἀναστραφῇ, μόνῳ ἀνθρώπων εἴδει ἑνὶ παραγίνεται, ὃ πάντα ἀπαμφιασάμενον τὰ ἐν γενέσε, καὶ τὸ ἐσώτατον καταπέτασμα καὶ προκάλυμμα τῆς δόξης, ἀνειμένη καί γυμνῇ τῇ διανοίᾳ πρὸς θεὸν ἀφίξεται. Οὕτω καὶ Μωϋσῆς ἔξω τῆς παραμβολῆς καὶ τοῦ σωματῖκοῦ παντὸς στρατοπἔδου πήξας τὴν ἑαυτοῦ σκηνὴν τουτέστι τὴν γνώμην ἱδρυσάμενος ἀκλινῆ προσκυνεῖν τὸν θεὸν ἄρχεται κτλ.

[3]) Exod. 33,7.

den reinen Ohren verkündet.[1]) — Wenn der Geist befreit sein will, so muß er sich von den körperlichen Dingen losreißen, er muß aus sich selbst heraus. In diesem Sinne rühmt auch die Schrift: „Der Herr, der Gott Himmels und der Erde, der mich aus dem Hause meines Vaters nahm.“[2]) Denn wer im Körper und bei irdischen Dingen verweilt, der vermag nicht bei Gott zu wohnen; nur diejenigen vermögen es, die von Gott aus dem Kerker erlöst wurden. Darum geht auch Isaak — die Freude der Seele — wo er in Verkehr und Unterhaltung mit Gott tritt, hinaus, indem er sich und seinen eigenen Geist verläßt. Denn es heißt: „Isaak ging hinaus, zu sinnen aufs Feld gegen Abend.“[3]) Ebenso sagt Moses, der prophetische Logos: Wenn ich aus der Stadt hinauskomme, so will ich meine Hände ausbreiten.“[4]) Ich will mein Tun vor Gott ausbreiten und offen darlegen und ihn zum Zeugen und Wächter für dasselbe anrufen, vor dem kein Laster verborgen sein kann. Wenn nun die Seele in Wort und Werk sich offen darlegt und äußert, dann verstummen die Stimmen der Sinne und jeder mißtönige Schall. — Als Moses das Zelt, das ist die Weisheit, in welcher der Weise sich lagert und wohnt, von Gott übernahm, fügte er dasselbe zusammen, befestige und begründete es, nicht im Körper sondern außerhalb desselben. Und es wurde das Zelt des Zeugnisses genannt, denn die Weisheit wird von Gott bezeugt. — Jeder, der Gott sucht, geht hinaus. Sehr wahr! Denn wenn die Seele Gott sucht, so sucht sie nach ihm, indem sie aus sich selbst herausgeht. Solange sie in den körperlichen Bestrebungen oder in den sich selbst verherrlichenden Ansichten verharrt, sucht man Gott nicht, mag man auch vorgeben, ihn zu suchen. Ob man beim Suchen nach Gott, ihn auch immer finden wird, ist ungewiß, denn vielen offenbart er sich nicht. Gleichwohl darf man davon nicht abstehen, da schon das Suchen allein die Teilnahme an dem wahren Guten sichert. Denn das Streben nach dem Schönen macht, auch wenn man das Ziel nicht erreicht, glückselig.[5]) — Der Schlechte nun flieht die Tugend, verbirgt sich vor Gott, vertrauend auf die schwache Hilfe seines eigenen Geistes; der Fromme aber geht aus sich selbst heraus und wendet sich zu der Erkenntnis des Einen,

---

[1]) De gigant. I, 270. [2]) Gen. 24,7. [3]) Gen. 24,63.
[4]) Exod. 9,29.
[5]) Leg. alleg. I, 95 sq.

den Siegespreis im edlen Wettlauf erringend.[1]) Das ist eben der Unterschied zwischen den seelischen und körperlichen Menschen. Die erstern, die mit dem Unkörperlichen zu verkehren vermögen, gelangen zur höchsten Glückseligkeit; die letztern, die Freundschaft und Vertrag mit dem Körper eingehen, können die fleischliche Hülle nicht abtun, die Gottheit nicht erfassen.[2]) Denn nur wenn der Geist für sich allein lebt, kann er das einzige Wesen rein und ungestört verehren. Darum befiehlt auch Moses: „Ein jeder töte seinen Bruder, Freund und Nachbar.“[3]) Ein jeder nämlich muß den Bruder des Geistes, den Leib, den Freund des vernünftigen Teiles, der Seele, den unvernünftigen, den Nachbar des Geistes, die ausgesprochene Rede, töten. Denn nur dann kann der Geist in uns Diener Gottes werden, wenn der Mensch dadurch ganz in Seele aufgelöst wird, daß der verbrüderte Leib und seine Begierden weichen; ferner wenn die Seele ihren Nachbar, den unvernünftigen Teil, aufgiebt. Dieser teilt sich wie ein Strom in fünf Arme, die Sinne, und wühlt durch diese die Macht der Leidenschaften auf. Endlich muß die Vernunft ihren Nächsten, die Rede, entfernen, so daß nur das innere geistige Sprechen übrig bleibt, losgelöst vom Leibe, losgelöst von der Rede des Mundes.[4])

Man müßte zum mindesten den halben Philo ausschreiben, wollte man alle Variationen, in denen dieses Thema bei ihm behandelt wird, wiedergeben. Alles in allem: Von den Fesseln des Körpers sich schon in diesem Leben nach Möglichkeit zu befreien, um in die göttlichen Geheimnisse eindringen zu können, das war das Um und Auf der Philosophie des jüdischen Hellenis-

---

[1]) ib. 96sq.: ὁ δὲ σπουδαῖος ἔμπαλιν ἑαυτὸν ἀποδιδράσκων ἀναστρέφει πρὸς τὴν τοῦ ἑνὸς ἐπίγνωσιν, καλὸν δρόμον καὶ πάντων ἀρίστων ἀγώνισμα τοῦτο νικῶν.

[2]) Quod deus imm. I, 281: Τῶν γὰρ ἀνθρώπων οἱ μὲν ψυχῆς, οἱ δὲ σώματος γεγόνασι φίλοι. Οἱ μὲν οὖν ψυχῆς ἑταῖροι νοηταῖς καὶ ἀσωμάτοις φύσεσιν ἐνομιλεῖν δυνάμενοι, οὐδεμιᾷ τῶν γεγονότων ἰδέᾳ παραβάλλουσι τὸ ὄν· ἀλλ' ἐκβιβάσαντες αὐτὸ πάσης ποιότητος — ἓν γὰρ τῶν εἰς τὴν μακαριότητα αὐτοῦ καὶ τὴν ἄκραν εὐδαιμονίαν ἦν — — — Οἱ δὲ συμβάσεις καὶ σπονδὰς πρὸς σῶμα θέμενοι, ἀδυνατοῦντες ἀπαμφιασάσθαι τὸ σαρκῶν περίβλημα κτλ.

[3]) Exod. 32,27.

[4]) De prof. I, 559: Οὕτω γὰρ μόνως θεραπευτικὸν γένοιτο τοῦ τῶν ὄντων ἀρίστου τὸ ἐν ἡμῖν αὐτοῖς ἄριστον. Πρῶτον μὲν, εἰ ἀναλυθείη ἄνθρωπος εἰς ψυχὴν, διαζευχθέντος καὶ διακοπέντος αὐτῷ τοῦ ἀδελφοῦ σώματος καὶ τῶν ἀνηνύτων ἐπιθυμιῶν· εἶτα τῆς ψυχῆς ἀποβαλούσης, ὡς ἔφην, τὸ πλησίον τοῦ λογικοῦ το ἄλογον κτλ.

mus; und die Mittel zur Erreichung dieses höchsten und erhabensten Ziels: Askese und Weltflucht! Die Askese befreit den Geist von den irdischen Fesseln, die Weltflucht verhütet einen Rückfall ins Sinnliche. Und alle diese Theorien wurden aus dem mosaischen Schrifttum herausgelesen! Schon Henoch wird, sobald er sich der Askese widmet, nicht mehr gefunden, er wird an einen andern Ort, in die Einsamkeit, versetzt. Und die Moral davon: Wenn man einmal die Leidenschaften zu überwinden entschlossen, so eile man unverzüglich vom Hause, vom Vaterland und von den Verwandten fort, daß man nicht wieder von den Reizen der Sinnlichkeit angelockt und gefangen werde, und suche die Einsamkeit auf, da der große Haufe voll Ordnungslosigkeit, Arglist und Schlechtigkeit, in dessen Mitte der nach Tugend Strebende sich unmöglich wohlbefinden könne.[1]) Von diesem heiligen Streben waren denn auch, nach unsern jüdischen Hellenisten, die eben infolge dieses Strebens der Gottesnähe gewürdigten drei Stammväter des jüdischen Volkes erfüllt. Wenn Gott dem Abraham zuruft: „Gehe aus deinem Vaterland, aus deiner Verwandtschaft, aus dem Hause deines Vaters, in das Land, das ich dir zeigen werde",[2]) so ist dies selbstverständlich eine Aufforderung zur Askese. Es will sagen: mache dich unabhängig von allem Sinnlichen, daß es dich nicht beherrsche. Verlaß das Körperliche, fliehe dieses durchaus unreine Gefängnis und die Lüste und Begierden des Leibes, die gleichsam seine Gefängniswärter sind.[3]) — Wenn Gott dem Abraham verheißt, daß nicht Eliezer sein Erbe, sondern der aus seinem Leibe kommen werde, der werde sein Erbe sein,[4]) so heißt dies: nicht der Geist, der freiwillig im Gefängnis des Leibes verharrt, sondern der von den Fesseln desselben losgelöste und befreite, der außerhalb der Mauern hinaustritt, sozusagen sich selbst verläßt. Will die

---

[1]) De praem. et poen. II, 411: Εἶ γὰρ τῷ ὄντι ἐπάνω τῶν παθῶν ἀψευδῶς ἔγνωκεν ἵστασθαι ἄνθρωπος, καταφρονήσας ἡδονῶν καὶ ἐπιθυμιῶν, εὐτρεπιζέσθω φεύγων ἀμεταστρεπτὶ καὶ οἶκον καὶ πατρίδα καὶ συγγενεῖς καὶ φίλους κτλ.

[2]) Gen. 12,1–3.

[3]) De migr. Abr. I, 437: Ἄπελθε οὖν ἐκ τοῦ περὶ σεαυτὸν γεώδους, τὸ παμμίαρον, ὦ οὗτος, ἐκφυγὼν δεσμωτήριον, τὸ σῶμα, καὶ τὰς ὥσπερ εἱρκτοφύλακας ἡδονὰς καὶ ἐπιθυμίας αὐτοῦ, παντὶ σθένει καὶ πάσῃ δυνάμει μηδὲν τῶν εἰς κάκωσιν παρεὶς, ἀλλὰ πάντα ἀθρόα συλλήβδην ἐπανατεινάμενος.

[4]) Genes. 15,4.

Seele also die göttlichen Güter erwerben, so muß sie nicht bloß die Erde, will sagen, den Leib, die Verwandtschaft, nämlich die Sinne, das Vaterhaus oder die Rede verlassen, sondern sich selbst fliehen, aus sich herausgehen wie Korybanten, welche von göttlicher Begeisterung trunken sind. Denn wo die Seele voll Begeisterung nicht mehr bei sich selbst ist, sondern in himmlischer Liebe schwelgt, von der Wahrheit getrieben zu Gott emporgehoben wird, da ist Erbschaft der göttlichen Güter.[1]

Der glücklichste der drei Patriarchen war Isaak. Denn diesem Gottbegnadeten fielen die Früchte der Askese mühelos in den Schoß. Er erhielt die Tugend ohne Anstrengung und Kampf von der gütigen Natur zum Erbteil.[2])

Der Asket κατ' ἐξοχήν, der schwer gegen alles Irdische kämpfen muß, um zum Anschauen Gottes zu gelangen, ist Jakob. Die Himmelsleiter, die er im Traum sieht, meint Philo, versinnbildliche sein Leben.[3]) Denn die Askese sei ihrer Natur nach schwankend; bald schwinge sie sich in die Höhe empor, bald wieder sinke sie herab; dem Schiffe vergleichbar, segle sie bald mit günstigem, bald wieder mit ungünstigem Wind. Es sei, wie der Dichter sage, ein fortwährender Kampf auf Leben und Tod. Den Weisen nämlich sei der Himmel zum Wohnsitz eingeräumt. Ihr Streben gehe also unaufhörlich nach oben. Der Asket nun steige wie auf einer Leiter auf und ab, bald von seiner bessern Natur emporgehoben, bald durch die schlechtere herabgezogen; bis Gott, der Schiedesrichter, dem bessern Teil zum Sieg verhelfe und den

---

[1]) Quis rer. div. haer. I, 482: Τίς οὖν γενήσεται κληρονόμος; Οὐχ' ὁ μένων ἐν τῇ σώματος εἱρκτῇ λογισμὸς καθ' ἑκούσιον γνώμην, ἀλλ' ὁ λυθεὶς τῶν δεσμῶν καὶ ἐλευθερωθεὶς, καὶ ἔξω τειχῶν προεληλυθὼς, καὶ, εἰ οἷόν τε τοῦτο εἰπεῖν, αὐτὸς ἑαυτὸν καταλελοιπώς. „Ὃς γαρ“, φησὶν, „ἐξελεύσεται ἐκ σοῦ, οὗτος κληρονομήσει σε“. Πόθος οὖν εἴ τις εἰσέρχεταί σε, ψυχὴ, τῶν θείων ἀγαθῶν κλησονομῆσαι, μὴ μόρον „γῆν“, τὸ σῶμα, καὶ „συγγένειαν“, αἴσθησιν, καὶ „οἶκον πατρὸς“, τὸν λόγον, καταλίπῃς, ἀλλὰ καὶ σαυτὴν ἀπόδραθι, καὶ ἔκστηθι σεαυτῆς, καθάπερ οἱ κορυβαντιῶντες καὶ κατεχόμενοι βακχευθεῖσα καὶ θεοφορηθεῖσα κατά τινα προφητικὸν επιθειασμόν. Ἐνθουσιώσης γὰρ καὶ οὐκ ἔτι οὔσης ἐν ἑαυτῇ διανοίας, ἀλλ' ἔρωτι οὐρανίῳ σεσοβημένης καὶ ἐκμεμηνυίας, καὶ ἄνω πρὸς αὐτὸν εἱλκυσμένης, προϊούσης ἀληθείας καὶ τὰ ἐν ποσὶν ἀναστελλούσης, ἵνα κατὰ λεωφόρου βαίνοι τῆς ὁδοῦ, τὸ γενέσθαι τῶν θείων κληρονόμον κτλ.

[2]) De praem. et poen. II, 413; De somn. I, 647 u. a. St.

[3]) De somn. I, 643: Ἴσως δὲ καὶ τὸν ἑαυτοῦ βίον ὁ ἀσκητὴς φαντασιοῦται κλίμακι ἐοικότα κτλ.

schlechtern für immer vernichte.[1]) Wenn nun der Asket energisch dem Ziele zustrebe und hell zu schauen anfange, was er früher nur dunkel und traumartig geschaut, dann werde er nicht mehr Jakob, der „Fersenstoßer“, sondern Israel, der „Gottesschauer“, genannt.[2])

Der größte der Asketen aber ist Moses, der hehre Weise, der sich durch die Askese zur Prophetie emporläuterte, bis er der Gottesnähe gewürdigt wurde. Er mußte zuvor die Seele von allen leiblichen Schwächen reinigen, sich von Speise und Trank und von Gemeinschaft mit Weibern fernhalten. Er hatte sich derselben von dem Zeitpunkt ab, da er anfing Offenbarungen zu haben, möglichst enthalten, um stets für göttliche Erscheinungen vorbereitet zu sein. Vierzig Tage lang entbehrte er einst Speise und Trank, bessere Nahrung vom Himmel empfangend: die göttlichen Offenbarungen.[3]) Schon in frühester Jugend wußte er seine Begierden zu zügeln, sie mit Macht zurückzudrängen. Ließ er sich aber einmal nur ein wenig von der Leidenschaft hinreißen, dann legte er sich selbst die härtesten Strafen auf. Mit Recht wurde er daher von allen bewundert. Man war zweifelhaft, ob der in ihm lebende Geist ein göttlicher oder menschlicher oder ein Gemisch von beiden sei, da er hoch erhaben über der Menge stand und an Edelmut und Seelengröße sie weit überragte. Die sinnlichen Genüsse verachtete er und schränkte sie, wie kein anderer, auf das zum Leben Unentbehrlichste ein, da er nur dem Geiste und nicht dem Leibe leben wollte.[4]) Durch Verachtung der irdischen Besitztümer zeichnete er sich vor allen Herrschern aus, die jemals gelebt haben. Da er

---

[1]) ib: σοφοὶ μὲν γὰρ τὸν ὀλύμπιον καὶ οὐράνιον χῶρον ἔλαχον οἰκεῖν, ἄνω φοιτᾶν ἀεὶ μεμαθηκότες, κακοὶ δὲ τοὺς ἐν ᾅδου μυχοὺς, ἐξ ἀρχῆς ἄχρι τέλους ἀποθνήσκειν ἐπιτετηδευκότες. — — Οἱ δ' ἀσκηταὶ — μεθόριοι γὰρ τῶν ἄκρων εἰσὶν — ἄνω καὶ κάτω πολλάκις ὡς ἐπὶ κλίμακας βαδίζουσιν κτλ. cf. De mutat. nom. 591.

[2]) De somn. I, 446: Ἐὰν μέντοι ὁ ἀσκήτης οὗτος εὐτόνως δράμῃ πρὸς τὸ τέλος, καὶ διαυγῶς ἔδῃ ἃ πρότερον ἀμυδρῶς ὠνειροπόλει, μετατυπωθεὶς τῷ κρείττονι χαρακτῆρι, καὶ προσαγορευθεὶς Ἰσραὴλ, ὁ θεὸν ὁρῶν, ἀντὶ τοῦ πτερνίζοντος Ιακώβ. — Ταῦτα οὐκ ἐμός ἐστι μῦθος, ἀλλὰ χρησμὸς ἐν ταῖς ἱεραῖς ἀναγεγραμμένος στήλαις. —

[3]) Vita Mos. II, 145 sq. —

[4]) ib. II, 85: Γαστρί τε γὰρ ἔξω τῶν ἀναγκαίων δασμῶν, οὓς ἡ φύσις ἔταξεν, οὐδὲν πλέον ἐχορήγει τῶν τε ὑπογαστρίων ἡδονῶν, εἰ μὴ μέχρι σπορᾶς παίδων γνησίων οὐδὲν ἐμέμνητο. Γενόμενός τε διαφερόντως ἀσκήτης ὀλιγοδείας,

die Bewunderung des materiellen Reichtums für ein Zeichen geistiger Armut hielt, so verachtete er ihn als etwas Blindes, ehrte aber den hellsehenden Reichtum der Seele und strebte nach demselben wie kein anderer. Hervorragend durch seine asketische Lebensweise und entsagend dem bei den Menschen so hochgehaltenen Reichtum, ehrte ihn Gott mit Verleihung des größten und vollkommensten Reichtums, nämlich mit der Macht über die ganze Erde und die übrigen Elemente: er erklärte ihn zum Teilhaber seiner Macht und übergab ihm die Herrschaft über die ganze Welt, wie einem Erben sein gesetzmäßiges Eigentum. — Er genoß den Verkehr mit dem Vater und Schöpfer der ganzen Welt und wurde derselben Benennung wie jener gewürdigt: denn man nannte ihn Gott und König seines ganzen Volkes. Er durfte in das Dunkel eintreten, wo Gott sich aufhielt, das heißt in das gestaltlose, unsichtbare und unkörperliche, das All darstellende Wesen und durfte noch als Mensch das Unsichtbare schauen.[1])

Das sind die Vorbilder aller wahrhaft Frommen, deren ganzes Streben dahin geht, sich zu Gott zu erheben, „Gott zu schauen“. Diese Vorbilder lehren, wie wir zur himmlischen Weisheit, zur reinen Gottesverehrung gelangen, Therapeuten, „Kinder des Himmels“, werden können. Der Weg, der zu diesem hehren Ziel führt, ist zwar steil und dornenvoll, aber es ist des Schweißes der Edlen wert, ihn zu wandeln: durch die Askese zum Anschauen Gottes! Erst wenn man, wie Moses, alle Sinnlichkeit abtötet, gelangt man dahin, Gott zu schauen.[2]) Denn die Weisheit kann nicht dort zur Herrschaft kommen, wo die körperlichen Bedürfnisse ihre Befriedigung finden, da die Seele, so lange sie bei der Weisheit verweilt,

---

καὶ τὸν ἀβροδίαιτον βίον ὡς οὐδεὶς ἕτερος χλεύσας — ψυχῇ γὰρ ἐπεπόθει μόνῃ οὐ σώματι — τὰ φιλοσοφίας δόγματα διὰ τῶν καθ᾽ ἑκάστην ἡμέραν ἔργων ἐπεδείκνυτο κτλ.

[1]) ib. II, 106: οὐχὶ καὶ μείζονος τῆς πρὸς τὸν πατέρα τῶν ὅλων καὶ ποιητὴν κοινωνίας ἀπήλαυσε προσρήσεώς τε τῆς αὐτῆς ἀξιωθείς; Ὠνομάσθη γὰρ ὅλου τοῦ ἔθνους θεὸς καὶ βασιλεὺς, εἰς τε τὸν γνόφον, ἔνθα ἦν ὁ θεὸς, εἰσελθεῖν λέγεται, τουτέστι εἰς τὴν ἀειδῆ καὶ ἀόρατον καὶ ἀσώματον τῶν ὄντων παραδειγματικὴν οὐσίαν, τὰ ἀθέατα φύσει θνητῇ κατανοῶν.

[2]) Leg. alleg. I, 115 heißt es von Moses: ὅλην τὴν γαστέρα καὶ τὰς αὐτῆς καὶ μετ᾽ αὐτὴν ἡδονὰς ἐκπλύνει καὶ ἀπολούεται καὶ ἀποῤῥύπτεται, οὐχὶ μέρος τι. Ἀλλ᾽ οὕτω καταφρονητικῶς ἔσχηκεν αὐτῆς, ὥστε οὐδὲ τὰ ἀναγκαῖα σιτία ἢ πότα προσίεται, θεωρίᾳ τῶν θείων τρεφόμενος.

von den körperlichen Dingen nicht genießen kann, dagegen von göttlichen Dingen genährt wird, um derentwillen sie das Fleisch vernachlässigt.[1]) — Wenn der Patriarch Jakob einen Stein zu Häupten nimmt, um darauf zu schlafen,[2]) so versinnbildlicht dies so recht die harte und rauhe Lebensweise der Asketen: Diese betrachten Mäßigung, die Kunst von wenigem zu leben, und Ausdauer als die Grundpfeiler des ganzen Lebens, sie verachten Geld und Ruhm, selbst Speise und Trank, insoweit sie der Hunger nicht zwingt, davon zu kosten. Um der Erwerbung der Tugend willen sind sie gegen Kälte und Hitze gleichgültig, wissen sie nichts von kostbaren Kleidern.[3])

Der Aufstieg zur Höhe des „Schauens Gottes", wonach ja das ganze Sehnen des höhern Menschen geht, ein Ziel, das ihm übrigens Gott selbst gesteckt hat,[4]) ist ein ungemein schwieriger, da auf diesem Wege der sinnliche, „auf dem Bauche kriechende Mensch", der die fleischliche Hülle nicht abtun und zur Seligkeit der Gotteserkenntnis nicht gelangen kann,[5]) überwunden werden muß. Wer diesen Aufstieg beginnen will, muß sich mit der Vernunft umgürten, um die Leidenschaften zu zügeln; der Fortschreitende muß die Eingeweide, der Vollkommene aber den ganzen Bauch

---

[1]) Leg. alleg. I, 117: οὐ γὰρ δύναται τὸν αὐτὸν κρατεῖν χῶρον φρόνησις, καὶ σωματικῆς ἀνάγκης ἀπόλαυσις. — Ὅτι οὐ δύναται ἡ ψυχὴ καταμένουσα μετὰ φρονήσεως, καὶ ἐν τῷ οἴκῳ διατρίβουσα τῆς σοφίας, χρῆσθαί τινι τῶν φίλων σώματος· τρέφεται γὰρ τότε θειοτέραις τροφαῖς ἐν ταῖς ἐπιστήμαις, δι' ἃς καὶ τῆς σαρκὸς ἀμελεῖ.

[2]) Genes. 28,11.

[3]) De somn. I, 639: .... οἱ πρὸς ἀλήθειαν ἄνδρες, σωφροσύνης καὶ κοσμιότητος καὶ αἰδοῦς ἐρασταὶ, ἐγκράτειαν, ὀλιγόδειαν, καρτερίαν, ὥσπερ κρηπῖδάς τινας ὅλου τοῦ βίου καταβεβλημένοι, ψυχῆς ἀσφαλεῖς ὑποδρόμους, οἷς ἀκινδύνως καὶ βεβαίως ἐνορμιεῖται· χρημάτων καὶ ἡδονῆς καὶ δόξης κρείττους, σιτίων καὶ ποτῶν καὶ αὐτὸ μόνον τῶν ἀναγκαίων ἐφ' ὅσον μὴ νεωτρίζειν ἄρχεται λιμὸς, ὑπεράπται· πεῖναν δέχεσθαι καὶ δίψος, θάλπος τε κρύος, καὶ καὶ ὅσα ἄλλα δυσκαρτέρητα, ὑπὲρ ἀρετῆς κτήσεως, ἑτοιμότατοι· ζηλωταὶ τῶν εὐποριστοτάτων, ὡς μηδ' ἐπ' εὐτελεῖ χλαίνῃ ποτὲ δυσωπηθῆναι, τὸ ἐναντίον δὲ τὰς πολυτελεῖς, ὄνειδος καὶ μεγάλην τοῦ βίου ζημίαν νομίσαι. — Genau so hielten es, wie wir sehen werden, die Therapeuten.

[4]) Die Worte Exod. 24,1: Und zu Moses sprach Gott: steige herauf zum Herrrn, wird bei Philo, De migr. Abr. I, 462, als eine Aufforderung an die Seele, sich zum Schauen Gottes emporzuschwingen, ausgelegt: Τοῦτο δέ ἐστι τοιοῦτον· ἀνάβηθι, ὦ ψυχῆ, πρὸς τὴν τοῦ ὄντος θέαν κτλ.

[5]) cf. Quod deus imm. I 281.

abwaschen.[1]) — So gibt es denn auch nach der Lehre Mosis drei Gattungen von Menschen: die einen gehören der Erde an, die andern dem Himmel, die dritten Gott. Die irdischen Menschen sind diejenigen, welche der Sinnlichkeit leben, die himmlichen sind die Künstler, Gelehrten, Freunde der Wissenschaft, denn das Himmlische in uns ist der Geist, und dieser beschäftigt sich mit himmlischen Dingen, mit den Wissenschaften und Künsten, um sich durch Betrachtung der übersinnlichen Dinge zu stärken. Göttliche Menschen aber sind die Priester und Propheten, die es verschmähen, Bürger der Erde zu werden, sondern, alles Sichtbare und Sinnliche überfliegend, sich in die ideale Welt erheben und dort wohnen bleiben, eingeschrieben in die Bürgerschaft der unvergänglichen und unkörperlichen Ideen.[2])

Also Gott zu schauen und Bürgerschaft des Himmels zu erwerben, das war das Ziel dieser frommen Weltüberwinder. Und um dieses Ziel zu erreichen, warfen sie allen nur irgendwie entbehrlichen irdischen Ballast von sich, nur so viel von ihm zu-

---

[1]) Leg. alleg. I, 118: Οὐκοῦν ὁ μὲν φιλήδονος ἐπὶ κοιλίαν βαδίζει, ὁ δὲ τέλειος τὴν κοιλίαν ὅλην ἐκπλύνει, ὁ δὲ προκόπτων, τὰ ἐν κοιλίᾳ. Ὁ δὲ ἄρτι ἀρχόμενος παιδεύεσθαι ἔξω πρόεισιν, ὅταν μέλλῃ τῆς γαστρὸς, τοῖς ἀναγκαίοις ἐπιφερόμενος λόγον, ἐπιστομεῖν τὸ πάθος. — cf. De agric. I, 325 sq.: Ἁρμόττει δὲ πᾶσι τούτοις, ἀρχομένοις, προκόπτουσι, τετελειωμένοις κτλ. — Bezeichnenderweise stellt auch der Essenismus — was gleichfalls seine Provenienz verrät — an den in seine heiligen Hallen Einlaß Begehrenden die Forderung, vorerst diese selben drei Grade asketischer Läuterung durchzumachen. Wer nämlich in den Orden der Essener aufgenommen werden wollte, erhielt nicht ohne weiteres Zutritt, er mußte vielmehr zunächst ein volles Jahr außerhalb der Gesellschaft bleiben, sich aber ihrer Lebensweise unterwerfen: Τῷ δὲ ζηλοῦντι τὴν αἵρεσιν αὐτῶν οὐκ εὐθὺς ἡ πάροδος, ἀλλ' ἐπ' ἐνιαυτὸν ἔξω μένοντι τὴν αὐτὴν ὑποτίθενται δίαιταν. Hat er in dieser Zeit hinreichende Proben der Enthaltsamkeit gegeben (ἐπειδὰν δὲ τούτῳ τῷ χρόνῳ πεῖραν ἐγκρατείας δῷ), tritt er der Gesellschaft einen Grad näher und wird mit reinem Wasser geweiht, aber noch nicht zu den gemeinsamen Mahlen zugelassen. Er wird vielmehr hierauf zwei weitere Jahre geprüft. Ist er dann würdig befunden, so erfolgt seine förmliche Aufnahme: καὶ φανεὶς ἄξιος, οὕτως εἰς τὸν ὅμιλον ἐγκρίνεται. Jos., Bell. jud. II, 8,7.

[2]) De gigant. I, 271: βούλεται δὲ (ὁ νομοθέτης) ἐκεῖνό σοι παραστῆσαι, ὅτι οἱ μὲν γῆς, οἱ γὲ οὐρανοῦ, οἱ δὲ θεοῦ γεγόνασι ἄνθρωποι. Γῆς μὲν, οἱ θηρευταὶ τῶν σώματος ἡδονῶν, ἀπόλαυσίν τε καὶ χρῆσιν ἐπιτηδεύοντες αὐτῶν, καὶ ποριστὰὶ τῶν σοντεινόντων ἑκάστην. Οὐρανοῦ δὲ, ὅσοι τεχνῖται καὶ ἐπιστήμονες καὶ φιλομαθεῖς· τὸ γὰρ οὐράνιον τῶν ἐν ἡμῖν, ὁ νοῦς· νοῦς δὲ καὶ τῶν κατ' οὐρανὸν

rückbehaltend, als zum nackten Leben nötig.[1]) Moses vor allen hat den Weg gezeigt, wie man Bürger des Himmels, Gottmensch, werden könne. Weil er alles Irdische verachtete, wurde er erhöht, wurde Freund und Genosse Gottes, erhielt er die Macht über die ganze Welt, wurde er Teilhaber der Gottesherrschaft, des engen Verkehrs mit Gott gewürdigt, wurde er Gott und König genannt.[2])

In diesem Sinne läßt auch der vierte Evangelist Jesum von sich sprechen: „Ihr seid von unten, ich bin von oben her; ihr seid von dieser Welt, ich bin nicht von dieser Welt.“ [3]) „Der von oben kommt, ist über alle. Wer von der Erde ist, der ist von der Erde und redet von der Erde. Der vom Himmel kommt, der ist über alle.“ [4])

Auf der obersten Stufe der Askese winkt die Belohnung: Gott zu schauen und der Bürgerschaft des Himmels teilhaftig zu werden. Das ist das Ideal des jüdischen Hellenismus, nach welchem die Vollendung der Weisheit in das Schauen Gottes ausmündet. Dieses Ziel erreicht nur der Vollkommene und erhält den Namen „Israel“, der Gott Schauende.[5])

Dieses Ideal nun schwebt ewig den Essenern, den Therapeuten, den jüdischen Apokalyptikern vor Augen und sucht und findet endlich seine Verkörperung in dem Messias Jesus, wie sie sie vormals in Moses gefunden. — Der Asket Jakob ward, als er nach

---

ἑκάστων, τὰ ἐγκύκλια καὶ τὰς ἄλλας ἀπαξαπάσας ἐπιτηδεύει τέχνας, παραθήγων καὶ ἀκονῶν ἔτι τε γυμνάζων καὶ συγκροτῶν ἐν τοῖς νοητοῖς αὐτόν. Θεοῦ δὲ ἄνθρωποι ἱερεῖς καὶ προφῆται, οἵτινες οὐκ ἠξίωσαν πολιτείας τῆς παρὰ τῷ κόσμῳ τυχεῖν, καὶ κοσμοπολῖται γενέσθαι· τὸ δὲ αἰσθητὸν πᾶν ὑπερκύψαντες εἰς τὸν νοητὸν κόσμον μετανέστησαν, καὶ ἐκεῖθι ᾤκησαν, ἐγγραφέντες ἀφθάρτων ἀσωμάτων ἰδεῶν πολιτείᾳ. Zu diesen letzteren gehörten, wie wir bald sehen werden, die Therapeuten.

[1]) De migr. Abr. I, 437.

[2]) Vita Mos. II, 105: Κοινωνὸν γὰρ ἀξιώσας (ὁ θεὸς) ἀναφανῆναι τῆς ἑαυτοῦ λήξεως ἀνῆκε πάντα τὸν κόσμον, ὡς κληρονόμῳ κτῆσιν ἁρμόζουσαν κτλ.

[3]) Ev. Joh. 8,23: Καὶ εἶπεν αὐτοῖς, ὑμεῖς ἐκ τῶν κάτω ἐστὲ, ἐγὼ ἐκ τῶν ἄνω εἰμί. ὑμεῖς ἐκ τοῦ κόσμου τούτου ἐστὲ, ἐγὼ οὐκ εἰμὶ ἐκ τοῦ κόσμου τούτου.

[4]) ib. 3,31; Ὁ ἄνωθεν ἐρχόμενος ἐπάνω πὰντων ἐστίν. ὁ ὢν ἐκ τῆς γῆς ἐκ τῆς γῆς ἐστι, καὶ ἐκ τῆς γῆς λαλεῖ· ὁ ἐκ τοῦ οὐρανοῦ ἐρχόμενος ἐπάνω πάντων ἐστιν.

[5]) De congr. erud. grat. I, 526: .... Τῷ μὲν οὖν ἀρίστῳ γένει τὸ ἄριστον ὁρᾶν, τό ὄντως ὄν, συμβέβηκεν Ἰσραὴλ γὰρ ὁρῶν θεὸν ἑρμηνεύεται. cf. De ebriet. I, 369: Ἰσαὴλ δὲ τελειότητος· ὅρασιν γὰρ θεοῦ μηνύει τὸ ὄνομα. Τελειότερον δὲ τί ἂν εἴη τῶν ἐν ἀρεταῖς, ἢ τὸ ὄντως ὂν ἰδεῖν; .....

einem mühevollen Aufstieg dem Ziele sich näherte, ein Gottesschauer;[1]) zum Lohne seines Ringens ward ihm das Anschauen Gottes. „Denn was kann es Schöneres und Erhabeneres geben als den Glauben an Gott, die ewige Freude in ihm und ihn stets zu schauen? Der ist in Wahrheit glücklich und dreimal selig zu preisen, der es erreicht hat, alles Leibliche und Sichtbare zu überfliegen.“ [2])

Wie die Essener und Therapeuten strebten auch die Apokalyptiker, dieses selige Leben herbeizuführen. Den Frommen, heißt es in der Esraapokalypse, gilt die Verheißung: mit lautem Frohlocken die Herrlichkeit dessen zu schauen, der sie zu sich nimmt, und dann in Ruhe einzugehen.[3]) Ihnen wird die höchste aller Freuden zuteil: „daß sie zuversichtlich frohlocken, sicher vertrauen, das Antlitz dessen zu schauen, dem sie im Leben gedient, und von dem sie Lob und Lohn empfangen sollen.“ [4]) „Selig sind“, predigt Jesus, „die reinen Herzens sind, denn sie werden Gott schauen.“ [5]) Und wie im jüdischen Hellenismus die wahren Weisen sich abmühen, die Welt zu überwinden, um das Bürgertum im Himmel zu erringen, so suchen dieses selbe Ziel mit denselben Mitteln zu erreichen: die jüdischen Apokalyptiker, die alexandrinischen Therapeuten und nach ihnen Jesus und seine

---

[1]) De somn. I, 646.

[2]) De praem. et poen. II, 412: τοῦ δ' ἀσκητοῦ καὶ πόνοις ἀτρύτοις καὶ ἀκαμπέσι περιποιησαμένου τὸ καλὸν, ὁ στέφανός ἐστιν ὅρασις θεοῦ. Τοῦ δὲ πιστεύειν θεῷ καὶ διὰ παντὸς τοῦ βίου χαίρειν καὶ ὁρᾶν ἀεὶ τὸ ὂν, τί ἂν ὠφελιμώτερον ἢ σεμνότερον ἐπινοήσειέ τις; Und ib. p. 413: Ὅτῳ δ' ἐξεγένετο πάντα μὲν σώματα, πάντα δὲ ἀσώματα ὑπεριδεῖν καὶ ὑπερκῦψαι, μόνῳ δ' ἐπερείσασθαι καὶ στηρίσασθαι θεῷ μετ' ἰσχυρογνώμονος λογισμοῦ, καὶ ἀκλινοῦς καὶ βεβαιοτάτης πίστεως, εὐδαίμων καὶ τρισμακάριος οὗτος ἀληθῶς.

[3]) 4 Esra 7,90. Auch der jüd. Hellenismus erklärt die „Ruhe in Gott“ für das höchste Gut. cf. Philo, De profug. I, 572: . . . . . Τρόφιμον γὰρ καὶ ἀπόλαυστον μόνον ἡ ἐν θεῷ ἀνάπαυσις, τὸ μέγιστον ἀγαθὸν περιποιοῦσα, τὴν ἀπόλεμον εἰρήνην.

[4]) 4 Esra 7,98. Diese Vorstellung ist auch in die Agada des Talmud übergegangen, wo sie in die Schrift hineingelesen wird. cf. Berach. 17a; Aboth d. R. Nath. c. 1: הע״הב צדיקים יושבים ועטורותיהם בראשיה׳ ונהנים מזיו השכינה שנא׳ [שמות כד] ויחזו את האלהים ויאכלו וישתו.

[5]) Math. 5,8: ὅτι αὐτοὶ τὸν Θεὸν ὄψονται. cf. 1 Joh. 3,2: ὅτι ὀψόμεθα αὐτον καθώς ἐστι.

Jünger. Selig preist Jesus die Friedfertigen, denn sie werden Gottes Kinder heißen; selig, die um Gerechtigkeit willen leiden, denn ihrer ist das Himmelreich.[1]) „Sehet“, so heißt es im ersten Johannesbrief, „welch eine Liebe hat uns der Vater erzeigt, daß wir Gottes Kinder sollen heißen! Darum kennt euch die Welt nicht; denn sie kennt ihn nicht. — Wir sind nun Gottes Kinder, und ist noch nicht erschienen, was wir sein werden. Wir wissen aber, wenn es erscheinen wird, daß wir ihm gleich sein werden, denn wir werden ihn sehen, wie er ist. Und ein Jeglicher, der solche Hoffnung hat zu ihm, der reinigt sich, gleichwie Er auch rein ist.“[2]) — Und so wie Philo als unerläßliche Bedingung zur Erlangung der Vollkommenheit das „Abwaschen des ganzen Bauches“ und die Weltüberwindung fordert, um das Bürgertum im Himmel erwerben zu können, so lehrt auch Paulus, daß diejenigen der Verdammnis verfallen sind, denen der Bauch ihr Gott ist, und daß die Ehre derjenigen zu Schanden wird, die irdisch gesinnt sind. „Unser Bürgertum aber“, predigt er, „ist im Himmel!“[3]) „Trachtet nach dem, was droben ist, nicht nach dem, was auf Erden ist. — Tötet eure Glieder, die auf Erden sind.“[4]) „Denn wo ihr nach dem Fleische lebt, werdet ihr sterben müssen, wo ihr aber durch den Geist des Fleisches Geschäfte tötet, werdet ihr leben, denn welche der Geist Gottes treibt, die sind Gottes Kinder.“[5]) „Wer auf sein Fleisch sät, der wird von dem Fleische das Verderben ernten; wer aber

---

[1]) Math. 5,9–11: ὅτι αὐτοὶ υἱοὶ Θεοῦ βληθήσονται. — ὅτι αὐτῶν ἐστιν ἡ βασιλεία τῶν οὐρανῶν. cf. Hebr. 11,22–24.

[2]) 1 Joh. 3,1–4: Ἴδετε ποταπὴν ἀγάπην δέδωκεν ἡμῖν ὁ πατὴρ, ἵνα τέκνα Θεοῦ κληθῶμεν. διὰ τοῦτο ὁ κόσμος οὐ γινώσκει ἡμᾶς, ὅτι οὐκ ἔγνω αὐτόν. ἀγαπητοὶ, νῦν τέκνα Θεοῦ ἐσμεν, καὶ οὔπω ἐφανερώθη τί ἐσόμεθα· οἴδαμεν δὲ ὅτι, ἐὰν φανερωθῇ, ὅμοιοι αὐτῷ ἐσόμεθα, ὅτι ὀψόμεθα αὐτὸν καθώς ἐστι κτλ.

[3]) Phil. 3,18–21: ὧν τὸ τέλος ἀπώλεια, ὧν ὁ Θεὸς ἡ κοιλία, καὶ ἡ δόξα ἐν τῇ αἰσχύνῃ αὐτῶν, οἱ τὰ ἐπίγεια φρονοῦντες. ἡμῶν γὰρ τὸ πολίτευμα ἐν οὐρανοῖς ὑπάρχει.

[4]) Kol. 3,2: τὰ ἄνω φρονεῖτε, μὴ τὰ ἐπὶ τῆς γῆς. Und ib. v. 5: Νεκρώσατε οὖν τὰ μέλη ὑμῶν τὰ ἐπὶ τῆς γῆς.

[5]) Röm. 8,13: εἰ γὰρ κατὰ σάρκα ζῆτε, μέλλετε ἀποθνήσκειν· εἰ δὲ πνεύματι τὰς πράξεις τοῦ σώματος θανατοῦτε, ζήσεσθε. Ὅσοι γὰρ πνεύματι Θεοῦ ἄγονται, οὗτοί εἰσιν υἱοὶ Θεοῦ. cf. Röm. 6,6.

auf den Geist sät, der wird von dem Geist das ewige Leben ernten.“ [1])

Also nicht bloß die Lehre von Körper und Seele, sondern auch das ganze eschatologische Vorstellungsmaterial floß, wie man sieht, aus dem jüdischen Hellenismus und mündete, den Weg durch die es volkstümlich gestaltende und in das Bewußtsein der Massen einführende Apokalyptik nehmend, schließlich ins Christentum ein.

---

[1]) Galat. 6,8: ὅτι σπείρων εἰς τὴν σάρκα ἑαυτοῦ ἐκ τῆς σαρκὸς θερίσει φθορὰν· ὁ δὲ σπείρων εἰς τὸ πνεῦμα ἐκ τοῦ πνεύματος θερίσει ζωὴν αἰώνιον.

II.

DAS LEBEN IM GEISTE DES JÜDISCHEN HELLENISMUS.

Die Therapeuten.

Nun wird es wohl an der Zeit sein, die Frage aufzurollen, ob es tatsächlich Menschen oder ganze Gesellschaften gegeben habe, die, um sich zur Vollkommenheit emporzuläutern und „Bürger des Himmels" zu werden, ein Leben führten, wie es der jüdische Hellenismus für die Erreichung dieses hehren Zieles vorschreibt?

Allerdings, wenn man der Therapeutenschilderung, wie sie in dem unter den Schriften Philos uns erhaltenen Buche De vita contemplativa vorliegt, Glauben schenken will — und wer die religiöse Entwicklung, die das griechische Judentum von Anbeginn bis auf Philo genommen, mit einiger Aufmerksamkeit verfolgt, wird dem Kern dieser Schilderung die Wahrheit nicht absprechen —, waren Leute dieser Art in der ganzen Ökumene anzutreffen, da ja durch diese Vorbilder Hellas sowohl als auch die Barbaren der Vollkommenheit zugeführt werden sollten, insbesondere aber in der Umgebung Alexandrias, der Pflanzstätte und Hochschule der Therapeuten.[1]

Man hat aber alle möglichen Anstrengungen gemacht und macht sie noch heute, diese Schrift als ein christliches, aus dem dritten oder vierten Jahrhundert stammendes Machwerk hinzustellen, abgefaßt zum Zwecke der Verherrlichung des damals in Bildung begriffenen christlichen Mönchtums. Und so glaubt man die Therapeuten ein für allemal aus der Geschichte gestrichen zu haben. — In Wahrheit aber ist dies insolange ein Ding der Unmöglichkeit,

---

[1]) De vita cont. II, 474.

als es nicht gelingen wird, die ganze jüdisch-hellenistische Literatur, die ja vom Therapeutismus durchtränkt ist, und dadurch allein schon die Existenz von Therapeuten verbürgt, von ihrem Platze zu entwurzeln, ihr Alter zu bestreiten und sie gleichfalls erst aus christlichem Boden hervorblühen zu lassen.

Konsequenter zum mindesten als die modernen Therapeutenbestreiter, ging der Kirchengeschichtsschreiber Eusebius zu Werke. Um in den Therapeuten die ersten Christen sehen zu können, machte er Philo selbst zum Bekenner des Christentums, und damit war implicite die ganze von diesem überlieferte jüdisch-hellenistische Gedankenwelt als ein Produkt des christlichen Geistes erklärt. Man kann eben nicht die Therapeuten zu Christen machen, ohne vorher den Therapeutismus aus dem jüdischen Hellenismus gestrichen zu haben. Denn hat es einen jüdischen Therapeutismus gegeben — und daß es einen solchen gegeben, bezeugt jedes Blatt der jüdisch-hellenistischen Literatur —, dann ist es nicht einzusehen, warum es nicht Menschen gegeben haben sollte, die das von ihm aufgestellte Ideal zu verwirklichen strebten?

Da jedoch, wie die Dinge einmal stehen, das Mißtrauen gegen die Schrift De vita contemplativa, das hauptsächlich von jüdischer, mit den außerpharisäischen religiösen Strömungen innerhalb des vorchristlichen Judentums wenig vertrauter Seite geweckt wurde, in weiten Gelehrtenkreisen vorherrscht, so wollen wir für den Augenblick von dieser Schrift absehen und den echten, von jeder Anfechtung bislang verschont gebliebenen Philo selbst befragen. Vielleicht weiß er auch außerhalb dieser so sehr angefeindeten Schrift von Leuten, die ein so reines Seelenleben führten, wie De vita contemplativa es von den Therapeuten preist.

Und da muß vor allem darauf hingewiesen werden, daß Philo nicht nur Leute kennt, die aus gleichem Streben zu gleicher Lebensweise wie die Therapeuten sich in die Einsamkeit flüchteten, sondern sich sogar schon gezwungen sieht, den Mißbrauch, der mit dieser Weltflucht getrieben wurde, zu rügen. Wie wir bereits wissen, tadelt er einmal eine Klasse von Menschen, die sich nach einem einsiedlerischen, weltverachtenden Leben sehnen, bevor sie ihre Pflicht im öffentlichen Leben erfüllt. Kämpft erst, so ruft er diesen frühzeitig Weltmüden zu, den zu den höhern Kämpfen vorbereitenden Kampf im öffentlichen Leben vor dem beschaulichen durch, dann mögt ihr zu der andern, bessern Lebensweise übergehen![1])

Wir sollten meinen, daß hier deutlich genug die Existenz von Therapeutengesellschaften erwiesen ist.

Ein andermal schaltet Philo, wo er die drei jüdischen Stammväter als Vorbilder den zum „Anschauen Gottes“ sich emporläuternden Frommen voranleuchten läßt, die Bemerkung ein: Diese Klasse ist zwar gering an Zahl, aber von ganz außerordentlicher Bedeutung, so daß der ganze Erdkreis sie kaum zu fassen vermag, und daß sie zum Himmel emporragt. Denn von unaussprechlicher Liebe zum Göttlichen gezogen, steigt sie nach Erforschung des Irdischen zur körperlosen geistigen Natur empor, ganz Geist und Vernunft.[2])

Hier sind, wie sich in der Folge noch klarer zeigen wird, die Therapeuten naturgetreu gezeichnet. — Damit man aber nicht einwenden könne, daß Philo bei dieser Zeichnung lediglich die drei Patriarchen der Vorzeit, nicht aber irgend eine asketische Gesellschaft seiner Zeit im Auge haben mochte, wollen wir noch andere einschlägige, direkt auf diese Asketen sich beziehende Stellen aus Philo zu Rate ziehen.

Er rühmt einmal von dem Leben dieser Asketen, daß es durch seine Weltüberwindung zu einem ewigen Feste werde und fügt hinzu: daß diese Gattung Menschen freilich nur gering an Zahl, daß aber gleichwohl sie es seien, die der Weisheit Fackel in den Städten anzünden und die Tugend im Menschengeschlecht erhalten und fördern, so daß das messianische

---

[1]) De prof. I, 551: Πρότερον οὖν ἐγυμνάσασθε καὶ προεμελετήσατε τοῖς τοῦ βίου πράγμασιν ἰδίοις τε καὶ κοινοῖς, καὶ γενόμενοι πολιτικοί τε καὶ οἰκονομικοὶ δί ἀδελφῶν ἀρετῶν οἰκονομικῆς τε καὶ πολιτικῆς κατὰ πολλὴν περιουσίαν, τὴν εἰς ἕτερον καὶ ἀμείνω βίου ἀποικίαν ἐστείλασθε. Τὸν γὰρ πρακτικὸν τοῦ θεωρητικοῦ βίου, προάγωνά τινα ἀγῶνος τελειοτέρου, καλὸν διαθλῆσαι.

[2]) De praem. et poen. II, 412: Τοῦτο δὲ τὸ γένος ἀριθμῷ μὲν ἐστιν ὀλίγον δυνάμει δὲ πολύ καὶ μέγιστον, ὡς μηδ᾽ ἅπαντα τῆς γῆς κύκλον αὐτὸ χωρεῖν δύνασθαι, φθάνει δ᾽ εἰς ουρανόν. Καὶ γὰρ τοῦ θεωρεῖν ἔρωτι καὶ τοῖς θείοις ἀεὶ συνεῖναι κατεσχημένον ἀλέκτῳ, τὴν δρατὴν ὅταν ἅπασιν φύσιν διερευνήσῃ καὶ διεξέλθῃ, πρὸς τὴν ἀσώματον καὶ νοητὴν εὐθὺς μέτεισιν, οὐδεμίαν τῶν αἰσθήσεων ἐπαγόμενον· ἀλλ᾽ ἄσον μὲν τῆς ψυχῆς ἄλογον μεθιέμενον, τῷ δ᾽ ὃ κέκληται νοῦς καὶ λογισμὸς μόνῳ προσχρώμενον.

Reich auf Erden erscheinen würde, wenn die Menschen überall ihnen nachstrebten.[1])

Ein andermal, wo er von dem breiten und vielbetretenen Weg der Sinnlichkeit und dem schmalen, nur wenig begangenen der Tugend spricht und den Bibelspruch: „Dan wird eine Schlange am Wege sein",[2]) dahin allegorisch deutet, daß hier die Schlange, wie die von Moses in der Wüste aufgerichtete Schlange,[3]) die alle Leidenschaft niederdrückende Enthaltsamkeit versinnbildliche, sagt er: die Wege der Enthaltsamkeit und der übrigen Tugenden seien nur sehr schwach betreten, denn nur gering sei die Zahl derjenigen, die ihn wandeln, die der wahren Philosophie folgen und unter Verachtung aller übrigen Dinge nur mit dem reinen Schönen Gemeinschaft pflegen.[4])

In allen diesen Fällen wird von philosophischen Asketen gesprochen, und dies, in derselben Weise, wie De vita contemplativa von den Therapeuten spricht.

Einen klassischen Beweis dafür, daß Philo therapeutische Gesellschaften nicht nur kennt, sondern auch immer wieder auf solche hinweist, als auf eine geistige Elite, die die erhabenen Lehren der Weisheit im Leben zu verwirklichen bestrebt ist, bietet die folgende Stelle:

---

[1]) De septen. II, 279: Οὗτοι μὲν οὖν ὀλίγος εἰσὶν ἄριθμος, ἐμπύρευμα κατὰ πόλεις ὑποτυφόμενοι σοφίας, ἕνεκα τοῦ μὴ κατὰ τὸ παντελὲς σβεσθεῖσαν ἀρετὴν ἐκ τοῦ γένους ἡμῶν ἀφανισθῆναι. Εἰ δὲ τοῖς ὀλίγοις συνεφρόνησαι οἱ πανταχοῦ καὶ ἐγένοντο, οἵους ἐβουλεύθη φύσις, ἀνεπίληπτοι καὶ ἀνυπαίτιοι πάντες, ἐρασταὶ φρονήσεως, χαίροντες τῷ καλῷ δἰ αὐτὸ τὸ καλὸν καὶ τοῦτο μόνον ἀγαθὸν ἡγούμενοι, τὰ δὲ ἄλλα ὑπήκοα καὶ δοῦλα ὡσὰν ἄρχοντες, εὐδαιμονίας ἂν αἱ πόλεις ἐγένοντο μεσταὶ. τῶν μὲν ὅσα λύπης αἴτια καὶ φόβων ἀμέτοχοι, πλήρεις δὲ τῶν ἀπεργαζομένων χαρὰς καὶ εὐπαθείας· ὡς μηδένα καιρὸν ἐπιλείπειν τοῦ ἱλαροῦ βίου, πάντα δὲ τὸν τοῦ ἐνιαυτοῦ κύκλον εἶναι ἑορτήν. Dieselbe Mission wird in DVC. den Therapeuten zugeschrieben: sie sollen ja Griechen und Barbaren der Vollkommenheit entgegenführen.

[2]) Genes. 49,17.

[3]) cf. De agric. I, 315: τὸν δὲ Μωϋσέως ὄφιν τὴν ἡδονῆς ἐναντίαν διάθεσιν, καρτερίαν — εἰσάγει. Leg. alleg. I, 82: ὁ δὲ ἀσκητὴς δάκνεται μόνον ὑφ᾽ ἡδονῆς καὶ σκορπίζεται, οὐ θανατοῦται. Καὶ ἐκεῖνος (der Sinnliche) μὲν σωφοσύνῃ, χαλκῷ ὄφει, θεραπεύεται.

[4]) De agric. I, 316: Αἱ δὲ φρονήσεως καὶ σωφροσύνης καὶ τῶν ἄλλων ἀρετῶν ὁδοὶ, καὶ εἰ μὴ ἄβατοι, ἀλλά τοι πάντως ἄτριπτοι. Ὀλίγος γὰρ ἀριθμὸς ἔστι τῶν αὐτὰς βαδιζώντων, οἳ πεφιλοσοφήκασιν ἀνόθως, καὶ πρὸς μόνον τὸ καλὸν ἑταιρείαν ἔθεντο, τῶν ἄλλων ἅπαξ ἁπάντων ἀλογήσαντες. cf. Leg. alleg. I, 84: Ἄτριπτος μὲν ὑ ἀρετῆς

Die Guten und Weisen allein, sagt Philo, sind, wie die Schrift allenthalben lehrt, unmittelbare Geschöpfe Gottes. „Dieser ganze Thiasos entäußert sich freiwillig jedes irdischen Besitzes; noch mehr, er verachtet das Fleisch. Die Athleten, die den Körper gegen die Seele auftürmen, strotzen allerdings von Kraft und Gesundheit, während die Tugendkämpfer bleich, mager und abgezehrt sind. Sie trachten in Wahrheit die Körpermasse in Seelenkraft umzusetzen, um ganz Geist zu werden. Mit Recht wird das Irdische vernichtet, wenn man Gott gefallen will. Selten zwar ist diese Menschenklasse, doch nicht unmöglich zu finden.“[1])

Das ist doch wohl ein ganz unzweideutiger Hinweis auf die allem irdischen Besitztum entsagenden, die leiblichen Bedürfnisse auf das Allernotwendigste einschränkenden und nur der Seele lebenden Therapeuten, die in Wirklichkeit einen Thiasos bildeten!

Aber selbst wenn alle diese und ähnliche Hinweisungen und Andeutungen bei Philo nicht vorhanden wären, die Existenz der Therapeuten könnte dennoch nicht in Frage gestellt werden. Sie kann es, wie gesagt, insolange nicht, als nicht der Therapeutismus aus dem jüdischen Hellenismus, dessen Seele er ist, ausgemerzt wird. Das zeigt sich deutlich, wenn man nach Kennzeichnung des Wesens des jüdischen Hellenismus die Therapeutenschilderung von De vita contemplativa näher ins Auge faßt. — Wir finden da ein naturgetreues Bild von der Gesellschaft der Therapeuten aufgerollt, das auf jeden, mit der Gedankenwelt des jüdischen Hellenismus

---

χῶρος, ὀλίγοι γὰρ βαίνουσιν αὐτόν. cf. Math. 7,13–14: Εἰσέλθετε διὰ τῆς στενῆς πύλης. ὅτι πλατεῖα ἡ πύλη, καὶ εὐρύχωρος ἡ ὅδος ἡ ἀπάγουσα εἰς τὴν ἀπώλειαν, καὶ πολλοί εἰσιν οἱ εἰσερχόμενοι δἰ αὐτῆς. ὅτι στενὴ ἡ πύλη, καὶ τεθλιμμένη ἡ ὁδὸς ἡ ἀπάγουσα εἰς τὴν ζωὴν, καὶ ὀλίγοι εἰσὶν οἱ εὑρίσκοντες αὐτήν. cf. Luc. 13,24.

[1]) De mut. nom. I, 583: Ἅμα μέντοι καὶ τὸ πολλαχοῦ κατασκευαζόμενον αὐτῷ δόγμα συνάγει, διδάσκων, ὅτι μόνων ἀγαθῶν καὶ σοφῶν δημιουργός ἐστιν (ὁ θεός). Οὗτος δὲ πᾶς ὁ θίασος τὴν ἐκ τοῦ ἀφθόνου κτῆσιν ἑαυτὸν ἑκὼν ἀφῄρηται, ἀλλὰ καὶ τῶν σαρκὶ φίλων ὠλιγώρηκεν. Εὐέκται μὲν γὰρ καὶ σφριγῶντες ἀθληταὶ, τὸ δοῦλον ἐπιτετειχικότες ψυχῇ τὸ σῶμα· ὠχροὶ δὲ καὶ διεῤῥυηκότες καὶ κατεσκελετευμένοι τρόπον τινὰ οἱ ἀπὸ παιδείας, ταῖς ψυχικαῖς δυνάμεσι καὶ τοὺς σωματικοὺς τόνους προσκεκληρωκότες, καὶ εἰ δεῖ τὸ ἀληθὲς εἰπεῖν εἰς ἓν εἶδος τὸ τῆς ψυχῆς ἀναλυθέντες καὶ ἀσώματοι διανοίᾳ γεγονότες. Φθείρεται οὖν εἰκότως τὸ γεῶδες καὶ κατακλύζεται, ὅταν ὅλος δἰ ὅλων ὁ νοῦς εὐαρεστεῖν προέληται θεῷ· σπάνιον δὲ καὶ τὸ γένος, καὶ μόλις εὑρισκύμενον, πλὴν οὐκ ἀδύνατον γενέσθαι.

nur einigermaßen vertrauten Beschauer anheimelnd wie ein längst erwarteter Gast wirkt. So wie der jüdische Hellenismus, verpflanzt auf den Boden Palästinas, essenische Gebilde hervorrufen mußte, so mußte er in seiner Urheimat, dem Lande philosophischer Beschaulichkeit, zur Bildung therapeutischer Gemeinschaften führen. Und der Verfasser von De vita contemplativa braucht uns nicht erst zu versichern, daß er seinen Stoff nicht durch phantasievolle Zutaten zu verschönern beabsichtige, sondern sich lediglich an die nackte Wahrheit halten wolle, gegen welche zu verstoßen auch der Beredteste nicht wagen dürfe.[1]) Denn das Bild, das er uns entwirft, ist in Wahrheit eine unverfälschte Verkörperung des Therapeutismus.

Wer und was waren die Therapeuten und was strebten sie an?

Es waren Männer, sagt uns der Verfasser von De vita contemplativa, die in ihrem heißen Bemühen, ein unsterbliches und seliges Leben zu erlangen, ihr Eigentum aus freien Stücken den Söhnen und Töchtern, oder Verwandten oder sonstigen Bedürftigen überließen, da es ja billig, daß Menschen, die den sehenden Reichtum zu erwerben wünschen, den blinden Reichtum den noch Blinden überlassen.[2]) — Wenn sie nun ihres Vermögens sich entäußert hatten, so flohen sie unverweilt, von nichts mehr angezogen, verließen Brüder, Kinder, Weiber, Eltern, weite Verwandtschaften, befreundete Gesellschaften, das Vaterland, darin sie geboren und erzogen, um sich den schädlichen Einflüssen, welche Gewohnheit und Umgebung auszuüben vermögen, zu entziehen. Sie verlassen jedoch nicht eine Stadt, um eine andere aufzusuchen, etwa wie Sklaven, die froh sind, ihren Herrn wechseln zu können, wenn sie auch dabei die

---

[1]) De vita cont. II, 471: τὰ προσήκοντα λέξω, μηδὲν οἴκοθεν ἕνεκα τοῦ βελτιῶσαι προστιθείς, ὃ δρᾶν ἔθος ἐν σπάνει καλῶν ἐπιτηδευμάτων ἅπασι τοῖς ποιηταῖς καὶ λογοράφοις, ἀλλ᾽ ἀτεχνῶς αὐτῆς περιεχόμενος τῆς ἀληθείας, πρὸς ἣν οἶδ᾽ ὅτι καὶ ὁ δεινότατος εἰπεῖν ἀπαγορεύσει. Διαθλητέον δὲ ὅμως καὶ διαγωνιστέον.

[2]) ib. II, 473: Ἔδει γὰρ τοὺς τὸν βλέποντα πλοῦτον ἐξ ἑτοίμου λάβοντας τὸν τυφλὸν παραχωρῆσαι τοῖς ἔτι τὰς διανοίας τυφλώττουσιν. Dieses platonische Bild von dem blinden und sehenden Reichtum ist bei Philo sehr beliebt. So heißt es De agric. I, 309 von der gotterfüllten Seele οὐ τυφλὸν πλοῦτον βλέπουσα, τὰ δὲ καὶ σφόδρα ὀξυδερκοῦσα καὶ θαυμάζουσα. De Abr. II, 5: ὁ μὴ τυφλὸς ἀλλ᾽ ὀξὺ βλέπων πλοῦτος. Vita Mos. II, 105 von Moses: Ἀλλ᾽ ὑπολαβὼν πενίας ψυχικῆς ἔργον εἶναι τὸν ἐν ταῖς ὕλαις ἀποδέχεσθαι πλοῦτον τοῦ μὲν ὡς τυφλοῦ κατεφρόνησε, τὸν δὲ βλέποντα τῆς φύσεως ἐξετίμησε κτλ. cf. Vita Mos. II, 106.

Freiheit nicht erlangen — denn jede, selbst die besteingerichtete Stadt, ist voll wüsten Lärms, den der nicht zu ertragen vermag, der einmal von der Weisheit ergriffen worden ist —, sondern sie nehmen außerhalb der Mauern den Aufenthalt in Gärten oder entlegenen Feldern, die Einsamkeit suchend, nicht etwa aus unüberwindlichem Menschenhaß, sondern weil sie den Umgang mit Menschen, die in Wesen und Sitte von ihnen verschieden, für schädlich halten.[1])

Die Therapeuten richteten also ihr Leben buchstäblich nach den Vorschriften des jüdischen Hellenismus ein, um sich zur Vollkommenheit emporringen zu können. Sie befolgten das Beispiel des ersten aller Asketen, des Henoch — man könnte ihn den Stammvater der Asketen, und im engeren Sinn der Therapeuten nennen — und der andern oben besprochenen biblischen Vorbilder, die, wie Abraham, Haus und Heimat, Eltern und Verwandte verließen, um sich dem Anschauen Gottes widmen zu können.

Man wird sich erinnern, daß Philo bei Vorführung solcher im Lichte des jüdischen Hellenismus geschauter Vorbilder die Gelegenheit wahrnimmt, denjenigen, die sich zu Gott erheben wollen, zu empfehlen, sich in die Einsamkeit zurückzuziehen, was ja die wahren Gottesverehrer stets denn auch befolgten, nicht etwa aus Menschenhaß — seien sie doch menschenliebend, wie nur irgend jemand — sondern aus Verachtung der Schlechtigkeit, die der große Haufe liebe.[2])

---

[1]) De vit. cont. II, 474: Ὅταν οὖν ἐκστῶσι τῶν οὐσιῶν, ὑπ' οὐδενὸς ἔτι δελεαζόμενοι, φεύγουσιν ἀμεταστρεπτὶ καταλιπόντες ἀδελφούς, τέκνα, γυναῖκας, γονεῖς, πολυανθρώπους συγγενείας, φιλικὰς ἑταιρείας, τὰς πατρίδας, ἐν αἷς ἐγεννήθησαν καὶ ἐτράφησαν ἐπειδὴ τὸ σύνηθες ὁλκὸν καὶ δελεάσαι δυνατώτατον. Μετοικίζονται δὲ οὐκ εἰς ἑτέραν πόλιν — — πᾶσα γὰρ πόλις καὶ ἡ εὐνομωτάτη γέμει θορύβων καὶ κηρῶν καὶ ταραχῶν ἀμυθήτων, ἃς οὐκ ἂν ὑπομεῖναι τις ἅπαξ ὑπὸ σοφίας ἀχθείς — ἀλλὰ τειχῶν ἔξω ποιοῦνται τὰς διατριβὰς ἐν κήποις ἢ μοναγρίοις, ἐρημίαν μετδιώκοντες, οὐ διά τινα ὠμὴν ἐπιτηδευμένην μισανθρωπίαν, ἀλλὰ διὰ τὰς ἐκ τῶν ἀνομοίων τὸ ἦθος ἐπιμιξίας, ἀλυσιτελεῖς καὶ βλαβερὰς εἰδότες.

[2]) Eben dasselbe rühmt Philo von den Philosophen, die sich der Beschaulichkeit widmen. So beispielsweise De Abr. II, 4: Ὁ δὲ ἀστεῖος ἔμπαλιν ἀπράγμονος ζηλωτὴς βίου γεγονὼς ὑποχωρεῖ, καὶ μόνωσιν ἀγαπᾷ, λανθάνειν τοὺς πολλοὺς ἀξιῶν, οὐ διὰ μισανθρωπίαν — φιλάνθρωπος γάρ, εἰ καί τις ἄλλος — ἀλλὰ διὰ τὸ προβεβλῆσθαι κακίαν, ἣν ὁ πολὺς ὄχλος ἀσπάζεται, χαίρων μὲν ἐφ' οἷς στένειν ἄξιον, λυπόμενος δὲ ἐφ' οἷς γεγηθέναι καλόν. Ὧν ἕνεκα

Was strebten die Therapeuten an?

Genau dasselbe, wonach sich die Asketen bei Philo so unsagbar abmühen: Gott zu schauen und Bürger des Himmels zu werden!

„Die Gesellschaft der Therapeuten“ — heißt es in dem Buche De vita contemplativa — „verlange, im Schauen immer fortschreitend, nach dem Anschauen des Wahren, überfliege die sichtbare Sonne, möge aber niemals diesen Weg, der zur vollkommenen Glückseligkeit führt, verlassen. Denn die, welche sich der Beschauung widmen, und zwar nicht aus Gewohnheit, noch über Aufforderung anderer, sondern von himmlischer Liebe hingerissen, sind wie Korybanten, von heiliger Begeisterung erfüllt, bis sie das Ersehnte schauen.“ [1] — „Sie lieben die Beschauung der Natur, leben dieser und der Seele allein, als Bürger des Himmels und

---

συγκλεισάμενος οἴκοι τὰ πολλὰ καταμένει, μόλις τὰς κλισιάδας ὑπερβαίνων· ἢ διὰ τοὺς ἐπιφοιτῶντας συνεχέστερον ἔξω πόλεως προελθὼν, ἐν μοναργίῳ ποιεῖται τὰς διατριβὰς, ἥδιον συμβιωταῖς χρώμενος τοῖς ἅπαντος τοῦ γένους ἀνθρώπων ἀρίστοις, ὧν τὰ μὲν σώματα διέλυσεν ὁ χρόνος κτλ. Markanter zeichnet selbst der Verf. von De vita cont. die Therapeuten nicht, wie Philo hier und an anderen Stellen. cf. De praem. et poen. II, 411: Εἰ γὰρ τῷ ὄντι ἐπάνω τῶν παθῶν ἀψευδῶς ἔγνωκεν ἵστασθαι ἄνθρωπος, καταφρονήσας ἡδονῶν καὶ ἐπιθυμιῶν, εὐτρεπιζέσθω φεύγων ἀμεταστρεπτὶ καὶ οἶκον καὶ πατρίδα καὶ συγγενεῖς καὶ φίλους. Ὁλκὸν γὰρ ἡ συνήθεια, ὡς δέος εἶναι μὴ καταμείνας ἁλῷ, τοσούτοις ἐν κύκλῳ φίλτροις ἀποληφθεὶς, ὧν αἱ φαντασίαι τὴν ἐγγενομένην ἡσυχίαν τῶν αἰσχρῶν ἐπιτηδευμάτων πάλιν ἀνακινήσουσι καὶ μνήμας ἐναύλους ὧν ἐπιλελῆσθαι καλὸν ἦν, ἐνεργάσονται ..... Weitere einschlägige, die Bekanntschaft Philos mit den Therapeuten dartuende Stellen sind schon früher erwähnt worden.

[1]) De vit. cont. II, 473: Τὸ δὲ θεραπευτικὸν γένος βλέπειν ἀεὶ προδιδασκόμενον, τῆς τοῦ ὄντος θέας ἐφιέσθω, καὶ τὸν αἰσθητὸν ἥλιον ὑπερβαινέτω, καὶ μηδέποτε τὴν τάξιν ταύτην λειπέτω πρὸς τελείαν ἄγουσαν εὐδαιμονίαν. Οἱ δὲ ἐπὶ θεραπείαν ἰόντες, οὔτε ἐξ ἔθους, οὔτε ἐκ παρακλήσεως ἢ παραινέσεων τινῶν, ἀλλ' ὑπ' ἔρωτος ἁρπασθέντες οὐρανίου, καθάπερ οἱ βακχευόμενοι καὶ κορυβαντιῶντες ἐνθουσιάζουσι, μέχρις ἂν τὸ ποθούμενον ἴδωσιν. — Wörtlich dasselbe fordert der jüdische Hellenismus von demjenigen, der die himmlischen Güter zu erwerben begehrt. cf. Quis rer. div. haer. I, 482. Die Seele muß allem Irdischen entsagen, förmlich aus sich selbst herausgenen καθάπερ οἱ κορυβαντιῶντες καὶ κατεχόμενοι, βακχευθεῖσα καὶ θεοφορηθεῖσα κατά τινα προφητικὸν ἐπιθειασμόν. Ἐνθουσιώσης γὰρ καὶ οὐκ ἔτι οὔσης ἐν ἑαυτῇ διανοίας, ἀλλ' ἔρωτι οὐρανίῳ σεσοβημένης καὶ ἐκμεμηνυίας, καὶ ἄνω πρὸς αὐτὸν εἱλκυσμένης, προϊούσης ἀληθείας καὶ ἐν ποσὶν ἀναστελλούσης, ἵνα κατὰ λεωφόρου βαίνοι τῆς ὁδοῦ, τὸ γενέσθαι τῶν θείων κληρονόμον.

der Welt, dem Vater und Schöpfer des Alls wahrhaft empfohlen wegen ihrer Tugend, die ihnen seine Freundschaft erwirbt, die der Frömmigkeit gebührende Belohnung, welche alles Glück der Welt übertrifft und den Gipfel der Seligkeit bedeutet.“ [1])

Und durch welche Mittel suchten die Therapeuten dieses hehre Ziel zu erreichen?

Genau durch dieselben, die die Essener in Palästina und die philosophischen Asketen der griechischen Diaspora zu denselben Zwecken anwendeten: „Sie prägten ihrer Seele die Enthaltsamkeit als Grundlage ein, auf welche sie alle übrigen Tugenden aufbauten. Keiner von ihnen mochte vor Sonnenuntergang Speise oder Trank zu sich nehmen, da sie das Philosophieren des Lichtes, die Befriedigung der leiblichen Bedürfnisse aber der Finsternis würdig erachteten; weshalb sie jenem den Tag, dieser einen winzigen Teil der Nacht widmeten. Einige unter ihnen, erfüllt von unbändigem Verlangen nach Wissen, fühlten nur jeden dritten Tag Bedürfnis nach Nahrung.“ [2]) — Den siebenten Tag, den sie heilig hielten und festlich begingen, zeichneten sie besonders aus, indem sie an demselben, nachdem sie die seelischen Bedürfnisse befriedigt hatten, auch des Leibes pflegten. Sie aßen aber auch da nichts Kostbares, sondern frugales Brod mit Salz gewürzt und tranken reines Wasser. Denn den Hunger und den Durst, die Tyrannen des menschlichen Geschlechtes, beschwichtigten sie, indem sie dem Leibe nur das Notdürftigste, das zum Leben Unentbehrliche gewähren. Sie aßen, um nicht zu hungern und tranken, um nicht zu dursten, jede Übersättigung, als für Leib und Seele schädlich, scheuend. [3])

---

[1]) De vit. cont. II, 468: Θεραπευτῶν μὲν δὴ περὶ τοσαῦτα θεωρίαν ἀσπασαμένων φύσεως, καὶ τῶν ἐν αὐτῇ καὶ ψυχῇ μονη βιωσάντων, οὐρανοῦ μὲν καὶ κόσμου πολιτῶν, τῷ δὲ πατρὶ καὶ ποιητῇ τῶν ὅλων γνησίως συσταθέντων ὑπ᾽ ἀρετῆς, ἥτις φιλίαν αὐτοῖς προεξένησεν οἰκειότατον γέρας, καλοκἀγαθίας προσθεῖσα πάσης ἀμεῖνον εὐτυχίας ἐπ᾽ αὐτὴν ἀκρότητα φθάνον εὐδαιμονίας.

[2]) De vit. cont. II, 476: Ἐγκράτειαν δὲ ὥσπερ τινὰ θεμέλιον προκαταβαλόμενοι τῇ ψυχῇ, τὰς ἄλλας οἰκοδομοῦσιν ἀρετάς. Σίτιον δὲ ἢ ποτὸν οὐδεὶς ἂν αὐτῶν προσενέγκαιτο πρὸ ἡλίου δύσεως, ἐπειδὴ τὸ μὲν φιλοσοφεῖν ἄξιον φωτὸς κρίνουσιν εἶναι, σκότους δὲ τὰς σωματικὰς ἀνάγκας, ὅθεν τῷ μὲν ἡμέρας, ταῖς δὲ βραχύ τι μέρος τῆς νυκτὸς ἔνειμαν κτλ.

[3]) ib. II, 477: ....Ἃς γὰρ ἡ φύσις ὑπέστησε τῷ θνητῷ γένει δεσποίνας, πεῖνάν τε καὶ δίψαν, ἀπομειλίσσονται, τῶν εἰς κολακείαν ἐπιφέροντες οὐδὲν, ἀλλ᾽ αὐτὰ τὰ

Ihre Wohnungen waren sehr einfach, sie entbehrten jeden Schmucks, da sie lediglich dem Zweck dienten: Schutz gegen Kälte und Hitze zu bieten. — Entsprechend dem Verlangen ihrer Bewohner nach Einsamkeit, waren sie in einiger Entfernung voneinander angelegt, dabei aber doch nachbarlich genug, um Gemeinschaft pflegen und sich gegenseitig bei räuberischen Einfällen Hilfe leisten zu können. — Einfach wie ihre Wohnung, war auch ihre Kleidung, lediglich Schutzmittel gegen die Kälte des Winters und die Hitze des Sommers: für den Winter ein dicker Rock, für den Sommer ein leichtes Unterkleid oder ein Linnenkittel.[1])

Die sechs Wochentage nun lebten sie abgesondert in ihren Zellen, jeder für sich mit philosophischen Studien beschäftigt, ohne ihre Türschwelle zu übertreten, oder auch nur hinauszuschauen.[2]) An dem siebenten Tag jedoch kamen sie zu gemeinsamen frommen Übungen und religionswissenschaftlichen Betrachtungen zusammen. Der siebente Tag nämlich war der gemeinschaftlichen Erbauung und dem Unterricht gewidmet, der von den Erfahrensten, in die Religionswissenschaften Eingeweihtesten geleitet wurde.[3]) Sein schmuckloser, rein sachlicher Vortrag befaßte sich mit der Erforschung des verborgenen Sinnes, der nicht auf der

---

χρήσιμα, ὧν ἄνευ ζῆν οὐκ ἔστι. Dasselbe sagt Philo von den philosophischen Asketen. cf. De gigant. I, 267: Ἔνια γὰρ προστέον, οἷον αὐτὰ τὰ ἐπιτήδεια, οἷς χρώμενοι ζῆν ἀνόσως καὶ ὑγιεινῶς δυνησόμεθα· τὰ δὲ περιττὰ σκορακιστέον κτλ. Von dem Asketen Moses sagt Philo, Vit. Mos. II, 85: Γαστρί τε γὰρ ἔξω ἀναγκαίων δεσμῶν, οὓς ἡ φύσις ἔταξεν οὐδὲν ἐχορήγει κτλ. — Und von den Asketen überhaupt De somn. I, 639: σιτίων καὶ ποτῶν καὶ αὐτὸ μόνον τῶν ἀναγκαίων ἐφ' ὅσον μὴ νεωτρίζειν ἄρχεται λιμὸς, ὑπερόπται· πεῖναν δέχεσθαι καὶ δίψος, θάλπος τε καὶ κρύος, καὶ ὅσα ἄλλα δυσκαρτέρητα ὑπὲρ ἀρετῆς κτήσεως, ἑτοιμότατοι.

[1]) De vit. cont. II, 475, 477. So auch die Asketen bei Philo. cf. De somn. I, 639: ζηλωταὶ τῶν εὐποριστάτων, ὡς μηδ' ἐπ' εὐτελεῖ χλαίνῃ ποτὲ δυσωπηθῆναι, τὸ ἐναντίον δὲ τὰς πολυτελεῖς, ὄνειδος καὶ μεγάλην τοῦ βίου ζημίαν νομίσαι.

[2]) De vit. cont. II, 476: Τὰς μὲν οὖν ἓξ ἡμέρας χωρὶς ἕκαστοι μονούμενοι παρ' ἑαυτοῖς ἐν τοῖς λεχθεῖσι μοναστηρίοις φιλοσοφοῦσι, τὴν αὔλειον οὐχ ὑπερβαίνοντες, ἀλλ' οὐδὲ ἐξ ἀπόπτου θεωροῦντες. Ebenso hielten es die frommen Asketen bei Philo, die sich in die Einsamkeit zurückzogen, um sich den störenden weltlichen Einflüssen zu entziehen, ὧν ἕνεκα συγκλησάμενος οἴκοι τὰ πολλὰ καταμένει, μόλις τὰς κλησιάδας ὑπερβαίνων (De Abr. II, 4).

[3]) De vit. cont. II, 476: Προελθὼν δὲ ὁ πρεσβύτατος καὶ τῶν δογμάτων ἐμπειρότατος, διαλέγεται.

Oberfläche des Ohres haften bleibt, sondern durch das Gehör in die Seele dringt und sich daselbst befestigt.[1])

Es waren gelehrte Leute, die sich da allsabbatlich zu religiösen Forschungen zusammenfanden, echte „Mosesjünger“, die von frühester Jugend unterwiesen waren, die Wahrheit zu erfassen und den Schein zu meiden,[2]) Menschen die ihr Leben und sich selbst der Wissenschaft und der Naturbetrachtung widmeten, „der heiligen Führung des Propheten Moses folgend“.[3])

Die ganze Woche befaßten sie sich, jeder für sich selbst, mit den heiligen Studien in ihren Semneien, in denen nichts Profanes zu finden war, sondern nur Gesetz und Propheten und Einschlägiges, geeignet Wissen und Vervollkommnung zu fördern,[4])

---

1) ib.: ἀλλὰ τὴν ἐν τοῖς νοήμασι διερευνηκὼς καὶ διερμηνεύων ἀκρίβειαν, ἥτις οὐκ ἄκροις ὠσὶν ἐφιζάνει, ἀλλὰ δἰ ἀκοῆς ἐπὶ ψυχὴν ἔρχεται, καὶ βεβαίως ἐπιμένει.

2) ib. II, 481: οἱ Μωϋσέως γνώριμοι μεμαθηκότες ἐκ πρώτης ἡλικίας ἐρᾶν ἀληθείας — ἀνεξαπάτητοι διατελοῦντες.

3) ib.: Es werden hier den Gelagen der andern Nationen die gemeinsamen Mahle der Therapeuten gegenübergestellt, ἀνατεθεικότων τὸν ἴδιον βίον καὶ ἑαυτοὺς ἐπιστήμῃ καὶ θεωρίᾳ τῶν τῆς φύσεως πραγμάτων, κατὰ τὰς τοῦ προφήτου Μωϋσέως ἱερωτάτας ὑφηγήσεις.

4) ib. II, 475: Ἐν ἑκάστῃ δὲ οἰκίᾳ ἐστὶν ἵερον, ὃ καλεῖται σεμνεῖον καὶ μοναστήριον, ἐν ᾧ μονούμενοι τὰ τοῦ σεμνοῦ βίου μυστήρια τελοῦνται, μηδὲν εἰσκομίζοντες, μὴ ποτὸν μὴ σιτίον, μηδέ τι τῶν ἄλλων ὅσα πρὸς τὰς τοῦ σώματος χρείας ἀναγκαῖα, ἀλλὰ νόμους καὶ λόγια θεσπισθέντα διὰ προφητῶν, καὶ ὕμνους, καὶ τὰ ἄλλα οἷς ἐπιστήμη καὶ εὐσέβεια συναύξονται καὶ τελειοῦνται. — Was für Bewandtnis es aber hier mit den „τὰ ἄλλα“ hat, darnach wird nicht geforscht; und doch wäre es von Wichtigkeit, dies zu eruieren: Daß unter diesen τὰ ἄλλα, „wodurch Wissen und Frömmigkeit gefördert und vollendet werden“, heilige Schriften gemeint sind, daran ist nicht zu zweifeln. Es wird ja hier ausdrücklich betont, daß in dem Semneion nichts anderes als heilige Bücher vorhanden waren: Moses, Propheten, Psalmen καὶ τὰ ἄλλα. Welcher Art aber waren diese anderen Erbauungsbücher? Wir wagen zu behaupten, daß darunter die Hagiographen zu verstehen seien. Ganz so bezeichnet noch der Enkel des Siraciden im Prolog zum Sirachbuch in kurzer Aufeinanderfolge dreimal das gesamte biblische Schrifttum mit: ὁ νόμος καὶ οἱ προφητεῖαι, καὶ τὰ ἄλλα πάτρια βίβλια. Er sagt einmal: Πολλῶν καὶ μεγάλων ἡμῖν διὰ τοῦ νόμου καὶ τῶν προφητῶν καὶ τῶν ἄλλων κατ᾽ αὐτοὺς ἠκολουθηκότων κτλ. Und wieder: ὁ πάππος μου Ἰησοῦς ἐπὶ πλεῖον ἑαυτὸν δοὺς εἴς τε τὴν τοῦ νόμου καὶ τῶν προφητῶν καὶ τῶν ἄλλων πατρίων βιβλίων ἀνάγνωσιν κτλ. Und zum drittenmal, wo er von dem gesamten biblischen Schrifttum spricht, bezeichnet er dieses wieder mit: ὁ νόμος καὶ αἱ προφητεῖαι, καὶ τὰ λοιπὰ τῶν βιβλίων. Zu der Zeit

so daß sie zu den sabbatlichen Vorträgen die erforderliche Vorbereitung mitbrachten. — Und so wissen wir denn auch schon, welches eigentlich der Inhalt der Vorträge war: Moses und die Propheten in Beleuchtug der Philosophie! Zum Überfluß wird uns ganz klar gezeigt, wie diese behandelt wurden: nicht anders als bei den jüdisch-hellenistischen Religionsphilosophen. Der Verfasser von De vita contemplativa berichtet nämlich hierüber:

Über die heiligen Schriften philosophieren sie, indem sie die väterliche Philosophie allegorisch erklären, da sie die Worte für Symbole tiefer, in denselben angedeuteter Wahrheiten halten. Sie besitzen auch Schriften von ihren Vorgängern, den Gründern ihrer Sekte, welche viele allegorische Denkmale hinterlassen haben. Diese dienen ihnen als Muster, die sie nachahmen, so daß sie nicht bloß schauen, sondern auch selbst Gesänge und Hymnen zum Lobe Gottes in verschiedenartigen Rhythmen verfassen.[1]) — Die ganze Gesetzgebung scheint diesen Männern einem

---

nun, als der Enkel des Siraciden seine Übersetzung abfaßte, hatte das hagiographische Schrifttum noch keinen besondern Namen, es war noch flüssig, hatte die Kanonizität noch nicht erlangt (cf. M. Friedländer, Griechische Philosophie im A. T. p. 21sqq.). Ähnlich wird es sich wohl verhalten haben in der Zeit, als De vita contempl. verfaßt wurde. Wir behaupten nicht, daß die Ketubim dem Verf. von De vita cont. noch nicht in vollständiger Sammlung vorlagen, aber das behaupten wir, daß sie noch nicht als kanonisch, wohl aber als heilige Erbauungsbücher galten, οἷς ἐπιστήμη καὶ εὐσέβεια συναύξονται καὶ τελειοῦνται. Wären aber die Hagiographen damals schon endgültig abgeschlossen, kanonisch als dritter Teil mit eigenen Namen den beiden ersten biblischen Teilen angereiht gewesen, er würde sie ebenso namentlich genannt haben, wie er Moses, die Propheten und die Psalmen nennt. Er tut dies aber ebensowenig, wie vor ihm der Enkel des Siraciden und sicherlich aus demselben Grunde. — Sind wir aber mit dieser unserer Vermutung auf richtiger Fährte, dann wird es sich wohl verlohnen, dieselbe energisch weiter zu verfolgen, da auf diesem Wege allein schon der untrügliche Beweis für den vorchristlichen Ursprung unserer Therapeutenschilderung, die ja ohne Zweifel ebenso, wie die Essenerschilderungen bei Philo und Josephus, nach überlieferten Quellen entworfen wurde.

[1]) ib. II, 475: Ἐντυγχάνοντες γὰρ τοῖς ἱεροῖς γράμμασι φιλοσοφοῦσι, τὴν πάτριον φιλοσοφίαν ἀλληγοροῦντες, ἐπειδὴ σύμβολα τὰ τῆς ῥητῆς ἑρμενείας νομίζουσι φύσεως ἀποκεκρυμμένης, ἐν ὑπονοίαις δηλουμένης. Ἔστι δὲ αὐτοῖς καὶ συγγράμματα παλαιῶν ἀνδρῶν, οἳ τῆς αἱρέσεως ἀρχηγέται γενόμενοι πολλὰ μνημεῖα τῆς ἀλληγορουμένης ἰδέας ἀπέλιπον, οἷς καθάπερ τισὶν ἀρχετύποις χρώμενοι, μιμοῦνται τῆς προαιρέσεως τὸν τρόπον. Ὥστ' οὐ θεωροῦσι μόνον, ἀλλὰ καὶ ποιοῦσιν ᾄσματα καὶ ὕμνους εἰς θεόν κτλ.

organischen Wesen ähnlich; die wörtliche Auffassung vergleichen sie mit dem Leibe, mit der Seele aber den im Worte verborgen liegenden Sinn, wobei die vernünftige Seele anfängt, in den Worten wie in einem Spiegel zu schauen, indem sie die außerordentliche Erhabenheit der ihnen innewohnenden Gedanken kennen lernt und sich gewöhnt, die Symbole zu durchforschen und aufzuhellen und den nackten Inhalt denen, die dessen fähig, offen darzulegen und so auf scheinbar unbedeutende Veranlassung hin, das Verborgene in dem Sichtbaren zu erkennen.[1]) — Die Unterrichtsmethode war die, daß einer eine Stelle aus der heiligen Schrift zur Erforschung vorlegt, oder eine von einem andern vorgelegte erklärt, während die Zuhörer andachtsvoll, in atemloser Stille lauschen, durch Zunicken und Anblicken merken lassend, daß sie die Ausführungen aufgefaßt, den Zweifel aber durch eine leise Kopfbewegung und durch den Zeigefinger der rechten Hand zum Ausdruck bringend.[2])

Wir haben also in den Therapeuten die geistige Elite des griechischen Judentums vor uns, die edelste Blüte, die der jüdische Hellenismus hervorgebracht: die himmlischen Menschen, die die höchstmögliche irdische Vollkommenheit dadurch erreichten, daß sie die körperlichen Kräfte in geistige umzusetzen sich abmühten, sich so zum „Anschauen Gottes“ emporschwangen und in demselben schwelgten.

Als jüdische Hellenisten vom reinsten Wasser geben die Therapeuten sich auch darin zu erkennen, daß sie die Siebenzahl hoch und heilig hielten. Um ihretwillen hauptsächlich zeichneten sie auch den siebenten Tag besonders aus, begingen sie alle sieben Wochen festliche Versammlungen und gaben so den alten Sabbat- und Festtagen einen neuen philosophischen Inhalt. „Sie versammeln sich“, so berichtet hierüber unsere Schrift, „alle sieben Wochen, indem sie nicht bloß die einfache Siebenzahl, sondern auch ihre Bedeutung überhaupt verehren. Denn sie wissen, daß sie

---

[1]) ib. II, 483: Αἱ δὲ ἐξηγήσεις τῶν ἱερῶν γραμμάτων γίνονται δἰ ὑπονοιῶν ἐν ἀλληγορίαις. Ἅπασα γὰρ ἡ νομοθεσία δοκεῖ τοῖς ἀνδράσι τούτοις ἐοικέναι ζώῳ κτλ.

[2]) ib.: ζητεῖ τίς τι τῶν ἐν τοῖς ἱεροῖς γράμμασιν, ἢ καὶ ὑπ᾽ ἄλλου προταθέν τι ἐπιλύεται, φροντίζων μὲν οὐδὲν ἐπιδείξεως. — — — Οἱ δὲ ἀνωρθιακότες εἰς αὐτὸν, ἐπι μιᾶς καὶ τῆς αὐτῆς σχέσεως ἐπιμένοντες ἀκροῶνται, τὸ μὲν συνιέναι καὶ κατειληφέναι νεύματι καὶ βλέμματι διασημαίνοντες, τὸν δὲ ἔπαινον τοῦ λέγοντος ἱλαρότητι καὶ τῇ σχέδην περιαγωγῇ τοῦ προσώπου, τὴν δὲ διαπόρησιν ἠρεμαιοτέρᾳ κινήσει τῆς κεφαλῆς, καὶ ἄκρῳ δακτύλῳ τῆς δεξιᾶς χειρός.

ewig, rein und jungfräulich ist. Dieser Tag ist auch eine Vorfeier des erhabenen Festes der Fünfzig, dieser heiligsten und natürlichsten der Zahlen, die aus der Kraft des rechtwinkligen Dreiecks entstanden, Anfang der Erzeugung aller Dinge ist.“ [1])

Das aber ist ein unverfälscht jüdisch-hellenistisches, dem Mosaismus gewaltsam aufgepropftes Reis. Schon in den uns noch erhaltenen Fragmenten des Aristobul lesen wir in Bezug auf den Sabbat: Gott habe diesen Tag nur als Symbol der über uns waltenden Siebenzahl für heilig erklärt, in welcher wir Kenntnis der menschlichen und göttlichen Dinge erlangen; denn in der Siebenzahl bewege sich die ganze Welt der Tiere und alles Gewordenen. [2])

Unverkennbar jedoch tritt es bei Philo zutage, daß hier Vorstellungen der griechischen Philosophie herübergenommen und als genuin mosaische reklamiert wurden. Er rühmt einmal in ausführlicher Weise die Kraft der Sieben, welche „viele Philosophen mit der mutterlosen, dem Haupte des Zeus entsprungenen jungfräulichen Siegesgöttin, die Pythogoräer aber mit dem Lenker des Alls vergleichen“, [3]) und fährt dann fort: „Dieses und noch mehr wird über die Sieben gesagt und philosophiert. — Sie wird geehrt von den Berühmtesten der Hellenen und Barbaren, die sich mit mathematischen Studien befaßten; vor allen aber von dem tugendreichen Moses, der ihre Schönheit in den heiligen Gesetzestafeln beschrieb und sie in das Bewußtsein der Nachwelt einzeichnete, indem er befahl, nach je sechs Tagen den siebenten heilig zu halten, sich an demselben aller körperlichen Arbeit zu enthalten und sich ausschließlich mit ernstem Nachdenken zur

---

[1]) ib. II, 481: Οὗτοι τὸ μὲν πρῶτον ἀθροίζονται δἰ ἑπτὰ ἑβδομάδων, οὐ μόνον τὴν ἁπλῆν ἑβδομάδα, ἀλλὰ καὶ τὴν δύναμιν τεθηπάτες. Ἁγνὴν γὰρ καὶ ἀειπάρθενον αὐτὴν ἴσασιν. Ἔστι δὲ προεόρτιος μεγίστης ἑορτῆς, ἣν πεντηκοντὰς ἔλαχεν, ἁγιώτατος καὶ φυσικώτατος ἀριθμῶν, ἐκ τῆς τοῦ ὀρθογωνίου τριγώνου δυνάμεως, ὅπερ ἐστὶν ἀρχὴ τῆς τῶν ὅλων γενέσεως καὶ συστάσεως.

[2]) Ap. Euseb. Praep. ev. XIII, 12,9–16: Διασεσάφηκε δὲ ἡμῖν ταύτην ἔννομον ἕνεκεν σημείου τοῦ περὶ ἡμᾶς ἑβδόμου λόγου καθεστῶτος, ἐν ᾧ γνῶσιν ἔχομεν ἀνθρωπίνων καὶ θείων πραγμάτων. Δἰ ἑβδομάδων δὲ καὶ πᾶς ὁ κόσμος κυκλεῖται τῶν ζωογονουμένων καὶ τῶν φυομένων ἁπάντων.

[3]) De mund. opif. I, 24: Δἰ ἣν αἰτίαν οἱ μὲν ἄλλοι φιλόσοφοι τὸν ἀριθμὸν τοῦτον ἐξομοιοῦσι τῇ ἀμήτορι Νίκῃ καὶ Παρθένῳ, ἣν ἐκ τῆς τοῦ Διὸς κεφαλῆς ἀναφανῆναι λόγος ἔχει, οἱ δὲ Πυθαγόρειοι τῷ ἡγεμόνι τῶν συμπάντων.

Besserung der Sitten und Prüfung des Gewissens zu beschäftigen.“ [1]) Und an einer anderen Stelle: „Deshalb fabulieren auch die Pythagoräer, die Siebenzahl sei eine ewige Jungfrau, ohne Mutter, da sie weder geboren sei noch gebäre. — So ruhte Gott am siebenten Tage von allen Werken, die er geschaffen. [2]) Das will sagen: Gott hört auf, Sterbliches zu bilden, wenn er anfängt, Göttliches, der Siebenzahl Angemessenes zu schaffen. Die Moral davon aber ist: wenn das heilige, die Sieben betreffende Wort in die Seele dringt, so tritt die Sechs und alles Sterbliche zurück.“ Mit Recht sage die Schrift: „Und Gott segnete den siebenten Tag“, die Begründung hinzufügend; „denn an ihm ruhte er von allem Werke, das er zu schaffen begonnen“, da mit ihm die Schöpfung der sterblichen Dinge vollendet gewesen. Und in Wirklichkeit verhalte es sich so: wenn die Sonne der Tugend, das wahrhaft glänzende und göttliche Licht, aufgehe, dann werde das Aufkommen des entgegengesetzten Wesens verhindert. [3])

Die alten Sabbate und Festtage wurden also beibehalten, aber ihre bereits antiquierte, in der Diaspora kaum mehr verstandene oder gewürdigte historische Bedeutung war vor dem neuen ihnen

---

[1]) ib. I, 30: Ταῦτα καὶ πλείω λέγεται καὶ φιλοσοφεῖται περὶ περὶ ἑβδομάδος, ὧν ἕνεκα τιμῆς μὲν ἔλαχεν ἐν τῇ φύσει τῇ ἀνωτάτῳ. Τιμᾶται δὲ καὶ παρὰ τοῖς δοκιμωτάτοις τῶν Ἑλλήνων καὶ βαρβάρων, οἳ τὴν μαθηματικὴν ἐπιστήμην διαπονοῦσιν. Ἐκτετίμηται δὲ ὑπὸ τοῦ φιλαρέτου Μωϋσέως, ὃς τὸ κάλλος αὐτῆς ἀνέγραψεν ἐν ταῖς ἱερωτάτοις τοῦ τοῦ νόμου στήλαις, ταῖς δὲ διανοίαις τῶν ὑφ' αὐτὸν ἁπάντων ἐνεχάραξε, δἰ ἓξ ἡμερῶν κελεύσας ἄγειν ἱερὰν ἑβδόμην, ἀπὸ τῶν ἄλλων ἀνέχοντας ἔργων ὅσα κατὰ ζήτησιν βίου καὶ πορισμὸν, ἑνὶ μόνῳ σχολάζοντας τῷ φιλοσοφεῖν εἰς βελτίωσιν ἠθῶν, καὶ τὸν τοῦ συνειδότος ἔλεγχον.

[2]) Genes. 2,2 sqq.

[3]) Leg. alleg. I, 46: ἡ δὲ γε ἑβδομὰς οὔτε γεννᾷ τινα τῶν ἐντὸς δεκάδος ἀριθμῶν, οὔτε γεννᾶται ὑπό τινος. Παρ' ὃ μυθεύοντες οἱ Πυθαγόρειοι τῇ ἀειπαρθένῳ καὶ ἀμήτορι αὐτὴν ἀπεικάζουσιν, ὅτι οὔτε ἀπεκυήθη, οὔτε ἀποτέξεται. „Κατέπαυσεν οὖν τῇ ἑβδόμῃ ἡμέρᾳ ἀπὸ πάντων τῶν ἔργων αὐτοῦ ὧν ἐποίησε.“ Τοῦτο δὲ ἐστὶ τοιοῦτο· τὰ θνητὰ γένη παύεται πλάττων ὁ θεὸς, ὅταν ἄρχηται ποιεῖν τὰ θεῖα, καὶ ἑβδομάδος φύσει οἰκεῖα. Ἡ δὲ πρὸς τὸ ἦθος ἀπόδοσίς ἐστι τοιαύτη· ὅταν ἐπιγίνηται τῇ ψυχῇ ὁ κατὰ ἑβδομάδα ἅγιος λόγος, ἐπέχεται ἡ ἑξὰς καὶ ὅσα θνητὰ τουτὶ ποιεῖν δοκεῖ. — — Ὀρθῶς οὖν ἔφη, ὅτι „τὴν ἑβδόμην ηὐλόγησέ τε καὶ ἡγίασεν, ὅτι ἐν αὐτῇ κατέπαυσεν ἀπὸ πάντων τῶν ἔργων αὐτοῦ ὧν ἤρξατο ὁ θεὸς ποιῆσαι“. Αἰτία δἰ ἣν εὐλόγιστός τε καὶ ἅγιος γέγονεν ὁ κατὰ τὸ ἕβδομον καὶ τέλειον φῶς ἄγων ἑαυτὸν, ἐπεὶ ἐν ταύτῃ τῇ φύσει παύεται ἡ τῶν θνητῶν σύστασις. Καὶ γὰρ οὕτως ἔχει· ὅταν ἀνατείλῃ φέγγος τῆς ἀρετῆς τὸ λαμπρὸν καὶ θεῖον ὄντως, ἀπέχεται τῆς ἐναντίας φύσεως ἡ γένεσις. cf. II, 434.

gegebenen philosophischen Inhalt stark in den Hintergrund getreten. Diesen neuen Inhalt jedoch hielten die hellenisierenden Juden und ihre Geistesaristokratie, die Therapeuten, als die richtige Interpretation des Mosaismus — sie werden ja, wie wir gesehen, als die „Mosesjünger" gepriesen — für den ursprünglichen, von Gott selbst den Festen gegebenen: war doch der Mosaismus gottgeoffenbarte Philosophie, die Philosophie der Philosophie und die griechische Weisheit nur ein matter Abglanz derselben.

Eine ganz neue, auf jüdischem Boden sonst ganz unerhörte Erscheinung tritt uns in den Therapeutriden, den weiblichen Therapeuten, entgegen.

Auch dem andern Geschlecht wurde die Möglichkeit geboten, sich zur therapeutischen Vollkommenheit emporzuheben. Weibliche Mitglieder durften, gleichberechtigt mit den männlichen, an den Vorträgen und heiligen Mahlen teilnehmen und mitwirken. Freilich, auf palästinensischem Boden wäre eine solche Erscheinung kaum möglich gewesen. Auch hier hat der jüdische Hellenismus pfadbereitend und befreiend gewirkt. Der Verfasser unserer Therapeutenschilderung berichtet in bezug auf die Therapeutinnen:

Auch die Frauen hören der Sitte gemäß den Vorträgen zu, wenn sie nämlich, von demselben Eifer beseelt, derselben Lebensweise huldigen.[1]) — Es sind meist bejahrte Frauen, von jungfräulicher Reinheit, die nicht wie gewisse griechische Priesterinnen aus äußerem Zwang ihre Jungfräulichkeit bewahrten, sondern aus freiem Antrieb, aus Eifer und Streben nach der Weisheit, mit der zusammenzuleben sie sich sehnen, die Freuden des Leibes gering achten, nicht nach sterblichen sondern nach unsterblichen Sprößlingen verlangend, welche allein die gottgeliebte Seele gebären kann, befruchtet von den geistigen Strahlen des Vaters, durch die sie die Lehren der Weisheit zu schauen vermag.[2])

Hier sehen wir jüdisch-hellenistische Theorie in die Praxis umgesetzt. — Das mag uns Philo demonstrieren. Er spricht ein-

---

[1]) De vit. cont. II, 476: Καὶ γὰρ καὶ γυναῖκες ἐξ ἔθους συνακροῶνται, τὸν αὐτὸν ζῆλον καὶ τὴν αὐτὴν προαίρεσιν ἔχουσαι.

[2]) ib. II, 482: Συνεστιῶνται δὲ καὶ γυναῖκες, ὧν πλεῖσται γηραιαὶ παρθένοι τυγχάνουσι τὴν ἁγνείαν, οὐκ ἀνάγκῃ, καθάπερ ἔνιαι τῶν παρ' Ἕλλησιν ἱερειῶν, διαφυλάξασαι μᾶλλον ἢ καθ' ἑκούσιον γνώμην, διὰ δὲ ζῆλον καὶ πόθον σοφίας, ᾗ συμβιοῦν σπουδάζουσι, τῶν περὶ σῶμα ἡδονῶν ἠλόγησαν, οὐ θνητῶν

mal — als hätte er unsere Therapeutinnen im Auge — von der Witwe, bei welcher der Prophet Elia einkehrte,[1]) als von einem Weibe, das wie Thamar alle Leidenschaft in sich unterdrückt und ihnen obgesiegt hat, und fährt dann mit Beziehung auf Thamar, die als Witwe im Hause ihres Vaters bleiben sollte, fort: „Auch ihr ward befohlen, sich als Witwe im Hause ihres einzigen und errettenden Vaters niederzulassen, um dessentwillen sie den Umgang und Verkehr mit Sterblichen aufgibt, und so aller menschlichen Vergnügungen entrückt, göttliche Sprößlinge empfängt und, gefüllt mit dem Samen der Tugenden, schwanger wird und edle Handlungen gebiert. Wenn sie dieselben einmal hervorgebracht hat, erhält sie trotz der Gegner den Kampfpreis und wird als Siegerin erklärt, indem sie die Palme als Symbol des Sieges davonträgt.“[2])

Das klingt nicht nur wie eine Aufforderung an das weibliche Geschlecht, sich der jungfräulichen therapeutischen Lebensweise zu widmen, es scheint uns sogar — zusammengehalten mit dem eben aus De vita contemplativa zitierten, die Therapeutinnen betreffenden Passus — die Existenz jüdischer Therapeutinnen zu konstatieren.

Solche Aufforderungen kommen aber bei Philo keineswegs vereinzelt vor. So beispielsweise bezeichnet er einmal Leah, die Gattin Jakobs, als die Leidenschaftslose, die von den der Sinnlichkeit Ergebenen gehaßt, dafür aber der Freundschaft Gottes gewürdigt werde: von Gott empfange sie den Samen der Verständigkeit, werde schwanger und gebäre schöne, des Erzeugers würdige Gedanken.

ἐκγόνων, ἀλλ᾽ ἀθανάτων ὀρεχθεῖσαι, ἃ μόνη τίκτειν ἀφ᾽ ἑαυτῆς οἵα τέ ἐστιν ἡ θεοφιλὴς ψυχὴ, σπείραντος εἰς αὐτὴν ἀκτῖνας νοητὰς τοῦ πατρὸς, αἷς δυνήσεται θεωρεῖν τὰ σοφίας δόγματα.

[1]) 1 Reg. 17,10.

[2]) Quod deus imm. I, 293: Μεμίμηται δὲ τοῦτο καὶ ἡ ἐν ταῖς βασιλείαις ἐντυγχάνουσα τῷ προφήτῃ γυνή. Χήρα δ᾽ ἔστιν, οὐχ᾽ ἣν φαμεν ἡμεῖς, ὅταν ἀνδρὸς ἐρήμη γένηται, ἀλλὰ τῷ χηρεύειν τῶν φθειρόντων καὶ λυμαινομένων τὴν διάνοιαν παθῶν, ὥσπερ καὶ ἡ παρὰ Μωϋσεῖ Θάμαρ. Καὶ γὰρ ταύτῃ προστέτακται χηρευούσῃ καθέζεσθαι ἐν τῷ τοῦ μόνου καὶ σωτῆρος οἴκῳ τατρός· δι᾽ ὃν ἀεὶ καταλιποῦσα τὰς τῶν θνητῶν συνουσίας καὶ ὁμιλίας, ἠρήμωται μὲν καὶ κεχήρευκεν ἀνθρωπίνων ἡδονῶν, παραδέχεται δὲ θείαν γονὴν, καὶ πληρουμένη τῶν τῆς ἀρετῆς σπερμάτων, κυοφορεῖ καὶ ὠδίνει καλὰς πράξεις. Ἃς ὅταν ἀποτέκῃ, τὰ κατὰ τῶν ἀντιπάλων αἵρεται βραβεῖα, καὶ νικηφόρος ἀναγράφεται, σύμβολον ἐπιφερομένη φοίνικα τῆς νίκης. Θάμαρ γὰρ ἑρμηνεύεται φοῖνιξ.

Hieran knüpft nun Philo die mahnende Lehre: „Wenn du, o Seele, Leah nachahmst und das Sterbliche von dir weisest, so wirst du dich notwendigerweise dem Unvergänglichen zuwenden, der dich mit allen Quellen des Schönen befruchten wird.“[1])

In naher geistiger Verwandtschaft zu den Therapeuten, ohne vielleicht ihre asketische Lebensweise zu führen, stehet die bereits besprochene Klasse von Allegoristen, über welche Philo die volle Schale seines Unmuts ausgießt, weil sie, wenn sie sich zum klaren Erfassen des geistigen Gehaltes der heiligen Schrift durchgerungen, von der Menge der Gläubigen sich lossagen und die diesen heiligen religiösen und nationalen Zeremonien und Institutionen verwerfen. — Diese Allegoristen unterschieden sich nach allem, was wir aus Philo über sie erfahren, von den Therapeuten hauptsächlich darin, daß sie, sobald sie den geistigen Kern des Mosaismus aus dem biblischen Schrifttum herausgeschält, die Formen zertrümmerten, während jene mit dem konservativen jüdischen Hellenismus die nationale Hülle nach wie vor pietätvoll wahrten, sie nur mit neuem Inhalt füllten.

An die Schriftworte: „Gott sprach zu Abraham, ich werde deinen Namen groß machen“,[2]) knüpft Philo die folgende Betrachtung: „Das will, nach meiner Meinung, lehren, es sei ebenso ein Vorzug, gut und edel zu sein, als von Vorteil, es auch zu scheinen. — Wem Gott beides gewährt: tugendhaft zu sein und es auch zu scheinen, der ist wahrhaft glücklich und von wahrhaft gutem Ruf. Denn wahrlich, ein guter Ruf ist nicht gering zu achten. Ein solcher wird jedoch nur demjenigen zuteil, der die nationalen Gesetze und Gebräuche hochhält und es nicht wagt, etwas an ihnen

---

[1]) De poster. I, 251: Διὸ καὶ Λείαν φυσικῶς εἰσάγει „μισουμένην“. Οὓς γὰρ τὰ φίλτρα τῶν κατὰ Ῥαχὴλ, τὴν αἴσθησιν, ἡδονῶν ἐπάγεται, τούτους οὐκ ἀνέχεται ἡ ἐκτὸς τῶν παθῶν Λεία. Διόπερ σκορακιζόμενοι μισοῦσιν αὐτὴν· τῇ δὲ ἡ πρὸς τὸ γεννητὸν ἀλλοτρίωσις, πρὸς θεὸν οἰκείωσιν εἰργάσατο. Παρ᾽ οὗ τὰ φρονήσεως παραδεξαμένη σπέρματα ὠδίνει, καὶ ἀποτίκτει καλὰς καὶ ἀξίας ἐννοίας τοῦ γεννήσαντος πατρός. Ἐὰν οὖν καὶ σὺ μιμησαμένη Λείαν, ὦ ψυχὴ, θνητὰ ἀποστραφῇς, ἐξ ἀνάγκης ἐπιστρέψῃ πρὸς τὸν ἄφθαρτον, ὃς ὅλας ἐπομβρήσει σοι τὰς τοῦ καλοῦ πηγάς. — Hierzu vergleiche man De cherub. I, 140, 146 sqq., wo Philo die Patriarchen mit ihren Weibern zusammenwohnen läßt: wie die Therapeuten mit den Therapeutinnen. Die Weiber, die der Leidenschaft abgestorben, sind hier und auch sonst bei Philo verkörperte Tugenden, würdig des Zusammenwohnens mit den Weisen.

[2]) Genes. 12,2.

zu ändern. Es gibt aber Leute, welche die geschriebenen Gesetze für Symbole geistiger Lehren halten, letztere mit aller Sorgfalt aufsuchen,[1]) erstere jedoch verachten. Solche Menschen kann ich nur tadeln. Denn man muß auf beides bedacht sein: auf Erkenntnis des verborgenen und Befolgung des offenliegenden Sinns. Sie aber leben ganz für sich, als wären sie in einer Wüste, oder wären körperlose Seelen, wüßten nichts von der Stadt, vom Dorfe, nichts von ihrem eigenen Hause, nichts von dem Verkehr mit andern Menschen; sie wollen die Ansichten der Menge überfliegen und die nackte Wahrheit, wie sie an sich ist, erhaschen;[2]) während doch die heilige Schrift sie auffordert, für einen guten Ruf Sorge zu tragen und nichts an den Gesetzen abzuändern, die von außerordentlichen und gottbegeisterten Männern gegeben worden sind. Denn wenn auch unter dem Gebot der Feier des siebenten Tages der tiefere Sinn verborgen ist: daß der Gottheit allein Tätigkeit, der Kreatur aber Leiden zukomme,[3]) so dürfen wir deshalb doch nicht die Vorschriften bezüglich der Heilighaltung desselben verletzen. Wir dürfen demnach an diesem Tag kein Feuer anzünden, die Erde nicht bebauen, keine Lasten tragen, keine Anklagen einbringen, keine Schulden eintreiben und ähnliche Dinge nicht verrichten, die an Wochentagen gestattet sind. Und wenn die Feier- und Festtage eigentlich nur Sinnbilder der Seelenfreude und der Dankbarkeit gegen Gott sind, so dürfen wir deswegen doch nicht die üblichen Feierlichkeiten und Gebräuche aufgeben. Und wenn die Beschneidung im Grunde nichts anderes, als die Entfernung der Leidenschaft, Wollust und aller gottlosen Gedanken bedeutet, so dürfen wir darum doch nicht den anbe-

---

[1]) De migr. Abr. I, 450: Εἰσί γάρ τινες οἳ τοὺς ῥητοὺς νόμους σύμβολα νοητῶν πραγμάτων ὑπολαμβάνοντες, τὰ μὲν ἄγαν ἠκρίβωσαν, τῶν δὲ ῥαθύμως ὠλιγώρησαν.

[2]) ib.: Νυνὶ δὲ ὥσπερ ἐν ἐρημίᾳ καθ' ἑαυτοὺς μόνοι ζῶντες, ἢ ἀσώματοι ψυχαὶ γεγονότες, καὶ μήτε πόλιν μήτε κώμην μήτ' οἰκίαν μήτε συνόλως θίασον ἀνθρώπων εἰδότες, τὰ δοκοῦντα τοῖς πολλοῖς ὑποκρύψαντες, τὴν ἀλήθειαν γυμνὴν αὐτὴν ἐφ' ἑαυτῆς ἐρεύνωσιν. Ebenso heißt es De vit. cont. II, 483 sq. von den Therapeuten: Sie suchen den verborgenen tiefen Sinn zu erforschen, wobei die vernünftige Seele anfängt wie in einem Spiegel zu schauen, καὶ τὰ μὲν σύμβολα διαπτύξασα καὶ διακαλύψασα, γυμνὰ δὲ εἰς φῶς προαγαγοῦσα τὰ ἐπιθύμια, τοῖς δυναμένοις ἐκ μικρᾶς ὑπομνήσεως τὰ ἀφανῆ διὰ τῶν φανερῶν θεωρεῖν.

[3]) De migr. Abr. l. c.: Μὴ γὰρ ὅτι ἡ ἑβδόμη δυνάμεως μὲν τῆς περὶ τὸ ἀγέννητον, ἀπραξίας δὲ τῆς περὶ τὸ γεννητὸν δίδαγμά ἐστι κτλ.

fohlenen Brauch mißachten. Denn wenn wir bloß den höheren Sinn festhalten wollten, so müßten wir ja auch dem Tempel und den unzähligen andern notwendigen Feierlichkeiten entsagen. Allein, man muß den Wortsinn für den Leib, den geheimen Sinn für die Seele ansehen. Sowie man nun für den Körper, als die Behausung der Seele, Sorge trägt, so muß man auch den Wortsinn achten. Denn nur wenn dieser befolgt wird, kann man auch die geheime Wahrheit klar erschauen, davon zu schweigen, daß man nur auf diese Weise dem Tadel der Menge entgehen kann.“ [1])

Das ist nun wieder eine andere, in wesentlichen Stücken allerdings den Therapeuten ähnliche Religionspartei. Sie ähnelt ihnen darin, daß sie wie jene das geschriebene Gesetz für Symbole tiefsinniger geistiger Lehren ansah, diese erforschten und die nackte Wahrheit, wie sie an sich, zu erfassen sich abmühten, daß sie ferner, um in der Welt der Ideen ganz ungestört leben zu können, von den übrigen Menschen sich völlig abschlossen, ohne jedoch in irgend eine, sei es profane oder heilige gesellschaftliche Verbindung einzutreten. — Es wäre aber gründlich verfehlt, sie deshalb für Therapeuten anzusehen, wie dies Gfrörer tut.[2]) Denn wenn sie auch in der allegorischen Auslegung der Schrift und darin, daß sie sich von der übrigen Welt abschlossen und in sich selbst zurückzogen, den Therapeuten zum Verwechseln ähnlich waren, so unterschieden sie sich wieder gründlich von ihnen in der Hauptsache, auf die es eben ankommt: während nämlich die Therapeuten, obgleich auch sie in ihrer Schriftauslegung die reine, hüllenlose Wahrheit zu ergründen suchten, dennoch Sabbat und Festtage, auch nachdem, oder vielmehr gerade nachdem sie deren eigentlichen geistigen

---

[1]) ib.: Ἀλλὰ χρῆ ταῦτα μὲν σώματι ἐοικέναι νομίζειν, ψυχῇ δὲ ἐκεῖνα· ὥσκερ οὖν σώματος, ἐπειδὴ ψυχῆς ἐστιν οἶκος, προνοητέον, οὕτω καὶ τῶν ῥητῶν νόμων ἐπιμελητέον. Φυλαττομένων γὰρ τούτων ἀριδηλότερον καὶ ἐκεῖνα γνωσισθήσεται ὧν εἰσι οὗτοι σόμβολα, πρὸς τῷ καὶ τὰς ἀπὸ τῶν πολλῶν μέμψεις καὶ κατηγορίας ἀποδιδράσκειν. Fast buchstäblich dieselbe Auffassung der mos. Gesetzgebung wird in De vit. cont. II, 483 den Therapeuten zugeschrieben. Da wird von ihnen gerühmt: Ἅπασα γὰρ ἡ νομοθεσία δοκεῖ τοῖς ἀνδράσι τούτοις ἐοικέναι ζώῳ· καὶ σῶμα μὲν ἔχειν τὰς ῥητὰς διατάξεις, ψυχὴν δὲ τὸν ἐναποκειμένον ταῖς λέξεσιν ἀόρατον νοῦν, ἐν ᾧ ἤρξατο ἡ λογικὴ ψυχὴ διαφερόντως τὰ οἰκεῖα θεωρεῖν, ὥσπερ διὰ κατόπτρου τῶν ὀνομάτων κτλ.

[2]) Gfrörer, Philo I, 106.

Gehalt erkannt, über die Maßen heilig hielten und feierten,[1]) verwarfen jene dieselben. Wegen dieses Rests nationalen Bewußtseins, wegen ihrer Heilighaltung überlieferter religiöser Institutionen werden die Therapeuten in De vita contemplativa so sehr gelobt, wogegen die radikalen Allegoristen, eben weil sie die von gottbegnadeten Männern der Vorzeit eingesetzten Zeremonien mißachteten, von Philo scharf gerügt werden. Es darf ferner nicht übersehen werden, daß die Therapeuten, bei all ihrer Sehnsucht nach einsamer Beschaulichkeit, sich gleichwohl zu gesellschaftlichen Gruppen zusammenfanden, daß sie nur in den Werktagen jeder für sich lebten, mit heiligen Studien beschäftigt, alle Sabbate und Festtage aber zu gemeinschaftlichen gegenseitigen Belehrungen und frommen Übungen zusammenkamen; wogegen jene philosophischen Radikalen jeden Umgang mit andern verschmähten, allen wie immer gearteten Thiasen aus dem Wege gingen.[2]) — Es waren eben jüdische Philosophen, die das Gesetz — wie später nach demselben Beispiel der Paulinismus — geistig nahmen, es in reine Philosophie und Ethik auflösten und im praktischen Leben die letzten Konsequenzen dieser Schriftauslegung zogen, indem sie die bedeutungslos gewordenen Formen verächtlich bei seite schoben, alle nationalen und religiösen Gebräuche verwarfen und sich so außerhalb der jüdischen Gemeinschaft stellten: daher der schwere Tadel Philos![3])

Diesen Allegoristen wollten die neuen Lehren nicht mehr in die alten engen Formen passen; sie sprengten diese. Die konservativen, noch nationalgesinnten hellenistischen Juden strengten sich an, das alte Kleid mit Lappen von neuem Tuch zu flicken; aber die Lappen rissen wieder vom Kleid, und der Riß ward ärger. Der in die alten Schläuche gefüllte junge Wein machte die Schläuche bersten und sie kamen um:[4]) die neuen Religionsanschauungen verlangten eben auch nach neuen Formen.

Die jüdisch-hellenistische Schriftauslegung war aber dem Bestande des nationalen Judentums um so gefährlicher, als sie sich

---

[1]) De vita cont. II, 477: Τὴν δὲ ἑβδόμην πανίερόν τινα καὶ πανέορτον νομίζοντες εἶναι ἐξαιρέτου γέρως ἠξιώκασιν κτλ. cf. ib. II, 481.

[2]) De migr. Abr. I, 450: μήτε συνόλως θίασον ἀνθρώπων εἰδότες.

[3]) Der Tadel gipfelt in dem Vorwurf, daß sie sich von der Gemeinschaft lossagen: τὰ δοκοῦντα τοῖς πολλοῖς ὑπερκύψαντες.

[4]) cf. Math. 9,16—18; Marc. 2,18—22; Luc. 5,33—38.

des ungeteilten Beifalls selbst der konservativen Parteien der griechischen Diaspora erfreute, von diesen sogar als die einzig richtige, von Moses selbst überlieferte erklärt wurde. Aber ihr Herz hing dabei noch immer pietätvoll an den „von heiligen und größeren als heute lebenden Männern der Vorzeit eingesetzten“ nationalen und religiösen Institutionen, für die sie ehrwürdige Scheu verlangten. Sie hielten den allegorisch erforschten Geist des Gesetzes sehr hoch, aber seinen Leib, den Wortsinn, wollten sie dessenungeachtet nicht angetastet, sondern sorgfältig gehütet wissen, da man ja sonst ins Uferlose gerate und die Nation mitsamt der ihr gewordenen Weltmission zerstöre. Wollte man, ruft Philo jenen radikalen Allegoristen zu, die mit der Vergeistigung des Gesetzes alle hergebrachten religiösen Formen sprengten, bloß den höheren Sinn des Gesetzes festhalten, dann müßte man den Tempel und die zahlreichen übrigen religiösen Bräuche über Bord werfen![1]) Das Ende wäre das religiöse Chaos!

Wohin in Wirklichkeit eine so schrankenlose Religionsphilosophie, ein so skrupelloses Brechen mit allen religiösen Traditionen führte, das hat uns Philo an andern jüdischen Radikalen gezeigt, gegen die er wiederholt ein vernichtendes Verdikt fällt: weil sie in ihrem törichten Wissensdünkel nicht nur das mosaische Gesetz, sondern sogar den Gott, der es gegeben, verwerfen. Vor diesen falschen und verderblichen Lehrern kann er die Gläubigen nicht genug warnen.[2]) Sie gehen, sagt er, in ihrer Verruchtheit so weit, daß sie nicht bloß himmelstürmende Lehrmeinungen auftürmen, sondern auch die Frommen in Israel zu verführen trachten, indem sie ihnen Führer und Lehrer böser Werke aufzwingen.[3])

Daraus, sowie aus dem Umstande, daß Philo wiederholt Gelegenheit nimmt, um gegen diese völlig entnationalisierten, vielfach sogar antinomistisch gerichteten Parteien zu polemisieren und ihnen

---

[1]) De migr. Abr. I, 450: οὓς ὁ ἱερὸς λόγος διδάσκει χρηστῆς ὑπολήψεως πεφροντικέναι, καὶ μηδὲν τῶν ἐν τοῖς ἔθεσι λύειν, ἃ θεσπέσιοι καὶ μείζους ἄνδρες ἢ καθ᾽ ἡμᾶς ὥρισαν. — — Ἐπεὶ καὶ τῆς περὶ τὸ ἱερὸν ἁγιστείας καὶ μυρίων ἄλλων ἀμελήσομεν, εἰ μόνοις προσέξομεν τοῖς ὑπονοιῶν δηλουμένοις.

[2]) Hierüber M. Friedländer, Gesch. d. jüd. Apol. 441 sq.

[3]) De poster. I, 235: Τοσοῦτον δὲ ἐπαράτου ἀσεβείας ἐπιβεβήκασιν ὥστ᾽ οὐ μόνον δι᾽ ἑαυτῶν ἐγείρειν τὰς τοιαύτας πόλεις (sc. σνφιστικὰς τεχνάς) ἀξιοῦσιν, ἀλλὰ καὶ φιλάρετον πληθὺν Ἰσραὴλ ἀναγκάζουσιν, ἐπιστάτας καὶ διδασκάλους κακῶν ἔργων ἐπ᾽ αὐτῆς χειροτονήσαντες.

gegenüber den konservativen jüdischen Hellenismus als den alleinseligmachenden Glauben zu preisen, läßt sich mit Sicherheit schließen, daß dieselben ebenso volksschädlich als zahlreich gewesen.

Im allgemeinen darf wohl angenommen werden, daß sich das griechische Judentum in drei Hauptparteien teilte: in eine weit verpflanzte materialistische, wie sie uns schon bei Pseudosalomo und in der Henochapokalypse entgegentrat, in eine pneumatische von den verschiedenartigsten Schattierungen, welche beide Parteien Philo aus der Gemeinde Gottes ausgeschlossen wissen will, und endlich in die große, das gesamte rechtgläubige Israel in sich befassende Mittelpartei, die das Streben hatte, Geistiges und Irdisches harmonisch auszugleichen und im Besitze der wahren und unverfälschten Gotteserkenntnis war.

Diese drei Parteien findet Philo in den Ammonitern, Moabitern und in dem „gottbegnadeten Friedensfürsten“ Melchisedek[1]) versinnbildlicht. Melchisedek, so heißt es bei Philo, der Fürst des Friedens, muß der Seele die Speise der Freude und des Glückes darreichen. Denn er bringt Brod und Wein, was die Ammoniter und Moabiter dem Propheten versagten, weshalb sie aus der Versammlung und Gemeinschaft Gottes ausgeschlossen worden sind. Denn die Ammoniter, die Söhne der Sinnlichkeit, und die Moabiter, die Söhne des Geistes, sind Symbole für jene Menschen, die alles, was da ist, aus dem Geiste oder aus dem Sinne hervorgehen lassen wollen, an Gott aber nicht denken.[2]) Darum sagt Moses: „Sie sollen nicht in die Versammlung Gottes kommen, weil sie uns nicht Brot und Wasser gewähren wollten, als wir aus Ägypten — dem Bereiche der Leidenschaften — kamen.“ [3]) Melchisedek aber muß anstatt des Wassers Wein bringen und die Seelen tränken und kräftigen, damit sie von göttlicher Begeisterung berauscht werden,

---

[1]) cf. Leg. alleg. I, 102 sq.: Τοῖς γοῦν ζητοῦσι, τίς ἀρχὴ γενέσεως, ὀρθότατα ἄν τις ἀποκρίναιτο ὅτι ἀγαθότης καὶ χάρις τοῦ θεοῦ, ἣν ἐχαρίσατο τῷ μετ᾽ αὐτὸν γένει· δωρεὰ γὰρ καὶ εὐεργεσία καὶ χάρισμα θεοῦ τὰ πάντα ὅσα ἐν κόσμῳ καὶ αὐτὸς ὁ κόσμος ἐστί. καὶ Μελχισεδὲκ βασιλέα τε τῆς εἰρήνης, Σαλὴμ, τοῦτο γὰρ ἑρμηνεύεται, „ἱερέα ἑαυτοῦ πεποίηκεν ὁ θεὸς“, οὐδὲν ἔργον αὐτοῦ προδιατυπώσας, ἀλλὰ τοιοῦτον ἐργασάμενος βασιλέα καὶ εἰρηναῖον, καὶ ἱερωσύνης ἄξιον τῆς ἑαυτοῦ πρῶτον.

[2]) ib. p. 103: Ἀμμανῖται γὰρ οἱ ἐκ τῆς μητρὸς αἰσθήσεως, καὶ Μωαβῖται οἱ ἐκ τοῦ πατρὸς νοῦ φύντες, τρόποι δύοι, ταῦτα τῶν ὄντων συνεκτικὰ νομίζοντες, νοῦν καὶ αἴσθησιν, θεοῦ δὲ μὴ λαμβάνοντες ἔννοιαν κτλ.

[3]) Deut. 23,3–4.

die verständiger ist als aller Verstand. Weil er nun im Besitz der wahren und erhabenen Gotteserkenntnis und Gottesverehrung, wird er der „Priester des höchsten Gottes“ genannt.[1])

Wie wir gesehen, schwoll der jüdische Hellenismus im Laufe der Zeit zu einem Meere an, in welches alle möglichen Strömungen einmündeten, um darin zu ebben und zu fluten. Und in diesem vom hellenistischen Geiste gespeisten Riesenreservoir, das die buntesten religiösen Anschauungen in sich aufgenommen, dessen Tiefen von dem Therapeutismus durchzogen waren, sollte gerade für die Entwicklung jenes religiösen Geistes kein Raum gewesen sein, der zur Bildung therapeutischer Gemeinschaften führte, die uns so naturgetreu in De vita contemplativa geschildert sind, die abseits von den ausgetretenen Wegen das Ideal des jüdischen Hellenismus zu verwirklichen sich bemühten, indem sie sich zu Gott zu erheben, Altes und Neues harmonisch zu verbinden, den tiefen Geist des Gesetzes zu erfassen sich bestrebten, dabei pietätvoll die alten nationalen und religiösen Formen schonend? Solches können nur jene leugnen, die den jüdischen Hellenismus nach seinem wahren Wesen und Wirken nicht zu werten vermögen, befangen in der so weit verbreiteten Anschauung, daß in den letzten vorchristlichen Jahrhunderten der Pharisäismus allbeherrschend gewesen. Allein selbst diese müssen angesichts zuverlässiger und ganz bestimmt lautender zeitgenössischer Zeugnisse zugeben, daß parallele Strömungen sogar auf palästinensischem Boden parallele Bildungen, wie jene der Essenergemeinschaften, hervorgerufen haben, wenn sie auch dabei alle erdenklichen Anstrengungen machen, die Bedeutung des Essenismus nach Möglichkeit abzuschwächen und ihn auf das Niveau des Pharisäismus herabzudrücken. — Und Alexandria, die Pflanzstätte des jüdischen Hellenismus, sollte unfähig gewesen sein, therapeutische, von dem reinsten jüdisch-hellenistischen Geiste beseelte Gemeinschaften erzeugen zu können?

Der jüdische Hellenismus, dessen Seele der Therapeutismus bildete, bejaht diese Frage mit aller Entschiedenheit.

---

[1]) Leg. alleg. l. c.: Ἀλλ' ὁ μὲν Μελχισεδὲκ ἀντὶ ὕδατος οἶνον προσφερέτω, καὶ ποτιζέτω καὶ ἀκρατιζέτω ψυχάς, ἵνα κατάσχετοι γένωνται θείᾳ μέθῃ, νεφαλεωτέρᾳ νήψεως αὐτῆς ..... ἀλλὰ τῷ μὴ ταπεινῶς καὶ χαμαιζήλως, ὑπερμεγέθως δὲ καὶ ὑπεραύλως καὶ ὑψηλῶς νοεῖν περὶ τοῦ θεοῦ ἔμφασιν τοῦ ὑψίστου κινεῖ.

III.

DIE SIBYLLINISCHE WEISHEIT.

Apokalyptik und Sibyllistik sind Zwillingsschwestern; die letztere, nach unserer Überzeugung, die ältere und vorbildlich gewordene.

Hiermit soll jedoch nicht behauptet werden, daß die Danielapokalypse eine Nachbildung sibyllinischer Orakel ist, obgleich manche der letztern sicher älter als jene; wohl aber drängen zahlreiche ins Auge springende Indizien zu dem Schluß, daß die Apokalypsen seit Henoch ihr religiöses und insbesondere ihr eschatologisches Vorstellungsmaterial den ältern sibyllinischen Orakeln verdanken, das sie auf palästinensischem Boden in ihrer Weise umgestaltet und weitergebildet haben.

Der Hauptunterschied in der beiderseitigen Behandlungsweise des überkommenen Stoffes liegt einmal in den örtlichen Verhälthältnissen, und zum andern in der Verschiedenartigkeit des Publikums, an das sich unsere Volkspropheten wenden: Der Sibyllist hat es ausschließlich mit dem Heidentum zu tun, das er bekehren will, darum wählt er denn auch, um sich in der großen Welt Gehör zu verschaffen, die Sibylle, die bei den Heiden prophetisches Ansehen genießt, um ihr seine Weissagungen unterzuschieben, ebenso heidnische Mythologie und Geschichte, die er seinen Zwecken dienstbar macht. Der Apokalyptiker hingegen spricht zum eigenen Volke, darum legt er seine neuen Offenbarungen heiligen jüdischen Männern der Vorzeit in den Mund, wählt er biblischen Stoff für seine Belehrung. Das Original aber ist, wie sich noch eingehender zeigen wird, die Sibylle der griechischen Diaspora, die Kopie die Apokalypse.

In Palästina ist man eben jetzt nicht mehr schöpferisch. Prophetie und Phantasie sind, zumal in der herrschenden Geistesaristokratie, versiegt; und wo sie in den breiteren Volksschichten noch auftreten, da nähren sie sich von fremdem Geist, wärmen sie sich an fremdem Feuer, an der jetzt auflodernden religiösen Flamme des griechischen Judentums, das mit vollen Zügen an der Brust der griechischen Weisheit saugt und zu neuer schöpferischer Kraft sich berauscht.

Die jüdisch-sibyllinischen Orakel — wir sprechen hier von den ältesten sibyllinischen Gedichten — kamen aus den mittleren Volksschichten des griechischen Judentums, was uns zeigt, daß man auch in diesen Kreisen die Heidenbekehrung mit heiligem Feuereifer betrieb. Von den höhern philosophischen Ideen des jüdischen Hellenismus, von einer Unsterblichkeit, einer jenseitigen Vergeltung wissen diese alten Sibyllisten noch nichts; sie arbeiten noch mit gröbern, aber nicht minder wirksamen, nicht minder mustergültig gewordenen Mitteln und mit einer Glut der Überzeugung, die ihnen den endlichen Erfolg sichern mußte, zumal sie mit dem ganzen Rüstzeug der Popularphilosophie versehen waren und die von dem jüdischen Hellenismus ausgegebenen, dem oberflächlich gebildeten Heiden imponierenden Schlagworte zur Verfügung hatten, wie beispielsweise jenes, daß die griechischen Weltweisen und Dichter ihr ganzes Wissen und Können aus dem jüdischen Schrifttum geschöpft. „Und ein Lügen schreibender Mann" — so prophezeit die jüdische Sibylle von Homer — „wird wieder sein vom erlogenen Vaterland, das Licht wird dunkel in seinen Augen sein. Viel Verstand wird er haben und einen seinen Gedanken angepaßten Vers. — Einen Chier wird er sich nennen und die Geschichten von Ilion schreiben, zwar nicht wahrhaftig, aber doch klug; denn er wird meine Verse und Maße in seiner Gewalt haben. Denn er zuerst wird mit den Händen meine Bücher entfalten." [1])

Die jüdische Sibylle arbeitet mit unverwüstlicher Ausdauer, alle Widerstände überwindend, aller Ermattung spottend, an der Bekehrung der Heiden, in denen sie verirrte Brüder, „in Gottähnlichkeit geschaffene Menschen" sieht, [2]) die sie den verderblichen

---

1) Orac. sib. III, 419—425. Kautzsch II, 193:

. . . .

Πρῶτος γὰρ χείρεσσιν ἐμὰς βίβλους ὀνομήνῃ.

2) Orac. sib. III, 8sqq.:

Ἄνθρωποι, θεόπλαστον ἔχοντες ἐν εἰκόνι μορφὴν,
Τίπτε μάτην πλάζεσθε, καὶ οὐκ εὐθεῖαν ἀταρπὸν
Βαίνετε, ἀθανάτου κτίστου μεμνημένοι αἰεί;
Εἷς θεός ἐστι μόναρχος κτλ.

und entsittlichenden Einflüssen des Götzendienstes entreißen und zu dem einzigen Gott, dem Schöpfer des Alls zurückführen will. — Sie ist ja die Stimme des jüdischen Volkes, jenes Volkes, dem die Mission aufgebürdet wurde: „allen Sterblichen zum Wegweiser des Lebens zu werden;“ [1]) jenes Volkes, das dem Geschlecht der gerechtesten Menschen entsprossen, die immer wohlberaten sind und edler Werke gedenken, die weder mit Zauberei, noch Aberglauben, noch Astrologie sich abgeben, wie die übrigen, darob in Irrtum und Sünde und Laster verfallenden Völker. Sie sinnen vielmehr nur über Gerechtigkeit und Tugend, fliehen die Habgier, die den sterblichen Menschen tausend Übel erzeugt, den Krieg und ewigen Hunger. Bei ihnen ist gerechtes Maß in den Dörfern und Städten, da giebt es nicht Diebstahl noch Plünderung, verrückt niemand die Grenzen des Nachbars, bereitet der reichere Mann dem ärmeren nicht Kränkung, betrübt man die Witwen nicht; man steht ihnen vielmehr helfend und stützend zur Seite, da unterstützen die Besitzenden die Besitzlosen, ihnen einen Teil der eigenen Ernte gewährend in Beobachtung des göttlichen Gebots, der Bestimmung des Gesetzes. Denn allen hat ja der Himmlische die Erde gemeinsam gegeben. [2]) Vonwegen ihrer Tugendhaftigkeit sind sie die Auserwählten Gottes, sind in den Besitz der Gesetze des Höchsten gelangt, werden selbst zu Propheten von dem Unsterblichen erhöht werden und allen Menschen große Freude bringen. [3]) Denn ihnen allein hat der große Gott verständigen Rat gegeben und Glauben und den besten Sinn in der Brust; die da nicht in leeren Täuschungen, noch Werke von Menschen, goldene und eherne und silberne und elfenbeinerne, und Bilder von hölzernen und steinernen abgeschiedenen Göttern — ehren, wie es die Sterblichen in eitlen Gedanken tun; sondern zum Himmel die reinen Hände erheben, früh morgens vom Lager sich erhebend, immer die Hände reinigend mit Wasser und allein ehren den immer herrschenden Unsterblichen und sodann die Eltern. Darnach gedenken sie ausnehmend vor allen Menschen der Reinheit des Lagers und mischen sich nicht unkeusch mit der männlichen

---

1) ib. III, 195: Οἳ πάντεσι βροτοῖσι βίου καθοδηγοὶ ἔσσονται.

2) ib. III, 218—247.

3) ib. III, 582 sq.:

Αυτοὶ δ' ὑψωθέντες ὑπ' ἀθανάτοιο προφῆται
Καὶ μέγα χάρμα βροτοῖς πάντεσσι φέροντες.

Jugend, wie die Phöniker, die Ägypter und Latiner und das weite Hellas und die vielen Völker der andern, der Perser und Galater und des ganzen Asiens, übertretend das heilige Gesetz des großen Gottes, welches sie übertreten haben.[1])

Wo aber daheim alles so tadellos, so herrlich bestellt ist, wo man sich den übrigen Völkern gegenüber als ein von Gott berufenes Priestervolk fühlt, da erwacht nicht bloß das Pflichtgefühl, sondern auch das unbändige Verlangen, den Lehrberuf unter den Völkern auszuüben und ihnen ein „Wegweiser des Lebens" zu werden. Und so ergeht denn der Bekehrungsruf der Sibylle an alle Völker der Erde, insbesondere an das weltbeherrschende „weite Hellas", dem sie sich verschwistert fühlt, das sie mit unermüdlicher Liebe aus dem Schlamm des Götzendienstes und der sittlichen Verderbnis zur Höhe der geläuterten Gotteserkenntnis und Sittenreinheit emporzuheben ringt.

Hellas! — so ruft sie aus tiefbekümmerter Seele — was vertraust du auf sterbliche führende Männer, die dem Ziele des Todes nicht entgehen können? Wozu bringst du eitle Gaben den Abgeschiedenen und opferst den Götzen? Wer hat dir den Irrtum ins Herz gelegt, dies zu tun, verlassend das Antlitz des großen Gottes? Vor dem Namen des Allerzeugers hege Scheu und laß ihn dir nicht verborgen bleiben. Tausend Jahre sind es und andere fünfhundert, seitdem die übermütigen Könige der Hellenen regierten, die zuerst die Menschen zum Bösen anleiteten, indem sie viele Bilder von abgeschiedenen Göttern stifteten, um derentwillen ihr angeleitet wurdet, eitel zu denken. Aber wenn des großen Gottes Zorn euch treffen wird, dann werdet ihr des großen Gottes Antlitz erkennen. Alle Seelen der Menschen werden mit großem Seufzen, empor zum weiten Himmel die Hände erhebend, beginnen, den großen König als Helfer zu rufen und zu suchen, wer ihnen ein Retter von dem großen Zorn sein werde.[2])

Und wieder:

Unglückseliges Hellas, höre auf, hoffärtig gesinnt zu sein; flehe an den großen Unsterblichen und hüte dich, wiederum unbesonnenes Volk wider die Stadt zu senden, welches aus dem heiligen Lande

---

[1]) ib. III, 580—600. Kautzsch II, 196sq.

[2]) ib. III, 545—561. Kautzsch II, 196.

des Großen ist. — Und diene dem großen Gott, auf daß du hieran Anteil erhältst. Wenn dann auch dieser schicksalsvolle Tag seine Vollendung bekommt, und über die Menschen das Gericht des unsterblichen Gottes kommt, wird zu den Menschen kommen der Anfang von großem Glück. Denn die allesgebärende Erde wird den Sterblichen geben die beste unermeßliche Frucht von Korn, Wein und Öl; aber vom Himmel herab lieblichen Trank süßen Honigs, und die Bäume die Frucht des Obstes, und fette Schafe und Rinder, und von den Schafen Lämmer und von den Ziegen Zicklein. Und die Erde wird hervorbrechen lassen süße Quellen weißer Milch. Voll aber werden die Städte und die fetten Fluren von Gütern sein, und kein Schwert auf Erden noch Kriegslärm; noch wird ferner die schwer seufzende Erde erschüttert werden. Nicht Krieg noch Dürre wird ferner auf Erden sein, nicht Hunger und die Früchte verwüstender Hagel, sondern großer Friede auf der ganzen Erde. Und ein König wird dem andern Freund sein bis zum Ende der Zeiten, und ein gemeinsames Gesetz auf der ganzen Erde wird der Unsterbliche im gestirnten Himmel den Menschen vollenden. — Denn er selbst allein ist Gott, und es gibt keinen andern mehr; er selbst auch wird mit Feuer verbrennen die feindliche Macht der Männer.[1])

Die Mittel nun, mit welchen unsere Sibylle ihre Propaganda in der heidnischen Welt so wirksam unterstützte, sie sind — mit dem alleinigen Unterschied, daß diese der Aufrichtung eines diesseitigen messianischen Reiches dienen — dieselben, welche, ihrem Beispiel folgend, die Apokalyptiker in so ausgedehntem Maße zur Erhebung und Belehrung nach innen und zur Bereitung des Pfades zum Himmelreich in Anwendung brachten: Vor allem ist es die Schilderung des göttlichen Gerichts, welche die Sibylle, und mit ihr die Apokalyptiker, sosehr in den Vordergrund ihrer religiösen Belehrungen rückten, des Gerichts, das später von Jesus — im Verein mit Glaube und Barmherzigkeit — als „das Schwerste im Gesetz“ bezeichnet wird.[2]) — Die ergreifenden und erschütternden Schilderungen des großen göttlichen Gerichts der Endzeit ziehen sich wie ein roter Faden durch die sibyllinischen

[1]) ib. III, 732—761. Kautzsch II, 199.

[2]) Math. 23,23: καὶ ἀφήκατε τὰ βαρύτερα τοῦ νόμου, τὴν κρίσιν καὶ τὸν ἔλεον καὶ τὴν πίστιν.

Weissagungen,[1]) und in noch gesteigerterem Maß durch die in ihre Fußstapfen tretenden apokalyptischen Offenbarungen.

Um nun einerseits eine Vorstellung von der Auffassung des göttlichen Gerichts, wie sie in der Sibylle vorherrscht, zu ermöglichen, und andrerseits — und darum handelt es sich uns hauptsächlich — zu zeigen, daß diese Auffassung in die Apokalyptik übergegangen, und die vollständige Abhängigkeit der letzteren von der ersteren zu erweisen, wollen wir die markantesten einschlägigen Schilderungen der ältesten sibyllinischen Orakel hier wiedergeben.

„Wenn einst“, heißt es einmal, „vom Himmel ein feuriger Regen herabströmt; wehe mir Unglückseligen! Wann wird jener Tag erscheinen und das Gericht des unsterblichen Gottes, des großen Königs?“[2])

Ein andermal: „Dann werden alle Elemente der Welt verödet sein, wenn Gott, der den Äther bewohnt, den Himmel zusammenrollt, wie ein Buch ihn zusammenrollt,[3]) und fallen wird das ganze vielgestaltige Himmelsgewölbe auf die göttliche Erde und auf das Meer, und es wird fließen ein Strom schrecklichen Feuers unermüdlich, verbrennend die Erde, das Meer, und wird das Himmelsgewölbe, die Tage und die Schöpfung selbst in eins zusammenschmelzen. — Und nicht mehr werden sein die glänzenden leuchtenden Kugeln, nicht Nacht, nicht Morgen, nicht viele Tage von Sorgen, nicht Frühling, nicht Sommer, noch Herbst.[4]) Dann wird das Gericht des großen Gottes erscheinen in der großen Zeit, wenn das alles geschehen ist.“[4])

Und abermals:

„Und mit gewaltiger Stimme wird Gott zu dem ganzen ungebildeten, eitlen Volke sprechen, und das Gericht wird ihnen vom großen Gott kommen, und sie alle werden umkommen durch die Hand des Unsterblichen. Vom Himmel werden feurige Schwerter

---

[1]) Orac. sib. III, 54sqq., 71sqq., 80sqq., 319sqq., 669sqq., 685sqq., 795sqq. u. a. St.

[2]) ib. III, 54 sqq.

[3]) ib. III, 81 sq.: ὁπόταν Θεὸς αἰθέρι ναίων — Οὐρανὸν εἱλίσσῃ, καθάπερ βιβλίον εἱλεῖται. Dasselbe Bild in der Johannesapokal. 6,24: καὶ οὐρανὸς ἀπεχωρίσθη ὡς βιβλίον εἱλισσόμενον.

[4]) Dieselbe Vorstellung bei Philo, De execrat. II, 429 sq. Auch bei Hen. 80,2–4.

[5]) Orac. sib. III, 80—92.

auf die Erde fallen. — Die alleserzeugende Erde wird an jenem Tage bewegt werden durch die Hand des Unsterblichen und die Fische im Meere und alle Tiere der Erde und die unzähligen Arten der Vögel und alle Seelen der Menschen und das ganze Meer wird schaudern vor dem Unsterblichen und es wird Schrecken sein. Die jähen Gipfel der Berge und die ungeheuern Hügel wird er zerreißen, und das schwarze Dunkel wird allen sichtbar sein. — Die Felsen werden von Blut strömen, und jeder Gießbach wird die Ebene füllen. Die schön gebauten Mauern der feindseligen Männer werden alle zu Boden fallen, weil sie das Gesetz des großen Gottes und sein Gericht nicht erkannt haben. — Und Gott wird alle richten mit Krieg und Schwert und Feuer — und es wird Schwefel vom Himmel kommen. — Und dann werden sie den unsterblichen Gott erkennen, der dies vollendet." [1])

Und nun noch ein letztes Beispiel sibyllinischer Ausmalung des großen Gerichts:

„Ich will dir aber ein deutliches Zeichen verkünden, damit du erkennst, wann das Ende aller Dinge auf Erden kommt: wenn Schwerter am gestirnten Himmel nächtlicherweile erscheinen gegen Abend und auch gegen Morgen, alsbald wird auch Staubwirbel vom Himmel herniederfahren auf die ganze Erde, und der Glanz der Sonne wird mitten im Laufe verschwinden und des Mondes Strahlen sichtbar werden und zurück auf die Erde kommen. Mit träufelndem Blut vom Felsen wird ein Zeichen geschehen. — Solch ein Ende des Krieges macht Gott, der den Himmel bewohnt! Darum mögen alle dem großen Könige opfern." [2])

Diese sämtlichen eschatologischen Vorstellungen, die, soweit

---

[1]) ib. III, 669—696. cf. Or. sib. IV, 172—177. Kautzsch II, 204 sq.: „Dann wird Feuer über die Welt kommen, bei welchem dies das Zeichen ist: Schwerter, Trompeten, mit dem Aufgang der Sonne; die ganze Welt wird ein Gebrüll und einen schrecklichen Schall hören. Verbrennen wird es die ganze Erde und das ganze Geschlecht der Männer vernichten und alle Städte, die Flüsse zugleich und das Meer; ausbrennen wird es alles, daß es zu rußigem Staub wird." Und Or. sib. V, 344—360, Kautzsch II, 213: „Es wird aber an dem ätherischen weiten Himmel droben ein donnerartiges Getöse, die Stimme Gottes, zu hören sein. Die nie schwindenden Flammen der Sonne selbst werden nicht mehr sein, noch wird das glänzende Licht des Mondes wieder sein in der letzten Zeit, wenn Gott die Führung annimmt. Alles wird schwarz werden, Finsternis wird sein auf Erden . . . . ."

[2]) Orac. sib. III, 796—807. Kautzsch II, 200.

ihr Ursprung zurückverfolgt werden kann, sich zuerst in der jüdischen Sibylle fixiert finden, sind in der Folge Gemeingut der apokalyptischen und auf diesem Wege auch der neutestamentlichen Literatur geworden. Schon die Henochapokalypse spiegelt sie in den großen Zügen sowohl als in der Detailmalerei wieder. Jeder Zoll hier ist sibyllinisches Eigentum. Hier wie dort dieselben Bilder, dieselben Dekorationen und Rahmen. Wie in den sibyllinischen Orakeln gerät auch in der Henochapokalypse die Welt in tiefste Erregung beim Herannahen des göttlichen Gerichtes: es werden erschüttert die erhabenen Berge, die hohen Hügel senken sich und schmelzen wie Honigseim vor der Flamme. Die Erde versinkt und alles, was auf ihr ist, kommt um, da das Gericht über die ganze Welt erscheint.[1]) — In jenen Tagen, wenn Gott schmerzhaftes Feuer über die Menschen bringt, da gibt es kein Entrinnen, keine Errettung. Alle Lichter werden erschüttert von großer Furcht und die ganze Erde wird bestürzt und zittert und zagt.[2]) — Der Mond wird seine Ordnung verändern und nicht erscheinen zu seiner Zeit. In jenen Tagen wird man sehen, wie sich die Sonne am Abend in den letzten großen Wagen im Westen begiebt und mehr leuchtet als nach der (gewöhnlichen) Ordnung des Lichtes. Viele Oberste der Sterne werden ihrem Gebot abtrünnig werden und diese werden ihre Wege und Beschäftigungen ändern und nicht zu den ihnen vorgeschriebenen Zeiten erscheinen.[3]) In jenen Tagen werden die Jahre verkürzt werden, ihre Saat wird sich in ihren Ländern und auf ihren Feldern verzögern, alle Dinge auf Erden werden sich ändern und zu ihrer Zeit nicht erscheinen; der Regen wird ausbleiben und der Himmel ihn festhalten. In jenen Zeiten werden die Früchte der Erde sich verzögern, zu ihrer Zeit nicht wachsen und die Früchte der Bäume werden zurückgehalten werden in ihrer Zeit. . . . .[4])

Gleichlautend mit den apokalyptischen werden diese chaotischen Naturzustände bei Philo geschildert.[5]) Desgleichen in der Assumptio Mosis. Da lesen wir über die letzten Zeiten:

---

[1]) Hen. 1,6–8. [2]) Hen. 102,1–3. [3]) Hen. 80,4–7. [4]) Hen. 80,2–4.

[5]) De execrat. II, 429 sqq.: Ἐφεδρεύουσι δὲ καὶ ἄλλαι συμφοραὶ δίχα τῶν εἰρημένων, ἐνδείας καὶ ἀπορίας δημιουργοί. Δι' ὧν γὰρ ἡ φύσις ἀνθρώποις ἐχορήγει τὰ ἀγαθὰ, στειρωθήσεται γῆ καὶ οὐρανὸς ἡ μὲν ἀμβλίσκουσα καὶ τελειογονεῖν ἀδυνατοῦσα τοὺς καρποὺς, ὁ δὲ μεταβεβηκὼς εἰς ἀγνοίαν τῶν ἐτησίων ὡρῶν, μὴ χειμῶνος,

„Und dann wird seine Herrschaft über alle seine Kreatur erscheinen. — — Denn der Himmlische wird von seinem Herrschersitz sich erheben und aus seiner heiligen Wohnung heraustreten. — Da wird die Erde erbeben bis zu ihren Enden und hohe Berge werden erniedrigt und erschüttert werden und Täler werden sinken. Die Sonne wird kein Licht mehr geben und sich in Finsternis verwandeln, und die Hörner des Mondes werden zerbrechen, und er verwandelt sich ganz in Blut, und der Kreis der Sterne wird in Verwirrung geraten. Das Meer wird zum Abgrund zurückweichen, und die Wasserquellen werden ausbleiben und die Flüsse erstarren. Denn der höchste Gott wird sich erheben der allein ewig ist, und wird offen hervortreten, um die Heiden zu strafen.“ [1])

Und in der Esra-Apokalypse:

„Da wird plötzlich die Sonne bei Nacht scheinen und der Mond am Tage. Von den Bäumen wird Blut träufeln.“ [2])

μὴ θέρους, μὴ ἔαρος, μὴ μετοπώρου πρὸς τὰς οἰκείας τάξεις ἀνιόντων, ἀλλ᾽ εἰς ἄποιον καὶ πεφορημένην σύγκρισιν ἀποκριθῆναι βιασθέντων δεσποτικοῦ κράτους ἀρχῇ. Οὐ γὰρ ὄμβρος, οὐχ᾽ ὕετος, οὐ λεπτὴ ψεκὰς, οὐ βραχεῖα λιβὰς, οὐ δρόσος, οὐκ ἄλλο τι τῶν αὔξειν δυναμένων ἐπιγενήσεται κτλ.

[1]) Ass. Mos. X, 1—7. Kautzsch II, 327: Et tunc parebit regnum illius in omni creatura illius. — — Exsurget enim coelestis a sede regni sui, et exiet de habitatione sancta sua cum indignatione et ira propter filios suos. Et tremebit terra usque ad fines suas, alti montes humiliabuntur et concutientur, et convalles cadent. [Et] *Sol non dabit lumen, et in tenebris convertentur se cornua lunae [et] confrigentur et tota convertit se in sanguine et* orbis stellarum conturbabitur. Et mare usque ad abyssum decedet, et fontes aquarum deficient et flumina expavescent. — Quia exsurget summus deus, et palam veniet, ut vindicet gentes. — Wir haben hier eine getreue Kopie von Orac. sib. III, 795 bis 803 vor uns:

Σῆμα δέ σοι ἐρέω μαλ᾽ ἀριφραδὲς, ὥστε νοῆσαι,
Ἡνίκα δὴ πάντων τὸ τέλος γαίηφι γένηται.
. . . . καὶ οἱ σέλας ἠελίοιο
Ἐκλίψει κατὰ μέσσον ἀπ᾽ οὐρανοῦ, ἠδὴ σελήνης
Ἀκτῖνες προφανοῦσι, καὶ ἄψ ἐπὶ γαῖαν ἵκονται·
Αἵματι καὶ σταγόνεσσι πετρῶν δ᾽ απὸ σῆμα γένηται.

Hierzu zu vgl. Or. sib. III, 669—690. — Das Bild von den cornua lunae findet sich Or. sib. V, 517: Ἡ δὲ σεληναίης δικέρως ἠλλάξατο ἴτυς. — Hier schließt die Schilderung des „von Gott selbst anbefohlenen Kampfes“ V. 531 mit den Worten: ἔμεινε δ᾽ ἀνάστερος αἰθήρ.

[2]) IV. Esra 5,4—6.

Ähnlichen Vorstellungen vom letzten Gericht begegnen wir im Neuen Testament. Hier einige Beispiele:

In der Johannesapokalypse lesen wir: „Da ward ein großes Erdbeben, und die Sonne ward schwarz wie ein härener Sack, und der Mond wie Blut. Und die Sterne des Himmels fielen auf die Erde. — Und der Himmel entwich wie ein eingewickelt Buch; und alle Berge und Inseln wurden bewegt aus ihren Örtern.“[1])

Und im Evangelium:

„Bald nach der Trübsal derselben Zeit werden Sonne und Mond den Schein verlieren, und die Sterne werden vom Himmel fallen und die Kräfte der Himmel werden sich bewegen.“[2]) — „Und es werden Zeichen geschehen an der Sonne, an Mond und Sternen; und auf Erden wird den Leuten bange sein, und werden zagen, und das Meer und die Wasserwogen werden brausen. Und die Menschen werden verschmachten vor Furcht — denn auch der Himmel Kräfte werden sich bewegen.“[3])

In der Apostelgeschichte:

„Die Sonne soll sich verkehren in Finsternis und der Mond in Blut, ehe denn der große und offenbarliche Tag des Herrn kommt.“[4])

Und im zweiten Petrusbrief:

„Es wird aber des Herrn Tag kommen — —, in welchem die Himmel zergehen werden mit großem Krachen, die Elemente

---

[1]) Ap. Joh. 6,12–14: Καὶ ἰδού, σεισμὸς μέγας ἐγένετο, καὶ ὁ ἥλιος ἐγένετο μέλας ὡς σάκκος τρίχινος, καὶ ἡ σελήνη ἐγένετο ὡς αἷμα, καὶ αἱ ἀστέρες τοῦ οὐρανοῦ ἔπεσαν ἐις τὴν γῆν. — cf. Or. sib. II, 194—202:

Ἀτὰρ οὐράνιοι φωστῆρες
Εἰς ἓν συῤῥήξουσι, καὶ εἰς μορφὴν πανέρημον.
Ἄστρα γὰρ οὐρανόθεν τε θαλάσσῃ πάντα πεσεῖται κτλ.

cf. Or. sib. III, 801—803; 672—673; 683—684.

[2]) Math. 24,29: Εὐθέως δὲ μετὰ τὴν θλῖψιν τῶν ἡμερῶν ἐκείνων, ὁ ἥλιος σκοτισθήσεται, καὶ ἡ σελήνη οὐ δώσει τὸ φέγγος αὐτῆς, καὶ οἱ ἀστέρες πεσοῦνται ἀπὸ τοῦ οὐρανοῦ κτλ. cf. Marc. 13,24–25.

[3]) Luc. 21,25–27: Καὶ ἔσται σημεῖα ἐν ἡλίῳ καὶ σελήνῃ καὶ ἄστροις, καὶ ἐπὶ τῆς γῆς συνοχὴ ἐθνῶν ἐν ἀπορίᾳ, ἐχούσης θαλάσσης καὶ σάλου, ἀποψυχόντων ἀνθρώπων ἀπὸ φόβου καὶ προσδοκίας τῶν ἐπερχομένων τῇ οἰκουμένῃ. αἱ γὰρ δυνάμεις τῶν οὐρανῶν σαλευθήσονται.

[4]) Act. 2,20: ὁ ἥλιος μεταστραφήσεται εἰς σκότος, καὶ ἡ σελήνη εἰς αἷμα, πρὶν ἢ ἐλθεῖν τὴν ἡμέραν Κυρίου τὴν μεγάλην καὶ ἐπιφανῆ.

aber werden vor Hitze zerschmelzen, und die Erde und die Werke, die darinnen sind, werden verbrennen. So nun das alles soll zergehen, wie sollt ihr denn geschickt sein mit heiligem Wandel und gottseligem Wesen, daß ihr wartet und eilet zu der Zukunft des Tages des Herrn, in welchem die Himmel vom Feuer zergehen und die Elemente vor Hitze zerschmelzen werden?“[1])

Die Quelle aller dieser nachgerade dogmenfest gewordenen Weissagungen aber ist die jüdische Sibylle. Das verrät überdies die Unsicherheit, in der die Apokalyptiker sich befinden, wenn es gilt, dem Messias, der doch den Eckstein ihres Himmelreichs bildet, eine feste Stellung in den Kämpfen der Endzeit anzuweisen.

Schon bei dem ersten Einblick in die Henochapokalypse fällt es uns auf, daß die Stellung des Messias zum Weltgericht eine sehr schwankende ist. In der unbestritten zu den ältesten Stücken des Henochbuches gehörenden Tiervision, tritt der Messias erst am Schlusse des Weltgerichts auf, wo das Gottesreich mit dem ihm bereits ähnlich gewordenen Gottesvolk schon im Anzuge ist, so daß der Messias hier, wie Pfleiderer richtig bemerkt, „das aus Israel hervorgehende menschliche Haupt des Gottesvolkes, der Repräsentant, aber nicht der Verursacher seines endlichen Sieges und Glückes ist.“[2]) — Auch Dillmann findet es auffallend, daß

---

[1]) 2 Petr. 3,10–12: Ἥξει δὲ ἡ ἡμέρα Κυρίου ὡς κλέπτης ἐν νυκτί, ἐν ᾗ οἱ οὐρανοὶ ῥοιζηδὸν παρελεύσονται, στοιχεῖα δὲ καυσούμενα λυθήσονται, καὶ γῆ καὶ τὰ ἐν αὐτῇ ἔργα κατακαήσεται. Τούτων οὖν πάντων λυομένων ποταποὺς δεῖ ὑπάρχειν ὑμᾶς ἐν ἁγίαις ἀναστροφαῖς καὶ εὐσεβείαις, προσδοκῶντας καὶ σπεύδοντας τὴν παρουσίαν τῆς τοῦ Θεοῦ ἡμέρας, δἰ ἣν οὐρανοὶ πυρούμενοι λυθήσονται, καὶ στοιχεῖα καυσούμενα τήκεται; — cf. Orac. sib. III, 80—92:

τότε δὴ στοιχεῖα πρόπαντα
Χηρέυσε κοσμου . . . .
. . . . φλέξει δὲ γαῖαν, φλέξει δὲ θάλασσαν,
Καὶ πόλον οὐράνιον, καὶ ἤματα, καὶ κτίσιν αὐτὴν
Εἰς ἓν χωνεύσει.

cf. Or. sib. IV, 172—177; II, 200—207:

καὶ τότε χηρεύσει στοιχεῖα πρόπαντα τοῦ κόσμου.

[2]) Urchristent. II², 59: „Anders dagegen“, so fährt hier Pfleiderer fort, „in den Bilderreden (Kpp. 45—62), wo der Messias beschrieben wird als der „Auserwählte und Menschensohn“, der vor Gott verborgen war, ehe die Welt geschaffen wurde, dessen Herrlichkeit von Ewigkeit zu Ewigkeit, dessen Macht von Geschlecht zu Geschlecht dauert, der auf dem Richterstuhl sitzt, an den Königen und Mächtigen Rache üben, die Heiligen und Gerechten aber rächen

der Messias in der Tiervision erst nach dem Gerichte erwähnt werde, da derselbe doch nach der sonstigen Lehre des Buches schon am Gerichte und an der Gründung der messianischen Gemeinde Teil habe.[1]) Ein andermal wieder sagt er in bezug auf die Messiasvorstellungen Henochs: „Manche einzelne Punkte freilich werden aus seinen Beschreibungen nicht ganz deutlich: z. B. ob er den Messias erst mit dem messianischen Gerichte vom Himmel her erscheinend sich denkt, oder ihn schon während der Periode des Schwertes aufgetreten sein läßt.“ [2])

Aber nicht bloß in den alten, auch in den jüngern Teilen des Henochbuches, in den sogenannten Bilderreden noch, wird da und dort betont, daß kein anderer als Gott selbst zu Gericht sitzen werde: „Und in jenen Tagen“, so heißt es da, „sah ich das Haupt der Tage, als es sich auf den Thron seiner Herrlichkeit setzte und die Bücher der Lebendigen vor ihm aufgeschlagen wurden, und sein ganzes Heer, das oben in den Himmeln und um ihn her ist, vor ihm stand. Und die Herzen der Heiligen wurden voll Freuden, daß die Zeit der Gerechtigkeit erfüllt und das Gebet der Gerechten erhört war.“ [3]) — Auch in der Baruchapokalypse erscheint der Messias erst am Ende des Weltgerichts, er ist also auch hier „der Repräsentant des Gottesvolkes, nicht aber der Verursacher seines

---

wird. Hier also ist der Messias ein übermenschliches, aus himmlischer Präexistenz herabkommendes Wesen, als Werkzeug des göttlichen Weltgerichts und der Erlösung des Gottesvolkes. In der Zehn-Vision (Kp. 91,12ff.) fehlt hingegen der Messias ganz; hier wird das erste irdische Gericht durch das Schwert der Gerechten selbst vollzogen, darauf folgt eine „Woche“ (Epoche) irdischen Glückes der Gerechten: endlich aber in der zehnten Woche wird „das große ewige Gericht“ stattfinden, wobei die feindlichen Engelmächte von Gott gestraft werden; darauf beginnt ein neuer Himmel und ein endloses Dasein in Güte und Gerechtigkeit. — Das Zusammensein so verschiedenartiger Vorstellungen in einer und derselben apokalyptischen Schrift beweist, wie wenig man das Bedürfnis nach systematischer Ordnung und Folgerichtigkeit der eschatologischen Vorstellungen hatte; es war im Christentum von Anfang nicht anders, daher ist es ein eitles Bemühen der Theologen, dieses Chaos dogmatisch ordnen zu wollen.“ —

[1]) Dillmann, Henoch 286.

[2]) ib. Einl. XXII.

[3]) Hen. 47,3–4. cf. Test. Sebul. c. 9. Kautzsch II, 483: „Und hierauf geht euch auf der Herr selbst als ein Licht der Gerechtigkeit .....“ Test. Dan. c. 5. Kautzsch II, 484 sq.: „Und er selbst wird gegen Beliar Krieg führen“ u. a. St.

endlichen Sieges und Glückes": „Die ganze Erde", so verkündet Gott dem Baruch, „wird treffen, was sich alsdann ereignet; darum werden es alle die wahrnehmen, die dann am Leben sind. Zu jener Zeit aber beschirme ich nur die, die sich in jenen Tagen in diesem Lande befinden. Und nachdem das, was sich in jenen Abschnitten ereignen wird, vollendet ist, alsdann wird der Messias anfangen, sich zu offenbaren ...... Auch wird die Erde ihre Frucht zehntausendfältig geben und an einem Weinstocke werden tausend Ranken sein, und eine Ranke wird tausend Trauben tragen, und eine Traube wird tausend Beeren tragen und eine Beere wird ein Kor Wein bringen. — — Und zu jener Zeit werden die Mannavorräte von oben herabfallen; und sie werden davon in jenen Jahren essen, weil sie das Ende der Zeit erlebt haben."[1])

Die Erklärung für dieses Schwanken in der Fixierung der Stellung des Messias zum Weltgericht liegt nun darin, daß der Apokalyptiker seinen Stoff nicht frei erfindet, sondern an Überlieferungen gebunden ist, die er nicht willkürlich ändern darf, zumal sie bereits Volkseigentum geworden sind und der öffentlichen Kontrole unterstehen. Der Apokalyptiker hat gebundene Marschroute, von der er nicht abweichen darf. Was ihm freisteht, ist, den überlieferten Stoff zeitgemäß umzudeuten, nicht aber zu unterdrücken, wo er ihm in den Rahmen nicht paßt; daher „das Zusammensein so verschiedenartiger Vorstellungen in einer und derselben apokalyptischen Schrift".

Wer ihn aber hier meistert, ihm verbietet, sein hehres Ideal, den Messias, das er so gern überall in den Vordergrund rücken möchte, da es ja auch zeitbeherrschend geworden, Gott zu substituieren, das ist die Sibylle, aus deren Hand er sein eschatologisches Vorstellungsmaterial überliefert bekommen, die aber noch

---

[1]) Syr. Bar. Apok. 29,1–8. cf. Test. Levi c. 18: „Und nachdem ihre Bestrafung vom Herrn erfolgt ist, wird dann der Herr dem Priestertum einen neuen Priester erwecken, welchem alle Worte des Herrn werden enthüllt werden ...." Im Ev. Joh. 3,17 ist gleichfalls der Messias nicht der Richter sondern der Erlöser und Heilbringer: οὐ γὰρ ἀπέστειλεν ὁ Θεὸς τὸν υἱὸν αὐτοῦ εἰς τὸν κόσμον ἵνα κρίνῃ τὸν κόσμον, ἀλλ' ἵνα σωθῇ ὁ κόσμος δἰ αὐτοῦ. Und ib. 12,47 sagt Jesus selbst von sich: οὐ γὰρ ἦλθον ἵνα κρίνω τὸν κόσμον, ἀλλ' ἵνα σώσω τὸν κόσμον. Freilich nach Ev. Joh. 5,22 ist es wieder der Messias, dem alles Gericht übergeben ist. Dieselbe Unsicherheit wie bei den Apokalyptikern.

wenig von einer Intervention des Messias beim Weltgericht zu berichten weiß.

Die Sibylle, die, wie wir bereits gesehen, ebenso wie die spätern Apokalyptiker einen präexistenten himmlischen Messias kennt, läßt gleichwohl das Weltgericht durch Gott selbst vollzogen werden: „Das Gericht ist Gottes, des Unsterblichen.“ [1]) „Es kommt vom großen Gott, und alle gehen zugrunde durch die Hand des Unsterblichen.“ [2]) „Gott wird alle richten mit Krieg und Schwert und Feuer und überschwemmendem Regen. — Und dann wird man den unsterblichen Gott erkennen, der dies vollendet.“ [3]) — „Gott selbst wird mit Feuer verbrennen die feindliche Macht der Männer.“ [4])

Aber nicht bloß die alten, auch die jüngern Sibyllisten halten noch an der Überlieferung fest, daß am Ende der Tage Gott selbst und kein anderer zu Gericht sitzen und dem messianischen Reiche die Wege bereiten werde.

So prophezeit noch der Verfasser des vierten, unmittelbar nach der römischen Zerstörung des Tempels entstandenen Sibyllenbuches, daß „Gott selber“ Gericht über die Welt und die Menschen halten werde.[5]) Und am Schlusse seines Gesanges betont er dies abermals mit den Worten:

„Dann wird das Gericht sein, bei welchem Gott selbst richten wird, die Welt wiederum richtend.“ [6])

---

[1]) Orac. sib. III, 56:
Καὶ κρίσις ἀθανάτοιο Θεοῦ μεγάλου βασιλῆος. — cf. III, 91 sq.
Καὶ τότε δὴ μεγάλοιο Θεοῦ κρίσις εἰς μέσον ἥξει κτλ.

[2]) ib. III, 670—672:
. . . . καὶ κρίσις αὐτοῖς
Ἔσσεται ἐκ μεγάλοιο Θεοῦ, καὶ πάντες ὀλοῦνται
Χειρὸς ἀπ' ἀθανάτοιο. —

[3]) ib. III, 689—693:
Καὶ κρίνει πάντας πολέμῳ Θεὸς ἠδὲ μαχαίρῃ .....
Καὶ τότε γνώσονται Θεὸν ἄμβροτον, ὃς τάδε κρίνει.

[4]) ib. III, 760: Αὐτὸς καὶ πυρὶ φλέξειεν χαλεπὸν μένος ἀνδρῶν. cf. III, 783, 806.

[5]) Orac. sib. IV, 39 sqq.:
Ἀλλ' ὅταν ἤδη
Κόσμου καὶ θνητῶν ἔλθῃ κρίσις, ἣν Θεὸς αὐτὸς
Ποιήσει, κρίνων ἀσεβεῖς ἅμα τ' εὐσεβέας κτλ.

[6]) ib. IV, 182 sq.:
Καὶ τότε δὴ κρίσις ἔσται· ἐφ' ᾗ δικάσει Θεὸς αὐτὸς
Κρίνων ἔμπαλι κόσμον.

Nun wird man uns sicherlich einwenden, daß ja auch schon in den ältesten jüdisch-sibyllinischen Orakeln von dem Erscheinen eines vom Himmel herabkommenden Königs die Rede ist, der auf der ganzen Erde dem bösen Krieg ein Ende bereiten, aber nichts nach eigenem Rate, sondern alles getreu dem Befehle des großen Gottes vollbringen werde.

Gewiß. Und hier ist eben auch die Ursache des Schwankens bei den Apokalyptikern zu suchen, das sie an den Tag legen, wo sie dem Messias die Stellung zum Weltgericht zuweisen sollen.

Hier haben wir einmal eine sibyllinische Weissagung auf den Messias vor uns, die, wie vereinzelt sie auch in der ältesten sibyllinischen Literatur auftritt,[1]) für die Apokalyptiker wegweisend geworden ist. Und wieder zeigt sich, daß die letztern selbst da, wo sie bei Schilderung des Weltgerichts den Messias für Gott substituieren, nirgends selbständig erfinden, sondern auch wiederum aus der Sibylle schöpfen. Die Sibylle kam hier ganz besonders ihren brennenden Wünschen und den bereits die weitesten Volkskreise beherrschenden messianischen Erwartungen entgegen, wobei als bezeichnend hervorgehoben zu werden verdient, daß die jüngern Apokalyptiker von dieser Prophezeiung den ausgiebigsten Gebrauch machen, während die älteren, wie dies in der Tiervision Henochs deutlich ersichtlich, hierin noch zurückhaltend, und nach dem allgemeinen Vorgang der Sibylle das Weltgericht durch Gott selbst vollzogen werden lassen, den Messias aber erst am Schlusse desselben einführen, gleichsam als den Repräsentanten des endlich errungenen Sieges, des Glückes und der Menschenerlösung, wie wir dieses schließlich auch bei dem jüdisch-hellenistischen Verfasser des vierten Evangeliums so markant zutage treten sehen.

In den Bilderreden, „wo der Messias beschrieben wird als der Auserwählte und Menschensohn“, der vor Gott verborgen war, ehe die Welt geschaffen wurde, dessen Herrlichkeit von Ewigkeit zu Ewigkeit, dessen Macht von Geschlecht zu Geschlecht dauert, der auf dem Richterstuhl sitzt, an den Königen und Mächtigen Rache zu üben, die Heiligen und Gerechten aber retten wird, wo „also der Messias ein übermenschliches, aus himmlischer Präexistenz

---

[1]) Außer Or. sib. III, 652—658 zu vgl. Or. sib. III, 49—50:
Ἥξει δ' ἁγνὸς ἄναξ, πάσης γῆς σκῆπτρα κρατήσων
Εἰς αἰῶνας πάντας, ἐπιγομένοιο χρόνοιο.

herabkommendes Wesen, das Werkzeug des göttlichen Weltgerichtes und der Erlösung des Gottesvolkes“ ist, finden wir den vom Himmel herabgekommenen Messiaskönig der Sibylle wieder, der allem Krieg auf der Erde ein Ende macht, als Werkzeug des göttlichen Weltgerichtes.[1])

Wäre der Apokalyptiker in seinen Enthüllungen unabhängig, würde er seinen Stoff frei erfinden, oder würde er auch nur frei über den überkommenen schalten dürfen, dann hätte in seinen Offenbarungen der Messias, der Kern und Stern seiner Weissagungen, von Anbeginn im Mittelpunkt der Kämpfe der Endzeit gestanden und kein Schwanken wäre in dieser Richtung wahrnehmbar gewesen. —

Aber auch in der Darstellung des Azâzêl verrät die Henochapokalypse ihre Abhängigkeit von der Sibylle. Uns wenigstens scheint es zweifellos, daß ihr dazu der Beliar der Sibylle Modell gestanden.

Wer und was ist der sibyllinische Beliar?

Er ist der Antimessias, der große Wundertäter, der Schöpfer der Kultur, der Zerstörer der Einfaltsfrömmigkeit, der mit seinen satanischen Künsten die Menschen verführt und sie ihrem hergebrachten Glauben und selbst ihrem Gott abspenstig macht. — Die griechische Kultur mit ihren verderblichen Auswüchsen, ihrem schwelgerischen und sittenlosen Leben galt den Einfaltsfrommen als ein Werk des Satans, jener widergöttlichen Potenz, die der ewig regen, heilsam schaffenden Gewalt die kalte Teufelsfaust tückisch entgegenballt, die dem Lichte die Finsternis, der Frömmigkeit den Abfall, dem Glauben den Unglauben und Aberglauben entgegensetzt.

Freilich nicht immer und nicht allgemein herrschte in Israel diese Anschauung von der Verwerflichkeit der Weltkultur. Es gab eine Zeit, wo die Vertreter dieser Anschauung in der Minderheit waren und wo die führenden Geister des Volkes gar wohl die

---

[1]) ib. III, 652—658:

Καὶ τότ᾽ ἀπ᾽ ἠελίοιο Θεὸς πέμψει βασιλῆα,
Ὅς πᾶσαν γαῖαν παύσει πολέμοιο κακοῖο,
Οὓς μὲν ἄρα κτείνας, οἷς δ᾽ ὅρκια πιστὰ τελέσσας.
Οὐδέ γε ταῖς ἰδίαις βουλαῖς τάδε πάντα ποιήσει,
Ἀλλὰ Θεοῦ μεγάλοιο πιθήσας δόγμασι ἐσθλοῖς.

cf. Ev. Joh. 5,30; 6,38 u. v. a. St.

Segnungen der Kultur zu würdigen wußten. Man lese nur die begeisterten Schilderungen, die der Verfechter der modernen Geistesrichtung in dem Buche Hiob von den ungeahnten Errungenschaften der Kultur entwirft, eine Schilderung, die in eine Apotheose der menschlichen Geisteskräfte ausklingt.[1]) Die Gegner dieser Anschauung, die einfaltsfrommen Freunde Hiobs, die laudatores temporis acti, bildeten damals — und noch lange Zeit nachher ihre Gesinnungsgenossen, die Verfechter des alten Bibelglaubens — eine schwache Minorität, die unterdrückte Partei der „Armen und Elenden“, und Gott selbst stand auf der Seite des dem modernen Zeitgeiste huldigenden Hiob.[2])

Seit den Makkabäerzeiten jedoch, wo die Entartung der herrschenden jüdisch-hellenistischen Partei heillose Verwüstungen im Volke angerichtet, Moral und Sitte untergraben, den Bestand der Nation und des alten Glaubens zu bedrohen angefangen hatte, wurde das miteins anders. Die siegreichen Frommen hatten jetzt nur für die Schattenseiten der Kultur Augen und verwarfen sie in Bausch und Bogen als Satanswerk. Sie galt ihnen als ein Erzeugnis der gegen Gott und seine Auserwählten sich auflehnenden, Umwälzungen unter den Menschen heraufbeschwörenden Himmelsmächte, die mitsamt ihren gottlosen Schöpfungen von Gott selbst — nach spätern Vorstellungen: von seinem mit aller überirdischen Macht ausgerüsteten Messias — zur ewigen Vernichtung in den Feuerpfuhl der Gehenna werden geworfen werden.

In der Henochapokalypse nun ist der Hauptstifter der Um-

---

[1]) cf. Hiob 28,1–20. Die Schilderung lautet: „Für Silber gibt es einen Fundort und eine Stätte für das Gold, das man zum Läutern schmilzt, das Eisen wird aus dem Staub hervorgeholt und das Gestein gießt man zu Kupfer. Der Finsternis hat man ein Ende gemacht und nach allen Endpunkten erforscht man das Gestein des Dunkels und der Todesnacht. Schachte bricht man aus dem Boden, vergessen von jeglichem Fuß hangen sie, fern von Sterblichen, schweben. Die Erde, der das Brod entsprießt, wird unten umgekehrt wie vom Feuer. Ihre Steine sind des Saphirs Stätte und Goldstaub enthält sie. Den Pfad dahin kennt kein Aar, und es erspäht ihn nicht des Geiers Auge, nicht betreten ihn die stolzen Tiere, kein Löwe ist hingeschritten über ihn. An den Kiesel hat man Hand gelegt und wühlt die Berge von der Wurzel um. Man spaltet Stollen in die Felsen, und alle Kostbarkeiten erschaut das Auge, man dämmt Wasseradern ein, daß sie nicht träufeln, und das Verborgene wird ans Licht gebracht.“

[2]) Hierüber M. Friedländer, Griech. Philosophie im A. T. insbes. p. 123sq

wälzungen in der satanischen Engelschar, die vom Himmel herabstieg, um die Menschen durch Blendwerke der Kultur und Wissenschaft zu berücken: Azâzêl.[1]) Er ist der eigentliche Kulturerzeuger und Kulturträger, und mit ihm wird auch sein Werk vernichtet werden.

„Und Azâzêl“ — so heißt es im Henochbuch — „lehrte die Menschen Schwerter und Messer und Schilde und Panzer verfertigen und zeigte ihnen die Metalle und ihre Bearbeitung, und Armenspangen und Schmucksachen und den Gebrauch der Schminke und die Verschönerung der Augenlider, die kostbarsten und auserlesensten Steine und alle Färbemittel. Und es herrschte große Gottlosigkeit und sie sündigten und alle ihre Wege wurden verderbt.“[2]) Alle Ungerechtigkeit auf der Erde hat Azâzêl gelehrt, und er war es, der der Welt die himmlischen Geheimnisse offenbart hat, die die Menschen kennen zu lernen sich haben angelegen sein lassen.[3]) — Die ganze Menschheit ist durch die ihr von den gefallenen Engeln gemachten Enthüllungen der himmlischen Geheimnisse mit Untergang bedroht. Die ganze Erde ist durch die Werke und Lehre Azâzêls verderbt; ihm allein läßt Gott alle Schuld zuschreiben.[4])

---

[1]) cf. Hen. 9,6; 10,8; 54,4sqq.; 55,4. Die apokalyptische Darstellung des Menschenverderbers Azâzêl ist später auch in die talm. Literatur übergegangen. cf. Deut. rabb. c. 11 gegen Ende, wo die Seele Mosis zu Gott spricht: מאצל שכינתך ממרום ירדו שני מלאכים עוזה ועזל וחמדו בנות ארצות והשחיתו דרכם על הארץ וכ׳.

[2]) Hen. 8,1–3. g. T.: Πρῶτος Ἀζαὴλ — ἐδίδαξε ποιεῖν μαχαίρας καὶ θώρακας καὶ πᾶν σκεῦος πολεμικὸν καὶ καὶ τὰ μετάλλα τῆς γῆς καὶ τὸ χρυσίον πῶς ἐργάσωνται, καὶ ποιήσωσιν αὐτὰ κόσμια ταῖς γυναιξὶ καὶ τὸν ἄργυρον. ἔδειξε δὲ αὐτοῖς καὶ τὸ στίλβειν καὶ τὸ καλλωπίζειν καὶ τοὺς ἐκλεκτοὺς λίθους καὶ τὰ βαφικά. καὶ ἐποίησαν ἑαυτοῖς, οἱ υἱοὶ τῶν ἀνθρώπων καὶ ταῖς θυγατράσιν αὐτῶν, καὶ παρέβησαν καὶ ἐπλάνησαν τοὺς ἁγίους, καὶ ἐγένετο ἀσέβεια πολλὴ ἐπὶ τῆς γῆς κτλ.

[3]) Hen. 9,6. g. T.: ὁρᾷς ὅσα ἐποίησεν Ἀζαὴλ, καὶ ὅσα εἰσήνεγκεν, ὅσα ἐδίδαξεν, ἀδικίας καὶ ἁμαρτίας ἐπὶ τῆς γῆς, καὶ πάντα δόλον ἐπὶ τῆς ξηρᾶς. ἐδίδαξε γὰρ τὰ μυστήρια καὶ ἀπεκάλυψε τῷ αἰῶνι τὰ ἐν οὐρανῷ. ἐπιτηδεύουσι δὲ τὰ ἐπιτηδεύματα αὐτοῦ, εἰδέναι τὰ μυστήρια οἱ υἱοὶ τῶν ἄνθρωπων.

[4]) Hen. 10,7–8. g. T.: Gott sagt zu Raphael: ..... καὶ ἴασαι τὴν γῆν, ἣν ἠφάνισαν οἱ ἐγρήγοροι, καὶ τὴν ἴασιν τῆς πληγῆς δήλωσον, ἵνα ἰάσωνται τὴν πληγὴν, καὶ μὴ ἀπόλωνται πάντες οἱ υἱοὶ τῶν ἀνθρώπων, ἐν τῷ μυστηρίῳ ὃ εἶπον οἱ ἐγρήγοροι καὶ ἐδίδαξεν τοὺς υἱοὺς αὐτῶν, καὶ ἠρημώθη πᾶσα ἡ γῆ ἐν τοῖς ἔργοις τῆς διδασκαλίας Ἀζαήλ· καὶ ἐπ᾽ αὐτῇ γράψον πάσας τὰς ἁμαρτίας.

Azâzêl und seine Schar lehrten die Menschen Kunst und Wissenschaft und alle verderbliche Zauberei.[1])

Soll nun die Menschheit dieser satanischen Kultur nicht erliegen und dem Untergang verfallen,[2]) dann muß der Erzeuger, Erreger und Träger derselben, Azâzêl, mitsamt seinen Helfershelfern geknebelt und für alle Ewigkeit unschädlich gemacht werden. Und so erhält denn der Engel Raphael von Gott den Auftrag: den Azâzêl an Händen und Füßen zu binden und ihn in die Finsternis zu legen, damit er am Tage des großen Gerichts in den Feuerpfuhl der Gehenna geworfen werde.[3])

Henoch erblickt in einem Gesicht ein tiefes Tal mit brennendem Feuer. Und er sieht, wie daselbst Werkzeuge, eiserne Ketten

---

[1]) Azâzêl und seine Genossen lehrten die Menschen die Beschwörungen und das Wurzelschneiden, die Lösung der Beschwörungen, das Sternschauen, die Astrologie, die Wolkenkunde, die Zeichen der Erde, der Sonne und des Mondes. Hen. 8,3–4. — „Sie zeigten den Menschenkindern das Bittere und das Süße und alle Geheimnisse ihrer Weisheit. Sie lehrten die Menschen das Schreiben mit Tinte und Papier und dadurch versündigten sich viele von Ewigkeit bis in Ewigkeit und bis auf diesen Tag. Denn die Menschen sind nicht dazu geschaffen, daß sie auf solche Weise mit Feder und Tinte ihre Treue bekräftigen. Denn die Menschen sind nicht anders als wie die Engel geschaffen, damit sie gerecht und rein bleiben, und der Tod, der alles zugrunde richtet, hätte sie nicht berührt, aber durch ihr Wissen gehen sie zugrunde und durch diese Kraft verzehrt er sie." Hen. 69,8–12. — Azâzêl wird erbarmungslos gerichtet werden „wegen der Gewalttat, die er gelehrt, und wegen aller Werke der Lästerung, Gewalttat und Sünde, die er den Menschenkindern gezeigt hat". Hen. 13,1–2.

[2]) cf. Hen. 65,6–11: „Ein Befehl ist ausgegangen von dem Angesicht des Herrn über die, welche auf der Feste wohnen, daß das ihr Ende sein solle, weil sie alle Geheimnisse der Engel und alle Gewalttat der Satane kennen und alle ihre verborgene Kraft, und alle Kraft derer, welche Zauberkünste üben und die Kraft der Bannungen, und die Kraft derer, welche Gußbilder gießen; endlich auch, wie das Silber aus dem Erdstaube gewonnen wird, und wie das Tropfmetall auf der Erde entsteht." Und inbezug auf diese auf der Erde um sich greifende Bewegung spricht Gott: „Wegen ihrer Ungerechtigkeit ist vollendet über sie das Gericht. — Und für diese ist keine Zuflucht in Ewigkeit möglich, weil sie ihnen das Verborgene offenbarten, und sie werden gerichtet."

[3]) Hen. 10,4–6 g. T.: Καὶ τῷ Ῥαφαὴλ εἶπε (ὁ ὕψιστος), πορεύου Ῥαφαὴλ, καὶ δῆσον τὸν ἀζαὴλ, χερσὶ καὶ ποσὶ συμπόδισον αὐτὸν, καὶ ἔμβαλε αὐτὸν εἰς τὸ σκότος, καὶ ἄνοιξον τὴν ἔρημον τὴν οὖσαν ἐν τῇ ἐρήμῳ Δουδαὴλ, καὶ ἐκεῖ πορευθεὶς βάλε αὐτόν. — καὶ ἐν τῇ ἡμέρᾳ τῆς κρίσεως ἀπαχθήσεται εἰς τὸν ἐμπυρισμὸν τοῦ

von unermeßlichem Gewicht geschmiedet werden. Auf seine Anfrage, für wen dieselben geschmiedet werden, erhält er von dem Engel des Friedens die Antwort: „diese werden bereitet für die Scharen des Azâzêl, um sie zu ergreifen und in den Abgrund der vollkommenen Verdammnis zu werfen. Michael und Gabriel, Raphael und Phanuel werden sie an jenem großen Tage packen, an jenem Tage sie in den brennenden Feuerofen werfen, damit der Herr der Geister Rache nehme für ihre Ungerechtigkeit, dafür daß sie dem Satan untertan wurden und die Erdenbewohner verführten.“ [1]) — Und jenes Tal der Engel, welche verführt hatten, brennt fort unter der Erde. Und durch die Täler derselben kommen Ströme von Feuer hervor, da wo jene Engel gestraft werden, welche die, die auf der Erde wohnen, verführt haben.“ [2])

Ein andermal wieder hören wir, daß der Messias den Azâzêl und alle, die die Menschen verführten, richten werde. „Ihr mächtigen Könige, die ihr auf der Erde wohnen werdet,“ so spricht Gott bei Henoch, „ihr sollt meinen Auserwählten sehen, wie er auf dem Throne meiner Herrlichkeit sitzt und den Azâzêl und seine ganze Genossenschaft und alle seine Scharen richtet, im Namen des Herrn der Geister.“ [3]) — Und wiederum: Und der Menschensohn sitzt auf dem Throne seiner Herrlichkeit, und die Summe des Gerichtes wird ihm übergeben, [4]) und er läßt vergehen und verderben die

---

πυρός. cf. Hen. 90,24–25 u. a. St. In derselben Weise wird in der Johannesapokalypse 20,1–3. 10 „der Drache, die alte Schlange, welche ist der Teufel und Satan“, von einem Engel gebunden und in den Abgrund geworfen und verschlossen und versiegelt, um am Tage des großen Gerichts in den feurigen Pfuhl und Schwefel geworfen und Tag und Nacht von Ewigkeit zu Ewigkeit gequält zu werden.

[1]) Hen. 54,1–7.

[2]) Hen. 67,7.

[3]) Hen. 55,4. cf. Hen. 45,3; 46,3–8; 61,8.

[4]) Dasselbe Schwanken in bezug auf die dem Messias beim letzten Gericht zukommende Funktion tritt uns später im N. T. entgegen. Während es in dem einen und demselben Evangelium einmal heißt, der Messias sei nicht der Richter sondern der Erlöser und die Seligkeit der Welt, wird ein andermal direkt erklärt: Gott richte niemand, sondern habe alles Gericht dem Sohne übergeben. cf. Ev. Joh. 5,22: οὐδὲ γὰρ ὁ πατὴρ κρίνει οὐδένα, ἀλλὰ τὴν κρίσιν πᾶσαν δέδωκε τῷ υἱῷ. Und ib. v. 27: καὶ ἐξουσίαν ἔδωκεν αὐτῷ καὶ κρίσιν ποιεῖν, ὅτι υἱὸς ἀνθρώπου ἐστί. Ganz so wie hier bei Henoch! Das Gegenteil, wie schon oben gezeigt, Ev. Joh. 3,17; 12,47.

Sünder vor dem Angesicht der Erde und die, welche die Welt verführt haben. Mit Ketten werden sie gebunden und an dem Sammelort ihrer Vernichtung eingeschlossen und alle ihre Werke verschwinden vor dem Angesicht der Erde. Von jetzt ab wird nichts Verderbliches da sein. Denn jener Menschensohn ist erschienen und hat sich auf den Thron seiner Herrlichkeit gesetzt, und alles Böse wird von seinem Angesicht verschwinden und vergehen; aber das Wort jenes Mannessohnes wird kräftig sein vor dem Herrn der Geister.[1])

Die hier überall in Azâzêl verkörperte, durch ihre Zauberkräfte die Menschen berückende und zugrunderichtende Kultur, der Sibyllist hat sie schon vor Henoch mit lapidaren Strichen in dem Bilde des großen Zauberers Beliar gezeichnet.

Sehen wir uns diese Zeichnung noch einmal näher an:

„Beliar wird hohe Berge erstehen machen, stillestehen machen das Meer, die feurige Sonne und den glänzenden Mond, und auch die Toten wird er erstehen machen und viele Zeichen bei den Menschen tun. Aber in ihm ist keine Vollendung, sondern Irreführung, und er wird viele Menschen verführen, gläubige und auserwählte Hebräer, sowie andere Männer, die ohne Gesetz und die das Wort Gottes noch nie vernommen haben. Aber wenn die Drohungen des großen Gottes herannahen, und die feurige Kraft in Fluten auf die Erde herabkommt, dann verbrennt er den Beliar und die übermütigen Menschen alle, die ihm Glauben geschenkt haben.“ [2])

---

[1]) Hen. 69,27—29.

[2]) Orac. sib. III, 63—74:

Ἐκ[δὲ] Σεβαστηνῶν ἕξει Βελίαρ μετόπισθεν,
Καὶ στήσει ὀρέων ὕψος, στήσει δὲ θάλασσαν,
Ἠέλιον πυρόεντα μέγαν, λαμπράν τε σελήνην,
Καὶ νέκυας στήσει, καὶ σήματα, πολλὰ ποιήσει,
Ἀνθρώποις· ἀλλ᾽ οὐχὶ τελεσφόρα ἔσσετ᾽ ἐν αὐτῷ,
Ἀλλὰ πλάνα, καὶ δὴ μέροπας πολλοὺσ [τε] πλανήσει,
Πιστούς τ᾽ εκλεκτοὺς θ᾽ Ἑβραίους, ἀνόμους τε καὶ ἄλλους
Ἀνέρας, οἵτινες οὔπω Θεοῦ λόγον εἰσήκουσαν.
Ἀλλ᾽ ὁπόταν μεγάλοιο Θεοῦ πελάσωσιν ἀπειλαὶ
Καὶ δύναμις φλογέουσα δἰ οἴδματος εἰς γαῖαν ἕξει,
Καὶ Βελίαρ φλέξει καὶ ὑπερφιάλους ἀνθρώπους
Πάντας, ὅσοι τούτῳ πίστιν ἐνεποιήσαντο.

Da ist jeder Zoll Azâzêl. Beliar wirkt erstaunliche Wunder und berückt die Menschen; dasselbe tut Azâzêl. Hüben und drüben ist alles Täuschung und Blendwerk. Beliar verführt fromme und auserlesene Hebräer und die übrigen Menschen,[1]) dasselbe tun Azâzêl und seine Scharen.[2]) Beliar wird mit seinem Anhang in den Feuerofen geworfen; dasselbe geschieht mit Azâzêl und seinen Scharen.

Schärfer noch zeigt sich die Identität Beliars mit Azâzêl in den spätern Apokalypsen. Diese zeichnen ersteren genau so, wie Azâzêl im Buche Henoch gezeichnet ist. Am deutlichsten erkennen wir in den Beliarschilderungen der zwölf Testamente Azâzêl wieder: „Sieben Geister“, sagt Ruben, wurden dem Menschen von Beliar gegeben, und sie sind das Haupt der Umwälzung.“[3]) Diesen Geistern ist der Geist des Irrtums beigemischt. Jeder Jüngling wird von diesen Geistern zugrunde gerichtet, indem er den Verstand verfinstert weg von der Wahrheit, und er hat keine Erkenntnis im Gesetze Gottes, noch gehorcht er den Ermahnungen seiner Väter.[4])

Der Lehre und den Werken Beliars wird hier die Einfaltsfrömmigkeit, die in dem Gesetz Gottes verharrt, entgegengesetzt und gepriesen: „Und nun, meine Kinder“, sagt Levi, „befehle ich euch, daß ihr unsern Herrn vom ganzen Herzen fürchtet. Und wandelt in Einfalt nach seinem ganzen Gesetze.“ Auch die Wissenschaft mögen sie pflegen, jedoch nur im Rahmen des Gesetzes Gottes, indem sie unablässig in demselben lesen, um sich mit Eifer Weisheit in der Furcht Gottes zu erwerben. Dann werden viele

---

cf. Orac. sib. II, 165—170:

Ἡ δὲ συναίρεσις ἐγγὺς, ὅταν τινὲς ἀντὶ προφητῶν
Ψευδαπάται πελάσωσιν ἐπὶ χθονὶ φημίζοντες·
Καὶ Βελίαρ θ᾽ ἕξει, καὶ σήματα πολλὰ ποιήσει
Ἀνθρώποις. Τότε δὴ ὁσίων ἀκαταστασί᾽ ἀνδρῶν
Ἐκλεκτῶν πιστῶν τε, λεηλασίη τε γένηται
Τούτων, ἠδ᾽ Ἑβραίων. —

[1]) Orac. sib. III, 69 sq.

[2]) Hen. g. T. Καὶ ἐπλάνησαν τοῦς ἁγίους. Es ist dies eine stehende Weissagung seit Daniel (8,24), eine constans opinio, die wir wörtlich im N. T. wiederfinden. cf. M. Friedländer, Gesch. der jüd. Apolog. 493 sqq.

[3]) Test. Ruben 2. Kautzsch II, 460 sq.

[4]) ib. 3. Kautzsch II, 461.

von den Menschen begehren, ihnen zu dienen und das Gesetz aus ihrem Munde zu hören.[1]) „Und nun, meine Kinder“, so schließt er, „habt ihr alles gehört. Wählt nun euch selbst entweder die Finsternis oder das Licht, entweder das Gesetz des Herrn oder die Werke Beliars.“[2])

Joseph prophezeit seinen Söhnen und Brüdern: „Der Herr wird mit euch im Lichte sein, und Beliar wird in Finsternis mit den Ägyptern sein.“[3])

Wir sehen hier auf der ganzen Linie den Kampf entbrannt zwischen der hergebrachten Einfaltsfrömmigkeit, der einfachen alten Sitte, und der ungestüm hereinbrechenden griechischen Kultur, den Künsten Beliars, die im jüdischen Volksleben große Umwälzungen hervorbringt, den alten Glauben zerstören, ja selbst die Massen des Landvolkes dem Ackerbau entfremden und sie in den Strudel eines luxuriösen Lebens hineinwirbeln. „Ich weiß, meine Kinder“, sagt Issachar, „daß in den letzten Zeiten eure Söhne die Einfalt verlassen und der Habgier anhängen werden. Und sie werden die Unschuld fahren lassen und sich der Arglist nähern und werden die Gebote des Herrn verlassen und dem Beliar anhängen; und sie werden den Ackerbau fahren lassen und ihren bösen Gedanken folgen, und werden zerstreut werden unter die Heiden und ihren Feinden dienen.“[4]) — „Und nun hört mich, meine Kinder, und wandelt in Einfalt des Herzens, denn ich sehe, daß auf ihr jegliches Wohlgefallen des Herrn [beruht]. Der Einfältige begehrt nicht Gold; den Nächsten übervorteilt er nicht, nach mannigfaltiger Speise verlangt er nicht, ausgezeichnete Kleider will er nicht, lange Zeit zu leben, setzt er nicht voraus, sondern wartet allein den Willen Gottes ab; und die Geister des Irrtums vermögen nichts gegen ihn. — — Er wandelt in Aufrichtigkeit des Lebens und sieht alles in Einfalt,

---

1) Test. Levi 13. Kautzsch II, 469.

2) ib. c. 19. Kautzsch II, 471. Diese apokalyptische Darstellung Beliars schwebte zweifellos dem Apostel Paulus vor, wo er die Korinther warnte, an einem Joche mit den Ungläubigen zu ziehen, denn das Licht habe keine Gemeinschaft mit der Finsternis, so wenig wie Christus mit Belial. 2. Kor. 6,14—15: μὴ γίνεσθε ἑτεροζυγοῦντες. τίς γὰρ μετοχὴ δικαιοσύνῃ καὶ ἀνομίᾳ; τίς δὲ κοινωνία φωτὶ πρὸς σκότος; τίς δὲ συμφώνησις Χριστῷ πρὸς Βελίαλ; ἤ τις μερὶς πιστῷ μετὰ ἀπίστου;

3) Test. Jos. c. 20. Kautzsch II, 502.

4) Test. Issach. 6, 7. Kautzsch II, 480.

ohne mit den Augen die Schlechtigkeiten von der Verführung der Welt wahrzunehmen, damit er nicht etwas von den Geboten des Herrn verdreht sieht. Bewahrt nun das Gesetz, meine Kinder, und erwerbt euch die Einfalt und wandelt in Unschuld, ohne Vorwitz zu treiben mit den Geboten des Herrn und den Handlungen des Nächsten. — Beugt euren Rücken, um Ackerbau zu treiben, und beschäftigt euch mit Feldarbeiten, wie es jeglichem Ackerbau entspricht." [1])

Der Geist Beliars lag damals in der Luft, und das einzige Mittel, von ihm unbehelligt zu bleiben, war die Einfaltsfrömmigkeit. Darum predigt auch Benjamin seinen Kindern: „Wer Gott fürchtet und den Nächsten liebt, kann nicht von dem in der Luft hausenden Geiste Beliars getroffen werden, da er von der Furcht Gottes beschirmt wird." [2]) — Die Erlösung der Menschen aus der Gewalt Beliars aber wird von Gott selbst vollzogen werden: „Gott selbst wird alle gefangenen Menschenkinder von Beliar erlösen und jeder Geist der Verführung wird zertreten werden." [3])

Mit denselben Farben, mit denen Azâzêl im Buche Henoch, wird Belial in der Ascensio Isaiae geschildert: Er ist „der Fürst des Unrechts, der diese Welt beherrscht". Unter seiner Herrschaft blüht die Zauberei, die Beschwörungskunst, das Wahrsagen, die Magie, Unzucht, Ehebruch und die Verfolgung der Frommen; [4]) in seiner Umgebung wimmelt es von Lügenpropheten, [5]) wie in der Umgebung des Beliar in der Sibylle. [6])

---

[1]) ib. 3, 5. Kautzsch II, 479.

[2]) Test. Benj. 3. Kautzsch II, 503.

[3]) Test. Sebul. 9. Kautzsch II, 483. cf. Test. Dan. 5. Kautzsch II, 485: „Der Herr selbst wird gegen den Beliar Krieg führen. — Und er wird die gefangenen Seelen der Heiligen dem Beliar abnehmen."

[4]) Ascen. Is. 2,4–5.

[5]) ib. — Auch im Buch der Jubiläen erscheint Beliar als der Dämon des Abfalls. Er lockt die Menschen von dem Wege der Gerechtigkeit weg, um sie zu verderben (Jubil. 1,20). Er verleitet die Kinder Israels zum Abfall von Gott und seiner Lehre, so daß sie die Beschneidung fahren lassen und die Ordnung des Gesetzes nicht halten (Jubil. 15,33–34).

Azâzêl, Beliar und Samael waren die Namen des Oberhauptes der Satane. Nach Ascen. Is. 2,1 ist Beliar identisch mit Samael. Ähnlich lauten die talmudischen Überlieferungen. Sie erklären Samael als das Oberhaupt aller Satane und als den Schlimmsten von allen. cf. Deuter. rabb. 11: מלאך סמאל הרשע ראש כל השטנים הוא אין לך רשע בכל השטנים כולן כסמאל. — Samael,

Auch darin, daß sie in derselben Weise gerichtet werden, erweisen sich Beliar und Azâzêl als eine und dieselbe widergöttliche Potenz. Und daß die Apokalypsen bald Gott selbst, bald wieder den Messias als Richter in der Endzeit auf dem Throne der Herrlichkeit sitzen lassen, beweist, wie bereits dargetan, ihre Abhängigkeit von der Sibylle, die vor ihnen, da zu ihrer Zeit die Vorstellungen von dem Messias erst in Bildung begriffen waren, dasselbe Schwanken in der Darstellung des letzten Gerichts an den Tag legt.

Und sowie Beliar und sein Anhang in der Sibylle schließlich in den Feuerpfuhl geworfen werden; so wird Azâzêl in der Henochapokalypse gebunden, um beim letzten Gericht in den Feuerpfuhl geworfen zu werden, so wird in den Testamenten Beliar gebunden und für alle Ewigkeit ins Feuer geworfen: bald von Gott selbst,[1]) bald wieder von dem Messias, der die Türen des Paradieses öffnet, den Beliar bindet und seinen Kindern Gewalt verleiht, auf die bösen Geister zu treten.[2])

Dasselbe geschieht in der Johannesapokalypse mit dem Satan, „dem Drachen, der alten Schlange“, und seinem Anhang: „Er ward geworfen in den feurigen Pfuhl und Schwefel, da das Tier und der

---

die Schlange und Satan sind nur Namen für einen und denselben Bösen. cf. Jalkut Chadasch § 78: סמאל הוא נחש הוא שטן. Alle diese und ähnliche Vorstellungen der Agada sind der Apokalypse entlehnt. Nach der gr. Baruchapokal. c. 9, Kautzsch II, 454, hatte Samael, um die ersten Menschen zu verführen, „die Schlange als Gewand angelegt“. Nach Hen. 69,6 war es allerdings nicht Azâzêl, sondern einer seiner Genossen, Gadrêel, der die Eva verführte. Allein hier wird von diesem Gadrêel ausgesagt, daß er den Menschenkindern die Werkzeuge des Todes und den Panzer und den Schild und das Schwert gezeigt habe, während in der ältern Apokalypse Hen. 8,1 dies alles dem Azâzêl zugeschrieben wird. Vermutlich ist auch die Verführung Evas ursprünglich dem Azâzêl zugeschrieben worden. Es zeigt sich wieder, daß Azâzêl, Beliar, Samael und die Schlange identisch. Auch die rabbinischen Quellen wissen von nahen Beziehungen zwischen Azâzêl und Samael zu berichten. „Als Haupt des bösen Prinzips war für Samael das am Versöhnungstag dargebrachte Opfer für Azâzêl bestimmt.“ cf. Hamburger, Real-Enzykl. II, 1060 sq.

[6]) cf. Orac. sib. II, 165 sq.

[1]) Test. Sebul. 9. Test. Dan. 5. Test. Jud. 25.

[2]) Test. Levi 18.

falsche Prophet war, und werden gequält werden Tag und Nacht von Ewigkeit zu Ewigkeit.“[1])

So hat sich uns denn aus allen unseren Untersuchungen das eine sichere Resultat ergeben, daß der jüdische Hellenismus die Gedankenwelt der griechischen Philosophie in sich aufgenommen, sie mit ebenso großer Begeisterung als Selbsttäuschung in den Mosaismus hineingetragen und hineingezwängt, den letzteren somit in die Sphäre der Philosophie emporgehoben und der Welt an Stelle einer menschlichen eine gottgeoffenbarte Philosophie geschenkt hat.[2]) — Soweit es nun möglich war, diesen philosophischen Mosaismus dem allgemeinen Verständnis näher zu bringen und ihn in das Bewußtsein der Massen einzuführen, haben dies die Sibyllisten und andere jüdische Popularphilosophen besorgt und haben insbesondere neue eschatologische Vorstellungen den Massen vermittelt und die von dem jüdischen Hellenismus hergestellte Vermittlung zwischen dem transzendent gesetzten Gott und dem Menschen durch die Einschiebung des Messias als Mittler greifbarer ausgestaltet. Von ihnen übernahmen auf palästinensischem Boden die Apokalyptiker die gleiche Mission, und sie waren es eigentlich, die den Pfad der kommenden Weltreligion bereiteten, als deren mächtiger Rufer und Verkünder des Anbruchs des messianischen Reiches zuletzt, als „das Himmelreich nahe herbeigekommen“ war, der Täufer auf den Plan trat.

---

[1]) Apok. Joh. 20,10. 19,20 u. a. St. cf. Math. 25,41: τὸ πῦρ τὸ ἀιώνιον τὸ ἡτοιμασμένον τῷ διαβόλῳ καὶ τοῖς ἀγγέλοις αὐτοῦ.

[2]) cf. 1 Kor. 1,20–28.

IV.

JESUS.

So war denn tatsächlich das Himmelreich nahe herbeigekommen. Hüben und drüben, in Judäa wie in der Diaspora, unter den griechischen Juden wie unter den griechischen Heiden trieb die Zeit der Erfüllung entgegen, harrte man allenthalben des Erlösers, „in welchem alle Dinge zusammenverfaßt wurden, beide, das im Himmel und auf Erden ist, durch ihn“:[1]) des Messias, in welchem nach Gottes weisem Ratschluß „alle Fülle wohnen sollte, damit alles durch ihn versöhnt würde, es sei auf Erden oder im Himmel, damit daß er Frieden machte durch das Blut von seinem Kreuz durch sich selbst“.[2])

Und sosehr war die Zeit für die Aufnahme der neuen Botschaft herangereift, daß die Erfüllung der Verheißung, der Messias seinem Herold auf dem Fuße folgen konnte. Und als er auf den Plan trat, fand er alles für sein Erlösungswerk sorgfältig vorbereitet. Die Saat war gereift. Aber sie wäre auf dem Felde verfault oder ein Raub des bald darauf hereinbrechenden Unwetters geworden; wäre nicht gerade zur rechten Zeit noch der richtige Schnitter gekommen, die Ernte zu halten und unter Dach und Fach zu bringen. Jesus selbst zeigt bei seinem ersten Auftreten schon seinen Jüngern diese von langer Hand vorbereitete und nunmehr schnittreif gewordene Saat, ihnen die Augen öffnend, daß sie das Feld sähen, das schon weiß zur Ernte. „Hier“, sagte er, „ist der Spruch wahr: dieser säet, der andere schneidet. Ich habe euch gesandt zu schneiden, das ihr nicht habt gearbeitet, andere haben gearbeitet, und ihr seid in ihre Arbeit gekommen.“[3]) —

---

[1]) Eph. 1,10.
[2]) Kol. 1,19–20.
[3]) Joh. 4,35–38.

Die neuen Dinge hatten sich zu stoßen und zu drängen, ja vielfach sich zu überstürzen begonnen. Das zeigt sich selbst in der Entwicklung, die Jesus in der kurzen Spanne Zeit seiner öffentlichen Lehrtätigkeit vor unsern Augen durchmacht. Im ersten Stadium seiner Wirksamkeit unterscheidet sich seine Botschaft in nichts von jener des Täufers, und es hat da den Anschein, als ob er überhaupt über jenen nicht hinauszugehen beabsichtige, als ob er lediglich der Reformator seines Volkes sein wolle. Wie des Täufers so lautet auch sein Ruf: „Die Zeit ist erfüllt und das Reich Gottes ist herbeigekommen. Tut Buße und glaubet an das Evangelium!“ [1])

Sehr lehrreich ist die Schilderung, die Lukas von Jesu erstem Auftreten entwirft. Es war an einem Sabbat, Jesus besuchte seiner Gewohnheit gemäß die Synagoge seiner Heimat. Man reichte ihm, da er sich erhob, um zu lesen, das Buch des Propheten Jesaia, und da er es umschlug, gerät er auf eine Stelle, in der er seine künftige Sendung in klaren Worten vorgezeichnet findet: „Der Geist des Herrn“, las er da, „ist bei mir, darum, daß er mich gesalbt hat; er hat mich gesandt, zu verkündigen das Evangelium den Armen, zu heilen die zerstoßenen Herzen, zu predigen den Gefangenen, daß sie los sein sollen, und den Blinden das Gesicht, und den Zerschlagenen, daß sie frei und ledig sein sollen, und zu verkündigen das angenehme Jahr des Herrn.“ — Soweit las er aus dem Buche Jesaia; „und als er es zutat“, berichtet Lukas weiter, „gab er es dem Diener und setzte sich. Und aller Augen, die in der Schule waren, sahen auf ihn. Und er fing an, zu sagen zu ihnen: „Heute ist diese Schrift erfüllt vor euren Ohren“. [2])

Er fühlt sich also berufen, ein zweiter Jesaia, ein Befreier seines Volkes aus geistiger Nacht zu werden. Die Blinden wollte er sehend, die Gefesselten frei machen, die Armen und Elenden aufrichten. Und die Mittel hierzu waren ihm dieselben wie jene des Täufers: Buße, Besserung, Belehrung und Aufklärung. Er war somit anfänglich ein anderer Täufer und galt auch vielfach als solcher. Was er damals sicher wußte, das war, daß seine Zeit

---

[1]) Marc. 1,14–15. Math. 4,17.

[2]) Luc. 4,16–21.

gekommen, daß die Vorarbeiten für die geistige Erlösung seines Volkes geleistet; wohin er aber gelangen werde, das wußte Jesus damals noch nicht. Die stürmischen Wogen, denen er sein Schifflein aussetzte, trieben es unaufhaltsam vorwärts, entwickelten alle Kräfte in ihm, und erst auf dem Wege in die ungeahnte Weite kam er zum vollen Bewußtsein seiner großen Mission. Bei seinem öffentlichen Auftreten war er im Angesicht der in den breiten Schichten seines Volkes herrschenden geistigen Verwahrlosung von diesen Kreisen dermaßen festgehalten, daß er seinen Blick von ihnen gar nicht abwenden und davon nichts hören wollte, daß sein Evangelium auch in die heidnische Welt hinausgetragen werde. Nur den Verlorenen seines eigenen Volkes wollte er Erlösung bringen. Ein kananitisches Weib, das ihn um Hilfe angeht, wehrt er mit den Worten ab: „Ich bin nicht gesandt, denn nur zu den verlorenen Schafen von dem Hause Israel. Es ist nicht fein, daß man den Kindern ihr Brot nehme und werfe es vor die Hunde“.[1]) — Er sendet seine zwölf Apostel aus mit der Weisung: „Gehet nicht auf der Heiden Straße und ziehet nicht in der Samariter Städte, sondern geht hin zu den verlorenen Schafen aus dem Hause Israel“.[2]) Nicht einmal ein Neuerer will er sein, nur fortsetzen will er das Werk Mosis und der Propheten; er gehört zu ihnen und will die Kontinuität mit ihnen durchaus nicht unterbrochen wissen. Moses und Elia schweben ihm in der Erscheinung vor, Petrus fühlt ihre Nähe und spricht zu Jesu: „Herr, hie ist gut sein; willst du, so werden wir hie drei Hütten machen, dir eine, Moses eine und Elia eine“.[3]) — Die hergebrachten Satzungen will er, da sie ihm ein tugendhaftes Leben zu fördern und ein zügelloses zu zähmen scheinen, beobachtet wissen und verlangt selbst da, wo er im harten Kampf gegen die heuchlerischen Pharisäer steht, die Beobachtung ihrer Vorschriften; nur nach ihren Werken solle man sich nicht richten.[4]) Dem Aussätzigen, den er geheilt, befiehlt er: „Gehe hin und zeige dich dem Priester, und opfere für deine Reinigung, was Moses geboten, zum Zeugnis über sie.“[5]) —

---

[1]) Math. 15,23–26.

[2]) Math. 10,5–6.

[3]) Math. 17,3–4.

[4]) Math. 23,3. 23.

[5]) Marc. 1,44. Luc. 5,14. Math. 8,4.

In seiner apokalyptischen Darstellung des Weltendes heißt es: „Bittet aber, daß eure Flucht nicht geschehe im Winter oder am Sabbat.“[1]) Die Abstammung von Abraham gilt ihm noch für einen Vorzug.[2]) Heilig und unverbrüchlich hält er an Gesetz und Propheten fest: „Ihr sollt nicht wähnen“, erklärt er mit einer jeden Zweifel ausschließenden Entschiedenheit, „daß ich gekommen bin, das Gesetz oder die Propheten aufzulösen; ich bin nicht gekommen aufzulösen, sondern zu erfüllen. Denn ich sage euch wahrlich: Bis daß Himmel und Erde zergehe, wird nicht zergehen der kleinste Buchstabe, noch ein Tütel vom Gesetze, bis daß es alles geschehe. Wer nun eines von diesen kleinsten Geboten auflöst und lehrt die Leute also, der wird der kleinste heißen im Himmelreich, wer es aber tut und lehrt; der wird groß heißen im Himmelreich“.[3])

Freilich darf man diese so festgewurzelte Gesetzestreue nicht mit Gesetzessklaverei verwechseln, sondern muß sie so auffassen, wie sie damals von den nichtpharisäischen Frommen verstanden wurde: als ein Leben im Geiste, aber nicht im Buchstaben des Gesetzes. Darüber, daß er das Gesetz, das er zu erfüllen, nicht aber aufzulösen, gekommen, in diesem Sinne verstanden wissen wolle, läßt uns Jesus keinen Augenblick im Zweifel. Er kommentiert sich nämlich unverzüglich: „Es sei denn eure Gerechtigkeit besser denn der Schriftgelehrten und Pharisäer, so werdet ihr nicht in das Himmelreich kommen.“[4]) Und gleich darauf zeigt er an markanten Beispielen, wie er das Gesetz gepflegt, ausgelegt und beobachtet wissen wolle. Er bleibt nicht bei Moses und den Alten stehen, sondern geht über sie hinaus, im Geiste einer neuen Zeit, deren Sitten bereits durch Philosophie geläutert sind, so daß seine Ethik eine höhere, ja die Vollendung der mosaischen ist, und er mit vollem Rechte von sich sagen durfte, er sei nicht gekommen, das Gesetz oder die Propheten aufzulösen sondern zu erfüllen. Aus dem ergiebigen, nie versagenden Boden des Alten sproßt Neues hervor. Moses und die Propheten — das war und blieb die unerschütterliche Überzeugung Jesu — sind die ewigen Grundlagen

---

1) Math. 24,20.
2) Luc. 13,16. 19,9.
3) Math. 5,17—19.
4) Math. 5,20.

der Religion, die Träger des gottgeoffenbarten Sittengesetzes; der Geist, der aus ihnen spricht, er spricht für alle Zeiten und Geschlechter; er muß eben verstanden werden, jede Zeit muß sich in ihm spiegeln, ihre Ideale in ihm verwirklicht finden können. Wurde zu den Alten gesagt: du sollst nicht töten; so lautet dieses Gebot im Munde Jesu, verkündigt einem neuen Geschlecht: Wer auch nur mit seinem Bruder zürnt, der ist des Gerichts schuldig. — Das alte Gebot: Du sollst nicht ehebrechen, kommentiert er dahin: wer ein Weib auch nur ansieht, ihrer zu begehren, der hat schon mit ihr die Ehe gebrochen in seinem Herzen. Wurde zu den Alten gesagt: Wer sich von seinem Weibe scheidet, der soll ihr einen Scheidebrief geben; so lehrt Jesus, darüber hinausgehend: Wer sich von seinem Weibe scheidet — es sei denn um Ehebruch — der macht, daß sie die Ehe bricht; und wer eine Abgeschiedene freit, der bricht die Ehe. Wurde zu den Alten gesagt: Du sollst keinen falschen Eid tun; so verwirft Jesus, wie es der Essenismus vor ihm tat, den Eid überhaupt. Die Rede sei: Ja, ja; nein, nein; was darüber, sei von Übel. Seine Ethik ist eine so erhabene, daß sie Selbstentäußerung und Feindesliebe verlangt. Sie ist eben nicht die Ethik der Zöllner, sondern sie soll zur Vollkommenheit führen, sie ist die Ethik der Vollkommenen. Diesen ruft er zu: „Darum sollt ihr vollkommen sein, gleichwie euer Vater im Himmel vollkommen ist.“[1])

Wenn Jesus also die Unzerstörbarkeit und Unverwüstlichkeit des mosaischen Gesetzes so scharf betont, so meint er damit keineswegs das Zeremonialgesetz. Fast mit denselben Worten spricht Philo von dem Gesetz: Mosis Gesetze, sagt er, blieben fest, ewig unzerstörbar bis auf den heutigen Tag, wie mit dem Siegel der Natur selbst gezeichnet, und sie werden sicherlich für alle Zeiten unsterblich bestehen, solange Sonne, Mond, Himmel, die ganze Welt bestehen wird.[2]) — Daß aber Philo hier nicht das Zeremonialgesetz, sondern den reinen Gottesglauben und das ewige Sittengesetz im Auge hat, das lehren uns seine Schriften fast auf jeder Seite, das sagt er deutlich, wo er gegen die radikalen

[1]) Math. 5,21–48.

[2]) Vita Mos. II, 136: ...... Καὶ πρὸς τὸν ἔπειτα, πάντα διαμενεῖν ἐλπὶς αὐτὰ αἰῶνα ὥσπερ ἀθάνατα, ἕως, ἂν ἥλιος καὶ σελήνη καὶ σύμπας οὐρανός τε καὶ κόσμος ᾖ.

jüdischen Hellenisten, die mit der allegorischen Erforschung des Mosaismus das ganze Zeremonialgesetz verwarfen, zu Felde zieht, indem er ihnen gegenüber die Ansicht vertritt, daß das Erfassen des geistigen Gehaltes des Gesetzes allerdings die Hauptsache sei, daß man aber gleichwohl die Zeremonien, als den Leib des Gesetzes, aus Pietät gegen die ehrwürdigen Männer der Vorzeit, die sie eingesetzt, nicht verachten und sich dadurch außerhalb der Gemeinde stellen dürfe. Er appelliert also zugunsten der Beibehaltung des durch die allegorische Auslegung bedrohten Zeremonialgesetzes lediglich an das Gemüt, zugestehend, daß der Geist des Gesetzes der unsterbliche, der Buchstabe aber der vergängliche Teil sei, den man aber gleichwohl aus Pietät konservieren solle.

So urteilten im Zeitalter Jesu die gebildeten nichtpharisäischen Kreise Palästinas und der griechischen Diaspora über das „Gesetz“, so wird es auch in der ganzen Weisheits- und der apokalyptischen Literatur aufgefaßt, und es entspricht vollkommen der Denkart Jesu, wenn der jüdisch-hellenistische Verfasser des vierten Evangeliums ihn sprechen läßt: „Das Heil kommt von den Juden. Aber es kommt die Zeit, und ist schon jetzt, daß die wahrhaftigen Anbeter werden den Vater anbeten im Geist und in der Wahrheit; denn der Vater will haben, ihn also anzubeten. Gott ist Geist, und die ihn anbeten, müssen ihn im Geist und in der Wahrheit anbeten.“ [1])

Steht es aber außer Zweifel, daß Jesus von Anbeginn Moses und den Propheten gegenüber diesen freien Standpunkt einnahm, so ist es nicht minder gewiß, daß er anfänglich gleichwohl das Zeremonialgesetz nicht anzutasten gedachte, daß er vielmehr in der Ausübung der hergebrachten religiösen Satzungen, selbst wie sie die pharisäische Auslegung verlangte, ein Palliativmittel gegen die arg umsichgreifende zügellose Ausschreitung erblickte. Nicht gegen die Beobachtung hergebrachter religiöser Bräuche richtete sich sein heiliger Eifer, sondern gegen den Mißbrauch, den eine den Markt beherrschende herrschsüchtige und heuchlerische Klasse von Pharisäern mit denselben trieb, gegen die unerträglichen Bürden, die sie den Menschen an den Hals legte, ohne selbst innerlich von ihnen berührt zu sein. — Und dieser Kampf erst führte zum Bruche mit dem Gesetzesbuchstaben, hob Jesum allmählich nicht nur über den

---

[1]) Joh. 4,23–24.

Pharisäismus und den Täufer, sondern auch über das Zeremonialgesetz hoch empor. Auf die Frage der Johannesjünger, warum sie und die Pharisäer soviel, seine Jünger aber nicht fasten, gibt er eine Antwort, die unzweideutig seine künftige Stellung zu dem Alten uns enthüllt und zeigt, daß er sich nunmehr völlig bewußt geworden, Neues an dessen Stelle zu bringen. „Niemand", sagt er, „flickt ein altes Kleid mit einem Lappen von neuem Tuch; denn der Lappen reißt doch wieder vom Kleid und der Riß wird ärger. Man faßt auch nicht Most in alte Schläuche, anders die Schläuche zerreißen und der Most wird verschüttet, und die Schläuche kommen um. Sondern man faßt Most in neue Schläuche, so werden beide miteinander erhalten." [1])

Zu noch schärferem Ausdruck gelangt sein gesetzesfreier Standpunkt, zu dem er sich im Kampf gegen die heuchlerischen Pharisäer durchgerungen, in der Antwort, die er den Pharisäern gab, die gegen seine Jünger Klage führten, daß sie den Sabbat verletzen, indem sie an demselben zur Stillung des Hungers Ähren pflückten. Jesus erklärte ihnen rund heraus: „Der Sabbat ist um des Menschen willen gemacht, und nicht der Mensch um des Sabbats willen. So ist des Menschen Sohn ein Herr auch des Sabbats." [2]) — Und diese Auffassung übte er auch praktisch, indem er am Sabbat Kranke heilte, obgleich dies als Sabbatsverletzung angesehen wurde. [3])

Im Kampfe mit den Pharisäern wird der Bruch mit dem Zeremonialgesetz immer klaffender. Als die Pharisäer sich bei ihm beschwerten, daß seine Jünger die Satzungen der Vorfahren übertreten, ihre Hände nicht waschen, wenn sie Speise genießen, da predigt er vor dem versammelten Volk inbezug auf die in Geltung stehenden Speisegesetze: „Was zum Munde eingeht, das verunreinigt den Menschen nicht, sondern was zum Munde ausgeht, das verunreinigt den Menschen." Und als die Pharisäer sich über diese Worte ärgerten, ging er weiter und erklärte: „Alle Pflanzen, die mein himmlischer Vater nicht pflanzte, die werden ausgereutet! — Merkt ihr noch nicht, daß alles, was zum Munde eingeht, das geht durch den Bauch und wird durch den natürlichen Gang

---

1) Math. 9,14. Marc. 2,18–22. Luc. 5,33–39.
2) Marc. 2,23–28. Math. 12,1–8. Luc. 6,1–5.
3) Marc. 3,1–5. Math. 12,9–14. Luc. 6,6–11.

ausgeworfen? Was aber zum Munde herausgeht, das kommt aus dem Herzen und das verunreinigt den Menschen. — Aber mit ungewaschenen Händen essen, verunreinigt den Menschen nicht." [1])

Hiermit waren die Speisegesetze, jener mächtige, die Juden von der heidnischen Welt trennende Wall, durchbrochen.

Sowie sich Jesus im Kampfe zu immer größerer Klarheit über seine immer weiter ausgreifende Botschaft emporrang, so wurde er sich auch über seine eigene Person immer klarer. Wollte er im ersten Stadium seiner Lehrtätigkeit nichts anderes als ein Nachtreter der Propheten, ein anderer Täufer sein, so fühlte er sich bald über dieselben hinauswachsen und wurde sich allmählich seiner höheren Mission und der ihm innewohnenden, jene seiner Vorgänger weit überragenden Gotteskraft bewußt. Daß diese Wandlung sich nicht miteins vollzog, beweist schon der Umstand, daß der Täufer im Gefängnis bereits irre an ihm zu werden anfing und den Säumigen mahnen ließ: ob er es sei, der da kommen, oder ob man eines andern warten solle? Und die Antwort, die ihm Jesus sagen ließ, sowie die Worte, die er bei dieser Gelegenheit an das Volk über seine eigene und des Täufers Persönlichkeit richtete, lassen deutlich erkennen, daß er sich bereits vollkommen klar über sich selbst geworden war: „Was seid ihr", sagt er, „hinausgegangen in die Wüste zu sehen? Wolltet ihr ein Rohr sehen, das der Wind hin und her weht? Oder was seid ihr hinausgegangen zu sehen? Wolltet ihr einen Menschen in weichen Kleidern sehen? Siehe, die da weiche Kleider tragen, sind in der Könige Häusern. Oder was seid ihr hinausgegangen zu sehen? Wolltet ihr einen Propheten sehen? Ja, ich sage euch, der auch mehr ist denn ein Prophet. [2]) Denn dieser ist's, von dem geschrieben steht: ‚Siehe, ich sende meinen Engel vor dir her, der deinen Weg vor dir bereiten soll.' Wahrlich ich sage euch: Unter allen, die von Weibern geboren sind, ist nicht aufgekommen, der größer sei, denn Johannes der Täufer; der aber der kleinste ist im Himmelreich, ist größer denn er. Aber von den Tagen Johannes des Täufers bis hierher leidet das Himmelreich Gewalt, und die Gewalt tun, die reißen es zu sich. Denn alle Propheten und das Gesetz haben geweissagt bis auf Johannes. Und — so

[1]) Math. 15,1–20. Marc. 7,1–23.

[2]) Hierzu Math. 12,6. 41.

ihr's wollt annehmen — er ist Elia, der da soll zukünftig sein. Wer Ohren hat, zu hören, der höre."[1])

Man sieht hier, welchen Weg Jesus „seit den Tagen Johannes des Täufers" zurückgelegt, wiesehr er sich inzwischen seiner jene des Täufers weit überragenden Stellung bewußt geworden. Es scheint, daß die Mahnung des Täufers blitzartig sein Inneres erhellt und seine Berufung zum Messias ihm zum vollen Bewußtsein gebracht hat. So schildert er ja selbst das meteorartige Aufleuchten des Messiasbewußtseins in dem Menschensohn: „Darum, wenn sie zu euch sagen werden: Siehe, er ist in der Wüste, so gehet nicht hinaus; siehe, er ist in der Kammer, so glaubt nicht. Denn gleichwie der Blitz ausgeht vom Aufgang und scheint bis zum Niedergang, also wird auch sein die Zukunft des Menschensohns."[2])

So lösen sich denn die Hauptwidersprüche in der einmal gesetzestreuen, das andere Mal gesetzesfreien Lehre Jesu von selbst. Ebenso lösen sich uns die Widersprüche, die in den Evangelien das Wesen Jesu aufweist, das jetzt in überströmender Liebe aufgeht, jetzt wieder hart und rigoros sich äußert, so daß man geneigt wäre, zwei Seelen in seiner Brust zu vermuten. — In einer harmonisch vollendeten Persönlichkeit aber, wie sie uns in Jesu entgegentritt, ist eine derartige Doppelnatur nicht leicht denkbar. Sie ist vielmehr eine Schöpfung der Evangelisten, die ihre Evangelien nach mündlichen oder schriftlichen Überlieferungen verfaßten, die, in Jesu den verheißenen Messias sehend, auf Schritt und Tritt von den inbezug auf den Messias überlieferten und im Volke lebendigen Vorstellungen abhängig waren. Diese Vorstellungen aber waren, wie bereits gezeigt, doppelartige: sie lassen den Messias bald als eine von himmlicher Liebe überquillende, bald als eine kriegerische, die Welt in Schrecken setzende, mit dem Hauch seines Mundes tötende Persönlichkeit erscheinen. Und so mußten auch in Jesu beide Naturen vereint sein. Wie der Messias in der Apokalypse das eine Mal die Liebe und der Friede ist, das andere Mal Krieg und Verheerung bringt, das eine Mal der Richter, das andere Mal der Erlöser der Welt, so mußte auch Jesus, in dem ja alle diese messianische Weissagungen ihre

---

[1]) Math. 11,2–15.

[2]) Math. 24,26–27.

Erfüllung fanden, beide Naturen in sich vereinigen. So kommt es, daß ein und derselbe Evangelist einmal ihn sagen lassen darf: „Der Vater richtet niemand, sondern alles Gericht hat er dem Sohn gegeben“;[1]) das andere Mal wieder: „Ich bin nicht gekommen, daß ich die Welt richte, sondern daß ich die Welt selig mache.“[2]) Und so sind auch seine mit den messianischen Weissagungen der Apokalypse haarscharf übereinstimmenden Worte verständlich: „Ihr sollt nicht wähnen, daß ich gekommen sei, Frieden zu senden auf die Erde. Ich bin nicht gekommen, Frieden zu senden, sondern das Schwert.[3]) Denn ich bin gekommen, den Menschen zu erregen wider seinen Vater und die Tochter wider ihre Mutter und die Schnur wider ihre Schwieger. Und des Menschen Feinde werden seine eigenen Hausgenossen sein.“[4]) — Wenn Jesus, als die Verkörperung der Vollkommenheit, von den ihm Nachstrebenden verlangt, daß sie ihr Eigentum den Armen schenken, Häuser, Brüder, Schwestern, Vater, Mutter, Weib und Kind und Äcker verlassen und ihm nachfolgen sollen,[5]) so ist es eben die Zeit, die solche harte Forderungen an jene stellt, die vollkommen sein und das Himmelreich erringen wollen. Sie müssen überwinden, wie er selbst überwunden hat, wenn sie mit ihm auf seinem Stuhl sitzen wollen.[6]) Es sind eben die Auserlesenen, von denen solche schwere Überwindung verlangt wird, und diesen verheißt er: „Wahrlich, ich sage euch, daß ihr, die ihr mir seid nachgefolgt, in der Wiedergeburt, da der Menschensohn wird sitzen auf dem Stuhl seiner Herrlichkeit, werdet ihr auch sitzen auf zwölf Stühlen und richten die zwölf Geschlechter Israels — — und das ewige Leben erwerben.“[7])

Übrigens wissen wir bereits, daß der jüdische Hellenismus durchwegs dieselben harten Bedingungen den zur Vollkommenheit Emporstrebenden auferlegt, und daß die Therapeuten beim Be-

[1]) Joh. 5,22.

[2]) Joh. 12,47.

[3]) cf. Hen. 46,4—7. „Und dieser Menschensohn, den du gesehen hast, wird die Könige und die Mächtigen aufregen von ihren Lagern und die Gewaltigen von ihren Thronen“. cf. Hen. 62,2—6.

[4]) Math. 10,34—36.

[5]) Math. 19,21. 23.

[6]) Apok. Joh. 3,21.

[7]) Math. 19,28—29.

treten des Weges, der zur Vollkommenheit emporführt, ihr Eigentum aus freien Stücken ihren Söhnen und Töchtern, oder Verwandten oder sonstigen Bedürftigen überließen und sich von Brüdern, Kindern, Weibern, Eltern, Verwandten und Vaterland losrissen, um sich, unbeschwert von irdischem Ballast, einem heiligen Leben widmen zu können.

Was nun die Darstellung der Persönlichkeit Jesu in den Evangelien betrifft, so lehnt sie sich vollständig an jene des Messias in der Henochapokalypse an, sowie denn auch das eschatologische Vorstellungsmaterial der Apokalypse in das Eigentum Jesu und der Evangelisten übergegangen ist. Ist doch die Apokalyptik der eigentliche Nährboden des Urchristentums, welches die Erfüllung der apokalyptischen Weissagungen, sowie Jesus der im Fleische erschienene Menschensohn der Apokalypse ist. Hier noch einige Beispiele zu den zahlreichen bereits angeführten.

Henoch prophezeit von dem Messias: „An jenem Tage wird der Auserwählte auf dem Thron der Herrlichkeit sitzen und wird Auswahl halten unter den Taten der Menschen.“[1]) „Und er setzte sich auf den Thron seiner Herrlichkeit und die Summe des Gerichtes wurde ihm übergeben, dem Menschensohn, und er läßt vergehen und verderben die Sünder vor dem Angesicht der Erde, und die, welche die Welt verführt haben.“[2]) — „Und der Herr der Geister setzte den Auserwählten auf den Thron seiner Herrlichkeit, und er wird richten alle Werke der Heiligen im Himmel . . .“[3])

Die Erfüllung dieser apokalyptischen Weissagungen, welche die richterliche Funktion des Messias in den Vordergrund rücken, stellt Jesus als bevorstehend hin: „Wenn aber“, sagt er, „des Menschen Sohn kommen wird in seiner Herrlichkeit und alle heiligen Engel mit ihm, dann wird er sitzen auf dem Stuhl seiner Herrlichkeit; und werden vor ihm alle Völker versammelt werden. Und er wird sie voneinander scheiden, gleich als ein Hirte die Schafe von den Böcken scheidet.“[4]) — Zu den Sündern sagt Henoch, daß sie in Zukunft keinen Vorwand haben werden, ihre Sünden zu entschuldigen: „Von nun an wißt ihr, daß alle eure

---

[1]) Hen. 45,3.

[2]) Hen. 69,27–29.

[3]) Hen. 61,8–12. cf. Hen. 62,1–12.

[4]) Math. 25,31–32.

Gewalttätigkeit, die ihr ausübt, aufgeschrieben wird jeden Tag bis zum Tage eures Gerichtes.“ [1]) — Diesen Vorwand benimmt das Erscheinen Jesu den Sündern: „Wenn ich nicht gekommen wäre“, so spricht er im Evangelium Johannis, „und hätte es ihnen nicht gesagt, so hätten sie keine Sünde; nun aber können sie nicht vorwenden, ihre Sünde zu entschuldigen.“ [2]) — In der messianischen Zeit sieht Henoch „einen Brunnen der Gerechtigkeit, der unerschöpflich; rings umgeben ihn viele Brunnen der Weisheit und alle Durstigen trinken aus ihnen und werden voll von Weisheit und haben ihre Wohnungen bei den Gerechten und Heiligen und Auserwählten. Und zu jener Stunde wird der Menschensohn genannt vor dem Herrn der Geister und sein Name vor dem Haupt der Tage“. [3]) — Dieser Menschensohn, der im Besitze des Brunnens der Gerechtigkeit, ist laut dem Evangelium Jesus. Es läßt ihn sprechen: „Wer das Wasser trinkt, das ich ihm gebe, den wird ewiglich nicht dürsten; sondern das Wasser, das ich ihm geben werde, das wird in ihm ein Brunnen des Wassers werden, das ins ewige Leben quillt.“ [4])

Diese hier im Vorbeigehen nachgetragenen Ergänzungen, die, zusammengehalten mit dem bereits oben hierüber Gehandelten, die enge Verwandtschaft des Urchristentums mit der Apokalyptik außer Zweifel stellen und manche Widersprüche, die sich in der Lehre und in der Person Jesu, wie beide in den Evangelien zur Darstellung gelangen, ergeben, zu lösen vermögen, ließen sich noch zahlreich vermehren; doch es hieße offene Türen einrennen, wollten wir mit der Anreihung von Parallelen noch weiter fortfahren. Was wir erweisen wollten, ist mit dem bereits aufgebrachten Material genugsam erwiesen.

Jesus hatte während der kurzen Zeit seiner Lehrtätigkeit so unmäßig viel Arbeit nach innen, daß er „vor kurzem Atem und schwerer Arbeit“ an Belehrung und Bekehrung der Heiden nicht denken konnte noch wollte. Erst der nach dem Opfertod auferstandene und zum Christ Erhöhte darf den Jüngern die Weisung erteilen: hinzugehen und alle Völker zu lehren, da er alle Tage

---

[1]) Hen. 98,8.

[2]) Joh. 15,22. 24.

[3]) Hen. 48,1–2.

[4]) Joh. 4,14. cf. Apok. Joh. 7,17.

bis an der Welt Ende bei ihnen sein werde.[1]) Erst durch den Opfertod, den er für die sündige Welt erlitten, kommt der Welt das Heil und die Erlösung, ist er würdig geworden, das Weltevangelium, bisher ein Buch mit sieben Siegeln, aufzutun und es allen Menschen zugänglich zu machen.

Diese Idee der Welterlösung durch den Opfertod Jesu bringt die Johannesapokalypse in folgendem sprechenden Bilde zur Anschauung: Gott sitzt auf dem Throne, in der Rechten ein Buch haltend, „geschrieben inwendig und auswendig, versiegelt mit sieben Siegeln“. Da ruft ein starker Engel mit großer Stimme aus: „Wer ist würdig, das Buch aufzutun und seine Siegel zu brechen? Und niemand im Himmel noch auf Erden noch unter der Erde kann das Buch auftun und darein sehen. Und einer von den Ältesten spricht: Siehe, es hat überwunden der Löwe, der ist vom Geschlecht Juda, die Wurzel Davids, aufzutun das Buch und zu brechen seine sieben Siegel. Und siehe, mitten zwischen dem Stuhl und den vier Tieren und zwischen den Ältesten stand ein Lamm, wie es erwürgt wäre, und hatte sieben Hörner und sieben Augen, das sind die sieben Geister Gottes, gesandt in alle Lande. Und es kam und nahm das Buch aus der rechten Hand des, der auf dem Stuhl saß. Und da es das Buch nahm, da fielen die vier Tiere und die vierundzwanzig Ältesten nieder vor das Lamm und hatten ein jeglicher Harfen und güldene Schalen voll Räuchwerks, das sind die Gebete der Heiligen. Und sangen ein neues Lied und sprachen: „Du bist würdig zu nehmen das Buch und aufzutun seine Siegel; denn du bist erwürgt und hast uns Gott erkauft mit deinem Blut aus allerlei Geschlecht und Zunge und Volk und Heiden. Und hast uns unserm Gott zu Königen und Priestern gemacht, und wir werden Könige sein auf Erden. Und ich sah, und hörte eine Stimme vieler Engel um den Stuhl und um die Tiere und um die Ältesten her; und ihre Zahl war viele tausendmal tausend; und sprachen mit großer Stimme: Das Lamm, das erwürgt ist, ist würdig zu nehmen Kraft und Reichtum und Weisheit und Stärke und Ehre und Preis und Lob. Und alle Kreatur, die im Himmel ist und aut Erden und unter der Erde und im Meer, und alles was drinnen ist, hörte ich sagen: Dem, der auf dem Stuhl sitzt, und dem Lamm

---

[1]) Math. 28,19–20.

sei Lob und Ehre und Preis und Gewalt von Ewigkeit zu Ewigkeit! Und die vier Tiere sprachen: Amen. Und die vierundzwanzig Ältesten fielen nieder und beteten an den, der da lebt von Ewigkeit zu Ewigkeit." [1])

Wenn wir nun auf dem Wege der Erforschung der religiösen Bewegungen innerhalb des Judentums des Zeitalters Jesu die Überzeugung gewannen, daß alle Vorbedingung zur Bildung des Christentums beim Erscheinen Jesu vorhanden waren und daß der Jesus der Evangelien eine getreue Kopie des Bildes ist, das die Apokalyptiker von dem die Welterlösung bringenden „Menschensohn" entworfen und in das Volksbewußtsein eingeführt hatten; beeinträchtigt wohl eine solche Erkenntnis die Größe der Persönlichkeit Jesu? Ähnliches kann nur ein wundersüchtiger Köhlerglaube behaupten, der von Anbeginn durch eine verkehrte Auffassung der Person und der Lehre Jesu beide tief geschädigt und die scharf markierten Wege, die von allen Seiten zum Christentum führten, verwischt hat. — Jesus ist die Erfüllung der Zeit und wir sollten die Zeit nicht erforschen dürfen, die er erfüllt hat? Wir sollten nicht in ihre Tiefen blicken dürfen, um die ganze Fülle, die in ihm wohnte, ergründen zu können; sollten nicht aus den geschichtlichen Denkmälern uns den geschichtlichen Jesus, der den mythischen hoch überragt und auf unverwüstlichen Grund stellt, aufbauen dürfen?

Wir haben den Versuch gewagt und das ganze historische Material, das zur Rekonstruierung der Persönlichkeit Jesu erforderlich ist, soweit es uns erreichbar war, vorgeführt.

* * *

Einige prinzipielle Bemerkungen mögen noch dem systematischen Abschlusse und der Klärung dienen. Manche werden vielleicht daran Anstoß nehmen, daß einer Persönlichkeit wie Jesus jene Spaltung und innere Gegensätzlichkeit zugemutet wird, die die Annahme einer progressiven Entwicklung durch zwei gegeneinander kontrastierende Stadien voraussetzt. Andere finden den Gegensatz vielleicht wiederum zu wenig klar herausgearbeitet und meinen, bei größerer historischer Treue wäre die Historizität Jesu zu-

---

[1]) Apok. Joh. 5.

gunsten einer rein materialistischen Geschichtsauffassung in Frage gestellt worden. Es ist in Wahrheit keine geringe Aufgabe, die widerstreitenden Forderungen der gegnerischen Parteien zur Einheit zu versöhnen. Man wird hier gewahr, daß sich die Aufgabe der Biographie mit einem tiefen philosophischen Problem berührt. Der gewöhnliche Mensch steht diesem Problem meistens verständnislos gegenüber. Ist er durch die Verhältnisse in steten Kontakt mit einem zweiten Individuum gebracht, so pflegt er die Veränderungen, die dieses durchmacht, zu übersehen, ebenso wie man die Bäume nicht wachsen sieht, die man täglich vor Augen hat. Erst unter dem Drucke äußerer Ereignisse wird er der Verwandlungen gewahr, und dann wähnt er, sie wären mit einem Mal ohne natürliche Entwicklung vor sich gegangen. Er sieht die Dinge nicht in ihrem Werden, sondern bloß in ihrem ruhenden Sein. Solange er sich seinesgleichen gegenüber findet, ist das nicht überaus bedenklich. Denn der Alltagsmensch gehört dem momentanen Impuls des Milieus und hat keinen Schwerpunkt in sich selber. Er ändert sich, wie ihn die äußern Vorgänge ergreifen und formen. Er ist immer derselbe und immer ein anderer. Deshalb meint er, bei jedermann verhalte es sich in der gleichen Art. Großen Individuen steht er völlig ratlos gegenüber. Er greift dann zu absurden Milieutheorien, eigentlich Verkleinerungstheorien, durch die das Unbegreifliche und Wunderbare im Entwicklungsgang des Genies rationalisiert werden soll. Gegenüber dieser völlig unzulänglichen Art, sich der genialen Persönlichkeit zu bemächtigen, besteht als entschiedener Ansatz zu einer Korrektur, die vielfach in Schwung befindliche Methode, bestimmte Entwicklungsstadien und feste Übergänge zu konstatieren. Der bedeutende Mensch entwickelt, ändert sich und so faßt man die markanten Unterschiede und Differenzen in seinem Handeln, Wollen, Denken zusammen, um sie sodann zu einem mehr oder weniger widerspruchsvollen Gemälde zu verbinden. Es gibt wohl kaum eine hervorragende historische Individualität, die der Kritiker nicht auf diese Art unter die Sonde seiner Analyse gebracht hätte. Immer von neuem begegnet man diesem Versuch, an dem das Denken vorübergehend einen Ruhepunkt gewinnt. Der Entwicklungsgang eines bedeutenden Individuums wird künstlich zerschnitten und die einzelnen Abschnitte als solche markiert. Das „bis hierher und nicht weiter“ wird Losungswort. Einer tiefen, wahrhaft philosophischen Betrachtungsart entspricht dieser dürre Schematismus nicht mehr. Sie muß in allen Windungen und Wendungen, in allen Expansionen und Evolutionen eines Geistes die ursprüngliche Einheit restituieren und mit größerer Energie festhalten. Sie darf sich nicht damit begnügen, eine Persönlichkeit gleichsam in eine Mehrheit besonderer Individuen aufzulösen, deren jedes einem bestimmten Entwicklungsstadium entsprechen soll. Jene Mehrheit besteht allerdings, aber sie ist bloß der äußern Erscheinung nach ein Vielfaches, sie muß sich bei gründlicher Erforschung auf eine höhere Einheit reduzieren lassen. Daß ein hervorragender Mensch sich zeitweilig verändert, ist unzweifelhaft. Es kann auch eine bestimmte Spontaneität dieser Veränderung schwerlich geleugnet werden. Aber bis in die tiefsten Grundlagen seiner Persönlichkeit reicht diese Veränderung kaum jemals hinunter. Und der philosophische Betrachter sieht sich vor die große Aufgabe gestellt, jenen unveränderten, unveränderlichen Kern herauszuschälen und die Wandlungen als das hinzustellen, was sie hier im letzten Grunde dennoch sind: als Oberflächenphänomene.

Eine große Individualität kann an zweierlei gemessen werden: an ihr selber und an ihren Wirkungen. Beide Maßmethoden vereinigen sich zu einer restlos abschließenden Betrachtung. Es bedarf bloß ihrer wirksamen Verwendung und ihres allseitigen harmonischen Zusammenschlusses, um das entsprechende Ergebnis zu erreichen. Ihre Feuerprobe könnten diese Methoden an einer so unendlich überragenden Individualität wie Jesus bestehen. Es ist vielleicht die größte Aufgabe, die dem Historiker erwachsen dürfte, innerhalb der denkbaren Grenzen diese unvergleichliche Erscheinung mit all ihren scheinbaren Widersprüchen zu rationalisieren, unserm Verständnis möglichst nahe zu rücken. Mannigfache Versuche sind bereits in dieser Richtung unternommen worden. Teils in mystischer, teils in rationalistischer Absicht, zuweilen auch in eklektischer Verbindung beider Auffassungen. Allen wird es zum gewichtigsten Problem, inwiefern jene Wandlungen und Widersprüche sich mit Jesu überragender Persönlichkeit in Einklang bringen lassen. Die einen lassen es dabei bewenden und gelangen dann unter Umständen zur phantastischen Bezweiflung seiner Historizität, die andern streben, durch künstliche Elimination und Umdeutung bestimmter Äußerungen und Vorgänge jene Einheit zu restituieren. Beiden Methoden ist derselbe Fehler gemeinsam, daß sie in der Gegensätzlichkeit als solcher hängen bleiben, daß sie sich gleichsam durch Oberflächenphänomene blenden lassen und es versäumen, des tieferen Zusammenhangs zwischen äußerlich kontrastierenden Elementen gewahr zu werden.

Es soll nicht geleugnet werden, in den Handlungen und Aussprüchen Jesu sind Widersprüche zu verzeichnen, und die Evangelienharmonie ist wohl ein unerreichbares Ideal. Man darf dies weder wegzudeuten suchen, noch sich davon in solchem Maße imponieren lassen, daß man seiner historischen Aufgabe ratlos gegenübersteht. Vielmehr muß man die innere Notwendigkeit derartiger Diskrepanzen begreifen und in ihnen eine natürliche Reaktion der Persönlichkeit auf einen bestimmten Kreis äußerer Eindrücke erkennen. — Im allgemeinen sind diese Diskrepanzen überwiegend darin bei Jesus begründet, worin man gemeiniglich nach der traditionellen Terminologie den Abstand zwischen Judenchristentum und Heidenchristentum zu erblicken gewohnt ist. Die Frage dreht sich um das Problem, ob der konservative Petrinismus oder der gesetzesfreie Paulinismus sich als den eigentlichen legitimen Erben Jesu betrachten dürfe.

Es kann nicht behauptet werden, daß die geschichtliche Überlieferung in diesem Punkte eine sichere Entscheidung oder bloß den untrüglichen Fingerzeig für solch eine Entscheidung einem an die Hand gäbe. Beide Elemente ringen miteinander in den vier Evangelien. Jesus hält zunächst am Gesetz fest. Er ist gekommen, es zu erfüllen, keineswegs es aufzulösen. Dieses so prägnante Programmwort und die andern Äußerungen und Wendungen, in denen es sich weiter bewähren sollte, sind übrigens früher übersichtlich zusammengefaßt und zur Darstellung gebracht worden. Jesu Gesetzestreue und seine spätere Freiheit im Gesetz kontrastieren merkwürdig gegeneinander. Aber deswegen an eine Spaltung der Persönlichkeit zu denken, geht nicht an. Jesus hat keine innerliche Krisis erfahren, um von einer Auffassung zur andern vorzudringen. Es ist eher eine Verschiebung des äußern Aspektes als eine seelische Wandlung, deren Etappen die einzelnen Schriftworte bezeichnen müßten. Es ist nicht so rätselhaft, als es auf den ersten Blick aussieht, daß er zuerst unverbrüchlich an den Vorschriften des Gesetzes festhalten wollte, zumal wir wissen, was er im Grunde unter dem Gesetz verstand. Weit entfernt, seine Größe zu beeinträchtigen und ein religiöses Gebreste zu bedeuten, ist es vielmehr für die erhabene Reinheit seiner Auffassung charakteristisch.

Polemik, so wertvoll und notwendig sie zuweilen sein mag, ist nicht denkbar ohne einen leisen Grad von Beschränkung, man wäre beinahe versucht zu meinen, Beschränktheit. Große, expansive, von idealen Überzeugungen erfüllte Naturen lieben es nicht, die Schmalspur der geistigen Kontroverse zu wandeln. Denn so viel positiven Wertes eignet ihnen, daß sie damit das Universum umspannen möchten, alles ihren Idealen und Ideen anpassend. Sie sind Jasager, und im Verneinen finden sie nicht ihren Beruf. Es lebt die Überzeugung in ihnen, daß das Gute die innewohnende Kraft besitze, sich zu entfalten und siegreich durchzusetzen. Und dazu bedürfe es nicht einmal des Streites gegen das Element der Bosheit und Torheit. Man denkt dabei an Sokrates, nach dessen Urteil die Erkenntnis, mithin auch die wirksame Propagierung des Guten, zu gleicher Zeit für seinen Erfolg bürgen mußte. Sokrates war eben auch eine expansive Natur, der sich das schaffende Wort so unmittelbar kündete, daß er in seinem positiven Lehramte aufging. In noch ungleich höherem Maße Jesus. Er mochte zu Beginn nicht bloß an die sieghafte Kraft, sondern in bestimmtem Verstande auch an die Allmacht, Allgegenwart des Guten geglaubt haben. Ihm war die Möglichkeit des Gegenteils kaum faßbar. Daß das Gute sich verhülle, verschließe, hinter täuschenden Formen zurücktrete, daß es bloß auf seine Entdeckung und Offenbarung, nicht aber auf die Bekämpfung des Bösen ankomme, mochte seine anfängliche Meinung gewesen sein. Er sah also keine Feinde und durfte keine sehen. Sein erster Angriff richtete sich gegen die, die das Gesetz falsch auslegten, die also seinen bessern Sinn verhüllten. Das Gesetz selber durfte ihm willkommen sein. Und es ist auch nicht zu verwundern, daß er seine strenge Erfüllung forderte. Denn mit dem Wortsinn des Gesetzes verband er noch nicht jene üble Bedeutung, die erst in den spätern Zeiten seiner Wirksamkeit sowie insbesondere bei Paulus auftauchte. Jesus war ja nicht unmittelbar in Pharisäerkreisen aufgewachsen. Ihm hatte sich das Gesetz von Anbeginn bereits mit jenen Symbolen und idealistischen Elementen imprägniert, zu denen das hellenistische Judentum den Weg geebnet hatte. Denn der Glaube ist nicht dasselbe, wenn zwei dasselbe glauben. Der Glaube ist bei allen seinen Expansionen das Subjektivste und Persönlichste. So streng Jesus auch die Forderungen des Alten Testaments erneuerte, er blieb von Anfang unberührt von sklavischer Anhängerschaft. Darum versetzte er auch schon bei seinem ersten öffentlichen Auftreten das Volk in Erstaunen: „Denn er predigte gewaltig, und nicht wie die Schriftgelehrten.“ [1]) — Er sah, vielleicht ohne dies zunächst in das bewußte Denken zu erheben, die Normen anders, als diejenigen, die sie mit der Elle maßen. Und man darf auch absehen von der Tradition, in die er einwuchs und deren Erbe er vertrat. Er hätte bei dem inneren Reichtum seiner religiösen Motive und Empfindungen aus Eigenem den Umsatz aus der alten engen Auffassung in den neuen, von tiefen philosophischen Ideen gesättigten Geist vollzogen. Denn noch einmal, das Genie ist aktiv und schöpferisch bereits in der Art, in der es die Dinge auffaßt und erblickt. Es trägt dort, wo der Alltagsmensch stumpfe, monotone Realitäten sieht, in die Phänomene den Strahl seiner eigenen reichen Innenwelt. Es schafft auch dort, wo es schaut. Für Jesus war also auch der Buchstabe, dessen Rechte er vertrat, nicht mehr Buchstabe, sondern ein geistiger Wert. Und es war keine Konkurrenz mit dem Pharisäismus, wenn er äußerlich seine Grundforderung erneuerte. Unter diesem Gesichtspunkte verschwindet überhaupt alles Bedenkliche und Mystische in diesem Übergange. Man wäre sogar versucht, das Wort „Übergang“ zu meiden. Der Jesus der zweiten Periode sah des Gesetzes Inhalt bloß klarer, man möchte sagen prägnanter, ihm entdeckten sich die negativen Möglichkeiten darin, an denen sein Geist, innerlich seiner wahren Bedeutung kundig und von ihr erfüllt, früher achtlos vorübergegangen war. — Denn auch die Pharisäer beriefen sich auf das Gesetz. Es mußte also in ihm etwas gelegen sein, das diese Berufung möglich machte. Jesus ging den Weg, den die Logik jedes an der Wirklichkeit geschulten Intellekts betritt. Er suchte den Zusammenhang zwischen Wirkung und Ursache. Hatte er ihm ja selber in einem Kernspruch den beredtesten Ausdruck gegeben: „An ihren Früchten sollt ihr sie erkennen.“ — Hätte Jesus zu einer Zeit sein Lehramt angetreten, wo der Pharisäismus sich noch nicht so tief in die Deutung des Gesetzes eingenistet hatte, jener Übergang wäre ihm nicht aus äußern und innern Gründen vonnöten gewesen.

Das Gesetz wäre noch gleichsam freies Terrain gewesen, davon jeder Besitz ergreifen konnte, der in sich die Kraft und Anlage geistiger Herrschaft fühlte. So aber war es bereits in den festen

---

[1]) Math. 7,28–29. Joh. 7,46.

Händen Anderer und ohne Kampf und Eroberung war eine Besitzergreifung ausgeschlossen.[1]) Jener Übergang war sonach historisch bedingt, was seine relative Bedeutung ausmacht, aber zugleich zu etwas bloß Relativem stempelt.

Auch der, dem Jesus eine völlig in sich abgeschlossene Persönlichkeit bildet, kann diese Erklärung gutheißen. Denn es ist keine innere Wandlung und Verwandlung, die sich seinem Einheitsideal entgegensetzen könnte, sondern höchstens eine gesteigerte Empfänglichkeit im Reagieren auf fremde Einflüsse. Jesus lernte seine Feinde kennen, und seine Entfremdung vom Buchstabenglauben ist das Maß für das Wachstum dieses seines Vermögens, den Ausdruck wahren Glaubens von dem dogmatischer Knechtschaft zu unterscheiden.

Die innere Fülle, die in Jesu wohnte, bewahrte ihn vor allem, was an einseitige Polemik und an engen Sektierergeist im Entferntsten gemahnen kann. Aber von dieser Fülle muß noch mehr die Rede sein. Diejenigen, die uns bisher gefolgt sind, werden ohnedies dieser Frage bereits nahe gestanden sein. Mit der Lösung, Ausgleichung scheinbarer Widersprüche und psychologischer Antinomien sind nützliche Bollwerke gegen den Irrtum errichtet, die Grundlegung der wahren Auffassung aber ist damit noch keineswegs vorbereitet. — Es würde beinahe nach einer Trivialität aussehen, wenn nicht im religiösen Gefühl oft eben das Einfachste und Alltäglichste einen besondern Klang gewänne, daß die Liebe am stärksten und reinsten in Jesu wohnte. Denn er war der höchsten Art Liebe fähig, deren Offenbarung im Neuen Testament niedergelegt ist. Wieder war das Geheimnis dieser großen Liebe, daß sie scheinbare Gegensätze zu verschmelzen und in eine höhere Einheit zu verbinden verstand. Keiner war in seiner Liebe dem Höchsten so nahe, wie Jesus. Alles was innige Naturverehrung und glaubensvolle Mystik mit klammernden Organen umfingen, bloß an das Universum ihr sehnsüchtiges Verlangen heftend, fließt hier in den weit höheren Affekt der reinsten Liebe zu dem Schöpfer aller Dinge zusammen. Das Eigenartige, schier Unfaßbare an dieser Liebe Jesu war, daß sie zugleich persönlich und dennoch unpersönlich war. Sie war das erstere besonders, wenn man den Gegensatz zu jener älteren naturphilosophischen und religionsphilosophi-

---

[1]) cf. Math. 11,12. Luc. 16,16.

schen Mystik ins Auge faßt, die in Ideen oder metaphysischen Wesenheiten ihr Liebesbedürfnis hatte ausströmen lassen. Die Tiefe und Größe ihrer Anschauung bleiben deswegen ungeschmälert, aber man kann nicht sagen, daß sie die Welt um religiöse Werte bereichert hätten.

Es könnte zu Mißdeutungen Anlaß geben, wenn man Jesu Liebe zu Gott persönlich nennt; aber der Sinn der Worte wird eben erst in seinem Gegenteil offenbar an der abstrakten und rein intellektuellen Färbung jener höchsten Affekte. Die Liebe Jesu war persönlich, sofern sie rein konkret war. Für ihn war Gott nicht bloß eine Realität in Begriffen, sondern es liegt eine so unvergleichliche Fülle von Anschaulichkeit in seinem Verhältnis zum Herrn, wie sie bisher unerreicht war. Alle Religionsphilosophie ist als Philosophie von theoretischen Interessen getragen und steht sonach fortwährend unter diesen Aspekten dieser Interessen. Jesus war aber Religionsstifter und nicht Religionsphilosoph. Er mühte sich nicht theoretisch um die religiösen Begriffe, er erlebte sie. — Dieser große Zug des Erlebens also und nicht die Anteilnahme einer kleinlichen Subjektivität ist dasjenige, was an seiner Liebe persönlich genannt zu werden verdient. Deswegen kann sie aber auch unpersönlich genannt werden, sowie alles unpersönlich ist, von dem jede Spur eines selbstsüchtigen Interesses getilgt worden ist. Jeder Wert erscheint uns als unpersönlich, der nicht mehr Mittel sondern Selbstzweck ist. Und auch darin besteht Jesu großes Geheimnis, daß er die Liebe völlig zum Selbstzweck erhob.

Aber nicht bloß darin liegt das Unpersönliche in seinem Fühlen und Wollen, sondern vielmehr in der Art, in der er seines Vaters im Himmel inne wurde. So persönlich das Verhältnis zwischen ihm und seinem Gott auch war, das heißt, so voll von Leben und Wirklichkeit, es war auf der andern Seite dennoch ein völlig unpersönliches Ideal, das er sich zum Bilde des Höchsten verklärte. Er war zunächst weit davon entfernt, menschliche Züge hineinzudeuten. Die universalistischen Tendenzen, die das Prophetentum vorbereitet aber nicht vollendet hatte, brachte er damit zur höchsten Blüte, daß er alles, was an nationale Beschränkung und politische Perspektiven gemahnen konnte, sorgfältig ausmerzte und bloß das sittliche, aber dennoch so unendlich tiefe und wirksame Bedürfnis nach einer höhern Vaterschaft als einzig treibende Kraft des religiösen Geistes aufrecht erhielt. Persönlich war also die Religiosität, weil sie sich niemals mit schattenhaften Abstraktionen umgab, niemals blutleere Schemen anbetete, niemals bloß eine fragwürdige Anweisung künftiger Seligkeit geben wollte; weil sie vielmehr alle ihre Werte ins Leben zog und zum Leben erwachsen ließ. Unpersönlich ist sie zu nennen, weil in jene Fülle innern Erlebens kein Hauch der Alltäglichkeit sank, keine kleinlichen Bedürfnisse und Bedürftigkeiten, nichts, was der Furcht oder der Hoffnung entstammt. Es ist also kein Widerspruch, wenn man diese Art, zu glauben, zugleich persönlich und unpersönlich nennt. Oder will man es durchaus einen Widerspruch nennen, so ist es eben einer, an dem das tiefste Wesen aller Religiosität wie an ihrem einzigen unverrückbaren Schwerpunkt hängt.

Aber es wohnte nicht bloß eine Fülle, sondern auch eine Harmonie in ihm. So wenig er für sich und seine Anhänger Halbheiten und Kompromissen duldete, so einheitlich er Theorie und Praxis verbunden sein ließ, so rein und restlos er seinem Ideale angehörte; er vermied dennoch die verderblichen Möglichkeiten einer alles in sich absorbierenden Glaubensidee. Denn nicht bloß in den Niederungen, sondern gerade auf den Höhen des geistigen Lebens umlauern den einsamen Sucher größere Gefahren und Abgründe. Auch der religiöse Apostel steht unter dem Druck dieser seelischen Fährnisse. Da sind zunächst die Möglichkeiten der Askese und Intoleranz. Beide schöpfen aus der ehrlichen Glut religiösen Empfindens einen Schein von Berechtigung, und beide sind subjektiv sehr wohl begründet in der Enge des menschlichen Bewußtseins, das von einem Ideale voll, keinem zweiten Unterkunft und Anerkennung gewähren will. Auch der Asket ist Idealist, aber er glaubt die wirksame Erfüllung seines Ideals könne dadurch Schaden nehmen, daß man auch dem freien Spiele der sinnlichen Instinkte Entfaltung gönnt. Und so wird er leicht intolerant gegen fremde Ideale sowie auch gegen jede Übung, die nicht unmittelbar idealen Zwecken zugewendet ist. Von dieser Möglichkeit hielt sich Jesus frei. Er war kein Prophet der Askese. Und eben darin äußert sich seine gesunde Unabhängigkeit vom Druck der Zeit. Hätte er nichts geleistet, als die Verbindung der herrschenden Ideen, so wäre nicht recht zu erklären, weshalb er nicht auch in diesem Punkte in die Fußstapfen seiner Vorgänger trat und ihren asketischen Tendenzen sich anschloß. Denn diese

Tendenzen, wie wir wissen, durchflossen damals bereits weite Kreise der Gesellschaft. Johannes der Täufer und seine Jüngerschar, sowie nicht minder der ehrliche Teil der Pharisäer waren Asketen.[1]) Jesus hingegen macht diesen Standpunkt nicht zu dem seinigen, mochte er auch deswegen als Fresser und Weinsäufer von den Gegnern verschrien werden.[2])

Die Askese war damals eine zeitbeherrschende Erscheinung. Der jüdische Hellenismus predigte sie in allen Landen, in allen Tonarten. Die Essener und insbesondere die Therapeuten waren Virtuosen der Askese. Sie glaubten, jedes irdische Interesse, von dem der religiöse Geist berührt werde, hemme die Sehnsucht und überhaupt die Fähigkeit, Gott zu schauen, in dieser höchsten Anschauung selig zu werden. — Wenn aber Jesus kein Asket war, so extreme Anschauungen also nicht vertrat, so kann man dennoch nicht etwa behaupten, er sei ernstlich gegen die Askese aufgetreten und habe ihre Negierung zum Eckstein des Glaubens gemacht. Auch hier verleugnet Jesus sein wahres Wesen nicht, das wir bereits in seiner Stellung zum Gesetz beleuchten konnten. Wie seine innere Fülle ihn davor bewahrte, voreilig Polemik zu üben, sondern im Gegenteil ihn dazu antrieb, alle ihm auch fremd entgegenstehende Elemente mit seinem positiven Geist zu verklären, so übte er auch an einem so unvergleichlich bedeutsamen Phänomen, wie der Askese, seine Kritik nicht, ohne vorher ihrem spezifischen Werte gerecht geworden zu sein. Man kann sogar sagen, daß er mit ihr sympathisierte; aber er verallgemeinerte sie nicht zum Gesetz, weil er die menschliche Eigenart als solche schonte und ehrte, nicht aber unter das Joch quälender Vorschriften beugen wollte. Wer reif war zur Askese, mochte sie üben, und er durfte damit die Überzeugung verbinden, daß dies der nächste Weg sei,

---

[1]) cf. Math. 9,14–15: „Indes kamen die Jünger des Johannes zu ihm und sprachen: Warum fasten wir und die Pharisäer so viel, und deine Jünger fasten nicht? Jesus sprach zu ihnen: Wie können die Hochzeitleute Leid tragen, solang der Bräutigam bei ihnen ist?“

[2]) Math. 11,18–19: „Johannes ist gekommen, aß nicht und trank nicht, so sagen sie: Er hat den Teufel. Des Menschen Sohn ist gekommen, isset und trinkt, so sagen sie: Siehe, wie ist der Mensch ein Fresser und ein Weinsäufer, der Zöllner und der Sünder Geselle. Und die Weisheit muß sich rechtfertigen lassen von ihren Kindern.“

Gott zu erfassen. Nicht also als Imperativ würdigte er die Askese, vielmehr als natürliche Daseinsform des höheren Menschen. Auch darin unterscheidet er sich freilich von prinzipiellen Aposteln der Askese, daß er sie höchstens als Mittel und nicht als Selbstzweck empfand. Es ist bewunderungswürdig, daß er auch hier die Klippe so glücklich mied. Denn bei dem heiligen Eifer, der ihn beseelte, wären die strengsten Forderungen an die Gläubigen begreiflich gewesen, und es charakterisiert sein tiefes Verständnis für alles Menschliche, wenn er sich nicht selber zum absoluten Maßstab ersah.

Überall entdeckt sich in ihm dieselbe Tendenz, dem Individuum Recht widerfahren zu lassen, es als den wahren Träger des religiösen Lebens zu betrachten. Nicht anders darf der erhabene Ausspruch gedeutet werden: „Wahrlich, ich sage euch: alle Sünden werden vergeben den Menschenkindern, auch die Gotteslästerungen, damit sie Gott lästern. Wer aber den Geist lästert, der hat keine Vergebung ewiglich, sondern ist schuldig des ewigen Gerichts.“ [1]) „Und wer etwas redet wider des Menschen Sohn, dem wird es vergeben; aber wer etwas redet wider den heiligen Geist, dem wird nicht vergeben, weder in dieser noch in jener Welt.“ [2]) — Der heilige Geist vertritt das göttliche Prinzip im Menschen, das unpersönliche Element, dadurch er sich aber erst zur moralischen Persönlichkeit entfaltet.

Man kann sich keine edlere Überwindung jedes egoistischen Motives, keine edlere Überwindung der sogar noch im Idealismus wirkenden Selbstsucht denken. Denn einen Rest von Selbstsucht bildet es noch immer, wenn der Religionsstifter, sei es auch aus dem tiefsten und berechtigsten Selbstgefühl heraus, sich selber oder den Inhalt seiner Lehre in den Mittelpunkt rückt und nicht die religiöse Heiligung des Individuums zum Selbstzweck aller Religion stempelt. — Das will es sagen, wenn Jesus alle Sünden und Lästerungen gegen den Vater und gegen des Menschen Sohn verhältnismäßig milde beurteilt. Der Mensch, der Gott und seinen Verkünder leugnet, mag schwer freveln, aber er zerstört noch nicht alle besseren Möglichkeiten in sich selber, er verschüttet sich noch nicht den Weg des Heils. Die Sünde gegen den Geist ist aber

---

[1]) Marc. 3,28–29.

[2]) Math. 12, 31–32. Luc. 12,10.

nicht mehr die Sünde gegen etwas, was an den Menschen gleichsam von außen herantritt, was daher geglaubt oder nicht geglaubt werden kann, sondern ein Frevel gegen das Organ des Guten selber. Wer Gott leugnet, in dem braucht der Geist noch nicht zerstört zu sein, er kann in ihm noch eine Umkehr wirken; wer aber gegen den Geist sündigt, der sündigt eben damit auch gegen allen Inhalt der Religion, er verrammelt sich den Weg zu ihr, er macht seine Seele unempfänglich gegen jede weihevolle Erkenntnis des höheren Prinzips.

Noch einmal: Nicht Gott noch sein Messias ist der Religion Selbstzweck, sondern der einzelne Mensch, der sich zu Gott und seinem Messias erheben soll.

Und diesem Werke der Erlösung des Menschen lebte und opferte sich Jesus.[1])

So löste er die Aufgabe, die seelischen Bedürfnisse des Individuums harmonisch in Einklang zu setzen mit einer überindividuellen religiösen Idee. Und nicht zuletzt dieser erstaunlichen Fähigkeit, eine Antinomie zu schlichten, die seit ältester Zeit am tiefsten die Menschheit aufgewühlt hat, verdankt das Christentum seine welterobernde Macht. Und die Fülle, die in Jesu war, spricht sich eben darin aus, daß er selber rein und restlos den höchsten Idealen zugewendet war und dennoch ein tiefes, weitreichendes Verständnis für das rein Menschliche besaß.

Mit diesem Versuch einer Analyse ist wohl auch der Vorwurf widerlegt, die vorliegende Arbeit — wie meine einschlägigen früheren[2]) — beabsichtige, die Abhängigkeit Jesu von den kulturellen Strömungen seiner Zeit so nachdrücklich in den Vordergrund zu

---

[1]) „Ich bin gekommen", läßt ihn der Evangelist Joh. 10,11–15 sprechen, „daß sie das Leben und volle Genüge haben sollen. Ich bin der gute Hirte. Der gute Hirte läßt sein Leben für die Schafe. Der Mietling aber, der nicht Hirte ist, des die Schafe nicht eigen sind, sieht den Wolf kommen und verläßt die Schafe und fleucht; und der Wolf erhascht und zerstreut die Schafe. Der Mietling aber fleucht; denn er ist ein Mietling und achtet der Schafe nicht. Ich bin der gute Hirte und erkenne die Meinen, wie mich mein Vater kennt, und ich kenne den Vater. Und ich lasse mein Leben für die Schafe."

[2]) So beispielsweise noch jüngst Wildeboer in seiner oben bereits erwähnten Besprechung meiner Schrift: „Griechische Philosophie im A. T." (Theol. Stud. 1905 p. 295: „Friedländer", sagt er, „is overtuigd, dat niet het Christendom de godsdienstige schatten van Israël tot wereldgodsdienst gemaakt

rücken, daß darüber die Originalität seiner Schöpfungen in Frage gestellt werde. Wir brauchen bloß auf die einzelnen Etappen dieser letzten Untersuchungen hinzuweisen, um die Grundlosigkeit dieses Vorwurfs vor aller Augen zu stellen. Die Antezedentien, die kausalen Bedingungen und Voraussetzungen einer geistigen Bewegung erforschen, heißt das wirklich, sie in Nichts auflösen, oder zu einem leeren Spiel der Kräfte stempeln? Es ist übrigens ein alter Aberglaube, daß ein Phänomen, ein natürliches oder kulturelles, damit entwertet sei, daß man es erkläre. Hierin kommt aber bloß ein unberechtigter, planloser Mystizismus zu Wort. Allerdings, wenn einer meint, in den Bedingungen eines geschichtlichen Vorganges zugleich dessen Wesen festgelegt und erschöpft zu haben, muß er in seinen Ansprüchen widerlegt werden. Aber dem liegt bloß eine kritiklose Auffassung von der historischen Erklärung zugrunde. Es bestimmt nicht den geistigen Adel einer großen Persönlichkeit, aus dem Nichts zu stammen; die Elemente, an denen sie ihre Wirksamkeit entfaltet, findet sie vor, d. h. sie wächst in eine bestimmte Situation ein, die ihr von Anbeginn die allgemeine Richtung ihres Wirkens vorschreibt. Aber deswegen ihr das Verdienst der Initiative absprechen und ihr Werk in eine Summe von Massenwirkungen aufheben, oder als den Erfolg fremder Kräfte hinstellen zu wollen, hieße Ursache und Wirkung kritiklos durcheinander werfen und das Wesen der geschichtlichen Kausalität arg mißdeuten. Die Zeit war reif für den Messias, das heißt ja nicht, daß sie den Messias selber und seine Ideen zur Reife brachte, sondern es wohnte in ihr bloß die Empfänglichkeit für ihn, die Möglichkeit, ihm Verständnis und Glauben entgegenzubringen. Es herrscht aber ein diametraler Gegensatz zwischen dem, der schafft, und dem, der die Schöpfung in sich aufnimmt. Es liegt vielmehr in dem Hinweis darauf, daß die Zeit dem Erscheinen des Messias entgegensah und mit allen Organen des Glaubens ihn umklammerte, der Hinweis darauf, daß dieser Erscheinung ein unendlicher Eigenwert innewohnte. In der Erfüllung offenbart sich eben ihre Bedeutung.

---

heeft, maar dat aan het Hellenisme deze eer toekomt. Zeer veel, wat men gewoon is als nieuw in het Christendom te beschouwen, bezat reeds dit liberale Jodendom. Hij wordt niet moede dit op allerlei wijze te verkondigen. Dikwijls vervalt hij in zijn vaak lijvige geschriften in herhalingen.“

Es war daher nicht die Absicht dieser Arbeit, den Schleier eines historischen Mysteriums zu lüften, das Unerklärliche oder schwer Erklärbare in den nüchternen Prosaismus einer rationalistischen oder gar materialistischen Auslegung hinabzuziehen, sondern mit dem Hinweis auf die natürlichen Vorbedingungen und Entstehungsgründe einer so großen Umwälzung zugleich das Maß ihrer Selbständigkeit und originellen Bedeutung zu bestimmen.

V.

DIE BOTSCHAFT DES PAULUS.

Mit dem Auftreten des Apostel Paulus ist der Boden der Apokalyptik wieder verlassen und die direkte Verbindung mit dem jüdischen Hellenismus aufs neue angebahnt.

Wie nahe übrigens die Verwandtschaft des paulinischen Christentums mit dem jüdischen Hellenismus gewesen, leuchtet schon aus dem klassischen Beispiel der Bekehrung des alexandrinischen Juden und Wanderpredigers Apollos hervor. Dieser predigte, ohne noch von Jesu Kenntnis zu haben, sein hellenistisches Judentum frei in den Synagogen der griechischen Diaspora. Und als ihm paulinische Christen zu Ephesus eröffneten, der erwartete Messias sei bereits erschienen und ihm die Bekanntschaft mit Jesus, mit seinem Leben, Wirken und Lehren vermittelten, da wurde er inne, daß der Inhalt seiner Predigt sich mit dem gottgeoffenbarten Evangelium Jesu decke, wurde christgläubig und stellte sich auch schon in den Dienst des längst erwarteten und endlich in der Person Jesu erschienenen Messias, der, wie ihm haarscharf aus der Schrift bewiesen wurde, alle seit je von dem Messias gehegten Vorstellungen, alle an ihn geknüpften Erwartungen erfüllt habe und die noch ausstehenden, getreu den untrüglichen Verheißungen der Schrift, erfüllen werde. Und nun „überwand er die Juden beständiglich, und erwies öffentlich durch die Schrift, daß Jesus der Christ sei.“ [1]) Und so wie diesem Apollos, erging es auch vielen anderen Diasporajuden und „großen Mengen gottesfürchtiger Griechen“; [2]) vom hellenistischen Judentum führte eben der Weg direkt zum paulinischen Christentum.

---

[1]) Act. 18,24–28.

[2]) Act. 17,1–4 u. a. St.

Und Paulus war ja von Haus aus Diasporajude, ward geboren und bis zum Jünglingsalter auferzogen in den Traditionen des jüdischen Hellenismus. Und wenn er auch später, in Jerusalem einziehend, sich zu den Pharisäern hielt, ein richtiger Pharisäer ist er dennoch niemals geworden. Das zeigt sich schon in seiner Gesetzesauslegung, die durchaus jene des jüdischen Hellenismus, nicht aber die pharisäische ist. Dieselbe auffällige Wahrnehmung machen wir bei dem für den Essenismus schwärmenden „Pharisäer“ Josephus, dessen Bibelexegese gleichfalls nicht die pharisäische, sondern jene der griechischen Diaspora ist,[1]) und uns lehrt, wie wenig der Pharisäismus selbst palästinensischer, griechisch gebildeter Juden zu bedeuten hatte.

Nur in einem Punkte — das sei schon hier vorweg bemerkt — und zwar in einem sehr wesentlichen, dachte Paulus anders als die jüdischen Hellenisten: in der Lehre von dem Fortleben nach dem Tode, die er zum Hauptpfeiler seines Evangeliums machte. In dieser huldigte er dem Volksglauben, wie er auf palästinensischem Boden von den Apokalyptikern genährt und befruchtet, von den Pharisäern zum Dogma erhoben und von ihnen wie von Jesu aus dem mosaischen Schrifttum hergeleitet wurde. Aber wie in sein ganzes, „von keinem Menschen empfangenes noch gelerntes, sondern durch die Offenbarung Jesu Christi ihm enthülltes Evangelium“, brachte er auch in die Auferstehungslehre neues Leben, umgab er sie mit neuen Stützen, um sie über jeden Zweifel und jede Anfechtung sicher zu stellen. Jesus ist ihm die Bürgschaft des ewigen Lebens, der Wiederauferstehung des Menschen: Der Tod herrschte von Adam bis auf Moses auch über die, die nicht gesündigt haben, mit gleicher Übertretung wie Adam, der im Bild dessen ist, der zukünftig war.[2]) — Nun hat sich Jesus für die sündige Menschheit geopfert und ist erhöht worden: Wie also durch Eines Sünde die Verdammnis über alle Menschen gekommen, also ist durch Eines Gerechtigkeit die Rechtfertigung des Lebens über alle Menschen gekommen. Gleichwie die Sünde geherrscht zum Tode, also herrsche jetzt die Gnade durch die Gerechtigkeit zum ewigen Leben durch Jesus den Christ.[3]) — Gott aber hat Jesum aufer-

---

[1]) cf. M. Friedländer, Gesch. der jüd. Apolog. 434ff.

[2]) Röm. 5,14.

[3]) Röm. 5,17–21.

weckt, folglich wird er auch die übrigen Menschen durch seine Kraft auferwecken: „So nun der Geist des, der Jesum von den Toten auferweckt hat, in euch wohnt, so wird auch derselbige, der Christum von den Toten auferweckt hat, eure sterblichen Leiber lebendig machen, um deswillen, daß sein Geist in euch wohnt."[1])

Mit dem ihm eigenen Feuereifer kämpft Paulus hier gegen jüdisch-hellenistische Irrlehrer, die die Auferstehung der Toten leugnen: „So aber Christus gepredigt wird, daß er von den Toten auferstanden sei, wie sagen dann etliche unter euch, die Auferstehung der Toten sei nichts? Ist aber die Auferstehung der Toten nichts, so ist auch Christus nicht auferstanden. Ist aber Christus nicht auferstanden, so ist unsere Predigt vergeblich. Wir würden aber auch erfunden falsche Zeugen Gottes, daß wir wider Gott gezeugt hätten, er hätte Christum auferweckt, den er nicht auferweckt hätte, sintemal die Toten nicht auferstehen. Denn so die Toten nicht auferstehen, so ist Christus auch nicht auferstanden. Ist Christus aber nicht auferstanden, so ist euer Glaube eitel, so seid ihr noch in euren Sünden; so sind auch die, so in Christo entschlafen sind, verloren. Hoffen wir allein in diesem Leben auf Christum, so sind wir die elendsten unter allen Menschen. Nun aber ist Christus auferstanden von den Toten und der Erstling worden unter denen, die da schlafen. Sintemal durch einen Menschen der Tod, und durch einen Menschen die Auferstehung der Toten kommt. Denn gleich wie sie in Adam alle sterben, also werden sie in Christo alle lebendig gemacht werden; ein jeglicher aber in seiner Ordnung: der Erstling Christus; darnach die Christo angehören, wenn er kommen wird."[2])

Freilich, diese Auferstehung wird keine grob sinnliche, sondern eine vergeistigte sein, sie wird nicht „im natürlichen, sondern im geistlichen Leibe erfolgen, wie ja geschrieben stehe: der Mensch Adam „ward zu einer lebendigen Seele"; und der letzte Adam zum Geist, der da lebendig macht. Aber der geistliche Leib ist nicht der erste, sondern der natürliche; darnach der geistliche. Der erste Mensch ist von der Erde und irdisch; der andere Mensch ist der Herr vom Himmel. Welcherlei der irdische ist, solcherlei sind auch die irdischen; und welcherlei der himmliche ist, solcherlei

---

[1]) Röm. 8,11. 1 Kor. 6,14.

[2]) 1 Kor. 15,11–23.

sind auch die himmlischen. Und wie wir getragen haben das Bild des irdischen, also werden wir auch tragen das Bild des himmlischen.“[1])

Diese Auffassung von der Unsterblichkeit, die derjenigen des jüdischen Hellenismus stracks widerspricht, hindert jedoch nicht, daß Paulus von ihm sonst durchwegs beherrscht wird.

Schon das Milieu, in welchem wir Paulus zu Jerusalem finden, ist das jüdisch-griechische. Und wenn er auch seinen „Eifer um das Gesetz“, den man irrtümlich mit Pharisäismus verwechselt, in den Dienst des Hohenpriesters und der Volksobersten stellte, so tat er dies nicht als Pharisäer, sondern als gesetzestreuer, nationalgesinnter Hellenist. Als solcher tritt uns der Tarse in Jerusalem entgegen, zugehörig der Synagoge der Libertiner, Kyrener, Alexandriner, Kilikier und derer, die aus Asien — deren Synagogen, wie bereits gezeigt, bei den Pharisäern in Mißachtung standen — und eifert gemeinschaftlich mit diesen griechischen Juden gegen den die gesetzesfreie Richtung vertretenden Stephanus.

Freilich stehen hier Pharisäer und gesetzestreue Diasporajuden zusammen, Schulter an Schulter kämpfend gegen den revolutionären Neuerer, der „den gekreuzigten Christ, den Juden ein Ärgernis und den Griechen eine Torheit, predigt“,[2]) lehrend: „Jesus von Nazareth werde den Tempel zerstören und die Sitten, die Moses gegeben, ändern;“[3]) allein in ihrer Auslegung des Gesetzes und Auffassung des Mosaismus trennt sie eine unüberbrückbare Kluft.

Was den Jüngling Paulus so sehr gegen Stephanus und seinen Anhang aufbrachte, das war die ärgerniserregende Predigt von dem gekreuzigten Christ. Dies war der „große Stein des Anlaufens, der Fels der Ärgernis“[4]) für die gesetzestreuen hellenistischen Juden nicht minder als für die pharisäischen. Über diesen Stein des Anstoßes ehrlich hinwegzukommen, konnte nur, wie die Geschichte der religiösen Propaganda bis auf den heutigen Tag lehrt, jüdischen Männern von den Geistesqualitäten eines Paulus gelingen; und auch diesen erst nach gewaltigen seelischen Erschütterungen und innerer Umwandlung.

Die Bekehrung des Saulus, der keineswegs nur so im Handumdrehen, sondern erst nach langen und schweren inneren Kämpfen

---

[1]) 1 Kor. 15,45–49. [2]) 1 Kor. 1,23. [3]) Act. 6,14.
[4]) Röm. 9,32–33.

ein Paulus geworden war, läßt sich unschwer psychologisch erklären. Das Wunder, das dieselbe bewirkte, hieß: Stephanus!

Der gesetzeseifrige Saulus hatte sich in den Dienst der Verfolgung der auf den gekreuzigten Christ sich berufenden Gesetzesleugner gestellt, und Stephanus ward angeklagt, Lästerworte wider Moses und wider Gott geredet und erklärt zu haben: Jesus von Nazareth werde Tempeldienst und Gesetz aufheben und die Sitten, die Moses eingeführt, ändern. Die Verteidigungsrede, die er da hielt, schien die Anklage in allen Punkten zu bestätigen und erbitterte noch mehr die ohnehin schon erhitzte Masse durch das vernichtende Verdikt, das sie über das ungläubige, Gott und seine Propheten verleugnende und „allezeit dem heiligen Geiste widerstrebende“ Judenvolk fällte, das in die den Eiferern um das Gesetz „durchs Herz gehenden Worte“ ausklang: „Ihr habt das Gesetz empfangen durch der Engel Geschäfte und habt es nicht gehalten,“ und mit einer Apotheose des von den Propheten verkündigten, hingemordeten und nun zur Rechten Gottes im Himmel stehenden Menschensohnes schloß.[1])

Als die erregten Massen solches hörten und die Schlußworte von der Vergöttlichung des Gekreuzigten vernahmen, da schrien sie laut und hielten sich die Ohren zu; und stürmten einmütiglich auf ihn ein, stießen ihn zur Stadt hinaus und steinigten ihn. Nur einer unter ihnen hatte sich die Ohren nicht verschlossen, sondern die Rede des Märtyrers auf sich wirken lassen. Und dieser Eine war der Jüngling Paulus, einer der Hauptzeugen in diesem Prozesse, auf den aber die Worte des Sterbenden eine erschütternde Wirkung ausübten, und von dessen Augen es alsbald wie Schuppen fiel. Und mag auch die Apostelgeschichte berichten, daß er Wohlgefallen an dem Tode des Stephanus hatte, und daß er noch mit Dräuen und Morden wider die Jünger des Herrn schnaubte, Paulus verfolgte von da ab nie wieder die Anhänger der neuen Lehre; zu tief hatten sich, wie sich dies in der Folge zeigte, die Worte des Stephanus in sein Herz gesenkt. Er zog auch alsbald die vollsten Konsequenzen aus der ihm aus der Rede des Stephanus hervorleuchtenden Auffassung des mosaischen Gesetzes, als eines Werkes der Engel, indem er ihr die folgende Fassung gab:

---

[1]) Act. 7,51–54.

„Was soll das Gesetz? Es ist hinzugekommen um der Sünden willen, bis der Same käme, dem die Verheißung geschehen ist, und ist gestellt von den Engeln durch die Hand des Mittlers. — Wie? ist denn das Gesetz wider Gottes Verheißungen? Das sei ferne! Wenn aber ein Gesetz gegeben wäre, das da könnte lebendig machen, so käme die Gerechtigkeit wahrhaftig aus dem Gesetze. Aber die Schrift hat alles beschlossen unter die Sünde, auf daß die Verheißung käme durch den Glauben an Jesum Christum, gegeben denen, die da glauben. Ehe denn aber der Glaube kam, wurden wir unter dem Gesetz verwahrt und verschlossen auf den Glauben, der da sollte offenbar werden. Also ist das Gesetz unser Zuchtmeister gewesen auf Christum, daß wir durch den Glauben gerecht würden. Nun aber der Glaube gekommen ist, sind wir nicht mehr unter dem Zuchtmeister.“[1])

Die Rede des Stephanus bedeutete einen Wendepunkt im Leben des Paulus. Er geht, laut Bericht der Apostelgeschichte, nach dessen Steinigung mit Briefen vom Hohenpriester nach Damaskus, um von dort, „so er etliche dieses Weges fände, Männer und Weiber“, gebunden nach Jerusalem zu bringen. Auf dem Wege dahin „umleuchtet ihn plötzlich ein Licht vom Himmel“. Jesus, der die ganze Zeit sein Denken und seine Phantasie beherrscht, erscheint ihm und bekehrt ihn. Stimmung und Empfänglichkeit waren in ihm vorbereitet. Der Schwanengesang des Stephanus, der noch in seinen Ohren tönt, hatte blitzartig sein Inneres erhellt und ihm die Zukunft des gekreuzigten Gerechten enthüllt.[2]) Das schauerliche Schauspiel, das er bei dem Martertod des Stephanus miterlebt hatte, der für seine Überzeugung, daß das durch Vermittlung der Engel erflossene mosaische Gesetz durch das Evangelium des Messias Jesus überwunden sei, freudig sein Leben ließ, es mit einem Gebet für seine verblendeten Peiniger aushauchend, wirkte mächtig in ihm nach und ließ ihn nicht mehr zur Ruhe kommen.

Auch das Benehmen, das Paulus nach seiner Bekehrung an den Tag legt, sein eigenartiges Beginnen lassen von vornherein darauf schließen, daß sein Evangelium, falls er einmal als Apostel Jesu auftreten würde, anders als jenes der unmittelbaren Jünger Jesu lauten,

---

[1]) Galat. 3,19–25. cf. Hebr. 2,2.

[2]) Act. 7,52.

daß es im Geiste der gesetzesfreien Predigt des Stephanus gehalten sein werde.

Man hätte doch sicherlich erwartet, daß er nach seiner auf dem Wege nach Damaskus erfolgten Bekehrung sich unverzüglich nach Jerusalem zu den Uraposteln begeben werde, um aus ihrem Munde das Evangelium, das sie aus der Hand Jesu empfangen, zu vernehmen, sich von ihnen über das Leben, Wirken und Wollen des Meisters belehren zu lassen. Nichts jedoch liegt ihm ferner als dies. Er weist jeden Gedanken, sich in dieser Periode, „mit Fleisch und Blut zu besprechen," entschieden von sich. Es ist, als ob er von einer Berührung mit den Uraposteln eine Trübung seines Evangeliums, das er „von keinem Menschen empfangen noch gelernt, sondern durch die Offenbarung Jesu Christi",[1]) eine Verwischung des hehren Bildes des Gottessohnes, wir er es geschaut, befürchtete. Er zieht sich vielmehr in die Einsamkeit Arabiens zurück, kämpft hier, wie vormals Jesus in der Wüste, gegen den alten Sauerteig, der in ihm weit mehr als in dem von allem Anfang über den religiösen Parteien und traditionellen Voraussetzungen stehenden Meister angehäuft ist — davon ihm noch fürs ganze Leben ein Rest: „ein Pfahl im Fleische", zurückbleibt, nämlich „des Satans Engel, der ihn mit Fäusten schlägt"[2]) — und sucht im schweren Ringen ihn zu überwinden. Gefestigt geht er aus dem Kampfe hervor, und das Ergebnis ist, daß er ein neues, von dem der Urapostel gar sehr verschiedenes Evangelium Jesu der Welt verkündet. „Da es Gott gefiel", so berichtet Paulus selbst hierüber, „daß er seinen Sohn offenbarte in mir, daß ich ihn durch das Evangelium verkündigen sollte unter den Heiden: alsobald fuhr ich zu, und besprach mich nicht darüber mit Fleisch und Blut, kam auch nicht gen Jerusalem zu denen, die vor mir Apostel waren, sondern zog hin nach Arabien, und kam wiederum gen Damaskus. Darnach über drei Jahre kam ich gen Jerusalem, Petrus zu schauen und blieb fünfzehn Tage bei ihm. Der andern Apostel aber sah ich keinen außer Jakobus, des Herrn Bruder."[3])

Was sollte ihm auch der Umgang mit den Uraposteln frommen, da er doch ein anderes Evangelium verkündigte als sie, die aus der Enge des Judentums nicht heraustreten konnten? Was sollte er von ihnen lernen, was über das Leben und Wirken Jesu erforschen

[1]) Gal. 1,12. [2]) 2 Kor. 12,7. [3]) Gal. 1,15—19.

wollen, er, dem nicht das Leben, sondern der Tod Christi, der einen Opfertod und eine Erlösung für die sündige Welt bedeutete, die Summe des Evangeliums war? Nicht Jesus der Mensch, sondern Jesus der Christ stand ihm im Mittelpunkt der Heilsbotschaft: denn Christus ist des Gesetzes Ende! Nicht das Erdenwallen sondern die Auferstehung des Menschensohns bedeutete das Heil der Welt, denn sie verbürgt die Auferstehung aller Menschen. Und über diesen Jesus, den gekreuzigten Christ, wußte er besser Bescheid als alle übrigen Apostel: denn er war ihm erschienen, hatte ihn mit dem Apostelamt, mit der Mission, das Evangelium in die heidnische Welt hinauszutragen, betraut.[1])

Daher denn auch die auffällige Erscheinung, daß Paulus nur in den seltensten Fällen, zumal in seinen Hauptbriefen, Aussprüche Jesu zitiert oder sich auf solche beruft. Er nimmt eben auf das Erdenleben Jesu wenig Rücksicht, sein ganzes Interesse konzentriert sich auf den für die Menschheit sich opfernden und auferstandenen Messias. Von hier nimmt sein Evangelium den Ausgangspunkt. Hier ist der Anfang der Welterlösung, das Ende der Herrschaft des Gesetzesbuchstabens, das Ende der Unmündigkeit. Von da ab herrscht die Gnade, die mit dem Christ, der durch seinen Opfertod die Sünden der Menschen gesühnt, an Stelle des Gesetzes getreten: „denn so durch das Gesetz die Gerechtigkeit kommt, so ist Christus vergeblich gestorben".[2]) Der schwache sündige Mensch vermag sich nicht aus eigener Kraft zu Gott zu erheben, er bedarf dabei der Mitwirkung der göttlichen Gnade, die der aus dem Glauben fließenden Gerechtigkeit zu Hilfe kommt. „Derhalben muß die Gerechtigkeit aus dem Glauben kommen, auf daß sie sei aus Gnaden."[3]) „Es liegt nicht an Jemands Wollen oder Laufen, sondern an Gottes Erbarmen."[4]) „Ohne Verdienst werden alle gerecht aus der

---

[1]) Freilich sollen auch die Urapostel von dem auferstandenen Jesu mit dieser Mission betraut worden sein. Solange aber Jesus lebte, durften sie das Evangelium nur den Juden verkünden. Wie wenig sie aber für die an sie, gleichwie an Paulus ergangene Weisung des auferstandenen Jesus: hinzugehen und alle Völker zu lehren! (Math. 28,19–20. Marc. 16,15–16) vorbereitet waren, das werden noch spätere Erörterungen zeigen.

[2]) Gal. 2,20–21. [3]) Röm. 4,16.

[4]) Röm. 9,16. cf. 2 Kor. 3,5: „Nicht daß wir tuchtig sind von uns selber, etwas zu denken, als von uns selber, sondern daß wir tüchtig sind, ist von Gott". cf. Eph. 2,8.

Gnade Gottes durch die Erlösung, so durch Christum Jesum geschehen ist." [1])

Hiermit gelangt jüdisch-hellenistische Theorie bei Paulus zum Durchbruch. Diese ist den unmittelbaren Jüngern Jesu fremd und wird im Jakobusbrief mit aller Entschiedenheit bekämpft.

Seine Lehre von der Gnade begründet Paulus aus der Schrift, die deutlich zeige, daß es nicht an Jemands Wollen oder Laufen sondern an Gottes Erbarmen liege. Er bevorzuge eben, wen er wolle, und verhärte, wen er wolle. Das lehre nicht bloß die Berufung Abrahams und Isaaks, sondern auch die göttliche Verheißung an Rebekka, da sie schwanger ward: „ehe die Kinder geboren waren und weder Gutes noch Böses getan hatten, auf daß der Vorsatz Gottes bestünde nach der Wahl, nicht aus Verdienst der Werke, sondern aus Gnade des Berufers, ward zu ihr gesagt: „Der Ältere soll dienstbar werden dem Jüngeren." Wie denn geschrieben steht: „Jacob habe ich geliebt, aber Esau habe ich gehaßt." Was wollen wir denn hie sagen? Ist denn Gott ungerecht? Das sei ferne! Denn er spricht zu Moses: „Welchem ich gnädig bin, dem bin ich gnädig; und welches ich mich erbarme, des erbarme ich mich." So liegt es nun nicht an Jemands Wollen oder Laufen, sondern an Gottes Erbarmen. Denn die Schrift sagt zu Pharao: „Eben darum habe ich dich erweckt, daß ich an dir meine Macht erzeige, auf daß mein Name verkündigt werde in allen Landen." So erbarmt er sich nun, welches er will, und verstockt, welchen er will." [2]) — Und wie vormals in den Zeiten des Propheten Elia von dem jüdischen Volke, das die Propheten tötete und zum Götzendienst abfiel, ein Teil übrig geblieben war, der nicht zum Götzendienst hinneigte; „also geht's auch jetzt zu dieser Zeit mit diesen, die überblieben sind, nach der Wahl der Gnade. Ist es aber aus Gnade, so ist's nicht aus Verdienst der Werke; sonst würde Gnade nicht Gnade sein. Ist's aber aus Verdienst der Werke, so ist die Gnade nichts; sonst wäre Verdienst nicht Verdienst. Wie denn nun? Das Israel sucht, das erlangte er nicht; die Auserwählten aber erlangten es; die andern sind verstockt." [3])

Solche und ähnliche Ideen hat Jesus, obwohl er die Heilslehre des Glaubens in den Vordergrund seiner Botschaft stellte, niemals entwickelt, noch waren sie seinen Aposteln vor Paulus vertraut;

---

[1]) Röm. 3,24. [2]) Röm. 9,7–18. [3]) Röm. 11,5–7.

wohl aber sind sie Eigentum des jüdischen Hellenismus und von daher dem Diasporajuden Paulus geläufig. Dieser Lehre von der Erlösung „nach der Wahl der Gnade" hat nun Paulus, christgläubig geworden, einen neuen lebendigen Gehalt gegeben, indem er sie mit dem Messias unzertrennlich verknüpfte und ihr erlösende Kraft verlieh. Sie bildet den Grundton seiner Botschaft.

Daß aber diese paulinische Lehre von der Auserwähltheit nach der Gnade dem jüdisch-hellenistischen Boden entsprossen, unterliegt keinem Zweifel. Genau wie Paulus liest sie auch Philo hergebrachtermaßen aus der Schrift, und zumeist aus denselben Stellen, heraus oder vielmehr in dieselben hinein. Einige Beispiele mögen es beweisen: Wenn jemand, sagt Philo einmal, fragt, weshalb Noah vor Gott Gnade gefunden, ohne vorher, soweit uns bekannt, etwas Edles getan zu haben, so werden wir mit Recht antworten, daß Gott die Beschaffenheit und Eigenschaften desselben rühmte.[1]) — Der Ausdruck „Gnade finden" bedeutet nicht allein, wie einige meinen wollen, wohlgefällig sein, sondern auch: indem der Gerechte die Natur der Dinge untersuchte, fand er in ihnen als das Beste, daß das All eine Gnade Gottes sei. Denn für Gott selbst ist die Schöpfung kein Vorteil. — Denn alles in der Welt und die Welt selbst ist ein Geschenk, eine Gnade, eine Gunst Gottes.[2]) Ebenso machte Gott den Melchisedek, den König Salems, d. h. des Friedens, zu seinem Priester, indem er nicht eines seiner Werke hervorhob, sondern weil er selbst ihn zuerst zu einem König, einem Friedfertigen und seines Priestertums würdig gemacht hatte.[3]) Was hat denn Abraham Edles voll-

---

[1]) Leg. alleg. I, 102sq.: Εἰ γάρ τις ἔροιτο διὰ τί φησι „τὸν Νῶε χάριν εὑρεῖν ἐναντίον κυρίου τοῦ θεοῦ", μηδὲν πρότερον ἐργασάμενον, ὅσα γε εἰς τὴν ἡμετέραν ἐπίγνωσιν, ἀστεῖον κτλ. Ebenso Röm. 9,11–13 inbezug auf die noch ungeborenen Brüder Jakob und Esau: μήπω γὰρ γεννηθέντων, μηδὲ πραξάντων τι ἀγαθὸν ἢ κακόν ....

[2]) Leg. alleg. das.: Τὸ δὲ χάριν εὑρεῖν οὐκ ἔστι μόνον, ὡς ὀνομάζουσι τινες, ἴσον τῷ εὐαρεστῆσαι, ἀλλὰ καὶ τοιοῦτον. Ζητῶν ὁ δίκαιος τὴν τῶν ὄντων φύσιν ἓν τοῦτο εὑρίσκει ἄριστον εὕρεμα, χάριν ὄντα τοῦ θεοῦ σύμπαντα. Γενέσεως δὲ οὐδὲν χάρισμα, ὅτι γὲ οὐδὲ κτῆμα· διὸ καὶ μόνου τὴν χάριν οἰκεῖον. Τοῖς γοῦν ζητοῦσι, τίς ἀρχὴ γενέσεως, ὄρθοτατα ἄν τις ἀποκρίναιτο ὅτι ἀγαθότης καὶ χάρις τοῦ θεοῦ, ἣν ἐχαρίσατο τῷ μετ᾽ αὐτὸν γένει· δωρεὰ γὰρ καὶ εὐεργεσία καὶ χάρισμα θεοῦ τὰ πάντα ὅσα ἐν κόσμῳ καὶ αὐτὸς ὁ κόσμος ἐστί.

[3]) ib. p. 102sq.: Καὶ Μελχισεδὲκ βασιλέα τε τῆς εἰρήνης, Σαλὴμ, τοῦτο γὰρ ἑρμηνεύεται, „ἱερέα ἑαυτοῦ πεποίηκεν ὁ θεὸς", οὐδὲν ἔργον αὐτοῦ προδιατυπώσας,

bracht, daß Gott ihm befahl, sein Vaterland und seine Familie zu verlassen und ein Land zu bewohnen, das er ihm geben werde? Wahrlich, es ist ein schöner, großer und glücklicher Ort; denn Gottes Geschenke sind groß und vorzüglich.[1])

Natürlich ist es Gottes Wahl und Bevorzugung, die diese Auserwählten mit den erforderlichen Eigenschaften begabt hat. „Einige", so heißt es bei Philo weiter, „formt und bildet Gott sogar schon vor ihrer Geburt zu Bevorzugten und verkündet, daß ihnen das schönste Los zufallen werde. Oder siehst du nicht, was er zu Abraham, als dieser auf eine Nachkommenschaft nicht mehr hoffen durfte, inbezug auf Isaak sprach? — Weshalb lobt Gott diesen, ehe er noch geboren war?[2]) — Ebenso bezeichnet die Schrift Jakob und Esau, als sie noch im Mutterleib waren, jenen als den Herrn und Fürsten und Herrscher, diesen als Untertan und Knecht.[3]) Aus gleichem Grunde beruft Gott den Bezeleel beim Namen und sagt, er werde ihm Weisheit und Einsicht geben und ihn zum Künstler machen für alle Dinge des heiligen Zeltes, d. i. der Werke der Seele, ohne daß von ihm vorher ein lobenswertes Kunstwerk angefertigt worden wäre."[4])

Auf dieselbe Weise, wie Philo hier Melchisedek zum „Priesterlogos", läßt die Henochapokalypse den Messias zu seiner hohen Würde und Sendung auserwählt und berufen werden. Er ist „der Menschensohn, der die Gerechtigkeit hat, bei dem die Gerechtigkeit

---

ἀλλὰ τοιοῦτον ἐργασάμενος βασιλέα καὶ εἰρηναῖον, καὶ ἱερωσύνης ἄξιον τῆς ἑαυτοῦ πρῶτον.

[1]) ib. p. 103: Τί δὲ εἰργάσατο ἤδη καλὸν ὁ Ἀβράμ, ὅτι κελεύει αὐτῷ „πατρίδος καὶ τῆς γενεᾶς ταύτης ξενοῦσθαι, καὶ γῆν οἰκεῖν, ἣν αὐτὸς δῷ ὁ θεός"; Πόλις δέ ἐστιν ἀγαθὴ καὶ πολλὴ καὶ σφόδρα εὐδαίμων. τὰ γὰρ δῶρα τοῦ θεοῦ μεγάλα καὶ τίμια.

[2]) ib. p. 104: Ἐνίους δὲ ὁ θεὸς καὶ πρὸ τῆς γενέσεως καλῶς διαπλάττει καὶ καὶ διατίθεται, καὶ κλῆρον ἔχειν ἄριστον προῄρηται. Οὐχ' ὁρᾷς τί περὶ τοῦ Ἰσαάκ φησι τῷ Ἀβραὰμ οὐκ ἐλπίσαντι .... Τί οὖν ἐστι τὸ καὶ τοῦτον πρὸ τῆς γενέσεως ἐπαινεῖσθαι πεποιηκός;

[3]) ib. p. 104sq.: Πάλιν δὲ τὸν Ἰακὼβ καὶ τὸν Ἡσαῦ, τὸν μὲν ἄρχοντα καὶ ἡγεμόνα καὶ δεσπότην, τὸν δὲ Ἡσαῦ ὑπήκοον καὶ δοῦλον, ἔτι κατὰ γαστρὸς ὄντας φησὶν εἶναι; fast wörtlich gleichlautend Röm. 9,11–12.

[4]) ib. p. 106: Ὅθεν καὶ Βεσελεὴλ ἀνακαλεῖ ὁ θεὸς ἐξ ὀνόματος, καί φησιν „αὐτῷ δωρήσεσθαι σοφίαν καὶ ἐπιστήμην, καὶ δημιουργὸν αὐτὸν καὶ ἀρχιτέκτονα πάντων τῶν τῆς σκηνῆς", τουτέστι τῶν τῆς ψυχῆς ἔργων, ἀποδείξειν, μηδὲν ἔργον ὃ καὶ ἂν ἐπαινέσειέ τις, προϋποδείξας αὐτοῦ.

wohnt, und der alle Schätze dessen, was verborgen ist, offenbart, weil der Herr der Geister ihn erwählt hat, und dessen Los vor dem Herrn der Geister alles übertroffen hat durch Rechtschaffenheit in Ewigkeit.“ [1]) „Er ist auserwählt von dem Herrn der Geister nach seinem Wohlgefallen.“ [2]) „Er ward auserwählt und verborgen vor Gott, ehe denn die Welt geschaffen wurde, und bis in Ewigkeit wird er vor ihm sein.“ [3])

Auch bei Philo, der freilich noch nicht den Bringer der Welterlösung, den Messias, obgleich er ihn schon da und dort ahnungsvoll streift, in seinem Religionssystem hat, vollzieht sich diese Erlösung unter Mitwirkung der göttlichen Gnade. Aus eigener Kraft vermöchte der Mensch sich nicht aus dem Sündenpfuhl zu erheben, noch weniger das schwere und erhabene Werk der Welterlösung zu vollbringen, das, wie er betont, nur dann gelingen könne: „wenn Gott gnädig eingreift. Er wird aber sicherlich seine Gnade walten lassen, wenn die Menschen ihn ehrfürchten“ — ins Paulinische übersetzt: wenn sie den Glauben haben — „wenn sie nach besserer Zucht und Sitte begehren, ihr bisheriges unreines und sündenvolles Leben verabscheuen, ihre wilden Begierden zu zügeln und der Leidenschaften Herr zu werden sich bemühen werden.“ [4])

Die weitere neue Botschaft, die Paulus brachte und deren Verwirklichung sein eigentliches Lebenswerk bildet, war jene, daß die Knechtschaft des Gesetzes aufgehört habe. Jesus der Christ bedeutet ihm des Gesetzes Ende! Das Licht dieser Offenbarung war ihm plötzlich aufgegangen. Es zuckte ihm aus der Verteidigungsrede des Stephanus allenthalben entgegen und erleuchtete miteins sein Herz. Ihm, dem Diasporajuden, konnte freilich die

---

[1]) Hen. 46,3. [2]) Hen. 49,4. [3]) Hen. 48,6.

[4]) De praem. et poen. II, 426 sq.: ὅπερ εἴρεται πρὸς τοὺς ἐθέλοντας μιμεῖσθαι τὰ σπουδαῖα καὶ θαυμαστὰ κάλλη, μὴ ἀπογινώσκεσθαι τὴν ἀμείνω μεταβολὴν, μήτε τὴν ὥσπερ ἐκ διασπορᾶς ψυχῆς, ἣν εἰργάσατο κακία πρὸς ἀρετὴν καὶ σοφίαν ἐπάνοδον. Ἵλεως γὰρ ὅταν ᾖ ὁ θεὸς, ἐξευμαρίζεται πάντα. — Γίνεται δὲ ἵλεως τοῖς αἰδουμένοις καὶ μεθαρμοζομένοις ἐξ ἀκρασίας εἰς ἐγκράτειαν, καὶ τὰ μὲν τῆς ὑπαιτίου ζωῆς κακίζουσιν, καὶ ὅσα ἐναπεμάξαντο ταῖς ψυχαῖς αἰσχρὰ εἴδωλα μυσταττομένοις, εὐδίαν δὲ παθῶν ἐζηλωκόσι, καὶ εἰρήνην καὶ γαλήνην βιόυ μετατρέχουσι. cf. De human. II, 395, ferner Eph. 2,8—9: „Aus Gnade seid ihr selig worden durch den Glauben, und dies nicht aus euch, Gottes Gabe ist es; nicht aus den Werken, auf daß sich nicht jemand rühme.“

freiere Auslegung des mosaischen Gesetzes, wie sie durch den jüdischen Hellenismus in Übung gekommen war, nicht fremd sein; sie war vielmehr ihm, dem griechisch gebildeten Tarsen, was ja seine ganze Exegese eklatant erhärtet, geläufig. Zweifelsohne war er auch mit der gesetzesfreien Richtung der Radikalen der griechischen Diaspora vertraut, die mit dem Instrumente der Allegorie das ganze Zeremonialgesetz auflösten und verwarfen. Allein bisher waren es doch immer nur Menschen, die mit Hilfe menschlichen Wissens das Gesetz verwegen aufzulösen wagten. Das Gesetz aber ist göttlichen Ursprungs, wie sollten nun Menschen, und stünden sie geistig noch so hoch, sich unterfangen dürfen, es aufzuheben? Da erfuhr er aus der Verteidigungsrede des für seine Überzeugung sich opfernden Stephanus die wahre Bedeutung des Erscheinens und der Mission Jesu, des Gottessohnes: die Menschen aus Gotteskraft von dem schwer drückenden Joch des bislang sie trennenden und auseinanderhaltenden Gesetzes zu befreien, sie miteinander zu verbrüdern, das messianische Reich, das den großen Propheten vorgeschwebt hatte, da die Zeit erfüllt, aufzurichten.

Schon der Umstand, daß dieselbe Anklage, um derentwillen Stephanus den Märtyrertod erleiden mußte, später auch gegen Paulus erhoben wurde, weist darauf hin, daß zwischen der gesetzesfreien Rede dieses sterbenden Diakons und der Bekehrung Pauli nahe Beziehungen bestanden haben. Wie einst gegen Stephanus, so erhoben jetzt Diasporajuden gegen Paulus, als sie seiner in Jerusalem ansichtig wurden, dasselbe Geschrei: „Ihr Männer von Israel helft! Dies ist der Mensch, der alle Menschen an allen Enden lehrt wider dies Volk, wider das Gesetz und wider diese Stätte.“ [1])

War es die Lebensarbeit Jesu, für die er bluten mußte, den Bann des Pharisäismus, der schwer auf der Religion Mosis und der Propheten lastete und sie mit aller Macht von der Erfüllung ihrer Weltmission abdrängte, zu brechen, so war es jene des Paulus, die Axt an den Buchstaben des mosaischen Gesetzes selbst zu legen und den Geist desselben völlig frei sich entfalten zu lassen. Jetzt erst konnte die Weltreligion, die ohne ein solch kühnes Unterfangen nimmer hätte erstehen können, aus dem Mosaismus

---

[1]) Act. 21,28. cf. 21,21 und 6,13 14.

geboren werden. Sie gelang dem geistesstarken und energischen Manne von Grund aus, nachdem ihr vorher der jüdische Hellenist Stephanus, da er sich offen zum gesetzesfreien Evangelium Jesu bekannte, zum Opfer gefallen war. Was Jesus, selbst von der Überzeugung durchdrungen, daß das mosaische Zeremonialgesetz überwunden sei, noch nicht unverhüllt auszusprechen wagte, da ihn die Autorität des Messias noch nicht deckte, Paulus durfte es schon als Offenbarung des auferstandenen und erhöhten Messias weithin verkünden, als Testament des gekreuzigten Christ, der sich als Opfer hingegeben, um die Menschen zu erlösen, sie vom Joche des Gesetzes zu befreien, auf daß sie gerecht werden ohne des Gesetzes Werke durch den Glauben allein:[1]) „Denn Christus ist des Gesetzes Ende; wer an den glaubt, der ist gerecht."[2])

Methodisch bekämpft nun Paulus, ähnlich wie vor ihm der jüdische Hellenismus, jedoch nicht mit den Waffen des menschlichen, sondern des gottgeoffenbarten Wissens, den Buchstaben des Gesetzes durch den Geist des Gesetzes, das Zeremonialgesetz durch die Gerechtigkeit, die aus dem Glauben kommt. Moses, sagt Paulus, schreibt wohl von der Gerechtigkeit, die aus dem Gesetz kommt: „welcher Mensch das tut, der wird darin leben".[3]) Aber die Gerechtigkeit aus dem Glauben spricht also: „Sprich nicht in deinem Herzen: wer will hinauf gen Himmel fahren?" — Oder: „Wer will hinab in die Tiefe fahren?" — Aber was sagt sie? „Das Wort ist dir nahe in deinem Munde und in deinem Herzen." Dies ist das Wort vom Glauben, das wir predigen.[4]) Denn so du mit deinem Munde bekennst Jesum, daß er der Herr sei, und glaubst in deinem Herzen, daß ihn Gott, von den Toten auferweckt hat, so wirst du selig. Denn so man von Herzen glaubt, so wird man gerecht; und so man mit dem Munde bekennt, so wird man selig. Denn die Schrift spricht: „Wer an ihn glaubt, wird nicht zu Schanden werden."[5]) Es ist hie kein Unterschied

---

[1]) Röm. 3,25–28.

[2]) Röm. 10,4. [3]) Levit. 18,5.

[4]) Deut. 30,12–14. Diese Schriftworte werden auch von dem jüdischen Hellenismus, freilich noch ohne jede Beziehung auf den Messias, der mos. Lehre gleichsam als Motto vorangestellt und wird ihnen die gleiche Bedeutung wie hier bei Paulus beigelegt. cf. Philo, De human. II, 406; De praem. et poen. II, 421.

[5]) Jes. 28,16.

unter Juden und Griechen; es ist aller zumal ein Herr, reich über alle, die ihn anrufen. Denn „wer den Namen des Herrn wird anrufen, soll selig werden“.[1])

Die Gesetzesfreiheit jedoch, die Paulus predigt, ist immer noch weit entfernt von dem Antinomismus seiner Nachfolger, wie er in dem sogen. Barnabasbrief und in dem christlichen Gnostizismus gefordert wird, nämlich: Abtrennung des Neuen vom Alten Testament, die gewaltsame Durchschneidung der Überlieferungskette. Das Zeremonialgesetz ist nach dem Paulinismus allerdings veraltet und überlebt, und was alt und verjährt ist, das ist nahe bei seinem Ende;[2]) aber es hatte doch auch seine Mission, seine Rechte des Gottesdienstes und des äußerlichen Heiligtums;[3]) noch mehr: es hat den Schatten von den zukünftigen Gütern, wenn auch nicht das Wesen der Güter selbst.[4]) Und weil es auf die zukünftigen Güter hinweist, hat es seine ewige Bedeutung. Das Gesetz bedurfte eben der Vertiefung, der Verinnerlichung und der Befreiung von der fleischlichen Umhüllung,[5]) und diese sind ihm durch Jesus und sein Evangelium geworden. Gegen die Zumutung aber, daß er es aufheben wolle, verwahrt sich Paulus mit aller Entschiedenheit. „Wie?“ sagt er, „heben wir denn das Gesetz durch den Glauben auf? Das sei ferne! Sondern wir richten das Gesetz auf!“[6])

Freilich, der äußerliche Gottesdienst war, als die Zeit ihrer Erfüllung entgegenging, bei seinem Ende angelangt, „denn die Lust an Gottes Gesetz nach dem inwendigen Menschen“ war erwacht.[7]) Das Gesetz, räumt Paulus ein, ist ja heilig und das Gebot ist heilig, recht und gut, aber wir wissen, daß es geistlich ist.[8]) Darum ist auch derjenige der wahre Jude, der es geistig erfaßt und darnach seine ganze Lebensführung einrichtet: „Denn das ist nicht ein Jude, der auswendig ein Jude ist, auch ist das nicht eine Beschneidung, die auswendig am Fleisch geschieht, sondern das ist ein Jude, der es inwendig ist, und die Beschneidung

---

[1]) Joel 3,5. [2]) Hebr. 8,13. [3]) Hebr. 9,1. [4]) Hebr. 10,1.
[5]) Röm. 7,14. [6]) Röm. 3,31. [7]) Röm. 7,22.
[8]) Röm. 7,12,14,22. — cf. 1 Tim. 1,8–10: Wir wissen aber, daß das Gesetz gut ist, so sein jemand recht braucht, und weiß solches, daß dem Gerechten kein Gesetz gegeben ist, sondern dem Ungerechten und Ungehorsamen, den Gottlosen und Sündern usw.“

des Herzens ist eine Beschneidung, die im Geiste und nicht im Buchstaben geschieht: eines solchen Lob ist nicht aus Menschen, sondern aus Gott.“ [1])

Diese Ausführungen hören sich wie eine Polemik gegen Philo an, der bekanntlich die radikalen jüdisch-hellenistischen Allegoristen, welche nach Erforschung des geistigen Gehaltes des Zeremonialgesetzes den äußerlichen Gottesdienst verwarfen, hart darüber tadelt. Er hält ihnen entgegen, daß man Sabbate, Feste, Beschneidung und andere religiöse und nationale Gebräuche schon aus Pietät für die gottbegnadeten Männer der Vorzeit, die sie eingesetzt, auch dann noch beobachten müsse, wenn man den höheren Sinn dieser Satzungen erforscht hat, da man sonst überdies den Tadel der Menge auf sich lade. Paulus hingegen hält es hier mit den von Philo gerügten Verächtern des Zeremonialgesetzes; denn nur der sei ein wahrer Jude, der es innerlich, und auf äußerlichen Dienst und äußerliche Beschneidung ebensowenig als auf Lob und Tadel der Menschen achte: „denn eines solchen Lob ist nicht aus Menschen, sondern aus Gott“. „Ist Abraham durch die Werke gerecht, so hat er wohl Ruhm, aber nicht vor Gott.“ [2]) Es zeigt sich hier, daß der Konservatismus Philos und die Motive, die er für die Notwendigkeit des Fortbestehens des Zeremonialgesetzes ins Treffen führt, weit verbreitet waren, und daß die letzteren allgemein geltend gemacht wurden. Gegen diese landläufige Anschauung nun wendet sich Paulus.

Aber nicht nur hält er sich selbst für den wahren Juden, er hält auch sein Christentum für das wahre, gotterleuchtete, zur verheißenen Vollendung gelangte Judentum.

Freilich nur die Auserwählten in Israel waren zu der Fähigkeit, den geistigen Gehalt des Gesetzes erfassen zu können, zur Erkenntnis der in demselben enthaltenen künftigen Güter herangereift, nicht aber der fleischlich gesinnte Teil des Volkes. Dieser blieb nach wie vor unmündig und, obgleich im Besitz aller Güter, doch ein Knecht, der unter den Vormündern und Pflegern, bis auf die Zeit, die der Herr bestimmt hat, gehalten werden muß. Die Unmündigen bleiben eben gefangen unter äußerlichen Satzungen. — Da die Zeit erfüllt ward, sandte Gott seinen Sohn, auf daß er, die unter dem Gesetz waren, erlöste, daß sie die Kindschaft

---

[1]) Röm. 2,28–29. [2]) Röm. 4,2.

empfingen;[1]) doch wie gesagt, nur die geistig Bevorzugteren in Israel wurden erlöst, nicht aber das gesamte Volk. Dieses versteht das Gesetz nicht. Es merkt nicht, daß dem Gesetzesdienst vom Anbeginn eine zeitliche Begrenzung bestimmt war, es ist zu kurzsichtig, um zu erkennen, daß dessen Ende gekommen. Die Decke, die Moses vor sein Angesicht hing, daß die Kinder Israel nicht ansehen konnten das Ende des, das aufhört,[2]) „sie bleibt bis auf den heutigen Tag unaufgedeckt über dem Alten Testament, wenn sie es lesen. Bis auf den heutigen Tag, wenn Moses gelesen wird, hängt die Decke vor ihrem Herzen.“ [3]) — Die übermäßige Pflege der äußerlichen Satzungen haben in Israel den Glauben erstickt. Es hat dem Gesetz der Gerechtigkeit nachgetrachtet und es nicht erreicht. Warum das? Darum, daß sie es nicht aus dem Glauben, sondern aus den Werken des Gesetzes suchen. Denn sie haben sich gestoßen an den Stein des Anlaufens.[4]) — Sie sind eben auf halbem Wege stehen geblieben und zogen es vor, unmündig und unter der Zucht des Gesetzes zu bleiben. Paulus versagt ihnen zwar keineswegs das Zeugnis, daß sie für Gott eifern, aber sie tun es, meint er, mit Unverstand. Denn sie erkennen die Gerechtigkeit nicht, die vor Gott gilt und trachten, ihre eigene Gerechtigkeit aufzurichten, und sind also der Gerechtigkeit, die vor Gott gilt, nicht untertan.[5])

Paulus ist sich niemals bewußt, sich vom Judentum losgelöst zu haben. Sein Christentum ist und bleibt ihm vielmehr die Vollendung des Judentums: das vergeistigte Judentum, dem der Ruhm der Auserwähltheit stets gewahrt bleibt: denn ihm ist es vertraut, was Gott geredet hat, und das ist sein Vorzug.[6]) Ihm gehört die Kindschaft und die Herrlichkeit und der Bund und das Gesetz und der Gottesdienst und die Verheißungen. Israels sind die Väter, aus ihm kommt Christus her; aber es sind eben nicht alle Israeliter, die aus Israel sind.[7]) — Das Christentum des Paulus ist eine

---

[1]) Gal. 4,1–7. [2]) Num. 34,33–35.

[3]) 2. Kor. 3,13–16. [4]) Röm. 9,31–32.

[5]) Röm. 10,2–3. cf. Act. 13,27: „Denn die zu Jerusalem wohnen und ihre Obersten, dieweil sie diesen (Jesum) nicht kannten, noch die Stimmen der Propheten, welche auf alle Sabbate gelesen werden, haben sie dieselben mit ihren Urteilen erfüllt.“

[6]) Röm. 3,1–2.

[7]) Röm. 9,4–6.

durch den Messias vollzogene Auslese der geistigen Elite Israels. Davon aber, daß Gott sein Volk völlig verworfen habe, will er nichts wissen. Es ist ein ewig heiliger Stamm, dem das Heidentum nach dem Ratschluß Gottes, wenn die Zeit erfüllt, aufgepfropft werden soll, damit es der Erlösung zugeführt werde. Das erklärt unser Apostel in bündigster Form:

„So sage ich nun: Hat denn Gott sein Volk verstoßen? Das sei ferne! Denn ich bin auch ein Israeliter. — Gott hat sein Volk nicht verstoßen, welches er zuvor ersehen hat. Oder wißt ihr nicht, was die Schrift zu Elia sagt, wie er tritt vor Gott wider Israel und spricht: Herr, sie haben deine Propheten getötet und haben deine Altäre ausgegraben, und ich bin allein übrig geblieben, und sie stehen mir nach dem Leben." Aber was sagt ihm die göttliche Antwort? „Ich habe mir lassen überbleiben sieben tausend Mann, die nicht haben ihre Kniee gebeugt vor dem Baal." Also geht es auch jetzt zu dieser Zeit mit diesen, die übrig geblieben sind nach der Wahl der Gnade. — Wie denn nun? Das Israel sucht, das erlangte er nicht; die Auserwählten aber erlangten es; die andern sind verstockt. — — So sage ich nun: sind sie darum angelaufen, daß sie fallen sollten? Das sei ferne! Sondern aus ihrem Falle ist den Heiden das Heil widerfahren, auf daß sie denen nacheifern sollten. Denn so ihr Fall der Welt Reichtum ist und ihr Schade ist der Heiden Reichtum, wie viel mehr, wenn ihre Zahl voll würde?"[1])

Der Baum des Judentums ist eben von der Wurzel bis zum Wipfel heilig. Ob auch das ganze Heidentum auf ihn aufgepfropft wird, ob auch etliche Zweige von ihm ausgebrochen sind, er bleibt doch stets das hochragende Wahrzeichen für die Welt, der Träger und Nährvater des Glaubens für alle Völker, die, gläubig geworden, sich niemals über ihn erheben dürfen: „Ist der Anbruch heilig", so fährt Paulus fort, „so ist auch der Teig heilig; und so die Wurzel heilig, so sind auch die Zweige heilig. Ob aber nun etliche von den Zweigen ausgebrochen sind, und du, da du ein wilder Ölbaum warst, bist unter sie gepfropft, und teilhaftig worden der Wurzel und des Saftes im Ölbaum, so rühme dich nicht wider die Zweige. Rühmst du dich aber wider sie, so sollst du wissen, daß du die Wurzel nicht trägst, sondern daß die

---

[1]) Röm. 11,1–13.

Wurzel dich trägt. So sprichst du: Die Zweige sind ausgebrochen, daß ich hineingepfropft würde. Ist wohl geredet. Sie sind ausgebrochen um ihres Unglaubens willen; du stehst aber durch den Glauben. Sei nicht stolz, sondern fürchte dich. Hat Gott der natürlichen Zweige nicht verschont, daß er vielleicht dein auch nicht verschone. Darum schau die Güte und den Ernst Gottes und den Ernst an denen, die gefallen sind, die Güte aber an dir, sofern du an der Güte bleibst, sonst wirst du auch abgehauen werden. Und jene, so sie nicht bleiben in dem Unglauben, werden sie eingepfropft werden; Gott kann sie wohl wieder einpfropfen. Denn so du aus dem Ölbaum, der von Natur wild war, bist ausgehauen und wider die Natur in den guten Ölbaum gepfropft, wieviel mehr werden die natürlichen eingepfropft in ihren eigenen Ölbaum? Ich will euch nicht verhalten, lieben Brüder, dieses Geheimnis, auf daß ihr nicht stolz seid. Blindheit ist Israel zum Teil widerfahren, solange bis die Fülle der Heiden eingegangen sei, und also das ganze Israel selig werde, wie geschrieben steht: „Es wird kommen aus Zion, der da erlöse, und abwende das gottlose Wesen von Jakob.“ [1]) „Und dies ist mein Testament mit ihnen, wenn ich ihre Sünden werde wegnehmen.“ [2]) Nach dem Evangelium zwar sind sie Feinde um euretwillen; aber nach der Wahl sind sie Geliebte um der Väter willen.“ [3])

Diese Offenbarung von dem Eingehen der Fülle der Heiden, sowie das markante Bild von der Aufpfropfung der Zweige des wilden Ölbaums auf den edlen ist nicht originell, wenn sie auch im Epheserbrief als Geheimnis Christi enthüllt wird, „das nicht kundgetan ist, in den vorigen Zeiten den Menschenkindern, als es nun offenbart ist seinen heiligen Aposteln und Propheten durch den Geist, nämlich daß die Heiden Miterben seien und mit eingeleibt und Mitgenossen seiner Verheißung in Christo durch das Evangelium“. [4]) — Dieses Geheimnis war vielmehr lange vor Paulus schon durch den jüdischen Hellenismus zu Nutzen und Frommen der jüdischen Proselyten aus dem Heidentum enthüllt worden, wenn es auch allerdings erst durch den Messias, der es mit seinem Blut besiegelte, die göttliche Sanktion erhielt und durch den Paulinismus, „der aus beiden — aus Judentum und

---

[1]) Jes. 59,20; 27,9. Ps. 14,7.
[2]) Jer. 31,33,34. [3]) Röm. 11,16—29. [4]) Eph. 3,3—6.

Heidentum — eins gemacht und den Zaun, der dazwischen war, abgebrochen hatte“,[1]) auf christlichem Boden neu offenbart wurde.

In vorchristlicher Zeit hatte sich schon Philo zum Sprachrohr dieser Botschaft von der vorbehaltlosen Gleichstellung der Proselyten mit den Söhnen des Gottesvolkes gemacht und hat ihr die schärfste Prägung gegeben, die an Präzision jene des Paulus noch übertrifft. Denn während dieser, um den schwellenden Stolz der vormals wilden, nunmehr aber dem edlen Ölbaum aufgepfropften und wider diesen sich brüstenden Zweige zu dämpfen, sich bemüßigt sieht, ihnen in Erinnerung zu bringen, daß nicht sie die Wurzel, sondern die Wurzel sie trage, und daß sie ihre früher nie gekannte Blüte und Fülle ausschließlich der Gnade der Wurzel und des Saftes des Ölbaums verdanken, kehrt sich Philo gegen das seinem Ursprung untreu gewordene, aber gleichwohl auf seine edle Abstammung pochende Gottesvolk, läßt es, weil es seiner Mission sich entfremdet, von Gott verworfen werden und stellt hoch über dasselbe die aus wildem Stamme entsprossenen, nunmehr aber zu Gott bekehrten Proselyten aus dem Heidentum. Er spricht von den schweren und unsagbaren Strafen, die das jüdische Volk treffen werden, wenn es ungeachtet seiner edlen Abkunft und seiner Berufung, ungeachtet der vorzüglichen Erziehung, die es genossen und der großen Vorbilder, zu denen es emporschauen durfte, dennoch aus der Art schlagen würde, und fährt dann fort: „Dann wird der Proselyt in hellem Glanze strahlen und von jedermann wegen zwei herrlicher Vorzüge gepriesen werden; einmal weil er zu Gott seine Zuflucht nahm und weil er zum Lohne dafür die feste Stellung im Himmel erwarb, die ich nicht auszusprechen wage. Dagegen soll der Sohn des auserkorenen Volkes, weil er das Gepräge des anererbten Adels verdarb, hinabgestoßen werden in den Tartarus und in dichte Finsternis,[2]) damit alle, welche diese Beispiele göttlichen Strafgerichtes sehen, sich warnen lassen und erfahren, daß Gott die Tugend, die aus wildem Stamm

[1]) Eph. 2,11–14.

[2]) cf. Math. 8,11–12, wo Jesus prophezeit: „Aber ich sage euch: Viele werden kommen vom Morgen und vom Abend und mit Abraham und Isaak und Jakob im Himmelreich sitzen; aber die Kinder des Reichs werden ausgestoßen in die Finsternis hinaus; da wird sein Heulen und Zähneklappern“. Und ib. 21,43: „Darum sage ich euch: Das Reich Gottes wird von euch genommen und einem Volke gegeben werden, daß seine Früchte bringt.“

entsprossen, in Gnade aufnimmt, daß er dagegen die Wurzel des echten Baumes aufgibt, während der eingesetzte Schößling ihm wohlgefällt, weil er sanft wurde und zur Fruchtbarkeit umschlug.“ [1])

Überhaupt ist die ganze paulinische Auffassung von der Stellung der heidnischen Proselyten zu den Söhnen Abrahams diejenige des jüdischen Hellenismus, die, wie schon das eben angeführte Beispiel unzweideutig lehrt, eine ungemein liberale ist und auch sein muß, da ja sein oberstes Ziel die Heidenbekehrung.

Der jüdische Hellenismus proklamierte die vorbehaltlose Gleichstellung der bekehrten Heiden mit dem Gottesvolk; Paulus desgleichen, und unter Geltendmachung derselben Motive. In der pharisäischen Schule, welche Proselyten zweiter und dritter Ordnung unterschied, konnte er diesen weitherzigen Liberalismus ebensowenig wie in der von ihm gemiedenen Nähe der jeder Heidenbekehrung kalt und fremd gegenüberstehenden Urapostel gelernt haben.

Schon die energische Art, mit der er für seine Zwecke den Patriarchen Abraham als den gemeinsamen Vater aller Menschen ohne Unterschied der Nation ins Treffen führt, ihn ausschließlich durch den Glauben und nicht durch Gesetzeswerke auserwählt sein läßt, weist deutlich auf den jüdischen Hellenismus als die Quelle hin, aus der er auch diese Erkenntnis geschöpft. Der jüdische Hellenismus hatte lange vor ihm Abraham, der sich durch die „Kardinaltugend des Glaubens“ [2]) zu der Höhe der reinen Gotteserkenntnis emporgeschwungen, als den Stammvater aller Menschen, der Heiden in gleicher Weise wie der Juden, zum Fahnenträger seiner Propaganda im Heidentum gemacht, um den Proselyten zum Lohne ihrer Bekehrung die Kindschaft sichern zu können. Freilich

[1]) De praem. et poen. II, 433: Ὁ μὲν ἔπηλυς ἄνω ταῖς εὐτυχίαις μετέωρος ἀρθεὶς περίβλεπτος ἔσται, θαυμαζόμενος καὶ μακαριζόμενος ἐπὶ δυσὶ τοῖς καλλίστοις, τῷ τε αὐτομολῆσαι πρὸς θεὸν καὶ τῷ γέρας λαβεῖν οἰκειότατον τὴν ἐν οὐρανῷ τάξιν βεβαίαν, ἣν οὐ θέμις εἰπεῖν. ὁ δ' εὐπατρίδης παρακόψας τὸ νόμισμα τῆς εὐγενείας, ὑποσυρήσεται κατωτάτω πρὸς αὐτὸν τάρταρον καὶ βαθὺ σκότος ἐνεχθεὶς, ἵνα ταῦτα ὁρῶντες τὰ παραδείγματα πάντες ἄνθρωποι σωφρωνίζωνται, μανθάνοντες, ὅτι τὴν ἐκ δυσμενείας ἀρετὴν φυομένην θεὸς ἀσπάζεται, τὰς μὲν ῥίζας ἐῶν χαίρειν, τὸ δὲ στελεχόθεν ἔρνος, ὅτι μετέβαλεν ἡμερωθὲν πρὸς εὐκαρπίαν, ἀποδεχόμενος.

[2]) cf. Philo, De Abr. II, 39.

vertieft und weiterentwickelt nach der Richtung des Glaubens im Gegensatz zu der Gerechtigkeit, die aus dem Gesetz kommt, um jenen als die Vollendung, diese als die Vorstufe der gottgeoffenbarten Religion erklären zu können, hat erst Paulus dieses „Geheimnis des Gotteswillens“; und er konnte das Evangelium „der vor Gott geltenden Gerechtigkeit, die aus dem Glauben im Glauben kommt“, erst dann verkünden, als ihm offenbart wurde die „göttliche Gnade durch die Erlösung, so durch Christum Jesum geschehen ist“.[1]) — Der Sohn Gottes mußte erst geopfert werden, damit der Welt die Erkenntnis erschlossen werde, daß man nicht durch der Werke Gesetz, sondern durch des Glaubens Gesetz selig werden könne.[2]) Jetzt erst war ihm die Weltmission Abrahams völlig klar geworden: „Oder“, sagt er, „ist Gott allein der Juden Gott? Ist er nicht auch der Heiden Gott? Ja freilich auch der Heiden Gott. Sintemal es ist ein einiger Gott, der da gerecht macht die Beschneidung aus dem Glauben und die Vorhaut durch den Glauben. — Was sagen wir denn von unserm Vater Abraham, daß er gefunden habe nach dem Fleisch? Das sagen wir: Ist Abraham durch die Werke gerecht, so hat er wohl Ruhm, aber nicht vor Gott. Was sagt denn die Schrift? „Abraham hat Gott geglaubt, und das ist ihm zur Gerechtigkeit gerechnet.“ Dem aber, der mit Werken umgeht, wird der Lohn nicht aus Gnade zugerechnet, sondern aus Pflicht. Dem aber, der nicht mit Werken umgeht, glaubt aber an den, der die Gottlosen gerecht macht, dem wird sein Glaube gerechnet zur Gerechtigkeit. Nach welcher Weise auch David sagt, daß die Seligkeit sei allein des Menschen, welchem Gott zugerechnet die Gerechtigkeit ohne Zutun der Werke.[3]) — Nun diese Seligkeit, geht sie über die Beschneidung oder auch über die Vorhaut? Wir müssen ja sagen, daß Abraham sei sein Glaube zur Gerechtigkeit gerechnet.[4]) Wie ist er

---

[1]) Röm. 1,17; 3,24. Eph. 1,9; 3,3–6.

[2]) Röm. 3,25–28.

[3]) Ps. 32,1–2.

[4]) Gegen diese Theorie kämpft das gesetzestreue Urchristentum mit aller Entschiedenheit. cf. Jac. 2,14,17,21–24: „Was hilft es, lieben Brüder, so jemand sagt, er habe den Glauben, und hat doch die Werke nicht? Kann auch der Glaube ihn selig machen? — — Der Glaube, wenn er nicht Werke hat, ist tot ihm selbst. — — Ist nicht Abraham, unser Vater, durch die Werke gerecht geworden, da er seinen Sohn Isaak auf dem Altar opferte? Da

ihm denn zugerechnet? In der Beschneidung oder in der Vorhaut? Nicht in der Beschneidung, sondern in der Vorhaut. Das Zeichen aber der Beschneidung empfing er zum Siegel der Gerechtigkeit des Glaubens, welchen er noch in der Vorhaut hatte, auf daß er würde ein Vater aller, die da glauben in der Vorhaut, daß denselbigen solches auch gerechnet werde zur Gerechtigkeit; und würde auch ein Vater der Beschneidung derer, die nicht allein von der Beschneidung sind, sondern auch wandeln in den Fußstapfen des Glaubens, welcher war in unserm Vater Abraham, als er noch Vorhaut hatte. Denn die Verheißung, daß er sollte sein der Welt Erbe, ist nicht geschehen Abraham oder seinem Samen durchs Gesetz, sondern durch die Gerechtigkeit des Glaubens. Denn wo die vom Gesetz Erben sind, so ist der Glaube nichts, und die Verheißung ist abgetan. — Derhalben muß die Gerechtigkeit durch den Glauben kommen, auf daß sie sei aus Gnaden, und die Verheißung fest bleibe allem Samen, nicht dem allein, der unter dem Gesetz ist, sondern auch dem, der des Glaubens Abrahams ist, welcher ist unser aller Vater, wie geschrieben steht: „Ich habe dich gesetzt zum Vater vieler Völker", vor Gott, dem er geglaubt hat. — Und er hat geglaubt auf Hoffnung, da nichts zu hoffen war,[1]) auf daß er würde ein Vater vieler Völker; wie denn zu ihm gesagt ist: „Also soll dein Same sein".[2]) — Gleichwie Abraham hat Gott geglaubt, und es ist ihm gerechnet zur Gerechtigkeit, so erkennt ihr ja, daß, die des Glaubens sind, das sind Abrahams Kinder. Die Schrift aber hat es zuvorgesehen, daß Gott die Heiden durch den Glauben gerecht macht; darum verkündigte sie dem Abraham: „In dir sollen alle Heiden gesegnet werden". Also werden nun, die des Glaubens sind, gesegnet mit dem gläubigen Abraham."[3])

---

siehst du, daß der Glaube mitgewirkt hat an seinen Werken, und durch die Werke ist der Glaube vollkommen worden; und ist die Schrift erfüllt, die da spricht: „Abraham hat Gott geglaubt, und ist ihm zur Gerechtigkeit gerechnet", und ist ein Freund Gottes geheißen. So seht ihr nun, daß der Mensch durch die Werke gerecht wird, nicht durch den Glauben allein."

[1]) Röm. 4,18: τί περὶ τοῦ Ἰσαάκ φησι τῷ Ἀβραάμ οὐκ ἐλπίσαντι. cf. Leg. alleg. I, 104.

[2]) Röm. 3,29–30; 4,1–25.

[3]) Gal. 3,6–9.

Alle diese Ausführungen nun mit dem alleinigen Unterschied, daß Paulus den endlichen Sieg des Glaubens über das Gesetz, des Universalismus über den Partikularismus durch den Messias errungen werden läßt, finden ihre schlagenden Parallelen in dem Schrifttum des jüdischen Hellenismus, ihre Bekämpfung aber in dem pharisäischen Judentum sowohl als in dem gesetzestreuen palästinensischen Urchristentum. Diese ultraliberale Auffassung der Gleichberechtigung der bekehrten Heiden mit dem auserwählten Volke hat der Diasporajude Paulus zweifellos in seiner tarsischen Heimat mit der Muttermilch eingesogen, wenn sie auch später in Jerusalem infolge seines Umgangs mit den Pharisäern und unduldsamen Gesetzeseiferern aus der Synagoge der Libertiner, Kyrener, Alexandriner usw., eine vorübergehende Trübung erfahren hatte.

Die fundamentale Wichtigkeit, die Paulus, um seiner „neuen“ Botschaft von der durch das Erscheinen des Messias erfolgten Ablösung des Gesetzes durch den Glauben unerschütterliche Festigkeit verleihen zu können, den Worten der Schrift: „Und Abraham glaubte Gott, und er rechnete es ihm zur Gerechtigkeit“, beimißt, sie ist schon vor ihm von Philo, will sagen von dem jüdischen Hellenismus, in derselben Weise gewürdigt worden, der den hier so sehr gepriesenen Glauben Abrahams allen Proselyten als Vorbild vor Augen führte, den Glauben als die vollendetste, als die Königin aller Tugenden bezeichnend.[1])

Inbezug auf dieses eben angeführte Schriftwort lesen wir bei Philo: „Es möchte wohl einer sagen, wie könnt ihr diesen Glauben für so lobenswert halten? Wer sollte denn dem höchsten Gott, wenn er etwas verspricht, kein Vertrauen schenken, wäre es auch

---

[1]) De Abr. II, 39 wird die Pistis ἡ τῶν ἀρετῶν βασιλίς genannt. Der Glaube wird hier überschwenglich gepriesen: μόνον ἀψευδὲς καὶ βέβαιον ἀγαθὸν ἡ πρὸς θεὸν πίστις, παρηγόρημα βίου, πλήρωμα χρηστῶν ἐλπίδων, ἀφορία μὲν κακῶν, ἀγαθῶν δὲ φορὰ, κακοδαιμονίας ἀπόγνωσις, εὐσεβείας γνῶσις, εὐδαιμονίας κλῆρος, ψυχῆς ἐν ἅπασι βελτίωσις, ἐπερηρεισμένης τῷ πάντων αἰτίῳ, καὶ δυναμένῳ μὲν πάντα, βουλομένῳ δὲ τὰ ἄριστα. Καθάπερ γὰρ οἱ μὲν δι' ὀλισθηρᾶς ὁδοῦ βαδίζοντες ὑποσκελίζονται καὶ πίπτουσιν, οἱ δὲ διὰ ξηρᾶς καὶ λεωφόρου, ἀπταίστῳ χρῶνται πορείᾳ· οὕτως οἱ μὲν διὰ τῶν σωματικῶν καὶ τῶν ἐκτὸς τὴν ψυχὴν ἄγοντες, οὐδὲν ἀλλ' ἢ πίπτειν αὐτὴν ἐθίζουσιν, ὀλισθηρὰ γὰρ ταῦτά γε καὶ πάντων ἀβεβαιότατα. Οἱ δὲ διὰ τῶν κατὰ τὰς ἀρετὰς θεωρημάτων ἐπὶ θεὸν σπεύδοντες, ἀσφαλῆ καὶ ἀκράδαντον ὁδὸν εὐθύνουσιν· ὡς ἀψευδέστατα φάναι, ὅτι ὁ μὲν ἐκείνοις πεπίστευκε θεῷ.

sonst der gottloseste Mensch? Einem solchen antworten wir: hüte dich wohl, o Bester, ohne Prüfung dem Weisen das ihm gebührende Lob zu rauben, oder dem Unwürdigen die vollendetste der Tugenden, den Glauben,[1]) zuzuschreiben, und unsere Ansicht über die Sache zu tadeln. Denn wenn du sie tiefer betrachtest und nicht bloß auf der Oberfläche stehen bleibst, so wirst du erkennen, daß es unendlich schwer ist, Gott allein mit Ausschluß alles andern zu vertrauen, und zwar wegen unserer Verwandschaft mit dem Irdischen, welche uns verleitet, auf Geld, Ruhm, Macht und Freunde, auf Gesundheit und Stärke des Leibes, und was dergleichen mehr, zu bauen. Sich hiervon ganz loszumachen und Gott allein zu glauben, ist der Beweis eines hohen und himmlischen, von allen irdischen Banden losgelösten Geistes.“ [2])

Das griechische Judentum, das die Heidenbekehrung im großen Stile betrieb, hatte frühzeitig mit den gegen die Gleichberechtigung der Proselyten herrschenden Vorurteilen aufzuräumen und die Schranken, die Judentum und Heidentum voneinander trennten, niederzureißen begonnen. Es strengte sich, wie später der Paulinismus, an, darzutun, daß nicht nationale Abstammung, sondern Berufung einen Vorzug bilde, daß der wahre Adel ausschließlich in der Erringung der Tugend bestehe, und daß nur derjenige, der sie besitze, der edle Mensch sei, nicht aber der auf seine vornehme Abkunft Pochende.[3]) Das lehre ja die Schrift klipp und klar durch die Darstellung der Berufung Abrahams. Von einer unwürdigen götzendienerischen Familie abstammend, sei er gleichwohl von Gott erleuchtet worden, habe er seine sündhafte Umgebung verlassen, um sich ungestört dem Dienste des einzigen und ewigen Schöpfers aller Dinge widmen zu können. Darum heiße es auch von ihm in der Schrift: er sei der erste gewesen, der an Gott geglaubt.[4]) Von dieser hohen Erkenntnis aus sei er in den Besitz aller übrigen

---

[1]) τὴν τελεωτάτην ἀρετῶν πίστιν. cf. De praem. et poen. II, 412: Τοῦ δὲ πιστεύειν θεῷ — τί ἂν ὠφελιμώτερον ἢ σεμνότεροvν ἐπινοήσειέ τις.

[2]) Quis rer. div. haer. cf. Gfrörer I, 453 sq.

[3]) De nobilit. II, 439: ὅτι δὲ ἀρετῆς κτήσει τίθετε τὸ εὐγενὲς, καὶ τὸν ἔχοντα ταύτην εὐγενῆ μόνον ὑπειλήφατε ἀλλ᾽ οὐχ ὅστις ἂν καλῶν καὶ ἀγαθῶν γένηται γονέων. Als klassisches Beispiel, wie wenig der Geburtsadel allein wert sei, wird Esau vorgeführt, der sich und seinen Nachkommen Gegenstand großen Schimpfes gewesen. p. 441.

[4]) Genes. 15,6.

Tugenden gelangt und in die Klasse der vorzüglichsten Propheten eingereiht worden, seine erhabene königliche Stellung einzig und allein der göttlichen Berufung verdankend, durch welche die Menschen zum Nutzen und Frommen ihrer Umgebung ausgezeichnet werden.[1])

Durch das mächtige Entfalten der Fahne des zum „Segen der Völker“ berufenen Patriarchen Abraham, durch die laute Verkündigung der erlösenden Botschaft von der Wunderkraft des Glaubens, die von ihm über alle Völker der Erde ausgehen sollte, wurde einerseits der unselige, die Expansivkraft des Judentums lähmende Nationalstolz gedämpft, und andererseits den Proselyten volle Gleichstellung mit den geborenen Juden, ja sogar ein Vorzug vor diesen, wenn sie dieselben an Tugend überragen sollten, zugesichert. Die Botschaft, die der jüdische Hellenismus dem Heidentum brachte, und die früher, als man vorausahnen mochte, zur „Erfüllung der Zeit“ wurde, lautete:

„Abraham dient zum wahren Vorbild allen Proselyten, die den niedrigen fremden Satzungen und Gebräuchen, kurz allem Götterkultus den Rücken kehren, um sich einem herrlichen, lebensfrisch pulsierenden Gemeinwesen anzuschließen, deren oberste Leitung in der Hand der Wahrheit ruht.[2])

Von hier zum Evangelium Pauli ist nur ein Schritt. Zwischen beiden liegt der Opfertod des erschienenen und erhöhten Messias, der dieses Evangelium mit seinem Blute besiegelte. Allein auch auf christlichem Boden setzte es schwere Kämpfe ab, bevor die Mission der Heidenbekehrung sich Bahn brechen konnte. Und erst ein Paulus, der nach langem und schwerem Ringen die Religion des Gesetzes in sich überwunden hatte, vermochte ihr die Wege frei zu machen. Die Säulenapostel zu Jerusalem aber, die ihr Leben lang unzertrennlich an das Gesetzes Werke gebunden blieben,

---

[1]) De nobil. II, 442 sq.: .... ἀλλὰ χειροτονίᾳ θεοῦ τοῦ παναρέτου, κἀὶ τοὺς εὐσεβείας ἐραστὰς αὐτοκράτεσιν ἐξουσίαις γεραίνοντος ἐπ' ὠφελείᾳ συντυγχανόντων. Hierzu Friedländer, Gesch. der jüd. Apol. p. 298—312.

[2]) De nobil. II, 443: Οὗτος ἅπασιν ἐπηλύτοις εὐγενείας ἐστὶν ὁ κανὼν, δυσγένειαν μὲν τὴν ἐξ ἀλλοκότων νομίμων καὶ ἐκθέσμων ἐθῶν, ἃ λίθοις καὶ ξύλοις καὶ συνόλως ἀψύχοις ἰσοθέους ἀπένειμε, τιμὰς καταλιποῦσι· καλὴν δὲ ἀποικίαν στειλαμένοις κρὸς ἔμψυχον τῷ ὄντι καὶ ζῶσαν πολιτείαν, ἧς ἔφορος καὶ ἐπίσκοπος ἀλήθεια.

hätten sich niemals zu der Höhe des paulinischen Universalismus aufschwingen können. Ein Jakobus, der sich das von so erstaunlichem Erfolge begleitete Wirken des Paulus unter den Heiden und die von dorther für die jerusalemische Messiasgemeinde zu erwartenden Kollekten gefallen ließ, verlangte dennoch von dem Heidenapostel, hinweisend auf die „vielen tausend gläubig gewordenen und gleichwohl um das Gesetz eifernden Juden", die wider ihn berichtet worden seien, er lehre alle Juden, die unter den Heiden, von Moses abfallen und die Beschneidung verwerfen; er solle ostentativ der versammelten Menge zeigen, daß er die vorgeschriebenen Gesetze beobachte, damit man vernehme, „daß nicht sei, wessen sie wider ihn berichtet sind, sondern daß er auch einhergehe und halte das Gesetz". [1])

Und wie schwer wurde es dem Apostel Petrus, auch nur der Einladung des heidnischen Hauptmanns Cornelius, der überdies bereits „gottesfürchtig" geworden war und nun aus seinem Munde das Wort Gottes vernehmen wollte, zu folgen! Er, der nie vorher etwas „Gemeines oder Unreines" genossen, sollte nun in das Haus eines Heiden einkehren! Da bedurfte es vorher der göttlichen Erlaubnis. Er wird entzückt, sieht den Himmel offen, und die göttliche Stimme spricht zu ihm, hinweisend auf die vom Himmel niederfahrenden allerlei vierfüßigen Tiere der Erde und wilden Tiere, Gewürm und Vögel des Himmels: „Stehe auf, Petrus, schlachte und iß; was Gott gereinigt hat, das mache du nicht gemein." Und dieser Ruf mußte dreimal an ihn ergehen! [2]) — Und wie sehr fühlt er sich gedrängt, sein Erscheinen im Hause des gottesfürchtigen Heiden zu rechtfertigen: „Ihr wißt", so entschuldigt er es, „wie es ein unerlaubt Ding ist einem jüdischen Mann, sich zu tun oder zu kommen zu einem Fremdling; aber Gott hat mir gezeigt, keinen Menschen gemein oder unrein zu heißen, darum habe ich mich nicht geweigert, zu kommen, da ich ward aufgefordert." [3]) — Und nun erst mußte er über dieses Unterfangen bittere Vorwürfe seitens der jerusalemischen Messiasgemeinde über sich ergehen lassen: „Es kam aber", so berichtet die Apostelgeschichte, „vor die Apostel und Brüder, die in dem jüdischen Lande waren, daß auch die Heiden hätten Gottes Wort angenommen. Und da Petrus hinaufkam gen Jerusalem, zankten mit ihm, die

---

[1]) Act. 21,19–25. [2]) Act. 10,10–16. [3]) ib. 10,28–29.

aus der Beschneidung waren, und sprachen: Du bist eingegangen zu den Männern, die Vorhaut haben, und hast mit ihnen gegessen." [1])

Und dieses bängliche Schwanken bei einem Säulenapostel von der Bedeutung eines Petrus, des Felsens, auf welchem sich die Kirche Jesu aufbauen sollte! Paulus, der geschworene Feind jeder Halbheit, rückte es ihm unverhohlen vor die Augen. „Da aber", so erzählt er, „Petrus gen Antiochien kam, widerstand ich ihm unter Augen. Denn es war Klage wider ihn gekommen. Denn zuvor, ehe etliche von Jakobus kamen, aß er mit den Heiden; da sie aber kamen, entzog er sich und sonderte sich, darum daß er die von der Beschneidung fürchtete. Und heuchelten mit ihm die andern Juden, also daß auch Barnabas verführt ward, mit ihnen zu heucheln. Aber da ich sah, daß sie nicht richtig wandelten nach der Wahrheit des Evangeliums, sprach ich zu Petrus vor allen öffentlich: So du, der du ein Jude bist, heidnisch lebst und nicht jüdisch, warum zwingst du denn die Heiden jüdisch zu leben? — Wenn ich aber das, so ich zerbrochen habe, wiederum baue, so mache ich mich selbst zu einem Übertreter. Ich bin aber durch das Gesetz dem Gesetz gestorben, auf daß ich Gott lebe; ich bin mit Christo gekreuzigt." [2])

Nein, diese von Gesetzesskrupeln noch tyrannisierten Urapostel hätten dem Evangelium Jesu ebensowenig, wie der Pharisäismus Moses und den Propheten, den Weg zum Herzen des Heidentums zu ebnen vermocht. Sie waren in Sachen der Heidenbekehrung ebenso engherzig wie dieser; und so wie diesem die Proselyten doch nur als Juden zweiter und dritter Ordnung galten, waren auch der gesetzestreuen jerusalemischen Messiasgemeinde, deren Häupter Jakobus, Petrus und Johannes waren, die Heidenchristen, denen man, nur der Not gehorchend, da die Missionstätigkeit des Paulus die Diasporasynagogen mit Proselytenmassen aus dem Heidentum füllte, ein eigenes, von dem Joche des Gesetzes völlig befreites Christentum zurechtgelegt hatte, [3]) nur minderwertige Christen, denen man keine Lasten auferlegte, aber auch keine Gleichberechtigung zuerkannte, die man eben duldete, weil man sich ihrer nicht mehr erwehren konnte. Es hat sich ja Ähnliches bei der Verfolgung

---

1) ib. 11,1–4. 2) Gal. 2,11–21.

3) Act. 15,1–30; 21,25.

des gesetzesfreien Stephanus und seines Anhangs, die von den gesetzestreuen Christen förmlich verleugnet wurden, deutlich gezeigt: Die Apostel blieben von ihr ganz unberührt; denn ihr Christentum war ein durchaus jüdisches, das den „Eiferern über dem Gesetz" keinerlei Anlaß zu feindseligem Einschreiten bot.[1]) Ja es ist sogar, wie schon oben gezeigt, unzweifelhaft, daß diese Verfolgung von den gesetzestreuen Mitgliedern der Urgemeinde selbst ausgegangen ist.

Sollte nun das große und opfervolle Lebenswerk Jesu nicht versanden, so mußte ein neuer Mann, der von anderen Voraussetzungen ausging als jenen der gesetzestreuen Jünger Jesu, erstehen und auf den Plan treten, der dort anfing, wo der Meister aufgehört, wo er gewaltsam unterbrochen wurde, ein Mann, der in seinem Geiste, und wo dieser versagte, auch gegen seinen Geist, in jedem Falle aber über ihn hinausgehend, das begonnene Erlösungswerk fördern, den Buchstaben des Gesetzes vollends töten mußte, um den Geist ganz frei zu machen; der nicht den lebenden, das Gesetz respektierenden, sondern den für die Gesetzesfreiheit sich aufopfernden Jesus predigte: „das Wort vom Kreuz das den Verlorenen eine Torheit, denen aber, die selig werden, eine Gotteskraft".[2])

Und es erschien auch der richtige Mann, und noch zur richtigen Zeit, ehe das neuaufgegangene Licht von der rings herrschenden Finsternis verschlungen werden konnte. Und dieser Mann war

---

[1]) Sehr richtig urteilt Pfleiderer, Entsteh. des Christent. 1905, p. 121 sq., daß die urchristliche Gemeinde „noch weit davon entfernt war, sich als besondere und neue Religionsgemeinschaft vom Judentum zu scheiden und gar unter den Heiden Anhänger zu werben. Sie wollte vielmehr nichts anderes sein als der messiasgläubige Kern des jüdischen Volkes, sie hoffte noch auf die Bekehrung des ganzen Volkes, dem die Verheißung gehöre, und sie fühlte sich gebunden an das mosaische Gesetz als die Grundlage des jüdischen Religionswesens. Nach der zweifellos richtigen Beschreibung der Apostelgeschichte bewegte sich die Urgemeinde anfangs noch ganz in den Formen der jüdischen Frömmigkeit, von denen sie sich weder durch das Wort noch durch das Vorbild Jesu entbunden wußte. Die Genossen der Messiasbruderschaft besuchten den Tempel, hielten die Gebetsstunden, die Fest- und Fastenzeiten, die Speisegesetze und die Bräuche der Gelübde — alles mit einer Gewissenhaftigkeit, die ihre gesetzliche Frömmigkeit auch in den Augen des jüdischen Volkes über jeden Zweifel hinausstellte". —

[2]) 1. Kor. 1,18. 23.

Paulus, der Diasporajude, in dessen Brust zwei Seelen wohnten, zwei Kulturen, die jüdische und griechische, miteinander rangen. Als er aber die weltgeschichtliche Mission Jesu, deren innerstes Wesen ihm in einem erschütternden Augenblick durch die Predigt des Stephanus erschlossen wurde, mit seinem großen Geiste erfaßt hatte, da riß er sich von dem engen und beengenden Boden Jerusalems und Judäas los, schüttelte den alten Staub von seinen Füßen und ging in die unbegrenzt weite Welt hinaus, um ihr die frohe Botschaft der mit der Erhöhung des Menschensohnes errungenen Freiheit und Erlösung, die so wundersam sein eigenes Wesen erleuchtet, zu bringen; indem er dort anfing, wo der Meister aufgehört: bei dem gekreuzigten und erhöhten Christus, der da bedeute: das Ende des Gesetzes!

Und doch, wie gesagt, schnitt Paulus nicht den Faden der religiösen Überlieferung gewaltsam durch; er spann ihn vielmehr nach dem Vorgang des Meisters, freilich in seiner eigenen Weise, weiter. Allein die Zeit war mündig geworden und dem engen Prokrustesbett des Gesetzes entwachsen; sie war erfüllt und Gott hatte seinen Sohn gesandt, auf daß er die, so unter dem Gesetz waren, erlöste, daß sie die verheißene Kindschaft empfingen.[1]) Der Glaube hatte das Gesetz abgelöst und die Menschen unterschiedslos zu Kindern Gottes gemacht. „Ehe denn der Glaube kam“, so lautet unseres Apostels Botschaft, „wurden wir unter dem Gesetz verwahrt und verschlossen auf den Glauben, der da sollte offenbart werden. Also ist das Gesetz unser Zuchtmeister gewesen auf Christum, daß wir durch den Glauben gerecht würden. Nun aber der Glaube gekommen ist, sind wir nicht mehr unter dem Zuchtmeister. Denn ihr seid alle Gottes Kinder durch den Glauben an Christum. — Hie ist kein Jude noch Grieche, hie ist kein Knecht noch Freier, hie ist kein Mann noch Weib; denn ihr seid allezumal Einer in Christo Jesu. Seid ihr aber Christi, so seid ihr ja Abrahams Same und nach der Verheißung Erben.“[2]) Lehre doch die Schrift selbst, daß das fleischliche Gesetz durch ein geistiges, daß das zur Knechtschaft gebärende durch ein anderes, zur Freiheit führendes Testament der Verheißung werde ersetzt werden; daß die Gesetzesreligion nur eine Vorstufe der kommenden Religion des Geistes sei, und daß es von einem verstockten Sinn zeuge, bei jener ewig

---

[1]) Gal. 4,4–5. [2]) Gal. 3,23–29.

verharren, anstatt zu dieser, in der ja die Vollendung, vorschreiten zu wollen. — „Sagt mir“, so ruft er den durch gesetzeseifrige jerusalemische Apostel in das „knechtische Joch“ rückfällig gemachten Galatern zu, „sagt mir, die ihr unter dem Gesetz sein wollt; habt ihr das Gesetz nicht gehört? Denn es steht geschrieben, daß Abraham zween Söhne hatte, einen von der Magd, den anderen von der Freien. Aber der von der Magd war, ist nach dem Fleisch geboren, der aber von der Freien, ist durch die Verheißung geboren. Die Worte bedeuten etwas. Denn das sind zwei Testamente: eines von dem Berge Sinai, das zur Knechtschaft gebiert, welches ist die Hagar; denn Hagar heißt in Arabien der Berg Sinai, und kommt überein mit Jerusalem, das zu dieser Zeit ist, und ist dienstbar mit seinen Kindern. Aber das Jerusalem, das droben ist, das ist die Freie; die ist unser aller Mutter. Denn es steht geschrieben: „Sei fröhlich, du Unfruchtbare, die du nicht gebierst, und brich hervor und rufe, die du nicht schwanger bist; denn die Einsame hat viel mehr Kinder, denn die den Mann hat.“ [1]) Wir aber, lieben Brüder, sind, Isaak nach, der Verheißung Kinder. Aber gleich wie zu der Zeit, der nach dem Fleisch geboren ward, verfolgte den, der nach dem Geist geboren war, also geht es jetzt auch. Aber was spricht die Schrift? „Stoß die Magd hinaus mit ihrem Sohn; denn der Magd Sohn soll nicht erben mit dem Sohn der Freien.“ [2]) So sind wir nun, lieben Brüder, nicht der Magd Kinder, sondern der Freien.“ [3])

Mit Hilfe einer solchen, dem jüdischen Hellenismus teils entlehnten, teils nachgebildeten allegorischen Schriftauslegung [4]) wider-

---

[1]) Jes. 54,1. [2]) Gen. 21,10.12. [3]) Gal. 4,21–31.

[4]) Mit einer solchen Nachbildung haben wir es auch hier zu tun. Die Deutung, daß Sarah die Vollkommenheit und Hagar die Vorstufe zu derselben symbolisiere, gehört der jüdisch-hellenistischen Schule an. Nach Philo rät Sarah, die wahrhafte Tugend, dem Abraham, der zur Vollkommenheit vorschreiten will, vorerst mit der Magd Hagar, der weltlichen Bildung, Kinder zu zeugen: wer bestrebt sei, einst die vollkommene Tugend zu besitzen, lasse sich zuerst bei der weltlichen Bildung nieder, um dann unaufhaltsam zur vollkommenen Tugend sich durchringen zu können. Habe er aber sein Ziel erreicht, werde ihm, obwohl es ihm aus Dankbarkeit gegen die Kenntnisse, durch die er zur Tugend gelange, schwer falle, jene wegzusenden, dennoch durch Gottes Ausspruch dazu bewogen, der ihm befehle: „In allem, was Sarah dir sagt, höre auf ihre Stimme.“ Das sei Gesetz für jeden Tugendbeflissenen, Leg. alleg. I, 135. — Hagar, sagt Philo auf einer andern Stelle, heiße die

legte Paulus, nachdem er „dem Gesetz durch das Gesetz gestorben“, die Schrift mit Hilfe der Schrift, schob er das Gesetz mit Berufung auf das Gesetz zur Seite, sich aber streng gegen die Zumutung verwahrend, daß er es aufheben und den Stamm absägen wolle, aus dem sein Evangelium hervorsproßte. Nein, nicht aufheben wolle er das Gesetz, beileibe nicht! Im Gegenteil, aufrichten wolle er es![1])

Freilich ging er, verfolgt von den „nach dem Fleisch Geborenen“, erbittert und vorwärts getrieben durch den ewigen Kampf mit den „falschen Brüdern aus Jerusalem, die sich wollten angenehm machen nach dem Fleisch“, die Beschneidung forderten,[2]) die paulinische Freiheit in Christo ersticken,[3]) sein Lebenswerk zerstören, seine Gemeinden verwirren und sie seinem gesetzesfreien Evangelium abspenstig machen wollten und vielfach auch abspenstig machten, in dem Kampf gegen das Zeremonialgesetz immer weiter, bis er schließlich in der Hitze des Gefechtes bei

---

„Niederlassung“. Denn wer sich bloß an die weltliche Bildung halte, sei nur ein sich ansiedelnder Fremdling, nicht aber ein Bewohner der Weisheit, er habe nur den Vorgeschmack der vollkommenen Tugend, nicht aber diese selbst. De sacr. Abel. et C. I, 170. Ferner: Hagar ist die Dienerin der Sarah, der vollkommenen Tugend, sie ist die weltliche Bildung. Sie führt zwar zur vollkommenen Tugend, ist es aber selbst nicht. De poster. I, 250. Und wieder: Hagar, die weltliche und allgemeine Weisheit, geht zweimal fort von Sarah, der herrschenden Tugend. Das erstemal kehrt sie wieder zurück, dann aber wird sie endgültig ausgetrieben. Das erstemal nämlich waren Abraham und Sarah noch auf dem Wege zur Vollkommenheit begriffen, aber noch nicht am Ziele angelangt. Später jedoch, als beide von der vergänglichen zur allgemeinen und unvergänglichen Tugend vorgeschritten waren, entstand das Symbol des Glückes, Isaak, der nicht die gewöhnliche Bildung, sondern die göttliche mit großem Eifer zu erlangen strebte, und nun wurde Hagar, die weltliche Vorbildung, ausgejagt, und zwar auf ausdrückliche göttliche Weisung: die Magd und ihren Sohn auszutreiben. De Cherub. I, 139 sq. — Bevor die Tugend Sarah dem Abraham gebären kann, muß dieser vertrauten Umgang mit Hagar, den vorbereitenden enkyklischen Disziplinen, pflegen. Mit diesen Kenntnissen muß man sich vorher befassen, um durch die untergeordneten Tugenden zu den wahrhaft königlichen emporgelangen zu können. De congr. quaer. erud. grat. I, 521.

Diese jüdisch-hellenistische Auslegung wird nun von Paulus dahin umgedeutet, daß Hagar das unvollkommene Alte und Sarah das vollkommene Neue Testament symbolisiere.

[1]) Röm. 3,31. [2]) Gal. 6,12. [3]) Gal. 2,4.

dem Antinomismus anlangte und die Magd — das Testament vom Berge Zion — mit ihrem Sohn hinausgestoßen wissen wollte. Aber wir sehen ja auch Jesum unterm heißen Kampf mit dem Pharisäismus allmählich hoch über das Zeremonialgesetz hinauswachsen und endlich die Behauptung wagen: der Menschensohn sei Herr über dasselbe! während er andererseits — und auch dies, wie gezeigt, mit voller Berechtigung — erklärt: er sei nicht gekommen, das Gesetz aufzulösen, sondern zu erfüllen, von welchem, bis daß Himmel und Erde zergehe, nicht zergehen werde der kleinste Buchstabe noch ein Tütel, bis daß es alles geschehe.[1])

Das Gesetz wurde von Jesus wie von Paulus nach wie vor hoch und heilig gehalten, zumal es auf die künftigen Güter hinweist; und auch hier läßt uns Jesus keinen Augenblick im Zweifel darüber, was er für unzerstörbar im Gesetz hält, indem er es eine höhere als die bisherige Ethik lehren läßt.[2]) Überdies bezeichnet er ausdrücklich als „das Schwerste im Gesetz: das Gericht, die Barmherzigkeit und den Glauben“. — In den beiden Geboten: der Liebe zu Gott und der Liebe zum Nebenmenschen „hange das ganze Gesetz und die Propheten“.[3]) — Der Sinn solcher Predigt war aber nicht etwa der der religiösen Propaganda den bekehrungsbeflissenen Heiden gegenüber, gleichsam eine exoterische Lehre, die auf Konvertiten berechnet war; die gleiche Auffassung hielt er vor dem pharisäischen Schriftgelehrten, der ihn versuchen wollte, fest; und darin liegt die Bedeutung dieser Worte. Sie enthüllen sein innerstes vorbehaltloses Glaubensbekenntnis, das für ein Zeremonialgesetz, wie es das pharisäische Judentum seiner Zeit beherrschte, keinen Raum hatte. Mit dem Auftreten des Täufers hatte es seine Alleinherrschaft eingebüßt. Von jetzt ab wird das Reich Gottes durch das Evangelium gepredigt, und jedermann, der Kraft ansetzt, dringt hinein.[4])

Diese den Kern und Stern der eigentlichen weltgeschichtlichen Bedeutung der Botschaft Jesu bildende Auffassung von der Mission des mosaischen Gesetzes haben die unmittelbaren Jünger Jesu, obgleich sie das lebendige Wort aus des Meisters eigenem Munde vernommen, nicht zu fassen vermocht. Paulus aber, obgleich oder vielmehr gerade weil er den lebenden Jesus nicht ge-

---

[1]) Math. 5,17–19. [2]) Math. 5,20–48. [3]) Math. 22,37–40.
[4]) Luc. 16,16; Math. 11,12–13.

kannt und das Wesen des neuen Evangeliums ihm im Lichte des gesetzesfreien jüdischen Hellenismus zum Bewußtsein gebracht wurde, hatte sie begriffen, sie mit seinem eigenen reichen Geist befruchtet und ihr mit seiner starken, durch nichts zu erschütternden Kraft der Überzeugung und des Willens zum Siege verholfen.

Ein Moses mußte seinen Jesaia, ein Sokrates seinen Plato, ein Jesus seinen Paulus finden, damit das Hohe und Erhabene, das Religion und Philosophie hervorgebracht hatten bis auf die Erfüllung der Zeit, da die Welt für die Aufnahme der ewigen, von diesen beiden Faktoren erzeugten Werte empfänglich geworden, in dem Menschensohn, „in dem alle Fülle wohnen",[1] „alle Dinge zusammen verfaßt würden",[2] sich verkörpere:

„Damit das Gute wirke, wachse, fromme, Damit der Tag dem Edlen endlich komme."

---

[1]) Kol. 9,19.
[2]) Eph. 1,10.

PERSONEN- UND SACHREGISTER.

